Herausforderung der Moderne

Annäherungen an Paul Valéry

Versammelt und eingeleitet von
Carl H. Buchner und Eckhardt Köhn

Fischer Taschenbuch Verlag

Veröffentlicht im Fischer Taschenbuch Verlag GmbH,
Frankfurt am Main, Oktober 1991

© 1991 Fischer Taschenbuch Verlag GmbH, Frankfurt am Main
Umschlaggestaltung: Buchholz / Hinsch / Hensinger
Gesamtherstellung: Clausen & Bosse, Leck
Printed in Germany
ISBN 3-596-26882-6

Inhalt

III Wirkungen

IV Aneignungen

V Positionen

VI Herausforderungen

CARL H. BUCHNER / ECKHARDT KÖHN

Einleitung
Paul Valérys Phänomenologie der Moderne und ihre Rezeption in Deutschland

> »Ich bin neugierig, was für eine Wirkung
> diese kleinen Arbeiten auf das Publikum in
> Ihrem Land ausüben werden. (Ich denke na-
> türlich an ein bestimmtes Publikum, an die
> happy – oder unhappy few – die suchen, und
> die sich keineswegs einbilden – gefunden zu
> haben.)«
> *Paul Valéry an Ernst Robert Curtius (1925)*

Paul Valéry war *die* Repräsentationsfigur der europäischen Intellektuellen in der ersten Hälfte dieses Jahrhunderts. Die Erinnerung daran ist in
den meisten Ländern weitgehend verblaßt, in Deutschland um so leichter, als hier die Auseinandersetzung mit seinem Werk immer die Sache
von Einzelnen geblieben ist. Als Valéry 1945 starb, wußten Freunde und
Kenner seines Werkes sehr genau, wer da von ihnen ging: ein Denker,
der auf unvergleichliche Weise den krisenhaften, die Möglichkeit einer
finalen Katastrophe einschließenden Charakter der Moderne bedacht
hatte, der angesichts der Erfahrungen der jüngsten Geschichte zutiefst
pessimistisch im Hinblick auf die weitere gesellschaftliche Entwicklung
unserer Epoche war und doch, wie Gide, Borges und Eliot in ihren Nach-
rufen[1] zum Ausdruck gebracht haben, dem kritischen Denken bis zuletzt
unbeirrbar die Treue hielt.

»Niemand in unseren Tagen hat mehr oder konsequenter den Fortschritt des Geistes gefördert (...) noch war jemand imstande, so weit zu
führen«[2], notierte André Gide 1942 in sein Tagebuch, kurz bevor er das
besetzte Frankreich verließ und ins Exil ging. Ein Jahr zuvor hatte Paul
Valéry in Paris die Totenrede auf Henri Bergson gehalten, eine angesichts
der jüdischen Herkunft des französischen Philosophen überaus mutige
Demonstration. Wie seine Rede auch außerhalb Frankreichs, zumal unter den europäischen Emigranten aufgenommen wurde, belegt kaum ein
Dokument besser als ein Brief des greisen Karl Wolfskehl aus seinem

neuseeländischen Exil, der die tröstliche Wirkung beschreibt, die die Beiträge der ihm zugesandten Gedenkschrift zu Ehren Bergsons auf ihn ausgeübt hätten:

»Paul Valérys Akademie-Ansprache steht, auch inhaltlich, an erster Stelle. Tief
verhängt, fast trostlos, und dennoch volltönend und graziös, vielsagend auch im
Verschweigen. Valéry neigt sich vor dem Abgeschiedenen als dem letzten Repräsentanten europäischer Intelligenz. Auch ich wüßte heut keinen anderen, es sei
denn Paul Valéry selbst.«[3]

Daß Valéry in der Tat diese Bedeutung zukam, hat André Maurois in
seinem Nachruf auf Valéry ausdrücklich bestätigt, zugleich aber auch die
Befürchtung ausgesprochen, Valérys Denken könne schon »bald einem
abgelaufenen Zeitalter angehören«[4]. Er sollte recht behalten. In den Jahren nach 1945 setzte ein Prozeß der Verdrängung und gereizten Ablehnung ein; zu überragend war Valérys Stellung unter den französischen
Intellektuellen in den letzten drei Jahrzehnten seines Lebens gewesen, als
daß sein Tod nicht auch als Befreiung von einem großen Druck empfunden
worden wäre, vor allem bei den Angehörigen der jüngeren, durch den
Widerstand geprägten Generation, die sich nach dem Krieg in Frankreich
Gehör verschaffte und als deren Wortführer vor allem Sartre hervortrat.
Aber auch die demonstrativ bekundete ablehnende Haltung der neuen
Generation gegenüber Valéry vermag nicht darüber hinwegzutäuschen,
in welchem Maße ihre intellektuelle Prägung der Auseinandersetzung mit
seinem Werk Entscheidendes verdankt. Ganz symptomatisch ist Sartres
Haltung, der Valéry zwar vorwarf, er sei schon zu »Lebzeiten kanoni-
siert«[5] worden, bei seinen literaturtheoretischen Arbeiten jedoch mit
größter Selbstverständlichkeit auf Valérys Bestimmungen zurückgreift,
etwa im Hinblick auf die Unterscheidung von Poesie und Prosa. Trotz der
Vorbehalte hat Sartre sein Leben lang den Dialog mit Valérys Denken
fortgesetzt, und es scheint, als teile Sartre mit Valéry auch das Schicksal
eines unscheinbaren Nachlebens, einer Wirkung aus dem Hintergrund.

Im Ausland sah es mit der Präsenz Valérys nach 1945 anders aus. Im
Kontext des europäischen und amerikanischen Denkens lassen die Werke
von T. S. Eliot und Borges die Ausstrahlungskraft Valérys auf den ersten
Blick erkennen, auch wenn beide vorsichtig angedeutet haben, daß Valérys »Europa« im Sinne einer geistespolitischen Epoche mit ihm selbst zu
Ende gegangen sei. In Deutschland erschien André Maurois' Nachruf
1946 in der gerade wieder ins Leben gerufenen *Neuen Rundschau.* Es
entbehrt nicht einer gewissen Ironie, daß sein eindringlicher Appell, »der
größte französische Schriftsteller unserer Zeit« sei »niemals lebendiger
als jetzt«[6], den ersten Hinweis auf Valéry in Deutschland nach dem Krieg

darstellt. Während in Frankreich Valérys überragender Ruhm dem
Interesse an seinem Denken schon zu seinen Lebzeiten eher im Wege
stand, hatte er in Deutschland niemals ausgereicht, um sein Werk einem
größeren Publikum zuzuführen, von einem Einfluß seiner Position auf
die geistespolitischen Debatten der zwanziger Jahre ganz zu schweigen.
In dieser »Tradition« ist es zu sehen, wenn sich zu Valérys Tod in
Deutschland nur einer zu Wort meldete, in einem bemerkenswerten Beitrag allerdings, der aus seiner Bewunderung für den französischen Denker keinen Hehl machte. Es war der junge Herausgeber des gerade ge-
gründeten *Merkur*, Hans Paeschke, der Valéry würdigte, den Abschied
von seiner Gestalt aber ganz im Zeichen der Hoffnung auf die zukünftige
Entdeckung seines Denkens vollzog:

»Vielleicht ist der junge Mensch noch nicht lange geboren, der mit einer ›Einführung in Paul Valéry‹ die Prolegomena der künftigen Philosophie für uns erarbeiten wird.«[7]

Seit Paeschkes Aufsatz sind auch in Deutschland Arbeiten erschienen, die
den Kriterien einer wissenschaftlichen Einführung[8] entsprechen und die
Bedeutung seines dichterischen Werkes für die Literatur der Moderne
und seiner theoretischen Anstrengungen für Disziplinen wie Ästhetik,
Linguistik, Wissenschafts- und Erkenntnistheorie darzulegen versucht
haben. Was Paeschke jedoch gemeint hatte, war etwas völlig anderes.
Valéry war für ihn vor allem ein Diagnostiker der Moderne, dessen negatives Denken sich der gesellschaftlichen Entwicklung, mehr noch allen
ideologischen Anstrengungen, sich darüber zu beruhigen, mit äußerster
Kraft widersetzt:

»Einem europäischen Buddha vergleichbar, unternahm er es nach allen Seiten zu
›passen‹, da er die Spielregeln selbst (nicht nur diese oder jene weltanschauliche
Karte) als falsch erkannte. ›L'ideal est une manière de bouder; Bouda boude‹,
notierte er einmal in den ›Rhumbs‹.«[9]

Unter dem Eindruck der zurückliegenden europäischen Katastrophe hat
Paeschke seinen Wunsch nach einer Einführung in Valérys Denken in der
Überzeugung formuliert, daß dessen Wert für die Erkenntnis der Gegenwart um so höher ausfalle, je genauer wir uns um sein Verständnis bemühen, denn »so klar wie wenige« habe er den »Angriff des 20. Jahrhunderts gegen die Humanität des Menschen« erkannt und »als einer der
ersten« dessen Besonderheit »im Bilde Deutschlands durchschaut«.[10]
Paeschke bezieht sich mit diesem Hinweis auf *Une conquète méthodique*,
eine frühe Gelegenheitsarbeit Valérys, die 1896 im Auftrag einer englischen Zeitschrift verfaßt wurde und die kurz darauf unter dem Titel *La
conquete allemande. Essay sur l'expansion germanique* erschien. Der

Text war, in einer Übertragung von Max Rychner, unter dem Titel *Eine methodische Eroberung* in einer Auflage von 1000 Exemplaren 1946 erstmals auf deutsch erschienen. Er schien in Paeschkes Sinne auf hervorragende Weise geeignet, die Vorzüge des Valéryschen Denkens deutlich werden zu lassen, stellt er doch exemplarisch, so Rychner an anderer Stelle, eine »überprüfbare Zeitanalyse«[11] dar, von deren Wert sich die Zeitgenossen allein dadurch überzeugen könnten, daß sie Valérys Aussagen über die Prozesse seiner Gegenwart mit der realen gesellschaftlichen Entwicklung verglichen. Wie kaum ein anderes Werk hat Valérys kurzer Artikel *Eine methodische Eroberung* die entscheidenden Tendenzen der Moderne exakt vorausgesehen. Den Blick auf Deutschland gerichtet, das sich Ende des 19. Jahrhunderts im Zeichen einer forcierten Industrialisierung entscheidend zu verändern begann und dessen Waren mit dem Qualitätszeichen »Made in Germany« die europäische Konkurrenz das Fürchten lehrten, sah Valéry die Grundlage der deutschen Entwicklung nicht in der Politik, überhaupt nicht in bestimmten Ereignissen oder statistisch erfaßbaren Größen, sondern in einer alle Lebensbereiche strategisch erobernden Methodisierung des Denkens. Valéry isoliert den Geist der Methodik und einer mit ihm sich verbündenden Disziplin, die, weder auf den einzelnen Träger noch auf die Qualität des Individuellen Rücksicht nehmend, Gesellschaft, Politik, Handel, Wissenschaft und Nachrichtenwesen durchdringt. Als Inbegriff dieser Eroberung erscheint Valéry das Militär. Ein System, das, verkörpert im deutschen Generalstab und im besonderen in der Gestalt des Marschalls von Moltke, die Bedingungen eines zukünftigen *totalen* Krieges erforscht und in seinem Interesse zu gestalten versucht, um, nichts dem Zufall überlassend, den Kampf für sich zu entscheiden, ehe er überhaupt beginnt:

»Die Organisation des militärischen Übergewichts ist das Werk des Großen Generalstabs. In der Schöpfung dieser berühmten Büros enthüllt sich das glanzvollste Beispiel der Methodik. Sie sind eigentliche Siegesfabriken. Dort findet man: die rationellste geistige Arbeitsteilung; die Aufmerksamkeit von Spezialisten beständig auf die Veränderung der geringsten nutzbaren Umstände gerichtet; *die Ausdehnung dieser Forschung auf Gebiete, die den technischen Fächern zunächst scheinbar fernliegen*; die Ausweitung der Militärwissenschaft bis zur großen Politik und zur Wirtschaft – denn ›der Krieg wird auf allen Gebieten geführt‹. Die Methode wird streng auf alle Länder angewandt. Jede Gegend wird von jeder Wissenschaft total durchforscht.«[12]

Für die Gestalt Moltkes hat Valéry das Prinzip dieses Denkens auf den Begriff gebracht: »Für jenen eisigen Helden ist *der eigentliche Feind der*

Zufall. Dem ist er auf den Fersen, seine Kraft beruht einzig in der Methodik.«[13] Den gleichen Maximen folgen die Anstrengungen der deutschen Industrie, den Absatz der Waren nicht willkürlichen Umständen zu überlassen, sondern die gegebenen Bedürfnisse systematisch zu ermitteln und deren Befriedigung organisiert zu übernehmen und unter Kontrolle zu bekommen: »Der Kunde ahnt nicht, wie viele Chemiker an ihn denken.«[14]

Schon der Erste Weltkrieg hat den prognostischen Wert von Valérys Untersuchung bestätigt, die gesellschaftliche Entwicklung seitdem keinen Zweifel an der Richtigkeit ihrer Ergebnisse gelassen, die seit Max Webers Arbeiten unter den Begriff der Rationalisierung fallen und als Problem in der Soziologie diskutiert werden. Zu Recht hat Max Rychner in seinem Nachwort darauf hingewiesen, daß mit dem Sachgehalt der Studie Valérys auch der ungeheure diagnostische Scharfsinn seines Verfahrens unter Beweis gestellt worden sei:

»Nicht als Politiker hat er Deutschland untersucht, sondern als freier, unvoreingenommener, aber, was unendlich selten ist, *denkender Mensch*, dessen einzige Leidenschaft in fast kantischem Sinn die Ergründung der Denkgesetzlichkeiten war. Die Historiker können sagen, er habe Deutschland wenig differenziert, fast ohne persönliche Kenntnisse dargestellt; sie haben recht. Aber er entgegnete, den Einwand entwindend, vorsorglich: mag sein, daß es nicht ganz so ist, wie ich es darstelle, aber *es wird so sein*.«[15]

Noch 1964 hat Rychner die Aktualität der *Methodischen Eroberung* beschworen und den Einwand abgewiesen, in ihr sei lediglich ein Bild Deutschlands vergangener Tage zu finden: »Vieles von dem, was für Valéry noch deutsche Phänomene waren, nennen wir heute amerikanisch oder kapitalistisch oder imperialistisch.«[16] Aber Valérys Studie, die einen Vorgeschmack auf sein kritisches Werk insgesamt hätte geben können, blieb ebenso wirkungslos wie Rychners unermüdliches, lebenslanges Bemühen, Valérys Werk dem deutschsprachigen Publikum vorzustellen und einem differenzierten Verständnis zuzuführen. Schon 1926 hatte er in einer ›Anmerkung zu Paul Valéry‹ notiert:

»Seit Bergson ist Valéry der bedeutendste Geist des modernen Frankreich. Sein Name hat fast über Nacht (...) Weltgeltung erlangt. Und doch kennen wenige sein Werk (...) Stefan Zweig hat in der *Literarischen Welt* die berechtigte Frage gestellt, wer wohl von all denen, die den Namen Valérys im Munde führen, seine Schriften kenne.«[17]

Weniger diplomatisch war dieser Sachverhalt in Frankreich den Lesern der literarischen Wochenzeitung *Nouvelles Littéraires* mitgeteilt worden. Der Korrespondent, der über Valérys ersten Deutschland-Besuch im

Oktober 1926 berichtete, schrieb, er müsse bedauern, daß die Deutschen, trotz »enthusiastischem Empfang« und »lobenden und im allgemeinen genauen Beiträgen«[18] von Valéry sprächen, ohne begriffen zu haben, worum es sich bei seinem Denken und besonders bei seiner Dichtung handele.

Mit der Frage, wie Valérys Arbeiten überhaupt zu verstehen, welchen Disziplinen sie zuzuordnen und wie sie in ihnen inhaltlich zu situieren seien, ist eine grundsätzliche, die deutsche Aufnahme seines Werkes in besonderem Maße betreffende Frage berührt. Auch für Frankreich kann nicht behauptet werden, daß die Zeitgenossen Valérys bündig zu sagen vermocht hätten, womit sie es bei seinem Werk zu tun hätten, doch seine Rezeption war hier von Beginn an der Schauplatz unterschiedlichster, intensivster und produktiver interpretatorischer Bemühungen, wie Lucien Fabres Resümee aus dem Jahre 1923 bereits erkennen läßt:

»Herr Daniel Halevy hat sich einen kantischen Valéry konstruiert, Herr Paul Souday einen hegelschen Valéry, Herr Henri Rambaud erkennt, wie er uns beteuert, einen Valéry der Scholastik, und ich sehe meinerseits hauptsächlich einen positivistischen Valéry und (...) Herr Thibaudet, nach seinen verdienstvollen Bemühungen, uns einen bergsonisierenden Valéry zu geben, versucht vergebens von diesem Geschöpf die Gedichte abzuleiten, die man kennt.«[19]

Zweifellos begünstigt der experimentierende Zug seines Denkens, wie auch die Form seiner Werke, ihr Gattungsbegriffe mißachtender Charakter von Denkprotokollen, eine Pluralität von Interpretationen. Valéry selbst hat hingegen immer die Offenheit seines Denkens betont, zugleich aber die Unterstellung, sich dabei in Widersprüchen zu verfangen, ebenso schroff zurückgewiesen wie die Vermutung, insgeheim einem Systemgedanken zu folgen:

»Es ist mir sogar eingefallen, daß aus diesen widerspenstigen Abweichungen wohl einer von jenen dicken grünen Bänden zu machen wäre, deren Format und Aussehen uns veranlassen, sie sogleich dem Philosophieregal zuzuweisen. Ein *System*? Durchaus nicht. Selbst der Name erschreckt mich. Höchstens eine Ideenmasse – vielmehr eine Sammlung von Problemen –, von denen zweifelsohne einige auf verschiedenartige Weise formuliert wären.«[20]

Einig waren sich die französischen Kritiker allerdings darin, daß der Denker, der in Valérys Gedichten zum Vorschein kam und der zudem in einer schnell zunehmenden Zahl von unvergleichlich klaren Prosawerken sich zu äußern begann, nicht als Philosoph im herkömmlichen Sinne angesehen werden konnte, sondern einer Tradition des kritischen Denkens zugerechnet werden mußte, deren Ursprung, weit entfernt von der Schulphilosophie, im Bereich der Literatur lag. Diese Linie führte, nach der schönen Formel von Borges, auf Poe zurück, »der Baudelaire zeugte, der Mallarmé zeugte, der Valéry zeugte, der Edmond Teste zeugte«[21] (»der Borges zeugte«, fügt Maurois mitwissend hinzu) – eine Entwicklungsreihe, deren entscheidenden Wesenszug Valéry in ihrer Entdeckung der kritischen Intelligenz für die Literatur gesehen hat:

»Man muß also auf dem Weg der Analyse zu erfahren suchen, was man ist, was man kann, was man will, und in sich selbst mit den spontanen Tugenden eines Dichters den Scharfsinn, den Skeptizismus, die Aufmerksamkeit und die räsonierende Urteilskraft eines Kritikers vereinen.«[22]

I. Was kann ein Mensch?

Poe hatte Baudelaire gezeugt: »den Schriftsteller, der einen Kritiker in sich trägt«[23], den kalkulierenden und selbstkritischen Schriftsteller, der seine Reaktionsfähigkeit unablässig der Prüfung unterzieht und planvoll die Reichweite seines Aktionsbereichs absteckt, um der modernen Welt vorbereitet entgegentreten zu können. Valérys Philosophie ist nichts anderes als eine Ausweitung und Radikalisierung dieses kritischen Gedankens von Poe:

»die Kunst – *Ars* – bewahren, währenddessen die Illusionen der Künstler und der Schriftsteller dabei ausrotten zu wollen. Er konnte die dumme Angeberei der Dichter nicht ausstehen (...). Er bestand darauf, daß die klaren Gedanken, die man sich darüber machen kann, wie und was man macht, eher imstande sind, auf sehr viel Überraschenderes und Allgemeines zu führen, als all der Blödsinn über Inspiration.«[24]

Den theoretischen Einsatzpunkt Valérys markieren die Schriften Poes; den historischen Horizont seiner beginnenden Produktion bildet die Kunst des Symbolismus Ende des 19. Jahrhunderts, in deren kühnen sprachlichen Experimenten er den Geist Poes am Werk fand. Später ist für Valéry gerade die ästhetische Produktion des Symbolismus immer wieder Anlaß gewesen, sich über seine Anfänge und den Ursprung der Besonderheit seines Projekts Klarheit zu verschaffen.

»Alles«, notierte Valéry rückblickend, »was die Literatur an Kühnheiten, an Vorstößen in eine unbestimmte Zukunft, an unvorhergesehenen Rückgängen in die Vergangenheit produziert hat, war durch die intensive Anstrengung und den Leistungstumult dieser Epoche entweder angezeigt oder schon realisiert, entweder vorher ausgedacht oder möglich, wenn schon nicht wahrscheinlich gemacht.«[25]

Die spezifische Modernität der Symbolisten sah Valéry darin, daß sie sich auf ihre Weise den Aufgaben der Epoche stellten:

»Eine Zeit, die alles untersucht, für die das Leben erst darin besteht, alles zu versuchen, alles als vervollkommnungsfähig, also als vorläufig zu betrachten, eine Zeit, die alles nur unter dem Gesichtspunkt des Versuches und des Übergangswertes erfassen kann, eine solche Zeit kann für die Literatur und die Künste keine Zeit des Ausruhens bedeuten. Die Jagd nach der Vervollkommnung schließt die Suche nach dem Vollkommenen aus. Vervollkommnen widerstrebt dem Vollenden. Schließlich besagt es nur wenig, das Antlitz eines geschriebenen Blattes zu verändern, wenn das Antlitz der Städte so ungewöhnlichen, tiefgreifenden Wandlungen unterworfen ist.«[26]

Weniger war es die Verschärfung ästhetisierender Wahrnehmung oder die verzweifelte Bemühung um das Schöne, in denen die Opposition gegen eine kleinbürgerliche Welt und ihren Geschmack sich artikulierte, die den Symbolismus charakterisierte, als vielmehr »jene Begierde zum Experiment, jener Wille zu durchdachten Neuerungen, zu kühnen Lösungen und Kombinationen, die (...) Wissenschaft und Technik so erstaunlich groß gemacht haben«.[27] Diese Haltung erklärt die dem Symbolismus eigene Unruhe des Gedankens, aber auch die politisch aufgeladene Atmosphäre seiner unterschiedlichen Gruppierungen.

Dem deutschen Ästhetizismus, der eine Zeitlang unter dem Einfluß des französischen zu stehen schien, hätte kaum etwas wesensfremder sein können als dieses Pathos des Aufbruchs zum Unbekannten. Was George von seinen französischen Vorbildern übernahm, die Idee einer grundlegenden Erneuerung der poetischen Sprache, trat schon bald hinter das Bemühen um eine Ästhetisierung aller Lebensbezüge zurück, in der Herrscherkult und Marktstrategie eine obskure politische Mischung eingingen. Während George und sein durchorganisierter Kreis von Jüngern schon früh in der kultischen Feierlichkeit ihrer kunstgewerblichen Ersatzwelt fanden, was sie an der Wirklichkeit vermißten, prägte die französischen Autoren eine unablässige Bewegung des Suchens, eine Atmosphäre der Gärung, in der dem Abwesenden deshalb höchste Beachtung geschenkt wurde, weil es die Ursache des Leidens an der Realität zu sein schien. Ihre Aufopferung für unerreichbare, unbestimmbare Ideale galt den noch nicht realisierten menschlichen Möglichkeiten und nicht, wie im George-Bund, der zweifelhaften Sache des selbsternannten, scheinbar göttlich inspirierten Propheten und seines Kults. Nicht daß den französischen Symbolisten eine ebenfalls fast religiös zu nennende Haltung in Fragen der Kunst fremd gewesen wäre; aber die Formen, in denen sie zum Ausdruck gelangte, blieben höchst profan. Die Öffentlichkeit der Cafés und nicht der Bund der Auserwählten, das Gespräch und nicht das Priesterwort bestimmten das intellektuelle Klima des französischen Symbolismus. Geprägt durch unvereinbare Divergenzen zwischen einzelnen Autoren und Gruppen, gab es nur ein Element, das sie verband, und das war, Valéry hat darauf wiederholt verwiesen, eine Haltung des Schreibens, die

»ausgehend von einem der Ästhetik fremden, aber grundlegend ethischen Gedanken zu dem Prinzip ihrer technischen Aktivität hinführte, das freies Forschen bedeutet, das absolute Abenteuer in der Ordnung des künstlerischen Schaffens – auch Risiko und Gefahr für diejenigen, die sich ihm ausliefern«.[28]

Wenn Valéry hervorhebt, daß alle »Parteien der Literaturpolitik (...) damals ihre Hauptquartiere und Waffenplätze«[29] besaßen, so ist damit zuallererst die Rivalität zwischen Naturalisten und Symbolisten gemeint. Die exemplarische Gestalt der ersten Gruppierung war Zola, die der zweiten Mallarmé. In seiner Haltung gegenüber Zola war er, dem Zeugnis seines Parteigängers Gide zufolge, ebenso entschieden wie tolerant:

»Es war auch die Zeit der Riesenauflagen Zolas. Mallarmé zeigte ihm gegenüber keine Verachtung; nur war das, was er suchte, etwas anderes, und dieses andere schien uns von unendlich höherem Wert zu sein.«[30]

Seine Erfahrungen hatten Mallarmé sehr früh an einen Punkt geführt, sich weniger als den Stéphane, den seine Freunde kannten, zu verstehen, sondern als ein unpersönliches Vermögen, das, so heißt es in einem Brief von 1867, »dem spirituellen Universum innewohnt«, ein Vermögen des Universums, sich selbst zu sehen und zu entwickeln durch das, was Stepháne einmal war.[31] Die Konfrontation mit dem Nichts, der Blick auf den Abgrund der Wirklichkeit und die Konzentration auf den in der Welt nicht anzutreffenden Sinn waren zur Grundlage eines radikalen konstruktiven Gegenentwurfs geworden: »Nichts als Schönheit existiert – und sie hat nur einen vollkommenen Ausdruck, die Poesie. Alles andere ist Lüge.«[32]

In der naturalistischen Beschreibungsliteratur, ihrer Orientierung am Positivismus der Wissenschaften und der Alltagserfahrung vermochte Mallarmé nur eine Inventarisierung von sinnlosen Dingen zu sehen, mithin eine Form, in der der Mensch auch seine Vermögen dem absurden Zustand unterwirft, indem er sie auf dessen bloße Abbildung beschränkt. Mallarmé hingegen war »der erste, der sich vor die Außenwelt gestellt sah, nicht wie vor ein Schauspiel oder wie vor eine französische Schulaufgabe, sondern wie vor einen Text, mit der Frage: Was will das besagen?«[33] Baudelaire hatte in seinem Gedicht *Correspondances* die Natur als einen Raum von Symbolen dargestellt, Mallarmé sieht in der Poesie das geeignete Medium, ihre Bedeutung zugänglich zu machen:

»Die Dinge existieren, wir brauchen sie nicht zu erschaffen: wir haben ihre Beziehungen zueinander zu entdecken, und das aus diesen Beziehungen Hervorgehende ist es, woraus sich Verse und Orchester bilden.«[34]

Mallarmé will mit den Mitteln der poetischen Sprache nicht die Dinge bezeichnen, sondern das in ihnen zum Ausdruck Kommende suggerieren, ihre verborgenen Beziehungen zur Evidenz gelangen lassen. Die Metapher, jene Darstellungsform, der die Wahrnehmung von Entsprechungen in der sinnlichen Welt zugrunde liegt, erweist sich für ihn als Mittel, die analytische Klarheit der Sprache mit der Suggestivkraft der Musik zu verbinden. Die Verse sollen durch die Anordnung der Wörter, ihren Klang, ihre Bildlichkeit eine Wirkung erzeugen, in der für den Leser etwas über die Dinge erfahrbar wird, was ihm im empirischen Leben für immer verschlossen bleibt. Eine mystische Theorie der Sprache verleiht bei Mallarmé dem Wort eine transzendente Kraft. Freilich kommt, wie bei allen mystischen Praktiken, deren Medium die Sprache ist, alles auf die richtigen Wörter an, und genau in diesem Sinne ist Mallarmés äußerste Anstrengung darauf gerichtet, aus der zutiefst welthaltigen Alltagssprache eine reine Sprache der »wirkenden Worte« zu gewinnen, und eben dieser Vorgang verwandelt den literarischen Produktionsprozeß in eine Form strenger Arbeit. Notwendig nimmt eine poetische Verfahrensweise, bei der noch die Kombination der unscheinbarsten Silben mit äußerster Bewußtheit erfolgt, einen genuin technischen Charakter an. »Zerstörung war meine Beatrice«[35], notiert Mallarmé angesichts der Erkenntnis, daß der Schriftsteller, will er nur ein weniges von seinen angestrebten Idealen erreichen, zum strengsten Kritiker seiner selbst werden muß, für den von hundert Entwürfen in der Regel nicht einer in Frage kommt.

Mallarmé hat dieses selbstkritische Streben in dem Maße gesteigert, wie er glaubte, nicht nur die geheimen Korrespondenzen der Dinge, sondern letztlich das Absolute selbst zum Ausdruck bringen zu können. Die Suche danach wird für Mallarmé identisch mit der nach dem absoluten Werk, in dem die Welt eine Sprache findet, sich zu offenbaren. Zeigt dieses Unternehmen den spekulativen Zug des Mallarméschen Denkens in aller Deutlichkeit, so tritt dessen metaphysische Voraussetzung vollends in seiner teleologischen Vorstellung hervor, die Welt sei im Grunde darauf angelegt, »ein Buch zu werden«[36], eben jenes, das ihr Geheimnis ausspricht und dessen Realisierung in einem absoluten Akt er sich vorgenommen hat:

»Das heißt, die Welt empfängt ihre Sinngebung nur in ihrer literarischen Verarbeitung, in ihrer Erfassung durch das Buch. Freilich nicht durch irgendein Buch, sondern durch *das* Buch.«[37]

Mallarmés gewagtestes Experiment in dieser Richtung liegt in Gestalt der Dichtung *Un Coup de Dés* vor, die versucht, die Mittel der poetischen Sprache völlig auszuschöpfen und die Gestaltung des Schriftbildes einzubeziehen, um mittels der Konstellation der Worte und Zeichen auf den Blättern die Evidenz eines gestirnten Himmels zu erzeugen, an dem das unüberbietbar Fremde durchsichtig werden soll im Hinblick auf eine verborgene Bedeutung. Doch letztlich muß sich Mallarmé damit begnügen, die Möglichkeit seiner Lesbarkeit durch das absolute Buch zu behaupten, denn sein extremes Werk mißrät, es vermag nur das gescheiterte Suchen, nicht aber den Inhalt des kosmischen Textes auszudrücken. Mallarmé, der jeden Zufall in der ästhetischen Gestaltung ausschalten wollte, muß erkennen, daß er dafür des Zufalls selbst bedarf; das Absolute kann mit jedem Wort aufs neue verfehlt werden, ohne daß irgendeine Chance besteht, diesen Zustand jemals mittels eigener Anstrengung zu verändern. So bleibt das Absolute fern und ist nach Mallarmé doch im Maße der Empfindung seiner Abwesenheit gegenwärtig. Nur die Hoffnung lebt fort, eines Tages doch die richtige Konstellation der Worte des absoluten Textes zu finden, »Le Livre«, in dem das Absolute sich offenbart.

»Man könnte sagen«, schreibt Valéry, »daß er das ›Wort‹ nicht an den Anfang, sondern an das letzte Ende aller Dinge stellte. Niemand hatte sich je mit solcher Eindeutigkeit, solcher Beharrlichkeit, so heroischer Entschiedenheit zu der höchsten Würde der Dichtung bekannt, außerhalb ihrer sah er nichts als Zufall.«[38]

Auf die gerade an seiner Person sich bildende Vorstellung des dunklen und schwierigen Autors, über den zu spotten leicht ist, reagierte Mallarmé gelassen, da er seine Hoffnungen auf ein zu schaffendes Publikum richtete, das das Hermetische eines Textes nicht scheut, sondern herausfordert. Mallarmé hat auf die »Intelligenz des Lesers«[39] gesetzt, der, wie er selbst in der Produktion, im Akt der Rezeption dem Widerstand der Sprache in der Erwartung sich stellt, dessen Überwindung käme der eigenen intellektuellen Stärke zugute.

Mallarmés Entscheidung für das Äußerste des mit der Dichtung Erreichbaren, sein Umgang mit dem Werk als einem »spirituellen Instrument«[40], für dessen Herstellung er sein Ich zugunsten der immanenten Logik des Materials opfert, verweist auf eine nahezu übermenschliche Anstrengung. Sein Bewußtsein von der Notwendigkeit ihres Scheiterns jedoch macht einen sehr menschlichen Mallarmé sichtbar, für den – zwischen die Unerreichbarkeit des Absoluten und die unermüdliche Arbeit, sich diesem dennoch zu nähern, gestellt – letztlich nur eines zählt: das Suchen selbst. Georges Poulet hat diesen Zug sehr schön dargestellt:

»Während es einen Mallarmé gibt, der das Denken mit ungeheurer Hybris verherrlicht, gibt es auch einen nicht weniger luziden, doch zärtlich-skeptischen Mallarmé, der beim Anblick dieses Denkens nie seine Nichtigkeit vergißt (...). Wenn sich eine Art lächerlich aufgeblasener Mallarmé am Horizont in seiner Größe auflöst, so schaut ein anderer Mallarmé nicht weiter als bis zur Spitze seiner Zigarre, deren Asche erkaltet. Ein Lächeln auf den Lippen, weicht er keinen Schritt von seinem fixen Punkt.«[41]

Dieser fixe Punkt war es, den Valéry von Beginn an erkannte und der ihn lebenslang fesselte. Als junger Dichter in der Provinz, ausgerüstet mit einer Handvoll Thesen Poes und angespornt durch die poetischen Experimente Rimbauds und Mallarmés, wandte er sich zum ersten Mal im Jahre 1890 an den älteren Dichter. Später, nachdem eine enge Freundschaft zwischen ihnen entstanden war, spielte Mallarmé eine Rolle in Valérys Leben, die eher der eines väterlichen Beraters als der eines belehrenden literarischen Mentors glich; zu groß waren die Unterschiede im Denken. Aus dem Werk, das ihm intim vertraut war, und aus den ungeheuren Anstrengungen, die er ahnen konnte, konstruierte Valéry dennoch ein wahlverwandtes Vorbild, das ihm der Inbegriff absoluter Bewußtheit der literarischen Produktion zu sein schien. Viel wichtiger als jedes einzelne Element des dichterischen Werks war ihm das Können und die Vollkommenheit, die in den Gedichten sichtbar wurde und die er als Produkt eines konstruktiven Willens, einer methodischen Analyse der literarischen Technik und einer selbstbewußten Praxis deutete. Diese absolute Beherrschung des Metiers, folgerte Valéry, konnte sich nur aus dem gesteigerten Bewußtsein ergeben, das sich der unablässigen Entwicklung und Erweiterung des eigenen literarischen Vermögens verdankt. Valéry lokalisierte im verborgensten Inneren der Kunst Mallarmés die Realisierung jener Postulate Poes, die ihm weiterreichend erschienen als jede Literaturtheorie seiner Zeit und die sein eigenes Denken bereits beherrschten: Selbstbewußtsein in der literarischen Produktion und der Wille zu einer möglichen, noch nicht geleisteten Vervollkommnung des Könnens und der produktiven Praxis.

In Mallarmés Suche nach dem absoluten Werk isolierte Valéry eine Form strenger Arbeit, die auf einem allumfassenden System des ›refus‹ basiert: eine Weigerung, dem Leichten, dem schon Gegebenen, dem Gekonnten nachzugeben; eine ›heroische‹ Aufopferung vieler durchdachter Möglichkeiten, um auf die Ausführung einer einzigen mit extremer Konzentration sich vorzubereiten; ein Verzicht auf häufige Veröffentlichungen, um die Techniken des Produktionsprozesses methodischer zu entwickeln und sich in der Kontrolle solcher Praktiken zu trainieren; eine kritisch-skeptische Erforschung des Materials, die unter rigoroser Einführung von selbstdeterminierten Kriterien und Einschränkungen die Widerstandsfähigkeit des Materials und der Anordnung testet und nur das mehrmals Erprobte und eindeutig Stichhaltige stehen läßt. Was Valéry in Mallarmés Arbeit erblickte, war nicht weniger als die radikale Ausprägung einer ethischen Haltung, die darin besteht, alles zu negieren, was innerhalb des literarischen Produktionsprozesses unterhalb der Bemühungen um die beste aller Möglichkeiten bleibt, eine Haltung, die sich durch die Selbstreflexion einer konstruktiven Praxis dagegen zur Wehr setzt, der Illusion, der Verblödung oder dem Zufall zu verfallen. Im Hinblick auf Mallarmés Leistung und in Anlehnung an Kant hat Valéry auch von einem »poetischen Imperativ«[42] gesprochen, der dem Schriftsteller gebietet zu wissen, was er macht. Valéry folgte Mallarmé in dieser ethischen Grundüberzeugung und ließ sich von dem ihr entsprechenden Imperativ leiten.

Manche Zeitgenossen wollten in ihm den poetischen Nachfolger Mallarmés sehen und waren enttäuscht zu erfahren, daß der scheinbare Meisterschüler, dessen frühe Gedichte zu dieser Hoffnung berechtigten, demonstrativ auf eine Karriere als Dichter verzichtete. Seine Mutmaßungen über Mallarmés subtile Analysen und logische Prinzipien, deren Resultate er in Gedichten zu sehen glaubte, hatten für ihn das gesamte Problem der Literatur »transformiert« und damit auf ein Niveau gebracht, das es ihm erlaubte, den Widerspruch zwischen literarischen Interessen und der »eigenartigen Nötigung, allen Ansprüchen meines Verstandes Genüge zu tun«[43], zu lösen. Ihn interessierte nicht mehr das literarische Werk, sondern die Methode seiner Hervorbringung. Gegen Mallarmés Metaphysik des Werks macht er die Technik seiner Herstellung geltend, gegen das ästhetische Gebilde, dem immer ein blinder Fleck des rational nicht Auflösbaren eigen bleibt, das konstruktive Wissen und Können, das sich völlig durchsichtig ist:

»Ich sagte mir, daß nicht das einmal hervorgebrachte Werk, seine Erscheinung und Wirkung in der Welt uns vervollkommnen kann, sondern nur die Weise seiner Hervorbringung. Die Kunst und die Anstrengung erweitern uns; das Glück und die Musen beschränken uns darauf, zuzugreifen und aufzugeben. Ich gab daher den Berechnungen des Schaffenden eine Bedeutung, die ich dem Werk entzog.«[44]

Sich als eine Art »analytischer Phänomenologe der Verskunst«[45] verstehend wurde Valéry von einem »allgemeineren« Interesse ergriffen, das seine Neigung für die Dichtkunst mehr und mehr in den Hintergrund treten ließ. In den Mittelpunkt seines Denkens rückte die Frage nach dem generellen Problem der Methoden des Herstellens und der konstruktiven

Verfahrensweisen unter den Bedingungen menschlicher Existenz überhaupt. Hans Blumenberg hat das Valérys Ästhetik beherrschende »Grundschema« beschrieben:

»Die Realität der Welt beruht auf dem Widerstand, dem der Mensch begegnet, und das Korrelat dieses Widerstandes ist die Anstrengung, in der er sich an ihm mißt. Unter diesen allgemeinen Begriff des Verhältnisses von Mensch und Welt gehört als der hervorragende Spezialfall das Werk des Künstlers.«[46]

In dem Maße, wie Valéry das besondere Problem der Komposition von Gedichten in Richtung auf das allgemeine von gesellschaftlicher Produktion ausweitete, vermochte er in dem ersten nur noch dem Sonderfall einer universalen Theorie der Mittel zu sehen. Den Vorsatz, in Zukunft eben diese ins Auge zu fassen, hat Valéry Mallarmé 1894 in einem Brief mitgeteilt:

»Ich habe, teurer Meister, einfach gedacht, man müßte in ein und derselben ›Figur‹ alles zusammenfassen, was in allen Bereichen das *Mittel* ist – eine Theorie des *Instruments*, von dem Spaten, der Feder, dem Wort, der Flöte, bis zur Fuge und Integralrechnung.«[47]

Diese neue Perspektive seiner Untersuchungen entfernte Valéry immer weiter von der Dichtung und führte letztlich zu dem Entschluß, »das Spiel aufzugeben«[48], was aus seiner Sicht die Beziehung zu Mallarmé, der davon nichts wissen sollte, komplizierte, um so mehr als Mallarmé gerade ihn in einer Demonstration größten Vertrauens zum ersten Leser seines *Un Coup de Dés* bestimmt hatte.

Valéry sah sich von Mallarmé auf jenen Weg gebracht, der ihn von ihm wegführte; genügt hatten, so Valéry im Hinblick auf das Phänomen Mallarmé, »ein paar Gedichte, um den Zweck der Literatur selbst in Frage zu stellen«[49]. Es schien ihm, als sei sein Denken nur die folgerichtige Konsequenz aus dem Mallarmés, indem er lediglich die Macht, die im metaphysisch ausgeglühten Werk freigelegt worden sei, auf den Willen und die Kräfte des Produzenten übertragen und das Wort durch den Akt ersetzt habe, so daß das Kunstwerk nur noch eine mögliche Anwendung der konstruktiven Fähigkeiten des Geistes unter anderen sei. Diese grundlegende Differenz nicht verstanden zu haben, hat Valéry mit einer gewissen Gereiztheit wiederholt jenen Kritikern vorgehalten, die zeit seines Lebens sein Werk entweder als Fortsetzung oder Nachahmung des Mallarméschen proklamierten oder verschrien:

»Man glaubt immer, daß ich die selben Ideen wie Mallarmé habe, aber wir waren sehr verschieden, und vor allem in der Art und Weise, wie wir die Kunst konzipierten; Mallarmé machte eine Metaphysik daraus; er dachte, daß die Welt dazu geschaffen wurde, um *dargestellt* zu werden, und daß die Darstellung – Kunst –

das Ding an sich war. Für meinen Teil habe ich der Kunst, der literarischen oder sonst welchen, nie eine wesentliche Bedeutung zugeschrieben, ich habe sie nie über andere Erscheinungen des Lebens gesetzt; für mich ist sie *ein Spiel*.«[50]

Was für Mallarmé »Alles« war, das Einzige, das er nicht negierte, sondern dem er angesichts des Nichts des Lebens beharrlich einen Wert zumaß, wurde für Valéry im Endeffekt ein Nichts. Valéry entschloß sich, mit der Ausweitung seines eigenen »System des refus«[51] die »Revolte gegen die Idole«[52] zu Ende zu führen, eine Entscheidung, die, in der von Valéry oft stilisierten Krisennacht von Genua 1892 gefallen, auch den »Kult der Literatur« nicht verschonte. Im Gegenteil. Wie Valéry rückblickend berichtet hat, stellte in jener Zeit selbst »ein Meisterwerk« der Kunst »eine Einschränkung«[53] seines Bedürfnisses nach Klarheit dar, gelten ließ er es nur als Übung eines Könnens, wertvoll nur durch die Einsichten, die der Prozeß seiner Herstellung erbringt, im übrigen nicht mehr als eine »*Probe* (...) deren Bodensatz, das Produkt, *den anderen* gehörte. Das hieß, die bestehende Ordnung umstürzen und vor allem das System Mallarmé, das aus dem *Werk* – das Ziel des Universums gemacht hatte. Und für mich war es der Mensch.«[54] Mallarmé hatte nur ein Ziel: die Vervollkommnung des Werks; Valéry formuliert ein radikal anderes: die Vervollkommnung des Menschen, und er sieht ihre Möglichkeit durch die Steigerung des menschlichen Könnens gegeben. Valérys neue, ernüchternde Frage lautet: Was kann ein Mensch? Es ist jene Frage, die er 1896 erstmals öffentlich in seinem *Monsieur Teste* stellte und die die Grundfrage seines ganzes Projektes blieb.

Konstruktives Vermögen, entpersönlichende Arbeit und Selbstdarstellung kraft äußerster technischer Vermittlung blieben bei den Symbolisten im Kunstwerk eingesperrt. Valérys Absicht hingegen war es, diese Macht einem Subjekt – einem Menschen – zurückzugeben. Der Mensch, um den in den neunziger Jahren Valérys Gedanken zu kreisen begannen, war nicht mehr nur der über seine Kunst reflektierende Dichter, im Grunde kaum noch ein Künstler, sondern der Denkende schlechthin, dessen bedachtes Probieren und spielerisches Üben ihn zu einem potentiell Handelnden machen.

Was Valéry im Zentrum einer sich des eigenen Prozeßcharakters bewußtgewordenen Kunst vorfand, versuchte er theoretisch zu verallgemeinern und die Gestalt einer »Methode« zu geben. Die Losungsworte dieses »System '92«[55] lauteten: Machen, Machen-Wissen und Machen-Können. Aus der Dichtung entwickelte Valéry den Gedanken einer rationalen und technischen Produktionsweise, von der Kunst leitete er das Können ab. Bestimmend für sein Denken wurde die Frage nach der menschlichen Technik als einem spezifischen auf Herstellung gerichteten Wissen, dem es um das Wie des Machens geht. Seine analytischen Spekulationen und intensiven Beobachtungen galten von nun an der Ergründung der Technik im allgemeinen. Er suchte nach Gesetzmäßigkeiten, die Geltung beanspruchen, gleichgültig, ob es sich um das einer inneren Logik folgende Produktionsverhalten in Kunst und Wissenschaft oder um das äußerlich bestimmte der Industrie handelt. Ohne einen Seitenblick auf die spezifischen Ziele oder Inhalte eines fertigen Werkes zu richten, ging er daran, es wieder in den aktiven Produktionsprozeß aufzulösen, durch den es zustande gekommen war. Zuerst das jeweils Stoffliche vermeidend, konzentrierte er sich auf die momentanen Prozesse und auf die Phasen der produktiven Tätigkeit »in actu«, um die in ihm zur Anwendung gelangenden Operationen und Funktionen zu isolieren und zu bestimmen. In einem zweiten Schritt wurde dann der Zustand der Aktivität selbst zum Gegenstand der Analyse erhoben.

Ein erstes naheliegendes Material für seine Untersuchungen fand Valéry bei seinen Bemühungen um das symbolistische Gedicht. Sich selbst beobachtend, wie er seine Vorrichtungen traf, seine Mittel erwog und planmäßig einsetzte, sah er, daß sein zweckgerichtetes Handeln vom Widerstand des Materials beeinflußt wurde und auf dem Weg zu seiner Erreichung das Ziel selbst sich veränderte. Am Ende war das Gedicht nicht unvermittelte Verwirklichung seiner poetischen Intention, sondern allein das Ergebnis dessen, was er durch seine Technik der Widerständigkeit des sprachlichen Materials abzutrotzen vermocht hatte; anders gesagt, der Erfolg seiner Bemühungen hing davon ab, inwieweit es ihm durch sein Können gelang, die der Sprache immanenten Mechanismen in seinem Sinne in Funktion zu setzen.

Als Resultat dieser Erfahrungen mit literarischen Experimenten ergab sich für Valéry die elementare Einsicht, daß die Technik den Menschen in jedem Fall verändert, da jeder, der nach methodischen Lösungen für Probleme der Produktion und Fabrikation im allgemeinen sucht, sich notwendig immanenten, durch die Besonderheit des Stoffes vorgegebenen Bedingungen zu unterwerfen hat. Bedeutet die Technik also immer eine Selbstbeschränkung und methodische Disziplinierung des Menschen, so bietet sie aber immer auch für den, der sie begreift und frei über sie disponiert, die Chance zu einer strengen Selbstzucht, durch die er der Funktionen und Grenzen, Bedingungen und Freiheiten seines Vermögens gewahr wird. Produktion als Transformationsprozeß, in dem Geist und Materielles gleichermaßen zur Wirkung gelangen, ist aber für Valéry auch darauf angelegt, die Aktivität des eigenen Bewußtseins in den

Blick zu rücken. Die eigenen Denkakte liefern das Material zu weiteren Operationen. Valéry gelangt an ein Denken des Denkens, das auf ein Machen des Machens hinausläuft; in dem Maße, wie Denken und Machen immer besser verstanden werden, kann das, was gemacht werden muß, immer besser gemacht werden.

Ist in dem Verständnis von Wissen als ›Machen-Können‹ noch ein positivistischer Ausgangspunkt erkennbar, so ist die Vorstellung eines mit jedem neuen Einsetzen der konstruktiven Kräfte des Menschen vordringenden und sich jeweils steigernden Bewußtseins vom Akt des Machens ihrem Wesen nach Kritik: in der immer neuen Erfragung des Ausgangspunktes, in der Abweisung des Unmittelbaren und in der Wendung gegen das jeweils Gegebene. Sie bezieht sich auf die immer neu auftretende Differenz zwischen Anspruch und Verwirklichung, Resultat und Erwartetem. Valéry identifiziert diese Sphäre der Differenz, diesen Raum der Transformationen, der als nicht aufgehender Überschuß eines »aktiven Denkens«[56] in jeder Konstruktion sichtbar wird, als konstruktiven Möglichkeitssinn, der den Menschen auszeichnet. Menschliche Produktion realisiert sich für ihn immer im Zeichen schlechthin unbegrenzter Möglichkeiten.

Ein Mensch, der zu machen weiß und der machen kann, ist für Valéry im Prinzip fähig, auch sich selbst und seine Möglichkeiten zu machen. Sein Potential liegt in der möglichen Anwendung seiner geistigen Fähigkeiten, in der Vielfalt von Produkten und Formen, die er kraft seines Könnens und aufgrund des ihm zugänglichen Materials realisieren kann, und vor allem in den unerahnten und unabsehbaren Möglichkeiten, die er durch eine sich erprobende, reflexiv sich umorganisierende Tätigkeit herausarbeiten kann. Valérys Untersuchungen und Experimente orientieren sich an diesen einfachen, aber harten Kerngedanken, die eine weder ontologisch statische noch empirisch deterministische Konzeption des Menschen enthalten. Durch sein Machen wird der Mensch eine potenzierte Veränderungskraft, die sowohl die Welt wie die Menschen verändert. Je rationeller der Mensch seine Kräfte entwickelt und seine Möglichkeiten erweitert, desto mehr wird er imstande sein, sich und seine Umgebung nach Willen zu produzieren, anstatt das, was ist, zu reproduzieren. Valérys Zentralfrage ist die nach dem menschlichen Prozeß der Selbstformung im weitesten Sinne. Machen, Methode und Möglichkeit sind jene Begriffe, mit denen er ihn zu erfassen versucht.

Das »aktive Denken«, das hinter diesen Kategorien steht, prägt alle frühen Schriften Valérys auf entscheidende Weise. Es bestimmt Methode, Schwerpunkt, Gegenstand und Ziel seiner Denkmodelle. Unter ihnen nimmt der 1894 entstandene Text *Einführung in die Methode des*

Leonardo da Vinci eine herausragende Stellung ein. Weit entfernt von allem Interesse an der historischen Figur geht es Valéry um die Möglichkeit eines Leonardo in seinem Sinne. Er entwirft einen methodischen Leonardo, der als Konstrukteur in allen Disziplinen gleicherweise zu Höchstem in der Lage war. Er konnte Maler, Architekt, Ingenieur, Anatom, Mathematiker, Kriegsstratege und Dichter sein, weil er wußte, wie man konstruiert, weil, so Valéry, »dieser Beherrscher seiner Mittel, dieser Meister der Zeichnung, des Bildes, des Kalküls jene zentrale Stellung gefunden hatte, von der aus die Unternehmungen der Erkenntnis und die Operationen der Kunst gleichermaßen möglich sind«[57]. Leonardo wird für Valéry der strenge Künstler, der sich zu seinen Mitteln hinwendet, seine Werkzeuge methodisch durchdenkt und die Operationen des Herstellens bis ins letzte Detail verfolgt. Das bewußte Variieren seiner Handlungen und das unbegrenzte Wechseln des Objekts weist auf eine »universelle Einstellung«: in dem reziproken Verhältnis von Analyse – permanenter Differenzierung – und Konstruktion – einem Erfinden durch Ausgrenzung und Reduktion – deckt Valéry bei Leonardo eine Kontinuität der geistigen, d. i. transformativen Operationen auf. Valéry skizziert in seinem Essay eine Theorie des Instruments, eine Phänomenologie der Erkenntnisakte und der konstruktiven Operationen.

Um dieses Problem von einer anderen Seite zu betrachten, begann Valéry zur gleichen Zeit am Entwurf einer literarischen Figur zu arbeiten, die 1896 unter dem Namen »Monsieur Teste« in die Geschichte eingetreten ist und seitdem nicht aufgehört hat, uns zu beunruhigen. Teste ist der »Mensch der Aufmerksamkeit«[58], ebenso wie Leonardo sieht er zu, wie er handelt, wie er sieht, wie er sich sehend sieht, weil er nie anders als vollkommen bewußt, im Zustand extremer Wachheit agieren will. Beide Figuren Valérys gewinnen ihre Macht aus der Beobachtung ihrer eigenen mentalen Funktionsweisen, aus der Aufdeckung der intimsten Prozesse, aus der Erforschung sonst unbewußter Mechanismen. Der einzigartige Teste hat (ebenso befehlshaberisch wie Leonardo, aber unvergleichlich schärfer über seine Freiheit gegenüber jedem Objekt wachend) das freie Spiel seiner Kräfte organisiert und auf den Punkt gebracht, an dem er über sie wie über ein Organ seines Körpers spielerisch verfügen kann. Er hat jeden Gegenstand verwandelt, so daß er imstande ist, damit zu operieren. Daher gewinnt er die konstruktive Macht, die ihm ermöglicht, einen »evidenten Abschnitt der Zukunft«[59] präziser vorauszusehen und zu bestimmen. Von Teste konnte »ein Freund« sogar behaupten: »hätte er die geordnete Macht seines Geistes gegen die Welt gerichtet, nichts hätte ihm widerstanden.«[60] Aber Teste erstrebt nur die »methodische

Eroberung« seines Selbst – er denkt gar nicht daran, ein Werk hervorzubringen oder seine Macht in der Welt auszuüben. Er will sich selbst ma-
chen. Seine ganze Kunst besteht darin, sich auf die eigene Struktur zu
besinnen, die Bedingungen seines Könnens zu sondieren – das sind die
Grenzen seines Geists auf der einen, die Grenzen der Dinge, der eigenen
Sinneskräfte und des Körpers auf der anderen Seite. Er will die eigene
Plastizität bis zum Extrem ausschöpfen und sich der dadurch gegebenen
Möglichkeiten im höchsten Maße bedienen. Teste verkörpert »den Dämon der Möglichkeit selbst«[61], denn er hat erkannt, wie formbar der
Mensch ist. Produkt sowohl der Experimente mit der eigenen Substanz
und den Denkakten als auch der aus ihnen hervorgehenden Selbstvariation, muß Teste alle unter Aspekten der Konstruktion überflüssigen
menschlichen Eigenschaften abstreifen und auf eine Persönlichkeit verzichten. Er wird unmenschlich, so unvergeßlich und lebendig er auch
wirken mag. Das Produkt einer solchen Anwendung des *actus purus* auf
eine extrem plastisch gedachte Menschennatur ist für Valéry letztlich
nicht nur eine Unmöglichkeit, sondern auch und vor allem etwas, das
nicht gewünscht und angestrebt werden darf. Gerade die extreme Konsequenz seines Gedankenexperiments hatte ihm eindringlich vor Augen
geführt, daß das Menschliche gerade in jenem Dunklen, Unverfügbaren,
in keiner Planung Aufgehenden besteht, das jeder konstruktive Wille zu
respektieren hat. In diesem Sinne ist der sehr viel später entstandene
Brief von Frau Emilie Teste zu verstehen, der dem strengen Gatten immerhin zuerkennt, in gewissen Stunden sich mit einer »erlesenen und
wunderbaren Milde«[62] zu schmücken.

Dennoch darf das »Ideenungeheuer«[63] Teste mit jenen möglichen
Menschen verglichen werden, die, den Tendenzen der modernen Welt
zufolge, für Valéry immer wahrscheinlicher wurden. In dem bereits erwähnten Aufsatz *Eine methodische Eroberung*, den Valéry 1896 kurz vor
Testes öffentlichem Auftritt schrieb, nahm er die beiden Elemente, aus
denen die literarische Figur zusammengesetzt war, wieder auf, indem er
sie in der Wirklichkeit des zeitgenössischen Deutschland, genauer in Gestalt seiner Menschen identifizierte. Trotz aller Bewunderung für die
willensbestimmte Veränderungskraft ihrer streng methodisch ausgerichteten Arbeit erschienen sie ihm letztlich als Schreckgespenster. Zwar
sind die durch einen vom Menschen losgelösten methodischen Geist bewirkten Leistungssteigerungen unübersehbar, aber gerade durch das
allein nach eigener Dynamik sich entfaltende System von Wissen und
Können, das gleichsam als Universalsubjekt auftritt, werden die Menschen zur bloßen Funktion dieses Systems degradiert. Der wissenschaft-

liche Geist droht sich alle Gebiete zu unterwerfen und alles nach eigenem
Plan zuzurichten; auch die menschliche Subjektivität wird völlig durchforscht und in ihrer Struktur entsprechend der militärischen, industriellen und politischen Logik umgeformt, während der Einzelne immer ent-
behrlicher wird. Der unaufhaltsame Umwälzungs- und Rationalisierungsprozeß, dessen Ausmaße für Valéry an der deutschen Gesellschaft
sichtbar werden, weist eine tiefe Gemeinsamkeit mit jenem gebieteri-
schen, auf Unterwerfung aller Bereiche angelegten Zug Testes auf. Allerdings sind die Unterschiede nicht weniger aufschlußreich. Was in der
deutschen Gesellschaft bereits Wirklichkeit geworden war, die Vollstrek-
kung des neuen Könnens, bleibt bei Teste Potentialität. Er ist eine Art
Schaffender ohne Hände, er will alles darüber wissen, wie man etwas
macht und was man machen kann, aber – und das ist entscheidend – ohne
es machen zu müssen. Testes Akte (Denkakte) sind Vorbereitungsmanö-
ver. Er ist der *homo faber in potentia,*

»bis an die Grenze vorgeschritten, wo zwar das Denken noch immer nicht in die
Tat umschlägt, wo aber die Tat, die ohne es entstände, einmal auf es, das Denken,
zurückführen könnte und seine schaffende Notwendigkeit erhärten«[64].

Der auf sich zurückgezogene Teste ist selbstgegnerisch in dem Bemühen,
sein Bewußtsein auf klare Akte zurückzuführen, denn er will seine Denk-
manöver von sich aus bestimmen, er möchte sich nicht von irgendeiner
fremden Instanz »manövrieren lassen«[65]. Seine Negationen, nicht nur
gegenüber dem von ihm in der Realität nicht Beherrschten, sondern
ebenso gegenüber dem in ihm selbst nicht Kontrollierbaren, machen seine
Stärke aus und begründen sein Können. Er bekämpft irrationale Mächte,
die auf sein Gefühl zielen, Ideologien, die auf Begründung ihrer Begriffe
verzichten, Traditionen, die eine unausgewiesene Geltung beanspruchen,
Mythen und Bilder, die allein auf die Kraft ästhetischer Faszination setzen.

Teste hat »die Marionette getötet«[56]. Seine Haltung ist die eines perspektivischen Denkens, das allein gelten läßt, was es an der Welt rational
erfassen, das heißt zu konstruieren vermag. Seine Gedanken überraschen, weil Teste »nicht bloß in eine Richtung«[67] denkt. Insofern die
Figur Testes aber auch als Personifikation des Intellekts angesehen werden kann, macht Valéry unmißverständlich deutlich, daß Denken seinem
Wesen nach Negation all dessen darstellt, was sich vor seinem Bedürfnis
nach Klarheit nicht ausweisen kann oder will.

Das in der Figur Testes literarisch durchgeführte Um- und Selbstfor-
mungsexperiment war zugleich Spiegelbild eines höchst realen Versuchs,
den Valéry mit sich selbst veranstaltete und der gleichfalls darauf
zielte, im Akt einer umfassenden Negation alles Ungefähre und Unklare

abzuweisen. Nach der Krisennacht von 1892 [68] hatte Valéry begonnen, die Aktivitätsformen des eigenen Geistes einer strengen Selbstbeobachtung zu unterwerfen, um sich auf methodische Weise in die Lage zu versetzen, sich selbst und die Möglichkeiten seines Geistes zu konstruieren. Ort dieser Transformationen seines Ich wurden die *Cahiers*, Hefte, die, nach seinem Tod in einer Faksimile-Ausgabe veröffentlicht, insgesamt einen Umfang von fast 30 000 Seiten annahmen. »Die anderen machen Bücher, ich mache meinen Geist« [69], mit dieser frühen Eintragung hat Valéry sehr genau seinen Vorsatz bezeichnet, die Bewußtheit und die Freiheit seines Geistes zum Ziel, Medium, Mittel und Gegenstand eines »Innenlebens« zu machen, »das mehr oder minder experimentell« [70] war. Dieses experimentelle Ich der *Cahiers*, das »*moi pur*«, wurde ein immer aufs neue gesetzter und erfragter Nullpunkt, von dem aus es Valéry fünfzig Jahre lang jeden Morgen unternahm, sich von den willkürlichen Mächten der Sensibilität, den Schwankungen des Gefühls, der Zufälligkeit der Umstände, dem Zauber der Worte zu befreien, um zu der gesuchten Algebra der Bewußtseinsakte, aber auch, durch das tägliche Schreiben, zu einer Sprache zu gelangen, in der er jene mit mathematischer Klarheit fixieren zu können hoffte.

»Ohne auf diese Sprachtheorie weiter einzugehen, kann festgehalten werden, daß für den sprachgewaltigen Valéry die ihm zur Verfügung stehende Sprache für den Untersuchungsgegenstand der *Cahiers* zu wenig präzis, zu abgeschliffen ist. Wonach er sich schon in den ersten *Cahiers* sehnt und was er im jugendlichen Impetus zu finden hofft: ›Trouver le langage sans metaphores matérielles qui produise la vie mentale‹ (...), bleibt aber, nach Notizen aus den letzten *Cahiers* zu schließen, als nur beschränkt befriedigter Wunsch ein an die Nachwelt zu delegierendes Desiderat.« [71]

Sein frühes Krisenerlebnis, das Leiden an einer unglücklichen Liebe, hatten ihm aber gleichfalls deutlich gemacht, daß er auch das, was er seine »self-variance« nannte, in seine Beobachtungen miteinbeziehen mußte, eben jenes Phänomen, daß der Geist unbeständig und hinfällig ist, voller Interferenzen, Unregelmäßigkeiten, unkontrollierter Ablenkungen und Abweichungen von sich selbst. Diese Erkenntnis gelangt in den ständig wiederkehrenden thematischen Komplexen der *Cahiers* zum Ausdruck: Ihre Gegenstände sind Geist und Abwesenheit des Geistes, Aufmerksamkeit und deren Verschwinden, Traum und Erwachen, Glauben und Klarheit, Methode und Zufall, Konstruktion und Inspiration, Zeit und Diskontinuität, die Macht der Sprache und die Details des wirklichen Lebens. Seine Wahrnehmung galt dem, was sich in der Praxis des Denkens ständig durchkreuzt, aber gerade deshalb die Möglichkeit eröffnet, die

Invarianten des Geistes an den Variationen des Nichtgeistigen abzulesen.

Zwar verrät Valérys Konzentration auf das Ich eine starke Bindung an die extreme Subjektivität der Kunst seiner Zeit, aber die Aufzeichnungen der *Cahiers* dokumentieren eindringlich den Weg ihrer Überwindung. Die unerträgliche Intensität der Nervenerregung, die Valérys Krise von 1892 charakterisierte, trägt noch eindeutige Spuren des seismographisch reagierenden ästhetizistischen Sensoriums, das Ich der *Cahiers* hingegen ist als Versuch angelegt, es durch ein konstruiertes Ich zu ersetzen, dessen Vermögen nicht mehr in seiner extremen Erregbarkeit liegt, sondern darin, im allgemein Sichtbaren immer mehr von bislang nicht Gesehenem wahrnehmen zu können.

Daß Valérys »drame interieur« keine Entwicklung einer Persönlichkeit dokumentiert, verweist auf einen anderen Aspekt seines ästhetizistischen Ausgangspunkts zurück. Auch die symbolistischen Werke hatten nichts mit der Konservierung oder Kultivierung einer Innerlichkeit gemein; der ästhetizistischen Subjektivität war es aufgegeben, in jenen Spiegelreflexen und Korrespondenzen zu verlöschen, in deren perspektivischen Konfigurationen sich die wahre Figur der Dinge einstellen sollte. Valéry erschien dies jedoch als metaphysisch selbstgenügsame Schau, in der sich die symbolistischen Artisten um das Beste brachten: die Erkenntnis, daß sie diese ästhetische Spiegelwelt der Bezüge nur kraft äußerster Vermittlung durch die instrumentellen Operationen ihrer Kunst apperzipierten.

So deutlich Valéry war, wie sehr dieses Verständnis einer »Welt der Bezüge« eine »Art Mystizismus«[72] war – vollständig preis gab er sie nicht. Seine *Cahiers* nehmen sie von Anfang an wieder auf, allerdings in einer strengeren, in höherem Maße rationalen Form, die ihre Modelle in der Mathematik und der modernen Physik findet. Valéry begann sich mit beiden Disziplinen intensiv zu beschäftigen und fand hier, etwa in der Mengenlehre, der Thermodynamik oder der Transformationstheorie Begriffe, die es ihm erlaubten, seine geistigen Handlungen als Funktionen zu beschreiben.[73] Da diese Modelle allein instrumentellen Charakter besitzen und nicht substantialistisch die Wirklichkeit erfassen, sondern lediglich Aussagen über die menschliche Beziehung zu ihr machen wollen, also Beschreibung von Erkenntnisakten sind, in denen die Realität als Funktion des Erkennenden verstanden wird, schienen sie Valéry auf hervorragende Weise geeignet, seinen Blick für die Vielzahl jener Gestalten zu schärfen, in denen das empirische Ich sich die Welt zurechtlegt. Im Besonderen ermöglichte ihm das begriffliche Instrumentarium der Relativitätstheorie, jede statische Konzeption des Beobachters zu vermeiden und im Hinblick auf seine Experimente mit dem eigenen Wahrnehmungsvermögen immer neue Standpunkte und Sichtweisen zur Geltung zu bringen.

Doch nicht diese Mittel und Methoden an sich, noch irgendein Bild, das durch sie fixierbar war, sah Valéry als sein Ziel an, sondern allein den Prozeß des Experimentierens, in dem man lernen konnte, durch die in ihm gewonnenen Mittel immer genauer zu denken und zu sehen. In einer späteren Skizze hat Valéry den Inbegriff dieser angestrebten Sehweise am Beispiel des von ihm bewunderten Degas beschrieben:»ein leidenschaftliches Verlangen nach der einzigen Linie, die eine Figur definiert, aber eine Figur, die im Leben, auf der Straße, in der Oper, bei der Modistin (und selbst an ganz anderen Orten) zu finden ist; gleichzeitig eine Figur, die in ihrer ganz besonderen Gebärde, in einem bestimmten Moment überrascht wird, nie anders als handelnd, immer ganz Ausdruck«, aber sie war auch, und das ist das Entscheidende für Valéry, ein gewagter Versuch,»die Momentaufnahme und die endlose Arbeit im Atelier zu vereinigen, den Eindruck in tiefen Studien, das Unmittelbare in der Dauer des nüchtern reflektierten Willens zu verschließen«[74]. Täglich schreibend und gelegentlich zeichnend füllte Valéry die Seiten seiner *Cahiers* allein in der Absicht, die Möglichkeiten des eigenen Ich experimentell auszuschöpfen und konstruktiv für sich zu nutzen, allerdings im Selbstgenuß der reinen Potentialität, abseits der literarischen Öffentlichkeit und ohne Interesse an Lesern.

Abgesehen von den wenigen, dafür um so bedeutenderen Veröffentlichungen wie *Ein Abend mit Monsieur Teste*, *Einführung in die Methode des Leonardo* und *Eine methodische Eroberung* war Valéry nahezu zwanzig Jahre fast ausschließlich mit seinen Experimenten beschäftigt und ging im übrigen einer Beschäftigung als Angestellter nach.

Um 1912 traten André Gide und Gaston Gallimard an ihn heran und versuchten ihn zu ermutigen, eine Auswahl seiner alten Gedichte zu treffen und sie zusammen mit den Prosaschriften als Buch im neugegründeten Verlag ›Nouvelle Revue Française‹ erscheinen zu lassen. Valéry lehnte Gides Bitte zunächst kategorisch ab, begann aber dann doch, wohl auch in gewisser Weise des Abstraktionsniveaus seiner täglichen Aufzeichnungen müde, die alten Gedichte zu korrigieren. Diese Arbeit führte ihn zu dem Entschluß, ein neues, kurzes, aber letztes Gedicht zu verfassen. Es entstand jedoch ein umfangreiches Gedicht, dessen langwierige Komposition über vier Jahre in Anspruch nahm. Als es 1917 unter dem Titel *La Jeune Parque*[75] erschien, bewirkte es eine Sensation, stellte es doch nicht weniger dar als einen lebendigen Organismus, der denkt und fühlt, Transformationen des Bewußtseins, des Erwachens, der Sinnlichkeit, des Körpergefühls, des Gedächtnisses, der Emotionen und der äußeren Realität. Es folgten, aus dem Geist dieses Werks geboren, eine Reihe von weiteren Gedichten, deren Gegenstände gleichfalls aus den *Cahiers* stammten und die gesammelt 1922 in dem Band *Charmes* erschienen. Diese »prosodischen Experimente«[76] machten Valéry in kürzester Zeit weltberühmt. Entscheidenden Anteil hatte daran vor allem der eng mit der Zeitschrift *Nouvelle Revue Française* verbundene Kreis um Gide, der es zudem verstanden hatte, nicht nur den gleichnamigen Buchverlag zum Fokus der literarischen Moderne des zwanzigsten Jahrhunderts zu machen, sondern mit der Zeitschrift ein richtungweisendes Modell für die progressiven und liberalen Organe der europäischen Intelligenz zu schaffen. Am Vorbild der *Nouvelle Revue Française* orientierte sich Eliots *Criterion* ebenso wie Max Rychners *Neue Schweizer Rundschau* und, in Deutschland, der *Neue Merkur*.

Nachdem Valérys enge Freundin Adrienne Monnier auch seine frühen Gedichte veröffentlicht hatte und der Leonardo-Aufsatz in erweiterter Fassung neu herausgekommen war, schien Valéry als Dichter in jene Sphäre zurückzukehren, die er doch bereits als junger Autor verlassen hatte. Was geschah, war aber etwas völlig Neues. Das Andere war in seine abgeschlossene Welt der Worte und Gedanken, in seine Zone des »*moi pur*« eingebrochen. Konfrontiert mit dem plötzlichen Ruhm und dem Gefühl, von nun an der Öffentlichkeit preisgegeben zu sein, entdeckte Valéry den Leser als Anderen, der als Konsument Ansprüche geltend macht, die im Akt der Produktion als Formelemente Berücksichtigung verlangen. Er entdeckte darüber hinaus den Anderen, der als Subjekt sich mehr und mehr in sein Denken hineindrängte. Genau wie vor 28 Jahren, als Valéry versuchte, in einem »*Coup d'etat*« eine ihm eigene Sphäre zu isolieren und ein selbstbestimmtes Lebensprojekt zu destillieren, kam es zu einer großen Krise[77], die die Gestalt einer umwälzenden Liebesaffäre annahm. Hatte ihn die erste darauf geführt, angesichts der im Liebeskonflikt zutage tretenden Abhängigkeit von Zufall und Gefühl bei einer vermeintlich stabilen Instanz wie dem »*moi pur*« Zuflucht zu suchen, so realisiert sich für ihn in der zweiten im extrem gespannten Umgang mit der Geliebten die Erfahrung des Geistes und des Körpers, des eigenen und des fremden, in eben jener kontingenten Welt. Die radikale Wendung erschöpfte sich jedoch keinesfalls im Ausbruch der bislang gebändigten Affekte, sondern erschloß seinem intellektuellen Abenteuer ein erweitertes Terrain. Catherine Pozzi[78], die es für ihn verkörperte, erwies sich als ihm ebenbürtige Kritikerin und Gegenkraft und wurde als Mitarbeiterin an seinem »System« herangezogen. Valéry beauftragte sie damit, eine Theorie der geistigen Funktionen aus seinen *Cahiers* herauszulösen. Der neue dialogische Charakter dieser gemeinsamen Arbeit prägte sich tief in die Form und in die Problematik der folgenden Versuche ein, in denen Valéry den bislang in den Aufzeichnungen verschlossenen Kräften nun freien Lauf ließ. Der 1921 aus diesem Material entstandene sokratische Dialog *Eupalinos oder Der Architekt*, zentral im Gesamtwerk dadurch, »daß er fast das ganze Instrumentarium der Begriffe des Kunsttheoretikers enthält und entfaltet«[79], enthält ein verschlüsseltes Bild der Herausforderung, die Catherine Pozzi für ihn darstellte, und war ihr gewidmet. Valéry verarbeitete darin ihre Kritik seines solipsistischen Systems, indem er die geistig-körperliche Präsenz des Menschen in den Mittelpunkt rückt, die durch Akte in der Welt mit dem Gegenstand und dem Anderen in Berührung kommt. Valérys Sokrates begreift, nachdem er im Schattenreich von den Werken des Architekten Eupalinos gehört hat, den fundamentalen Irrtum seines Lebens: Es gilt, nicht eine von der Welt abgewandte kontemplative Existenz zu führen, sondern in das Universum der Akte einzutreten oder in Abwandlung der sokratischen Grundformel: es kommt nicht darauf an, sich zu erkennen, sondern zu konstruieren. Die erste Krise hatte Valéry zu den *Cahiers* geführt, die zweite warf für ihn die Frage auf, wie er das darin enthaltene Potential in Zukunft aktualisieren könne.

Ein ebenso schwerwiegender Faktor der Krise bestand für Valéry darin, daß 1922 sein Arbeitgeber, der Chef der Presseagentur Havas, starb und er sich unvermittelt jener Situation gegenübersah, die er immer hatte vermeiden wollen, nämlich als Berufsschriftsteller und »freier« Intellektueller sich auf dem Arbeitsmarkt behaupten zu müssen. Jahrelang schien ihm seine Freiheit allein in der täglichen Arbeit beschlossen, die die *Cahiers* dokumentieren. Nach einer Phase des Schwankens und tiefer Depressionen traf er schließlich die Entscheidung, der Öffentlichkeit seine selbstentwickelten Schreib- und Denkformen in jenem Zustand zu überlassen, in dem sie sich befanden:

»nicht Seiten eines gemachten Buches, sondern Seiten der Bücher in Konstruktion (...) Nicht schreiben IN DER FOLGE. (...) Die Literatur in wildem Zustand. Läßt sie sich pflücken, so stirbt sie.«[80]

Das waren dem Gebrauch des Lesers überlassene Konstrukte, nicht darauf angelegt, als Werke betrachtet zu werden, sondern Texte einer Poetik der Aktion. Seine theoretische und technische Zergliederung des Kunstgedankens deutete mögliche und wirkliche Interpenetrationen von Kunst und Lebenspraxis an, die die Experimente der Surrealisten radikal vorwegnahmen oder übertrafen. Nicht ohne Grund bewunderten die frühen

Surrealisten Valérys Denken und nahmen seine Unterstützung ihrer ersten Projekte dankbar an.[81] Valérys Entscheidung für die Öffentlichkeit zielte nicht darauf, in ihr die Rolle des Dichters zu spielen, im Gegenteil, ihr Kern liegt darin: Wie der Sokrates seines Dialogs wendet sich Valéry landeinwärts, den Menschen zu. Der Mensch, den er der symbolistischen Fixierung auf das Werk entgegengestellt und zum Gegenstand seiner unablässigen Forschung gemacht hatte, wird nun für Valéry in einer radikal praktischen Wendung zum Adressaten seines Denkens, vor allem deshalb, weil er angesichts der in der Nachkriegswirklichkeit zutage tretenden fundamentalen gesellschaftlichen Probleme zu deren Bewältigung durch das beitragen möchte, was er *kann*. Dies geschah in Form von Essays, Interviews, Antworten auf Rundfragen, Protokollen, offiziellen Reden und akademischen Vorträgen, Vorworten und Dialogen mit diktierten Themen, Aphorismen und Anekdoten, die ihm eine Art komplexer Versuchsanordnung wurden, welche sowohl seine enzyklopädischen Interessen und seine unersättliche Aufmerksamkeit wie seinen selbstdressierten methodischen Willen herausforderte. Gegenstand dieser umfangreichen, zum Teil undefinierbaren Prosaschriften war im Grunde nur das, was ihm sozusagen »von außen« zugespielt wurde: das, was seine Karriere ihm anbot und das alltäglich Notwendige ihm abverlangte; das war auch, mit wachsender Regelmäßigkeit, der Reflex welthistorischer Ereignisse:

»Fast immer überrascht, am Anfang seiner Arbeit, sich in eine ungewohnte Ordnung der Gedanken hineingezogen zu finden und auf einmal in einen unerwarteten Zustand des Geistes gesetzt, mußte er notgedrungen das Naturell seines Denkens jedesmal wiederherstellen«[82],

so heißt es in der Vorbemerkung seines ersten Essaybandes mit dem bezeichnenden Titel *Variété*, der jener Reihe den Namen gab, in der zu Valérys Lebzeiten die an den unterschiedlichsten Orten veröffentlichten Texte gesammelt erschienen sind. Dergestalt alles reflektierend, was in der neuen Rolle auf ihn zukam, mußte Valéry auf das Problem »Erkenntnis *in* der Welt – Welt *in* der Erkenntnis«[83] stoßen; diese umfassende, synthetische Dimension seines Projekts war aber vorgebildet in der C-E-M-Formel seiner *Cahiers*[84], die den Funktionszusammenhang von Körper, Geist und Welt bezeichnet.

Man kann Valérys Hinwendung zur gesellschaftlichen Realität aus den äußeren Umständen seiner veränderten Lebensbedingungen erklären; bei genauerer Betrachtung wird jedoch deutlich, daß er auch angesichts der immanenten Entwicklung seiner Gedanken an genau diesem Punkt angelangt war. Seine Kursänderung läßt sich gerade dort am eindeutigsten aufspüren, wo er sich scheinbar der Welt am weitesten entfernt hatte: bei der Komposition des »obskursten Gedicht(s) der französischen Sprache«[85] – *La Jeune Parque*. Was es für Valéry bedeutete, ist der dem Werk vorangestellten Widmung an Gide zu entnehmen: »Viele Jahre hindurch hatte ich die Verskunst ruhen lassen, da ich mich wieder dazu anhielt, kam diese Übung zustande.« In der Arbeit an dem großen Gedicht laufen die beiden Hauptlinien seiner *Cahiers* zusammen: Es ist Experiment und Übung in dem Sinne, seine Möglichkeiten und technischen Fertigkeiten in dem ihm eigensten, vertrautesten Medium zu überprüfen: dem Wortmaterial. Auch in den *Cahiers* hatte Valéry das eigene Schreiben als nächstliegendes Beispiel gedient, um den Stoffwechsel zwischen dem Menschen und der externen Welt zu beobachten, in *La Jeune Parque* unternimmt er es, jenen Vorgang zu untersuchen, in dem die Worte kraft ihrer historisch gestifteten Bedeutung weltkonstituierend wirken, also sprachliche Mittel als Instrumente der Konstruktion einer spezifischen Wirklichkeit in Funktion gesetzt werden. Valéry begreift seinen Versuch als Teil einer notwendigen Entzauberungsarbeit, in der die mythische Kraft von Bild und Sprache, die das Denken einzuschränken droht, einer radikalen Kontrolle unterworfen wird, um sich der Möglichkeit zu versichern, mit der Sprache als einem Instrument umzugehen, das sich der eigenen Formung verdankt und eben jene Welt vermittelt, die der Dichter erkennt. Valéry sah in der strengsten Bedingungen unterworfenen Arbeit an dem Gedicht eine Chance, seine »Freiheit zu behaupten oder wiederzugewinnen gegen die Illusionen und die ›Parasiten‹, die uns der unvermeidliche Gebrauch der Sprache auferlegt«[86]. Das heißt, das Verhältnis des Dichters zur Sprache muß für Valéry »dadurch bestimmt sein, daß er auch die Sprache zu einem Zustand der reinen Möglichkeit zurückführt und sie dadurch zu einem Medium der poetischen Freiheit macht«[87]. Valéry hat diese Annahme als seinen »sprachlichen Materialismus«[88] bezeichnet, wie er überhaupt, vor die Wahl zwischen »spiritualisme et matérialisme«[89] gestellt, sich zu letzerem bekannt hat, denn, so Valéry, »das Geistige ist die Lehre, die am wenigsten vom Geist verlangt«[90]. So war auch Valérys technisch-methodische Selbstbeschränkung in der Arbeit an diesem Gedicht ein Teil des Kampfes, der Welt Herr zu werden, auch indem er ihr angesichts des Krieges die Freiheit seines Geistes abtrotzte.

Steigerung der Kräfte durch Übung hat Valéry in einem sehr konkreten Sinne verstanden, wie sein Beispiel verrät, das er in einem ausführlichen Brief von 1915 gebraucht, um den an die eigene intellektuelle Entwicklung gestellten Anspruch zu verdeutlichen:

»Es handelt sich nicht um Dilettantismus (wie man 1880 sagte). Ein Rennpferd, das jeden Morgen trainiert, scharf zugeritten, rechtzeitig gestoppt, gewogen und vernünftig gefüttert wird, ist eine schöne Sache. Das ist keineswegs ein Dilettant. So ein intellektuelles Tier werde ich künftig einen Philosophen nennen.«[91]

Es war auch das Bewußtsein dieser durch Training erworbenen, ständig gesteigerten und in Übungen wie *La Jeune Parque* erprobten Kraft, die ihn ermutigte, die sich ihm immer stärker aufdrängende Welt der Gegenwart zum Gegenstand seiner Konstruktion zu machen und sich zugleich um der Freiheit seines Geistes willen von ihr abzugrenzen. Je mehr er sich mit den Möglichkeiten des Machens beschäftigte, um so deutlicher vermochte er wahrzunehmen, wie sehr die Menschen von der Welt, die sie machen, gemacht werden. So ist es ebenso zwingend wie überraschend, Valéry im Mai 1918 bei der Lektüre von Marxens *Kapital* anzutreffen, über die er seinem Freund Gide berichtet: »*Das Kapital*! Ich bin einer der wenigen Menschen, die es gelesen haben.«[92] Jenes intellektuelle Vermögen, das sich in *La Jeune Parque* als poetisches Können realisiert hatte, war bereits 1919 in dem Aufsatz *Die Krise des Geistes* auch als zeitdiagnostische Kraft wirksam geworden. Unter Wiederaufnahme der in der *Methodischen Eroberung* entwickelten Gedanken versucht er darin, angesichts der historischen Katastrophe des Ersten Weltkriegs jene Dialektik des historischen Fortschritts von ihrem vorläufigen Höhepunkt her ins Auge zu fassen und zu zeigen, wohin, wie in Deutschland bereits geschehen, aber allen europäischen Ländern drohend, eine völlig unkontrollierte, einseitige Entwicklung des methodischen, wissenschaftlichen Denkens führt, das allein Militär, Industrie und Wirtschaft in ihren Dienst nehmen:

»Die großen Vorzüge der Deutschen haben mehr Unglück verschuldet als je der Müßiggang Laster gezeugt hat. Wir haben gesehen, mit eigenen Augen gesehen, wie die gewissenhafteste Arbeit, die gründlichste Bildung, die ernsteste Zucht und Bemühung grauenhaften Zwecken dienen mußten. Soviel Schreckliches wäre nicht möglich gewesen ohne so vorzügliche Eigenschaften. Es bedurfte zweifellos vielen Wissens, um in so kurzer Zeit so viele Menschen zu töten, so viele Güter zu verschwenden, so viele Städte zu vernichten; aber nicht weniger bedurfte es dazu sittlicher Kräfte. Wissenschaft und Pflicht, seid ihr nun auch verdächtig?«[93]

Das Jahr 1914 markiert für Valéry den Beginn einer grundlegenden und nach dem Krieg fortdauernden Krise der europäischen Gesellschaften und ihrer Lebensformen. Der historische Prozeß hatte für ihn jenen Punkt erreicht, an dem die »Grenzen«[94] der Modernität sichtbar wurden. »Das Schwanken des Schiffs war so stark, daß auch die gesichertsten Lampen erloschen.«[95]

II. Paul Valéry in Deutschland

Nationale Vorbehalte, die zu Beginn der Weimarer Republik die geistespolitische Atmosphäre bestimmten, haben entscheidend dazu beigetragen, daß die französische Gegenwartsliteratur in Deutschland kaum
wahrgenommen wurde. Paul Valérys Präsenz wurde erst sichtbar, als im
Zeichen eines neuen europäischen Denkens vorsichtige Versuche einer
Verständigung mit Frankreich unternommen wurden.

Der Wiener Herbert Steiner war der erste, der Valéry nach dem Ende
des Ersten Weltkriegs eine Gelegenheit bot, sein »metapolitisches« Denken vor der internationalen Öffentlichkeit zur Diskussion zu stellen. Im
Jahre 1922 organisierte Steiner für ihn eine Vortragsreise in der Schweiz,
die Valéry dazu nutzte, in seiner Züricher Rede ›Europa‹ als eine Art
Austauschsystem vorzustellen, das im Sinne einer wechselseitigen Vermittlung nationaler intellektueller und gesellschaftlicher Kapazitäten
funktionieren könnte. Die Züricher Rede, die bald darauf dem Aufsatz
Die Krise des Geistes als Note angeschlossen wurde, markiert den Beginn
einer vermittelnden Aktivität Valérys, die ihn bereits in den Nachkriegsjahren zu einem der ersten Repräsentanten der Bemühungen um europäische Verständigung machte. Nur wenige Monate nach dem Vortrag
stellte Steiner in einer kleinen Züricher Zeitschrift Auszüge aus *Die Krise
des Geistes* vor; es war ein erster Schritt, Valérys Schriften dem deutschsprachigen Publikum nahezubringen.[96] In den folgenden Jahren setzte
Steiner seine Vermittlerrolle fort, vor allem als Mitarbeiter der von Max
Rychner herausgegebenen *Neuen Schweizer Rundschau*. Diese Zeitschrift war es, die auch der deutschen Öffentlichkeit einen Zugang zum
Werk Valérys eröffnete. »Noch heute«, schrieb Carl J. Burckhardt 1958,
»kann man in Paris hören, damals sei von Zürich aus der europäische
Ruhm Paul Valérys begründet worden.«[97] Rychner gelang es, die *Neue
Schweizer Rundschau*[98], nach seiner Übernahme der Redaktionsleitung
1922, zum zentralen Forum des europäischen Gedankenaustausches im
deutschen Sprachgebiet zu machen. Orientiert hatte er sich dabei an
Efraim Frisch und seiner Zeitschrift *Der Neue Merkur*[99], die in Deutsch-
land angesichts einer umsichtigen Redaktionspolitik nach dem Krieg zum
führenden Organ des Engagements für die deutsch-französische Annä-
herung geworden war. Von größter Bedeutung war dabei gewesen, daß
Frisch den bislang in der Öffentlichkeit unbekannten jungen Marburger
Romanisten Ernst Robert Curtius entdeckt hatte, der 1919 in seinem
Fach mit dem außerordentlich kenntnisreichen Buch *Die literarischen
Wegbereiter des neuen Frankreich* hervorgetreten war und der sich mit

seinem Engagement für die zeitgenössischen französischen Autoren im Umkreis der *Nouvelle Revue Française* ebenso viele Feinde in Deutschland wie Freunde in Frankreich gemacht hatte.

Curtius' Ausgangspunkt, beide Nationen hätten, konfrontiert mit der europäischen Krise, sich erst ihrer jeweiligen Besonderheit zu versichern, um sich verständigen zu können, stieß in vielen Lagern auf Widerstand, wie vor allem die heftige Debatte zeigte, die sein 1921 im *Neuen Merkur* veröffentlichter Aufsatz »Deutsch-französische Kulturprobleme« zur Folge hatte. Ganz auf dieser Linie seiner Bemühungen liegt auch die im gleichen Jahr veröffentlichte Broschüre *Der Syndikalismus der Geistesarbeiter in Frankreich*, in der er darlegt, daß die Versuche der Krisenbewältigung unter den Intellektuellen in Deutschland und Frankreich völlig unterschiedliche Formen angenommen hatten. Während in Deutschland die Krise als geistige, metaphysische verstanden werde, aus der nur eine »Umwertung aller Werte« herausführe, sei sie in Frankreich als ökonomische begriffen worden, in der die Intellektuellen angesichts der am eigenen Leib erfahrenen Deklassierung es sich zur Aufgabe gemacht hätten, »die Zusammenhänge zwischen Wirtschaftsleben und Geist«[100] zu erforschen. Aus der »Krisis der Intelligenz als Wirtschaftskrisis«[101] erklärt Curtius die, vor allem in der Zeitschrift *Producteur* zu findende, »Anwendung reinlicher intellektueller Technik auf wirtschaftliche und geistige Organisationsprobleme«[102]. Von einer Krise des europäischen Geistes hingegen sei in der neuen französischen Literatur kaum die Rede; »ganz vereinzelt«, so Curtius in einer Fußnote, »steht der bedeutsame Aufsatz ›La Crise de l'Esprit‹ von Paul Valéry«[103]. Wie sehr allerdings Curtius gerade durch die Beschäftigung mit diesem Aspekt der französischen Geistespolitik in die Lage versetzt worden war, auch Valéry besser zu verstehen, zeigte sich, als er 1924 im Mai-Heft des *Neuen Merkur* dessen Werk in einer ungemein klaren Interpretation vorstellte und in dessen Zentrum gleichfalls das Problem der Technik ausmachte. Curtius sah das »Grundwesen von Valérys Dichtung« in der »Rigorosität der intellektuellen und der handwerklichen Methode«[104]. Allerdings ist schon in seinem ersten Aufsatz zu erkennen, was in den folgenden Beiträgen über Valéry immer deutlicher wird: Curtius schwankt zwischen den Kategorien rationaler Transformation und vitalistischer Wandlung, technischer Produktion und organischem Wachstum, Intellekt und Seele, was ihn dazu führt, bei Valéry »eine leere Stelle« wenn nicht zu beklagen, so doch mit einer gewissen Irritation hervorzuheben:

»Das Mittlere zwischen Geistigkeit und Sinnlichkeit: das Reich der Seele und ihrer Schönheit, in dem wir die wahre Heimat der Poesie zu sehen gewohnt sind, fehlt bei Valéry.«[105]

In seinem letzten Artikel für den *Neuen Merkur*, der unter dem Titel »Zivilisation und Germanismus« erschien, deutet sich bei aller Abwehr des Kulturnationalismus die stärkere Hinwendung zu einem dem »zivilisatorischen« Rationalismus der Franzosen entgegengesetzten organischen Entwicklungsbegriff der Kultur an, der in einer spezifisch deutschen Tradition steht.[106] Möglicherweise hängt es mit dieser Akzentverschiebung zusammen, daß er die Übersetzung von Valérys Essay *Die Krise der Intelligenz*, die Herbert Steiner im Januar 1926 in der *Neuen Schweizer Rundschau* veröffentlichte, unkommentiert ließ, obwohl Steiner, wie in seinen anderen Übertragungen, das Wort ›civilisation‹ stillschweigend mit ›Kultur‹ wiedergegeben hatte. In diesem Text verdeutlicht Valéry erneut, aber zum ersten Mal in eindringlichen Bildern, den Transformationsprozeß der Moderne, der Fähigkeiten, Sensibilität und geistige Entwicklung des Einzelnen verändert und zu einer »neuen Begriffsbestimmung des Menschen«[107] im Maschinenzeitalter führt:

»Die Maschine regiert. Durch sie ist das menschliche Leben eng gefesselt, dem fürchterlich exakten Willen des Mechanismus unterworfen. Diese Werke des Menschen sind streng. Sie wirken jetzt auf ihre Schöpfer zurück und bilden sie nach sich selbst. Sie bedürfen gut gedrillter Menschen; sie verwischen nach und nach deren Unterschiede und machen sie geeignet für ihre regelmäßige Arbeit, für die Einförmigkeit ihrer Norm. Sie schaffen sich also eine Menschheit zu ihrem Gebrauch, fast nach ihrem Bild.«[108]

Valérys diagnostischer Sehkraft erschloß sich immer deutlicher, welchen Preis die gesteigerte technische Intelligenz als formales, den gesellschaftlichen Rationalisierungsprozeß forcierendes Vermögen hat, und es lag für ihn nahe, die Auswirkungen dieses Prozesses zunächst für sein Metier, die Literatur und ihre Medien, und die eigene gesellschaftliche Gruppe der literarischen Intelligenz zu beschreiben. Er deutet an, was ihr, für den gesellschaftlichen Reproduktionsprozeß zunehmend funktionsloser werdend, in Zukunft bevorstehen könnte:

»Wissen wir denn, ob nicht eines Tages das Brot, ob nicht die lebensnotwendigen Dinge den Männern verweigert werden, deren Verschwinden die Herstellung dieses Brotes und dieser Dinge in keiner Weise hindern würde? Man sähe allererst den Untergang all derer, die (...) nicht verstehen, sich zu verteidigen. Alle übrigen würden folgen oder, erfaßt von der wachsenden Not, zu den materiellen Aufgaben zurückkehren, und diese fortschreitende Ausrottung würde irgendeinem höchsten Beobachter die positive Rangordnung der wahren Bedürfnisse des einfachsten menschlichen Lebens im wirklichen Geschehen sichtbar machen.«[109]

Opfer der Krise in Deutschland war 1925 der finanziell nicht konsolidierte *Neue Merkur* geworden. Curtius' zumeist in dieser Zeitschrift veröffentlichte Aufsätze zur französischen Literatur erschienen im selben Jahr gesammelt in einer erweiterten Fassung seines frühen Buches, das nun den Titel erhielt *Französischer Geist im neuen Europa*. Das Buch blieb vollkommen wirkungslos.

Ein Exemplar sandte Curtius an einen Dichter, der, wie er selbst, begonnen hatte, Gedichte von Valéry ins Deutsche zu übertragen: Rilke. Nachdem er im Frühjahr 1921 Valérys Gedicht *Le cimetière marin* gelesen, kurze Zeit später seinen Verfasser kennengelernt und mit ihm korrespondiert hatte, war Rilke zu einem Verehrer Valérys geworden.[110] Schon im Mai 1925 hatte er sich bei seinem Verleger Anton Kippenberg darum bemüht, daß der Insel Verlag die von Valéry, Fargue und Larbaud herausgegebene Zeitschrift *Commerce* für Deutschland in Kommission übernehmen solle. Im Oktober 1925 erschien eine Sammlung von ihm übersetzter Gedichte Valérys als Handdruck in einer auf 450 Exemplare beschränkten Auflage, die sich jedoch als geschäftlicher Fehlschlag erwies. Das Curtius zugeeignete Exemplar trug die Widmung: »Ernst Robert Curtius im Begriff dieser gemeinsamen Bemühung verehrungsvoll zugewendet«[111]. Valéry selbst war, wie aus einem Brief an Rilke hervorgeht, durchaus damit einverstanden, daß sich zwei Übersetzer um sein Werk bemühten, er sah in dieser »doppelten Behandlung« seiner Gedichte ein »interessantes Faktum«[112]. Begünstigt durch Rilkes Engagement gegenüber dem Insel Verlag, standen auch zu diesem Zeitpunkt die Chancen für eine deutsche Valéry-Ausgabe nicht schlecht. So hatte Rilke bereits im Februar 1926 in einem ausführlichen Brief Katharina Kippenberg für eine Publikation der Prosaschriften Valérys zu gewinnen versucht und zugleich einen Übersetzungsplan entworfen, dem zufolge Max Rychner *Monsieur Teste*, Herbert Steiner die Leonardo-Essays und er selbst die Dialoge *Eupalinos* und *Die Seele und der Tanz* übertragen sollte. Da sich Katharina Kippenberg in einem früheren Brief zurückhaltend über *Monsieur Teste* geäußert hatte, sah sich Rilke veranlaßt, wohl wissend, was sein Urteil galt, ihr die Bedeutung des Werkes durch die Beschreibung der Wirkung klarzumachen, die es auf ihn selbst gehabt habe:

»Was mich angeht, so habe ich an die zwei Jahre vor dem Teste-Problem gestanden, ohne den Eingang zu finden, in den unerhörten kleinen Tempel où sur l'autel, dans la flamme pur, se consume l'offrande ineffable de l'absence féconde...
(...) Endlich durch die inneren inkommensurablen Verschiebungen in der eigenen Natur vorbereitet, kam der Tag, da ich die Feier des Eintritts mir gewährt

fand –, und seither ist meine Bewunderung für das unbeschreibliche kleine Buch, das sich zeilenlang ins völlig Unbetretene niederschreibt, immer noch gewachsen; wieviele Zaubersprüche für andere Sesame hab ich mir aus dieser Einweihung abgezogen.«[113]

Es mag Rilkes unverhohlene Begeisterung gewesen sein, die Kippenberg bewog, ihn im März 1926 darum zu bitten, sich bei Valéry um die Übersetzungsrechte für die beiden Dialoge zu bemühen. Ende April konnte Rilke dem Insel Verlag Valérys Zustimmung übermitteln.

Ein vergleichbares Interesse an Valéry ist zu diesem Zeitpunkt auch in der deutschen Publizistik festzustellen. Was der *Neue Merkur* im Hinblick auf die Vermittlung von deutschem und französischem Geistesleben begonnen hatte, fand noch 1925 seine Fortsetzung in der von Willy Haas im Rowohlt Verlag herausgegebenen Zeitschrift *Die Literarische Welt*. Sowohl Aufmachung als auch die Verbindung von Information, thematischen Schwerpunkten, europäischer Ausrichtung und politischem Liberalismus entsprachen einem französischen Vorbild[114], der von Frédéric Lefèvre herausgegebenen Zeitschrift *Les Nouvelles Littéraires*, die mit viel Geschick den Kampf für die Aufnahme Valérys in die Akademie geführt hatte. Für eine in der zweiten Nummer veröffentlichten Rundfrage ›Was verdanken Sie dem deutschen Geist?‹ gelang es Haas, auch eine Antwort von Valéry zu bekommen: »Die Geister der großen europäischen Nationen sind gegenseitige Schuldner und Gläubiger.«[115] Eine Antwort, die, so Haas in seinen Erinnerungen, für das Programm der Zeitschrift einstand: »Man kann es nicht besser sagen. Es wurde von Anfang an zu meinem Leitsatz.«[116] In der *Literarischen Welt* war es erneut Curtius, dem die Berichterstattung über das zeitgenössische literarische Leben in Frankreich übertragen wurde; damit aber war auch die Aufmerksamkeit der Zeitung für Valéry gesichert. Schon am 4. 12. 1925 berichtete er auf der Titelseite über die Wahlen zur Aufnahme in die Académie Française und den triumphalen Erfolg Valérys, den er als »Sieg des modernen Geistes«, aber auch als »Sieg der großen ewigen Kunst«[117] bewertete. Die Darstellung der Akademiewahlen wurde vervollständigt durch den Abdruck eines Auszugs aus Valérys Proust-Interpretation und einen Hinweis auf die Beurteilung des Ausgangs der Wahlen durch die französische Presse: »Die Linkspresse, einschließlich der ›Humanité‹ ist je nach Breitengrad ihrer politischen Lage (...), voran alle Literaturblätter, *aufrichtig begeistert über Valérys Aufnahme.*«[118]

Auch die ehrwürdige *Neue Rundschau* bemühte sich zu dieser Zeit, unterstützt durch Mitarbeiter, die zuvor hauptsächlich für den *Neuen Merkur* gearbeitet hatten, ihre Perspektiven zu erweitern und die Leser in stärkerem Maße über das kulturelle Leben in Frankreich zu informieren. In dem von ihm selbst betreuten Übersichtsteil mit dem Titel ›Europäische Rundschau‹ würdigte ihr Redakteur, Rudolf Kayser, Valérys erste Essay-Sammlung *Variété* von 1924, in deren Mittelpunkt *La crise de l'esprit* und *Introduction à la méthode de Léonard de Vinci* standen, als »eines der bedeutendsten Prosabücher des neuen Frankreichs«[119]. Um eine Anschauung von der Besonderheit seines Verfassers zu geben, präsentierte Kayser ergänzend Auszüge eines Gesprächs zwischen Frédéric Lefèvre und Valéry, in dem dieser die Priorität seines technischen Interesses an der Literatur noch einmal verdeutlicht hatte:

»Literarische Werke, ich muß es gestehen, erscheinen mir als tote Rückstände der lebendigen Handlungen eines Schöpfers. Ich kann an ein Werk nur denken, wenn ich nicht an die Taten und Leidenschaften eines Daseins in Arbeit denke. (...) Damit man sich eher für die Arbeit, selbst die des Verses interessiert, ist es vielleicht nötig, ziemlich wenig die Gegenstände zu variieren. Ich würde ganz gut glauben, daß ein Dichter, der in seine Kunst verliebt ist, sich begnügen würde, zeit seines Lebens immer wieder dasselbe Gedicht zu machen, indem er alle drei, vier oder fünf Jahre einem einmal gewählten Thema eine neue Variation gibt. Es wäre ähnlich wie in einer Automobil-Fabrik, die von Zeit zu Zeit ein neues Chassis herausbringt, in Hinsicht auf (manchmal bestreitbare) Vervollkommnungen eines ursprünglichen erfundenen Typs. Darum neige ich dazu zu glauben, daß die Essenz der Dichtung die Suche nach der Dichtung selbst ist und daß Tiefe der mehr und mehr intime, präzise Besitz aller Mittel einer Kunst ist, deren Gegenstand oder, wenn man will, Ziel in einer sehr engen Beziehung zu ihren Mitteln liegt.«[120]

In den folgenden Jahren blieb Kaysers Interesse auf Valéry gerichtet; bis 1931 berichtete er in einer Reihe von kurzen Beiträgen über ihn. Meistens waren französische Veröffentlichungen von oder über Valéry der Anlaß für einen knappen Hinweis, dem in der Regel die Übersetzung charakteristischer Passagen folgte, ein Verfahren, das Kayser damit begründete, Valérys Essays könnten nicht zusammengefaßt, sondern nur wiedergegeben werden: »Der Denkstil bedeutet alles bei Valéry.«[121] 1926 publizierte Kayser in einer Übertragung von Max Clauss den *Brief eines Freundes an Teste*, übersetzte selbst Fragmente zur Literatur von Valéry und präsentierte einen Essay des französischen Kritikers André Germain, der wenig Zweifel daran ließ, welche geistespolitische Bedeutung Valéry in Frankreich mittlerweile zugesprochen wurde:

»Es ist wunderbar, daß Valéry, der so wenig geschrieben hat, etwa dreißig Gedichte und einige Essays, dennoch einer der drei Schriftsteller ist, die seit zehn Jahren die geistige Jugend Frankreichs völlig beherrschen. Mit André Gide und Marcel Proust teilt er das Zepter.«[122]

Auch die *Literarische Welt* setzte ihre Anstrengungen fort, Valérys Schriften beim deutschen Publikum bekannt zu machen. Franz Hessel stellte die von Valéry herausgegebene Zeitschrift *Commerce* vor, nicht ohne die besondere Liberalität ihrer klassische Moderne und Avantgarde zusammenführenden Redaktionspraxis hervorzuheben, die selbst den Surrealisten Gelegenheit bot, ihre radikalen Ansichten vorzustellen: »Nur das Vorbildliche des ganzen Unternehmens muß immer wieder betont werden. Hier ist Verantwortung, Mut und Aufrichtigkeit. Hier wird gute europäische Geistespolitik betrieben.«[123] In der *Literarischen Welt* kam 1926 Valéry selbst in einem Artikel von Lissy Radermacher ausführlicher zu Wort, in dem sie seine Thesen über die Zukunft des Buches vorstellte, die er in einem Interview in Frankreich geäußert hatte:

»In der alten Zeit durfte man noch träumen. Dazu fehlt heute die Möglichkeit. Ich bin überzeugt: wenn die Poesie bis heute nicht erfunden wäre, würde sie niemals erfunden werden. Man kann sich ohne weiteres vorstellen, daß die Kunst uns nicht mehr unentbehrlich ist. (...) Die Literatur, die vielleicht die künstlichste Kunst ist, scheint mir noch sicherer dem Untergang geweiht. Das Buch bedarf des Lesers, der Leser der Muße. Diese Muße fehlt, der Geschmack möchte sie anderweitig ausfüllen; er verlangt lebhaftere, bewegtere Zerstreuung, die den Sinnen schärfere Eindrücke hinterläßt. Daher die Vorliebe für das Kino. (...) Bald wird jedermann sein eigenes Flugzeug am Fenster haben und in wenigen Stunden nach Marakesch oder den norwegischen Fjorden fliegen können. Was sollen ihm da Gedichte und Romane? Es ist nicht ausgeschlossen, daß die Künstler ihre schönen Tage hinter sich haben.«[124]

Zum Schluß ihres Artikels greift Lissy Radermacher auf einen ironischen, in Frankreich geäußerten Vorschlag zurück, eine Gesellschaft »Zur Entmutigung der Künste« zu gründen: »Man soll sie gründen: mit Paul Valéry an der Spitze.«[125]

Abgedruckt wurde der Beitrag Lissy Radermachers zusammen mit einem kurzen Bericht von Walter Benjamin über eine Lesung Valérys in der École Normale. Physiognomisch vorgehend schildert Benjamin zunächst die äußere Gestalt und den Gestus Valérys, um dann seine Bedeutung für die französische Geistespolitik zu fixieren:

»Valéry, dem, was Kanonisches vom ›Dichter‹ heute noch in Kraft bleibt, eines sehr späten Tages wie von selber zufiel, hat niemals durch die ›Stellungnahme‹ zu den Angelegenheiten seines Volkes, durch eine Führergeste darum geworben. Er tut es – einer der ›Unsterblichen‹, der er seit kurzem ist – auch heute nicht.«[126]

Benjamin kommt abschließend auf die Versuche des Symbolismus zu sprechen, im Medium der Sprache die Konstruktion von Symphonien nachzubilden, und hebt das in Mallarmés *Coup des Dés* unternommene Experiment hervor, die Schrift zur Gestaltung des Werks heranzuziehen.

»Mallarmé, dessen strenge Versenkung mitten in der kristallinischen Konstruktion seines gewiß traditionalistischen Schrifttums das Wahrbild des Kommenden sah, hat hier zum erstenmal (als reiner Dichter) die graphische Spannung des Inserats ins Schriftbild verarbeitet. So schlug die absolute Poesie im Extrem ins scheinbare Gegenteil um, was für den Moderantisten sie wiederlegt, für den Denker sie nur bestätigt.«[127]

In Valérys Diagnose der Zukunft des Buches bewahrheitet sich für Benjamin, was er Mallarmés Werk als prognostische Qualität zuschreibt: den Untergang der Literatur im Meer der kommerziell bestimmten Schriftträger. Das Schicksal der Literatur wird von der Abwendung der Leser, die keine Zeit mehr haben, ebenso besiegelt wie von den Massenmedien, die Text- und Schriftgestaltung auf ihre Weise zurichten, um den neuen Bedürfnissen zu entsprechen. Benjamins und Radermachers Artikel lassen ein Interesse an Valérys Schriften erkennen, das sehr viel konkreter ist als das in der *Neuen Rundschau* von Rudolf Kayser verfolgte. Die Aufmerksamkeit der Vertreter der *Literarischen Welt* richtete sich auf Valéry als Fachmann der Literatur, dessen Aussagen über ihr Metier und dessen Zukunft die größte Bedeutung zugemessen wird, weil er sehr präzise nach der literarischen Intelligenz als Produktionsmittel und nach den Perspektiven der literarischen Intelligenz als gesellschaftlicher Schicht fragt. Das waren Probleme, für die es unter den deutschen Schriftstellern kein Bewußtsein gab.

Die weitgehende Verständnislosigkeit trat in aller Deutlichkeit hervor, als Valéry im Oktober 1926 zum ersten Mal nach Deutschland kam und in Berlin zwei Vorträge hielt. Der erste mit dem Titel *Der Intellektuelle und die Politik* fand im Palais der französischen Botschaft statt, die für diesen Zweck zum ersten Mal nach dem Krieg ihre Räume einem deutschen Publikum öffnete. Dem sorgfältigen Berichterstatter der *Vossischen Zeitung* verdanken wir nicht nur den Hinweis auf prominente Gäste wie Alfred Döblin, Maximilian Harden, Arnolt Bronnen, Emil Ludwig und Tilly Wedekind, sondern ebenso eine annähernde Vorstellung vom Inhalt der Rede:

»Er griff auf die Evolution seines eigenen Gedankens zurück. Schon vor Jahren hatte er in einem Essay (im Sammelband *Variété* veröffentlicht) den europäischen Zustand mit den Augen eines Zuschauers, der vom Himmel fällt, geschildert. Er betonte dort die Entstehung des europäischen Geistes im Mittelalter. Europa hatte sich eine Art von Vermögen, ein außerordentliches Kapital von Kenntnissen geschaffen. Diese Kenntnisse bilden den Schlüssel zur Macht. Nun klafft ein ungeheurer Zwiespalt zwischen der Vollkommenheit der wissenschaftlichen Forschung und dem Geist der europäischen Politik. In der Politik überläßt man sich den untergeordneten geistigen Kräften wie den Erinnerungen und Ressentiments. Die Divergenz zwischen der Art des wissenschaftlichen und politischen Denkens führt soweit, daß der Wissenschaftler sein Gehirn vertauscht, wenn er die Tageszeitung aufmacht und sein geschultes Gehirn vergißt. Die Aufgabe des Intellektuellen, wie sie Paul Valéry sieht, besteht nicht darin, sich in die Parlamente und in die Politik zu drängen, sondern den Geist zu formen, die Begriffssysteme zu beeinflussen, die primitive, in der Politik übliche Denkweise zu bekämpfen. (...) Es ist die Pflicht derjenigen, die zwischen dem Subjektiven und Objektiven leben, diejenigen Fragen aus dem Dunkel herauszutasten, die uns alle angehen. Die Durchdringung der Politik mit der wissenschaftlichen Präzision wird das europäische Gebilde der Zukunft aufbauen helfen. Er endete mit dem Hinweis auf *Leibniz*, den Deutschen, der das Ideal einer europäischen Geistigkeit verkörpert.«[128]

Man sollte den symbolischen Charakter des Schlusses nicht übersehen. Als Inbegriff europäischen Geistes verkörpert Leibniz einen Bezugspunkt[129], der deutsche und französische Tradition verbindet. Valéry scheint eine Vergegenwärtigung dieser Tatsache im Sinn gehabt zu haben, um die aktuellen Bemühungen um Verständigung zwischen den Völkern durch den Rekurs auf die brauchbaren Elemente ihrer gemeinsamen Geschichte voranzutreiben. Der Gedanke liegt nahe, Valéry habe mit dem Mathematiker, Philosophen, Sprachtheoretiker und Forscher auch einen zweiten Leonardo im Sinn gehabt, das Angebot eines Leonardo deutscher Herkunft und französischer Prägung als möglicher Identifikationsfigur für die Intellektuellen beider Länder, deren Anerkennung auf eine Rationalität verpflichtet, die dem Chaos der durch Nationalismen bestimmten europäischen Politik den Kampf ansagt. Allemal jedoch eine Geste an das deutsche Publikum im Zeichen eines entschiedenen Willens um Verständigung, die, wie die französischen Reaktionen auf seine Berlin-Reise zeigen, im eigenen Land auch so interpretiert wurde und ihm den Haß der französischen Rechten einbrachte. Wie wenig Valérys Angebot von den deutschen Intellektuellen verstanden wurde, zeigt der ironisch distanzierte Ton, in dem Bernhard von Brentano in der *Frankfurter Zeitung* über Valérys Rede berichtete.

»Paul Valéry, zum erstenmal in Berlin, sprach in der französischen Botschaft. Man erlebte dort den ersten großen Empfang seit dem Krieg. Der Einladung waren viele Politiker, Diplomaten, Schriftsteller, Journalisten gefolgt. Die Zuhörer saßen bunt durcheinandergewürfelt, ein in Berlin seltenes Bild. Paul Valéry sprach frei (...). Er sprach von *Europa*. Er prägte ein Wort wie ›*Leibnicisme*‹ (französisch ausgesprochen). Er verteidigte den Geist Europas, den er ununterbrochen bedroht sieht, seit den frühsten Zeiten bis heute. Er will ihn gegen alles verteidigen, was gegen ihn angeht (und er sieht ihm viele Gegner auch in Amerika). Er verspricht sich Hilfe vom engeren Zusammenschluß der europäischen Staaten. Seine Zuhörer waren von seiner vollendet geformten Rede sehr begeistert.«[130]

Kein Zweifel, Brentano bewertet das, worüber er berichtet, positiv, allerdings als politisches Ereignis:

»Es war augenscheinlich, daß die Franzosen die Initiative ergriffen, sich mit den
Deutschen zu verständigen, man ging hier bereitwillig darauf ein. Bei solcher
beiderseitigen Einstellung wirken Ereignisse, wie die beschriebenen, und die Reden, wie die in der letzten Woche in Berlin gehörten, im guten Sinne. Man versuchte nicht sich einander anzunähern, man näherte sich einfach.«[131]

Wenig zu sagen jedoch hat Brentano, obwohl selbst Schriftsteller, über Valérys zweiten Vortrag, in dem er auf Einladung des PEN-Clubs über seine
Erinnerungen an Mallarmé, Huysmans und Degas gesprochen hatte.

    Anders die Berichterstattung in der *Literarischen Welt*, für die Lissy
Radermacher die Gelegenheit seines Aufenthaltes in Berlin nutzte, um
mit Valéry über die Zukunft der Literatur zu sprechen, im besonderen
über die Konsequenzen, die sich für den Schriftsteller aus den veränderten Bedürfnissen des Lesers ergeben:

»Heute zwingt schon der *Leser, der ein anderer geworden ist*, den Schriftsteller,
einen neuen Kurs einzuhalten. Der Leser liest eine Stunde im Tag. Mehr Zeit hat
er nicht; er will in dieser kurzen Spanne möglichst angeregt werden, lesend viel
und stark erleben, auf eine primitive Art natürlich, sonst kann er nicht verdauen.
Zeitung, Zeitungleser sind Charakteristika der Zeit, zwingen sich dem Schriftsteller auf, daher die oberflächliche Literatur! Der Schriftsteller sucht und gibt
›effets brutaux‹, harte, schnelle, schlagende Wirkung! Er muß mitmachen! Bedauerlich für Menschen, die in der Literatur nur das Alte gelten lassen, verständlich für die, die den Geist der Zeit erfaßt haben. Das Persönliche wird immer mehr
zurücktreten, und es kommt vielleicht einmal die Zeit – es ist dies allerdings eine
Utopie, eine Idee à la Jules Verne, meint Valéry, – in der die *Schrift verschwinden
wird*, wie das *Eigene* in der Schrift jetzt schon im Abnehmen begriffen ist. Es ist
nicht ausgeschlossen, daß mit den Jahrhunderten die Schrift gänzlich das Feld
räumt und Maschinen, Lautsprecher an ihre Stelle treten; dann wird es keine Leser, sondern nur noch ›Hörer‹ geben, denen geistige Nahrung in knappen kurzen
Worten übermittelt wird.«[132]

Auch bei Lissy Radermacher ist eine gewisse Zurückhaltung spürbar, Valérys Äußerungen zu kommentieren. Aber die Ausführlichkeit, mit der
sie wiedergegeben werden, deutet auf die Absicht hin, das Publikum mit
einer völlig ausgearbeiteten Phänomenologie der Krise der Literatur und
des Buches vertraut zu machen, zu der Valéry bereits aus der eigenen
schriftstellerischen Erfahrung gekommen war und die in den deutschen
Diskussionen kaum in dieser Klarheit reflektiert wurde.

    Die von Valéry früh exponierte Alternative, entweder seinen Geist
oder Bücher zu machen, bildete in seiner Akademie-Rede von 1927 die
Grundlage, die es ihm darüber hinaus erlaubt, diese Krise auch unter ge-

sellschaftlichen Aspekten präzise zu beschreiben. Ihre Ursache vermag er in nichts anderem als in jenem Mechanismus zu sehen, der auch die ökonomischen Krisen verursacht: Überproduktion und in deren Folge eine ungeheure Entwertung des als je besonderes hervorgebrachten Werks:

»Ich weiß wahrhaftig nicht (...), wie eine Seele bei dem bloßen Gedanken an die unendlichen Stapel von Schriftwerken, die sich in der Welt ansammeln, den Mut bewahren kann. Was gibt es für den Geist Schwindelerregenderes, Verwirrenderes, als die golden geharnischten Wände einer Bibliothek zu betrachten; und was ist Niederdrückenderes zu sehen als die Bücherbänke, jene Brüstungen aus Geisteswerken, die auf den Uferstraßen sich bilden; jene Millionen von Bänden und Broschüren, gestrandet an den Ufern der Seine, wie geistige Wracks, ausgesondert vom Zeitenfluß, der sich ihrer entledigt und sich von ihren Gedanken reinigt? Angesichts der Zahl der Werke – was sag ich denn, selbst nur der Zahl der Meisterwerke, verzagt das Herz. Der Einfall, noch zu schreiben, gleicht dem Einfall, die Unendlichkeit zu verlängern, und der Geschmack von Asche kommt auf die Lippen. In diesem Tal von Josaphat, unter dieser Stirn gegen Stirn gerichteten Fülle, findet das seltenste Genie seinesgleichen, vermengt sich mit der Schar seiner Epigonen, seiner Vorläufer, seiner Schüler. Alles Neue wird aufgehoben durch wieder Neues. Jede Illusion, Original zu sein, vergeht. Die Seele wird betrübt, und voll von einem Schmerz, der sich seltsam mit tiefem und zugleich spöttischem Mitgefühl paart, gedenkt sie der Millionen von federbewaffneten Wesen, dieser ungezählten Wortführer des Geistes, von denen jeder zu seiner Zeit sich als freier Schöpfer, als erste Ursache, als Besitzer einer sicheren Wahrheit, als einziger unvergleichbarer Quell vorkam – und siehe da – nun hat ihn die Vielheit entwertet, nun ist er unter der rastlos gestiegenen Flut von seinesgleichen verloren, er, der in so emsiger Arbeit sein Leben gelebt, seine schönsten Tage daran gegeben, nur um sich für die Ewigkeit aus der Masse zu heben.«[133]

Daß Valéry die Krise der Literatur aufs engste verbunden sah mit der Entwicklung neuer technischer Verfahren der Reproduktion, dokumentiert kein Text besser als der über die *Eroberung der Allgegenwärtigkeit*:

»In allen Künsten gibt es einen materiellen Anteil, der nicht mehr wie bis vor kurzem betrachtet und behandelt werden kann und der gegenüber den Unternehmungen der modernen Erkenntnis und Macht nicht unterschlagen werden darf. Weder die Materie noch der Raum noch die Zeit sind seit zwanzig Jahren das, was sie bisher stets waren. Man muß beachten, daß so große Neuigkeiten die ganze Technik der Künste verwandeln, dadurch auf die Erfindung selbst einwirken und sogar vielleicht so weit gehen, den Begriff der Kunst selbst zu verwandeln. Ohne Zweifel werden hiervon zunächst nur die Reproduktion und die Übertragung der Werke berührt. (...) Die Werke werden eine Art Allgegenwärtigkeit erobern. (...) Wie Wasser, wie Gas, wie elektrischer Strom in unsere Wohnungen kommen, um unsere Bedürfnisse mit Hilfe einer ganz geringfügigen Anstrengung zu erfüllen, ebenso werden wir mit visuellen oder auditiven Bildern ernährt werden, die durch die geringste Bewegung, fast auf ein Zeichen entstehen und wieder verschwinden.«[134]

Auszüge dieses Textes publizierte Rudolf Kayser im Mai 1931 in der *Neuen Rundschau*; ihm schien gleichfalls zunehmend einsichtiger zu werden, daß Valérys Denken weit über die Sphäre der Kunst hinaus auf die Veränderungsprozesse der Moderne insgesamt zielte.

Noch jemand fühlte sich in diesen Jahren gedrängt, etwas für die Verbreitung von Valérys Texten in Deutschland zu unternehmen, weil er gerade an ihnen sah, »welcher vitalen Intensität die Reflexion fähig sein kann, wenn sie sich auf einen Gegenstand wendet, der für uns eine ganz andere als eine ästhetische oder theoretische Wichtigkeit hat«[135]. Es war Hugo von Hofmannsthal, der Valéry den Teilnehmern eines Kulturkongresses in Wien im Oktober 1926 mit diesen Worten vorstellte. Unermüdlich um einen Dialog mit den repräsentativen Gestalten des französischen Geisteslebens bemüht, war sein Engagement durch den Willen zu politischer Verständigung motiviert, vor allem aber durch Gründe, die, wie ein Brief an Charles du Bos dokumentiert, mit seiner Distanz zu den deutschen Schriftstellern zu tun hatte:

»Aber im ganzen haben wir zwar ein geistiges, doch kein literarisches Leben und – auch unter den Producierenden – *keine Liebe zur Literatur* (...) So ist mir auch die Berührung meiner Ideen mit denen von Valéry und Claudel stärker als irgend eine mit irgend einer meiner Landsleute, eine Gewähr dafür, daß mein Denken nicht völlig isoliert in dieser Zeit ist.«[136]

Diese vermeintliche Nähe hatte auch ihn bereits im November 1926 bewogen, sich mit einem Brief an Katharina Kippenberg zu wenden, um ihr mitzuteilen, daß er Valéry bei Gelegenheit seines Wien-Besuches nach dem Stand der Übersetzungen seiner Arbeiten ins Deutsche gefragt habe:

»Ich sagte, daß ich selbst, der ich nie übersetze, Lust in mir fühlte, etwa den Dialog Eupalinos oder einen oder den andern der Aufsätze zu übertragen. (...) Er ist geistig der erste französische Autor, von einer wunderbaren Schönheit des Ausdrucks. Warum sollte man nicht versuchen, in einem kleinen Band einige dieser unvergleichlichen Aufsätze zusammen zu stellen? Was könnte im Wege stehen?«[137]

Nicht wenig, wie sich zeigen sollte.

»Am selben 2. November 1926, an dem sich Hofmannsthal an Frau Kippenberg wandte, berichtete Kippenberg, eben aus Berlin zurückgekehrt, an Rilke, daß er dort ›eingehend mit Paul Valéry über die deutschen Ausgaben seiner Bücher gesprochen‹ habe. Kippenberg schwebte zunächst eine Gesamtausgabe vor, doch er kannte die Schwierigkeiten: ›Valéry in Deutschland halbwegs zu einem Erfolge zu bringen, wird nicht leicht sein‹.«[138]

Der Plan einer Gesamtausgabe wurde schnell verworfen; als Einzelbände erschienen 1927 lediglich Rilkes Übertragung des *Eupalinos* und von Max Rychner übersetzt *Herr Teste* [139], ein Jahr darauf noch Valérys *Rede*

bei der Aufnahme in die Académie Française am 23. Juni 1927. Die gescheiterte Ausgabe ist bereits ein Symptom für das seit 1927 sich abzeichnende Schicksal der Valéry-Rezeption in Deutschland. Er ist als Repräsentant des französischen Geisteslebens, als berühmter Dichter seit Mitte der
zwanziger Jahre durchaus sichtbar, aber trotz aller Bemühungen bleibt
sein Werk in der Weimarer Republik ohne Einfluß und als Kraft einer aufklärerischen Kritik den geistespolitischen Debatten dieser Jahre entzogen.
Worin liegen die Gründe für die ausbleibende Wirkung Valérys in
Deutschland?

Aufs Ganze gesehen blieb letztlich Valérys Ruhm und öffentliche Anerkennung in Frankreich dem deutschen Publikum rätselhaft, da, wie einer
seiner Übersetzer, Erhard Schiffer, 1929 bemerkte, »der Zugang zu seiner
Kunst der dornenreichste«[140] zu sein schien. Darüber hinaus aber war es
für die »Geltung und Erkenntnis des Werkes von Valéry in Deutschland
nicht gleichgültig, wer sein Werk vermitteln half«.[141] Zwar hatte Rychner
mit dieser mehrdeutigen Bemerkung von 1927 auf die fragwürdigen Elemente von Rilkes Valéry-Übersetzungen angespielt, aber sie kennzeichnet die spezifische Problematik der Valéry-Rezeption in der Weimarer
Republik insgesamt, und diese tritt nirgends deutlicher hervor als in der
Gestalt Hugo von Hofmannsthals. Aufgrund der Herkunft seiner Dichtung aus der Literatur des Symbolismus, seiner Zuneigung zur Welt der
Romania, dem Interesse an der zeitgenössischen französischen Literatur
und seiner intensiven Beschäftigung mit Valéry war er wie kein anderer
Schriftsteller der zwanziger Jahre berufen, dessen Werk im deutschen Geistesleben einzubürgern. Dies gilt um so mehr, als Hofmannsthal Mitte der
zwanziger Jahre selbst im Begriff stand, Umrisse einer auf die deutsche
Situation abgestimmten Theorie vorzustellen, die gleichfalls die ›Krise des
Geistes‹ zum Gegenstand hatte und in der berühmten Rede *Das Schrifttum als geistiger Raum der Nation* von 1927 ihren prägnantesten Ausdruck fand. Er sah den krisenhaften Zustand der deutschen Wirklichkeit
darin begründet, daß das 19. Jahrhundert ein »Pandämonium von
Ideen«[142], eine ungeheure Ansammlung von Denkweisen, Weltanschauungen und Lebensformen hinterlassen habe, einen kulturellen Reichtum
sondergleichen, der aber gerade deshalb verlorenzugehen drohe, weil die
Gesellschaft für ihn keine Verwendung mehr habe und den Menschen ein
fester Orientierungspunkt fehle, von dem aus er angeeignet werden
könne. Diesen zu finden, »gültige Bindungen«[143] einzugehen, sei die verzweifelte Bemühung eines deutschen Typus, den Hofmannsthal nicht
ohne Bewußtsein für dessen problematische Züge, aber letztlich sich mit
ihm identifizierend, den »Suchenden«[144] nennt. Ihn, dem »ohne ge-

glaubte Ganzheit zu leben unmöglich ist«[145], dem »synthesesuchenden Geist«[146] versucht Hofmannsthal den »Grundriß jenes Geistraumes«[147] vorzustellen, der gültige Bindung gewähren könne. Er glaubt ihn in der Tradition eines deutschen Schrifttums zu finden, das einer Gegenbewegung angehöre, die sich gegen Renaissance, Reformation und Aufklärung richte. Sie zu forcieren sei Teil eines Prozesses, der als »konservative Revolution«[148] bezeichnet werden könne und an dessen Ende das Höchste stehe: »daß der Geist Leben wird und Leben Geist«[149]. Frankreich verkörpert in diesem Zusammenhang für Hofmannsthal sowohl das Modell einer Nation, in der Geist und Gesellschaft einander durchdringen, als auch in Gestalt seiner intellektuellen Öffentlichkeit den zweiten Adressaten seiner Rede, dem er deutlich machen möchte, wie für ihn in Deutschland die Überwindung der Krise allein möglich sei. Die Fixierung eines festen Punktes, der »gleichsam der geometrische Ort aller denkbaren Satzungen wäre«[150], von dem aus unverwirklichte Möglichkeiten erhellt werden können, die zur Lösung der Probleme beitragen: dieser Gedanke bildet die zentrale Axis in Hofmannsthals Rede und verweist, wie Rychner[151] früh erkannte, auf die unsichtbare Nähe Valérys und das Vorbild seiner metapolitischen Schriften. Spürbar ist sie in allen zeitdiagnostischen Schriften Hofmannsthals aus den zwanziger Jahren, und noch in einem seiner letzten Texte, der Vorrede zu der von Walter Benjamin übersetzten *Anabasis* von Saint-John Perse, hat Hofmannsthal jene von Mallarmé begründete Linie einer Ordnung des Geistes und der Sprache gewürdigt, deren zeitgenössischer Repräsentant Paul Valéry sei, dessen »Klarheit so groß ist, weil die Kurve seiner Sprache sich gewissermaßen mathematisch ausdrücken ließe«[152]. In ihm sah er die exemplarische Verkörperung jener Haltung, die er für spezifisch ›französisch‹ hielt und von der er überzeugt war, daß seine Generation in Deutschland ihrer am meisten bedürfe. Es war, wie Valéry nach seinem ersten Gespräch mit Hofmannsthal in den *Cahiers* notierte, »Geistesgegenwart«[153].

Und doch darf die Nähe Hofmannsthals zu Valéry, der suggestive Gedanke, er hätte aufgrund seiner besonderen Voraussetzungen der entscheidende Vermittler seines großen Vorbilds in Deutschland werden können, nicht über die grundlegenden Differenzen hinwegtäuschen, noch weniger darüber, daß er es aufgrund der sein Denken letztlich bestimmenden Metaphysik von Geist und Leben objektiv nicht hätte werden können. Was Hofmannsthal als Krise des Geistes diagnostiziert, ist der Widerschein jener problematischen Elemente, die in seinem Begriff des Geistes bereits angelegt sind. Sofern damit Objektivationen in Gestalt von Sprache, Form und Wissen gemeint sind, fügt sich der Begriff durchaus Kriterien von Rationalität, die entsprechend auch eine Kritik am fortschreitenden Rationalisierungsprozeß und den mit ihm einhergehenden kulturellen Verlusten fundiert und die den Sinn für den Wert des Unwiederbringlichen schärft. Dies ist gewissermaßen das *Leiden des Geistes* an den Kräften der Moderne, die ihn bedrohen. Nun ist aber unübersehbar, daß in Hofmannsthals Begriff die romantischen Anteile wie Volksgeist, nationales Erbe und Bodenständigkeit in weit stärkerem Maße zur Geltung gelangen, also jene Elemente, die bereits im Geist selbst auf etwas verweisen, was über ihn hinausführt: im weitesten Sinne das Leben, in jedem Fall eine Instanz, die weltanschaulich durch die Überzeugung vom »Werte*vorrang* des Irrationalen«[154] beglaubigt wird. In dieser Perspektive gelangt in Hofmannsthals Rede auch ein *Leiden am Geist* zum Ausdruck. Genau diese in einem doppelten Sinne geistkritische Haltung vermeinte Hofmannsthal auch in Valérys metapolitischen Schriften zu erkennen. Nichts belegt diesen Zusammenhang besser als Hofmanntsthal Rede *Vermächtnis der Antike* von 1926, in der er, ohne Namen zu nennen, Valéry in engsten Zusammenhang mit Spengler rückt:

»Es gibt nichts im geistigen Bereich, das nicht versehrt wäre. ›Der Geist selbst ist verwundet‹, sagt ein Franzose. ›Unsere Welt ist im Untergehen‹, schreibt ein Deutscher auf sein Buch.«[155]

Die von Hofmannsthal beschworene Konstellation verdeutlicht nicht nur die Konturen seines eigenen Konservatismus, sondern zeigt zugleich, daß diese Art der Valéry-Rezeption in einem grundsätzlichen Mißverständnis befangen bleibt. Freilich kann Valéry als Theoretiker begriffen werden, der die durch den gesellschaftlichen Modernisierungsprozeß entstehenden Verluste beschreibt. Völlig verfehlt ist es hingegen, bei Valéry, wie in den obskuren Ausprägungen der Lebensphilosophie formuliert, von einem Leiden am Geist auszugehen, das nur die Verpflichtung auf irrationale Lebensmächte zu vertreiben verspricht. Valérys Denken hat nichts gemein mit dem gemäßigten Konservatismus Hofmannsthals, bei dem die Krise des Geistes durch gültige Bindung an so etwas wie »Kulturseele« überwunden werden soll, und schon gar nichts mit jener reaktionären Kulturkritik, die den Geist als das eigentliche Verhängnis des Lebens ansieht und, ihn vollständig mit dem Modernisierungsprozeß identifizierend, im Namen von Blut, Boden, Seele oder anderer Ursprungsmythen bekämpft. Valérys Frage nach dem Ersten Weltkrieg, ob der Geist selbst schuldig geworden sei, mag ähnlich klingen, und es ist auch nicht von der Hand zu weisen, daß es eine Zone der Koketterien und des Spielerischen in Valérys Denken gibt, aus der geistfeindlich klingende Äußerungen hervorgegangen sind – sein denkerisches Projekt markiert jedoch als Ganzes und seiner Tendenz nach das genaue Gegenteil zu dem seiner Sympathisanten auf seiten der konservativen Revolution in Deutschland.

Valérys Problem ist die Tatsache, daß der Geist, das Denken kraft seiner Methodisierung gesellschaftliche Fortschritte unlöslich mit Rückschritten im menschlichen Bereich erkauft, die wissenschaftlichen Errungenschaften nicht von dem Stand der destruktiven Technologien getrennt werden können, von deren Wirkungskraft der Erste Weltkrieg eine Anschauung gegeben hatte. Valéry ist kein Kulturkritiker, sondern ein Theoretiker der Dialektik der Aufklärung. Geist bedeutet für Valéry zuallererst Denken, prinzipielle Skepsis, die Kraft der Negation. Er ist kritisch gegenüber dem, was er selbst hervorgebracht hat, und registriert präzise die mit der Moderne einhergehenden Verluste, ohne aber einer Theorie des Verfalls das Wort zu reden. Sein Ausgangspunkt ist das Denken als Kraft, die auf sich selbst als Aktion und kritische Potenz zurückverweist. Gerade aufgrund der Erfahrungen, die er als Künstler machte, war der Denker Valéry wenig geneigt, seinen Geistesbegriff den verborgenen Phantasmen einer alles mystisch vereinenden Seele zu unterstellen. Er wollte so bewußt wie möglich handeln, ja, kritisches Bewußtsein selbst produzieren, den Prozeß der Bewußtseinserhellung bis zum äußersten treiben. Freilich war auch er dabei an die zufälligen, irrationalen Abweichungen seines Geistes wie an die äußerlichen Grenzen seiner Persönlichkeit gestoßen. Ihrer Macht über ihn wurde er sehr wohl gewahr, aber er war nicht bereit, ihnen einen Wertvorrang einzuräumen. Für Valéry ist der Geist Ort vergangener, gegenwärtiger und zukünftiger Transformationen, sein Denken zielt nicht auf Erlösung vom Geist, sondern darauf, über seine Praxis aufzuklären. Valérys »Geist« ist ein Suchender, der nur seiner Haltung des Prüfens vertraut, Hofmannsthals »synthesesuchender Geist« hingegen kennzeichnet das verzweifelte Bemühen, in jedem Fall finden zu müssen.

In dem Maße, wie der erstarkende Nationalismus und die politische Polarisierung im Inneren nach 1928 die Szene zu dominieren beginnen, gewinnen die zuvor gebändigten irrationalen Elemente die Oberhand. Der Geist sucht definitiv Bindung, die zuvor auf Synthese gerichteten Kräfte wenden sich zurück auf den fiktiven Punkt ursprünglicher Einheit. Gefunden wird er, wie Curtius im Nachwort seines 1932 erschienenen Buches *Deutscher Geist in Gefahr* hervorhebt,

im »festen und ruhigen Glauben an Deutschland und deutsche Sendung« als einer »Seelenkraft, die uns alle einen muß (...) Er ist Bekenntnis und Treuegelöbnis zu unserem Volke, zu seinem Boden, seiner Sprache, seinem Reich. (...) Er muß mitreißen, nicht trennen. Wir müssen in ihm leben, aber wir dürfen kein intellektuelles Programm aus ihm machen.«[156]

Mit dem verzweifelten Bekenntnis zu dieser Art von »deutschem Geist« haben die vertrauten Oppositionen ihre alte Geltung zurückerlangt: Geist und Seele, Zivilisation und Kultur, französischer Rationalismus und deutsche Innerlichkeit. Mit dieser spezifisch deutschen Gestalt des Geistes werden seine rationalen Elemente weitgehend aufgegeben, und der Begriff rückt gegen den Willen der ihm Verpflichteten in die Nähe jener rechtsradikalen Ideologie, deren Anhänger es nur um Deutschtum ging und denen das Geistige ebenso verdächtig war wie das, was sie immer schon als spezifisch französisch zu bekämpfen geneigt waren. Es zeigt sich auch bei den Vertretern einer »Kultursynthese«[157], daß die Berufung auf das Deutsche als Wert vor allem als Kraft der Ausgrenzung wirksam wird, die die Phänomene des westeuropäischen Rationalismus, die synthetisiert werden sollten, nun erneut in Zweifel sieht.

Damit ist ein für die deutsche Valéry-Rezeption entscheidender Punkt bezeichnet, denn es scheint den Vermittlern nun selbst schlagartig deutlich geworden zu sein, daß es sich bei ihrer Vereinnahmung um ein schwerwiegendes Mißverständnis gehandelt hat und Valérys Beschreibung der Krise des Geistes nur als rationale, immanente Kritik verstanden werden kann, die nichts mit ihrer Sehnsucht nach Bindung zu tun hat. Curtius, der große, frühe Vermittler, ist die eigentlich tragische Gestalt dieser Wende, hatte er sich doch trotz seiner Vorbehalte um Verständnis für Valérys im Technikbegriff exemplarisch zutage tretenden Rationalismus bemüht. Zu welchen Einsichten er auch in diesem Punkt fähig war, ist nach dem großen Aufsatz von 1924 noch einmal 1927 an seiner Rezension des von Rychner übertragenen *Monsieur Teste* abzulesen:

»Ist des Technikers Sinn auf das Nützliche gerichtet, so wird er mit den Elementen des Stoffes experimentieren. Freut ihn das Nutzlose mehr, so wird er mit den Elementen des Geistes arbeiten: mit der Zahl, mit dem Wort, mit dem Gedanken. Aber ob er nun ein Flugzeug, einen Lehrsatz, ein Gedicht, ein System konstruiert – es sind alles nur Anwendungen einer universalen Kombinationslehre. (...) Valéry beschreibt sein künstlerisches Schaffen gerne mit mathematischen Vergleichen. Ein Gedicht ist für ihn eine Konstruktionsaufgabe (...). ›Herrn Teste‹ interessieren nur jene Probleme gedanklicher Synthese, die er noch nicht gelöst hat (...). Er züchtet und kombiniert seine Gedanken, unterwirft sie den Einwirkungen der Zahl, ›behandelt‹ sie mit verschiedenen Reagenzmethoden.«[158]

Mit der Verschärfung der Krise in Deutschland und der Unfähigkeit, die mit dem Anspruch der Kultursynthese verbundenen Spannungen noch länger auszuhalten, hat auch Curtius für lange Zeit nichts mehr über Valéry zu sagen; gut möglich, daß er auf Kritik verzichtet hat, weil er mit Valéry bekannt war und er selbst am besten wußte, was er für dessen Werk in Deutschland getan hatte.[159] Andere Mandarine sprachen diese Vorbehalte um so deutlicher aus, ganz so, als hätten sie das Mißverständnis immer schon geahnt. Es ist höchst charakteristisch, daß der nach Curtius zweite Vertreter seines Faches in Deutschland, der sich intensiv mit Valéry befaßt und die erste größere Monographie über sein Werk vorlegt, bereits im Titel eines Aufsatzes von 1929 die neue Perspektive der Beschäftigung unmißverständlich ankündigt. Nicht mehr die Krise des Geistes oder die theoretische Bedeutung von Valérys Problemen steht zur Disposition, sondern: »Das Problem Valéry«. Daß damit nicht die Schwierigkeit der Annäherung an sein Denken, sondern eine ideologisch motivierte Kritik an dessen rationalistischer Ausrichtung gemeint ist, zeigen jene Passagen, in denen der Verfasser, Franz Rauhut, dem Leser seine Empörung geradezu aufdrängt: »Es ist – um das dick zu unterstreichen – eine Ungeheuerlichkeit, daß als das wahre Wesen des Menschen allein das Bewußtsein gelten soll.«[160] Nur folgerichtig führt Rauhut die Opposition von Geist und Seele ein, um fragen zu können: »kann man sich heftiger und liebloser gegen *Anima* erklären als Valéry«[161]; und natürlich wird in diesem Zusammenhang auch die Genieästhetik bemüht: »Valéry könnte den romantischen Gedanken des unbewußt schaffenden Genies, der Inspiration nicht verächtlicher machen als durch den Mallarméschen Terminus *hasard*.«[162] Rauhuts Buch *Paul Valéry. Geist und Mythos* von 1930 zeigt vollends, daß sich die Hinwendung der Romanistik zu Valéry im Zeichen ideologischer Abwertung vollzieht, auch wenn Rauhuts Darstellung der Entwicklung von Valérys Gedanken in den metapolitischen Schriften der zwanziger Jahre in ihrer deskriptiven Genauigkeit durchaus Aufschlüsse ermöglichte, zumal für das zeitgenössische Publikum.

Noch einmal wird hier die Möglichkeit in Erwägung gezogen, Valéry könne in seiner Rede *Die Krise des Geistes* eine Kritik desselben unternommen haben, dann aber, so Rauhut, habe »vor ihm Spengler ungleich tiefer gesehen«[163]. Doch bereits im nächsten Satz stellt Rauhut klar, daß Valéry in Wirklichkeit gar nicht den Geist, sondern die ihn bedrohenden Mächte in Frage stellt, eben jene, die ihren Apologeten in Spengler finden:

»Ein Vergleich der beiden Autoren zeigt einen fundamentalen Unterschied und auch die Unzulänglichkeit der intellektualistischen Methode Valérys; es fehlt diesem Fanatiker der Geistesklarheit – weil er es nicht anders will – in gewisser

Hinsicht an der Intuition, an jener von Bergson philosophisch legitimierten Art des Denkens, mit der Spengler sein metaphysisches Gebäude der Geschichte aufgeführt hat.«[164]

Am Ende seines Buches exponiert Rauhut jenen Gegensatz, auf den bereits der Hinweis auf Spengler vorausgedeutet hatte: Valéry sei als Vertreter einer auf reine Form zielenden Sprachmagie anzusehen, »deren Formideal zu einer Erstarrung führt, die jegliches Leben ausschließt«[165]. Dem stelle »die Mystik das Symbol des Chaos, des Abgrunds, noch besser des Sumpfes gegenüber«[166], in denen die reine Potenz des Lebens der toten Erstarrung der Formen gegenübertrete und die in Dichtern und Denkern wie Bachofen, Schuler, Stefan George und einem gewissen Ernst Droem die ihnen entsprechende Gestaltung gefunden habe.

Während das Interesse für Valéry noch aus dem Programm der Kultursynthese herrührt, zeigt sich an Rauhuts Art der Darstellung, daß das Urteil über ihn ganz dem ideologischen Dunstkreis eines sich erneut als spezifisch deutsch verstehenden Geistes entspringt, der sich nicht nur dem französischen radikal entgegengesetzt fühlt, sondern in dem Maße, wie es Valérys Werk als Inbegriff des französischen Rationalismus ansieht, dieses selbst für einen Ausdruck der zu bekämpfenden Rationalisierung und Modernisierung hält. Rauhuts Darstellung schlägt damit eine Brücke zur Position jener orthodoxen Ideologen, die die deutschfranzösische Verständigung im Zeichen der Kultursynthese grundsätzlich abgelehnt und bereits früher zum Ausdruck gebracht hatten, was von Valéry zu halten sei. Ihre eher beiläufig formulierten Äußerungen sind schon deshalb in ihrer Wirkung nicht zu unterschätzen, weil ihre Eindeutigkeit und Schärfe von vornherein suggeriert, der Leser könne sich eine genauere Auseinandersetzung ebenso ersparen wie sie sich die Begründung ihres Urteils. Dies gilt vor allem für jenen Typus, der, für einen »wahren Deutschen und Absoluten«[167] sich haltend, in den zwanziger Jahren eher als Prophet und weltanschauliche Führungsgestalt denn als Denker oder Dichter Gehör beanspruchte und dessen ihm intim vertraute, höchst problematische Züge Hofmannsthal in seiner Rede erkennbar nachgezeichnet hatte.

So sah Rudolf Borchardt in einer »so achtenswerten wie sympathischen Erscheinung wie Paul Valéry nur ein Nachblühen totgeglaubter Wurzeln, aber kein selbstentsprungenes Gewächs«[168]. Stefan George scheint nicht einmal mehr der Lektüre bedurft zu haben, um sein Urteil über den Wert der Schriften Valérys jenen Jüngern mitzuteilen, denen es aufgetragen war, die Worte des Meisters zu verbreiten und der Nachwelt zu überliefern: »Beim Anblick zweier Bücher von Valéry, sie beriechend: ›Schund sans phrase!‹«[169] Ein besonderes Verdienst gebührt in diesem Zusammenhang einem Autor, der es zum Ruf eines ›Weisen von Darmstadt‹ gebracht hatte und als Experte in Fragen des europäischen Denkens galt. Im Frankreich-Kapitel seines erstmals 1928 veröffentlichten, 1931 bereits in der 5. Auflage erschienenen Werkes *Das Spektrum Europas* erläutert Graf Hermann Keyserling in eindrucksvollen Worten, was von der Auffassungsgabe unserer Nachbarn in Fragen der Philosophie zu halten sei:

»Nein, der Franzose ist gewiss kein geistiger Versteher. (...) Nur deshalb kann er in Paul Valéry einen großen Geist verehren, wo dieser, als Denker, in Wahrheit ein lebender Leichnam ist, ein Sophist wie ihn gleich übel Hellas nie hervorgebracht. Seine Devise – die Tatsache ist wenig bekannt, doch ich garantiere die Richtigkeit der Behauptung – ist Faire sans croire.«[170]

Freilich hat die Aura der Verwesung den ›Weisen von Darmstadt‹ nicht davon abgehalten, sich 1934 für die französische Ausgabe eines seiner Bücher um ein Vorwort von Valéry zu bemühen, wußte er doch genau, daß eine Einführung dieser Art in Frankreich mittlerweile als Gütezeichen einer Publikation galt.

Die Äußerung von Keyserling macht deutlich, welches Niveau die Rezeption Valérys Anfang der dreißiger Jahre in Deutschland erreicht hat und welche ideologischen Prämissen sie dominieren. Ihre auf tiefsitzenden unbewußten Reflexen beruhende Wirkungsmacht zeigt sich selbst dort, wo ein aufklärerisches und den konservativen Strömungen entgegengesetztes politisches Selbstverständnis mit Valérys Denken sich konfrontiert sieht. Valérys Beschreibung der Krise der Literatur, der Krise der Intelligenz, seine Analysen der Bedingungen geistiger Produktion in einer sich transformierenden Moderne trafen zwar ins Zentrum jener kritischen Bemühungen, die seit Mitte der zwanziger Jahre auch die der Aufklärung verpflichteten Schriftsteller bewegten, gleichwohl wird ihm dort Ablehnung zuteil, wo der geeignete Ort für eine fruchtbare Auseinandersetzung gewesen wäre. Das läßt sich an einem Artikel ablesen, der anläßlich Valérys Berlinbesuch 1926 in der *Weltbühne* erschien. Die Verfasserin, Antonina Vallentin, stellt zunächst fest, daß Valéry »in Deutschland fast unbekannt«[171] sei, um dann die Gründe nachzuliefern, warum dies nicht als Mangel beklagt werden müsse, denn die Ursache dafür sei die Unzulänglichkeit von Valérys Werk selbst. Als Dichter erscheine er als Klassizist, der weitab von dem Problemen des Lebens oder einer zeitkritischen Literatur nur an der formalen, zum Selbstzweck gewordenen Vollkommenheit der Werke Interesse fand.

»Sein Französisch ist eine schlackenlose, gefeilte, kühle und klassische Sprache, jene Mischung aus Marmor und Wolken (...), die eigentlich George viel näher steht als Rilke (...) aber man braucht ihn nur ins Deutsche zu übersetzen, um zu entdecken, wie dürftig der Kern des Gedankens in der Fülle der duftenden Frucht ist.«[172]

Vor allem anderen sei dieser Autor, der sich so stark als Europäer darstelle, »eine so gebunden nationale Erscheinung«[173], daß es außerhalb Frankreichs schwer sei, ihn überhaupt zu würdigen; ja selbst seine Stellung in der französischen Literatur zu erklären stoße auf Schwierigkeiten. Der für sein Werk charakteristische Zug, philosophische Reflexion in die Dichtung einzuführen, möge für Frankreich neu und aktuell sein, in Deutschland hingegen sei diese Art reflexiv bestimmter Prosa längst bekannt. In der Überzeugung, ein abschließendes Urteil über Valéry fällen zu können, resümiert die Verfasserin im letzten Absatz:

»Für uns Nichtfranzosen ist Paul Valéry eine viel eher charakteristische als an sich bedeutungsvolle Erscheinung lateinischen Wesens. Grade unsrer Generation, die an Simmels Dialektik geschult ist, kann er als Denker nicht viel geben, und die rein formale Freude an der klassischen Vollendung läßt über die Achtung für ein glühend ernstes Wollen hinaus kein tieferes Verhältnis zu seiner Kunst aufkommen.«[174]

Ein Blick auf das Zusammenspiel aller auf Valéry konzentrierten Kräfte in Deutschland offenbart die Bedingungen der gescheiterten Rezeption in schöner Deutlichkeit. Seine Bewunderer wie Rilke und Kayser können ihre Haltung nicht zureichend begründen, die zentralen Gestalten der Vermittlung, Curtius und Hofmannsthal, bleiben in den Mißverständnissen einer metaphysischen Konzeption von Geist und Leben befangen, und die erste umfassende wissenschaftliche Auseinandersetzung durch einen Romanisten zielt auf Ablehnung im Namen einer obskuren Lebensphilosophie, deren Argumente, wenn auch in gemilderter, den Unterschied zwischen Spengler und Simmel bezeichnender Form, auch in der linksintellektuellen *Weltbühne* gegen Valéry vorgebracht werden. Sosehr die neusachlichen und politisch-revolutionären Schriftsteller die Auswirkungen der gesellschaftlichen Krise auf alle Lebensbereiche in den Mittelpunkt ihrer Reflexion rückten, so fremd blieb ihnen doch Valérys Diagnose im Hinblick auf den eigenen Status, ebenso wie die Frage, was unter den veränderten Bedingungen mit dem Können eines Schriftstellers anzufangen sei, ganz zu schweigen von Valérys Konsequenz, auf Werke überhaupt zu verzichten und statt dessen die Intelligenz des Schreibenden für die Bewältigung der Probleme der Menschen in der modernen Welt einzusetzen.

Nach 1933 blieb für die Diagnosen Valérys in Deutschland nur noch ein Ort. In der nach dem französischen Vorbild von *Commerce* gestalteten und seit 1930 von Herbert Steiner herausgegebenen deutsch-schweizerischen Zeitschrift *Corona*, einem in der deutschen Publizistik dieser Jahre gleichsam exterritorialen Forum europäischen Denkens, erschienen bis 1939 noch vereinzelt Texte von Valéry. Ein Zeugnis einer enthusiastischen Entdeckung aus den dreißiger Jahren liegt mit dem ›Nachwort zur Übersetzung von Aphorismen von Paul Valéry‹ des jungen Eugen Gottlob Winkler [175] vor, der sich 1936 im Alter von 24 Jahren angesichts politischer Verfolgung das Leben nahm. Unterschlagen werden sollte nicht, daß Hugo Friedrich 1935 in seiner umfassenden Darstellung des antiromantischen Denkens im modernen Frankreich Valéry einen bemerkenswert sachlichen und verständigen Abschnitt widmet, der vor allem Valérys Bedeutung als Theoretiker hervorhebt und die »schulmeisterliche Kritik« [176], die sein Fachkollege Rauhut an Valéry geübt hatte, ausdrücklich zurückweist. Völlig ohne Resonanz geblieben war der Essay eines Außenseiters des akademischen Betriebs, der, 1931 in der *Deutsch-Französischen Rundschau* publiziert, zum Besten gezählt werden muß, was in der ersten Phase der Valéry-Rezeption von deutscher Seite zur Würdigung seines Werkes hervorgebracht wurde. Max Raphaels ›Anmerkungen über den Prosastil von Valéry‹ [177] rückt die Leistungen des französischen Denkers in einen Zusammenhang mit denen von Hegel und Marx, doch welches Interesse hätte dem Urteil eines Mannes zukommen sollen, dessen Studien zur modernen Malerei jegliche wissenschaftliche Anerkennung versagt worden war und dessen Wirken sich auf einen kleinen Schülerkreis an der Berliner Volkshochschule beschränkte?

Einen einzigen Schüler hat Valéry in Deutschland dennoch gefunden, einen Schüler allerdings, der als Schriftsteller Valérys Denken so stark in seinen intellektuellen Organismus aufgenommen hat, daß es als Kraft überall in seinen Texten spürbar ist: Walter Benjamin. In welchem Maße, zeigt sich bereits in dessen Artikel ›Paul Valéry. Zu seinem 60. Geburtstag‹ [178], der 1931 in der *Literarischen Welt* zum gleichen Anlaß wie Raphaels Würdigung erschienen war. So meisterlich Benjamins kleiner Essay mit äußerster Konzentration auf den Glutkern von Valérys Denken hinführt und mit einer bis zum äußersten getriebenen, artistisch virtuosen Kunst der Verknappung dessen Ausstrahlung auf seine Werke verdeutlicht – die Frage bleibt, ob diese auf Ausführungen verzichtende Form nicht auf Leser gesetzt hat, die die Präsentation Valérys in Deutschland eben nicht hatte hervorbringen können. Benjamin selbst jedenfalls ist wie kein anderer deutscher Schriftsteller dieses Jahrhunderts von Valérys

Werk beeinflußt worden. In der Benjamin-Forschung ist dieser Zusammenhang bis heute kaum wahrgenommen worden, von einer systematischen Rekonstruktion gar nicht zu reden. Überaus charakteristisch für diesen Sachverhalt erscheint die Tatsache, daß man einen Überblick über die Stationen der Benjamin-Forschung von 1940 bis 1985 geben kann, ohne den Namen Valérys auch nur einmal erwähnen zu müssen.[179]

Die Schwierigkeit, diese Verbindung zu realisieren, liegt darin, daß man zunächst Benjamins Werk durch das von Valéry begreifen muß, um zu sehen, wie Benjamin es für sein Denken produktiv gemacht hat. Benjamin, der schon 1919 von seiner Hinwendung zur französischen Literatur der Zeit berichtet hatte, da allein hier für ihn »noch Contact mit irgend einer Fiber ›Gegenwart‹« sei, die er »Deutschem gegenüber kaum mehr erlange«[180], schreibt 1925 an seinen Freund Scholem:

> »Vor allem nahm ich mir Neuestes aus Frankreich vor: Die herrlichen Schriften von Paul Valéry (Variété, Eupalinos) einerseits, die fragwürdigen Bücher der Surrealisten auf der anderen. Vor diesen Dokumenten muß ich mich allmählich mit der Technik des Kritisierens vertraut machen.«[181]

Deren theoretische Grundlagen hatten Benjamin bereits in seiner Dissertation über den Begriff der Kunstkritik in der Romantik beschäftigt. Er sah es als großes Verdienst der Frühromantiker an, über den Umweg der als »Selbsterkenntnis einer Methode«[182] angelegten Transzendentalphilosophie Fichtes erkenntnistheoretisch einen Begriff der Kunst erschlossen zu haben, der, indem er den »bestimmten immanenten Aufbau des Werkes selbst«[183] zur Grundlage der Beurteilung macht, einer rationalen Literaturkritik den Boden bereitet habe.

> »Friedrich Schlegel (...) hat die Gesetze des Geistes in das Kunstwerk selbst gebannt, anstatt dieses zum bloßen Nebenprodukt der Subjektivität zu machen, wie ihn die modernen Autoren dennoch, dem Zuge ihres eigenen Denkens folgend, so überaus oft mißverstanden haben.«[184]

Gegen Ende seiner Dissertation gibt Benjamin den Konstruktionsgedanken seiner Arbeit zu erkennen; er deutet an, aus welchem Zusammenhang die Frage nach dem am Kunstwerk Objektivierbaren und damit einer begründeten Kritik Zugänglichen hervorgegangen war:

> »Die Lehre, nach welcher die Kunst und ihre Werke essentiell weder Erscheinungen der Schönheit noch Manifestationen unvermittelter begeisterter Erregung, sondern ein in sich ruhendes Medium der Formen sind, ist seit der Romantik wenigstens im Geist der Kunstentwicklung selbst nicht mehr in Vergessenheit geraten. Wollte man die Kunsttheorie eines so eminent bewußten Meisters wie Flaubert, die der Parnassiens oder diejenige des Georgeschen Kreises auf ihre Grundsätze bringen, man würde die hier dargelegten unter ihnen finden. Diese

Grundsätze waren hier zu formulieren, ihr Ursprung in der Philosophie der deutschen Frühromantik war nachzuweisen.«[185]

Der konstruktive Zug des Ästhetizismus hatte Benjamins Optik für die vergleichbaren Anstrengungen der Frühromantiker geschärft und ihn erkennen lassen, daß ihre »zentrale Idee der Nüchternheit der Kunst« ein spezifisch modernes Problembewußtsein verrät, für das sich bereits bei Hölderlin ungemein eindringliche Formulierungen finden:

»Es wird gut sein, um den Dichtern, auch bei uns, eine bürgerliche Existenz zu sichern, wenn man die Poesie, auch bei uns, den Unterschied der Zeiten und Verfassungen abgerechnet, zur μηχανή der Alten erhebt. (...) Der modernen Poesie fehlt es aber besonders an der Schule und am Handwerksmäßigen, daß nämlich ihre Verfahrensart berechnet und gelehrt, und wenn sie gelernt ist, in der Ausübung immer zuverlässig wiederholt werden kann.«[186]

Von Werner Kraft[187] stammt die Bemerkung, daß diese Sätze ebensogut von Paul Valéry geschrieben sein könnten; in jedem Fall macht Benjamins zustimmende Wiedergabe des Hölderlinschen Gedankens begreiflich, warum er seine Entdeckung Valérys 1925 so enthusiastisch feiert. Hier fand er in avancierter Gestalt die Fortführung jener um den Begriff der Technik zentrierten Idee der ästhetischen Produktion, die ihn sowohl theoretisch im Kontext seiner literaturgeschichtlichen Arbeiten als auch im Hinblick auf seine Praxis als Kritiker beschäftigten. »In Wahrheit läßt sich keine große Dichtung – in ihrer Größe! – ohne das Moment des Technischen verstehen. Dieses aber ist ein Schriftstellerisches.«[188]

Wer weiß, wie etwas gemacht wird, wer sich auf die Methode der Herstellung, die Auswahl und Begründung der Mittel versteht, kann beurteilen, ob etwas gut oder schlecht gemacht ist, ob das Konstruktionsprinzip schlüssig ist oder Mängel aufweist. Zu den überprüfbaren Kriterien gehört wesentlich das Verhältnis von Konzeption und Ausführung oder, in einem weiteren philosophischen Sinne, das von Denken und Sprache. »Der ›Schriftsteller‹: Er sagt immer mehr und weniger als er denkt.«[189] Aus der Erfahrung dieser Diskrepanz leitet Valéry den Gedanken an die Notwendigkeit eines mentalen und sprachlichen Trainings ab, das den Schriftsteller in die Lage versetzen soll, sprachliches Material so zu beherrschen, daß es seine Gedanken auf das genaueste zum Ausdruck bringt. Schreiben, um besser schreiben zu können, systematisches und tägliches Training, um das Vermögen, gut zu schreiben, zu steigern, auch darin folgt Benjamin Valéry:

»Der gute Schriftsteller sagt nicht mehr als er denkt. Und darauf kommt viel an. Das Sagen ist nämlich nicht nur der Ausdruck, sondern die Realisierung des Denkens. (...) Von welcher Art aber die Realisierung ist: ob sie dem Ziel präzis gerecht wird oder sich geil und unscharf an den Wunsch verliert – das hängt vom Training dessen ab, der unterwegs ist.«[190]

Erst im Zusammenspiel von Wissen im Hinblick auf das Machen und der praktischen Fähigkeit des Machens selbst gewinnt die Technik bei Valéry und bei Benjamin den Rang eines spezifischen Vermögens, in dessen Sphäre allein, wie Benjamin hervorhebt, wir noch einmal »der Idee des Fortschritts begegnen. Und zwar ist es die stichhaltige und echte: die des Übertragbaren in den Methoden, welche dem Begriff der Konstruktion bei Valéry so handgreiflich korrespondiert.«[191]

Daß Valérys Überlegungen zum Technik-Begriff nicht nur für eine rationale Begründung seiner Praxis als Kritiker taugten, sondern darüber hinaus geeignet waren, die auf seiten der Linken immer noch nachwirkenden idealistischen Literaturtheorien materialistisch zu überwinden, hatte Benjamin sofort erkannt, als er sich Mitte der zwanziger Jahre politisch einer sozialrevolutionären Position zu nähern begann:

»Die übergreifenden Gedanken Valérys; denn es gibt in der Tat eine Zone seiner Gedanken, da sie an festes, ja man möchte fast sagen gelobtes Land branden. (...) Ein rücksichtsloser Materialismus, wie ihn die Enzyklopädisten bekannten, liegt ständig bei Valéry auf der Lauer.«[192]

Das gilt sowohl für Technik als zentrale Kategorie der Interpretation von Werken wie auch, unter politischem Aspekt, für das Verständnis, das sich der moderne Schriftsteller von seiner Arbeit und den Bedingungen, unter denen er sie verrichtet, verschaffen muß, will er nicht Opfer der gesellschaftlichen Prozesse werden:

»Heute ist mehr denn je die Vorstellung entscheidend, die sich der Schriftsteller von seiner Arbeit macht. Und um so viel entscheidender, wenn es ein Dichter ist, der diesen Begriff zu seinem Recht zu bringen versucht. Wir sprechen von Paul Valéry. Symptomatisch ist seine Bedeutung für die Funktion des Schriftstellers in der Gesellschaft. Und diese symptomatische Bedeutung hängt auf das engste mit den fraglosen Qualitäten seiner Produktion zusammen. Unter den Schriftstellern des heutigen Frankreich ist Valéry der größte Techniker des Fachs. Er hat die Technik der Schriftstellerei durchdacht wie kein anderer. Und man würde die Sonderstellung, die er einnimmt, vielleicht hinreichend schon mit der Behauptung treffen, daß Schriftstellerei für ihn in erster Linie eine Technik ist. (...) Valéry geht der Intelligenz des Schreibenden, zumal des Dichters, inquisitorisch nach, verlangt den Bruch mit der weitverbreiteten Auffassung, daß sie beim Schreibenden sich von selbst verstehe, geschweige mit der noch viel weiter verbreiteten, daß sie beim Dichter nichts zu sagen habe.«[193]

Was dieses technische Verständnis seiner Arbeit für die politische Funktion des Schriftstellers in Benjamins Sinne bedeutet, hat er zu Beginn seines Exils in dem Aufsatz ›Der Autor als Produzent‹ ausgesprochen.

Oberstes Gebot für Benjamin ist es, daß sich der Schriftsteller als Fachmann, als Ingenieur des Schreibens versteht, dessen Arbeit nicht nur die
»an Produkten, sondern stets zugleich die an den Mitteln der Produktion«[194] sein muß, ebenso wie sich die Produkte nicht auf den Werkcharak-
ter beschränken dürfen, sondern »eine organisierende Funktion«[195] haben
müssen. Damit aber ist nicht die propagandistische Vermittlung von Tendenzen und Gesinnungen gemeint, die idealistisch bleibt, weil sie den
Schriftsteller nur als Ideologen in Funktion setzt. Verstanden werden muß
der Schriftsteller als Produzent, der, indem er an einer fortschreitenden
Verfügung über seine Mittel und der Verbesserung seiner Technik arbeitet, den Sachverständigen glaubhaft demonstriert, daß er nicht nur Veränderung fordert, sondern, wie die Form seiner Produktion beweist, sie bereits real vollzogen hat.

»Die beste Tendenz ist falsch, wenn sie die Haltung nicht vormacht, in der man ihr
nachzukommen hat. Und diese Haltung kann der Schriftsteller nur da vormachen,
wo er überhaupt was macht: nämlich schreibend. Die Tendenz ist die notwendige,
niemals die hinreichende Bedingung einer organisierenden Funktion der
Werke.«[196]

Verkörpert das technisch avancierte Werk für das Publikum eine Haltung,
die die Möglichkeit und das Gelingen von Veränderung belegt, so zeigt es
als literarisches Produkt den anderen Schriftstellern neue Mittel:

»Ein Autor, der die Schriftsteller nichts lehrt, lehrt niemanden. Also ist maßgebend
der Modellcharakter der Produktion, der andere Produzenten erstens zur Produktion anzuleiten, zweitens einen verbesserten Apparat ihnen zur Verfügung zu stellen vermag.«[197]

Begreift der Schriftsteller sich als Techniker, der an der Weiterentwicklung
seiner Mittel arbeitet, wird er sehr schnell, so Benjamins Gedanke, die Erfahrung machen, daß der Apparat seinem Interesse an Innovation sehr enge
Grenzen setzt. Damit teilt auch er das objektive Interesse an veränderten
Bedingungen der Produktion und die Erkenntnis dessen, was dem entgegensteht, ein Sachverhalt, der bei Benjamin in die Forderung an den Schriftsteller mündet, »nachzudenken, seine Stellung im Produktionsprozesse
sich zu überlegen«; dieser Gedankengang, so Benjamins Zuversicht,
»führt bei den Schriftstellern, auf die es ankommt, das heißt bei den besten
Technikern ihres Fachs, früher oder später auf Feststellungen, die ihre
Solidarität mit dem Proletariat auf die nüchternste Art begründen«.[198]

　　Benjamin spricht damit aus, was seine eigene literarische Praxis in
Deutschland bis 1933 bestimmt hatte, er aber zuvor angesichts der
schwierigen Bedingungen seiner Produktion öffentlich so nicht hätte sagen können. Seit der Mitte der zwanziger Jahre an französischen Positio-

nen orientiert, schienen Benjamin zunächst die Surrealisten eine radikale Konzeption für den Intellektuellen als Schriftsteller zu entwickeln. Er billigte ihnen das Verdienst zu, »den Intellektuellen als Techniker an seinen Platz gestellt [zu haben], indem sie über seine Technik dem Proletariat Verfügung zuerkannten, weil nur dieses auf ihren fortgeschrittensten Stand angewiesen ist«[199] – und den verkörperte für Benjamin das Werk Valérys. Aber schon hier wird die Besonderheit von Benjamins Position deutlich: Valéry verfolgte keineswegs revolutionäre Zielsetzungen, und Benjamin war scharfsichtig genug, um zu erkennen, daß seine anfänglich in den Surrealismus gesetzten Hoffnungen auf eine Verbindung von Technik und revolutionärem Engagement sich nicht erfüllten. Erst recht tritt seine isolierte Stellung zutage, wenn man bedenkt, daß in Deutschland keine der französischen Positionen vertreten war, sondern nach 1923 die Werke der Neuen Sachlichkeit und die proletarisch-revolutionäre Literatur das Feld beherrschten, deren Autoren an Fragen der Technik weitgehend desinteressiert waren. Hier wie dort ein Primat der Gesinnung, die sich nur in den organisatorischen Konsequenzen unterschied. Eine fatale Situation für einen Avantgardisten wie Benjamin, der noch im Rückblick das unzureichende Verständnis beider Gruppierungen scharf attackiert hat:

»Es ist die kritische Misere Deutschlands, daß die politische Strategie selbst im extremen Fall des Kommunismus sich nicht mit der literarischen deckt. Das Unglück des kritischen und, vielleicht, auch des politischen Denkens.«[200]

Vielleicht ist es nicht übertrieben, davon zu sprechen, daß Benjamin angesichts dieser Umstände mit Notwendigkeit auf Brecht stoßen mußte und in ihm den einzigen Bundesgenossen in der Literatur fand. In seinen Werken sah er die gleiche strenge Ausrichtung am Verhältnis von literarischer Technik und gegenwärtiger Welt. Wie sonst hätte Benjamin 1930 Brechts Figur des Herrn Keuner mit Valérys Monsieur Teste in Verbindung bringen können?

»Beide haben chinesische Züge. Beide sind unendlich verschlagen, unendlich verschwiegen, unendlich höflich, unendlich alt, unendlich anpassungsfähig. Herr Keuner aber dadurch ganz und gar von seinem französischen Kollegen unterschieden, daß er ein Ziel hat, das er keinen Augenblick aus dem Auge verliert.«[201]

Brechts episches Theater ist es, dem Benjamin in seinem Aufsatz ›Der Autor als Produzent‹ von 1934 die Qualität des geforderten Modellcharakters literarischer Produktion zuspricht, und Paul Valéry erweist sich auch in den dreißiger Jahren unter den Verhältnissen des Exils als der wichtigste Gewährsmann für Benjamins theoretische Beiträge zu einer materialistischen Theorie der Kunst. Noch in einem der letzten Texte Benjamins, einer Rezension der Fragen der Kunstproduktion gewidmeten Bände 16 und 17 der 1935 erschienenen *Encyclopédie Française*, heißt es über Valéry, der zu dem Werk ein Vorwort beigesteuert hatte: »Unter Valérys theoretischen Arbeiten zählt dieser kurze Abriß zu den bedeutendsten; er wird seine Spur in die Kunstwissenschaft tief eingraben. « [202] Vor dem Hintergrund der durch die fortschreitende Industrialisierung geprägten gesellschaftlichen Entwicklung versucht Valéry in seinem Vorwort, die Bedingungen und die Zukunft der modernen Kunstproduktion zu beschreiben:

»Die Kunst – als Aktivität in der gegenwärtigen Epoche verstanden – hat sich den Bedingungen des standardisierten Gesellschaftslebens unterordnen müssen. Sie hat ihren Platz in der universalen Ökonomie eingenommen. Die Produktion und die Konsumtion von Kunstwerken sind nicht mehr voneinander unabhängig. Sie tendieren dazu, sich gegenseitig zu organisieren. Die Karriere des Künstlers wird wieder das, was sie in der Zeit war, da er als praktizierender Fachmann betrachtet wurde, das heißt, die Kunst wird allgemein als Profession anerkannt. (...) Die Kunst hat ihre Presse, ihre Innen- und Außenpolitik, ihre Schulen, ihre Märkte und ihre Börsen; sie hat sogar ihre Depots auf großen Banken – Museen, Bibliotheken etc. –, in denen das ungeheure Kapital, das die Bemühungen der ›kreativen Sensibilität‹ Jahrhundert für Jahrhundert produziert haben, sich fortschreitend akkumuliert hat. Also nimmt die Kunst ihren Platz an der Seite der nutzbringenden Industrie ein. Andererseits müssen die zahlreichen und überraschenden Veränderungen der allgemeinen Technik, die jede Vorhersage in allen Bereichen unmöglich machen, zwangsläufig und zunehmend auf das Schicksal der Kunst einwirken, indem sie ganz unerhörte Mittel schaffen, die Sensibilität herauszufordern. Schon die Erfindungen der Fotographie und der Kinematographie transformieren unsere Vorstellung der plastischen Künste. « [203]

Es ist leicht erkennbar, in welchem Maße Valérys Gedanken zur Kunst sowohl auf Benjamins politische Konzeption des Autors zurückweisen als auch vorausdeuten auf Benjamins nicht minder politischen Entwurf einer kollektiven Wahrnehmung, wie ihn der ›Kunstwerk-Aufsatz‹ von 1936 am Beispiel des Films vorstellt.

III. Kritik der modernen Welt

Valérys ›Vorwort‹ zu der *Enzyklopädie* ist ein höchst charakteristisches Produkt seiner Arbeit in den dreißiger Jahren: Fortsetzung und Intensivierung der nach dem Ersten Weltkrieg begonnenen zeitkritischen Diagnostik, war sie in immer stärkerem Maße darauf angelegt, jener durch die Moderne bewirkten und ihrem Wesen nach krisenhaften Umformung aller Lebensverhältnisse nachzugehen. Unbeirrbar an seinem Ausgangspunkt festhaltend, daß die Fortschritte des methodischen Denkens als die entscheidenden Faktoren der geschichtlichen Entwicklung anzusehen seien, »weil sie dahin tendieren, den Menschen selbst umzubilden«[204], versuchte Valéry mit einer sich stets steigernden Genauigkeit die Auswirkungen dieses Prozesses zu beschreiben. In seinem Aufsatz *Politik des Geistes* von 1932 skizziert er die Erscheinungsformen moderner Subjektivität:

»Ich stelle zunächst ganz einfach fest, daß sich bei uns eine Verminderung, eine allgemeine Abnahme der Sensibilität vollzogen hat. Wir Modernen sind sehr wenig sensibel. Der moderne Mensch hat stumpfe Sinne, er erträgt den Lärm, (...) er erträgt ekelerregende Gerüche, grelle, irrsinnig scharfe und wechselnde Beleuchtung, er ist ständigen Vibrationen ausgesetzt; er bedarf brutaler Erregungsmittel, schriller Töne, infernalischer Getränke, kurzer, tierischer Regungen. (...) Es gibt Maschinen, die die Aufmerksamkeit überflüssig werden lassen, die von der geduldigen und schwierigen Arbeit dispensieren; je weiter wir voranschreiten, desto mehr häufen sich die Methoden der Symbolisierung und der Abkürzung. *Sie zielen darauf ab, die Mühe des Nachdenkens abzuschaffen.* Schließlich laufen die Bedingungen des modernen Lebens unausweichlich, unerbittlich darauf hinaus, die Individuen zu vereinheitlichen, die Charaktere zu vereinheitlichen; und unglücklicher- und notwendigerweise zielt das Mittelmaß darauf ab, *auf den niedrigsten Typus sich zurückzunehmen.*«[205]

Die problematische Formierungstendenz des Menschen begreift Valéry als Folge eines technischen Fortschritts, der unablässig die Wirklichkeit verändert, aber den ihm eigenen Zuwachs an Rationalität nicht den Lebensformen zugute kommen läßt, sondern im Gegenteil die Menschen zu bloßen Mitteln seiner Logik degradiert:

»Wirtschaftskrise, Wissenschaftskrise, Krise in der Literatur und den Künsten, Krise der politischen Freiheit, Krise in den Sitten (...). *Die moderne Welt hat trotz all ihrer Macht, und obwohl sie im Besitz eines bewunderungswürdigen technischen Kapitals und vollkommen von positiven Methoden durchdrungen ist, sich dennoch weder eine Politik, noch eine Moral, noch ein Ideal, noch bürgerliche oder strafrechtliche Gesetze schaffen können, die in Harmonie wären mit den Lebensweisen, die sie hervorgebracht hat und schon gar nicht mit den Denkweisen, die die weltweite Ausstrahlung und die Entwicklung eines bestimmten wissenschaftlichen Geistes allmählich allen Menschen auferlegen.*«[206]

Für die Bewältigung dieser Krise sieht Valéry nur eine Möglichkeit: Es gilt, ein gesellschaftliches Bewußtsein darüber herzustellen, daß der Mensch in dem Maße, wie er die Wirklichkeit durch den Modernisierungsprozeß verändert, selbst durch dessen Folgen geformt wird – Folgen, die weit in seine physische und mentale Konstitution hineinwirken: »On peut dire que *tout ce que nous savons,* c'est-à-dire *tout ce que nous pou-*

vons, à fini par s'opposer a *ce que nous sommes.*«[207] Wenn aber der Zusammenhang zwischen Fortschritt und Subjektivität in dieser Form besteht, drängt sich, spätestens nach den Erfahrungen des Ersten Weltkriegs, die Frage auf, ob der Mensch alles machen soll, was er de facto kann, oder, weitergehend, welches Wissen er in Zukunft noch anstreben oder besser vermeiden sollte. Politik des Geistes heißt für Valéry, perspektivisch im Hinblick auf die Zukunft und aufgrund präziser Beobachtung der je spezifischen Gegenwart jene Bedingungen festzulegen und anzustreben, unter denen die Menschen das werden können, was sie im Sinne einer umfassenden Ausbildung und Steigerung ihrer Fähigkeiten sein sollten.

»Was wollen wir und was müssen wir wollen? Die Frage impliziert in der Tat eine Entscheidung, eine Parteinahme. Es handelt sich nämlich darum, den Menschen unserer Zeit darzustellen und dieses Menschenbild in die Umgebung zu situieren, in der er mit aller Wahrscheinlichkeit wird leben müssen. Dieses Menschenbild muß Ergebnis präziser Beobachtung und nicht der Gefühle dieser oder jener Person – und vor allem nicht ihrer politischen Hoffnungen sein.«[208]

Trotz dieses Verständnisses von Geistespolitik hat sich Valéry im Bereich seiner gedanklichen Experimente auch mit der Idee der Diktatur beschäftigt. Doch während viele seiner Zeitgenossen in den zwanziger und dreißiger Jahren massiv damit sympathisierten und bereits im Begriff standen, zu praktischen Schritten ihrer Verwirklichung überzugehen, beschränkten sich die Gründe seines Interesses auf die Logik der ihm eigenen konstruktivistischen Fragestellungen und unterschieden sich scharf vom fatalen Fortschrittsglauben und Geschichtsverständnis der reaktionären Kräfte: »Ich habe für diejenigen meiner Zeitgenossen nicht viel übrig, in deren Schädeln eine Mixtur brodelt, die aus Togas von Cäsaren und am Himmel drohenden Flugzeugen besteht.«[209] In den politischen Anstrengungen zur Etablierung einer Diktatur erkannte Valéry eine Ausweitung der auch unter den Bedingungen eines freiheitlichen Staates herrschenden Zwänge auf die Sphäre des Politischen. Obwohl er davon ausging, »daß die Diktatur nur das Druck- und Verbindungssystem vollendet, dessen mehr oder minder bewußte Opfer die heutigen Menschen in den politischen freiesten Staaten sind«[210], glaubte er doch auch in den Bewegungen dieser Art, insbesondere im italienischen Faschismus, eine Art konstruktiven Willen am Werk zu sehen, der den von ihm oft beklagten Dilettantismus der politischen Organisation überwinden könne und der ihm eine gewisse Sympathie abnötigte. Auch wenn dies freilich nur vor dem Hintergrund des Gedankens an den Typ eines »klugen Tyrannen«[211] geschah, der die rationale Konstruktion der Gesellschaft vorantreibt, ohne die Autonomie des Individuums zu gefährden, müssen diese

»Koketterien« als »schwerwiegende Zugeständnisse erscheinen im Werk eines Mannes, der beständig auf der Hut sein will«, wie Paul Nizan in seiner Besprechung von Valérys *Variété IV* 1939 hervorgehoben hat. Wichtiger als der kritische Einwand gegen einen fragwürdigen Zug im Denken Valérys ist indes auch für den späteren Widerstandskämpfer Nizan, daß »Valérys ganze Moral« im »Lob der Fähigkeiten der Vernunft«[212] enthalten sei, einer Moral mithin, die seine Reden insgesamt »als heilsame Schriften« erscheinen lasse.

Ihr verpflichtet ist in der Tat seine unermüdliche intellektuelle Aktivität in den dreißiger Jahren, sowohl als akademischer Lehrer, der ab 1937 einen Lehrstuhl für Poetik am Collège de France bekleidete, wie auch als Mitarbeiter des vom Völkerbund organisierten ›Institut International de Coopération Intellectuelle‹. Was Politik des Geistes auch in diesem Zusammenhang für ihn bedeutet, läßt sich exemplarisch an dem von Valéry vorgeschlagenen Tagungsthema für die Sitzung dieses Ausschusses im Juli 1937 ablesen. Die Fragen, die Valéry im Anschluß an seinen Vortrag *Le Destin prochain de lettres* behandelt wissen wollte, lauteten:

»1. Der Schriftsteller – seine ökonomische und intellektuelle Lage, sein Einfluß in der modernen Welt, 2. der Leser – seine neuen Bedürfnisse und Geschmacksrichtungen, 3. die Sprache – ihre neuen Formen, ihre neuen Methoden und Ausdrucksmittel.«[213]

Kaum anders lauten die Leitfragen einer avancierten Literaturtheorie der Moderne, und wie sonst sollte eine Soziologie der literarischen Intelligenz und ihrer politischen Perspektive formuliert werden, wenn nicht unter diesen theoretischen Vorzeichen? Die Wirksamkeit von Valérys Moral der Vernunft und einer in ihrem Zeichen stehenden Praxis intellektueller Politik in den dreißiger Jahren belegt nicht zuletzt die Tatsache, daß der S. Fischer Verlag im Wiener Exil 1937 in der von ihm herausgegebenen Reihe ›Ausblicke‹ Valérys Aufsatz *Politik des Geistes*[214] erscheinen ließ – mit gutem Grund und für die deutsche Tradition ungewöhnlicher Urteilssicherheit für geistige Konstellationen an der Seite von Robert Musils großem Essay *Über die Dummheit*.

Unter dem Eindruck der militärischen Niederlage Frankreichs und der Besatzung durch die deutschen Truppen hat Valéry noch einmal die Arbeit an einem literarischen Werk aufgenommen. Es entstanden zwei Akte eines Dramas, das Valéry als Versuch verstand, im Lichte der jüngsten katastrophalen historischen Erfahrungen noch einmal den Faust-Stoff aufzugreifen. In Valérys *Mon Faust* ist Mephisto eine bedauernswerte Gestalt geworden, die Faust nichts mehr zu bieten hat. Faust weiß zuviel, um dem Wissen noch einen Wert zuzubilligen. Des Forscherdrangs, der seinen Schüler noch beflügelt, überdrüssig, interessiert ihn nicht mehr – wie zu Beginn der Neuzeit seinen großen Vorgänger –, was die Welt im Innersten zusammenhält. Valérys moderner Faust findet sein höchstes Glück nicht in der Befriedigung seiner theoretischen Neugierde, sondern in der sinnlichen Erfüllung eines Augenblicks, den er mit seiner Sekretärin ›Lust‹ unter einem Pfirsichbaum im Garten seines Hauses erlebt. Als er am Ende von einem nihilistischen Einsiedler in den Abgrund gestürzt wird, lehnt er die Rettung der Engel ab. »Non« – das ist seine Antwort auf die letzte Möglichkeit und zugleich eine radikale Absage an die menschliche Existenz. Die Dialektik des Fortschritts steht hier nicht mehr zur Disposition, die wie immer prekären Spielräume der Verbesserung menschlicher Lebensformen scheinen ausgeschöpft, ja, Wissen und Können und mit ihnen der menschheitsgeschichtliche Prozeß insgesamt werden im Namen eines radikalen Sensualismus verworfen, der signalisiert: Alle Anstrengungen waren vergebens, was bleibt, sind allein die sinnlichen Erfüllungen, die ein impressionistischer Momentanismus gewährt. Eine Interpretation in diesem Sinne hat H. R. Jauß veranlaßt, dem Werk eine entscheidende Bedeutung für die Entwicklung des Valéryschen Denkens zuzumessen:

»Valérys neue Antwort enthält eine Absage an alles faustische Streben, die Illusionen technischer Weltbeherrschung einbegriffen, führt zur Überwindung des cartesianischen Idols des reinen Geistes und gelangt schließlich zu einer Glücksformel, die das Mythologem des Sündenfalls umzukehren verspricht. In dieser dreifachen Hinsicht führt *Mon Faust* immer auch über Positionen hinaus, die Valéry früher selbst einnahm. Dem Schüler, der mit seinem dreifachen Schlüssel: SAVOIR – POUVOIR – VOULOIR den Poiesis-Begriff der Leonardo-Essais repräsentiert, aus dem das destruktive KÖNNEN der positiven Wissenschaften hervorging, steht die Ekstase des ›Meisters‹ mit den gegensätzlichen Funktionen von RESPIRER – VOIR – TOUCHER gegenüber.«[215]

Auch Hans Blumenberg sieht in der Gestaltung der Faust-Figur eine Korrektur im Denken Valérys, »vielleicht die entscheidende«.[216] So zwingend diese Lesart erscheinen mag, Max Rychner hat dennoch, mit Behutsamkeit, die Möglichkeit in Betracht gezogen, der Text Valérys könne im Konjunktiv der Worte des sterbenden Faust doch noch ein unscheinbares, fast unkenntliches Element zurückgenommener Hoffnung enthalten, das in der Tendenz des Stückes nicht völlig aufgeht:

»›Mein hochmütiger Geist hat alles Verlangen vernichtet. / Wenn alles, was war, nur ein sinnloser Aufwand war, / so ist alles Künftige noch unwichtiger...‹ Welch außergewöhnlicher Fall von einem Dichter, der am Ende des Lebens alles zurücknehmen will in ein Nichts, aus dem er bei seiner Geburt getreten war! Ein kleiner Schimmer von Hoffnung scheint auf in dem *Wenn*: Wenn alles Gelebte nichts war, wird das Künftige noch wesenloser sein. Wenn aber nicht, dann nicht, dann muß mit dem Ganz anderen gerechnet werden. Die Frage schien vom Dichter entschieden. Plötzlich ist sie wieder ein ganz klein wenig offen, durch Verse geöffnet, durch Kunst, durch die höchste Form von Mitteilung.«[217]

Es spricht in der Tat einiges dafür, daß *Mon Faust* nicht Valérys letztes Wort in Sachen der Vernunft geblieben ist. Aufschlußreich erscheint in dieser Hinsicht vor allem seine letzte öffentliche Rede, die er im Dezember 1944 zur zweihundertfünfzigsten Wiederkehr des Geburtstags von Voltaire im befreiten Paris gehalten hat. Zwar ist auch hier ein resignativer Zug nicht zu übersehen, doch ebensowenig, daß sich seine Aufmerksamkeit auf jenen Punkt im Leben Voltaires richtet, an dem er sich, auf dem Gipfel seines literarischen Ruhms angelangt, für die Politik entscheidet und den Kampf gegen die Ungerechtigkeiten seines Jahrhunderts aufnimmt. Nicht nur im Hinblick auf den Inhalt seiner Entscheidung würdigt Valéry Voltaire, sondern in erster Linie deshalb, weil er es als Schriftsteller vermocht habe, sein intellektuelles Vermögen so einzusetzen, daß es eine überragende politische Wirksamkeit im Geiste der Aufklärung gezeitigt habe:

»Sein Stil, das mächtige Interesse, das seinem Eintreten für Gerechtigkeit entgegenschlägt, und die Skandale, die er damit erregt, sichern ihm im ganzen Königreich und über seine Grenzen hinaus eine beträchtliche Leserschaft. Was Ansicht des *Hofes* und der *Stadt* war, wird die Meinung der *Öffentlichkeit*. Man erkennt, ein welch großes Gewicht und eine wie große Bedeutung eine bloße Veränderung der Form haben kann: *eine leichte Form erschuf die Öffentlichkeit.*«[218]

So skeptisch Valéry im Prinzip dem direkten politischen Engagement eines Schriftstellers gegenübersteht, so sehr hat ihn in den letzten Lebensjahren und -monaten die Frage bewegt, ob es nicht doch historische Situationen gibt, die eine solche Entscheidung fordern, und nicht ohne Grund endet die Voltaire-Rede mit der Frage nach den Möglichkeiten eines Voltaire in der Gegenwart:

»Auch Voltaire war auf seine Weise ein Held. Doch was vermöchte er heute? *Was vermag ein Mann des Geistes?* Welche Stimme wäre heutzutage imstande, alle anderen zu übertönen und sich vernehmbar zu machen trotz des Donners der Explosionen, des Gedröhns der Maschinen, des babylonisch wirren Propagandageschwätzes aus allen Richtungen, zu allen Stunden und in allen Häusern? Wo ist der Voltaire, der die moderne Welt auf die Anklagebank zwingt? Man möchte meinen, daß alle Anstrengung unseres Denkens, all der unerhörte Zuwachs an positiven Kenntnissen zu nichts anderem gut war als dazu, den Möglichkeiten der Menschenvernichtung eine alles zermalmende und wilde Wucht zu geben, vor allem dazu, der Menschheit die seit Jahrhunderten gehegten Hoffnungen auf Zähmung der eigenen Natur zu zerstören.«[219]

Die Form der Frage, in die Valéry seine Überlegungen kleidet, macht deutlich, welche Antwort er für wahrscheinlich hält, aber auch, daß er sie trotz allem noch nicht als endgültig ansieht. Hinter dem Zweifel an den Chancen der Wirksamkeit eines neuen Voltaire wird auch die Einsicht deutlich, wie sehr die Gegenwart seiner bedarf. Was Valéry mit seiner Rede bezeugt, ist nichts anderes als die Haltung, an der Praxis der Aufklärung selbst im Zeichen des für wahrscheinlich gehaltenen Untergangs festzuhalten. Valérys Feststellung »Voltaire bleibt nach wie vor aktuell« [220] verweist über die politische Konstellation der vierziger Jahre hinaus auf die Erkenntnis, daß, selbst wenn die absolute Katastrophe für die Menschheit fast unentrinnbar erscheint, dies nicht von der Verpflichtung entbindet, sich für deren Verhinderung zu engagieren. Erst mit dem Untergang selbst gehen alle Möglichkeiten zu Ende. Bereits seine Aufzeichnungen *Mauvaises Pensées* von 1942 sind geprägt durch den Versuch, schreibend diese Haltung zu verwirklichen. Auf den ersten Blick nur ein weiteres Protokoll jener Gedankenexperimente, die ihn sein Leben lang beschäftigt haben, bei genauerem Hinsehen aber *Schlimme Gedanken*, die der ideologischen Formierung der Literatur und des Denkens unter dem Vichy-Regime und der nationalsozialistischen Herrschaft sich widersetzen und auf die Gegenwart eines kritischen Denkens verweisen, das keine Antworten, sondern nur Fragen kennt und jeder Bevormundung die eigene Freiheit entgegensetzt. Dort heißt es unter dem Titel ›Laßt reden‹: »Unsere Tugenden und Qualitäten sind es, die uns verhaßt machen« [221], aber auch: »Alle unsere Feinde sind sterblich.« [222] Wer könnte behaupten, daß Sätze wie diese 1942 im besetzten Frankreich nicht auch politisch gelesen wurden?

IV. Nachleben

Nach dem Tod Valérys wurde in Frankreich die Aktualität seines Denkens vor allem von jenen behauptet, die sein Werk als Gegenstand wissenschaftlicher Arbeit zu entdecken begannen. Es entstanden eine Reihe von wichtigen Untersuchungen zu Valérys Leben und Werk, die die Grundlage der sich in den folgenden Jahren entwickelnden und heute gut organisierten Valéry-Forschung bilden. [223] Zu ihren bedeutendsten Leistungen zählen die in der Bibliothèque de la Pléiade von Jean Hytier herausgegebene zweibändige Ausgabe der *Œuvres* (1957 / 1960) sowie die in neunundzwanzig Bänden erschienene Faksimilie-Ausgabe der *Cahiers* (1957–1961), aus der eine zweibändige, nach Themen geordnete Auswahl hervorgegangen ist, die Judith Robinson in der Bibliothèque de la Pléiade herausgegeben hat. Mit diesen Editionen lag für die Beschäftigung mit Valéry eine gesicherte Textgrundlage vor.

In den zunächst durch existentialistische und strukturalistische, dann durch marxistische und poststrukturalistische Positionen beherrschten Debatten der Jahrzehnte nach dem Krieg erschien Valérys Denken kaum präsent. Bei genauerem Hinsehen wird allerdings deutlich, daß die wichtigsten Repräsentanten des französischen Geisteslebens dieser Jahre sich alle auf ihre Weise und mehr oder minder öffentlich mit dem Werk auseinandergesetzt haben; das gilt für Sartre, Merleau-Ponty, Cioran und Derrida in der Philosophie[224] und für Barthes, Goldmann oder Genette[225] in der Literaturwissenschaft, wie überhaupt für das Verfahren der strukturalistischen Kritik Valéry die Rolle eines Vorläufers zugebilligt werden muß; auch wenn man die den Aspekt der Poiesis betreffenden Unterschiede zur strukturalistischen Poetik berücksichtigt.[226] Erstaunlich ist es, daß das in Frankreich früh einsetzende und außerordentlich wirkungsvolle Interesse für Husserl Valéry nicht zugute gekommen ist, obwohl beider Bemühungen in vieler Hinsicht vergleichbar sind und Valéry, obwohl er selbst von Husserls Philosophie kaum Kenntnis nahm, mit einem gewissen Recht als der »erste authentische Phänomenologe auf französischem Boden«[227] bezeichnet worden ist.

Erst in jüngster Zeit gibt es in Frankreich Anzeichen für eine neue Beschäftigung mit dem Denken Valérys, die über den akademischen Betrieb hinausreicht. Symptomatisch dafür erscheinen das der Aktualität Paul Valérys gewidmete Heft der Zeitschrift *Magazine Littéraire* vom Oktober 1982, die Aufsatzsammlung *Fonctions de l'esprit – 13 savants redecouvrent Paul Valéry* (1983)[228], in der im besonderen Naturwissenschaftler Valérys Werk im Lichte der Ergebnisse moderner Forschung interpretieren, vor allem aber der Essayband *Valery pour quoi?* (1987), dessen Beiträge zu zeigen versuchen, in welchem Maße Valérys Arbeiten gerade im Hinblick auf jene Fragestellungen unausgeschöpft sind, die die gegenwärtige Diskussion über die Moderne bestimmen. Zu nennen sind hier Valérys Konzeption der »Anti-Politik«[229] und ihre bislang weithin ungeklärten anarchistischen Implikationen sowie seine Sehen, Denken und Leiden gleichermaßen implizierende Vorstellung von Körperlichkeit als zentralen Ort der Beziehung zur Welt, der ein Beitrag von Jean Starobinski[230] gewidmet ist.

Auch in dem Diskurs von Jacques Derrida scheint Valéry eine immer wichtigere Rolle zu spielen. In seiner 1988 erschienenen terminologischen Untersuchung zum Begriff des Geistes bei Heidegger geht er davon aus, daß zwischen 1919 und 1939 in der Analyse der Krise des Geistes und der Beschäftigung mit ›Europa‹ als Inbegriff einer in ihren Wirkungen bedrohlichen technischen Rationalität Denker wie Husserl, Heidegger und Valéry zusammenfanden:

»Das sind genau die Fragen, die sich stellen – auf diesem imaginären Symposion, in der unsichtbaren Universität, in der sich zwanzig Jahre lang die größten Geister Europas begegnen. Nachahmung, Diskussion, Übersetzung einer von Bewunderung erfüllten Haltung des Bangens: Was geschieht denn nur mit uns? Was geschieht denn nur mit Europa? Was widerfährt denn dem Geist? Woher kommt das? Rührt es noch *vom Geist* her, ist es überhaupt noch der Geist?[231]

Auch wenn Derrida zunehmend Valéry beipflichtet, die frappierende Aktualität seiner Diagnose des ›Europa-Problems‹ öffentlich würdigt[232] und dergestalt Valérys Bedeutung als philosophischer Denker hervorheben möchte – ihn in die Nähe von Heidegger zu rücken, ist einer um Verständnis bemühten, authentischen Rekonstruktion nicht gerade förderlich. Der Verzicht auf die Einbeziehung der politischen und zeitgeschichtlichen Umstände, die Beschränkung auf immanente Begriffsgeschichte führen Derrida zu einer sehr deutschen Lesart Valérys und suggerieren eben jene höchst problematische Interpretation im Zeichen einer Theorie des Geistes, die schon in den zwanziger Jahren schwerwiegende Mißverständnisse erzeugt hat. Valéry ist kein Theoretiker des »Geistes«, sein Begriff der Technik als Transformation läßt die Alternative von Natur und Geist als metaphysisches Erbe hinter sich. Was sollte die Dunkelheit von Heideggers Seinsdenken mit der erhellenden Kraft von Valérys rationalistischer Kritik der Moderne gemeinsam haben?

In Deutschland blieben auch nach Paeschkes großem Plädoyer für Valéry von 1947 die Bemühungen um sein Werk vereinzelt. Nun erst wurde vollends deutlich, daß es nichts gab, woran man hätte anknüpfen können. Valérys Schriften waren in Deutschland ohne jede Wirkung geblieben und alle Versuche, sie dem deutschen Publikum nahezubringen, gescheitert. Völlig illusionslos hat Curtius 1952 auf die eigenen Anstrengungen in diesem Punkt zurückgeblickt:

»Seit den erregenden ersten Nachkriegsjahren, da man gierig und wahllos nach allem Neuen haschte, hatte das Interesse für die lebende französische Literatur rapid abgenommen. Die Ruhrbesetzung, der rheinische Separatismus, die Inflation, Hitlers Novemberputsch – diese Gaben aus der Pandorabüchse des Jahres 1923 – waren nicht angetan es zu erwärmen. Das deutsche Volk spielte die Republik 1925 Hindenburg in die Hände – man weiß, mit welchem Erfolg – und eben in diesem Jahr warb ich für Proust, Valéry (...) Das war aussichtslos. (...) In der ganzen Kulturwelt von England bis Argentinien hat das Werk dieser beiden großen Franzosen stärksten Eindruck gemacht – nur in Deutschland nicht.«[233]

Zwar erschienen nach dem Krieg wichtige Texte erstmals in deutscher Übersetzung wie *Eine methodische Eroberung* (1946), *Rede zu Ehren Goethes* (1947), *Tanz, Zeichnung und Degas* (1951), *Mon Faust* (1957), *Windstriche* (1959), *Über Kunst* (1959), *Leonardo. Drei Essays* (1960), *Zur Theorie der Dichtkunst* (1962) und *Schlimme Gedanken und andere* (1963), daneben *Briefe* (1954) und *André Gide — Paul Valéry. Briefwechsel* (1958), und auch bereits früher in Deutschland publizierte Übersetzungen wurden noch einmal vorgelegt: *Herr Teste* (1947), *Eupalinos oder der Architekt* (1953) und *Die Krise des Geistes* (1956), aber das öffentliche Interesse blieb trotz durchweg positiver Besprechungen der einzelnen Editionen gering. War es bei den Buchausgaben vor allem der Insel Verlag, der sich nach seinem Engagement für Valéry in den zwanziger Jahren erneut seines Werkes annahm, so hielt ihm im Bereich der Zeitschriften mit der *Neuen Rundschau* ein Organ die Treue, das sich ebenfalls schon früh um das Verständnis seines Werks verdient gemacht hatte. Hier erschienen 1951 Werner Krafts Aufsatz ›Paul Valéry und der Gedanke. Eine Skizze‹ und Adornos Essays ›Valéry Proust Museum‹ (1953) und ›Valérys Abweichungen‹ (1960). Sein Aufsatz ›Der Artist als Statthalter. Zu Valérys Degas-Buch‹ hingegen wurde 1953 im *Merkur* veröffentlicht, der, ganz im Geist von Paeschkes Gründungskonzept, schon 1947 Valérys großen Aufsatz *Der Mensch und die Muschel* veröffentlicht hatte und im übrigen nicht nur in dieser Hinsicht, sondern auch im Hinblick auf die von ihm verfolgte europäische Geistespolitik ganz bewußt an die Anstrengungen des *Neuen Merkur* nach dem Ersten Weltkrieg anzuknüpfen versuchte. In den letzten Jahren waren die *Akzente* sichtbar um Valérys Werk bemüht. Deutlichster Ausdruck dieses Interesses ist das Paul Valéry gewidmete Heft vom Februar 1986, das *Die Politik des Geistes* in einer Neuübertragung vorgestellt hat. Seit 1987 erscheint im S. Fischer Verlag eine von Hartmut Köhler und Jürgen Schmidt-Radefeldt herausgegebene Edition der *Cahiers/Hefte*; der Insel Verlag veröffentlicht seit 1989 eine *Frankfurter Ausgabe in sieben Bänden* der Werke Paul Valérys, die Jürgen Schmidt-Radefeldt herausgibt.

Das Schicksal einer weitgehenden Wirkungslosigkeit, das Valérys Schriften auch nach dem Krieg zuteil wurde, hat dazu geführt, daß die wissenschaftliche Beschäftigung in der für sie gleichsam institutionell zuständigen Romanistik zögerlich begann und im folgenden die meisten der seinem Werk gewidmeten Arbeiten sich weitgehend auf sein dichterisches Werk beschränkten. Wo sie darüber hinausgehen, rücken sprachphilosophische Themen in den Mittelpunkt. Lediglich in der dem Projekt einer literarischen Hermeneutik verpflichteten Rezeptionsästhetik, die den dialogischen Charakter der Werke zum theoretischen Ausgangspunkt der historischen Rekonstruktion ihrer Wirkungsgeschichte macht, ist der Einfluß Valérys unübersehbar, und ihr maßgeblicher Vertreter Hans Robert Jauß[234] hat sich früh dazu bekannt. Im übrigen haben Äußerungen wie die, bei Valéry hätten wir es mit einem Kulturpessimisten »vergleichbar einem Stefan Zweig« zu tun, den Blick auf den produktiven Kern und spezifisch modernen Gehalt seines Denkens ebenso verstellt wie die Behauptung, bei Begriffen wie Produzent und Konsument, die Valéry in seiner Analyse des literarischen Prozesses gebraucht, handele es sich um eine »ökonomische Metaphorik«[235], zudem mit durchaus »privatem« Sinn[236].

Im Gegensatz dazu zeigen die Arbeiten von Peter Bürger, welchen Gewinn es erbringen kann, Valérys Denken im Kontext der ästhetischen Avantgarde dieses Jahrhunderts zu interpretieren. In dieser Perspektive wird deutlich, was die surrealistischen Versuche, das Verhältnis von Kunst und Leben zu verändern, der bei Valéry vorgebildeten Haltung des »refus« verdanken.[237] Bürger knüpft in kritischer Absicht an Adornos Arbeiten und mithin an eine philosophisch geprägte ästhetische Theorie der Moderne an. Die Chancen indes, in der deutschen Philosophie nach 1945 mit dem Denken Valérys bekanntgemacht zu werden, waren gleichfalls sehr gering. Um eine Vorstellung davon zu gewinnen, welcher Wert ihm in der Regel zugebilligt wurde, genügt es, sich anzusehen, wie Gadamer es in *Wahrheit und Methode* als »unhaltbaren hermeneutischen Nihilismus«[238] abtut: ein Werk immerhin, das zu den wenigen Erfolgsbüchern der jüngeren deutschen Philosophie gehört und an historischen Exkursen wahrlich nicht arm ist. Als philosophischer Denker und zeitkritischer Autor wird Valéry nur von drei Theoretikern ernst genommen und ausführlich behandelt, alle drei Außenseiter des akademischen Betriebs und herausragende Vertreter der deutschen Universitätsphilosophie nach 1945 gleichermaßen. Die Rede ist von Theodor W. Adorno, Karl Löwith und Hans Blumenberg.

Im Zentrum von Adornos Versuchen zur ästhetischen Theorie steht das historisch bedingte Verhältnis zwischen dem Künstler und dem ihm vorgegebenen Material. Schon 1934 hatte er im Bereich der Musik das schlechthin Neue darin gesehen, »daß diese Dialektik in Schönberg ihr Hegelsches ›Selbstbewußtsein‹ oder lieber ihren ermeßbaren und genauen Schauplatz gewonnen hat: die musikalische Technologie«[239]. Als er zwei Jahre später mit Walter Benjamin über die Reproduktionsarbeit korrespondierte, ist es der Gedanke an das »Primat der Technologie«[240], in dem er – bei allen Einwänden gegen Benjamins Thesen im einzelnen – mit ihm übereinstimmt und in dessen Namen er das autonome Kunstwerk gegen die in seinen Augen undialektische Kritik des Freundes verteidigt:

»ich kann Ihnen mein Gefühl der ganzen Arbeit gegenüber nicht deutlicher bezeichnen, als indem ich Ihnen sage, daß ich immerzu, als ihren Kontrapunkt, eine über Mallarmé mir wünschte, die Sie meines Erachtens uns als einen der wichtigsten Beiträge schulden. So dialektisch Ihre Arbeit auch ist, sie ist es nicht beim autonomen Kunstwerk selber; sie sieht vorbei an der elementaren und mir in der eigenen musikalischen Erfahrung täglich evidenteren Erfahrung, daß gerade die äußerste Konsequenz in der Befolgung des technologischen Gesetzes von autonomer Kunst diese verändert und sie anstelle der Tabuierung und Fetischisierung dem Stand der Freiheit, des bewußt Herstellbaren, zu Machenden annähert. Ich wüßte kein besseres materialistisches Programm als jenen Satz Mallarmés, in dem er die Dichtungen nicht als inspiriert, sondern aus Worten gemacht definiert; und die größten Erscheinungen der Reaktion, wie Valéry und Borchardt (...) haben in ihren innersten Zellen diesen Sprengstoff bereit.«[241]

Die auf ein Gespräch zwischen Degas und Mallarmé zurückgehende Anekdote, auf die Adorno anspielt, konnte er nur bei Valéry gelesen haben, der sie überliefert hat. So sicher er sein mochte, mit diesem technischen Verständnis der Kunst die »Generallinie« der ihn mit Benjamin »aufs Vollkommenste«[242] verbindenden Bemühungen bezeichnet zu haben, so unzweifelhaft war die Übereinstimmung auch darin, daß gerade die Kunst des l'art pour l'art, der eben die Erkenntnis des Kunstwerks als gemachtem Gebilde zu verdanken sei, einer Rettung bedürfe. Ganz auf dieser »Generallinie« liegen Adornos theoretische Versuche zur Literatur des Ästhetizismus, deren ersten, den Essay über den Briefwechsel George–Hofmannsthal, Benjamin noch zur Kenntnis nehmen konnte und den er für »das Beste«[243] hielt, was Adorno jemals geschrieben habe. Allerdings ist Adorno wohl erst nach dem Krieg klar geworden, in welchem Ausmaß Benjamin gerade den Kritiker Valéry zur Kraftzentrale seines Denkens gemacht hatte. Das Resultat dieser Einsicht scheint jedenfalls zu sein, daß Adorno sich mit Valéry, was die Zahl der ihm gewidmeten Essays angeht, so oft und intensiv beschäftigt wie mit keinem anderen Autor.[244] Die Kategorien der Bewertung, die der Brief von 1936 angedeutet hatte, ändern sich jedoch nicht. Bis hin zur *Ästhetischen Theorie* liegt ihm daran, Valérys Werk zu verteidigen, das in Gestalt des in ihm erreichten Standes der Verfügung über das Material ein Moment von Freiheit erfahrbar mache und zugleich auf eine rationale Konstruktion der Gesellschaft vorausweise, deren Statthalter der Artist sei. Im übrigen überwiegt die Einschätzung Valérys als Kulturkritiker, dessen »Schwermut«[245] sich den kulturellen Verlusten der modernen Gesellschaft verdanke und der es mit einem Konservativismus halte, weil dieser »insgeheim von einem Kulturbegriff sich leiten [läßt], der auf festen, von Konjunkturschwankungen unabhängigen Besitz in der Ära des Spätkapitalismus abzielt«[246]. Vielleicht hat Adorno gespürt, daß Valéry mit dem Ästhetizismus gebrochen hatte und zuallererst als Diagnostiker und Kritiker der Dialektik der Aufklärung Geltung beansprucht und das von Benjamin geforderte Buch über Mallarmé nur eines über Valéry hätte sein können; zugegeben hat er beides nicht. Während Valéry und Benjamin ihre Hoffnung darauf gründeten, daß innerhalb der Dialektik der Aufklärung der aus den Werken befreite konstruktive Zug sich durchsetzen könne, sah sich Adorno angesichts der geschichtlichen Erfahrungen immer stärker auf das autonome Kunstwerk zurückverwiesen, dessen Wahrheitsgehalt nun vor allem geschichtsphilosophisch begründet wird. 1960 nahm er die gerade auf deutsch erschienenen Bände *Windstriche* und *Über Kunst* zum Anlaß, ›Valérys Abweichungen‹ in einem Essay zu interpretieren. Auch hier vermeidet er, Valéry ausdrücklich als gesellschaftskritischen Denker darzustellen, aber was es ihn gekostet hat, darauf zu verzichten, ist dem Essay anzumerken. In keiner seiner anderen *Noten zur Literatur* gelingt es Adorno so wenig, dem Essay die seinem Stil entsprechende Form zu geben. Darin wird der Widerstand spürbar, den Valérys Denken auch dem geschichtsphilosophischen Versuch Adornos entgegensetzt, auf poetologische Überlegungen reduziert zu werden.

Was es für einen Philosophen heißen kann, kurz vor dem Ende eines von bedeutenden Studien gesäumten Denkweges auf Paul Valéry zu stoßen, läßt sich eindrucksvoll an der späten Entdeckung seiner Schriften durch Karl Löwith zeigen. Schüler Husserls und Heideggers und durch seine phänomenologische Schulung mit einem Weltbegriff vertraut, der Geist, Körper und Sprache gleichermaßen umfaßt, findet er in Valérys Werk einen Reichtum von Erkenntnissen vergleichbarer Art, unter denen ihm vor allem die radikale Kritik der Geschichte entgegenkommt. Valérys Ablehnung der Geschichte gilt dem Sachverhalt, daß wir, angesichts des sich beschleunigenden Veränderungsprozesses der Moderne, unsere Gegenwart und Zukunft immer weniger aufgrund der Erfahrungen der Vergangenheit erklären können. Diese Einsicht ist aber selbst das Produkt eines historischen Denkens, das zwar die Geschichte nicht verabschiedet, wohl aber ihren Wert für die Orientierungsbedürfnisse der Gegenwart in Zweifel zieht und statt dessen fordert, daß historisches Bewußtsein heute nur in der Form einer radikalen Geistesgegenwart möglich sei. Löwith zitiert Valéry ganz so, als sei diese Position auch für ihn eine Alternative zum eigenen Anti-Historismus:

»Wir müssen von einer gründlichen Analyse der Gegenwart ausgehen, nicht um die Ereignisse vorauszusehen, über die oder über deren Folgeerscheinungen man sich immer täuscht, sondern um das vorzubereiten oder zu schaffen, was nötig ist, um den Ereignissen begegnen zu können, ihnen Widerstand zu leisten, sie zu nutzen.«[247]

Insgesamt steht Löwiths kleines Buch *Paul Valéry. Grundzüge seines philosophischen Denkens* ganz im Zeichen dieser Faszination, ein souveräner Durchgang durch das Gesamtwerk und materialreicher Versuch zugleich, es unter dem Aspekt seiner Ergebnisse für das phänomenologische Denken zu erschließen. Spürbar ist in jeder Zeile das Bemühen, für Valéry zu werben und die Prägnanz seines Denkens unter Beweis zu stellen.

Am Wirklichkeitsbegriff der Phänomenologie, wenn auch nicht an seiner transzendentalen Fundierung, sind auch die Arbeiten von Hans Blumenberg orientiert. Im Unterschied zu Löwith gehört Valéry jedoch für ihn zu den frühen Entdeckungen. Ihre Umstände hat Blumenberg den Hörern seiner im Wintersemester 1979/80 an der Universität Münster gehaltenen Vorlesung *Paul Valéry als philosophischer Denker* nicht vorenthalten, leider jedoch der wissenschaftlichen Öffentlichkeit jene »vierteilige Valéry-Studie«, die 1964 am Schluß seines großen Valéry-Aufsatzes »Sokrates und das ›objet ambigu‹ – Paul Valérys Auseinandersetzung mit der Ontologie des ästhetischen Gegenstandes« angekündigt wurde.

Blumenbergs Beiträge zu einer Phänomenologie der Geschichte folgen methodisch der Anstrengung Husserls, »von einem immer neu ansetzenden Hinsehen«[248] aus die Dinge und ihre Funktion in der Lebenswelt zu beschreiben, ein Weltzugang, der die Nähe zu dem Valérys unmittelbar deutlich werden läßt, wenn Blumenberg schreibt: »Sollte ich aus Valérys Texten und Notizen den einen Satz herauszusuchen haben, der am genauesten sein Verfahren angibt, so wäre es der: ›Es genügt hinzusehen, um zu begreifen‹.«[249] In vielen seiner problemgeschichtlichen Analysen greift Blumenberg auf die dergestalt gewonnenen Einsichten Valérys als Ausgangspunkt der Reflexion zurück, insbesondere in seinen Arbeiten zum Komplex einer immanenten Poetik.[250] Größte Bedeutung wird Valérys Denken vor allem deshalb zugesprochen, weil es wie kaum ein anderes die Würde des Menschen durch das begründet sieht, was er *kann*. Valéry ist für Blumenberg ein Kronzeuge für den Versuch, die Legitimität der Neuzeit durch das zu begründen, was sie den metaphysischen Abgründen entgegengesetzt hat, die sich am Ende des Mittelalters auftaten. Allerdings ist nicht zu übersehen, daß Valéry, wie zuvor schon Husserl, dort die Zustimmung verweigert wird, wo er die Folgelasten des wissenschaftlich-

technischen Fortschritts gegen diesen selbst geltend macht.[251] Demgegenüber beharrt Blumenberg auf der partiellen technischen Rationalität der
Neuzeit, die auszuweiten das Risiko ihrer Überforderung mit sich bringe
und auf diese Weise jene Bedingungen zu zerstören drohe, unter denen die
Selbsterhaltung der Vernunft allein gewährleistet sei.

V. Valéry lesen

Valérys Texte wollen niemanden überzeugen, geschweige denn belehren.
Polemik gegenüber anderen Positionen ist ihnen ebenso fremd wie dog-
matische Verteidigung der eigenen. Valéry beschreibt, was er an der
Wirklichkeit gesehen hat, und der Anspruch seiner Interpretation beschränkt sich auf eine Präsentation dessen, was er sich an der Welt mit
seinen Mitteln klargemacht hat: Niederschriften einer fortlaufenden Erfahrung, die sich zu einer Phänomenologie der modernen Welt zusam-
menfügen. Der Vorzug dieser ›antiphilosophischen‹ Haltung liegt darin,
daß die Fragen der gegenwärtigen Welt entstammen und die Antworten
der Bewältigung ihrer Probleme zugute kommen sollen:

»Falsche Philosophen. Jene, die der Philosophieunterricht, der Lehrplan hervorbringt. Da lernen sie Probleme, die sie niemals ersonnen hätten und die sie nicht
mitempfinden. Und sie lernen sie *alle*! Die echten Probleme der echten Philosophen sind jene, die das Leben bedrängen und bedrücken. Was nicht besagen
will, daß sie nicht absurd seien. Aber sie werden wenigstens vom Leben hervorgebracht – und sind echt wie Empfindungen. Die erste Regung der einen ist es, die
Bücher zu konsultieren. Die erste Regung der anderen ist es, die Dinge zu betrachten.«[252]

Die Betonung der Unverzichtbarkeit von Anschauung für den Erkennt-
nisprozeß verbindet ihn mit Husserl, doch wo dieser der Philosophie eine
therapeutische Funktion für die Lösung der europäischen Krise zuweist
und sie zu einer Instanz machen will, die den Bruch zwischen wissen-
schaftlich-technischer Realität und lebensweltlichen Sinnansprüchen
rückgängig macht, beharrt Valéry auf der Kraft der bestimmten Negation. Dem Gedanken, der die Dinge fixiert, ist ein negatives Moment
eigen. Genau sehen heißt für Valéry begreifen, wie die Dinge gemacht
sind; in dem Maße aber, wie sich die Logik ihres Gemachtseins erschließt, werden sie als Realisierung *einer* Möglichkeit unter vielen
kenntlich. So wie ihre konkrete Gestalt alle anderen Möglichkeiten ausschließt, negiert der kritische Blick jene zugunsten eines Zustandes der
Potentialität, der auf einen Horizont nicht realisierter Möglichkeiten

verweist. Negation bedeutet: die Dinge könnten anders sein, als sie sind. Daß die Welt verändert werden kann – kaum ein anderer Denker nach Marx hat diesen Gedanken mit ähnlicher Ausdauer exponiert wie Valéry. Das gilt für die Gesellschaft nicht weniger als für das individuelle Leben; darin sind aber auch alle Chancen und Risiken beschlossen.

Da sich die Weltkonstruktion der menschlichen Praxis verdankt, kann in deren Namen das Bessere als Möglichkeit gegen die unzulänglichen Gestalten des Wirklichen geltend gemacht werden; es gilt jedoch auch, die Fragilität und die prinzipielle Reversibilität des Erreichten zu bedenken; nur allzu oft hat die Verheißung des Besseren eine unzulängliche Wirklichkeit noch um das gebracht, was durchaus erhaltenswert gewesen wäre. Für Valéry kommt alles darauf an, das Bewußtsein für das zu schärfen, was es zu verändern und was es zu bewahren gilt. Nun liegt aber das Problem gerade darin, daß die Kriterien der Unterscheidung immer weniger aus inhaltlich bestimmter Erfahrung gewonnen werden können, da die Moderne in den beschleunigten Veränderungsprozeß auch das Bewußtsein selbst hineinreißt und die sich auf Vergangenes stützenden Erfahrungen immer stärker entwertet. Die Differenz zwischen dem, was wir an der Gegenwart aufgrund unserer Erfahrungen erkennen können, und dem, was an ihr völlig neu und unvorhergesehen ist, vergrößert sich ständig. Da wir uns der Dinge unter stets neuen Bedingungen versichern müssen, kommt der Fähigkeit, sehen und denken zu können, die allerhöchste Bedeutung zu, wie Valérys Lebenswerk auf unvergleichliche Weise dokumentiert. Nicht Theorien, sondern der eigenen Kraft, die Umstände zu beherrschen, vertraut der trainierte Geist, wie ihn auf extreme Weise Monsieur Teste verkörpert: »Ich behalte, was ich will. Aber das Schwierige liegt nicht hierin. Das ists: zu behalten, wessen ich morgen bedürfen werde!«[253]

Vielleicht lassen sich, in Anlehnung an Mallarmés Begriff des spirituellen Instruments, Valérys Texte als dem Gebrauch des Lesers überlassene Wahrnehmungsinstrumente bezeichnen. Er kann prüfen, ob er mit ihnen die moderne Wirklichkeit genauer zu sehen vermag. Wenn bisher von der Wirkungslosigkeit Valérys in Deutschland gesprochen wurde, dann sind vielleicht zu Unrecht jene Leser übergangen worden, die Valéry auch hier trotz allem gefunden hat. Ja, vielleicht ist Valérys Werk in besonderem Maße auf einen Lesertypus angelegt, der wie Valéry selbst letztlich des Schreibens, zumal des veröffentlichten Werks nicht bedarf, so daß wir von der Wirkung, die sich Valéry gewünscht hätte, nichts wissen: »Möglicherweise stimmt, was Valéry sagt: Je mehr man schreibt, desto weniger denkt man.«[254] Ist es Zufall, daß der Autor einer der erstaunlichsten, wenn auch am wenigsten bekannten deutschsprachigen Autobiographien dieses Jahrhunderts sich als Valéry-Leser zu erkennen gibt? Ihr Verfasser war Fotograf[255], hatte einen Sinn für den Wert von präzisen Instrumenten und wußte, wie man sich ihrer bedient. Valérys Texte zu lesen bedeutet eine unvergleichliche literarische Chance, das Bewußtsein für die eigenen Möglichkeiten zu schärfen. Zu den Möglichkeiten einer Theorie der Moderne jedenfalls gehört es, Valérys weithin unausgeschöpftes Denken in Gebrauch zu nehmen. Annäherungen aus einer ihm verpflichteten Tradition, auf die dabei zurückgegriffen werden kann, versammelt der vorliegende Band.

Anmerkungen

1 Vgl. die Beiträge von Gide, Borges und Eliot in diesem Band.

2 André Gide, *Journal 1939–1949. Souvenirs*, (Pléiade) Paris 1954, S. 117. Französischen Ausgaben entnommene Zitate wurden, wenn nicht anders vermerkt, von den Verfassern ins Deutsche übersetzt.

3 Karl Wolfskehl, *Zehn Jahre Exil. Briefe aus Neuseeland 1938–1948*. Hrsg. v. Margot Ruben, Heidelberg/Darmstadt 1959, S. 101.

4 André Maurois, ›Paul Valéry‹, in: *Neue Rundschau*, H. 2, 1946, S. 255.

5 Jean-Paul Sartre, *Was ist Literatur?*, Hamburg 1958, S. 21. Am 13. 11. 1950 berichtet Carl J. Burckhardt in einem Brief aus Paris: »Valéry ist zur Zeit etwas abgeschrieben, ein ›Faschist‹ natürlich, rechtzeitig gestorben, dabei war er der letzte welcher wußte.« Carl J. Burckhardt–Max Rychner, *Briefe 1926–1965*, Frankfurt am Main 1970, S. 134. Zu Sartre, seiner Bedeutung und seinem Nachleben siehe: Mitchell Cohen, ›Looking at Sartre. Engaged Life, ambiguous Afterlife‹, in: *Dissent*, summer 1988.

6 André Maurois, ›Paul Valéry‹, S. 256. Vgl. auch den einführenden Essay von Maurois in diesem Band.

7 Hans Paeschke, ›Epitaph. Paul Valéry‹, in: *Merkur*, H. 2, 1947, S. 271.

8 So zum Beispiel: Helmut Schnelle, ›Paul Valéry: Philosophie des Geistes, der Sprache und der Dichtung‹, in: *Poetica*, H. 1/2, 1979; Helene Harth/Leo Pollmann, *Paul Valéry*, Frankfurt am Main 1972, und Jürgen Schmidt-Radefeldt, ›Paul Valéry‹, in: *Französische Literatur des 20. Jahrhunderts. Gestalten und Tendenzen. Zur Erinnerung an Ernst Robert Curtius*, Bonn 1986. Zur Valéry-Rezeption in Deutschland vgl. Karl Alfred Blüher. ›Vom Statthalter der »poésie pure« zum Wegbereiter der Postmoderne: Wege und Wandlungen der deutschsprachigen Valéry-Rezeption‹, in: *Forschungen zu Paul Valéry* 1. Hrsg. v. Karl Alfred Blüher u. Jürgen Schmidt-Radefeldt, Kiel 1988, und Jürgen Schmidt-Radefeldt, ›Paul Valéry und Deutschland oder: Die Rolle der Intellektuellen zwischen den Kriegen‹, in: *Dokumente. Zeitschrift für den deutsch-französischen Dialog*, H. 2, 1989.

9 Hans Paeschke, a. a. O., S. 270.

10 Ebd. Vgl. seinen Beitrag in diesem Band.

11 So der spätere Titel von Rychners Nachwort zu Valérys Essay, später aufgenommen

in: M. R., *Zeitgenössische Literatur. Charakteristiken und Kritiken*, Zürich 1947. E. R. Curtius schrieb am 22.12.45 an den Schweizer Freund: »Heute kam die Conquête méthodique. Vollendete Übertragung, meisterhaft abwägendes Nachwort. Die Atombombe wurde glücklicherweise nicht von Deutschen erfunden.« in: *Marbacher Magazin* 41/1987 (Beiheft), S. 26.

12 Paul Valéry, *Eine methodische Eroberung*, Zürich 1946, S. 22.

13 A. a. O., S. 27.

14 A. a. O., S. 13.

15 A. a. O., S. 45 f.

16 Max Rychner, ›Dichtung und Theorie der Dichtung. Paul Valéry in seiner und unserer Zeit‹, in: M. R., *Zwischen Mitte und Rand. Aufsätze zur Literatur*, Zürich 1964, S. 53; zuerst in *Merkur*, H. 11 u. 12, 1963 erschienen. Zu den wenigen Arbeiten, die Valérys Analyse im Zusammenhang mit Max Webers Rationalisierungsthese behandelt, gehört: Henry Jacoby, *Die Bürokratisierung der Welt*, Frankfurt/New York 1984.

17 Max Rychner, ›Anmerkung zu Paul Valéry‹, in: *Neue Schweizer Rundschau*, Nov. 1926, S. 1168. Zur Bedeutung von Valérys Denken für Rychners Werk vgl. den vorzüglichen Aufsatz von Walter Boehlich, ›Kritik als Beruf. Zu Max Rychners literarischen Aufsätzen‹, in: *Merkur*, H. 2, 1950.

18 René Lauret. ›Paul Valéry à Berlin‹, in: *Les Nouvelles Litteraires*, Nr. 213, 1926, S. 1.

19 Lucien Fabre, ›Au sujet du *Valéry* d'Albert Thibaudet‹, in: *Nouvelle Revue Française*, H. 12, 1923, S. 671 f. Als erste bedeutende Interpretationen von Valérys Werk gelten die Beiträge in: *Le Divan*, Nr. 79, 1922; Albert Thibaudet, *Paul Valéry*, Paris 1923; Henri Bremond, *La Poésie pure*, Paris 1925; Frédéric Lefèvre, *Entretiens avec Paul Valéry*, Paris 1926; *Paul Valéry*, (le Capitole) Paris 1926; Paul Souday, *Paul Valéry*, Paris 1927.

20 Paul Valéry, ›La création artistique‹, in: *Bulletin de la Société Française de Philosophie*, Jan. 1928, S. 2.

21 Jorge Luis Borges, *Gesammelte Werke* Bd. 3/I, *Erzählungen 1935–1944*, München 1981, S. 118.

22 Paul Valéry, *Œuvres* I, hrsg. v. Jean Hytier, 2 Bd., (Pléiade) Paris 1957/60, Bd. I, S. 604.

23 Paul Valéry, ›Die Situation Baudelaires‹, in: *Die Neue Rundschau*, H. 8, 1930, S. 251. Vgl. dazu die wichtigen Aufsätze von T. S. Eliot, ›Von Poe zu Valéry‹, in: T. S. Eliot, *Der Vers*, Frankfurt am Main 1952, und: ›Valéry über Dichtung‹, in: *Der Monat*, H. 127, 1959.

24 Paul Valéry, *Œuvres* II, S. 67.

25 Paul Valéry, *Œuvres*, I, S. 693.

26 Paul Valéry, *Rede bei der Aufnahme in die Academie Française am 23. Juni 1927*, übersetzt von Erhard Schiffer, Leipzig 1928, S. 12.

27 A. a. O., S. 13.

28 Paul Valéry, *Œuvres* I., S. 692.

29 Paul Valéry, *Rede bei der Aufnahme*, S. 8.

30 André Gide, ›Sankt Mallarmé, der Esoterische‹, in: *Drei Dichter als Kritiker. André Gide, Marcel Proust, Paul Valéry*. Hrsg. v. Jürgen von Stackelberg, Göttingen 1965, S. 69.

31 Stéphane Mallarmé, *Correspondance* I (1862–1871). Hrsg. v. H. Mondor u. J. P. Richard, Paris 1959, S. 242. Zur Poetik des Symbolismus vgl. L. J. Austin, *Poetic*

Principles and Practice: Occasional Papers on Baudelaire, Mallarmé and Valéry, New York 1987.

32 A. a. O., S. 243.

33 Paul Claudel, *Kritische Schriften*, Heidelberg 1958, S. 151.

34 Stéphane Mallarmé, *Œuvres complètes*, hrsg. v. Henri Mondor u. G. Jean-Aubry, (Pléiade), Paris 1945, S. 871.

35 Stéphane Mallarmé, S. 366. Zum existentiellen Charakter der Destruktion bei Mallarmé vgl. Jean-Paul Sartre, *Mallarmés Engagement*, Reinbek 1983.

36 Stéphane Mallarmé, a. a. O., S. 378.

37 Marianne Kesting, ›Entwurf des absoluten Buches. Über Stéphane Mallarmé‹, in: M. K., *Vermessung des Labyrinths. Studien zur modernen Ästhetik*, Frankfurt am Main 1965, S. 41.

38 Paul Valéry, ›Erinnerung an Mallarmé‹, in: *Corona*, H. 1, 1936, S. 86.

39 Stéphane Mallarmé, a. a. O., S. 433.

40 A. a. O., S. 378.

41 Georges Poulet, *Metamorphosen des Kreises in der Dichtung*, Frankfurt / Berlin / Wien 1985, S. 347.

42 Paul Valéry, *Œuvres* I, S. 626.

43 Paul Valéry, ›Brief über Mallarmé‹, in: *Drei Dichter als Kritiker*, S. 180. Vgl. auch Ursula Reckermann, *Natur und Konstruktion. Paul Valérys Begründung der Poesie als Organ der Einheit der Natur*, Phil. Diss., Münster 1971, darin besonders das Kapitel ›Poesie und Bêtise‹ (S. 148–183).

44 A. a. O., S. 177 (Übersetzung von den Verfassern leicht verändert).

45 Max Rychner, ›Dichtung und Theorie der Dichtung‹, S. 27.

46 Hans Blumenberg, ›Sokrates oder das »objet ambigue«. Paul Valérys Auseinandersetzung mit der Tradition der Ontologie des ästhetischen Gegenstandes‹, in: *Epimeleia. Die Sorge der Philosophie um den Menschen*, hrsg. v. Franz Wiedmann, München 1964, S. 317.

47 Paul Valéry, *Briefe*, Frankfurt am Main 1954, S. 38.

48 Paul Valéry, ›Letzter Besuch bei Mallarmé‹, in: *Corona*, H. 4, 1932, S. 478. Zur Vorgeschichte der Idee des absoluten Buches, Mallarmés Versuch ihrer Realisierung und Valérys Distanz vgl. Hans Blumenberg, *Die Lesbarkeit der Welt*, Frankfurt am Main 1981, S. 300–324.

49 Paul Valéry, a. a. O., S. 480 (Übersetzung leicht verändert).

50 Adrienne Monnier, ›La voix de Paul Valéry‹, in: *Les Gazettes d'Adrienne Monnier (1925–1945)*, Paris, 1961, S. 23; zuerst in ihrer Zeitschrift *Le Navire d'Argent*, Februar 1926, erschienen.

51 Vgl. Jean Hytier, ›The Refusals of Valéry‹, in: *Yale French Studies*, H. 1, 1949 und Jean Hytier, ›Valéry et le refus de la pensée scientifique‹, in: *Paul Valéry 3. Approche du ›Système‹, La Revue des Lettres Modernes*, Paris 1979.

52 Paul Valéry, *Cahiers*, C. N. R. S., Paris 1957–61, Bd. XVI, S. 322. Vgl. dazu Judith Robinson, ›Comment aborder le »Système« de Valéry ? Problemes de base‹, in: *Paul Valéry 3: Approche du ›Système‹*.

53 Paul Valéry, *Cahiers / Hefte* I, hrsg. v. Hartmut Köhler u. Jürgen Schmidt-Radefeldt, Frankfurt am Main 1987, S. 452.

54 Ebd. Vgl. auch die folgende Eintragung Valérys: »Aufbau des Menschen. Nur auf zwei Wegen vorstellbar: 1. durch die Wahl der Ideale – 2. durch Übung – Entwicklung – Arbeit«, ebd.

55 A. a. O., S. 11.

56 A. a. O., S. 55 f.
57 Paul Valéry, *Leonardo. Drei Essays*, Frankfurt am Main 1955, S. 95 f. (Übersetzung von den Verfassern leicht verändert). Camille Mauclair, der zu Mallarmés Freundeskreis gehörte und dort Valéry begegnet war, hat in seinen Erinnerungen berichtet, daß er den Leonardo-Essay zur Redaktion der *Nouvelle Revue* gebracht habe, es allerdings eher die Jugend des Verfassers als das Verständnis seines Textes gewesen sei, die den Herausgeber bewogen habe, ihn zum Druck anzunehmen. Vgl. Camille Mauclair, *Mallarmé chez lui*, Paris 1935, S. 29.
58 Paul Valéry, *Herr Teste*, übertragen von Max Rychner, Wiesbaden 1947, S. 27.
59 Paul Valéry, *Œuvres* II, S. 25.
60 Paul Valéry, *Herr Teste*, S. 17.
61 A. a. O., S. 9.
62 A. a. O., S. 45.
63 A. a. O., S. 9.
64 Werner Kraft, ›Paul Valéry und der Gedanke‹, in: *Neue Rundschau*, 1951, S. 121.
65 Paul Valéry, *Herr Teste*, S. 9.
66 A. a. O., S. 14.
67 Max Rychner, ›Der Abend mit Monsieur Teste‹, in: M. R., *Zur europäischen Literatur zwischen zwei Weltkriegen*, Zürich 1943, S. 151; Rychners Aufsatz erschien zuerst in der *Neuen Schweizer Rundschau*, H. 15, 1925.
68 Zur Problematik dieser Krise und ihrer Folgen vgl. Octave Nadal, ›Paul Valéry et l'Événement de 1892‹, in: *Mercure de France*, April 1955. Zum Leben Valérys vgl. die einführenden Beiträge von Max Rychner und François Valéry in diesem Band.
69 Paul Valéry, *Cahiers / Hefte* I, S. 63.
70 Paul Valéry, *Œuvres* II, S. 1505. Zum Ausgangspunkt seines Unternehmens schreibt Valéry 1943 rückblickend in seinem Brief an Père Rideau: »Ich habe mich niemals auf etwas anderes berufen als mein *reines Ich*, worunter ich das absolute Bewußtsein verstehe, welches das einzige und immer gleiche Mittel ist, sich automatisch vom *Ganzen* zu lösen, und in diesem Ganzen spielt unsere Person ihre Rolle, mit ihrer Geschichte, ihren Eigentümlichkeiten, ihren verschiedenen Fähigkeiten und Selbstgefälligkeiten. Gerne vergleiche ich dieses *reine Ich* mit dieser wertvollen Null in der mathematischen Schreibweise, der jeder algebraische Ausdruck gleichgesetzt werden kann...«. Paul Valéry, *Briefe*, S. 221. Vgl. auch Valérys Bemerkungen in dem Brief an Heidsieck (S. 218).
71 Jean-Pierre Schobinger, ›Paul Valéry und die Philosophie‹, in: *Schweizer Monatshefte*, H. 9, 1963, S. 985. Zum Problem des »Kratylismus« bei Valéry vgl. Gérard Genette, ›Valéry and the poetics of language‹, in: *Textual Strategies. Perspectives in Post-Structuralist Criticism*, hrsg. v. Josué V. Harari, Ithaca, New York 1979.
72 Paul Valéry, *Cahiers / Hefte* 1, S. 145.
73 Zu Valérys Beschäftigung mit naturwissenschaftlichen Denkmodellen vgl. Judith Robinson, ›Sprache, Physik und Mathematik in Valérys Cahiers‹, in: *Paul Valéry*, hrsg. v. Jürgen Schmidt-Radefeldt, Wege der Forschung Bd. 514, Darmstadt 1978 und Judith Robinson, *L'analyse de l'esprit dans les ›Cahiers‹ de Valéry*, Paris 1963.
74 Paul Valéry, *Œuvres* II, S. 1203.
75 Paul Celan hat das Gedicht ins Deutsche übertragen, eine Arbeit, die für sein Selbstverständnis als Schriftsteller von besonderer Bedeutung gewesen ist, wie er in einem Brief an Otto Poeggeler vom 1. 11. 1960 bekannt hat: »Sie haben mich auf unserem Spaziergang in H. gefragt, warum ich die junge Parze übersetzt habe,

ich weiß es jetzt, um mir das Recht zu erwerben, etwas *gegen* die Kunst zu sagen...« Otto Poeggeler, *Die Spur des Wortes. Zur Lyrik Paul Celans*, Freiburg/München 1986, S. 121.

76 Zu Valérys Erfahrungen mit der Arbeit an den Gedichten vgl. den Brief an Aimé Lafont vom September 1922, in: Paul Valéry, *Briefe*, S. 126–128.

77 Zum Charakter der zweiten Krise vgl. die aufschlußreichen Hinweise von Valérys engem Freund Pierre Féline, der früh auf die Bedeutung und die weitreichenden Folgen dieser Krise hingewiesen hat: Pierre Féline, ›Souvenirs sur Paul Valéry‹, in: *Mercure de France*, Juli 1954, sowie die Bemerkungen von Ned Bastet, ›Angoisse, mon véritable métier‹, in: *Magazine littéraire*, (Paul Valéry) Oktober 1982, S. 39.

78 Zum Komplex der Beziehung zwischen Valéry und Catherine Pozzi vgl.: Lawrence Joseph, *Catherine Pozzi. Une robe couleur du temps*, Paris 1988.

79 Hans Blumenberg, ›Sokrates und das »objet ambigue«‹, S. 313.

80 Paul Valéry, *Œuvres* II, S. 1483, Brief an Pierre Louÿs vom 6. 6. 1917.

81 Vgl. dazu das Gespräch mit André Breton in diesem Band. Die Heftigkeit der späteren Angriffe der Surrealisten auf Valéry, vor allem nach seiner Aufnahme in die Akademie, erklärt sich aus ihrer Enttäuschung über seine vermeintliche Preisgabe früherer Gemeinsamkeiten. So schreibt Aragon 1928: »Es ist tatsächlich so, daß wenn ich daran denke, wie sehr mir früher beim Lesen von ›La Soirée avec Monsieur Teste‹ bestimmte sprachliche Kunstgriffe imponierten, die die Illusion einer möglichen Entwicklung des Denkens vermittelten, und daß ich die gleichen Verfahren unter dem schrecklichen Titel ›Rhumbs‹ wiederfinde, wiederaufgegriffen und dadurch rückwirkend degradiert bis zum Ursprung, dann bin ich nicht zufrieden, dann fühle ich mich sogar ziemlich hinterhältig betrogen, und das um ein wenig Stickerei auf einem lächerlichen Anzug, und ich rede nicht vom Degen.« Louis Aragon, *Abhandlung über den Stil*, Berlin 1987, S. 97. Adrienne Monnier, die sowohl mit Valéry als auch mit Breton befreundet war, hat in ihren Erinnerungen Valéry als »Paten« der surrealistischen Zeitschrift *Littérature* bezeichnet und hervorgehoben, daß die surrealistischen Autoren »gegenüber den Meistern, denen sie viel verdankten, übertrieben ungerecht waren, vor allem im Hinblick auf die Entwicklung jenes Humanismus, dem sie dienen wollten«. Adrienne Monnier, *Rue de l'Odeon*, Paris 1960, S. 116. Vgl. den Beitrag von Adrienne Monnier in diesem Band. Zum Streit der Surrealisten mit Valéry und der Frage, was sie ihm verdanken, vgl. Jean Paulhan, ›Carnet du spectateur‹, *Nouvelle Revue Française*, Februar 1929.

82 Paul Valéry, *Œuvres* I, S. 1733. Harry Graf Kessler, der 1927 mit Valéry über diesen Aspekt seiner Produktion gesprochen hatte, berichtet darüber in seinen Aufzeichnungen sehr anschaulich: »In bezug auf seine Produktion sagte er: seit fünf Jahren arbeite er nicht mehr, was ihn interessiere, sondern nur noch, was andere ihm in Auftrag gäben. So habe er, der gar keine kritischen Fähigkeiten sich zutraue, nach und nach eine ganze Geschichte der französischen Literatur in lauter kleinen Vorreden geschrieben. Er sei noch auf Jahre hinaus mit solchen Aufträgen vollgestopft. Bis 1917 habe sich niemand um ihn gekümmert. Dann sei er plötzlich Mode geworden; und seitdem sei er nicht mehr sein eigener Herr. Ich bemerkte, um ihm zu schmeicheln: ›C'est la rançon de la gloire.‹ Er: ›Voilà ce que tout le monde me dit; mais je me suis promis plusieurs fois d'étrangler celui qui me répéterait le mot.‹« Harry Graf Kessler, *Tagebücher 1918–1937*, hrsg. v. Wolfgang Pfeiffer-Belli, Frankfurt am Main 1982, S. 565.

83 Paul Valéry, zitiert nach Karl Löwith, *Paul Valéry. Grundzüge seines philo-sophischen Denkens*, Göttingen 1971, S. 68.

84 Zur gegenseitigen Abhängigkeit von innerer und äußerer Welt zum dynamischen Gleichgewicht von Körper, Geist und Welt vgl. die bereits genannten Arbeiten von Judith Robinson sowie ihren Aufsatz ›L'impact de la civilisation moderne sur les pouvoirs de l'esprit‹, in: *Paul Valéry 4: Le pouvoir de l'esprit. La Revue de Lettres Modernes*, Paris 1983.

85 Albert Thibaudet, *Paul Valéry*, S. 99.

86 Paul Valéry, *Briefe*, S. 220. Die Übersetzung wurde leicht verändert.

87 Hans Blumenberg, ›Sprachsituation und immanente Poetik‹, in: H. B., *Wirklich-keiten in denen wir leben*, Stuttgart 1981, S. 151.

88 Paul Valéry, ›Notizbuch eines Dichters‹, in: P. V., *Zur Theorie der Dichtkunst*, Frankfurt am Main 1975, S. 100.

89 Paul Valéry, *Œuvres* I, S. 51.

90 Ebd. – In den *Cahiers* schreibt Valéry: »›Krise des Geistes‹. Bilanz der Doktrinen – usw. Der Spiritualismus ist die Menschheit teuer zu stehen gekommen – Die Gei-ster haben die unglücklichen Menschenneger vergiftet. Der Materialismus ist minder gräßlich. Seine Greuel sind durch die Berücksichtigung der *Nützlichkeit* eingeschränkt. Er hört mit dem Töten auf, um Sklaven zu machen. Jener dagegen ist von grenzenloser Abscheulichkeit. Er öffnet den Qualen die Ewigkeit. Er kennt kein *Maß*. Saevit ubi vult.« Paul Valéry, *Cahiers / Hefte* 2, hrsg. von Hartmut Köhler u. Jürgen Schmidt-Radefeldt, Frankfurt am Main 1988, S. 140.

91 Paul Valéry, *Briefe*, S. 93.

92 André Gide – Paul Valéry, *Briefwechsel 1890–1942*, Frankfurt am Main 1987, S. 551.

93 Paul Valéry, *Die Krise des Geistes. Drei Essays*. Hrsg. von Herbert Steiner, Frank-furt am Main 1956, S. 6. Valérys Essay wurde als Auftragsarbeit für die alte, renommierte Londoner Zeitschrift *The Atheneum* geschrieben und erschien im April und Mai 1919 zunächst auf englisch. Die ursprüngliche französische Fas-sung erschien im August 1919 und bewirkte nicht nur eine zehn Jahre anhaltende Debatte über die intellektuelle Krise, sondern war zugleich der Auftakt für die erste große Diskussion in Frankreich über die Krise der Literatur.

94 Paul Valéry, *Die Krise des Geistes*, S. 11.

95 A. a. O., S. 9.

96 Stefan Zweig hat in seiner Autobiographie berichtet, daß unter den Schriftstellern seiner Generation in Wien Valérys Gedichte, die nur in entlegenen Zeitschriften zugänglich waren, bereits 1898 zirkulierten. Vgl. Stefan Zweig, *Die Welt von ge-stern. Erinnerungen eines Europäers*, Frankfurt am Main 1970, S. 43. Im Nach-wort zu seiner Übersetzung von *Die Krise des Geistes* hat Steiner rückschauend noch einmal die Bedeutung beschrieben, die er der Entdeckung Valérys zumaß: »Das Auftreten einer bedeutenden Persönlichkeit verändert mit einem Schlag die geistige Atmosphäre, die Voraussetzungen, die Forderungen. So war es, als Valéry gegen Ende des ersten Weltkriegs nach über zwanzig Jahren des Schweigens in die Öffentlichkeit trat. Das Werk eines solchen Mannes verändert die Gegenwart *und* die Vergangenheit.« S. 46. Vgl. auch seinen Essay ›Paul Valéry‹, in: H. S., *Begeg-nungen mit Dichtern*, Tübingen 1963. Dort heißt es vorausblickend: »In ganz wenigen Schriften werden künftige Zeiten, falls sie es der Mühe wert halten soll-ten, sich mit der unseren zu beschäftigen, ein Bild der ersten Hälfte des Jahrhun-derts finden, wie Valéry es hier entwirft.« S. 42

97 Carl Jacob Burckhardt, *Bildnisse*, Frankfurt am Main 1958, S. 275.

98 Über die Qualität der *Neuen Schweizer Rundschau* hat sich Walter Benjamin 1928 in einem Brief an Rychner geäußert: ein »Forum (...), das mir seit langem unter allen, die um deutschsprachliche Zeitschriften herumliegen, als das wichtigste erscheint«. Walter Benjamin, *Briefe* I, hrsg. v. Gershom Scholem und Theodor W. Adorno, Frankfurt am Main 1978, S. 467.

99 Zur Geschichte und Politik des *Neuen Merkur* vgl. die wichtige Untersuchung von Guy Stern, *War, Weimar, and Literature. The story of the Neue Merkur 1914–1925*, University Park 1971. Vgl. darin im besonderen Rychners Brief an Frisch (S. 47). Einen frühen, aber ebenso engagierten wie wirkungslosen Versuch einer Vermittlung zwischen deutschem und französischem Geistesleben nach dem Krieg hatte Ivan Goll mit seiner Schrift *Die drei guten Geister Frankreichs*, Berlin 1919, unternommen. Aufschlußreich darin ist vor allem das Kapitel ›Der Geist Mallarmés‹.

100 Ernst Robert Curtius, *Der Syndikalismus der Geistesarbeiter in Frankreich*, Bonn 1921, S. 17.

101 Ebd.

102 A. a. O., S. 19.

103 A. a. O., S. 9.

104 Ernst Robert Curtius, ›Der Dichter Paul Valéry‹, in: *Der Neue Merkur*, H. 8., 1924, S. 646.

105 A. a. O., S. 648; siehe in diesem Band.

106 So heißt es in einem Brief an Carl Schmitt vom 6. 12. 1921: »Ich will die Romanen lieben, möchte aber um keinen Preis einer sein. Als Deutscher mache ich von dem Privileg des deutschen Geistes Gebrauch, im nachfühlenden Verständnis auch das Fremde zu umfassen: die grandiose Starrheit des römisch-romanischen Ordnungswillens.« ›Briefe von Ernst Robert Curtius an Carl Schmitt (1921/22)‹, hrsg. v. Rolf Nagel, in: *Archiv für das Studium der neueren Sprachen und Literatur*, 218. Bd., 1981, S. 7.

107 Paul Valéry, ›Über die Krise der Intelligenz‹, in: *Neue Schweizer Rundschau*, Januar 1926, S. 16.

108 A. a. O., S. 12.

109 A. a. O., S. 23.

110 Vgl. dazu den Bericht von Jean Rudolf von Salis, *Rilkes Schweizer Jahre. Ein Beitrag zur Biographie von Rilkes Spätzeit*, Frankfurt am Main 1975: »Die Bedeutung, die Paul Valéry für Rainer Maria Rilke in seinen fünf, sechs letzten Lebensjahren besaß, kann nicht genug hervorgehoben werden.« S. 171. Valéry war allerdings sehr bewußt, daß das, was Rilke an ihm und seinem Werk faszinierte, Dinge betraf, von denen er sich weit entfernt hatte. Zu Rilkes Valéry-Übersetzungen, ihren Lesarten und ihrer Problematik vgl. Karin Wais, *Studien zu Rilkes Valéry-Übertragungen*, Tübingen 1967.

111 Ingeborg Schnack, *Rainer Maria Rilke. Chronik seines Lebens und seines Werks*, Bd. II, Frankfurt am Main 1975, S. 1011.

112 Paul Valéry, *Briefe*, S. 134.

113 Rainer Maria Rilke – Katharina Kippenberg, *Briefwechsel*, Frankfurt am Main 1954, S. 570.

114 Vgl. Willy Haas, *Die Literarische Welt. Erinnerungen*, München 1960, S. 165.

115 *Die Literarische Welt*, Nr. 2, 1925, S. 2.

116 Willy Haas, *Die Literarische Welt. Erinnerungen*, München 1960, S. 168. Skep-

sis gegenüber den Möglichkeiten von Haas' Zeitschriftenprojekt meldete 1926 Hugo von Hofmannsthal an, den der Herausgeber als Mitarbeiter zu gewinnen versuchte: »Sie haben eine Zeitschrift gegründet, die in ihrer Form etwas für Deutschland Neues ist, und etwas Lebendiges, und haben sie die ›Litterarische Welt‹ genannt, und gerade das, was Sie da als Titel und Leitwort auf ihre Blätter geschrieben haben, das gibt es eben nicht: es gibt in Deutschland keine litterarische Welt, gibt keine deutsche litterarische Welt.« (Hugo von Hofmannsthal – Willy Haas, *Ein Briefwechsel*, Berlin 1968, S. 63.)

117 Ernst Robert Curtius, ›Die französischen Akademiewahlen‹, in: *Die Literarische Welt*, Nr. 9, 1925, S. 1. Im gleichen Jahr erschien ein unsägliches Porträt Valérys in dem »Buch einer Reise« *Die Flügel der Nike*, in dem der Autor Fritz von Unruh ihn als lebensfernen, impressionistischen Ästheten zeichnete. In dem Bericht seiner Reise, der 1926 unter dem Titel ›Pariser Rechenschaft‹ erschien, wußte Thomas Mann davon zu berichten, welche Gemeinsamkeiten zwischen ihm und den französischen Autoren der Kritiker Charles du Bos öffentlich hervorgehoben habe: »Er ist an Flaubert erinnert, an Henry James, an Valéry. Er spricht das schöne Wort von dem ›Stolze, nie zufrieden zu sein‹, der mich mit letzterem verbinde; von der Liebe zum Meer, die mich ebenfalls mit dem Autor des ›Cimetière marin‹ verwandt erscheinen lasse. Es hieß, daß Paul Valéry, de l'Academie Française, sich unter den Zuhörern befunden habe. Nun, laut hat er nicht protestiert...« (Thomas Mann, *Autobiographisches*, hg. v. Hans Bürgin, Frankfurt am Main 1968, S. 129.)

118 P. M., ›Die Akademiewahlen in der französischen Presse‹, in: *Die Literarische Welt*, Nr. 9, 1925, S. 2.

119 Rudolf Kayser, ›Variété‹, in: *Die Neue Rundschau*, H. 10, 1925, S. 1111.

120 ›Ein Bekenntnis Paul Valérys‹, in: *Die Neue Rundschau*, H. 10, 1925, S. 1110.

121 Rudolf Kayser, ›Variété II‹, in: *Die Neue Rundschau*, H. 4, 1930, S. 570.

122 Andre Germain, ›Über Paul Valéry‹, in: *Die Neue Rundschau*, H. 11, 1926, S. 508.

123 Franz Hessel, ›Commerce‹, in: *Die Literarische Welt*, Nr. 9, 1926, S. 8. Hessel übersetzte auch Auszüge der Akademie-Rede von Valéry für *Die Literarische Welt*, die auf der Titelseite erschienen; siehe Nr. 28, 1927, S. 1.

124 Lissy Radermacher, ›Ein großer Dichter, der die Dichtung totsagt‹, in: *Die Literarische Welt*, Nr. 33, 1926, S. 1.

125 Ebd.

126 Ebd.

127 Ebd.

128 A. V., ›Paul Valéry in Berlin‹, in: *Vossische Zeitung* v. 5. 11. 1926, S. 8.

129 Vgl. auch den späten Hinweis auf diesen Punkt der Berliner Rede Valérys bei Max Bense, ›Leibniz und seine Ideologie‹, in: M. B., *Über Leibniz*, Jena 1946; zu Valérys Beschäftigung mit Leibniz vgl. Jürgen Schmidt-Radefeldt, ›Zu logischen und sprachphilosophischen Grundlagen von Paul Valéry: G. W. Leibniz‹, in: *Nach-Chomskysche Linguistik*, hrsg. v. Th. T. Ballmer und Roland Posner, Berlin / New York 1985.

130 Hier zitiert nach dem Wiederabdruck in: Bernhard von Brentano, *Wo in Europa ist Berlin?*, Frankfurt am Main 1981, S. 192. Deutlicher wurden die bereits bei Brentano spürbaren Vorbehalte zunächst auch in dem geistespolitisch europäisch ausgerichteten *Querschnitt* artikuliert. Ab 1927 kam es allerdings zu Neueinschätzungen. Hier erschienen Texte von Valéry und Würdigungen von Leon-Paul Quint und Franz Blei, welche vergleichbaren, aber ebenfalls vereinzelten Bemü-

hungen im Feuilleton der *Frankfurter Zeitung* zur Seite standen, die von Efraim Frischs ›Sokrates‹ von 1927 bis zu Dolf Sternbergers ›Wohin verschwand die Tugend?‹ von 1935 reichen.

131 A. a. O., S. 193. Bernhard von Brentanos im Exil entstandenes *Tagebuch mit Büchern*, Zürich 1943, verweist allerdings auf eine intensivere Auseinandersetzung mit dem Werk Valérys. Auf Valéry beziehen sich auch die abschließenden Überlegungen seines späten Essays ›Die geistige Situation der Kunst in der Gesellschaft der Jahre 1900 bis 1950‹ in: Bernhard von Brentano, *Schöne Literatur und öffentliche Meinung. Literarische Essays*, Wiesbaden 1962.

132 Lissy Radermacher, ›Berliner Gespräch mit Paul Valéry‹, in: *Die Literarische Welt*, Nr. 46, 1926.

133 Paul Valéry, *Rede bei der Aufnahme*, S. 30 f.

134 Paul Valéry, ›Die Eroberung der Allgegenwärtigkeit‹, in: *Die Neue Rundschau*, H. 5, 1931, S. 713 f.

135 Hugo von Hofmannsthal, *Reden und Aufsätze* III, Frankfurt am Main 1980, S. 23.

136 Hugo von Hofmannsthal, zitiert nach Rudolf Hirsch, ›Zwei Beiträge zum Thema Hofmannsthal und Frankreich‹, in: *Wechselrede. Joseph Breitbach zum 75. Geburtstag*, Frankfurt am Main 1978, S. 311. Zum Verhältnis Hofmannsthal–Valéry siehe insbesondere S. 313–321 der Darstellung von Rudolf Hirsch. Zu Valérys Besuch in Wien und den Schwierigkeiten, der österreichischen Öffentlichkeit die Bedeutung seines Werkes zu vermitteln, vgl. Hugo von Hofmannsthal – Max Rychner, *Briefwechsel 1922–1929*, hrsg. v. Claudia Mertz-Rychner, in: *Almanach Hugo von Hofmannsthal*, Frankfurt am Main 1978, S. 20–23.

137 Hugo von Hofmannsthal – Rainer Maria Rilke, *Briefwechsel 1899–1925*, hrsg. v. Rudolf Hirsch u. Ingeborg Schnack, Frankfurt am Main 1978, S. 250.

138 A. a. O., Erläuterungen der Herausgeber, S. 251.

139 Vgl. dazu die Rezensionen von Walter Petry, ›Paul Valéry‹, in: *Die Weltbühne*, H. 36, 1927 und Ernst Robert Curtius, ›Herr Teste‹, in: *Die Literarische Welt*, Nr. 40, beide überaus bemüht, Monsieur Teste in Deutschland einen würdigen Empfang zu bereiten.

140 Erhard Schiffer, ›Zu Paul Valérys Poetik‹, in: *Die Neueren Sprachen*, H. 4, 1929, S. 289.

141 Max Rychner, ›Rilke‹, in: M. R., *Zur europäischen Literatur zwischen zwei Weltkriegen*, 2., veränderte Aufl., Zürich 1951, S. 125.

142 Hugo von Hofmannsthal, *Reden und Aufsätze* III, S. 39.

143 Ebd.

144 A. a. O., S. 31.

145 A. a. O., S. 39.

146 A. a. O., S. 40.

147 Ebd.

148 A. a. O., S. 41.

149 A. a. O., S. 40.

150 A. a. O., S. 37.

151 Vgl. Max Rychner, ›Die Berührung der Sphären‹, in: M. R., *Aufsätze zur Literatur*, Zürich 1966. Siehe auch die der Hofmannsthalschen Rede gewidmete Rezension (S. 315). Diese Form der impliziten Auseinandersetzung Hofmannsthals mit Valéry entgeht Hermann Broch, wenn er in seiner großen Studie *Hofmannsthal und seine Zeit* bemerkt: »Dieses Beiseite-Lassen des Neuen unter Hervorkehrung des Traditionellen ist für Hofmannsthals betrachtende Schriften typisch – er

schreibt über d'Annunzio und Barrès, jedoch nichts über Mallarmé, geschweige denn über Valéry.« H. B., *Schriften zur Literatur. Kommentierte Werkausgabe* Bd. 9/1, hrsg. v. P. M. Lützeler, Frankfurt am Main 1975, S. 231.

152 Hugo von Hofmannsthal, *Reden und Aufsätze* III, S. 145.

153 Paul Valéry, *Cahiers / Hefte* 1, S. 147. Die aus dem Nachlaß veröffentlichten Aufzeichnungen Hofmannsthals dokumentieren, daß seine Beschäftigung mit Valéry 1925–27 im Umkreis von Lektüren erfolgt, die bezeichnenderweise Werken von Autoren wie Walter Benjamin, Karl Marx, Friedrich Engels oder Carl Schmitt gelten. Dies zeigt, mit aller Vorsicht formuliert, in welchem Maße Hofmannsthal in den zwanziger Jahren mit Blick auf Valéry gewillt war, sich der Wirklichkeit zu nähern.

154 Herbert Schnädelbach, *Philosophie in Deutschland 1831–1931*, Frankfurt am Main 1983, S. 179.

155 Hugo von Hofmannsthal, *Reden und Aufsätze* III, S. 13. Ein Vergleich zwischen Hofmannsthals Rede *Vermächtnis der Antike* und Valérys *Krise des Geistes* zeigt deutliche Übereinstimmungen sowohl in den Themenkreisen und Fragen, den Paradoxien und Antithesen, den historischen und philosophischen Perspektiven als auch in der Wahl der Metaphern, der Anordnung der Abschnitte und in der für Hofmannsthal ungewöhnlichen Struktur der Darstellung, die in einer Hymne auf die geistige Macht der Mathematik ihren Höhepunkt erreicht.

156 Ernst Robert Curtius, *Deutscher Geist in Gefahr*, Stuttgart / Berlin 1932, S. 131. Curtius war zudem enttäuscht vom unzureichenden Fortschritt der Verständigung zwischen Deutschland und Frankreich; ihm schienen letzlich alle Aktivitäten in dieser Richtung kaum über die »Elite der Eliten« hinausgelangt zu sein: »Eine intellektuelle Verständigung in diesem Sinne ist nicht dadurch verwirklicht, daß ein Paul Valéry in Berlin, ein Stefan George in Paris zehn Leser findet.« Ernst Robert Curtius, ›Zur Psychologie der Deutsch-Französischen Verständigung‹, in: *Die Neue Rundschau*, H. 1, 1928, S. 67. Vgl. dazu Stefan Gross, *E. R. Curtius und die deutsche Romanistik der zwanziger Jahre*, Bonn 1980. Angesichts der neuen nationalsozialistischen Verhärtungen vermochten die kritischen Bemerkungen des französischen Diplomaten Pierre Viénot (›Frankreich und Deutschland. Die Überbetonung des Nationalen‹, in: *Die Neue Rundschau*, H. 12, 1931, S. 734) kein Gehör mehr zu finden, in denen er, auf Valéry und die in Frankreich ungebrochene Macht des Gedankens verweisend, eine Besinnung darauf forderte, daß das Problem der deutsch-französischen Beziehungen »in den Rahmen eines Kulturproblems gestellt werden« müsse, »das Frankreich und Deutschland gemeinsam angeht: das Problem des heutigen Menschen in der heutigen Welt«.

157 Zum Begriff der Kultursynthese siehe Ernst Troeltsch, *Der Historismus und seine Probleme*, Tübingen 1922, S. 164–199. Vgl. dazu: Fritz Ringer, *Die Gelehrten. Der Niedergang der deutschen Mandarine 1890–1933*, München 1987.

158 Ernst Robert Curtius, ›Herr Teste‹, in: *Die Literarische Welt*, Nr. 40, 1927, S. 5.

159 Vgl. die Briefe Valérys an Curtius, abgedruckt in: *Deutsch-französische Gespräche 1920–1950. La Correspondance de Ernst Robert Curtius avec André Gide, Charles du Bos et Valéry Larbaud*, hrsg. v. Herbert u. Jane M. Dieckmann, Frankfurt am Main 1980. Sehr aufschlußreich ist ein späterer Brief an Rychner vom 22. 12. 1945, in dem Curtius Rychners Nachwort zu *Eine methodische Eroberung* lobt: »eine erstaunliche Leistung; gültige Formeln; Bewußtheit, noch das Physiologische erhellend. Aber ohne im Technizismus zu versanden (Valérys Gefahr)«. *Marbacher Magazin* 41 / 1987, S. 25.

160 Franz Rauhut, ›Das Problem Valéry (Die drei Lionardo-Essays)‹ in: *Germanisch-Romanische Monatsschrift*, H. 7/8, 1929, S. 306.

161 A. a. O., S. 308.

162 A. a. O., S. 309.

163 Franz Rauhut, *Paul Valéry. Geist und Mythos*, München 1930, S. 111.

164 Ebd.

165 A. a. O., S. 285.

166 Ebd.

167 Hugo von Hofmannsthal, *Reden und Aufsätze* III, S. 32.

168 Rudolf Borchardt, *Prosa* I, Stuttgart 1957, S. 68. Werner Kraft hat in seinen Erinnerungen berichtet, daß sich Borchardt im Gespräch hingegen positiv über den französischen Autor geäußert habe: »Valéry lobte er sehr, besonders das Gedicht ›Les pas‹!« Werner Kraft, *Spiegelung der Jugend*, Frankfurt am Main 1973, S. 119.

169 Edith Landmann, *Gespräche mit Stefan George*, Düsseldorf/München 1963, S. 152.

170 Graf Hermann Keyserling, *Das Spektrum Europas*, Berlin 1931, S. 73.

171 Antonina Vallentin, ›Paul Valéry‹, in: *Die Weltbühne*, H. 46, 1926, S. 752.

172 A. a. O., S. 752 f.

173 A. a. O., S. 752.

174 A. a. O., S. 753.

175 Vgl. Eugen Gottlob Winkler, *Dichtungen, Gestalten und Probleme. Nachlaß*, Pfullingen 1956.

176 Hugo Friedrich, *Das Antiromantische Denken im modernen Frankreich. Sein System und seine Herkunft*, München 1935, S. 305. Zu Valéry vgl. S. 249–269. – Im übrigen wird 1937 noch einmal die Phrase strapaziert, Valérys Werk sei »edle und kühle Ästhetenkunst, in der aber keinerlei lebensspendende Kraft« stecke. Karl-Heinz Bremer, ›Die französische Literatur der Gegenwart‹, in: *Das Innere Reich*, H. 6, 1937, S. 721.

177 Jetzt in: Max Raphael, *Natur-Kultur. Studien zur Philosophie und Literatur*, hrsg. v. Hans-Jürgen Heinrichs, Frankfurt am Main 1988; vgl. darin auch das aus dem Nachlaß veröffentlichte ›Fragment über den lyrischen Stil Valérys‹. Raphael hat in seinen Veranstaltungen sehr früh auf Valérys Bedeutung für eine materialistische Kunsttheorie aufmerksam gemacht (diesen Hinweis verdanken wir Herrn Hermann Kanow, Frankfurt, der zu Raphaels Berliner Schülerkreis gehörte).

178 Siehe in diesem Band.

179 Siehe den Forschungsüberblick von Klaus Garber, ›Stationen der Benjamin-Rezeption 1940–1985‹, in: K. G., *Rezeption und Rettung. Drei Studien zu Walter Benjamin*, Tübingen 1987.

180 Walter Benjamin, *Briefe* I, S. 214.

181 A. a. O., S. 393. Scholem hat berichtet, daß ihm, »einem alten Bewunderer und eifrigen Leser von Anatole France«, bei seinem Besuch in Paris 1927 Benjamin Valérys Akademierede und den *Abend mit Monsieur Teste* geschenkt habe, um ihn mit Valéry bekannt zu machen, von dem er als »Denker, Dichter und Prosaisten die größten Stücke hielt«. Gershom Scholem, *Walter Benjamin – die Geschichte einer Freundschaft*, Frankfurt am Main 1975, S. 169. Schon der frühe Hinweis von Adorno ließ an Deutlichkeit nichts zu wünschen übrig: »In einem Materialismus zweiten Grades trifft Valéry sich mit Walter Benjamin, dessen Äs-

thetik mehr wohl von ihm lernte als von irgendeinem anderen.« Theodor W. Adorno, ›Valérys Abweichungen‹, in: ders., *Noten zur Literatur* II, Frankfurt am Main 1969, S. 73. (Siehe in diesem Band.) Ihm folgen auch die Herausgeber der *Gesammelten Schriften* Benjamins (im folgenden *GS* abgekürzt), vgl. GS II.3, hrsg. v. Rolf Tiedemann u. Hermann Schweppenhäuser, Frankfurt am Main 1977, S. 1143–45. Daß Valérys Schriften nicht erst im Exil, sondern bereits in den zwanziger Jahren Benjamins Denken maßgeblich prägen, ist gegen die im übrigen vorzügliche Arbeit von Chryssoula Kambas, *Walter Benjamin im Exil. Zum Verhältnis von Literaturpolitik und Ästhetik*, Tübingen 1983 einzuwenden. Aufschlußreich sind auch die Verweise von Pierre Missac, *Passage de Walter Benjamin*, Paris 1987, besonders die in dem Kapitel ›Homo scriptor‹, S. 49–91. Wenig ergiebig hingegen ist der Aufsatz von Michel Collomb, ›Über die Modernisierung der Kultur. Walter Benjamin liest Paul Valéry‹, in: *Verabschiedung der (Post-) Moderne? Eine interdisziplinäre Debatte*, hrsg. v. Jacques Le Rider u. Gérard Raulet, Tübingen 1986. Die hier vorgestellten Bemerkungen über Valérys Einfluß auf Benjamin knüpfen an frühere Überlegungen der Verfasser zu diesem Thema an. Vgl. Philip Brewster / Carl Howard Buchner, ›Language and Critique. Jürgen Habermas on Walter Benjamin‹, in: *New German Critique*, Nr. 17, 1979, und Eckhardt Köhn, *Straßenrausch. Flanerie und kleine Form. Versuch zur Literaturgeschichte des Flaneurs bis 1933*, Berlin 1989.

182 Walter Benjamin, *Der Begriff der Kunstkritik in der deutschen Romantik*, hrsg. v. Hermann Schweppenhäuser, Frankfurt am Main 1973, S. 17.

183 A. a. O., S. 66.

184 A. a. O., S. 65.

185 A. a. O., S. 100.

186 Hölderlin, zitiert nach Walter Benjamin, a. a. O., S. 98.

187 Werner Kraft, ›Hölderlin‹, in: W. K., *Wort und Gedanke. Kritische Betrachtungen zur Poesie*, Bern / München 1959, S. 63.

188 *GS* III, S. 363.

189 Paul Valéry, *Windstriche. Aufzeichnungen und Aphorismen*, übersetzt von Bernhard Böschenstein, Hans Staub u. Peter Szondi, Frankfurt am Main 1959, S. 181.

190 *GS* IV.1, S. 435.

191 *GS* II.2, S. 794.

192 *GS* II.3, S. 1145.

193 *GS* II.2, S. 792.

194 A. a. O., S. 696.

195 Ebd.

196 Ebd.

197 Ebd.

198 A. a. O., S. 699.

199 A. a. O., S. 802. Einschränkend heißt es bei Benjamin lediglich: »ein bedeutender Dichter wie Valéry, der eine problematische Figur nur darum machte, weil er die Kraft nicht hatte, den Widerspruch sich klar zu machen, welcher zwischen seiner Technik und der Gesellschaft, der er sie zur Verfügung hält, besteht.«. Eine kritische Bilanz der Ergebnisse der surrealistischen Bewegung hat Benjamin in den Aufzeichnungen seines *Pariser Tagebuchs* bei Gelegenheit eines Gesprächs mit Leon Pierre-Quint am 11. Februar 1930 formuliert. Vgl. *GS* IV.1, S. 585 f.

200 *GS* VI, S. 176.

201 *GS* II.2, S. 663. Erst sehr viel später wird die Nähe der Positionen von Valéry und

Brecht wieder Gegenstand theoretischer Überlegungen, und zwar im Hinblick darauf, »die Rationalität des Negativen« der Literatur zu retten: »In diesem Versuch schließt sich der große ›Konservative‹ der Literatur dem radikalen Aktivisten an.« Vgl. Herbert Marcuse, *Der eindimensionale Mensch. Studien zur Ideologie der fortgeschrittenen Industriegesellschaft*, Neuwied / Berlin 1970, S. 87. Aus dem Nachlaß Benjamins stammt ein Fragment, das Valéry zu einem anderen nicht minder radikalen Aufklärer in Beziehung setzt: »Es ist im höchsten Grade fesselnd, bei Kant – und zumal in den Altersschriften – den Niederschlägen einer Denkerfahrung von einer einzig dastehenden Genauigkeit und Bestimmtheit nachzugehen. Was ein lebender Autor – Paul Valéry in der Gestalt seines Monsieur Teste – auf spielende und phantastische Art versucht hat: den Habitus des Denkenden bis in seine geringsten physiologischen und physiognomischen Einzelheiten hinein zu verfolgen, ist bei Kant mit einer höchst vertrauenswürdigen Anspruchslosigkeit und einem Radikalismus, der es mit den Befunden der Behavioristen aufnehmen kann, versucht worden.« *GS* VI, S. 155.

202 *GS* III, S. 580.

203 Paul Valéry, *Œuvres* I, S. 1411 f.

204 Paul Valéry, *Œuvres* II, S. 922.

205 Paul Valéry, *Politik des Geistes*, in: *Akzente*, H. 1, 1986, S. 36.

206 A. a. O., S. 17. Zum Begriff der Modernität bei Valéry vgl. Michael Makropoulos, ›Valérys Moderne‹, in: *Freibeuter* 39, 1988.

207 Paul Valéry, *Œuvres* I, S. 1064.

208 A. a. O., S. 1075. Zu den historischen Voraussetzungen dieser Problematik vgl. Karl Löwith, ›Vicos Grundsatz: verum et factum convertuntur. Seine theologische Prämisse und deren säkulare Konsequenzen‹. *Sitzungsberichte der Heidelberger Akademie der Wissenschaften*. Philosophisch-historische Klasse, Jahrgang 1968. 1. Abhandlung, Heidelberg 1968.

209 Paul Valéry, *Œuvres* II, S. 1546.

210 A. a. O., S. 980.

211 A. a. O., S. 981.

212 Paul Nizan, *Für eine neue Kultur. Aufsätze zu Literatur und Politik in Frankreich*, Reinbek 1973, S. 210.

213 *Entretiens VIII: Le Destin prochain des lettres*, Paris: Institut International de Coopération Intellectuelle, 1938.

214 Vgl. Gottfried Bermann Fischer, *Bedroht – Bewahrt. Der Weg eines Verlegers*, Frankfurt am Main 1967, S. 112.

215 Hans Robert Jauß, ›Goethes und Valérys »Faust«: Zur Hermeneutik von Frage und Antwort‹, in: *Comparative Literature*, Nr. 3, 1976, S. 232.

216 Hans Blumenberg, ›Die Selbsterfindung des Unpoeten. Paul Valérys mögliche Welten‹, in: *Neue Zürcher Zeitung*, Nr. 195 v. 18. / 19. 12. 1982, S. 58. Zur Interpretation der Gartenszene in Valérys *Mon Faust* und ihrem anti-cartesianischen Gehalt vgl. auch Hans Blumenberg, *Arbeit am Mythos*, Frankfurt am Main 1979, S. 312 – 318. Jauß hat in seiner Adresse zu Blumenbergs 70. Geburtstag (›Eine doppelte Konjunktur: Goethe und Napoleon – Valéry und Blumenberg‹, in: *Akzente*, H. 3, 1990) mit schöner Deutlichkeit hervorgehoben, daß es sich bei ihnen um »zwei Philosophen des 20. Jahrhunderts« handelt, die »in mancher Hinsicht wahlverwandt« (S. 216) seien. Zu Valérys Deutung des Erfurter Gipfeltreffens zwischen Napoleon und Goethe im Horizont einer möglichen Versöhnung von Politik und Geist vgl. die kritischen Bemerkungen von

Hans Blumenberg, ›»Mon Faust« in Erfurt‹, in: *Akzente*, H. 1, 1983, die geltend machen, man wisse über Goethe doch mehr, als daß man, wie Valéry, die Erfurter Begegnung nur aus ihrem Potential begreifen könne.

217 Max Rychner, *Dichtung und Theorie der Dichtung*, S. 56. In diesem Sinne urteilt auch Rudolf Jancke, ›Geist auf Abenteuer. Zum 80. Geburtstag Paul Valérys‹, in: *Das literarische Deutschland. Zeitung der deutschen Akademie für Sprache und Dichtung*, Nr. 20, 1951: »Es wäre verfehlt, diesen nihilistischen Ausklang von Valérys letzter *expérimentation psychique*, die Verwandtschaft mit dem ersten Teste zeigt, als persönliches Lebensresumé zu nehmen, wenn auch die *Verfluchungen des Universums* mit einem persönlichen Seitenblick auf den heutigen Gang der Zeit gemeint sind. Dem gegenüber steht der Optimismus, der sein ganzes Werk trägt.« (S. 2)

218 Paul Valéry, *Voltaire*, in: *Drei Dichter als Kritiker*, S. 204.

219 A. a. O., S. 205.

220 A. a. O., S. 196. Das frühe Zeugnis von Berne-Joffroy belegt, daß Valérys Voltaire-Rede bereits von den Zeitgenossen als Plädoyer für eine engagierte Literatur verstanden wurde: »L'hommage, que Valéry a rendu à Voltaire (en Sorbonne, le 10 décembre 1944), est un signe important. Valéry y a fait, de la facon la plus nette, l'apologie de ce que certains appellent: la littérature engagée.« Berne-Joffroy, ›Souvenirs et Digressions‹, in: *Paul Valéry vivant*, *Cahiers du sud*, no. 276/278, 1946, S. 187. Zum Charakter des aufklärerischen Engagements der Schriften Valérys vgl. die Beiträge von Marcel Raymond und François Valéry in diesem Band.

221 Paul Valéry, *Schlimme Gedanken und andere*, Frankfurt am Main 1963, S. 80.

222 A. a. O., S. 81. Vgl. dazu auch Max Rychner, ›Mauvaises pensées et autres‹, in: *Aufsätze zur Literatur*; Zum zeitkritischen Gehalt der *Schlimmen Gedanken* vgl. R. Pickering, ›Writing under Vichy: Valérys »Mauvaises Pensées et Autres«‹, in: *Modern Language Review*, Nr. 1, 1988. – Valéry selbst war 1941 sehr gefährdet, als einer seiner deutschen Übersetzer aus den zwanziger Jahren, Max Clauß, Valérys frühen Aufsatz *Eine methodische Eroberung* als antideutsches Pamphlet schmähte.

223 Vgl. Lucien Fabre, ›Situation de Valéry‹, in: *Revue de Paris*, September 1950. Zu den Tendenzen der frühen Valéry-Forschung vgl. Erika Lorenz, ›Die Valéry-Kritik im heutigen Frankreich‹, in: *Romanistisches Jahrbuch*, Bd. 7, 1955/56.

224 Vgl. Maurice Merleau-Ponty, ›Der Mensch und die Widersetzlichkeit der Dinge‹, in: M. M.-P., *Das Auge und der Geist. Philosophische Essays*, Reinbek 1967; Maurice Merleau-Ponty, ›Die Wissenschaft und die Erfahrung des Ausdrucks‹, in: M. M.-P., *Die Prosa der Welt*, München 1984; Jacques Derrida, ›Qual Quelle Die Quellen Valérys‹, in: J. D., *Randgänge der Philosophie*, hrsg. v. Peter Engelmann, Wien 1988; E. M. Cioran, ›Valéry und seine Idole‹, in: E. M. C., *Über das reaktionäre Denken*, Frankfurt am Main 1980. Cioran hat seine scharfe Kritik an Valéry durch den Hinweis auf die persönlichen Umstände zum Zeitpunkt ihrer Entstehung stark relativiert, vgl. seine Äußerungen in: *Magazine littéraire*, S. 32 f.

225 Vgl. den Beitrag von Roland Barthes, in: *Magazine littéraire*, S. 29–31; Lucien Goldmann, ›Rationalismus und Dialektik. Bemerkungen zu Valérys »Faust«‹, in: *Festschrift zum 80. Geburtstag von Georg Lukács*, hrsg. v. Frank Benseler, Neuwied 1965; Lucien Goldmann, ›Valéry: *Monsieur Teste*‹, siehe in diesem Band; Gerard Genette, ›La littérature comme tel‹, in: G. G., *Figures*, Paris 1966.

226 Vgl. Tzvetan Todorov, ›Valérys Poetik‹, in: *Paul Valéry*, hrsg. v. Jürgen Schmidt-Radefeldt.

227 Rudolf Meyer, ›Descartes – Valéry – Husserl‹, in: *Hamburgische Akademische Rundschau*, H. 11/12, 1950, S. 763. Zu Husserl und Valéry sowie der ihrem Denken gemeinsamen Kritik der ›Tiefe‹, vgl. Werner Kraft, *Paul Valéry und der Gedanke*. Zum zeitgleichen Rekurs von Husserl und Valéry auf Descartes, vgl. Michel Jarrety, ›Le retour de Descartes‹, in: *Cahiers Paul Valéry 4, Cartesius redivivus*. Paris 1986, S. 13 f.

228 Siehe in diesem Band den Aufsatz von Ilya Prigogine, ›Die Aktualität der Zeitauffassung Valérys‹.

229 Vgl. Valérys erst aus dem Nachlaß veröffentlichten Reflexionen zur Antipolitik: *Les principes d'an-archie pure et appliquée*, Paris 1984, sowie das Nachwort von François Valéry, die polemischen Einwürfe von Fruttero/Lucentini (siehe in diesem Band) und Viktor-Yves Ghébali, ›Politique et anti-politique‹, in: *Valéry, pour quoi?*

230 Siehe in diesem Band. Starobinskis Werk insgesamt, aus dem Umfeld der Genfer Schule um Raymond und Poulet hervorgegangen, dokumentiert die Aktualität einer phänomenologischen Verfahrensweise, die vom sich erlebenden Körper ausgehend konkrete Erfahrungsweisen des Schriftstellers beschreibt und dabei die deskriptiven Leistungen Valérys zu diesem Projekt produktiv erschließt. Siehe dazu auch: ›Über die *Cahiers* von Valéry (Die Hefte von 1990)‹, in: *Akzente*, »Hans Blumenberg zum Geburtstag«, H. 3, 1990.

231 Jacques Derrida, *Vom Geist. Heidegger und die Frage*, Frankfurt am Main 1988, S. 142.

232 Siehe dazu seinen Beitrag: ›Kurs auf das andere Kap – Europas Identität‹, in: *Liber. Europäische Kulturzeitschrift* (Deutsche Ausgabe), Nr. 3, 1990.

233 Ernst Robert Curtius, *Französischer Geist im 20. Jahrhundert*, Bern 1952, S. 525.

234 Vgl. Hans Robert Jauß, ›Literaturgeschichte als Literaturwissenschaft‹, in: H. R. J., *Literaturgeschichte als Provokation*, Frankfurt am Main 1970, S. 172. Jauß greift auch bei der Fundierung des Poiesis-Begriffs seiner Theorie ästhetischer Erfahrung maßgeblich auf Valérys Poetik zurück, siehe: Hans Robert Jauß, *Ästhetische Erfahrung und literarische Hermeneutik 1*, München 1977, S. 77–97. In Anknüpfung an Hugo Friedrichs Arbeiten, aber mit Hinblick auf die literaturwissenschaftlichen Debatten der 60er Jahre, hat Harald Weinrich sehr früh und sehr eindringlich auf den Schlüsselcharakter von Valérys Denken für eine moderne Literaturtheorie hingewiesen, in der auch der Leser, die Semantik, Konstruktion und Urbanität verstärkt Berücksichtigung finden. Vgl. die Aufsätze seines Bandes: *Literatur für Leser*, München 1986, und den Artikel: ›Schreiben, um zu sehen. Zum 100. Geburtstag Paul Valérys‹, in: *Frankfurter Allgemeine Zeitung*, 30. 10. 71.

235 Helene Harth, Leo Pollmann, *Paul Valéry*, S. 97. Vgl. dazu: *Cahiers* (C.N.R.S.) XXIII, 730.

236 Ebd.

237 Vgl. Peter Bürger, *Der französische Surrealismus. Studien zum Problem der avantgardistischen Literatur*, Frankfurt am Main 1971, S. 51–56. Siehe in diesem Band.

238 Hans-Georg Gadamer, *Wahrheit und Methode*, 4. Aufl., Tübingen 1975, S. 90.

239 Theodor W. Adorno, ›Der dialektische Komponist‹, in: T. W. A., *Impromptus*, Frankfurt am Main 1969, S. 43.
240 Theodor W. Adorno, *Über Walter Benjamin*, Frankfurt am Main 1970, S. 126.
241 A. a. O., S. 128.
242 A. a. O., S. 127.
243 Walter Benjamin, *Briefe* II, S. 850.
244 Siehe: Theodor W. Adorno, ›Der Artist als Statthalter‹, in: T. W. A., *Noten zur Literatur* I, Frankfurt am Main 1968; ›Valéry Proust Museum‹, in: T. W. A., *Prismen. Kulturkritik und Gesellschaft*, Frankfurt am Main 1969.
245 Theodor W. Adorno, *Ästhetische Theorie, Gesammelte Schriften* Bd. 7, Frankfurt am Main 1970, S. 322.
246 Theodor W. Adorno, ›Kulturkritik und Gesellschaft‹, in: T. W. A., *Prismen*. S. 12. Adorno scheint jenen bereits erwähnten Brief an Gide vom 11. 5. 1918 nicht gekannt zu haben, in dem Valéry seine Methode und seinen Gegenstand im Grunde mit denen von Marx gleichsetzt, sonst hätte er nicht schreiben können, daß Valéry den Namen Marx »kaum über die Lippen« gebracht hätte. Doch schon sein Schüler Alfred Schmidt muß in seiner grundlegenden Arbeit *Der Begriff der Natur in der Lehre von Karl Marx*, 2. überarbeitete Auflage, Frankfurt am Main 1971 im Hinblick auf den durch die menschliche Arbeit vermittelten Stoffwechsel mit der Natur mit Verblüffung erstaunliche Übereinstimmungen zwischen Marx und Valéry feststellen; S. 100.
247 Paul Valéry, zitiert nach Karl Löwith, *Paul Valéry*. Siehe in diesem Band: S. 107. Zu Valérys Geschichtskritik vgl. Max Rychner, ›Moderne Dichter als Gegner der Geschichte‹, in: M. R., *Zwischen Mitte und Rand* und Max Rychner, ›Das Wesen geschichtlicher Krisen. Paradoxon eines Verächters‹, in: M. R., *Zeitgenössische Literatur*, Zürich 1947.
248 Hans Blumenberg, ›Die sprachliche Wirklichkeit der Philosophie‹, in: *Hamburger Akademische Rundschau*, H. 10, 1946/47, S. 430.
249 Hans Blumenberg, ›Die Selbsterfindung des Unpoeten‹, S. 58.
250 Vgl. Hans Blumenberg, ›Die essentielle Vieldeutigkeit des ästhetischen Gegenstandes‹, in: *Kritik und Metaphysik. Studien. Heinz Heimsoeth zum achtzigsten Geburtstag*, Berlin 1966; Hans Blumenberg, ›Sprachsituation und immanente Poetik‹, in: H. B., *Wirklichkeiten in denen wir leben*, Stuttgart 1981.
251 Zur Kritik Blumenbergs an Husserl vgl. ›Lebenswelt und Technisierung unter Aspekten der Phänomenologie‹, in: H. B., *Wirklichkeiten in denen wir leben*. Vgl. auch ›Wissensüberdruß‹, in: Hans Blumenberg, *Die Sorge geht über den Fluß*, Frankfurt am Main 1987.
252 Paul Valéry, *Schlimme Gedanken und andere*, S. 9. Sein Verhältnis zur Philosophie hat Valéry am eindringlichsten im dritten seiner Leonardo-Essays, *Leonardo und die Philosophen*, geschildert. Beharrlich vorgetragen und unter jeweils neuen Perspektiven variiert werden die Figuren seiner Kritik auch in den der Rubrik ›Philosophie‹ zugeordneten Aufzeichnungen in: *Cahiers/Hefte* 2. Zu Valérys Kritik der Philosophie vgl. die erwähnten Beiträge von Kraft, Blumenberg und Schobinger sowie Pierre Thévenaz, ›Valéry, le Philosophe malgré lui‹, in: *Paul Valéry, Neuchâtel 1945*.
253 Paul Valéry, *Herr Teste*, S. 14.
254 Paul Léautaud, *Literarisches Tagebuch 1893–1956*. Eine Auswahl, hrsg. v. Hanns Grössel, Reinbek 1978, S. 22.
255 Erwin Blumenfeld, *Durch tausendjährige Zeit. Erinnerungen*, Berlin 1988.

I

Einführungen

FRANÇOIS VALÉRY

Paul Valéry

1

In Statur und Haltung glich mein Vater, Paul Valéry, dem französischen Infanteristen: er war klein und gut gebaut, mager und vital; nichts an ihm war gekünstelt oder geziert. Er mochte keine großgewachsenen Menschen – nicht, daß er sie beneidete, aber er argwöhnte, ihr Gehirn sei entsprechend kleiner.

Er hatte blaßblaue, gelegentlich silberblaue oder graue Augen, die sich ins Violette verdunkelten, wenn er jemanden einmal direkt anschaute. Er sprach schnell, ohne die Stimme zu erheben, die klanglos war und kaum merkliche Spuren des Midi-Akzents aufwies: »Sprich doch mal deutlicher!« pflegte Degas zu sagen. Er rauchte fünfzig oder sechzig Zigaretten am Tag; mit viel Geschick drehte er sie selbst.

Mein Vater hatte eher geschickte und gleichmäßig geformte als schöne Hände; sie waren warm und kräftig. Er gebrauchte seine Hände gern und unterhielt uns Kinder mit Marionetten. Er besaß eine Vorliebe für unnütze kleine Dinge; so enthielt eine der Schubladen seines Arbeitstisches Lappen, kleine Stückchen Schnur, Kerzenstummel und Zangen, dazu noch einige nutzlose, bei fliegenden Händlern erstandene Werkzeuge; er nannte sie seine Kramschublade.

Er war nicht ordentlich, verlor ständig etwas und hatte sämtliche Taschen durchwühlt, bevor er sein Feuerzeug oder seine Brille fand. Zweifellos hatte er aus diesem Grund sein Monokel an einem Band befestigt, jedoch machte es sich, wenn er es trug, oft selbständig, um dann in die Suppe einzutauchen.

Nicht viele Autoren sind mit solch ungünstigen Arbeitsbedingungen zufrieden gewesen: ein mit Aufzeichnungen und Aktenordnern übersätes Zimmer, in dem haufenweise die Bücher herumlagen, die man ihm schickte, welche er aber selten las (allerdings machte er ganz gern Päckchen auf). Manchmal kippte ein Stapel um und daraufhin ein Tintenfaß, dann hörten wir seine Stimme durch die geschlossene Tür des Arbeitszimmers: »Nom de Dieu de nom de Dieu!« Er träumte von einem großen Zimmer, ausgestattet mit einem auf Böcken liegenden Brett, wo er seine Aufzeichnungen hätte verteilen können, um sie zu ordnen. Aber mit soldatischer Regelmäßigkeit kehrte er immer wieder an seinen weißge-

strichenen Tisch, zu seinem Fenster und den zwei oder drei Schornsteinen
zurück, auf die er vor Sonnenaufgang lange schaute.

Er fand sich im großen und ganzen mit ziemlich viel Lärm ab und erhob
nur schwachen Protest gegen den Radau, den wir als Kinder machten;
Leierkästen und Tonleitern störten ihn, aber das Gequäke des Radios mit-
samt den atmosphärischen Störungen ertrug er mit der Zeit ohne Zeichen
von Verdruß.

Seine Natürlichkeit ließ ihn jedermann unbefangen gegenübertreten,
gleich, ob Mitgliedern von Königshäusern oder (bemerkenswerter und
zweifellos schwieriger) Kindern. Selten vertrauten wir uns ihm an, aber es
bereitete ihm wohl auch Mühe, Vertrauliches sich anzuhören; jedoch gab
es nichts Gezwungenes oder Förmliches in unserem Verhältnis.

Mein Vater bestrafte uns sehr selten und wenn, dann im allgemeinen
aufgrund eines Irrtums; er brachte es einfach nicht fertig, eine Bestrafung
länger durchzuhalten als seinen Groll; wirklicher Groll war ihm jedoch
fremd. Wenn er ab und zu tatsächlich eine Bemerkung machte, dann fügte
er immer gleich hastig und ganz ohne Entrüstung hinzu: »Ich weiß, ihr
werdet dem keine Beachtung schenken«, und damit hatte die Sache ihr
Bewenden.

Wenn wir krank waren, erzählte er uns Geschichten und ließ dabei eine
Marionette am Fußende des Bettes tanzen. Immer war auch der Teufel mit
im Spiel; der Teufel gefiel meinem Vater. Vielleicht erklärt das sein Vergnügen am Kasperletheater. Einer der Teufel trat immer erst dann auf,
wenn die Hexe ehrfürchtig das Hinterteil einer schwarzen Henne küßte.
Mein Vater hätte fabelhafte Geschichten nach Art der aus Tausendund-
einer Nacht, die er sehr mochte, schreiben können.

Vor meiner Geburt, zu einer Zeit, als er mehr Zeit für seine Kinder hatte,
bastelte er für meinen Bruder und meine Schwester Krippen aus Pappe,
damit sie die von meiner Großmutter aus Italien geschickten Figuren
unterbringen konnten. Ich wiederum hatte ein kleines Theater, und er
entwarf Bühnenbilder für die *Walküre* und *Parsifal*. Er hatte es gern, wenn
Kinder ihre Erfindungsgabe nutzten, indem sie selbst Spiele ersannen.

Gern schnitt er uns Grimassen, und häufig ging er mit uns spazieren,
»bis zur Métro an der place Victor Hugo«, einem Ort, von welchem er
behauptete, er sei einer von ungeheuren Vergnügungen, oder bis zum
Aquarium im Trocadero. Er ging sehr schnell und bemerkte nie, daß seine
Kinder kaum Schritt halten konnten. Denn obwohl mein Vater fast schon
zu liebenswürdig war, versetzte er sich doch selten an die Stelle eines
anderen. So, wie er für seine Kinder zu schnell lief, so versuchte er nie oder
schien nie zu versuchen, sie zu verstehen.

2

Mein Vater fühlte sich in Hotelzimmern vollkommen zu Hause. Ich vermute, es waren diese anonymen, aber komfortablen Räume, die ihm, wenn er verreiste, am besten gefielen. Reisen langweilten ihn im allgemeinen. Jede Hauptstadt, jeder Fluß oder jede Brücke war doch bloß eine andere Hauptstadt, ein anderer Fluß oder eine andere Brücke. Fremde Häfen lockten ihn nicht; auch das Land nicht, wo Insekten ihn piesackten – »diese ganze, kleine, feindselige Welt«.

Bäume mochte er lieber als Blumen. Ihm gefielen das Meer, Lateinsegel, die Form von Schiffskörpern und Ankern, Seemannsknoten, Tauwerk und die Bezeichnungen nautischer Gegenstände. Das Vergnügen des Schwimmens erinnerte ihn an die Ferien, die er als Junge in Genua verbracht hatte; er schwamm gern unter Wasser, riskierte jedoch keine großen Entfernungen – er wäre zweimal fast ertrunken und erzählte davon, daß er einmal von einem Kraken angegriffen worden sei. Am Strand suchte er nach Muscheln und alten Knochen herum und nahm sie mit nach Paris für seine Sammlung wertloser Dinge, die er heftig gegen die Begehrlichkeit seiner Kinder verteidigte.

Er ging nie ins Theater oder ins Kino und ganz selten ins Konzert. Er las kaum – keine Romane, wenig Gedichte. Manchmal las er erneut eine Tragödie von Corneille, eine Fabel von La Fontaine, eine Predigt Bossuets oder sogar *Monsieur Nicolas* von Restif. Seine letzte, speziell für einen Vortrag an der Sorbonne notwendige Lektüre war Voltaires Briefwechsel. Er ging meist früh zu Bett, und gewöhnlich lag auf seinem Nachttisch eine mathematische Abhandlung oder etwas von Vergil oder Tacitus, manchmal eine französische oder lateinische Etymologie oder gar ein Kreuzworträtsel. Auf diese Weise überwand er Schlaflosigkeit; zwar konnte er immer leicht einschlafen, wurde jedoch von schrecklichen Hustenanfällen geweckt.

Dieser nervöse Mann war nachsichtig, und man konnte mit ihm völlig problemlos zusammenleben. Niemals sagte oder tat er etwas, was einen Streit hätte entfachen oder verschärfen können. Er war höflich und verabscheute Zankerei; aber er antwortete auf solche Angriffe, die, so absurd sie auch waren, eher seine Person als sein Werk betrafen; denn Integrität und solche Tugenden, die bürgerlich genannt worden sind, waren ihm wichtig. Er respektierte die Spielregeln. Jedoch konnte sich seine fast schon zu große Toleranz erschöpfen. Oft irrte er sich in Menschen, entweder aus Naivität oder reiner Gleichgültigkeit. Einmal von seinem Irrtum befreit, kehrte er ihnen den Rücken.

Mein Vater war für jede Freundlichkeit ungeheuer dankbar: Bewunderung berührte ihn um so mehr, als er sie weder suchte noch erwartete. Als wir uns eines Tages eine technisch hochkomplizierte Heizungsanlage in einem großer Pariser Bahnhof ansahen, zeigte ihm einer der Arbeiter ein verschmutztes Buch mit zerrissenem Einband und losem Rücken; es war ein sehr zerlesenes Exemplar von Paul Valérys *Eupalinos*. Ich sah, daß mein Vater bewegt war.

Er fällte kein Urteil über andere, schon gar nicht über seine Kollegen. Weder kannte er sie gut, noch interessierte er sich für sie. Selbst wenn er mit ihren Schriften besser vertraut gewesen wäre, hätte das wahrscheinlich nichts geändert; denn er hätte wirklich, wie er sagte, »nicht gewußt, was ich davon halten soll«. Nur dann fesselte etwas seine Aufmerksamkeit, wenn er daraus lernen konnte oder wenn er glaubte, er hätte es nicht selbst machen können. Nach einem seiner seltenen Theaterbesuche (in diesem Fall handelte es sich um ein intelligentes, populäres Stück) sagte er , er sei »ziemlich beeindruckt« und fügte hinzu: »Beim besten Willen könnte ich so etwas nicht machen.«

Sosehr er auch darüber klagen mochte: er besaß ein bemerkenswertes Gedächtnis. Er konnte sehr viele Gedichte auswendig und war auf allen Wissensgebieten bewandert, insbesondere im Fach Geschichte, über das er sich allerdings mokierte. Er interessierte sich für alles, was die Geschichtsbücher ausließen.

Entgegen oft aufgestellten Behauptungen war er kein Mathematiker – seine Studien waren nicht in diese Richtung gegangen –, jedoch verstand er mathematische Denkmethoden; Begriffe wie die der Funktion, Transformation, Gruppierung und Substitution haben ihn stets gefesselt und bestimmten seine eigenen Untersuchungen auf den Gebieten der Sprache und der Funktionsweise des Geistes. Es gefiel ihm, Probleme zu lösen und algebraische Berechnungen anzustellen. Wenn er aber einem seiner Kinder bei einer Hausaufgabe half, dann waren die Ergebnisse oft kläglich – teils weil seinen korrekten Schlüssen eine falsche numerische Lösung folgte, teils weil er sich nicht zu elementaren Methoden herablassen wollte, mit dem Ergebnis, daß der Lehrer einfach Verdacht schöpfen mußte.

Obwohl er kein Autodidakt war, *verhielt sich* Paul Valéry auf dem Gebiet der Mathematik wie bei fast allem so, als wäre er einer. Dies tat er gewissenhaft.

Als ich ein Kind war, wußte ich nicht, was mein Vater von Beruf war; es kommt mir so vor, als ob erst seine überraschende Wahl in die Akademie mir die Art seines Berufs – den er nicht als solchen ansah – enthüllte.

Ich wäre nicht verwundert gewesen, wenn man mir gesagt hätte, er sei Oberst, Ingenieur oder Beamter.

Später, als ich die literarische Welt kennenlernte, wurde mir klar, wie sicher mein Instinkt gewesen war; mein Vater war kein homme de lettres, obwohl er der Sprache ungeheuren Wert beimaß. Ich will damit sagen, daß ihn keine literarische Aura umgab. Er besaß den Stolz und die Bescheidenheit eines Naturwissenschaftlers. Er hätte sein »System« auf andere Gebiete anwenden können – auf die Militärwissenschaft zum Beispiel oder auf die Volkswirtschaft. Davon legen seine Hefte Zeugnis ab. Er befaßte sich als Mann der Tat mit dem Geistigen. Sein System war ein System der *Vermögen*. Sein Leben lang erfüllte ihn die Idee des »Machens«.

Paul Valéry bewunderte zutiefst das Werk Wagners – vor allem die *Walküre*. Für ihn war Wagner ein Stratege: sich seiner Ziele aufs höchste bewußt, wohlüberlegt in seinem Angriff auf die Sensibilität seines Publikums. Von Chopin wollte mein Vater, dem das Klavier verhaßt war, nichts hören, er pflegte meine Mutter zu bitten, lieber eine Passage aus dem *Ring* zu spielen. Manchmal auch spielte er mit einem Finger – darauf beschränkte sich seine Technik – die Wotan oder Brünhilde zugeordneten Leitmotive. Er hatte ein genaues Gehör und konnte sich Musikstücke leicht einprägen. Wenn er vergnügt war, summte er ganze Passagen aus den Operetten von Lecocq oder Offenbach oder aus Gounods Faust, wobei er einen Provinz-Bariton imitierte. Eine Zeitlang hatte er Beethoven gemocht, aber schließlich wurde er seiner überdrüssig, denn er fand ihn langweilig, zu Wiederholungen neigend und manchmal vulgär. Er bewunderte Glucks Rezitative und einiges von Bach, aber bald langweilten sie ihn: »Es könnte ebensogut ewig so weitergehen.«

In der Musik wie auch anderswo suchte er das, was seinem Geist Nahrung gab. Er beneidete Musiker, weil er meinte, daß sie, anders als Dichter, weder verpflichtet seien, eine allgemeinen Zwecken dienende Sprache zu benutzen, noch die Alltagsbedeutungen in den Elementen, die sie verbänden, zu berücksichtigen brauchten. Die Dichtung erschien ihm die schwierigste der Künste.

Er konnte gut zeichnen, wozu er seinen Füllfederhalter gebrauchte; Schatten gestaltete er, indem er an einem Finger leckte, um dann die Linie zu verwischen. Gelegentlich machte er Aquarelle und Ölgemälde. Er interessierte sich für die Komposition, für die Probleme der Projektion dreidimensionaler Formen auf eine Fläche und für das Spiel dieser Formen im Licht. Seine Vorliebe für Leonardo, Rembrandt, Daumier, Degas und Claude Lorrain überrascht nicht. Er selbst wählte eine kleine Studie

aus, um sie sich ans Bett zu stellen; sie stammte von Berthe Morisot, der
Tante seiner Frau: zwei kaum erkennbare, jedoch anmutig auf der Oberfläche eines nur vage angedeuteten Sees schwebende Schwäne. Gemälde
aber, auf denen drei Birnen oder vier Äpfel dargestellt waren, machten
ihn ärgerlich, es sei denn, sie waren von Chardin und die Ausführung ließ
das Sujet vergessen.

Die Eintönigkeit der Museen konnte er nicht ausstehen; er hielt die
Museumsleiter für albern in ihrer Manie, Museen in kunstgeschichtliche
Kataloge zu verwandeln, indem sie die Werke chronologisch anordneten.
Er hätte es gern gesehen, wenn sie die Namen von den Bildern abgekratzt
hätten.

3

Sein Tag begann mit Kaffee, etwa um fünf oder halb sechs morgens; mit
ganz schwarzem, fast siruppartigem Kaffee, den er sich selbst braute.
Während er vor dem Morgengrauen im Schlafanzug, ein Tuch um die
Schultern gebunden und eine Zigarette in der Hand, zuschaute, wie es
über den Schornsteinen langsam Tag wurde, widmete sich mein Vater
mit unerbittlicher Regelmäßigkeit, mit unmenschlicher Beharrlichkeit
einem einsamen Ritus: dem Versuch, sich eine eigene Sprache zu schaffen, das Wörterbuch für den eigenen Gebrauch umzuarbeiten, bestimmte Themen bis zum Äußersten zu verfolgen, Aufzeichnungen an-
zuhäufen, dabei nichts aufnehmend, was nicht auf ganz eigene Weise
durchdacht war – das heißt, was auch nach intensivster Selbstbeobachtung nicht »depersonalisiert« werden konnte.

Nichts hätte ihn dazu gebracht, seine morgendliche Arbeit aufzugeben; gleich, was passierte, er saß an seinem Schreibtisch. Einen Tag
nachdem er die Nachricht vom Tod seiner von ihm verehrten Mutter
bekommen hatte, hörten wir wie gewöhnlich seine Schreibmaschine.
Dies offenbarte keinen Mangel an Gefühl bei meinem Vater; es handelte sich vielmehr um Disziplin und eine Form von Schutz. Egal, was
geschah, mehr als fünfzig Jahre lang rauchte jeden Morgen der Schorn-
stein seiner »kleinen Fabrik«, ob er nun glücklich war oder niederge-
schlagen, sorgenfrei oder bedrückt, müde oder frisch, auf Reisen oder in
Paris, ob seine Mutter gestorben war oder ein Kind geboren worden
war.

Mein Vater war nämlich ein Mann mit absoluten Werten. Sein Rück-
zug aus dem Leben war für ihn, wie für einen Asketen, vollkommen
freiwillig gewesen; er hatte aus der Verweigerung eine Disziplin und aus

der Flucht eine Strategie gemacht. Niemand hätte verletzlicher, ja empfindlicher sein können, die harte Schale war bei ihm jedoch nicht außen, sondern innen. Er hat wohl darunter gelitten, manchmal, wie unter einem Fremdkörper: Dieser harte Kern, in ihm und nur ihm selber feind, konnte weh tun.

Er war ein starker und zugleich ein schwacher Mensch. Der starke war wirklich stark; er besaß seine Prototypen, seine Helden, seine Mythen: Narziß, Monsieur Teste, Faust, Leonardo und Napoleon. Der schwache Mensch war beinah ein Kind, hatte verträumte Augen, war sensibel, zu Späßen und Unfug aufgelegt und manchmal todunglücklich.

Um elf Uhr, nach fünf oder sechs Stunden Arbeit und zwei, drei Tassen Kaffee mit oder ohne Milch, zog sich mein Vater an, um auszugehen. Er rasierte sich mit Hingabe, gelegentlich schnitt er sich dabei; kämpfte mit dem Kragenknopf; stopfte sich seine Schlüsselsammlung und seinen Tabak in die Taschen und band sich manchmal eine Fliege um, die er »die Krawatte des französischen Bauern« nannte. (Dies war überhaupt das einzige Mal, daß er der Landwirtschaft irgendeine Reverenz erwies; die mit ihr verbundene mühsame Arbeit fand er trostlos und barbarisch.)

Bis zu diesem Zeitpunkt hatte er schon mehrere Seiten seines Heftes gefüllt. Seine Handschrift war schnörkellos und bemerkenswert gleichmäßig, obwohl sie in Abständen eine gewisse Entwicklung aufwies. Er schrieb seine Gedichte sowohl auf der Schreibmaschine – einer alten Oliver, robust und primitiv – als auch von Hand. So sind Hunderte von Entwürfen von *La Jeune Parque* erhalten geblieben. Ebenfalls auf der Schreibmaschine schrieb er das, was er seine »Strafarbeiten« nannte: Vorträge, Vorworte usw. Der leidenschaftliche Eifer, mit dem er sich abmühte, verwies nicht auf einen Mangel an Leichtigkeit. Er kritzelte eine beträchtliche Anzahl von Gelegenheitsgedichten, von denen einige sich vielleicht als erstaunlich bedeutend entpuppen mögen, auf Photos oder Vorsatzblätter. Aber er strebte nicht nach Leichtigkeit.

Zur Schau getragene Aufrichtigkeit verachtete er. Aufrichtigkeit hieß für ihn Arbeit. Trotz seiner Freundschaft mit Gide konnte er nicht ohne ein an Unbehagen grenzendes Gefühl in das *Journal* sehen. 1945 allerdings sah er Gide nach Jahren zum erstenmal wieder und war überrascht vom Ausmaß der eigenen Rührung.

Wie ich schon sagte, ging mein Vater gegen elf Uhr aus. Es war seine Flucht vor sich selbst, vor der Art von geistiger Selbstbefriedigung, der er sich verschrieben hatte; und vor seiner Familie – fünf oder sechs großen und kleinen Personen, die in einer zwar leidlich großen, aber für nicht mehr als drei vorgesehenen Wohnung untergebracht waren.

Eine Zeitlang suchte er M. Lebey auf, dessen Sekretär er war. M. Lebey,
Geschäftsmann und Direktor der Nachrichtenagentur Havas, war ge-
lähmt. Sein Neffe, André Lebey, hatte meinem Vater, dessen enger
Freund er war, diese Anstellung verschafft, die ihm für seine eigene Arbeit Zeit ließ und zugleich sein Einkommen aufbesserte. Mein Vater las
dem gelähmten Mann vor, insbesondere Bossuet. Diese Lektüre hatte das
überraschende Resultat, zur Wiederbekehrung M. Lebeys zum Katholizismus beizutragen; im Gedenken daran hinterließ er meinem Vater
eine abscheuliche Uhr aus Gold und Platin mit kompliziertem Läutwerk.

Nach M. Lebeys Tod war mein Vater arbeitslos. Obwohl er lange ge-
genteiliger Auffassung gewesen war, überredete ihn meine Mutter, daß
es möglich sei, vom Schreiben zu leben. Er war sicher, daß seine Studien
unbrauchbar waren. Er konnte sich nicht vorstellen, daß seine Übungen,
wie er sie nannte, gegen Nahrungsmittel für seine meistens gefräßigen
Kinder getauscht werden könnten. Daß *La Jeune Parque* in Brot und
Butter zu verwandeln sei, schien ihm dermaßen unwahrscheinlich, daß
er ohne die von seinem Posten gewährte bescheidene Sicherheit wirkliche
Angst hatte, zugrunde zu gehen. Zweifellos war es diese ganz natürliche
Angst, die das auch heute noch einigermaßen verbreitete Märchen, Paul
Valéry sei geldgierig gewesen, in gewisser Weise glaubwürdig erscheinen
ließ. Wenn er es gewesen wäre, hätte er seine Karriere als Schriftsteller
ganz anders betrieben. So sagte er manchmal: »Wenn ich Geld gewollt
hätte, hätte ich ein obszönes Buch oder eine Biographie des heiligen Fran-
ziskus geschrieben.«

Ich bedaure, daß er es nicht getan hat, denn seine Vorstellung von
Erotik oder Heiligkeit wäre so charakteristisch für ihn gewesen wie alles
andere in seinem Werk. Sein erstaunliches Unverständnis gegenüber allem, was nicht er selbst war, entfernte ihn von allen Themen, die der
Zufall oder die Notwendigkeit ihn zu behandeln nötigten. Das heißt, ob
es nun Proust, Petain, France, Foch, Swedenborg oder sogar Goethe war,
er schuf sie seiner Vorstellung gemäß neu. Wenn er gezwungen war, über
Philosophen zu reden, die ihn langweilten, über Dichter, deren Werke er
nie gelesen hatte, oder über Marschälle von Frankreich, deren Strategie
ihm fragwürdig vorkam, so drückte er sich davor weniger dadurch, daß er
das Thema wechselte, was die meisten tun würden, sondern indem er
eine Person konstruierte, die seiner Welt entsprach. Falls er seine neununddreißig Kollegen in der Akademie hätte willkommen heißen oder ihre
Grabrede hätte halten müssen, dann hätte er vielleicht neununddreißig
als Generäle, Botschafter, Journalisten, Bischöfe oder Politiker verklei-
dete Testes geschaffen.

Eine Zeitung nannte Paul Valéry einmal »den großen Pfründeninhaber der Republik«. In der Tat jedoch hatte er keine Pfründe außer dem *Centre Universitaire Méditerranéen*, dem er viel Aufmerksamkeit und Interesse widmete und das er gern zu einer eigenständigen, von der Universität selbst völlig unabhängigen Einrichtung gemacht hätte; und außer dem Collège de France, wo er, wie er sich ausdrückte, ein alter Mann, aber junger Professor war.

Seine beiden Kurse strengten ihn an; was den Stoff betraf, war er auf sich selbst angewiesen – er konnte nicht wie so viele Professoren auf die Werke anderer oder darauf basierende Aufzeichnungen zurückgreifen. Während der deutschen Besatzung wurde er vor dem Collège von einem deutschen Offizier angesprochen, der ihn fragte, was für ein Gebäude das sei. Mein Vater antwortete: »Es ist ein Ort, an dem Redefreiheit herrscht.« Der überraschte Offizier ging wortlos weiter. Wahrlich jemand, der große Pfründen besaß! Paul Valéry hat weder jemals ein Auto noch eine Sekretärin noch genug Platz zum Arbeiten besessen. Er gönnte sich kein Taxi; es machte ihm ohnehin Spaß, zu Fuß zu gehen, und zeitlebens ging er mit flottem Tempo.

Trotz seines bescheidenen Wesens war er daheim großzügig. Niemals schlug er mir eine Fahrt oder einen Konzertbesuch ab; ich glaube, er machte, anders als die meisten Ehemänner, niemals Schwierigkeiten, seiner Frau das Haushaltsgeld zu geben. Diese Großzügigkeit war um so beträchtlicher, als es ihm schwerfiel zu verstehen, daß andere vielleicht Dinge benötigten, die er nicht für notwendig hielt.

Es war entweder die Folge von Gleichgültigkeit oder von Gutmütigkeit, daß Paul Valéry nicht nein sagen konnte. Das war allgemein bekannt. Von den sehr vielen – ich würde sagen: zu vielen – Vorworten, die er schrieb, wurde ihm der größte Teil aus verschiedenen Gründen – einschließlich mißbrauchter Freundschaft – kostenlos abgerungen. Viele seiner bedeutendsten Arbeiten jedoch waren ursprünglich Auftragsarbeiten. Solche Arbeit erschien ihm insoweit der Mühe wert, als eine zusätzliche Beschränkung seiner Freiheit sich vielleicht als nützlich erwies. Die Notwendigkeit des Schreibens aber war ihm beschwerlich. Einem gewissen anderen Schriftsteller hätte er gut entgegnen können: »Wenn ich zu schreiben gezwungen wäre, brächte ich mich um.«

4

Der »Erfolg« meines Vaters nach 1920 war fraglos ein Paradox. Innerhalb von fünf Jahren verhalf er diesem zurückhaltenden, ja sogar schüchternen Schriftsteller, von dem wenige nur sprachen, um darüber zu klagen, daß er die schon früh in ihn gesetzten Erwartungen nicht erfüllt habe, zur Mitgliedschaft in der Akademie. Ohne ihn wäre er der einsame Suchende gewesen, den der Abbé Mugnier den *weltlichen Mönch des Morgens* genannt hat. Wissenschaftler hätten sich gefreut, sein Werk posthum entdecken zu können. Wenn sie dieses Genusses beraubt sind und wenn Paul Valéry schon zu Lebzeiten der großen Prüfung durch den Ruhm unterzogen wurde, dann verdankt sich das dem Zufall, den Nachwirkungen des Krieges, einem gewissen Snobismus, ein paar fanatischen Bewunderern sowie dem Anstand und dem Charme dieses schwierigen Dichters, der allmählich zu einer Art Poeta laureatus der Dritten Republik wurde.

Ich weiß nicht, ob er von seinen Ehrungen überwältigt wurde; natürlich muß man selbst bei den bedeutendsten Persönlichkeiten etwas Eitelkeit vermuten. Gewiß aber nahm er die Ehrungen mit einer Bescheidenheit entgegen, die nicht geheuchelt war und die ich manchmal für übertrieben hielt. Von seiner Mutter, einer Venezianerin, hatte er den Respekt vor Offiziellem geerbt; in ihrem reizenden Akzent sagte meine Großmutter stets: »Eine gewisse Stellung muß man einfach haben.« Außerdem schienen ihm vermutlich offizielle Aufgaben vorteilhaft zu sein für die Sicherung seiner materiellen Existenz, die er für überaus prekär ansah, da er glaubte, in der modernen Gesellschaft sei kein Platz für den Künstler, schon gar nicht für einen so strengen und schwierigen wie ihn. Er verabscheute alles Attitüdenhafte; als Rebell zu posieren, hatte er nicht die geringste Absicht. Als ein Beleg für die Vulgarität Beethovens erschien ihm die bekannte, von Goethe und dem Komponisten handelnde Anekdote, die davon berichtet, wie letzterer es ablehnt, die Anwesenheit des Kaisers, vor dem Goethe sich tief verneigt, überhaupt zur Kenntnis zu nehmen. Vulgarität hieß für ihn: einer Geste oder einer Förmlichkeit übertriebene Bedeutung beimessen. Er war bescheiden und ungemein stolz zugleich.

Dieser außerordentlich schnelle öffentliche Erfolg rührte von einem Mißverständnis her. Man hielt meinen Vater für einen Durchschnittsfranzosen: Radikalsozialist, frei von kirchlichen Bindungen, ja sogar antiklerikal (jedoch mit einigen Freunden im Klerus), patriotisch, manchmal chauvinistisch, aber ein guter Europäer, der die internationale Zusammenarbeit befürwortete. In begrenztem Maß traf dies zu.

Eigentlich jedoch war Paul Valéry ein Individuum der gefährlichsten Art, insofern als er niemals die Ansichten der Allgemeinheit vertrat. Das, was er sagte und schrieb, mag nicht immer originell gewesen sein, vor allem da er die Arbeiten anderer systematisch ignorierte und es ihn deshalb wenig kümmerte, ob etwas schon einmal gesagt oder geschrieben worden war. Was immer er auch sagte und schrieb, war aus der Perspektive seines eigenen Systems vorgestellt und verwies auf Koordinaten, die er für sich selbst festgelegt hatte. Da er allem gegenüber seine eigenen Ansichten besaß, sprach er notwendigerweise den in modernen Gesellschaften gängigen Denk-, Ausdrucks-, Verhaltens- und Handlungsweisen jeden wahren Wert ab.

Außerstande, es mit einem einzigen Land, einer einzigen Partei oder Religion zu halten, war er der Archetyp des Anarchisten, aber eines Anarchisten, der es aus Angst davor, seine beachtliche Freiheit aufs Spiel zu setzen, vermied, sich als solcher zu erkennen zu geben – ein Anarchist, der an Regeln solches Vergnügen hatte, daß er sie für sich selbst erfand.

Merkwürdig, daß ein bestimmter Teil der Öffentlichkeit so naiv ist, die zerstörende Kraft einer Idee danach zu beurteilen, mit welcher Vehemenz, wenn nicht Inkohärenz sie ausgedrückt wird, und daher nicht erkannte, wie ungeheuerlich Valéry war. Was Moral, Metaphysik und Politik anbetrifft, verhielt sich mein Vater wie ein Mann, der sich, einen Geldschein in der Hand haltend, geschwind davon überzeugt, daß sich dessen Gegenwert tatsächlich im Banktresor befindet. Nicht, daß er Kredit grundsätzlich ablehnte. Zwar verachtete er aufgeblähte Worte, gleichwohl sah er ein, daß das Zeichen nicht das Objekt *sein* kann, daß es einen tatsächlichen Wert nur *repräsentiert*. Er konnte es nicht ausstehen, wenn auf dem Gebiet der Ethik, in der Philosophie wie auch in der Politik die Erscheinung für das Wesen gehalten wurde.

Das ganze Fundament des politischen Systems erschien ihm von daher absurd und obsolet. Er war ein Anarchist (»ein Anarchist der Regierung«, wie er es lächelnd ausdrückte); aber ebenso hätte er ein autoritäres Regime außergewöhnlicher Art willkommen geheißen, eines ohne Propaganda, Glauben oder Tabus, das die Freiheit des Geistes eher gefördert als unterdrückt hätte; er hätte sich einer Art intellektuellem Napoleon angeschlossen.

Er meinte, die Welt der Politik sei ein System von Kräften und kein statisches Gebilde; aber er hielt diese Kräfte für andere als die, von denen Historiker Notiz nehmen. Er fand, daß die Politik, von der täglich in den Zeitungen die Rede war, einem absurden, endlosen Film ähnele, daß sie jedenfalls lächerlich sei und fast völlig angewiesen auf den Mißbrauch der

Sprache. Als er am Ende seines Lebens noch einmal Voltaires Briefwechsel las, beklagte er das Fehlen eines solchen Geistes in der Gegenwart, eines Geistes, der Gestrüpp wegschneiden und Götzen stürzen
könne.

Es ist eigenartig, daß er als Republikaner oder Radikalsozialist angesehen wurde. Ich glaube, er hielt nur insofern etwas von der Demokratie, als er dachte, das Wahlrecht bringe genügend Anarchie mit sich, um
Unterdrückung zu verhindern.

Der Patriotismus meines Vaters war emotionaler Art. Als im Jahre
1871 Geborener besaß er die seiner Generation eigene fast schon chau-
vinistische Disposition. Außerdem war er trotz seiner südländischen
Herkunft intellektuell durch und durch Franzose; wie hätte jemand, der
so von Wörtern hingerissen war, trotz seines Universalismus nicht die
Bande spüren sollen, die ihn mit einer Kultur und Sprache verknüpften.

Auf diesem und auf einigen anderen Gebieten schien sein Denken,
war es auch noch so kühn und radikal, seine Reaktionen nicht zu beeinflussen. Er reagierte auf eine sehr schlichte Weise und geradeso wie
jeder andere.

Was auch immer seine »Strafarbeit« sein mochte, er arbeitete gewissenhaft daran. Trotz seiner materiellen Schwierigkeiten war er nie versucht, dem Publikum Zugeständnisse zu machen. Er ging nie Kompro-
misse ein. Ganz im Gegensatz zu dem, was die Legende berichtet, lebte
er hinter einem in der literarischen Welt ungewöhnlichen Schild von
Integrität. Zweihundertfünfzig Hefte, 50 000 Seiten maschine- oder
handgeschriebener Aufzeichnungen, die er für sich selbst gemacht
hatte; oft schwierige, nur von einer begrenzten Zahl von Lesern zu ver-
stehende Gedichte; notgedrungen angenommene und gewissenhaft
ausgeführte Auftragsarbeiten; ein paar Vorträge, die oft ebenso eingehend waren wie seine Schriften – das war die Arbeit eines ganzen
Lebens.

Er las seine Arbeiten nicht gern wieder. Ihn kümmerte weder die Vergangenheit noch die Zukunft. Wenn es wirklich einmal vorkam, daß
ihm eine frühere Arbeit gefiel, dann fürchtete er, er werde nicht mehr
fähig sein, »so etwas zustande zu bringen«; wenn er andererseits irgendein altes, ihm zweitklassig erscheinendes Fragment fand, war seine
Freude kaum größer.

Es war ohnehin das Denken selbst, nicht dessen Ergebnis, das ihn
reizte und ihm Freude machte.

Wenn irgendein Teufel ihm wie einst Faust den Pakt angetragen hätte, so hätte er wohl all sein fertiges Werk vernichtet, um dafür noch einmal einige Momente lang die höchste geistige Kraft zu genießen, die er manchmal gefühlt hatte, wenn er für sich allein war und zuschaute, wie es Tag wurde.

(Aus dem Amerikanischen von Herbert Weiß)

MAX RYCHNER

Paul Valéry. Zone des Schweigens

Paul Ambroise Valéry, geboren 1871 in Sète, war vom Vater her Korse, von Mutterseite Genuese. Er war in Sète aufgewachsen, hatte dort die Schulen besucht, die hoch am Berghang liegen, mit dem Blick über das Meer hin. Vor ihm lag, was wir uns mit der Phantasie erobern müssen. In den Stunden, die nicht die volle Aufmerksamkeit beanspruchten, waren die großen Augen des Schülers auf die blaue Fläche gerichtet, auf die Fischkutter, welche noch die gleiche Form haben wie die phönizischen Schiffe, die ehemals Marseille anliefen, auf die Küstensegler, die den Hochseefahrzeugen der perikleischen Griechen und der mittelalterlichen Kreuzfahrer noch sozusagen gleichsehen. Welch eine Lehre für einen jungen Menschen! Er hatte vor Augen, wie eine sinnvolle Form, die technische Form von Schiffen, Jahrtausende überdauert hatte. Das Geheimnis der Dauer wird sein Nachdenken immer wieder anziehen, gleich wie das Geheimnis der Form auf allen Gebieten der menschlichen Schöpfung.

Die Schule scheint ihm bis zu seinem vierzehnten Jahr weder besondere Annehmlichkeiten noch Unannehmlichkeiten bereitet zu haben. Am Gymnasium umfaßte seine Klasse ganze vier Schüler; es bestand also, schreibt er, eine beträchtliche Wahrscheinlichkeit, ab und zu der Erste zu sein. Viel interessanter jedoch war ihm eine obere Klasse, die sich aus zwei Mitgliedern zusammensetzte. Da es die Institution der Klassenpreise gab, traten jene beiden jedes Jahr vor die versammelten Stadt- und Schulbehörden, und mit unfehlbarer Regelmäßigkeit nahm der eine seinen ersten, der andere den zweiten Preis entgegen unter dem Tusch der dazu aufgebotenen Militärmusik. Sie konnten diesem Schicksal gar nicht entgehen, mochten sie sich anstellen, wie sie wollten.

Die obere Stufe des Gymnasiums durchlief Valéry in Montpellier, der alten Universitätsstadt, in der Rabelais gelebt und gelehrt hat. Hier beginnt das Leiden an der Schule. »Ich habe Lehrer«, schreibt er, »die ein Schreckensregiment führen. Die Literatur behandeln sie wie Feldwebel. Dummheit und Unempfindlichkeit scheinen vom Lehrplan gefordert.« Damals geriet er in eine verbissene Opposition zum Schulbetrieb, die viel später noch in Kritik und Reformvorschlägen zum Ausdruck kommen wird. Und im Alter wird er selber auf sublime Weise lehren.

Es folgte das Studium an der Universität. Wie viele junge Leute, die über sich selber noch nicht im klaren sind, begann er mit dem Studium der Rechte – und blieb dabei, »um Zeit zu gewinnen und zu verlieren«, wie er sagt. Er liebte den Weg nicht, den er eingeschlagen hatte. Und eine Last bedeutete ihm das Jahr Militärdienst, das er zu leisten hatte. »Ein schreckliches Jahr«, schreibt er, »wir werden sehr dumm geführt. Abscheu und Müdigkeit.«

Der Stil des Reglements nimmt seine Aufmerksamkeit in Beschlag; die Knappheit und Präzision (einer seiner geliebtesten Begriffe) dieser sachlichen Sprache bewundert er wie Stendhal die Sprache des Code Napoléon, in dem er eine Stunde zu lesen pflegte, um sich stilistisch in Form zu bringen, bevor er sich an den Schreibtisch setzte. Aber Valéry las mit kritisch gewilltem Blick: ihm entging nicht, was an Dunkelheit auch in der äußersten Präzision des Ausdrucks mitenthalten ist: Begriffe, die nicht genau definiert, sondern in einer Konvention mit herübergenommen werden. Er selber ist geradezu von einem Dämon der Präzision besessen, und gerade er wird Gedichte schreiben, die vielen als »dunkel« gelten.

Als Student wird er von der Literatur berührt. Sie ist nicht seine erste Liebe; diese war die Architektur. Seine Ferien hatte er meistens in Genua, der Heimat seiner Mutter, verbracht; die Paläste dieser lange Zeit meerbeherrschenden Stadt, die ihre große einstige Stellung in ihrer Gebärde zum Ausdruck bringt, haben den jungen Valéry in seinem Tiefsten angesprochen. Ein anderer hätte vielleicht vor allem ihrer geschichtlichen Aussage gelauscht, hätte versucht, das politische, gesellschaftliche, wirtschaftliche, künstlerische Leben sich zu vergegenwärtigen, für welches diese herrschaftlichen Formen zum symbolischen Ausdruck wurden – bei ihm war es nicht der Fall. Ihn haben die architektonischen Formen als solche interessiert. Er studiert das Nachschlagewerk von Viollet-le-Duc, die »Grammatik des Ornaments« von Owen Jones. Die Stilgesetze, die Wesensgesetze des Bauens bewegen ihn, ja bedrohen ihn, der als beginnender Dichter bereits eifersüchtig ist auf die Ausdrucksmöglichkeiten der Sprache und deren Bereich gegen den der Architektur und den der Musik abzugrenzen unternimmt. Jede dieser frühen Beschäftigungen Valérys hat ihre Perspektiven: auf die Höhe seines Könnens gelangt, wird der Dichter den Dialog »Eupalinos, oder über die Architektur« schreiben. Dieser sokratische Dialog ist ein Hohelied auf das Bauen, auf das Konstruieren, auf den schöpferischen Akt schlechthin. Eine Erkenntnis des Allerhöchsten mit purem Fragen, ein Dahinterkommen hinter die geschaffene Welt und ein besitzendes Haben der religiösen Wahrheit anerkennt Valéry nicht. Religiöses Denken erscheint ihm als Wunschdenken aus einer bestimmten Furcht heraus, die den Geist nicht freigibt zur Erfüllung seines eigenen Wesens. Im »Eupalinos« heißt es an anderer Stelle (Sokrates spricht diese Worte): »Wenn also das Weltall die Wirkung ist irgendeines Aktes, dieser Akt selbst die Wirkung eines Wesens, eines Bedürfnisses, eines Gedankens, eines Wissens und einer Macht, die diesem Wesen eignen, so kann man nur wieder in einem Akt den großen Plan erreichen und die Nachfolge dessen, der alle Dinge gemacht hat.« Dieser Akt ist im Falle des Eupalinos das Bauen. Sein Bau aber soll die bewegende Gewalt, die ihn, den Meister, antrieb, durch seine Form stetig ausstrahlen. »Mein Tempel«, sagte der Mann aus Megara, »soll die Menschen bewegen, wie der Gegenstand ihrer Liebe sie bewegt.« Der Student schien nun insofern Baumeister seines Daseins zu werden, als er dessen eine, seine größte und reichste Möglichkeit entschlossen in die Mitte stellte und alles andere auf sie hin ordnete: seine Gabe des sprachlichen Ausdrucks. Er war mit Pierre Louys, mit André Gide, mit dem Kreis der Symbolisten in Berührung gekommen; in Zeitschriften erschienen seine ersten Gedichte, die von Studenten abgeschrieben, weitergegeben, auswendig gelernt wurden; Hérédia, Henri de Régnier ließen ihn ihre Bewunderung wissen; er war eine große Hoffnung der Literatur, ein Stern in raschem Steigen, dessen Kurve man schon berechnen zu können glaubte.

In dieser Konstellation, die auf nichts als Glück und Erfolg zu deuten schien, geschah etwas Unerklärliches, was die Freunde wahrhaft erschreckte: Valéry warf alles hin und gab die Literatur auf. Eine innere Krise von ungewöhnlicher Heftigkeit befiel ihn: alles, was bisher Wert für ihn hatte, zerstob nun wie Asche. Von der Literatur wendet er sich ab; er vermag künftig lange nicht mehr von ihr zu sprechen, ohne daß Verachtung für sie mitklänge.

Was in ihm damals geschah, können wir nicht genau wissen. Es mag ein analoger oder ähnlicher Vorgang gewesen sein wie in einem gläubigen Mystiker, der sich von der Gnade berührt fühlte und dem Weltleben entsagt. Vielleicht wurde Valéry von einer Ungnade berührt, vielleicht von der Gnade – die Deutung bleibt offen. In dieser Zeit war er, wie ein Freund und Biograph diskret andeutet, von einer Liebe erfaßt, die unerwidert blieb. Er floh vor ihr, oder vor sich, oder vor ihrem Gegenstand nach Genua. Den Höhepunkt des inneren Dramas überstand er in einer heftigen Gewitternacht; es fiel kaum Regen, aber die Blitze waren so zahlreich und weitgespannt, daß die ganze Landschaft in taghellem Aufleuchten sich zu verzehren schien. Das Licht peitschte die Finsternis als erbarmungslose Herrin.

Valéry begab sich nach Paris und lebte der neuen Macht, die ihn sich unterworfen hatte. Er, der in der Schule ein sehr mäßiger Mathematiker gewesen war, wirft sich auf die Mathematik, auf die Physik. Er sucht das Schwierige auf, Aufgaben, deren Bewältigung die höchste Anstrengung, die schärfste Zucht des Geistes erfordern. Damals schreibt er von sich: »Simple, donc ne peut se résoudre à ne pas commencer par le commencement en toute matière...« Das mag soviel heißen wie: Hinwendung zu den Ursprüngen, zu den Elementen.

Es ist, als suche ein seine Kraft fühlender Geist nach dem Boden, auf dem er bauen kann. Doch alles Material wird analysiert, bevor es Verwendung findet. Alles Vage, alles Willkürliche verfolgt Valéry in seinem Drang nach Erkenntnis und Präzision. Dieser Rationalist ist erfüllt von einem Rausch der Erkenntnis: das Dunkelste in ihm treibt ihn zur Helle.

Für die Kollegen von gestern, die Schriftsteller und Dichter, hat er nicht mehr viel übrig: diese arbeiten ja mit ungeläutertem, unreinem Weltstoff, sie haben kein genau umrissenes Ziel, sie verwenden keine scharf definierten Begriffe – sie wenden ihren kritischen Geist vielleicht nach außen, doch zuwenig nach innen, gegen sich selber.

Das äußere Leben Valérys verläuft bürgerlich unscheinbar: nach dem Studium ist er nach Paris übergesiedelt; er tritt in das Kriegsministerium, Abteilung Artillerie, als ein Sekretär ein, vertauscht diesen Posten mit einem ähnlichen bei der Agentur Havas. Er heiratet, er wird Vater.

Aber das Kennzeichnende jener Jahre ist sein Untertauchen, sein innerweltliches Eremitentum. Stöße von Notizen türmen sich um ihn. In seiner ersten Pariser Wohnstätte hatte er eine Wandtafel aufgestellt, auf welcher er den Freunden gelegentlich blitzschnell gewisse Ableitungen mit all ihren Formeln demonstrierte. Die Zeit, seine Gegenwart, schien nicht auf ihn zu wirken: es gab Boulanger, der fast Diktator wurde, es gab den Panamaskandal, den Dreyfusprozeß, es gab Zola und den Parnaß und Péguy, Jaurès und den Sozialismus, Maurras und die Action Française mit ihrem Traum von der Wiederherstellung des Thrones, Barrès und seinen Nationalismus – und wie vieles gab es noch, was das Leben jener merkwürdigen Friedensjahrzehnte ausmachte. Valéry mischte sich nirgends ein, er ließ sich keine Antworten abnötigen auf Fragen, die nicht sein Geist ihm stellte.

Ihn beschäftigte damals Lionardo da Vinci. In ihm sah er den uomo universale am strahlendsten verkörpert, in ihm den Inbegriff des apollinischen Menschen. Er hat Lionardo eine Methode zugeschrieben – doch gibt er zu, daß er einen mythischen Lionardo sich geschaffen, erdichtet hat –, eine Methode der höchsten Bewußtseinsbildung und -übung, die ihm eine jederzeit verfügbare produktive Macht verleiht, so daß er in beliebiger Anwendung bald als Ingenieur oder Maler, bald als Architekt oder Anatom oder Kriegswissenschafter oder Physiker Vollendetes oder Neues zu schaffen vermag. L'ostinato rigore bewundert er an Lionardo, die verbissene Strenge, die sich gegen sich selber kehrt, um durch den Geist dem Geiste sein Äußerstes abzuverlangen. Rigueur – dieses Wort wird von Valéry mit großen Ehren bedacht, »l'adorable rigueur« erscheint als lyrisches Motiv später in den Gedichten.

Eine zweite mythische Gestalt hat Valéry Mitte der neunziger Jahre geschaffen, eine moderne Entsprechung zu Lionardo: den Monsieur Teste, eine Art von (stilisiertem) Selbstporträt. Teste, testis, ist Zeuge der Welt und ihres Geschehens, denen er nur durch eine Passion verbunden ist: die des Verstehens. Er ist eine Symbolfigur für den Intellekt in all seinen möglichen Akten, ja für den Dämon Möglichkeit selber. Er trainiert seinen Geist im reinen Beziehungsdenken, doch er bleibt der Welt und sich jede schöpferische Tat schuldig. Valéry hat ihn die Hypothese aussprechen lassen, die fähigsten Köpfe, die mächtigsten Denker unter den Menschen seien »ohne zu gestehen«, das heißt mit ihrem Geheimnis, ohne sich zum Tun herabzulassen, ins Grab gegangen. Die Zone, in der Herr Teste lebt, wäre von eisiger Kälte und Unmenschlichkeit, wenn er allein darin hauste. Aber er ist nicht allein – es gibt einen ganz besonders menschlich anmutigen Brief der Madame Emilie Teste, den sie an einen Bekannten richtet und in dem sie ihren sonderbaren und einzigartigen Mann als einen »Mystiker ohne Gott« bezeichnet.

Noch eine dritte mythische Gestalt hat sich der junge Valéry geschaffen: Deutschland. 1896 schrieb er für eine englische Zeitschrift »La conquête allemande«, seither wieder erschienen unter dem Titel »Une conquête méthodique«. Es handelt sich um eine Variante desselben Themas wie im »Lionardo« und im »Monsieur Teste«, um die Methodik des Geistes. In Deutschland erblickt Valéry ein einziges großes Laboratorium, in dem die Analyse, Berechnung, die Verteilung und Nutzanwendung der menschlichen Energie bis ins kleinste organisiert sind, in der Verwaltung, in der Armee, in der Industrie, im Handel. In Hamburg oder Nürnberg, sagt Valéry, werden vielleicht in Geschäften Kurven auf Tabellen eingetragen, welche das Schwanken der Neigungen und Bedürfnisse auch der fernsten Kunden anzeigen. »Denn man weiß dort mehr über das Land dieses Kunden als er selbst. Man kennt den Mechanismus seines Daseins besser als er, und ebenso, was er zum Leben braucht und was ihn ein wenig ergötzen könnte. Man kennt seine Eitelkeit und seine Träume von Luxusdingen, und man weiß, daß er diese zu teuer findet. Man fabriziert ihm also, was er wünscht: Champagner aus Äpfeln, Parfüms, die aus irgendeinem Stoff gewonnen werden. Der Kunde weiß nicht, wie viele Chemiker an ihn denken. Man stellt alles her, was zugleich seiner Börse, seiner Neigung, seinen Gewohnheiten entspricht, und vermittelt es ihm in einem gediegenen Durchschnitt. Durch servilen Gehorsam gegenüber seinem vielfältigen Begehren wird man sich seiner bemächtigen.«

Das ist nur ein Punkt aus der 1896 erschienenen Schrift. Den gleichen methodischen Geist sah Valéry im deutschen Generalstab am Werk. Dessen Büros nennt er »Siegesfabriken« und fährt fort: »Dort findet man die rationellste geistige Arbeitsteilung, die Aufmerksamkeit von Spezialisten beständig auf die Veränderungen auch der geringsten nutzbaren Umstände gerichtet, die Ausdehnung dieser Forschung auf Gebiete, die zunächst der technischen Erfassung fremd erscheinen, die Militärwissenschaft bezogen auf die allgemeine Politik, auf die Wirtschaft; denn ›la guerre se fait de toutes parts‹.« In der heutigen Sprache heißt das: der Krieg ist total.

Stellvertretend für diesen methodischen Geist ist Valéry die Gestalt Moltkes. »Für diesen eiskalten Helden ist der wahre Feind der Zufall«, schreibt er – nicht ohne Bewunderung für diesen mathematischen Krieger, nicht ohne Bewunderung für das Phänomen dieses Landes, das er, ohne es bereist zu haben, analysiert. Doch er sieht die Gefahr der von einem ganzen Land konsequent durchgeführten Methodik: sie liegt in der durchgängigen Disziplin und in der Ablösung des methodischen Geistes von der Einzelpersönlichkeit. Diese wird auswechselbar oder ersetzbar; denn ihre Aufgabe bleibt ja über ihren Tod hinaus, da sie nicht mehr von einem persongetragenen Geist an sich selber gestellt wird, sondern von einem System an eine für dessen Zwecke herangebildete und tätige Arbeitsgemeinschaft.

Noch etwas hat vor fast fünfzig Jahren der fünfundzwanzigjährige Valéry erkannt. Er sagt: Völker, die spät eine Nation bilden, organisieren sich, um gegenüber den älteren Nationen nicht zurückzustehen, nach überlegtem Plan auf eine fast geometrische Weise, wie ja auch neugegründete Städte sich auf geometrischen Grundrissen erheben. Wörtlich heißt es dazu: »Deutschland, Italien, Japan sind solche Nationen, die recht spät wiedergebaut werden nach einem wissenschaftlichen Begriff, der so vollkommen ist, wie es die Analyse des nachbarlichen Wohlstandes und der zeitgenössischen Fortschritte ermöglicht.«

Es liegt mir fern, in Valéry einen Politiker entdecken zu wollen oder einen Propheten. Er selber würde beides mit beißender Ironie zurückweisen. Die kleine Schrift über Deutschland, die in den später sich offenbarenden Zusammenhängen sich als so bedeutungsvoll erwies, ist keine Schrift ursprünglich politischen Willens. Sie ist ein Erzeugnis des Zufalls, und sie wurde geschrieben für einen englischen Bekannten, den Herausgeber einer Zeitschrift, der Valéry darum gebeten hatte. (Hier sei eingeflochten, daß Valéry nach seiner Jugend überhaupt nichts mehr schrieb, was ihm nicht abverlangt worden wäre, von Freunden und Verlegern. Seinem eigenen Gefälle überlassen, hätte er geschwiegen.)

Nein, nicht um Politik ging es ihm, sondern um die Vervollkommnung seiner selbst, um die Suche nach seiner eigenen Methode. Die Schriften über Lionardo, Monsieur Teste, Deutschland sind Experimente des Verfassers mit seinen Kräften in bestimmten Zeitpunkten; er prüft gleichsam, wessen er jetzt fähig ist, doch es genügt ihm nicht. Mit einer Härte ohnegleichen verwirft er sich selber immer wieder. Nach den erwähnten kleinen Prosastücken hat Valéry zwanzig Jahre lang keine Zeile mehr veröffentlicht – die große Pause begann, während welcher ihn die Freunde für die Literatur verloren glaubten und die bedenkenlosen Zungen von Sterilität, raté und derlei redeten.

Diese große Pause eindeutig zu erklären, wage ich nicht und vermöchte ich nicht. Aber auf eine Tatsache sei hingewiesen, die im Zusammenhang mit ihr gesehen werden darf. Erinnern wir uns an Valérys plötzliche Abkehr von der Dichtung, an den dramatischen Höhepunkt der Krise in einer blitzversengten Sturmnacht, an den jungen Menschen, bedrängt von den inneren Wettern einer Leidenschaft! Es war nicht die einzige Leidenschaft, die ihn damals erfüllte. Die andere hatte für ihn – wer weiß derlei – vielleicht noch weiterreichende Folgen. Sie ist an den Namen Mallarmé geknüpft. Er hatte Mallarmé, dessen Gedichte er schon in Montpellier gelesen hatte, als Student kennengelernt; der Eindruck muß groß und sehr komplex gewesen sein. Von keinem Menschen spricht Valéry in seinen Schriften mit solcher Wärme wie von dem genialen Englischlehrer und Dichter Mallarmé, keinen bewundert er so hingebend sein ganzes Leben lang. In einem Essay »Je disais quelquefois à Stéphane Mallarmé« schrieb er vor Jahren: »Der tadelt Sie, jener verspottet Sie. Sie irritieren die Leute, Sie erwecken Mitleid. Der Zeitungsschreiber unterhält und vergnügt auf Ihre Kosten die ganze Welt, und Ihre Freunde schütteln den Kopf...

Aber wissen Sie, fühlen Sie das: daß in jeder Stadt Frankreichs heimlich ein junger Mensch lebt, der sich für Ihre Verse und für Sie in

Stücke hauen ließe? Vous êtes son orgueil, son mystère, son vice. Il s'isole de tous dans l'amour sans partage et dans la confidence de votre œuvre, difficile à trouver, à entendre, à défendre.«

Hier spricht Valéry von l'amour sans partage, von der ungeteilten Liebe zu dem am schwersten zugänglichen und begreifbaren Werk der französischen Dichtung. Von dieser ungeteilten Liebe sei damals in jeder Stadt heimlich ein junger Mensch beseelt gewesen; Valéry fährt fort: »Or je pensais à quelques-uns et à moi-même, au cœur desquels il était si présent, si puissant et le seul...«

Der Einzige! Bei ihm, bei Mallarmé fand Valéry, was er der Bewunderung wert hielt. Jener war ihm der Inbegriff des denkenden Dichters – was etwas ganz anderes ist als ein Dichter, der philosophische Gegenstände und Themen mit Versen behandelt. Hier fand er, wie bei Lionardo, den ostinato rigore, die hartnäckige und geduldige Kunst der Ergründung dessen, was das Wesen des Dichterischen ausmacht, und das unendliche Ungenügen, das heißt den höchsten Anspruch an sich selber. Verglichen mit den andern Dichtern, welche gleichsam nur der Arithmetik mächtig waren, habe Mallarmé, wie Valéry sagt, die Algebra beherrscht. Wir können uns die Wirkung des Älteren auf den Jüngeren kaum heftig genug vorstellen; es war eine augenblickliche Erleuchtung, zugleich eine Verbrennung alles dessen, was in der jungen Seele Dasein hatte.

»Je subis le choc de l'œuvre de Mallarmé; je connus la surprise, le scandale intime instantané, et l'éblouissement, et la rupture de mes attaches avec mes idoles de cet âge. Je me sentis devenir comme fanatique; j'éprouvai la progression foudroyante d'une conquête spirituelle décisive.«

Diese Art von mystischer Einfühlung ist in der Literaturgeschichte eine nicht unbekannte Erscheinung, ja sie scheint in vielen Fällen geradezu die Voraussetzung zu sein zum Mündigwerden eines großen Geistes. Dieser begegnet sich selber zuerst in einem anderen: Dante wird erweckt durch Vergil, Goethe durch Shakespeare, Klopstock durch Milton, Hölderlin durch Schiller, Baudelaire durch Edgar Allan Poe – jeder mußte zuerst einmal in einem andern untergehen, um sich selber zu finden. Die Feuer der Erweckung sind zugleich Feuer der Vernichtung: eine solche Liebesbegegnung zweier Geister verbrennt in dem jungen Adepten alles, was nicht des Meisters ist. Die literarische Tradition ist nicht etwas Schulmäßiges, sondern ein Elementarereignis, das sich in den Gewittern der reinsten Leidenschaft vollzieht. Man muß zur Ausdrucksweise der Erotik oder Mystik greifen, um solches Geschehen zu bezeichnen.

Tod und Leben hat der junge Valéry durch Mallarmé empfangen. In ihm fand er das beständige, überall spürbare Wirken einer magischen Formel. Er spricht von einer Doktrin, einer Lehre, die der Meister kraft seiner Überlegungen gefunden habe, die man aber leider nicht in ihrer Formulierung, nur in ihrer Tendenz, in ihren Wirkungen erkenne. Mallarmé, der unprimitivste Dichter, war ein eindringlicher Methodiker, das heißt Erforscher von Kunstwerken, ihres Prinzips, Aufbaus, ihres Materials, ihrer Wirkungen. Er muß ein faszinierender Sprecher gewesen sein, nicht durch Rhetorik faszinierend, sondern durch eine einzigartig beziehungsreiche und tiefdringende Kraft des Begreifens und eine ihr ebenbürtige Gabe der Formulierung. André Gide hat hervorgehoben, was Mallarmé von den andern unterschied: »Chose étrange: il pensait avant de parler.« In der fast ärmlichen Wohnung Mallarmés an der Rue de Rome versammelten sich jeweils am Dienstagabend seine Freunde, darunter Paul Claudel, André Gide, Maeterlinck, Henri de Régnier, Viélé-Griffin, Verhaeren – auch Manet, der englische Maler Whistler, Oscar Wilde, George Moore waren oft zugegen, und, dieser Name soll nicht vergessen werden, Stefan George.

Auf dem Tisch stand ein großer Porzellantopf mit Tabak, aus dem man sich die Pfeife stopfte oder Zigaretten rollte. Ein Grog wurde von der Tochter aufgetragen, die versammelte Akademie plauderte von den neuen künstlerischen Ereignissen; doch von einem gewissen Augenblick an hörte das Hin und Her der Unterhaltung auf, man brachte Mallarmé auf ein Thema und hörte ihm zu. Er pflegte sich an den Kamin zu stellen; auf die natürlichste, vom Herzen aus liebenswürdigste Weise ging er auf alles ein, was man ihm zuspielte, und nahm es hinauf in seine Höhe. Von diesem Moment an war jedes Wort unter den Versammelten unmöglich; alle gaben sich dem Bann der leisen, zart modulierenden Stimme hin, welche die Sprache in ihrem vollen Reichtum an Formen und Nuancen derselben belebte. Albert Thibaudet hat geschrieben, das 19. Jahrhundert habe in Chateaubriand mit der Poesie der Religion begonnen und in Mallarmé mit der Religion der Poesie geendet. So muß es gewesen sein; Oscar Wilde, der seine Zunge nicht völlig im Zaum halten konnte und Mallarmé einmal unterbrach, wurde von den übrigen Freunden als eine unerträgliche Belastung empfunden; Whistler übernahm die Aufgabe, ihn künftig fernzuhalten.

Es ist einzigartig, mit welcher echten Ergebenheit, mit welcher Bewunderung und Verehrung diese Schar von Dichtern so verschiedenen Wesens an Mallarmé hing. Hier wurde die Kunst radikal ernst genommen; hier wurde das Gedicht, die Verszeile, das Wort vor den Thron des Gewissens geladen und auf das subtilste geprüft. »Niemand hat so gesprochen wie Mallarmé«, schrieb Valéry später in der Erinnerung, »niemand vermag zu sprechen wie einer, dessen Wort sehr hoch über einem in geheimer Tiefe bewahrten, ganz durchgearbeiteten Gedanken aufschwebt.«

Da erscheint jenes Motiv wieder, das wir bereits kennenlernten: das geheime Wissen, das erarbeitete, nicht fertig und bequem übernommene Wissen, die eigene Denkmethode. Valéry erblickt in Mallarmé den umfassendsten, am weitesten gelangten, Neuland erobernden Methodiker der Dichtkunst. Hier fand er eine ganz andere Auffassung des Dichters, als die Romantiker sie hatten. Victor Hugo hat in einem Gedicht »La fonction du poète« vom Dichter gefordert:

> Le poète, en des jours impies,
> Vient préparer des jours meilleurs.
> Il est l'homme des utopies,
> Les pieds ici, les yeux ailleurs.
> C'est lui qui sur toutes les têtes,
> En tout temps, pareil aux prophètes,
> Dans sa main, où tout peut tenir,
> Doit, qu'on l'insulte ou qu'on le loue.
> Comme une torche qu'il secoue,
> Faire flamboyer l'avenir!

Das ist gewaltige Rhetorik, es ist Polemik, soziologische Programmatik, demokratische Politik – alles Eigenschaften, die in den strengen Analysen Mallarmés zunächst ausgeklammert wurden, damit man dem näher gelange, was das eigentlich und wesentlich Dichterische ausmacht, dem doch eine eigene Kategorie zukomme wie dem Musikalischen. Gerade die Musik hat Mallarmé aufs intensivste beschäftigt: er war unter den Verehrern Wagners, in dem er einen dem seinen verwandten Kunstwillen spürte; zu seinen Freunden gehörte Debussy. Sowenig wie die romantische Theorie der Dichtung konnten die modernen, mehr oder minder bewußt formulierten Theorien genügen. Verlaine mit seinem entfesselten Sprachmusizieren war, bei all der hohen Bewertung seines Talents, für Mallarmé ein Gegenfüßler. In der »Art poétique« Verlaines heißt es:

> »De la musique avant toute chose,
> Et pour cela préfère l'Impair,
> Plus vague et plus soluble dans l'air
> Sans rien en lui qui pèse ou qui pose.«

Und dann der Rat, der für Mallarmé wie eine Blasphemie tönen mußte:

> »Il faut aussi que tu n'ailles point
> Choisir tes mots sans quelque méprise...«

Geradezu das Gegenteil von all dem, was er selber für Dichtung hält, was er von ihr erwartet und fordert, mußte Valéry in den folgenden zwei Verszeilen Verlaines finden:

> »Rien de plus cher que la chanson grise
> Où l'Indécis au Précis se joint.«

War ein solches Programm nach Baudelaire, nach Edgar Allan Poe (dem großen Gedichtingenieur), war dies für einen Zeitgenossen Mallarmés möglich? Das hieß ja irgendeine Stimmung oder das Unbewußte auf eine leichtfertige Weise drauflosdichten lassen, oder den puren Zufall, den es doch zu bekämpfen und in eine stetige Schicksalsgunst zu verwandeln galt. Und dann Verlaines Ausfälle gegen den Reim, gegen alles, was bewußte Formstrenge heißt, zugunsten des selig benommenen Hinfließens einer Musik, die ihre eigentliche Erfüllung ja doch nicht in der Sprache, sondern einzig in der reinen Musik zu finden vermöchte!

Mallarmé hat den Theorien keine Theorie entgegengestellt. Er ließ sich nicht in literarische Fehden ein aus dem unfruchtbaren Willen zu einer Rechthaberei vor Unzuständigen. In seinen kurzen, hermetischen Prosastücken, »Divagations« betitelt, finden sich einige Seiten unter der Überschrift: »Quant au livre«. Sie enthalten für den, der sie zu enträtseln vermag, zarte Wegleitungen zur poetischen Initiation und symbolische Umschreibungen der »poésie pure«. Es ist nicht so, daß er eine Lehre besessen hätte, die in Begriffen und Sätzen bestand und sich zusammengefaßt mitteilen ließe. Einzig die Analyse seines schmalen, aber dauerhaften, gerade jetzt die Franzosen wieder tief verlockenden und erregenden Werkes brächte die Hilfskonstruktion eines Schemas hervor. Wir gewahren seine dichterischen Gaben nur im Vollzug der Gedichte, den wir lesend mitvollziehen. Dieses Vollziehen, das Verwandeln, ist, nach Valéry, bei ihm wesentlicher als der verwandelte Stoff. Die Bezüge, ihr Reichtum, ist wesentlicher als das Bezogene – die Poesie wird auf solche Weise flüssig gemacht und in reine Funktion aufgelöst. Valéry sagt, er gleiche in diesem Bestreben jenen Männern, die in der Algebra die Wissenschaft der Formen und die Theorie der Symbolik in der Mathematik weiterentwickelt haben. Auf jeden Fall sind seine Sprachforschungen: an

Syntax, Metaphern, Bedeutungslehre, Wortgeschichte, Rhythmik, Phonetik, von einer Beharrlichkeit, Energie und Folgerichtigkeit gewesen, die wir bei Dichtern selten, bei den exakten Wissenschaften fast durchgängig finden. Denn eine Brücke, ein Schiffsmotor, ein Generator lassen sich nicht mit Weltanschauung, Intuition und ungefährer Berechnung herstellen, ohne daß die unaufmerksam behandelte Materie sich sogleich rächte... In der Literatur ist ja von einer bestimmten Gruppe oder Schule, den Surrealisten, die Feindschaft gegen den Geist auf die Spitze getrieben worden. Ein Prominenter aus diesem Lager heftete, wenn er zu Bett ging, eine Tafel an seine Schlafzimmertür, auf der zu lesen war: »Le poète travaille.« Das passive und unpersönliche Geschehenlassen der Träume war hier gleichgesetzt mit schöpferischer Tätigkeit. Aber auch diese Möglichkeit, auch dieses Extrem mußte vielleicht einmal durchgeprobt werden. Diese Art von Kunsttheorie trifft Valérys tödlicher Spott: »Ce qui ne coûte rien est ce qui a le plus de valeur... Se glorifier le plus de ce dont on est le moins responsable.«

Nicht als ob Mallarmé die Inspiration, das Spontane, das Traumhafte, Intuitive gering geschätzt und aus der Dichtung hätte ausmerzen wollen. Alle diese Faktoren waren Gegenstand seiner Forschung; denn er wollte sie nicht mehr sich selber, ihrem zufälligen Auftreten und Wirken überlassen. Sie waren einbezogen in seine Meditation, die sämtliche Ausdrucksmittel und -möglichkeiten der Sprache und ihre Wirkweisen betraf. Camille Mauclair, ein Freund Mallarmés, gibt in einem Roman, worin er den geliebten Meister auftreten läßt, das Stück eines Gespräches wieder, das die Züge der Echtheit aufweist: »Alles ist Wechselwirkung, Anspielung und Allegorie, im Leben wie in der Kunst. Wer die Gabe hätte, in einem Augenblick sämtliche Bezüge und Analogien zu fassen, wäre ein unsterblicher Künstler und zugleich der Inbegriff eines Psychologen; denn eine Seele, das ist nur das Innere einer Form...«

Kehren wir zurück zur Hauptfigur dieser Ausführungen, zu Paul Valéry. Ein junger Mensch von ungewöhnlicher Begabung zum Dichter findet sich einem älteren Dichter gegenüber, den er aufs höchste verehrt, ja liebt, und an dem er eine nicht zu erreichende Überlegenheit in allem erkennt, worauf es ihm ankommt. Hier sah er in einer Erleuchtung alles vorgebildet und vorweggenommen, was er anzustreben und zu sein wünschte: hier, in diesem so liebenswürdigen, unauffälligen Mann, dessen Gegenwart die jedes andern verringerte und mehr als aufwog, war das ausgedehnteste, reichste, in ständiger Funktion gehaltene Wissen um die Dinge der Kunst und ein Können, eine Meisterschaft, die nur unter der Einzigartigkeit und Strenge des eigenen Anspruchs zu leiden hatte.

Mallarmé, das war der Dichter, wie Valéry hätte sein wollen. Er fand sein Ideal, im Augenblick, da er die Sehkraft erlangte, es zu erschauen, erfüllt – von einem andern.

Was sollte er tun? Verse in Mallarmés Art schreiben? Sozusagen zum Parodisten des Höchsten, was er gelten läßt, werden? Oder sich einem geringeren Ideal unterordnen, in ständigem Verrat an seinem Geiste? Undenkbar; dazu war er zu stolz geboren.

Was sollte er tun? Wir haben seine Antwort. Sie heißt: zwanzig Jahre Schweigen.

Siebenundzwanzigjährig stand er mit Hérédia, Régnier, Rodin, Renoir, Vuillard am Grabe Mallarmés. Er sollte im Namen der Jugend einige Worte sprechen. Unmöglich – alle weinten, und auch er vermochte kein Wort hervorzubringen.

Für uns bedeutet diese Zone geheimnisvollen Schweigens reine Stille; für Valéry mochte sie etwas weit anderes bedeuten; denn die Eroberung oder die Erschaffung eines Selbst verlief nicht ohne Dramatik. Racine hat die Feder weggelegt, aber erst als sein Lebenswerk zur Hauptsache geschaffen war; Rimbaud verstummte, aber nach einem jugendlichen Genie-Ausbruch sondergleichen, der ein vollzähliges, in sich bedeutendes Werk zur Welt gefördert hatte. Valéry hatte erst präludiert, als er die Dichtung aufgab. Seine Freunde, die ganz Ungewöhnliches von ihm erwarteten, verzweifelten; sie konnten sich diese plötzlich eintretende »Unfruchtbarkeit«, wie sie es nannten, nicht erklären. Freilich: eine unbedingte Bewunderung fand nach wie vor sein Gespräch, seine Intelligenz, deren entwertende, kritisch durchbohrende, bis zum Zynischen spielerische, relativierende, vernichtende Tendenz zum Beispiel André Gide in seinem Tagebuch zu beklagen immer wieder Anlaß findet, wobei er doch auch unablässig von der Feinfühligkeit, Anteilnahme, Herzenszartheit Valérys in der Freundschaft spricht, um seine Schrecknisse über dessen rasant reduzierenden und alles in seine Beziehungsgeflechte verwebenden Geist zu beschwichtigen.

Die Freunde waren es denn auch, die ihn immer erneut zum Schreiben drängten. Er ging nicht darauf ein. Sie wollten wenigstens seine in Zeitschriften verstreuten, nicht mehr zugänglichen frühen Gedichte in einem Band sammeln. Er lehnte ab. Da brachten sie ihm eine saubere Maschinenabschrift, die alles enthielt. Er geruhte, sie wieder zu lesen. In seinen Notizen steht: »Berührung mit meinen Ungeheuern. Abscheu. Ich beginne daran herumzupantschen. Retuschen.« Nun entschließt er sich, ein neues, sein letztes Gedicht zu schreiben, einen Abschied von der Dichtung. Es soll etwa vierzig Zeilen umfassen. Er wußte nicht, in welch ein Abenteuer er sich einließ: vier Jahre arbeitete er daran, der Umfang schwoll auf das Zwölffache an. »La Jeune Parque« – Die junge Parze – war entstanden, 1917, dieses kaum auszumessende Gedicht von der Geburt des Bewußtseins oder eines höheren Bewußtseins, worin Valéry, wie er sagt, »auf eine recht ungeheuerliche Weise sein ›System‹, seine ›Methode‹, seine Anforderungen an Musikalität und die Konventionen der Klassik miteinander verband«.

Der Erfolg war unbeschreiblich, obwohl es sich um eine schwer zugängliche Dichtung handelt. Wichtiger jedoch ist, daß der geplante Abschied an die Poesie eine neue Begrüßung der Muse war. Der produktive Kraftstrom hielt an; in kaum drei Jahren entstanden die Gedichte, die in dem Bande »Charmes« (Carmina, Zaubersprüche, Bezauberungen) versammelt sind. Bei einer Rundfrage, die 1921 veranstaltet wurde, bezeichneten die meisten Stimmen Valéry als den größten Dichter der Gegenwart.

Die Zone des Schweigens war durchschritten. Valéry hatte sein eigenes Selbst und dessen Sprache gefunden oder geschaffen. Er wird sagen: geschaffen. Denn er hat selber einmal auf eine Aussage Baudelaires verwiesen, wo dieser die Richtung seines Willens kundgibt. Baudelaire beschreibt die literarische Situation, die er vorfand, die geschlossene Phalanx der Romantiker, die alle Gebiete der Dichtkunst gleichsam unter sich aufgeteilt hatten, und er folgert: »Je ferai donc autre chose...« Dasselbe hat Mallarmé sich gesagt, als er sich von Baudelaire löste, um Mallarmé zu werden, dasselbe Valéry, als er sich von Mallarmé fortentwickelte, um Valéry zu werden. Ich werde daher etwas anderes machen – aber dazu werde ich zuerst aus mir etwas anderes machen, ist der Sinn des Wortes.

So erscheint uns die Zone des Schweigens nicht als Unproduktivität, als bloßer Mangel. Sie ist die Zeitstrecke der Umwandlung, des Werdens nach der Entwerdung in der übermächtigen Begegnung mit Mallarmé. Valéry hat sie zum dichterischen Vorwurf genommen, er spricht in wunderbaren Versen von ihr. Ich denke an das Gedicht »Palme«. Unter den zweiundzwanzig Gedichten des Bandes »Charmes« sind zwei Baumgedichte; Palme und Platane werden in Versen gefeiert. Der Baum, das ist ihm das schönste sichtbare Sinnbild des langsam Wachsenden, der stetigen Verwandlung und Umformung von Kräften der Erde und des Himmels. Ein Kritiker hat die Formel gewagt: »Der Baum ist ein Transformator« – eine Formel, die Valéry nicht mißfallen würde, dessen dichterisches Thema der Geist in seinen Vollzügen, in seinen umwandelnden Akten ist.

Er hat sein ganzes Herz an den Geist gehängt – und er hat ihn singen gemacht. Sein Gedichtband »Charmes«, was ist er anderes als singender Geist, eine der höchsten Erhöhungen des Einzelnen, der sein eigenes Schöpfungswunder als Dichter darstellt. Das Hauptmotiv Mallarmés kehrt gewandelt wieder, in verzweifelter persönlicher Selbstbehauptung Valérys. Ja, noch die Verzweiflung an einer Welt, deren bitteres Gesetz der Tod ist, wird als Schmerz dichterischer Gegenstand, als Wille künstlerischer Wille zu einer Schöpfung von Dauer. »Das Geheimnis der Dauer« hat Valéry inmitten der von ihm schmerzend scharf gefühlten Vergänglichkeit ständig beunruhigt; in der Kunstform sah er sie einzig garantiert. Daher die von ihm so ernst befolgte Verpflichtung zum Vollendeten, freilich mit der für seine Skepsis bezeichnenden Einschränkung: vollendet ist ein Kunstwerk, genau genommen, niemals; aber eines Tages erklärt der Künstler: genug, jetzt mag es fertig sein. Nur den härtesten Widerständen wird Vollkommenheit abgewonnen.

Seine essayistischen Werke (fünf Bände »Variétés«, »L'idée fixe«, »Rhumbs«, »Tel qu'elle«, »Mauvaises pensées et autres« usw.) enthalten eine Europalehre, eine Poetik, eine kulturkritische Methodik, eine Art von Phänomenologie des Geistes in den Bestimmungen einzelner seiner Funktionen, ferner Charakteristiken, Erinnerungen, Aphorismen eines Welt- und Menschenerfahrenen. Welch ein Reichtum! Welch erarbeiteter Reichtum! In den Essays greift er aus in den gesellschaftlichen Geist und dessen französische wie europäische Tradition. Die Politik war ihm fremd, wie vielen erzliberalen Geistern, die von der Relativität jeder Partei-Ideologie überzeugt sind und die weder an Gott noch an ein Programm zu glauben vermögen. Auch die rückwärtsgewandten Politiker, die Geschichtsschreiber, galten ihm nur als unkritische Opfer ihrer eigenen nicht durchschauten Wunschvorstellungen.

Rilke hat in seiner letzten großen Arbeitsphase von Valéry die Mehrzahl der Gedichte und die Dialoge »Eupalinos ou de l'Architecture« und »L'âme et la danse« übertragen. Die Kunst der Übersetzung feierte da einige wunderbare Triumphe; der mitvollzogene Binnenreim im »Gesang der Säulen« zeuge dafür:

Nos antiques jeunesses,
Chair mate et belles ombres,
Sont fières des finesses
Qui naissent par les nombres.

Unser Jungsein, das alte,
Schatten im Matten, die strahlen,
Ist stolz, daß es Reize enthalte,
Die sich erzeugen aus Zahlen.

In den zwanziger Jahren wuchs Valérys Ruhm zu einer ungeheuren Last. Die Gesellschaft versuchte ihn zu verschlingen. Er gehörte zu den geistreichsten Künstlern der Unterhaltung, unsäglich schnell und wenig deutlich sprudelte seine Rede aus dem Mund. Er liebte die Heiterkeit, das Spielerische, die verblüffenden Gewagtheiten. (»Was gibt es Langweiligeres als die ›Ilias‹?« Antwort von André Gide: »La Chanson de Roland.«)

Während des Krieges war er in Paris, alt und viel zu hoch gestiegen, als daß er irgendeiner Parteiseite noch erreichbar gewesen wäre. Auf seinen Akademikerdegen hatte er gravieren lassen: »Tel qu'elle« (so wie er). Biegsam, hart, tödlich zustoßend – welch schöner Wahlspruch für einen so edlen Geist!

Nun hat sich Frankreichs schönstes, vom Geiste königlich ausgezeichnetes Haupt abgewandt von der Erde. Die französische Dichtung lebt, aber ihr größter Vertreter seit Baudelaire und Mallarmé, der Statthalter des poetischen Geistes auf Erden, um den sich zum letztenmal das Geheimnis rein dichterischen Weltruhms erhöhend gebreitet hat, ist ohne einen Erben hinweggegangen. Längst war er der Unsterblichkeit gewiß; aber es ist schwer, hinnehmen zu müssen, daß der Tod sich nun an diesen glanzvoll Lebendigen gewagt hat.

In den letzten Jahren hat er an einem »Faust« gearbeitet. So grüße ihn, den großen Mann, zum letztenmal ein Wort aus dem andern »Faust«, dessen Dichter er in einem seiner schönsten Essays gefeiert hat:

»Es kann die Spur von seinen Erdetagen
Nicht in Aeonen untergehn.«

ANDRÉ MAUROIS

Einführung in die Methode Paul Valérys

Der Mensch

Es ist erstaunlich, wie sehr die überraschende und übersichtliche Laufbahn von Valéry an jene des großen Schriftstellers erinnert, dem er in so vieler Hinsicht gleicht: Ich meine Descartes. Beide gelangten zur Prosa auf dem zwiefachen Wege über die Poesie und die Wissenschaft. Descartes begann, ebenso wie Valéry, damit, »in die Poesie verliebt zu sein«. Und er blieb ihr treu; sein letztes Werk war ein Versfragment, das er in Stockholm verfaßte. Descartes hatte nicht vor, ein Berufsschriftsteller zu werden, und verdingte sich freiwillig als Soldat, um »da und dort durch die Welt zu rollen und dabei zu versuchen, in der sich abspielenden Komödie mehr Zuschauer als Akteur zu sein«. Auch Valéry beschränkte sich lange Zeit darauf, im Leben nur Zuschauer zu sein. Descartes zog sich nach Holland zurück, »in die Einöde eines Händlervolkes«, um Ordnung in seine Ideen zu bringen. »Es liegt einzig bei mir«, sagte er, »hier als ein völlig Unbekannter zu leben. Tag für Tag spaziere ich durch eine riesige Menschenmenge, ebenso unbehelligt wie ihr in euren Alleen; die Menschen, denen ich begegne, kommen mir wie die Bäume eurer Wälder und das Gehölz zwischen euren Feldern vor. Selbst der Lärm der vielen Händler lenkt mich nicht mehr ab als das Rauschen eines Wasserfalls.« Haben wir hier nicht bereits den Monsieur Teste?

Ebenso wie Descartes verbrachte Valéry zwanzig Jahre in einsamer Meditation und gestattete, gleichfalls wie Descartes, erst nach zwanzig Jahren, daß der Leser etwas von seinen Erforschungen zu Gesicht bekam. Fügt man hier noch hinzu, daß beide den geistigen Mut aufgebracht haben, ein ganzes Denkgebäude, von den Fundamenten angefangen, neu zu errichten, wird jedermann zugeben müssen, daß der Vergleich der beiden Männer nicht erkünstelt ist und daß wir vielleicht ein Recht dazu haben, den Aufbau des Denksystems von Valéry so zu skizzieren, nachdem er selbst uns die Unterlagen dazu geliefert hat.
[...]

Der Ruhm

Zur Zeit der Niederschrift des *Abend mit Herrn Teste* war Valéry erst vierundzwanzig Jahre alt. Und schon war er Valéry. Die Züge des Herrn Teste sind die wesentlichen Charakterzüge von Valéry: das Bedürfnis nach strengster Präzision, Abscheu vor allem Unbestimmten und vor jener scheinbaren Klarheit, mit der die meisten Menschen sich begnügen, und, als Folge jenes Strebens nach Präzision, das Bedürfnis, die Sprache in Frage zu stellen, und die Forderung, den Wörtern einen genau bestimmten Inhalt zu geben.

Dieses Verlangen nach Präzision bringt ihn dazu, sich für einen berühmten Mann zu interessieren, der es gleichfalls bewies: Leonardo da Vinci. Und hier abermals veranlaßte ihn eine zufällige Bitte, aus seinem Schweigen hervorzutreten. Eines Tages hatte er bei Marcel Schwob so glanzvoll über Leonardo gesprochen, daß der ebenfalls anwesende Léon Daudet, der damals die *Nouvelle Revue* übernahm, ihn durch Madame Adam um einen Artikel über dieses Thema bitten ließ. So entstand die *Einführung in die Methode des Leonardo da Vinci*. In Wahrheit war Leonardo dabei mehr ein Vorwand; denn unter dem Deckmantel dieses Namens behandelt Valéry seine eigenen besonderen Probleme.

Nach 1895 betreibt er in seiner freiwillig gewählten Zurückgezogenheit Forschungen, die einzig dem Ziel dienen, sein Denken und seine Sprache zu reformieren. Zur Bestreitung seines Lebensunterhaltes übernimmt er verschiedene Tätigkeiten. Er arbeitet im Pressedienst der *Chartered Company* mit Cecil Rhodes zusammen, dann im Kriegsministerium, wo er lange Zeit im Bureau du matériel de l'Artillerie beschäftigt wird, und schließlich bei der Nachrichtenagentur Havas. Dem Anschein nach hatte er sich für immer damit abgefunden, unbekannt zu bleiben: »Ein Mann, der der Welt entsagt, bringt sich in die Lage, sie zu begreifen.«

Und doch sorgen geheime Annäherungsgräben dafür, daß das Genie in Wahrheit nicht so unbekannt bleibt, wie es glaubt. Jene wenigen Gedichte, die in kleinen Zeitschriften erschienen waren, und *Der Abend mit Herrn Teste* wurden in den Universitäten und Gymnasien von jungen Leuten entdeckt, die Abschriften davon machten. Einige dieser Jünglinge kannten seine Verse auswendig und verbreiteten sie, wie es einst mit der homerischen Dichtung geschah, mündlich weiter. Andere Versuche kannte allerdings nur Valéry selbst, wie zum Beispiel jenes *Manuscrit trouvé dans une cervelle*, das »in einem Gehirn gefundene Manuskript«, das niemals veröffentlicht werden sollte. »Vergessenheit. Persönliche Arbeit. Zettel in Kartons. Heirat. Das Leben. Die Kinder...«

Zwanzig Jahre verrinnen so unter den Menschen und doch fern von ihnen, in der »Einöde eines Händlervolkes«. Hätte Valéry die Zettel geordnet, die sich da anhäuften – es wäre Stoff für mehrere umfangreiche Bücher gewesen: ein »Dialog über die Göttlichen Dinge«, ein anderes, »Gladiator«, eine Studie über das geistige Exerzitium, die Virtuosität. Da finden sich Notizen über die Liebe, über die Erotik, über den Schmerz, über die Familie. Alle sind interessant, einige überwältigend. Sofern man sie nach ihren Themen zusammenstellte, würden die Franzosen mit Staunen entdecken, daß sie da einen neuen Schatz an klassischer Literatur besitzen. Valéry selbst wußte nichts von seiner Kraft. Mitunter war sie groß. »So viele Jahre lang auf dem Amboß der Schmiede zurechtgehämmert, ist sein Geist zu Siegfrieds Schwert geworden« (wie es in den *Approximations* von Charles du Bos heißt), unbeugsam, durch Sterbliche wenigstens nicht zu beugen.

Kurz vor dem Ersten Weltkrieg erbat sich André Gide, der damals mit einigen Freunden die *Nouvelle Revue Française* gründete, die Erlaubnis, die Gedichte von Valéry in einem Bande vereinigen zu dürfen. Valéry lehnte ab, aber seine Freunde gaben nicht nach. Sie ließen alle Nummern jener Zeitschriften sammeln, in denen die frühen Gedichte erschienen waren, ließen sie mit der Maschine abschreiben und schickten den Schreibmaschinentext an Valéry. »Wiederbegegnung mit meinen Mißgeburten«, vermerkt Valéry. »Mißbehagen. Ich fange an, in ihnen herumzumanschen. Retuschierungen.«

Er korrigiert an seinen »Mißgeburten« mit dem Anspruch auf Musikalität und Vollkommenheit herum, findet schließlich Gefallen an dieser Arbeit und meint, daß er die Sammlung durch ein kurzes Gedicht von vierzig, fünfzig Verszeilen abrunden könne, das sein Abschied von der Poesie sein soll. Er begann diese Arbeit im Jahre 1913 und setzte sie während des Weltkrieges fort, in der geistigen Verfassung eines Mönches aus dem sechsten Jahrhundert, der inmitten der Barbareneinbrüche lateinische Hexameter verfaßte, setzte sie fort mit der grenzenlosen Besorgnis eines Mannes, der das Testament einer Zivilisation und einer Sprache zu schreiben glaubt. Im Jahre 1917 wurde das Gedicht schließlich beendet. Valéry gab ihm den Titel *Die junge Parze*.

Der Erfolg war groß. Nicht der Umfang – die Vollkommenheit des Werkes bestach. Anschließend wurden die alten Verse neu herausgegeben; danach öffneten sich die Kartons mit den Notizen, und die Franzosen, oder doch zumindest die feinsten ihrer Köpfe, erkannten, daß sie einen großen Dichter und gleichzeitig einen großen Prosaisten besaßen. Nun richtete die Welt, wie es zu gehen pflegt, wenn jemand unbekannt zu bleiben wünscht, ihr volles Scheinwerferlicht auf Paul Valéry. Über diesen Lebensabschnitt will ich mich nicht weiter verbreiten, nicht etwa deshalb, weil er weniger schön gewesen wäre. Es ist unmöglich, den Ruhm mit größerer Bescheidenheit, Schlichtheit, Güte und Ironie hinzunehmen, aber die heroischen Jahre bleiben jene des *Monsieur Teste* und der *Jungen Parze*. »Der Rest ist Getöse«, wie Valéry sagte. Es schien mir unerläßlich, dem Versuch, nach besten Kräften die Methode von Paul Valéry zu erläutern, diese Einführung voranzustellen, die sein adeliges Leben darbot; denn nunmehr weiß der Leser, daß jene Methode, jene unbeugsame Strenge, jene Entschlossenheit, *tabula rasa* zu machen und von Grund auf neu zu bauen, nicht nur ein Spiel des Geistes, sondern die Forschungsarbeit eines Willens war. Ebenso wie Descartes hat Valéry seine Methode vorgelebt, und dadurch trägt Monsieur Teste einen leichten Sieg über Monsieur Bergeret davon.

Einführung in die Methode Paul Valérys

1. Die Präzision

»Nicht die Sympathie, Nathanaël, sondern die Liebe…«, heißt es zu Beginn von Gides Frühwerk *Uns nährt die Erde*. Über eine Einführung in die Methode Paul Valérys könnte man den Satz schreiben: »Nicht die Klarheit, Erixymachos, sondern die Präzision.« Denn es gibt kein weniger klares Wort als Klarheit. Was ist klar? Da behaupten Kritiker und Leser, daß Valéry schwer verständlich sei. »Ich bin verzweifelt«, sagt er, »weil ich diese Lichtfanatiker betrübe; nichts übt auf mich eine so große Anziehungskraft aus wie die Klarheit. Aber ich gebe zu, daß ich sie nirgends finde. Die Dunkelheiten, die man mir zuschreibt, sind gering und recht durchsichtig, gemessen an jenen Dunkelheiten, die ich rings um mich entdecke. Glücklich jene anderen, die übereingekommen sind, daß sie sich untereinander vorbehaltlos verstehen! Ich bin, mein Freund, mit einem unseligen Verstand ausgestattet, der niemals ganz sicher ist, etwas begriffen zu haben, ohne sich genau zu vergewissern. Ich kann schlecht erkennen, was klar ist, ohne genau überprüft zu haben, was einwandfrei dunkel ist.« Eine dunkle, »obskure Klarheit« tritt oft in Werken hervor, die als leicht verständlich und einleuchtend gelten. Als Valéry bei seiner Aufnahme in die Académie Française über Anatole France sprechen mußte, ließ er es nicht an Ironie ermangeln, als er die Klarheit dieses

Schriftstellers beschrieb: »Sogleich liebte man diese Sprache, die man
ohne allzu großes Nachdenken genießen konnte, die sich so natürlich
gab und dadurch verführerisch wirkte, deren Durchsichtigkeit, zweifellos, mitunter einen Hintergedanken deutlich werden ließ, der aber
nichts Geheimnisvolles an sich hatte... Es gab in seinen Büchern eine
Kunst, Ideen und schwierige Probleme völlig zu entblättern. Nichts
hemmte da den Blick, es sei denn eben jenes Wunder, hier auf keinen
Widerstand zu stoßen. Was könnte köstlicher sein als die delikate Illusion der Klarheit, die es uns erlaubt, uns ohne Anstrengung zu bereichern, uns mühelos zu vergnügen, ohne Aufmerken zu begreifen und
ein Schauspiel zu genießen, ohne Eintritt zu bezahlen?

Wie glücklich sind doch die Schriftsteller, die uns nicht mit den Ge-
wichten der Gedanken belasten und mit leichter Hand die Vertracktheit
der Tatsachen mit einem leuchtenden Gewebe umkleiden. Denn – o ja,
meine Herren – es gibt andere Autoren, die man beklagen muß, da sie
ihr Leben einem völlig entgegengesetzten Wege gewidmet haben! Sie
haben die geistige Anstrengung auf den Weg des Sinnengenusses getra-
gen, sie geben uns Rätsel auf, sie sind keine menschenfreundlichen Individuen.«

Ich erinnere mich, daß Valéry eines Tages in Vieux-Colombier, wo er
eine öffentliche Diskussion führte, ungefähr das Folgende sagte:
»Obskur? Ich? Man sagt es mir nach, und ich gebe mir Mühe, es zu
glauben. Aber ich finde mich weniger unklar als Musset, als Hugo, als
Vigny. Sie scheinen erstaunt zu sein? Nehmen wir zum Beispiel Musset. Ich weiß nicht, ob jemand von Ihnen die folgenden Verse erklären
kann:

Die schwermütigsten Lieder sind auch die schönsten,
Und ich kenne unersterbliche, die reine Seufzer sind.

Ich kann das nicht erklären. Wie könnte ein reiner Seufzer ein unsterb-
liches Lied sein? Da versagt mein Verstand. Ein Lied ist etwas Rhythmi-
sches, ein reiner Seufzer ist ungestaltet. So obskur ich auch immer sein
mag, etwas dermaßen Obskures habe ich niemals geschrieben.«

In diesem Augenblick stand unter den Zuhörern ein junger Mann auf.
Er wirkte gereizt und sagte: »Sie wollen sich über uns lustig machen,
mein Herr? Ich kann in jenen zwei Verszeilen durchaus nichts Obskures
entdecken, und ich mache mich stark, Ihnen das zu erklären.«

»Ich bitte darum, mein Herr«, antwortete Valéry, »und mit Vergnügen
räume ich Ihnen meinen Platz ein.«

Er stand auf und zündete sich eine Zigarette an. Der wütende junge Mann ging auf das Podium. Aber es gelang ihm nicht, indem er Musset interpretierte, Valérys Forderung nach Genauigkeit zufriedenzustellen; ja, nicht einmal die weniger strengen Ansprüche der Zuhörerschaft.

Übrigens ist für ein Gedicht weder Klarheit noch Präzision vonnöten. Von Vigny stammt der Vers: »Ich liebe die Majestät der menschlichen Leiden«, der Valéry als ein nicht »erklärbarer« Vers erschien, weil die menschlichen Leiden keine Majestät haben. Wütende Zahnschmerzen oder Angst sind ohne Erhabenheit. Dennoch ist das ein schöner Vers, weil »Majestät« und »Leiden« einen schönen Zusammenklang zweier bedeutsamer Wörter bilden. Das gleiche gilt für die Verszeile von Victor Hugo: »Eine gräßliche schwarze Sonne, aus der die Nacht hervorstrahlt...« Das kann man unmöglich durch Nachdenken verstehen, trotzdem ist dieses Negativ bewundernswert.

Der Dichter Valéry nimmt sich das Recht, obskur – genauer gesagt: »musikalisch« – zu sein, wie er es auch anderen Dichtern zugesteht. Sobald aber der Prosaist Valéry eine Abfolge von Gedanken festhalten will, sucht er Präzision. Dann bemüht er sich, nur genau definierte Wörter anzuwenden und jenen Wörtern nicht mehr an Sinngehalt unterzuschieben, als ihre anerkannten Definitionen wirklich enthalten. Es geht ihm darum, dem Prosatext, soweit nur möglich, mathematische Präzision zu verleihen:

Ich mißtraue allen Wörtern; denn bei geringstem Nachdenken erweist sich als absurd, was man da sagt... Ja, ich bin so weit gekommen, jene Worte, mit denen man langsam den Raum eines Gedankens durchquert, mit Planken zu vergleichen, die locker über einem Abgrund liegen und wohl ein Hinübergehen, aber kein Verweilen gestatten. Durch rasches Hinübereilen kann man sich ihrer bedienen und sich retten, verharrt man aber auch nur um ein Geringstes, zerbricht dieser Augenblick die Planken, und alles stürzt in die Tiefe...

Nichts kann Valéry, diesen Fanatiker der Präzision, hemmen. Und deshalb bezeichne ich sein Forschen als »heroisch«. Die bequemen Wahrheiten lehnt er ab, die Meinung der Allgemeinheit ist für ihn nicht verbindlich, ebensowenig wie die Autorität der Fachleute. Vor jedem Gegenstand stellt er sich selbst die große Frage: »Worum handelt es sich?« Ebenso wie Descartes fühlt er sich bei allen Untersuchungen zu unaufhörlichem Fragen und zum grundsätzlichen Zweifel verpflichtet. Aber der Ausdruck »verpflichtet« ist falsch gewählt; denn dieser Zweifel ist nichts anderes als seine Natur.

2. Tabula rasa

Was wissen wir? Was man uns in der Schule gelehrt hat, abgesehen von den Sprachen und den Naturwissenschaften? Eine Metaphysik? Valéry wünscht, nein, verlangt von sich eine eigene Metaphysik, sofern ein metaphysisches Erkennen möglich ist: »Wir können nur das kennen, was unser Sein umschließt... Wenn man also annimmt, daß es eine Quintessenz der Dinge gibt, ein *Wort* für das Rätsel *Universum* – eine Antwort auf das Ganze –, so wird jenes Wort für uns niemals mehr sein als ein besonderer Einfall unserer Denkapparatur.«

Bevor man für eine als Ganzheit betrachtete Welt eine Erklärung sucht, müßte man daran glauben, daß eine solche Erklärung bestehen kann. Valéry glaubt es nicht. Er stellte eine Liste der »törichten menschlichen Wünsche« auf: »die Zukunft kennenlernen, unsterblich sein, daran glauben, daß es eine einzige Antwort gibt«. Wenn so etwas wie ein »oberster Gedanke« bestünde, würden wir, sobald wir ihn erkannt haben, »nur noch sterben können, da es nach ihm nichts mehr gäbe«. Zu diesem Problem muß man das schöne Vorwort zu *Eurêka* lesen: »Das Problem von der Einheit der Dinge und jenes vom Ursprung dieses Ganzen, beide entstammen einer höchst törichten Absicht; wir wünschen zu sehen, was früher war als das Licht.« Hinsichtlich jener Ganzheit des Universums sollte es genügen, uns einzugestehen, daß unsere Unwissenheit offenkundig ist, aber der Mensch macht aus seinen Gefühlen Götzenbilder: »Er stellt die Liebe auf einen Denkmalssockel, den Tod auf einen anderen. Auf den höchsten aber stellt er das, was er nicht weiß und nicht wissen kann und was nicht den geringsten Sinn hat.« Die Erörterungen der Philosophen führen nicht zum Wesen der Dinge, sondern nur zu Beziehungen zwischen gewissen Begriffen, die reichlich abstrakt und daher leer und undefinierbar sind. Realismus und Nominalismus, Idealismus und Materialismus sind Spielfelder des Geistes. Auf diesem Schachbrett bewegt ein jeder seine Bauern nach festgelegten Regeln. »Am Ende ist nichts damit bewiesen, es sei denn, daß A ein besserer Spieler ist als B.«

Darauf würden die Philosophen antworten, daß von der Philosophie übel reden gleichfalls eine Philosophie sei. Aber ich glaube nicht, daß Valéry ihnen gestatten würde, sich mit diesem Schachzug zu retten. Denn die Philosophen streiten, um ein Wort erfolgreich gegen ein anderes auszuspielen, während die gänzlich unterschiedliche Haltung Valérys darin besteht, keinem dieser Worte zuzuerkennen, daß es genau definierbar ist. »Bei den Philosophen braucht man keine Angst zu haben, nicht zu verstehen. Aber zu verstehen – das macht Angst.«

»Wenn man sagt, die Seele sei unsterblich, kann das, was man *wirklich* dabei denkt, stets durch weniger anspruchsvolle Behauptungen ausgedrückt werden... Der gesamten Metaphysik muß ein solcher unaufrichtiger Charakter zuerkannt werden, sprachliche Hilflosigkeit und die Neigung, im Gedanklichen ganz offensichtlich zu übertreiben, um schließlich von einem Begriff, den man geformt hat, mehr zu empfangen, als man bei seiner Bildung investiert hat.« – »Zeit, Raum, das Grenzenlose sind unbequeme Worte. Jede präzise Behauptung umgeht sie.« Die meisten sogenannten metaphysischen Probleme sind Probleme der Sprache und äußerst einfältig. Stellt man, wie gewisse Philosophen, die Frage, ob das Wirkliche besteht, könnte man auch fragen, ob der in Meudon aufbewahrte Meterstab ein Meter ist.

Was hat man uns weiter noch beigebracht? Geschichte zum Beispiel. »Die Geschichte ist das gefährlichste Produkt, das in der chemischen Fabrik unseres Intellekts zusammengebraut wurde. Ihre Eigentümlichkeiten sind gut bekannt. Sie berauscht die Völker, macht sie träumen, belädt sie mit falschen Erinnerungen, hält ihre alten Wunden offen, übersteigert ihre Reaktionen, läßt sie nicht zur Ruhe kommen, versetzt sie mit Schlagworten, wie ruhmvolle Größe, in Taumel oder in Verfolgungswahn und macht die Nationen erbittert, unleidlich und erfolglos.«

Eignet der Geschichte zumindest eine gewisse Zuverlässigkeit? Darf sie sich anmaßen, den Völkern ihr Verhalten vorschreiben zu wollen? Auch davon kann nicht die Rede sein. Die Historiker, die über die Französische Revolution geschrieben haben, befinden sich »in genau derselben Übereinstimmung miteinander wie Danton und Robespierre, wenngleich die Folgen weniger peinlich sind; denn glücklicherweise wurde für Historiker keine Guillotine errichtet«.

Der große Maler Degas hat Valéry einmal erzählt, wie er eines Tages seine Mutter zu Madame Le Bas, der Witwe des berühmten Konventsmannes, begleitete. Beim Anblick der Porträts von Robespierre, Couthon und Saint-Just, die im Vorzimmer hingen, konnte Madame Degas nicht den entsetzten Aufschrei unterdrücken:

»Was? Sie bewahren noch die Visagen dieser Ungeheuer auf?« »Schweig, Célestine!« versetzte Madame Le Bas hitzig. »Schweig! Sie waren Heilige...«

Ein gleicher Wortwechsel ließe sich zwischen Michelet und Joseph de Maistre, zwischen Taine und Aulard vorstellen. »Jeder Historiker dieser tragischen Epoche präsentiert uns einen abgeschlagenen Kopf, dem seine besondere Vorliebe gehört.«

Immerhin gibt es geschichtliche Tatsachen, über deren Glaubwürdigkeit sich alle Historiker einig sind. Karl der Große wurde im Jahre 800 zum Kaiser gekrönt, und die Schlacht von Marignan fand am 14./ 15. September 1515 statt. Gewiß, aber die Auswahl der Ereignisse und überlieferten Texte erlaubt dem Historiker, die Geschichte gemäß seinen Vorurteilen und mit seiner Parteilichkeit zu erzählen. Die Geschichte rechtfertigt alles, was man sich von ihr wünscht. Strenggenommen lehrt sie nichts; denn sie enthält alles und gibt Beispiele für alles. Nichts ist lächerlicher, sagt Valéry, als von den »Lehren der Geschichte« zu sprechen. Man kann aus ihr jede nur denkbare Politik, Moral oder Philosophie ableiten.

Besonders töricht aber ist die Meinung, daß die Geschichte uns jemals in die Lage versetzen könne, die Zukunft vorauszubestimmen. »Die Geschichte, sagen die alten Leute, ist ein unaufhörlicher Wiederbeginn.« Zunächst ist das sehr anfechtbar, läßt man es aber »im großen ganzen« als wahr gelten, ist es noch immer im einzelnen falsch genug, um jegliche Voraussage absurd zu machen. Als Valéry vor Gymnasiasten des Janson-de-Sailly sprach, versuchte er ihnen am Beispiel seiner eigenen Gymnasiastenzeit vom Jahre 1887 zu beweisen, wie unmöglich es wäre, aus dem zu jener Zeit gewonnenen Bild von der Welt zu folgern, wie sie künftig aussehen würde:

»Im Jahre 1887 war der Luftraum den Vögeln reserviert. Die festen Körper waren noch fest, die undurchsichtigen Körper waren noch undurchsichtig... Newton und Galilei herrschten in Frieden, die Physik war glücklich, ihre Formeln hatten absolute Gültigkeit. Die Zeit rann mit friedlichen Tagen dahin... Der Raum erfreute sich der Unbegrenztheit und Homogenität. Alles dies ist nur noch Schall und Rauch; alles hat sich so sehr gewandelt wie die Karte von Europa, wie der Anblick unserer Straßen... Wie hätte der größte Gelehrte, der weitblickendste Staatsmann im Jahre 1887 auch nur träumen können, was wir heute, nach fünfundvierzig elenden Jahren, als Gegenwart erleben? Es läßt sich durchaus nicht begreifen, welche geistigen Operationen angesichts des im Jahre 1887 angesammelten historischen Stoffes selbst bei gelehrtester Kenntnis der Vergangenheit eine auch nur ungefähre Vorstellung davon hätten erschließen können, was 1932 da ist.«

Die sogenannten Naturwissenschaften erlauben die Möglichkeit der Vorhersage innerhalb eines geschlossenen Systems und nach einem bestimmten Maßstab, aber der Historiker hat nicht die Macht, die Systeme zu trennen; der Maßstab wird ihm auferlegt. Folglich ist jede Prophezeiung eine Lüge. »Wir gehen im Krebsgang in die Zukunft.« Die Geschichtswissenschaft ist keine Wissenschaft; sie ist eine Kunst, sie ge-

hört zu den Musen. Als solche hält Valéry sie für liebenswert, aber
man muß sie in ihre Grenzen verweisen. Sobald man vorgibt, sich jener
unbekannten Vergangenheit zu bedienen, um seine Handlungen im Hinblick auf eine unvorhersehbare Zukunft abzustimmen, geht man in die
Irre. Wäre Napoleon nicht von der Geschichte Julius Cäsars besessen
gewesen, hätte er sich nicht zum Kaiser krönen lassen.»Er war ein lei-
denschaftlicher Liebhaber historischer Lektüre, und so verirrte sich dieser schöpferische Mann in den Perspektiven der Vergangenheit. Als er
aufhörte, in die Irre zu gehen, war er schon am Ende.«

Immerhin gesteht Valéry dem Nachdenken über die Vergangenheit
auch eine gewisse, sozusagen negative Nützlichkeit zu:»Es zeigt uns das
häufige Versagen übergenauer Voraussagen und im Gegensatz dazu die
großen Vorteile eines grundsätzlichen und beständigen Bereitseins, das
sich nicht anmaßt, die Ereignisse schaffen oder herausfordern zu können
– sie bestehen immer nur in Überraschungen. Dieses Bereitsein erlaubt
dem Menschen, nach besten Kräften dem Unvorhersehbaren die Stirn zu
bieten.« Aber solche Lehren scheinen mehr moralischer als wissenschaftlicher Natur zu sein.

Der große Irrtum des neunzehnten Jahrhunderts bestand darin, daß es,
berauscht von den praktischen Erfolgen der exakten Wissenschaften, ihre
Methoden mit denjenigen falscher Wissenschaften vermengte, die es als
Psychologie und Soziologie bezeichnete.»Es gibt eine Wissenschaft der
einfachen Dinge und eine Kunst der komplizierten Dinge: Wissenschaft,
wenn die veränderlichen Größen nachzählbar sind und ihre Zahl klein ist,
wenn ferner ihre Kombinationen sauber und genau sind.« Während in
den Naturwissenschaften die naive Beobachtung der Objekte durch
objektive Kontrollen ersetzt wurde, haben wir es in den historisch-politischen »Wissenschaften« willentlich dahin gebracht, daß subjektive
Methoden zusammen mit objektiven Schlußfolgerungen bestehen. Die
Geschichtswissenschaft und ihre Tochter, die Politik, müssen von ihren
hohen Podesten herabgeholt und so gründlich geschoren werden wie die
Philosophie.»Man kann keine Politik machen, ohne sich über Fragen zu
äußern, von denen kein vernünftiger Mensch sagen kann, daß er Bescheid wisse. Man muß grenzenlos dumm oder grenzenlos unwissend
sein, wenn man sich mit einem Urteil über die Mehrzahl der Probleme
hervorwagt, die der Politik gestellt werden.« Und weiter:»Im Anfang
bestand die Politik in der Kunst, die Menschen daran zu hindern, sich in
das einzumischen, was sie angeht... In einer späteren Epoche fügte man
dem die Kunst hinzu, die Menschen dazu zu zwingen, über das zu entscheiden, was sie nicht verstehen.«

Was bleibt noch auf unserer Schultafel übrig? Die Wissenschaft? Sie ist eine Ansammlung von Rezepten und Prozeduren, die immer erfolgreich sind und ebenso nützlich und schätzenswert, aber »der ganze übrige Rest ist Literatur«. Die Wissenschaft trägt nichts zur Erklärung der Welt bei, wie das, reichlich naiv, die Zeitgenossen Zolas geglaubt haben. Und sie *wird* auch niemals etwas dazu beitragen. Nichts und niemand wird das Universum erklären, weil Universum nichts weiter ist als ein mythologischer Begriff. »Wie soll man sich eine Vorstellung von dem machen, was sich nicht stellt, keine Antwort gibt und nichts anderem gleicht? Hätte es mit irgendeiner Sache Ähnlichkeit, wäre es nicht das Ganze.«

Was bleibt noch? Der gesunde Menschenverstand? »Der gesunde Menschenverstand ist die Fähigkeit, die wir einstmals hatten, um die Existenz der Antipoden so glänzend zu verneinen und zu widerlegen... Der gesunde Menschenverstand ist eine Pfahlbürgerintuition. Täglich wird er von den Wissenschaften schockiert, verwirrt und genarrt. Einzig die Unwissenheit beruft sich auf den gesunden Menschenverstand. Mit dem Wert der durchschnittlichen Augenfälligkeit ist es vorbei. Fast alle Träume unserer Fabelwelt – das Fliegen, das Erscheinen abwesender Dinge, die Geisterstimme – und viele andere Absonderlichkeiten, die man nicht einmal zu träumen gewagt hätte, sind heute aus dem Stadium des Unmöglichen und dem Geist hervorgetreten. Das *Fabulöse* ist im Geschäft.« Der gesunde Menschenverstand ist heute offensichtlich mit Schimpf verabschiedet worden, und es gibt da nichts mehr, worauf man stolz sein könnte, wenn man ihn auch noch so gut beteiligt.

So weist das strenge Denken der Reihe nach alles das zurück, was es hervorgebracht hat. Charles du Bos hat sich gefragt, ob das Denken Valérys nicht im Grunde ein Nihilismus gewesen sei.

»Im Bereich des Geistes gibt es kein Schauspiel, das von erhabenerer Tragik gekennzeichnet wäre als jenes des Denkvermögens, das eben durch seine Schärfe im Nichts und bei der Selbstverneinung anlangt. Dort beginnt das Reich der Einöde und der trostlosen Verstandesklarheit.« Aber wir werden sehen, daß Valéry, der dies schrieb, in jener Einöde seine Stadt errichtete, die Stadt der zivilisierten Menschen.

3. Die Konventionen

Das ist die *tabula rasa*, die abgewischte Schultafel. Was sollen wir darauf schreiben; welche Konstruktion darauf zeichnen? Denn es gibt doch »irgend etwas«. Die Menschen denken; sie bringen mitunter ihre Gedanken und ihre Handlungen in Übereinstimmung; die menschlichen Gemeinschaften leben und haben Dauer. Man findet in dieser Trümmerwüste Bausteine für eine Ordnung. Wir befragen Valéry, welche Bausteine das sind, und seine Antwort dürfte lauten: »Konventionen, oder, sofern Sie das vorziehen, Fiktionen.«

Was ist eine Konvention? Eine von einem oder mehreren Beteiligten anerkannte Regel. Ein einzelner Mensch, der sich die Karten legt, kann das nur, weil er einer Regel zugestimmt hat, einer Konvention. Zwei Menschen, die Ecarté spielen, können nur spielen, weil... und so weiter. Diese Übereinkunft ist nicht Ausdruck einer absoluten Wahrheit. Ihr einziger Wert besteht darin, anerkannt zu sein. Beispielsweise ist zwischen uns vereinbart, daß ich hier eine Stunde spreche und Sie mir zuhören. [Hier sei daran erinnert, daß diese Essays ursprünglich als Vorträge vor amerikanischen Studenten gehalten wurden. D. Ü.] Durch diese Abmachung ist in diesem Saal eine bestimmte Ordnung herbeigeführt. Wir hätten auch eine andere Vereinbarung treffen können: Sie singen im Chor, und ich höre zu. Dann bestünde in diesem Saal eine andere Ordnung, ein anderer Plan. Aus welchem Grunde wird nun eine solche Konvention respektiert? Weil es in diesem Saal einige gibt, die die Gesetze verkörpern – nicht durch Gewalt, sie würden Sie nicht zur Ruhe zwingen können –, sondern durch eine von uns allen anerkannte Fiktion. So kann das Eigentümliche menschlicher Gemeinschaften einzig durch derartige Fiktionen Bestand haben. »Denn es gibt keineswegs eine Macht, die dazu fähig wäre, eine dauernde Ordnung allein auf den Zwang zu gründen.«

Die Instinkte sind durch Ideen, durch Sinnbilder und Mythen überwunden. Valéry meint, daß die Bewegung einer Gemeinschaft hin zur Kultur eine Bewegung hin zu Symbolen und Zeichen sei. Jede menschliche Gemeinschaft beruht auf einer Sprache, der wichtigsten aller Übereinkünfte, auf Schriften, auf Gewohnheiten, auf überwachten Konventionen. Jede Gemeinschaft ist ein Gebäude aus Zauberformeln. Wir nehmen den fiktiven Charakter unserer Gesetze nicht wahr, weil viele von ihnen sich uns eingeprägt haben und zu Instinkten geworden sind. Wir ziehen den Hut, leisten einen Eid, klatschen Beifall, bezahlen, nehmen Geld an. Jede dieser Handlungen setzt zahllose Fiktionen voraus, die sehr alt sind. Aber das Leben eines Volkes, dessen Geschichte aus langer Vergangenheit kommt, ist aus so vielen Fäden zusammengewoben, daß der einzelne Bürger ihre Herkunft nicht mehr kennen kann.

Und das Ergebnis? Es besteht darin, daß in einer solchen Ordnung geistige Freiheit möglich wird. Im Zustand der Barbarei gibt es keine Freiheit. Man stelle sich eine Familie von großen Affen oder von Höh-

lenmenschen vor: Die Jungen gehorchen dem Vater, weil sie Angst vor
ihm haben oder weil sie durch eine von außen drohende Gefahr dazu
gezwungen werden. Das ist der Naturzustand. In einer Pariser Familie
unserer Tage hingegen scheint keine unmittelbare Gefahr zu bestehen,
und falls doch, dann keine, die durch väterliche Gewalt gebannt werden
kann. Heute führt die Jugend Diskussionen. Warum dem Vater gehorchen? Doch nur aus Konvention. »Was ist überflüssiger als eine Konvention. Warum also sollte man sie respektieren?« So argumentieren
die jungen Leute unserer Tage. Mit der gleichen Widersetzlichkeit begann man sich im Frankreich des achtzehnten Jahrhunderts zu fragen:
Warum dieser König?

Schöpferinnen der Ordnung, Mütter der Freiheit – das sind die Konventionen, und sie werden alsbald durch eben jene Ordnung und Freiheit bedroht, die sie geschaffen haben. Die Menschen vergessen, was
Unordnung und Leid bedeuten. Der Geist der Kritik verstärkt sich. Er
unterminiert die Konventionen; dann zerstört er sie. Die Barbarei kehrt
wieder und mit ihr der Naturzustand. »Das heißt: Revolution oder
Krieg. Durch ihre Auswirkungen sieht sich das Individuum bald in die
unglückliche Lage versetzt, die Polizei oder den Tod herbeizuwün-
schen.«

Demnach ist die für die Menschheit notwendigste zugleich die will-
kürlichste ihrer Schöpfungen. Die sicherste Stütze der Kultur ist ein
Kartenhaus aus Zauberformeln. Der Nutzen der Moral besteht nicht in
den Regeln, die sie vorschreibt (diese Regeln ändern sich je nach Zeit
und Ort), sondern in der Tatsache, daß sie Regeln vorschreibt. Was dem
Leben eines Landes vonnöten ist, hängt nicht davon ab, ob das Land
monarchisch, republikanisch oder aristokratisch ist, sondern davon, daß
die politischen Konventionen von der Mehrheit der Bürger gebilligt
werden. Was dem System mathematischer Wahrheiten den Anschein
von Notwendigkeit gibt, ist gerade ihre völlige Willkürlichkeit. Was die
schöne Notwendigkeit eines Gedichtes ausmacht, ist die Willkürlichkeit
der Regeln, die sein Zustandekommen ermöglichten.

Das ist eine neue und wichtige Idee, die kennzeichnend ist für unsere
Zeit. Immer, oder doch beinahe immer, sind die Menschen der absoluten Wahrheit nachgejagt, dem alle Rätsel lösenden Wort, dem höchsten
Gedanken. Der moderne Wissenschaftler glaubt, ähnlich wie Valéry,
nicht mehr daran, daß er das Weltall erklären – ja, daß es überhaupt
eine Erklärung geben könne. Er kommt angesichts der Welt zu gewissen
Hypothesen, die es erlauben, die beobachteten Phänomene übersichtlich
zu gruppieren. Er behauptet nicht, daß diese Hypothesen zeitlos gültig

seien, vielmehr ist er überzeugt, daß sie eines Tages als überholt gelten oder ersetzt werden. Aber für einen gewissen Zeitabschnitt ermöglichen sie uns zu leben. »Der moderne Mensch hat eine Vorstellung von sich selbst und von der Welt, die nicht eindeutig festgelegt ist, er kann nicht umhin, mehrere Vorstellungen zusammenzutragen; er könnte kaum leben ohne diese widersprüchliche Vielzahl von Visionen.«

Somit haben die Gedanken Valérys den natürlichen Weg eines jeden forschenden Geistes verfolgt. Als junger Mann hatte er *tabula rasa* gemacht, als reifer Mann setzte er die ehedem verworfenen Konventionen wieder ein. Kennzeichnend für den Fortschritt seines Denkens ist jedoch, daß er sie nur als Konventionen und nicht als absolute Wahrheiten anerkannte. In dieser Haltung erblicke ich das Einmalige an Valéry im Unterschied zu Bourget, der die Konvention respektiert, als wäre sie eine transzendente Wahrheit, und im Gegensatz zu Gide, der gegenüber der Konvention die feindselige und argwöhnische Haltung eines verstockten Jünglings beibehalten hat.

4. Das Kunstwerk

Es wäre aber unhaltbar und sinnlos, wollte man behaupten, daß das Universum einzig aus menschlichen Konventionen bestehe. Allen Fiktionen und Mythen ging ehedem eine Wirklichkeit voraus. Wie aber kann sich unser Denken dieser Wirklichkeit bemächtigen, die ihm kein Definieren erschließt? Ich glaube, daß Valéry, ebenso wie Proust, ohne Besinnen geantwortet haben würde: durch das Kunstwerk und im besonderen durch die Dichtung, im weitesten Sinn des Wortes verstanden.

Die menschliche Sprache strebt zum Abstrakten und entfernt sich immer mehr vom Konkreten. Die Dichtung ermöglicht es dem Geist, wieder Kontakt mit jener Wirklichkeit aufzunehmen, die vor den mechanistischen Ungeheuern bestand, welche dieser Geist hervorgebracht hat und die unsere Hypothesen und unsere Kenntnisse sind. Durch welche Zaubersprüche – *Charmes*, wie der Titel von Valérys Gedichtband heißt – vermag die Poesie diese Rolle zu spielen? Der Dichter gibt den Wörtern ihren harmonischen Wert zurück, und indem er sie miteinander verbindet, sie umgruppiert, auf überraschende Weise an ungewöhnlichen Stellen einsetzt, erzeugt er aus dem Wortgewebe den Hauch jenes Mysteriums, der sie bei ihrer Geburt umgab. »Ein Gedicht macht man nicht mit Gedanken und auch nicht mit Gefühlen, ein Gedicht macht man mit Wörtern.« Valéry liebt es, sich den Dichter als gewissenhaften Handwerker vorzustellen, der so methodisch ein Gedicht »fabriziert«, wie man

eine Maschine konstruiert, um ein genau bestimmtes Produkt herstellen
zu können. Poe, Baudelaire und Mallarmé bilden die Reihe der »bewußten« Dichter, die Valéry auf vollendete Weise fortgesetzt hat.

»Ein Gedicht muß ein Fest des Geistes sein.« Nichts anderes kann es
sein. Hier treffen wir wieder auf die Idee der Konvention. Ein Gedicht ist
ein Fest, ein so gut geregeltes Spiel, daß man es sich in keiner anderen
Form vorstellen kann. Der Eindruck von Schönheit, nach der man mit
viel Torheit fahndet und die man so vergeblich zu deuten sucht, beruht
auf diesem Gefühl des »So und nicht anders«. Von daher ist es zu erklären, daß das Gedicht besänftigt und daß es gefällt. Es beruhigt den Geist,
macht ihn still. Es »begibt sich auf die Suche nach der Zeit«; es hält die
Zeit an. Ein Felsblock zerbröckelt unter dem Nagen der Wellen, aber
welche vereinigten Kräfte könnten einem Gedicht von Baudelaire auch
nur ein einziges Wort entreißen? Hier abermals hat Willkür das Notwendige geschaffen. Aber diese Auffassung von der Dichtung scheint die
Inspiration auszuklammern. Valéry verspottet den Lyrismus, der nichts
anderes sei als »die Perfektionierung eines Schreis«. – »Wer würde nicht
erröten, wenn er Pythia spielen müßte?« – »Die Inspiration ist die Hypothese, die den Autor in die Rolle des Beobachters zurückversetzt.« Das
sind paradoxe Formulierungen, zu denen Valéry in späteren Tagen die
notwendigen Berichtigungen gab. Es stimmt, daß die Wahl der Form
erste Voraussetzung jeder künstlerischen Gestaltung sein muß. Kein Genie ohne handwerkliches Können. Aber der Anstoß zu einer solchen
Wahl wäre nicht denkbar ohne traurige oder freudige Gefühle. »Die Inspiration ist in der Dichtung und in allen Künsten vollkommen verborgen«, aber es gibt sie. Ohne die »verlorene Zeit« könnte es keine »wiedergefundene Zeit« geben.

Valéry selbst weiß das nur zu gut, und keiner hat es besser ausgedrückt
als er: »Der Schriftsteller entschädigt sich, so gut er kann, für einige
Ungerechtigkeiten des Schicksals.« Sosehr er sich auch bis in seine Gedichte hinein Genauigkeit, Objektivität und methodisches Vorgehen
wünschen mag, man kann Valéry nicht richtig erkennen, ohne den hohen
Grad seiner Empfindsamkeit zu ermessen. Er kann sie nicht leugnen; sie
durchweht alle seine Schriften: »Am äußersten Punkt eines jeden Gedankens ist ein Seufzer.« Mag Monsieur Teste sich noch so sehr der Mechanik bemächtigen – er lernt das Leid kennen. Man darf sich Valéry
nicht als einen Mann von zwar reiner, aber inhumaner Intelligenz vorstellen. Im Gegenteil, ich wüßte keinen seiner Zeitgenossen, der emp-
findsamer, treuer und großmütiger gewesen wäre. Er kannte den
Schmerz, aber ohne sich, wie Pascal, in Klagen zu gefallen. »Was können

wir die anderen Menschen schon lehren, wenn wir ihnen klarmachen, daß sie nichts sind? Daß das Leben ein Wahn ist, die Natur unser Feind, die Erkenntnis eine Illusion? Wozu die Summe für diese Nichtse ziehen, die sie alle miteinander sind, wozu ihnen wiederholen, was sie schon wissen?«

Zum Abschluß möchte ich ein ganz menschliches Bild von Valéry geben. Man stelle ihn sich vor, wie er an jedem Morgen um fünf Uhr aufsteht, trotz Müdigkeit und Nachtzeit, und sich den kleinen Pflichten widmet, die er sein Leben lang erfüllte. Er kocht sich seinen Kaffee, denn zu jener Stunde ist ja noch niemand auf. Dann streut er, wie Alain berichtet, »einige Späne Prosa auf uns nieder, diese Begleiterscheinungen einer erhabenen Tätigkeit. Es ist etwas Schönes, eine solche Kraft des Geistes. In einigen Jahrhunderten wird man feststellen, daß niemand von größerer Bedeutung für unser Zeitalter war als dieser so schlichte Mann.«

[...]
                    (Aus dem Französischen von Günther Birkenfeld und Margot Berthold)

Anmerkung der Herausgeber

In der vorliegenden Fassung wurde der ursprüngliche Titel beibehalten, verzichtet hingegen wurde auf die Abschnitte »Das Leben« und »Der Dichter Valéry«.

II
Annäherungen

ANDRÉ BRETON

Prestige de Paul Valéry
Aus Gesprächen mit André Parinaud

Dieses Jahr 1913 markierte ungefähr den Saum des Schattens, den die Pyramide des 19. Jahrhunderts auf die des 20. Jahrhunderts hinüberwerfen konnte, die im Entstehen begriffen war. Freilich würde man ab dem folgenden Jahr etwas Schönes davon zu sehen bekommen! Aber während man wartete, schien das Feld der Erforschung frei (42 Jahre Frieden, eine relative Prosperität, die beharrliche Illusion vom Fortschritt). Dennoch würde man auf intellektueller Ebene später Anzeichen dafür feststellen, daß alles drunter und drüber ging.

André Parinaud *Ich würde gern wissen, ob es in Ihren Augen bei diesem Übergang von einem Jahrhundert zum anderen zumindest einen Menschen gab, der fähig war, die Verbindung zu sichern?*

André Breton Ja, gewiß, er hieß Paul Valéry und war einzig in seiner Art. Lange Zeit war er für mich das große Rätsel. Ich kannte seinen *Abend mit Herrn Teste* fast auswendig – 1896, meinem Geburtsjahr, in der Zeitschrift *Le Centaure* erschienen, zu deren Begründern er gehörte. Ich ließ mich immer wieder auf den Wolken dieses Werkes davontragen, bis in bestimmten Momenten Herr Teste aus seinem Rahmen – der Novelle Valérys – zu steigen schien, um seine schweren Kümmernisse neben mir zu wälzen. Heute noch fehlt es nicht an Gelegenheiten, bei denen ich diese Figur vor sich hin murmeln höre wie keine andere, er bleibt derjenige, dem ich recht gebe. Für mich hatte Valéry hier den höchsten Ausdruck erreicht: ein von ihm (zumindest nehme ich das an) geschaffenes Wesen hatte sich tatsächlich auf den Weg gemacht, hatte sich aufgemacht, mir zu begegnen.

Parinaud *Haben auch seine damaligen Gedichte Sie beeindruckt?*

Breton Auf jeden Fall anders. Aber wahrscheinlich verfuhren sie mit meinem Geist wie die Schlingen derselben Ellipse. Sie waren so verstreut in Zeitschriften, daß es schwierig war, sie einzusammeln. Jedesmal aber, wenn mir eins in die Hände fiel, ist es mir nicht gelungen, das Mysterium oder das Aufwühlende in ihnen auszuschöpfen. Es handelte sich um einen sehr schlüpfrigen, noch dazu leicht erotischen Abhang von Träumerei. Ich denke an ein Gedicht wie *Anne*, an das erste Mal, daß ich es gelesen habe, und auch später:

Anne qui se mélange au drap pâle et délaisse
Des cheveux endormis sur ses yeux mal ouverts
Mire ses bras lointains tournés avec mollesse
Sur la peau sans couleur du ventre découvert...

Beim Umgang mit Valéry habe ich mir zweifellos geistig einen gewissen Geschmack am Anstößigen zugezogen.

Parinaud *Hat das Schweigen, in das er sich lange Zeit hüllte, für Sie noch zu seiner Anziehungskraft beigetragen?*

Breton Genau das machte ihn für mich weitaus am faszinierendsten. Nachdem er ein solches Maß an Können gezeigt hatte, schien er tatsächlich definitiv vom literarischen Leben Abschied genommen zu haben. Er hatte fünfzehn Jahre nicht publiziert. Man sagte, daß er sich auf völlig aus dem Rahmen fallende Spekulationen verlegt hatte, an denen allerdings die Mathematik wahrscheinlich einen großen Anteil hatte. Es war für mich äußerst verführerisch – und äußerst angenehm irreführend –, ihren Ausgangspunkt möglichst bei Testes Imperativen zu vermuten. Ich glaubte, daß in Valéry Herr Teste über den Poeten und sogar über den »amateur de poèmes« – wie er sich kürzlich selbst nannte – für immer die Oberhand gewonnen hatte. In meinen Augen profitierte er von einem dem Mythos innewohnenden Prestige, das sich auch um Rimbaud gebildet hatte, wie man gesehen hat – das nämlich eines Menschen, der eines schönen Tages seinem Werk den Rücken kehrt, so als ob dieses seinen Schöpfer irgendwie »weggestoßen« hatte, nachdem es bestimmte Höhepunkte erreicht hat. Ein solches Verhalten verleiht seinen dichterischen Glanzleistungen einen unübertrefflichen, etwas schwindelerregenden Charakter und, ich wiederhole, erlaubt es ihnen, Faszination auszuüben. Das Abenteuer von Harrar (die Befragung, die sich daraus ergibt) hat Rimbaud einen Großteil unseres leidenschaftlichen Interesses verschafft und verschafft es ihm weiterhin. Für mich war Valéry damals in demselben Licht angesiedelt wie seitdem allein Marcel Duchamp.

Parinaud *Können Sie sich an Ihre Zusammenkünfte mit Paul Valéry erinnern?*

Breton Ich sehe mich wieder zum ersten Mal bei ihm eindringen, in der Rue de Villejust 40, die, daran zweifelte ich kaum, wohl ihren Namen eines Tages gegen den seinen austauschen würde. Schöne impressionistische Gemälde da, wo sie gerade Platz fanden, die Spiegel verdeckend. Er, kein anderer, empfing mich aufs herzlichste. Ich war, als ich die Treppe heraufkam, ziemlich besorgt, ihn anzusehen, seine Augen von sehr schönem, durchsichtig meereinsamem Blau fixierten mich unter etwas schneidenden Lidern. Ich erinnere mich, daß er mich gleich anfangs einigermaßen aus der Fassung brachte, indem er mich glücklich pries, in Pantin zu wohnen, das sich für ihn auf die Parfumfabriken der Rue de Paris reduzierte: er beneidete mich darum, sagte er, so »in die Unterröcke der Kokotten« verstrickt zu sein. Vielleicht hatte er diese Geistesverfassung von Huysmans erhalten, aber der Fetischismus war so ziemlich seine Art. Man hat seither den Charme und die außerordentlichen Ressourcen seiner Konversation genügend gerühmt. Das Hervorstechendste an ihr war vielleicht, daß sie seinem »zutiefst zerstörerischen – und gar nihilistischen« Geist entsprang, was T. S. Eliot sehr mit Recht frappiert hat.

Parinaud *Zweifellos ist es das, was ihn zur Brücke hinüber zum Surrealismus machte, einer Brücke, die rissig werden mußte, nicht wahr, und die so um 1921 und einige Jahre später zerbrach?*

Breton Genau, was bleibt, ist, daß Valéry mich viel gelehrt hat. Mit nie nachlassender Geduld ist er jahrelang auf alle meine Fragen eingegangen. Er hat sich alle erdenkliche Mühe gegeben, mich mir selbst gegenüber schwierig zu machen. Ich verdanke ihm die dauerhafte Bemühung an gewissen höheren Disziplinen. Solange nur bestimmte fundamentale Forderungen erhalten blieben, verstand er es überdies, einem jeden Freiraum zu lassen. Er sagte mir: »Ich bin überhaupt nicht der Mensch, der Angst hat, seine Gedanken mit anderen zu teilen. Der Bekehrungseifer ist mein Antipode. Jeder sieht, was er sieht...« Und doch muß der Mythos, von dem ich gesprochen habe, sehr viel stärker gewesen sein. Nichts widerstand der Enttäuschung, der Desillusionierung, ihn plötzlich seiner Haltung widersprechen zu sehen – ihn neue Verse publizieren, die von früher (zudem ungeschickt) überarbeiten, Herrn Teste – allerdings vergeblich – wiederbeleben zu sehen. Ich lasse mich nicht über diese spektakuläre Phase seiner Entwicklung aus. Ich wählte den Tag, an dem er in die Akademie aufgenommen wurde, um mich seiner Briefe zu entledigen, auf die ein Buchhändler scharf war. Ehrlich gesagt, war ich schwach genug, Kopien davon zu behalten, aber lange Zeit hatte ich die Originale wie meinen Augapfel gehütet.

Parinaud *Jahre sind vergangen. Ich nehme an, daß sich wohl Interferenzen gezeigt haben...*

Breton Ja, das in sich zerfallende Heiligtum des Symbolismus stürzte endgültig zusammen. Andere, mehr oder weniger bedeutende, mehr oder weniger sofort sichtbare Passanten hatten die Zeit zu erscheinen, wieder andere auch zu verschwinden. Insgesamt brachten sie eine Botschaft ganz anderer Ordnung mit sich, die eine sofortige Prüfung und ein Engagement *im voraus* verlangte, nicht eins im nachhinein. Kubismus und Futurismus sind bedeutsame Explosionen gewesen. Und eine ganz andere Explosion:

der Krieg. Zu Pferde (wie er es liebte) über die Zeit, die sie verbindet, kam für mich diese poetische Gestalt an vorderster Stelle: Guillaume Apollinaire! [...]

Parinaud *Ich nehme an, daß Sie in jener Epoche mit Valéry und Apollinaire in ständiger Verbindung sind?*

Breton Ich sehe Valéry weiterhin, zweifellos mit weniger Begeisterung, seit er sich mit den mehr oder weniger Racineschen Alexandrinern der *Jeune Parque* beschäftigt. Lohnt es denn, sich so lange versteckt zu halten, um in diesem Kostüm wiederzuerscheinen? Ich habe schon gesagt, daß für mich ein sehr anspruchsvoller Mythos auf dem Spiel stand: mit der *Jeune Parque* war Herr Teste verspielt, wie verraten. Von einigen Glanzstellen abgesehen, erscheint mir dieses lange Gedicht – überdies von seinem Verfasser »Übung« genannt – noch weit davon entfernt, sich rechtfertigen zu können. [...]

Parinaud *Der [...] angesprochene Zeitabschnitt fiel unmittelbar in die letzten Monate vor Ende des Ersten Weltkrieges. Die Gründung der Revue* Littérature *ist darin genauso Zentrum des Interesses wie Ihre Beziehungen zu denjenigen Ihrer Freunde, die Ihre damaligen Aktivitäten teilten...*

Breton Bei unseren ersten Zusammenkünften mit Soupault und Aragon herrschte großer Tatendrang, der ab März 1919 in *Littérature* seine ersten Früchte tragen sollte, sehr schnell in »Dada« explodieren, sich gänzlich wiederaufladen sollte, um im Surrealismus zu gipfeln.

Parinaud *Wie ist Ihre Freundschaft mit Philippe Soupault entstanden?*

Breton Ich habe Philippe Soupault durch Apollinaire kennengelernt (die Bewunderung, die wir ihm beide entgegenbrachten, war die Grundlage für unsere Annäherung). Ein wenig später habe ich Aragon in der Buchhandlung von Adrienne Monnier getroffen, dem »Maison des amis des Livres« in der Rue de l'Odéon. Von dort aus hatten wir uns gemeinsam auf den Weg nach Val de Grace gemacht, wo wir alle beide, alternierend mit Medizinvorlesungen zum Armeegebrauch, militärdienstverpflichtet waren. Wir waren – ich war – in diesem Alter, wo das Leben am heftigsten ist... Aus der Distanz wundere ich mich, daß der Wiederbeginn mit so wenig Verspätung erfolgte, denn im März 1919 erschien unter unserer Dreierleitung (Aragon, Breton, Soupault) die erste Nummer der Zeitschrift *Littérature*. Valéry hatte diesen Titel angeregt, der für ihn wegen des letzten Verses von Verlaines *L'art poétique*, »Et tout le rest est littérature«, schon mit Ambivalenz beladen war. Von seinem Gesichtspunkt aus – dem des Intellekts – mußte er dieser »Literatur« des »ganzen Restes« gewogener sein als dem, was Verlaine ihr gegenüberstellt, aber er lacht sich ins Fäustchen, und es fehlt sicherlich nicht an Perversität in seinem Rat-schlag. Was uns betrifft, wenn wir diesen Titel nehmen, dann als Anti-phrase und im spöttischen Sinn, woran Verlaine keinen Anteil mehr hat.

Parinaud *Und wie präsentierte sich* Littérature *am Anfang?*

Breton Oh, wie eine Revue der allerbesten Gesellschaft! Was will man mehr? Die großen Überlebenden des Symbolismus marschierten vorne-weg, Gide, Valéry, Fargue, gefolgt von gewichtigen Poeten um Apolli-naire: Salmon, Max Jacob, Reverdy, Cendrars. Ein wenig später gesellten sich Morand und Giraudoux dazu, dann Drieu La Rochelle. Der Über-gang von ihnen zu uns ist durch Jean Paulhan bezeichnet, dem ich kurz danach die Bekanntschaft mit Paul Eluard verdankte. Es schien, daß alle beabsichtigten Gesichtspunkte berücksichtigt wurden und daß uns au-ßerdem ein günstiger Wind trug: während dieser vier ersten Nummern (März bis Juni 1919) publiziert die Zeitschrift die *Poésies* von Isidore Ducasse, Comte de Lautréamont, die ich aus dem einzig bekannten Ex-emplar in der Nationalbibliothek abgeschrieben habe, und ein enorm wichtiges, unveröffentlichtes Gedicht von Rimbaud: *Les Mains de Jeanne-Marie*... Aber es wird dann wohl einiges Krachen im Gebälk ge-ben, das die Vorboten von »Dada« ankündigt. [...]

Parinaud *Ich glaube, es wäre wünschenswert, daß Sie Adrienne Mon-nier und ihrer Buchhandlung der »Bücherfreunde« hier den ihr gebüh-renden Platz zuweisen.*

Breton Adrienne Monnier wußte damit die attraktivste Ideenplatt-form jener Epoche zu schaffen. Die klugen Anregungen, die sie den Dis-kussionen vermittelte, die Chancen, die sie der Jugend gab bis zur aufrei-zenden Parteilichkeit ihrer Vorlieben: sie hatte genug Trümpfe in der Hand. Die anziehendsten Persönlichkeiten der Epoche zeigten sich frü-her oder später bei den »Bücherfreunden«, ob es nun Fargue oder Re-verdy oder Larbaud oder Satie waren. Ich richtete es so ein, daß Valéry und Apollinaire den Weg dorthin fanden – den sie nie mehr verloren. Im Hinblick auf Valéry hat Paul Léautaud ohne allzu große Übertreibung sagen können, daß dessen ganze Reputation und seine beispiellosen öf-fentlichen Erfolge unmittelbar von dort ausgegangen sind. [...]

Anmerkung der Herausgeber

Der Text umfaßt von den Herausgebern zusammengestellte, Werk und Wirkung Valé-rys betreffende Auszüge aus den ersten von 16 Interviews mit André Parinaud, die zwischen März und Juni 1952 in einer Sendereihe der Radiodiffusion Française ausge-strahlt wurden. Der Titel stammt von den Herausgebern und basiert auf einer der Kapitelüberschriften der Sendeprotokolle. – Aus dem Französischen von Gabriele Gerecke.

ADRIENNE MONNIER

Valéry – Rue de l'Odéon

Paul Valéry kam 1917 zum ersten Mal in die Rue de l'Odéon. Meine Buchhandlung steckte noch in den Anfängen (wir hatten sie gerade erst zwei Jahre); es war Fargue, der ihm von ihr erzählt hatte, Fargue, der seit 1916 kam und schon ein alter Freund war. Aber Fargue war nicht bei ihm. Ich glaube, es war Paul Poujaud, der ihn an diesem Tag begleitete – ich weiß nicht mehr, in welchem Monat, Mai vielleicht, oder Ende April: einer der ersten Tage im Jahr mit herrlichem Wetter. Er erschien früh am Nachmittag vor dem Schaufenster, das er einen Augenblick von außen betrachtete, während er ein paar Worte mit seinem Begleiter wechselte. Ich wußte bereits, wie man die »hommes de lettres« an ihrer Art erkennen konnte, das Schaufenster anzuschauen – die Valérys war die diskreteste, die ich bis dahin gesehen hatte. Er schaute wie ein Mensch, der wohl »die Marionette getötet« hatte, aber seine Augen sagten Literatur, sagten es sogar besonders durch die Eigenart ihrer Strahlung – wie soll ich es sagen... der Valérysche Geist flüstert mir das Wort zu: kathodisch. Also er trat ein und nannte seinen Namen: Paul Valéry. Welch ein Glück! Ich kannte die Bedeutung des Mannes, der vor mir stand. Fargue hatte oft von ihm gesprochen. Fargue, der alle Gedichte aus *La Conque* und *Le Centaure* kannte und der mir einmal gesagt hatte: »Unser größter Dichter ist Valéry, Sie werden sehen, Adrienne, Sie wissen, daß meine Nase« – er tippte sich an seine Nase – »mich nie täuscht.« Ich glaubte dies um so mehr, als ich *La Soirée avec Monsieur Teste* gelesen hatte. Ich hatte es wieder und wieder gelesen – in der Nummer 4 der Revue *Vers et Prose*, von der ich eine ganze Schiffsladung besaß, da ich den gesamten Warenbestand von Paul Fort aufgekauft hatte. Dieser Text hat auf mich den Eindruck gemacht, den er auf alle macht: den eines magischen Textes. Meiner Meinung nach erzeugt nichts mehr Wirkung als diese in der Literatur vielleicht einzigartigen Seiten – zauberische und zutiefst verwandelnde Wirkungen: danach ist man nicht mehr wie vorher. Der Stammeshäuptling gibt uns hier eine höchste Weihe. Er ohrfeigt uns und macht auf unsere Stirn ein Zeichen von Staub. Seine Worte drücken antike Weisheit aus und sind zur gleichen Zeit äußerst modern. Monsieur Teste läuft inmitten trauriger, eiliger Passanten einer großen besudelten Stadt umher (man denkt an die ersten Bilder von Bonnard) und spricht wie Lao Tse.

Ich erinnere mich nicht an das, was ich meinem erhabenen Besucher erzählte. Ganz sicher drückte ich ihm meine höchste Bewunderung aus, und zweifellos sprach ich mit ihm von der »Institution de Potassons«, die uns zu der Zeit sehr beschäftigte. Er muß meinen Worten ein geneigtes Ohr geliehen haben, denn ich habe ein Briefchen aus demselben Jahr 1917, in dem er die Potassons zustimmend erwähnt.

Gegen halb vier zog er seine Uhr hervor und verabschiedete sich, da er um vier Uhr bei Herrn Lebey sein mußte. Mir scheint, daß dieser Besuch ein wenig vor der Veröffentlichung von *La Jeune Parque* lag. Auf jeden Fall hatte ich das Poem nicht gelesen, als ich Valéry das erste Mal sah, aber André Breton erzählte mir davon, nachdem er es den Autor selbst bei Jean Royère hatte lesen hören. Breton sagte, es wäre »durchsichtig« und »grau«, wobei er übrigens diesem »grau« einen außerordentlichen Wert beimaß. Als ich das Bändchen in der Hand hatte, war ich zunächst eher verwirrt als begeistert. »*Die junge Parze*«, ich sah sie, ich sehe sie noch wie eine fremde Gestalt, die fremdeste in Wahrheit, nicht in Marmor, sondern in eine Art Porphyr geschnitten. Sie kennen diese römischen Statuen, bei denen das Gesicht und die sichtbaren Teile des Körpers weiß sind und die Kleidung rot geädert. Hier jedoch sind Kleidung und Dekor weiß, von einem schimmernden, eisigen Weiß, durch das hier und da das Rot der Rose bricht. Das Gesicht hingegen und der ganze Körper leben und pulsieren unter den Adern eines leidenschaftlichen Gesteins. Es ist ein Poem, in dem sich Klassik und Barock wieder vereinen. Ein Werk, so geheimnisvoll, daß es den Geist reizt, ohne ihn jemals zu sättigen, es enthüllt so viele Wunder, wie man ihm Blicke schenkt. Fargue, der sehr in die »*Junge Parze*« verliebt war, hat sie wieder und wieder bei Freunden gelesen. Er las sie aus den Korrekturfahnen bei Arthur Fontaines und bei Jeanne Muhlfeld, Lesungen, bei denen ich nicht dabei war, von denen man mir aber berichtete. Ich nahm an der Veranstaltung teil, die einige Zeit nach der Veröffentlichung bei Aurel stattfand. Diesmal hatte Fargue sich ein paar einführende Worte vorgenommen und las nicht. Eine Künstlerin, deren Namen ich nicht mehr weiß, hatte dies übernommen. Valéry war zu Beginn nicht anwesend (seine Tätigkeit bei Herrn Lebey ließ ihm erst nach acht Uhr frei), er kam während der Lesung. Er erzählte uns später, daß er, als er die Treppe heraufkam und die Schreie vernahm, sich voller Angst sagte: »Nicht möglich, man ermordet jemanden... Und es war meine Parze!«

Die erste Valéry-Veranstaltung, die wir in der Rue de l'Odéon organi-

sierten, fand 1919 statt: Sonnabend, den 12. April 1919. Sie beschäftigte
uns den ganzen Winter und erforderte endlose Vorbereitungen. Fargue
hatte beschlossen, in seiner Einleitung »wichtige« Dinge zu sagen. Er
hatte vor, den Leuten, die dort sein würden, zu zeigen, aus welchem Holz
das Feuer war, an dem er sich erwärmte und annahm, daß sie sich erwärmen würden. Tatsächlich sprach er vor allem über die Elite und ihre
Pflichten; wie Daniel Halévy in einem Artikel sagt, den er uns widmete:
es war »militant«, gewiß, und von militärischem Schritt – mit Trommel-
schlägen.

Wir waren vier Amateure, die lasen – nein, keine Schauspieler: Fargue, André Breton, der Uniform trug (der Krieg war nicht zu Ende), ich
und Gide. Fargue hatte mir gesagt: »Gide muß unbedingt dabei sein: er
liest wie kein anderer.«

Gide lehnte nicht ab, wollte aber auf dem Programm nicht angekündigt werden; er würde nur falls, falls und falls lesen; es war der Zustand
seiner Stimme, der ihn beunruhigte, dieser Stimme, die noch jetzt...
Unser ausgedrucktes Programm kündigte also eine Einführung von Fargue an und Lesungen durch: ihn, der Ausschnitte aus der *Jeune Parque*
und aus *La Soirée avec Monsieur Teste* lesen würde – André Breton, der
seine einhämmernde Stimme dem *Été*, *Le Rameur* und *La Pythie* leihen
würde – mich, die *Aurore* und *Le Cantique des Colonnes* ausgewählt
hatte. Wir hatten maschinegeschriebene Kopien von Gedichten, die
noch nicht in Büchern oder Zeitschriften erschienen waren. Dies galt
auch für die *Pythie*, die für Gide bestimmt war. Aber er hatte uns so
wenig Hoffnung gemacht, daß wir beschlossen, es gescheiter Breton zu
überlassen.

Wie durch ein Wunder war Gide tatsächlich da, tatsächlich pünktlich,
und beschloß ganz einfach, die *Pythie* selbst zu lesen. Und um das Maß
unserer Freude vollzumachen, fügte er noch *La Caresse* und *L'Insinuant*
an. Er trug dieses letzte Poem mit unvergeßlicher Kunst vor, wie die
Journalisten sagen. Seine Stimme geistert noch in unseren Ohren:

> O Courbes, méandre,
> Secrets du menteur.

So schien er – mit welch einem Lächeln – Köder für die auszulegen, die in
ihm einen Prinzen des Bösen sehen wollten. Ich erinnere mich, daß er
sich, bevor er mit dem Lesen der *Pythie* anfing, über das unzureichende
Licht beklagte. Das Licht fiel tatsächlich ziemlich trübe von der Decke.
Ich hatte keine tragbare elektrische Lampe, und außerdem gab es keine
Steckdose. Buchstäblich kopflos fing ich an, nach einem Kerzenhalter zu

suchen, den ich hinten im Laden für Stromausfall aufbewahrte. Ich reichte ihn ungeschickt herüber, er griff nervös danach. Lesend ging er mehrere Male mit ihm von rechts nach links und von links nach rechts. Dabei führte er ihn ständig unter seiner Nase vorbei und beleuchtete so sein Gesicht von unten, das dieser Pythia mit den »von Weihrauch verhärteten Nüstern« ausgeliefert war. Man mußte an eine elysische Fackel denken, und das war ausgesprochen beeindruckend. Wenn man daran zurückdenkt, mein Gott, was für ein Abend!

(Aus dem Französischen von Gabriele Gerecke)

WALTER BENJAMIN

Paul Valéry in der École Normale

Man muß an die süddeutschen Stifte des Vormärz denken, um von den
nüchternen Räumen der École Normale einen Begriff zu bekommen. Napoleon gründete dies Institut für eine Elite, um ihr bei aller Freiheit ihrer
Studien die materielle Unabhängigkeit zu sichern. An dieser Schule ist
1911 Norbert von Hellingrath, der frühverstorbene unvergessene Editor
Hölderlins, deutscher Lektor gewesen, auch sonst an ihr dem Deutschen
seinen Platz gesichert. Ihr eben jetzt verstorbener Bibliothekar Lucien
Herr, Übersetzer des Goethe-Schiller-Briefwechsels, ist einer der besten
Kenner der deutschen Geistesbewegung gewesen. Ein großer Teil des
wissenschaftlichen Frankreich ist aus dieser Schule hervorgegangen. Pasteur, Taine, Fustel de Coulanges und viele andere sind in die Ehrentafeln
eines »Festsaals« eingezeichnet. Die goldene Gravierung darauf ist der
einzige Schmuck des kleinen, finstern, niedrigen Raumes. Darin nimmt
Valéry auf eine halbe Stunde das Podium ein.

Langsam, sehr unauffällig geht er drauf zu. An diesem Körper baute
ein architektonischer Wille, seine Gebärde steht zu der des Tänzers wie
der Klang seiner Verse zu der der Musik, und Eleganz gibt der Erscheinung tausend geometrische Facetten. Sogleich frappiert und fasziniert
ein Widerspruch: so glänzend dieses durchgebildete und strenge Antlitz,
der seelenvolle Wuchs der alternden Gestalt zur Wirkung auf die Menschen ausgestattet ist, so sehr versagen sich ihr Blick und Stimme. Der
Blick ist scharf wie eines Jägers, zielt aber, chthonisch abgeleitet, schräg
nach unten und innen. Die Stimme klingend, genau, doch vernehmbar
nur in Komplexen. Sie fordert, um gehört zu werden, Divination wie ein
Text, um verstanden zu werden. Nicht einmal legt sie Ruhm, Alter, Wissen in die Wagschale, um auf die 60 oder 70 jungen Leute »richtung-
gebend« zu wirken. Valéry, dem, was Kanonisches vom »Dichter« heute
noch in Kraft bleibt, eines sehr späten Tages wie von selber zufiel, hat
niemals durch die »Stellungnahme« zu den Angelegenheiten seines Volkes, durch eine Führergeste darum geworben. Er tut es – einer der »Unsterblichen«, der er seit kurzem ist – auch heute nicht. Und so präzis er
selber sich vom Symbolismus abzugrenzen sucht – Mallarmés Strenge,
wenn nicht dessen Kühnheit lebt in ihm fort. Darum ist auch der kriti-

sche Unterton so bedeutsam, der hin und wieder durchbricht, wenn er aus Erinnerung an die große Zeit des Symbolismus erzählt.

Vor 40 Jahren hieß die große Präokkupation von ihnen allen: Musik. Buchstäblich zerschlagen (»littéralment écrasé«) verließ man jeden Sonntag das Concert Lamoureux in den Champs-Élysées, wenn man die großen Ouvertüren Wagners hatte über sich ergehen lassen. Was können jemals wir zustande bringen, das daneben aufkommt? so klang die große Tannhäuserbesprechung Baudelaires in einem jüngeren Dichtergeschlecht verzweifelt nach. Musik hat Töne, Tonleiter und Tonart: sie kann bauen. Was ist dagegen in der Dichtung Konstrukion? Fast immer simples Umspielen des logischen Aufbaus. Die Symbolisten suchen sprachphonetisch die Konstruktion von Symphonien nachzubilden. Und nachdem Mallarmé die Meisterwerke dieses Stils gelungen sind, geht er einen Schritt weiter. Er zieht die Schrift zur Konkurrenz mit der Musik heran. Dann führt er eines Tages Valéry als ersten vor das Manuskript des *Coup de Dés*. »Sehn Sie es an und sagen Sie, ob ich verrückt bin!« (Man kennt dies Buch aus der posthumen Edition von 1914. Ein Quartband von wenigen Seiten. Scheinbar regellos, in sehr beträchtlichen Abständen, sind Worte in wechselnden Schrifttypen über die Blätter verteilt.) Mallarmé, dessen strenge Versenkung mitten in der kristallinischen Konstruktion seines gewiß traditionalistischen Schrifttums das Wahrbild des Kommenden sah, hat hier zum erstenmal (als reiner Dichter) die graphische Spannung des Inserates ins Schriftbild verarbeitet. So schlug die absolute Poesie im Extrem ins scheinbare Gegenteil um, was für den Moderantisten sie widerlegt, für den Denker sie nur bestätigt. Für Valéry vielleicht dennoch nicht ganz: »Der Finger kann wohl durch die Flamme streichen, aber nicht in ihr wohnen.«

WALTER BENJAMIN

Paul Valéry
Zu seinem 60. Geburtstag

O langage chargé de sel,
et paroles véritablement marines!

Seeoffizier hat Valéry einmal werden wollen. In dem, der er geworden ist, sind die Züge dieses Jugendtraumes noch immer kenntlich. Da ist zum ersten seine Dichtung, von der gehaltenen Formenfülle, die die Sprache dem Denken abgewinnt wie das Meer der Windstille, und zweitens ist da dieses Denken, ein durch und durch mathematisch gerichtetes, das sich über die Sachverhalte wie über Seekarten beugt und ohne im Anblick von »Tiefen« sich zu gefallen schon glücklich ist, einen ungefährdeten Kurs zu halten. Das Meer und die Mathematik: sie treten an einer der schönsten Stellen, die er geschrieben hat, im erzählenden Sokrates, der der Phaedra von dem Funde berichtet, den er am Ufer machte, in bestrickende Ideenverbindung. Es ist ein zweifelhaftes Gebilde – Elfenbein oder Marmor oder ein Tierknochen –, das da, fast wie ein Haupt mit Zügen des Apollon, die Brandung ans Ufer spülte. Und Sokrates fragt sich, ob das das Werk der Wellen sei oder des Künstlers; er wägt es ab: wie lange der Ozean wohl braucht, bis unter Milliarden Formen ein Zufall diese eine bilden mag, wie lange der Künstler, und er kann wohl sagen, »daß ein Künstler tausend Jahrhunderte wert ist oder hunderttausend oder noch sehr viel mehr... Da liegt ein sonderbarer Maßstab für Werke.« Hätte man am sechzigsten Geburtstag den Verfasser dieses großartigen Werks, des »Eupalinos oder der Architekt«, mit einem Exlibris zu überraschen: es könnte einen gewaltigen Zirkel darstellen, den einen Schenkel fest in den Meeresboden gerammt, den andern weit zum Horizont ausgespannt. Es wäre ein Gleichnis auch für die Spannweite dieses Mannes. Spannung ist der beherrschende Eindruck seiner körperlichen Erscheinung, Spannung der Ausdruck seines Hauptes, dessen tiefgelegene Augen eine Entrücktheit von irdischen Bildern andeuten, die es dem Mann erlaubt, den Kurs seines Innenlebens nach diesen wie nach den von Sternen zu bestimmen. Einsamkeit ist die Nacht, aus der solche Bilder strahlen, und von ihr hat Valéry eine lange Erfahrung. Als er mit fünfundzwanzig Jahren seine ersten Gedichte und die beiden ersten Essays herausgegeben hatte, begann die zwanzigjährige Pause seiner öffentlichen Wirksamkeit, aus der er 1917 mit dem Gedicht »Die junge Parze« so glänzend hervortrat. Acht Jahre später hatte eine Reihe hervorragender Werke und sinnreicher Manöver in der Gesellschaft ihm die Aufnahme in die Académie Française erwirkt. Nicht ohne feine Bosheit bestimmte man ihn dort für den Fauteuil von Anatole France. Valéry parierte den Hieb mit einer ungemein eleganten Ansprache – dem obligaten Lob seines Vorgängers –, in welcher der Name France kein einziges Mal genannt wurde. Im übrigen enthält diese Rede einen Ausblick auf die Schriftstellerei, der ungewöhnlich genug ist, um den Verfasser zu kennzeichnen. Es ist die Rede von einem »Tale Josaphat«, in dem die Menge der Schreibenden, einstiger und jetziger, sich drängt: »Alles Neue verliert sich in anderm Neuen. Jede Illusion, orginal zu sein, schwindet. Die Seele wird betrübt und wendet in Gedanken, zwar mit Schmerz, jedoch mit sonderbarem, der mit tiefem Mitleid und Ironie versetzt ist, jenen Millionen federbewehrter Geschöpfe sich zu, jenen zahllosen Agenten des Geistes, deren jeder zu seiner Stunde sich als freier Schöpfer, als erste bewegende Ursache, als Besitzer einer unumstößlichen Gewißheit, als einziger unverwechselbarer Quell vorkam, und er, der seine Tage so mit Mühsal zugebracht und die besten Stunden darauf verwandt hatte, in Ewigkeit ein Unterschiedener zu bleiben, ist nun durch die Vielzahl zunichte geworden und von der immerwachsenden Schar ihm Gleicher verschlungen.« Bei Valéry ist an die Stelle dieses ganz und gar vergeblichen Willens, sich zu unterscheiden, ein anderer getreten – der Wille zur Dauer, zu der Dauer des Geschriebenen. Dauer des Geschriebenen jedoch ist etwas durchaus anderes als Unsterblichkeit des Schreibers, hat in vielen Fällen ohne sie bestanden. Dauer, nicht Originalität ist es, die das Klassische im Schrifttum kennzeichnet, und Valéry ist nicht müde geworden, ihren Bedingungen nachzugehen. »Ein klassischer Schriftsteller«, sagt er, »ist ein Schriftsteller, der seine Ideenassoziationen verbirgt oder absorbiert.« An jenen Stellen, wo der Schwung den Autor aufs Ganze gehen ließ, wo er sich der Fügung überhoben glaubte, keine Fugen sah, und weil er sie nicht sah, sie auch nicht füllte – an jenen Stellen setzt der Schimmel des Veraltens an. Um Fugen, Grenzen des Gedankens zu erkennen, braucht es Selbstkritik. Valéry geht der Intelligenz des Schreibenden, zumal des Dichters, inquisitorisch nach, verlangt den Bruch mit der weitverbreiteten Auffassung, daß sie beim Schreibenden sich von selbst verstehe, geschweige mit der noch viel weiter verbreiteten, daß sie beim Dichter nichts zu sagen habe. Er selbst hat eine und von einer Art, die sich durchaus nicht von selbst versteht. Nichts kann befremdender sein als ihre Verkörperung, Herr Teste. Immer wieder, vom frühesten

Schaffen bis zum späten, greift er auf die sonderbare Gestalt zurück, um
welche so sich ein ganzer Kreis kleiner Schriften – ein Abend mit Monsieur Teste, ein Brief seiner Frau, eine Vorrede und, wie es sich versteht,
auch ein Logbuch – gruppiert hat. Monsieur Teste – zu deutsch: Herr
Kopf – ist eine Personifikation des Intellekts, die sehr an den Gott erinnert, von dem die negative Theologie des Nicolaus Cusanus handelt. Auf
Negation läuft alles, was man von Teste erfahren kann, hinaus. Das überaus Reizvolle seiner Darstellung liegt denn auch nicht in Theoremen,
sondern in den Tricks einer Verhaltungsweise, die dem Nichtsein sowenig
Abbruch wie möglich und der Maxime Genüge tut: »Jede Erregung, jedes Gefühl ist Anzeichen eines Fehlers in der Konstruktion und der Anpassung.« Mag Herr Teste sich von Hause aus Mensch fühlen – er hat
sich Valérys Weisheit zu Herzen genommen, die wichtigsten Gedanken
seien die, die unserm Gefühl widersprechen. Er ist denn auch die Negation des »Menschlichen«: »Sieh, die Dämmerung des Ungefähr bricht
herein, und vor der Tür steht die Herrschaft des Entmenschten, welche
hervorgehen wird aus der Genauigkeit, der Strenge und der Reinheit in
den Angelegenheiten der Menschen.« Nichts Ausladendes, Pathetisches,
nichts »Menschliches« geht in den Umkreis dieses Valéryschen Sonder-
lings ein, dem der Gedanke die einzige Substanz darstellt, aus welcher das
Vollkommene sich bilden läßt. Von dessen Attributen eines ist die Kontinuität. So sind auch Wissenschaft und Kunst im reinen Geiste ein Kontinuum, durch welches die Methode Leonardos – der im Erstlingswerk des
Dichters, der »Einleitung in die Methode Leonardo da Vincis«, als ein
Vorläufer des Herrn Teste auftritt – Wege bahnt, welche in keinem Fall
als Grenzen mißverstanden werden dürfen. Die Methode ist es, die in
ihrer Anwendung auf die Dichtung Valéry zum berühmten Begriff der
poésie pure geführt hat, welcher gewiß nicht dazu geschaffen war, von
einem schöngeistigen Abbé monatelang durch die literarischen Zeitschriften Frankreichs geschleift zu werden, um ihm das Eingeständnis
seiner Identität mit dem Begriff des Gebets abzunötigen. Immer wieder,
und mit erstaunlichem Gelingen, hat Valéry selbst die einzelnen Stationen in der Geschichte der poetischen Theorien – die Thesen Poes und
Baudelaires und Mallarmés – bezeichnet, in denen das Konstruktive und
das Musikalische der Lyrik ihre Kompetenzen gegeneinander abzugrenzen suchten, bis sie bei ihm selber in Reflexionen, deren Mitte seine
lyrischen Meisterwerke – »Le cimetière marin«, »La jeune parque«, »Le
serpent« – bilden, sich selbst als das vollendete Ineinanderspiel von Intelligenz und Stimme begreift. Die Ideen seiner Gedichte heben sich wie
Inseln aus dem Meer der Stimme. Das ist es, was diese Gedankenlyrik

von allem trennt, was wir im Deutschen so nennen: nirgends stößt die Idee in ihr mit dem »Leben« zusammen oder der »Wirklichkeit«. Der Gedanke hat es mit nichts zu tun als der Stimme: das ist die Quintessenz der poésie pure. »Die Lyrik ist diejenige Dichtungsart, welche die Stimme in Aktion zu ihrer Voraussetzung hat, – die Stimme, wie sie unmittelbar ausgeht oder erweckt wird von den Dingen, die man sieht oder die man in ihrer Gegenwart fühlt.« Und: »Die Forderungen einer strengen Prosodie sind der Kunstgriff, kraft dessen die natürliche Rede-weise die Eigenschaften eines Widerstand leistenden Materials be-kommt, das unserer Seele fremd und unseren Wünschen wie taub gegen-übersteht.« Und eben dies ist das Eigentümliche der reinen Intelligenz. Diese intelligence pure aber, die bei Valéry auf den unwirtlichen Gipfeln einer esoterischen Dichtung Winterquartiere bezogen hat, ist doch die-selbe, unter deren Führung das europäische Bürgertum im Zeitalter der Entdeckungen auf seine Eroberungen ausging. Der cartesianische Zwei-fel am Wissen hat sich bei Valéry fast abenteuerlich und dennoch metho-disch vertieft zu einem Zweifel an den Fragen selbst: »Nichts anderes als unsere geistigen Ausfallserscheinungen sind der Bereich der Mächte des Zufalls, der Götter und des Schicksals. Besäßen wir auf alles eine Ant-wort – will sagen eine exakte Antwort –, so würden diese Mächte nicht existieren... Wir fühlen das auch genau, und dies ist der Grund, warum wir uns am Ende gegen unsere eigenen Fragen wenden. Das müßte aber den Anfang darstellen. Man muß im Innern bei sich selber eine Frage formen, die allen andern vorhergeht und ihrer jeder abfragt, was sie taugt.« Die strikte Rückbeziehung solcher Gedanken auf die heroische Periode des europäischen Bürgertums gestattet es, der Überraschung Herr zu werden, mit der wir hier auf einem vorgeschobensten Punkte des alten europäischen Humanismus noch einmal der Idee des Fortschritts begegnen. Und zwar ist es die stichhaltige und echte: die des übertragba-ren in den Methoden, welche dem Begriff der Konstruktion bei Valéry so handgreiflich korrespondiert, wie sie der Zwangsvorstellung der Inspira-tion zuwiderläuft. »Das Kunstwerk«, hat einer seiner Interpreten gesagt, »ist keine Schöpfung: es ist eine Konstruktion, in der die Analyse, die Berechnung, die Planung, die Hauptrolle spielen.« Die letzte Tugend des methodischen Prozesses, den Forschenden über sich selbst hinauszufüh-ren, hat sich dabei an Valéry bewährt. Denn wer ist Monsieur Teste, wenn nicht das Indviduum, welches, schon bereit die Schwelle des ge-schichtlichen Verschwindens zu überschreiten, noch einmal, schatten-haft, auf den Appell sich einstellt, um sogleich unterzutauchen, wo es, von keinem mehr betroffen, in eine Ordnung eingeht, deren Nahen

Valéry folgendermaßen umschreibt: »Im Zeitalter Napoleons hatte die Elektrizität ungefähr die Bedeutung, die man zur Zeit des Tiberius dem Christentum beimessen konnte. Allmählich wurde es offenkundig, daß diese allgemeine Innervation der Welt folgenschwerer und besser imstande war, das künftige Leben zu ändern als alle ›politischen‹ Ereignisse von Ampère bis auf den heutigen Tag.« Der Blick, den er auf diese kommende Welt wirft, ist nicht mehr der des Offiziers, sondern nur noch der des wetterkundigen Seemanns, der den großen Sturm nahen fühlt und die veränderten Bedingungen des Weltgeschehens – »zunehmende Präzision und Genauigkeit, zunehmende Wirkungsstärke« – zu gut erkannt hat, um nicht zu wissen, daß ihnen gegenüber selbst »die tiefsten Gedanken eines Machiavell oder Richelieu heute nur die Zuverlässigkeit und den Wert von Börsentips« haben. So steht er »aufrecht da, der Mann auf dem Kap des Denkens, Ausschau haltend, so scharf er kann, nach den Grenzen der Dinge oder der Sehkraft«.

MAX RAPHAEL

Anmerkungen über den Prosastil von Valéry

Mais véritablement,
la parole peut construire,
comme elle peut créer,
comme elle peut corrompre.
Eupalinos [1]

I

Le style c'est l'homme! [2] Aber über den Stil eines Meisters des Stils zu schreiben – setzt das nicht eine Tollkühnheit voraus, die in der Verzweiflung wurzelt, und eine Schamlosigkeit, die sich durch die Unenthüllbarkeit des Individuums gesichert weiß? Der Wille zur Erkenntnis drängt immer an den Punkt, wo aus dem Schöpfer das Geschöpf wird. Obwohl unsere Gedanken ihn nie betreten, glauben wir doch immer ihn zu sehen – wie Moses vom Horeb das gelobte Land –, um vom Geschöpf auf den Schöpfer zu schließen. Mag uns der Verstand noch so oft davon zu überzeugen versuchen, daß wir am Rande des Wahnsinns mit dem Unmöglichen spielen, unsere Vernunft versichert uns immer wieder, daß die fragmentarischsten Zeichen aus diesem »Reich der Mütter« unser Leben selbst und seine einzige Rechtfertigung sind.

II

Valéry ist ein Aristokrat. Sein Stil hält den Leser immer in einer Distanz, die pantheistische Verschmelzungen oder gefühlsselige Anbiederungen nicht aufkommen läßt, – aber es ist nicht die Distanz der Beziehungslosigkeit. Man könnte sagen, daß seinem Stil die gerade Linie zugrunde liegt, die unbeirrteste und kürzeste Verbindung zwischen zwei Punkten. Sie ist das Gerüst des Verstandes, dessen Schöpfungsakt unmerklich geworden ist, die *gegebene* Achse. Aber an jeder Stelle gibt es Ausschläge in die Höhe und in die Tiefe, in die Begeisterung und in die Resignation, eine Kurve, deren feinste Schwingungen mit der Präzisionslogik des Gefühls geschaffen sind.

Diese meistens sehr geringen, selten größeren, immer vornehmen Ausschläge des Rhythmischen und Melodischen berühren den Leser und durchdringen ihn zugleich. Sie stellen ihn an einen Ort, der zwischen dem liegt, der geschrieben hat, dem, der liest und den Worten, in denen beide zusammentreffen. Dieses Schwanken ist zugleich Ruhe und Erregung, bald rationale Bewunderung, bald irrationale Vermählung.

III

Sollte Valéry selbst den Leser gezeichnet haben, den er sich wünscht? »Ich war vielleicht nicht ohne Grund so innerlich berührt von diesen kaum bestimmbaren Eigenschaften; und zudem war ich überrascht, es zu sein; denn ich duldete nicht (und dulde auch heute nicht), daß mir ein Buch so viel vorspiegeln und daß ich meine eigenen Empfindungen nicht mehr klar von denen unterscheiden sollte, an denen die Geschicklichkeit eines Schriftstellers mich teilnehmen läßt. Ich sehe die Feder, und den der sie führt. Ich kümmere mich nicht um seine Erregungen, ich bedarf ihrer nicht. Ich verlange von ihm, daß er mich seine künstlerischen Mittel kennen lehrt. Lucien Leuwen aber bewirkte in mir eine wundersame Verwirrung, die mir widerwärtig ist...«

IV

Daß Valéry die Form des Dialogs gebraucht, daß er den Unterredenden antike Namen gibt, Namen aus platonischen Dialogen – das bezeugt eine natürliche und durch das Bewußtsein bejahte Verwandtschaft mit dem Griechentum. Aber die Art, wie er den Dialog gebraucht, hat nichts von der erhabenen Monotonie sokratischer Hebammenkunst, sie zeugt von christlicher Polyphonie – mögen Inhalt der Worte und geistige Haltung des Autors noch so weit von jeder christlichen Dogmatik entfernt sein. Die Hauptpersonen reden aus ihren verschiedenen Charakteren und Einstellungen zum Leben nach der Art, wie ihnen die Dinge erscheinen. Die eine Stimme (im Dialog über die Seele und den Tanz) ist die des kühlen, klaren Verstandes, zuweilen etwas mechanisch hämmernd wie ein Klavier von der Gewohnheit der Analyse, dann etwas vorlaut von dem erworbenen Wissen, ein ironisches Lächeln abnötigend, zuweilen weise von einer lebenslangen, uninteressierten Beobachtung der Natur. Ihr tiefstes Wort ist: »Si les choses doivent s'arranger, il sied que le médecin ne les trouble point, et qu'il arrive un très petit moment avant la guérison, du même pas que les Dieux.«[3] – Die zweite Stimme ist weich und schmiegsam, gefühlvoll wie eine Geige, träumerisch verliebt in das süße Dasein und seinen steten Wechsel; sie hat die Klangfarbe einer »âme voluptueuse«[4]. – Und die dritte Stimme, – die Stimme des Sokrates? Valéry beschreibt sie selbst als Synthese von Traum und Mathematik, als ein ›Zugleich‹ des Realen, Irrealen und Intelligiblen »selon la puissance des Muses«[5]. Die Stimme einer Orgel – möchte man sagen –, die bald ein Motiv des Verstandes aufgreift, bald ein Motiv des Gefühls, um sie über sich hinaus zu führen, bald einsam und antwortlos zwischen ihnen bohrt und fragt, die unendliche Stimme mit dem scharfen Biß des Philosophen, die Stimme der Vernunft, schluchzend über die Ausweglosigkeit des Lebens, die Stimme des Weisen, vergiftet durch den »ennui de vivre«[6]. Sie alle umkreisen mit ihren Worten das Ding, sie beschwören es von ihren verschiedenen Standpunkten aus, die nebeneinander herlaufen, sich überdecken, ohne sich zu vereinigen, bis schließlich – am Ende – das Ding selbst da ist, hergebannt durch die Magie der Worte aus seiner Heimat oder zurückkehrend aus dem nichtigen Überfluß der Worte in das Schweigen. Das Kammerorchester parallel laufender Stimmen, zwischen denen immer neue Ansichten der gemeinten, vorgestellten, wahrgenommenen Sache hin- und herlaufen, findet seine letzte Weisheit, indem das Ding, selbst redend, sich verschweigt. Dieses Schweigen steht zwischen den Worten und jenseits der Worte. Es ist griechisch und christlich zugleich.

V

Der Stil Valérys kennt – wenn ich so sagen darf – kein Schwerefeld mehr. Die empirische Zeit (Anfang des 20. Jahrhunderts), der empirische Raum (französische Nation), die empirische Materie und Energie sind – unter Wegziehung aller Zwischenstufen – in eine ganz andere Sphäre transponiert, in eine gewisse, sehr große Höhe des Bewußtseins, in eine Art »reiner Anschauung«, intelligibler Wesenheit, für die Abstraktion ein sehr schlechtes Wort wäre. Wie es dorthin gelangt ist, ist nicht mehr als Prozeß, als Bewegung sichtbar, sondern nur an der Schärfe und Geschlossenheit, mit der die Worte und Sätze eingehegt sind. Und trotzdem ist dieser Stil so sehr französisch wie der Racines, so sehr 20. Jahrhundert, daß er mit dem Picassos, Strawinskys, Le Corbusiers so viel Ähnlichkeit hat, wie es bei verschiedenen Temperamenten möglich ist, so sehr bürgerliche Aristokratie und Dekadenz, daß alles Wissen den »intellektuellen Hamlet« nicht über die Grenzen dieser Bindung hinausbringt.

Der Weg vom Unbewußten durch das Bewußte ins Überbewußte ist –
wenn nicht ausgeschaltet, so auf ein geringstes Ausschlagmaß zurückgeführt, in dem die Auftriebskraft über die durchschnittliche Bewußt-
seinshöhe besonders sorgfältig ausgewogen scheint gegen die in die Tiefe
ziehende Schwere. Zwischen beiden hat das Wort nicht sein Gewicht
durch das, womit es belastet ist, sondern durch die Spannung seiner Vo-
kale und Konsonanten in ihm selbst oder in Beziehung zu benachbarten.
Valérys Stil ist Statik im Spannungszustand.

Innerhalb dieser Statik ist er konstitutiv, d. h. er baut sich seinen eigenen Raum und seine eigene Zeit aus der Antithetik, die das Bewußtsein in
sich selbst findet. Ein punkthaftes Motiv wird spiralenartig auf- und ab-
gewickelt. Es entsteht und löst sich auf in einer Zeit, die ohne Beziehung
auf die sogenannte wirkliche ist. Valéry liebt zuweilen kühne Sprünge,
zuweilen Riesenschritte, die Etappen abstecken, um dann am Anfang des
Anfanges, beim Ungewissen, beim Chaos atemlos und beharrlich mit
einem fast pedantischen Schritt zu beginnen. Aber wenn der Schritt in
der einen Richtung pedantisch scheint, so ist das meistens nur ein Zeichen, daß er sich gleichsam in eine andere Dimension gewandt hat. So
entsteht ein Raum, der mit lebendigen Atemzügen die drei Dimensionen
der irdischen Breite, der metaphysischen Höhe und der kategorialen
Tiefe durchdringt. Es gibt in diesem Raum beständig Anfang und Ende,
an das sich wieder ein Anfang knüpft, Körper und Glieder, die sich zu-
sammenfügen und über deren ausgefüllter Endlichkeit die offene Leere
sofort wieder beginnt. Die scheinbare Irrationalität des Wechsels zwischen diesen Dimensionen, die so hoher Kunstverstand ist, daß sie jeden
Kunstverstand übersteigt, schafft die einmalige und unvergleichliche Atmosphäre dieses Raumes.

VI

Welcher Abstand zwischen dem Anfang und dem Ende eines Dialogs!
So beginnt das Gespräch über »die Seele und den Tanz« mit einem Ge-
polter des Eryximachos über eine Sauferei und Fresserei, die jede natürliche Begierde übersteigen, und klingt aus in dem Hauch der Tänzerin
Athikte, die außerhalb aller Dinge war. Und doch, welche Verwandtschaft! Eryximachos taumelt von dem erbarmungslosen Gelage zu den
durchdringenden Rätseln des Sokrates, von der Materie zum Geist und
stellt dabei fest: »Mon âme n'est plus qu'un songe, que fait la matière
en lutte avec elle même!«[7] Athikte tastet sich aus einem todähnlichen
Zustand ins Leben und durchschreitet einen Punkt, von dem sie sagt:

»Je ne sens rien. Je ne suis pas morte. Et pourtant je ne suis pas vivante!«[8] In beiden Fällen eine Dialektik der Gegensätze, die die Stelle
betont, an der sie selbst ungreifbar ist. Es ist dies die wiederkehrende
Formulierung des Themas. Ist der Kampf am Anfang in einen Traum
gehüllt, steht am Schluß die kühl reservierte Alternative der Reflexion,
so spricht in der Mitte – »la bouche fermée, comme maîtresse de ses
lèvres«[9] –, die Stimme des Bewußtseins: »... dis-moi donc, cher ami
Éryximaque, ... connais-tu point quelque remède spécifique, ou quelque corps exactement antidote, pour ce mal d'entre les maux, ce poison
des poisons, ce venin opposé à toute la nature? ... Qui se nomme: *l'ennui de vivre*? ... cet ennui enfin, qui n'a d'autre substance que la vie
même, et d'autre cause seconde que la clairvoyance du vivant. Cet ennui
absolu n'est en soi que la vie toute nue, quand elle se regarde claire-
ment.«[10]

VII

Zuweilen ist die Klarheit des Stiles zu einer Art Syllogismus getrieben –
nicht in der Zahl der Sätze, sondern mit seiner Musikalität. Aber es
wäre falsch, von einem abstrakten Schlußverfahren zu reden: Valéry
ist trotz aller Annäherung an die Antike zu sehr Kind seiner Zeit, als
daß er die Bedeutung des Feldes, die Individualität der Stelle nicht
kennen sollte. Ich denke an einen bestimmten Syllogismus: an den
Anfang seines Essays zum Lucien Leuwen. Der *Obersatz* ist in drei
kurze Sätze aufgeteilt. Der erste hat einen völlig neutralen Ton und
einen gleichmäßigen, unbeschwingten Rhythmus. Der zweite läßt von
einer Ebene aus ein Gefühl anschwingen und mitklingen. Der dritte
hat die Resignation des begrenzenden Verstandes, die fällt und fällt.
Der *Untersatz* ist eine Periode, die keinen eigentlichen Hauptsatz hat,
sondern zwei Nebensätze kunstvoll ineinanderfügt und etwas gleichgültig einem simplen Vordersatz anhängt. Auch hier wieder ein Übergang aus dem Bericht in die Gefühlsbetonung, die aber diesmal nicht
fällt, sondern steigt. Dann der kurze *Schlußsatz*: fester Trotz, scham-
volle, aber zwingende Beichte, Prägnanz mit einem Widerhaken, der
nicht nur Ober- und Untersatz zusammenfaßt, sondern auch – trotz
des persönlichen Inhaltes – die Seele des Lesers mit einfängt. Ein leises
Lächeln des Genusses über den gelungenen Schritt, ausgezogen zu sein,
um eine Sache zu berichten, und Herz und Verstand des Lesers mitheim-
zutragen.

VIII

Es ist wohl die Folge der rationalen Seite des Stiles von Valéry, daß man
sehr oft auf Stellen stößt, die wie Aphorismen, ja wie geflügelte Worte
wirken. Schon diese Isolierung ist bemerkenswert in einem Stil, der
einen so großen Wert auf gedankliche und musikalische Kontinuität legt.
Aber noch auffälliger ist die häufige Diskrepanz zwischen dem sinnlichen
Ton und der sinnhaften Bedeutung. Manche dieser Sätze klingen tiefsin-
nig: »Er hat dafür die metaphysische Entschuldigung, daß es besser ist,
von der Ursache zu sprechen als von der Wirkung.« Aber ist das nicht der
überlieferte theologische Humbug, daß die Ursache mehr wert ist als die
Wirkung? Der Dualismus von Idee und Gestalt, dessen Anerkennung
Totschlag, Mord alles Künstlerischen ist? Andere Sätze klingen banal in
der Alltäglichkeit ihrer Worte: »Je pense, que je pense comme toi!«[11]
Aber wie? Ist das nicht die Aufhebung des Tragischen aller Individua-
lition, das Mysterium der Vereinigung zweier Gedanken, zweier Seelen,
zweier Menschen? Ist die unwichtige Entlarvung eines theologischen
Fundamentalsatzes ebenso wie der Aufbau eines Wunders aus abgegrif-
fenen Münzen beabsichtigte Ironie?

IX

Inmitten einer Wortfolge, die vibriert von den leisesten seelischen
Schwingungen der Zuneigung und der Abneigung, der Verwunderung
und der Bewunderung, des Hochmutes und der Ironie, des Vertrauens
und der Angst, der Zurückhaltung und des Ausbruches, der Zärtlichkeit
und des Neides und unzähliger anderer Gefühle, stehen Sätze von einer
Abgelöstheit und musikalischen Geschlossenheit, daß man das Ideal abstrakter Schönheit zu greifen glaubt. Diese Sätze sind wie ein vollkommener Körper, – vollkommen in seinem Sein und in seiner Bewegung. Es
ist die Wertschätzung, die Liebe, die Anbetung des Körpers, die die eine
Ursache und Wurzel solcher Gebilde sind. Und die andere ist die Höhe,
Klarheit und fast Selbstironie des Bewußtseins. Dort, wo das Denken an
seine Grenze stößt, erlöst es sich in die Musikalität eines Wortkörpers,
und doch mußte zuvor das Bewußtsein die Geburt der Idee gewaltsam
unterbrechen, den unmittelbaren Genuß des Visionären verhindern, damit am Ende jene Schönheit entstehen konnte, »qui le [l'homme] met
l'homme, sans effort, au-dessus de sa nature«[12]. Der ganze Kampf des
Schöpfers, den Valéry im *Eupalinos* so tief und spannend beschreibt, daß

man an die Mütterszene des Faust erinnert wird, ist ausgelöscht in solchen Sätzen, die nicht zu denen gehören, über die man das Wort Valérys über Alcibiades wiederholen könnte: »Et le voyant on se sent devenir architecte.«[13] Vielmehr überkommt uns ein erstarrendes Glücksgefühl, in das sich ein seeliger Schrecken mischt.

X

Das Wort und die Wortfolge ist ein Äußerstes an Plastik und Musikalität. Die Plastik des Stiles beruht auf der Schätzung des Körpers und diese auf seinem Hinausragen über die Gewißheit des Bewußtseins. »O Leib, mein hehrstes Gut...« Unzählbar sind die Variationen über dieses Thema bis zu dem Bekenntnis des Eupalinos, daß bei allen Konstruktionen »mon corps est de la partie«[14]. Dann auf der Endlichkeit des Menschen oder genauer darauf, daß es für Valéry keine jenseits des Endlichen liegende Unendlichkeit gibt, sondern nur die unendliche Wiederkehr im Endlichen. Daher bedient er sich gern des Mittels, vom Abstrakten zum Konkreten, vom Gedanken zur Wirklichkeit überzugehen, das entstehen zu lassen, wovon gesprochen wurde. Mit der Art, wie der Akt der Verbildlichung gegeben wird, beginnt die Musikalität dieser Plastik. Die psychologische Wurzel ist der Zusammenhang zwischen Gesichts- und Gehörsinn, die logische die Mathematik. Die Liebe zum Körper, übersetzt in die intelligiblen Formen der Geometrie und Algebra –, das ergibt die Kraft des Wortes, die unfaßbar immateriell ausklingt. Die Bewegung zwischen größerer Plastizität und Musikalität ist das reinste Stiläquivalent für die dialektische Gedankenbewegung.

XI

Selbstverständlich kennt Valéry alle Kunstmittel: die sanft variierten, aber dringlichen Wiederholungen, die schroffen Antithesen, die kühnen Schlingen, die unerwarteten Seitensprünge, die erleuchtenden Synthesen, Symmetrie und Asymmetrie, »les conversions, les inversions, les diversions inépuisables qui se répondent et se déduisent sous nos yeux, nous transportent dans les connaissances divines«[15]. Er beherrscht alle Mittel mit einer Souveränität, die Spiel wird, und mit einer Mannigfaltigkeit der Wendungen, daß das Rationalste ins Irrationale, das Irrationalste in Ratio umschlägt und der Eindruck der »infinité des similitudes«[16] entsteht.

XII

Vielleicht führt neben der dialektischen Sinnspannung der Worte (néces-sités capricieuses, mystère organisé; le mince monstre de souplesse[17] etc.) nichts so tief in den Stil Valérys wie die Ästhetik der Übergänge und der Ruhepunkte. Zuweilen ist der Ruhepunkt ein langes, abgebrochenes, in eine andere Bewußtseinskoordinate umgebogenes Ausatmen, zuwei-len ein dekorativer Schnörkel oder Rücksprung vom Gegenstand auf die Redenden, bis dann das Thema wieder anhebt, als sei es neu geboren aus einem Nichts, das nur Varianten hervorzubringen vermag. Die Einheit des Themas macht alle Pausen und Krisen, jeden Hiatus und jede Konti-nuität im Wandel so bedeutsam.

Der Übergang hat zwei Pole: das unbestimmt Abstrakte und das kon-kret Anschauliche. Beide bleiben in der Sphäre der Idealität, – im Gegen-satz zu Flaubert, dessen Stil ganz auf Realität gestellt war. Indem das Bewußtsein sich selbst zum Gegenstand hat, macht es sein Eigentüm-liches aus, wie es sich mit dem Unbewußten verbindet und welche Gren-zen ihm nach der Seite des Realen gezogen sind. Der Gegensatz des Schlaftraumes ist der Wachtraum: die Vernunft; der Gegensatz des Zu-falls das Gesetz. Beide vereinigt ergeben den Traum, »tout pénétré de symétries, tout ordre, tout actes et séquences«[18]. Daß dieser Stil inner-halb der Idealität an jeder Stelle das Reale, das Irreale und das Intelligible in unauflöslicher Einheit enthält, gibt ihm eine eigene faßlich-unfaß-liche, durchsichtig-unberechenbare Wirklichkeit. Die mathematische Exaktheit als Fundament, die mathematische Unendlichkeit als treibende Kraft, die Vereinigung beider als zweite Natur, die der ersten zum Ver-wechseln ähnlich und doch völlig entfernt von ihr ist, – das ist der Stil Valérys.

Der Übergang hat eine Mitte, in die abklingt, was eben noch war und aufgeht, was sogleich sein wird: die Einsamkeit, das Schweigen. Die Pause ist das stationäre Zentrum des Überganges, der Übergang die dy-namische Entwicklung der Pause. Die Einsamkeit ist die Konzentration, aus der der Wechsel des Willens entsteht, und die Bewegung des Willens erweckt »le sentiment de l'immobile«[19], dessen letzte Wurzel der Zweifel ist: Nichts und Alles.

XIII

Es ist unmöglich, zwischen den Gedanken oder besser der Denkbewegung und dem Stil, d. h. dem Wort oder besser der Wortfolge zu unterscheiden, so sehr sind Form und Inhalt dasselbe. Darum bezeichnet es den Stil, daß die Gedankenbewegung sich am Gegensatz entzündet, daß es sich aber nicht um einen dramatischen Kampf der Gegensätze handelt, sondern um ein Gegenüberstellen vermittels eines »und«, eines »ebenso wie« oder um ein Abwechseln- und Folgenlassen, bei denen das Bewußtsein und Wissen des Menschen der dialektischen Bewegung selbst gleichkräftig ist. Diese doppelte Form der Dialektik – die ruhende und die bewegte – hat eine zweifache Einheit: auf der höchsten Höhe des Bewußtseins und der tiefsten Stufe des Unbewußten. Zwischen diesen äußersten Polen liegt die stets in sich selbst zurückkehrende, sich immer aus sich selbst wiederholende dialektische Bewegung, welche unser Sein garantiert und einer tanzenden Frau gleicht. Bei diesem Tanz spielt der Mittelpunkt der kreisenden Peripherie eine besondere Rolle, indem er das Hindernis zu schließen versinnbildlicht: »le venin opposé à toute la nature«[20].

XIV

In einer Zeit, da sich die produktive Philosophie aus den Ställen der wiederkäuenden Schulen zu den großen Dichtern geflüchtet hat – wer schreibt die Philosophie Baudelaires und Flauberts? –, darf man die philosophischen Quellen des Stils von Valéry aufzudecken versuchen. Da ist vor allem Descartes – Descartes mit seinem: je pense, donc je suis, mit seinem Rationalismus, mit seiner Klarheit und Exaktheit, mit seiner Wertung der Quantität und Schätzung des Mathematischen, mit seinem hohen und nicht selten ironischen Bewußtsein, das sein gutes Gewissen ist. Seit Descartes ist das Denken dialektisch geworden. Vergegenwärtigt man sich die Bewegung des Hegelschen Weltgeistes, in die das Bewußtsein der Philosophen hineinbezogen ist, oder die historische Dialektik des Materiell-Wirklichen bei Marx, so wird die Stellung Valérys klar, dem der Tanz die dialektische Bewegung versinnbildlicht und den erlösenden Übergang von der »liberté de jugement« zur »liberté de mouvement«[21] – bei Marx: Revolution des internationalen Proletariats! Der Unterschied hat seine Quelle in der Skepsis Valérys. (Es ist mir unbekannt, ob Valéry diesen Zug seines Wesens an der antiken Skepsis unmittelbar genährt hat oder an Montaigne.)

Diese drei Ingredienzien geben eine neue und eigenartige Mischung in der Seele eines Dichters des 20. Jahrhunderts. Sie bewirken, daß die Dichtung, das Wesen der Dichtung zum Gegenstand des Dichters wird. Wenn Valéry von den Akten des Körpers sagt: »Ils ne savent, ce qu'ils font, mais ils le font comme des dieux«[22], so könnte man von seinen dichterischen Akten sagen: »Il les fait comme des dieux, parce qu'il sait ce qu'il fait.«[23] Und das ist das Wunder seines Stiles: »Qu'est-ce qu'il y a de plus mystérieux que la clarté.«[24]

XV

Ich variiere ein Wort des Künstlers: »Man fände kein Ende mit Valéry. Ich weiß kein größeres Lob.«

Anmerkungen der Herausgeber

Die von Raphael angeführten französischen Zitate wurden von Rolf Wintermeyer übersetzt. Sie sind dem Band *Eupalinos* von Valéry entnommen und werden nach der Gallimard-Ausgabe von 1944 durch die in Klammern stehenden Seitenzahlen nachgewiesen.

1 Und wahrhaftig, die Sprache kann konstruieren, wie sie hervorbringen, wie sie zersetzen kann. (67) Vgl. auch Raphael, *Aufbruch in die Gegenwart* 1985: 137
2 Der Stil ist der Mensch selbst.
3 Wenn die Dinge wieder werden sollen, so darf der Arzt sie nicht stören. Einen winzigen Augenblick vor der Heilung soll er kommen – und mit dem Schritt der Götter. (177)
4 wollüstige Seele (142)
5 der Macht der Musen gemäß (142)
6 der Überdruß zu leben (163 f.)
7 Meine Seele ist nur mehr ein Traum, den die mit sich selbst im Streit liegende Materie träumt. (131)
8 Ich fühle nichts. Ich bin nicht tot. Und doch bin ich auch nicht lebendig. (179)
9 geschlossenen Mundes, Herrin ihrer Lippen
10 Und sage mir, guter Freund Eryximachos, (...) wüßtest Du nicht ein besonderes Heilmittel oder das angemessene Gegengift gegen jenes Übel aller Übel, das Gift aller Gifte, das jeglicher Natur entgegensteht – und welches man heißt: den Überdruß zu leben? Jenen Überdruß, der in sich nichts weiter als das nackte Leben vorfindet, schaut dieses genau in sich hinein. (163 f.)
11 Ich denke, ich denke wie Du. *oder*: Das denke ich auch. (133)
12 die den Menschen ohne Anstrengung über seine Natur hinaushebt (28)
13 und bei seinem Anblick fühlt man sich zum Architekten werden (25)
14 mein Körper mit von der Partie ist (44)

15 Die unerschöpflichen Verwandlungen, Umkehrungen und Abwandlungen, die sich vor unseren Augen gegenseitig beantworten und auseinander hervorgehen, versetzen uns in einen göttlichen Zustand des Erkennens. (143)

16 Unendlichkeit an Ähnlichkeiten (143)

17 launige Notwendigkeiten, organisiertes Geheimnis, das schlanke Ungeheuer an Geschmeidigkeit (139)

18 ganz durchdrungen von Symmetrien, ganz Ordnung, ganz Handlung und Abfolge (142)

19 das Gefühl des Unbeweglichen

20 das Gift, das jeglicher Natur entgegensteht (163)

21 Urteilsfreiheit – Bewegungsfreiheit

22 Sie wissen nicht, was sie tun, doch tun sie es wie Götter. (133)

23 Er macht sie wie Götter, denn er weiß, was er macht.

24 Was wäre geheimnisvoller als die Klarheit? *oder:* Gäbe es etwas Geheimnisvolleres als die Klarheit? (68)

III

Wirkungen

ANDRÉ GIDE

Paul Valéry

Nichts konnte unsre vorläufige Regierung mehr und besser ehren als jenes ruhmvolle Staatsbegräbnis, das mit seinem Gepränge des hervorragendsten Vertreters des französischen Genius würdig war: Paul Valéry, dessen Ausstrahlungen den Vorrang unsres Vaterlandes in der Welt des Geistes trotz unsrer geschichtlichen Rückschläge und unsres Unglücks behaupten.

Diese Anerkennung war um so bemerkenswerter, als sie überraschend kam, denn der eigentliche Wert Paul Valérys entzieht sich dem Beifall der Menge. Welch unendlichen Dienst er mittelbar und gleichsam ungewollt auch leisten mochte, nur von einer sehr kleinen Schar konnte es gewürdigt werden. Sein Wirken, gleichgültig gegenüber den Dingen der Öffentlichkeit, spielte sich in einem entlegenen Bereiche ab, der unberührt blieb vom Geschehen, in dem aber, ohne daß wir es wissen, unsre Geschicke sich abspielen. »Die Ereignisse langweilen mich«, sagte er. »Sie sind der Abschaum der Dinge. Das Meer zieht mich an. Im Meere fischt man; auf dem Meere schifft man; in das Meer taucht man ein...«

Und keiner ist tiefer eingetaucht.

*

Seit seinen Jünglingsjahren beseelt ihn ein heimlicher Ehrgeiz, wie ich ihn edler mir nicht vorstellen kann, im Vergleich mit dem der Ehrgeiz Balzacscher Helden ein Lächeln abnötigt. Auf der profanen und weltlichen Ebene, auf der diese ihre Rolle spielen, hat Valéry indessen Erfolg, und zudem größeren als einer von ihnen; er weiß, wie Ehren erlangt werden, was sie wert sind und wieviel Seelenfrieden sie kosten. Er zahlt den Preis dafür, und sei es auch nur, um den andern zu zeigen und sich selber klar zu beweisen, daß es dabei nichts gibt, das er nicht erreichen könnte; und so erwirbt er sich das Recht, all dies zu verachten. Denn er strebt dahin, alles zu verachten: darin liegt seine Stärke. Die Herrschaft, die er ersehnt, ist ganz andrer Art: es ist die Herrschaft über den Geist. Alles übrige erscheint ihm nur des Spottes wert. Nicht etwa den Geist andrer, sondern seinen eigenen zu beherrschen, dessen Wirken zu erkennen, sich zu seinem Herrn aufzuschwingen, um nach Belieben mit ihm zu schalten, darauf richtet er unausgesetzt sein Bemühen. Seltsamer Narzissus: den Geist durch den Geist beherrschen... Nunmehr ist das Ergebnis ihm kaum noch wichtig; der Ertrag, nein, wohl das Mittel, ihn zu erzielen; wann er will, wie er will, und imstande zu sein, zu... »In meinem Wesen sind alle Möglichkeiten vorhanden«, pflegte er zu sagen. Es ist ein Glück für uns, daß Valéry geglaubt hat, seine Methode auf literarische Ziele anwenden zu müssen. So sagte er: »Im Bereich der Literatur vermochte ich am ungezwungensten zu leben.« Aber von nun an betrachtet er seine wunderbaren Gedichte, seine vollendeten Essays in Prosa wie die »C. Q. F. D.« als »geistige Übungen«[1] (so bezeichnet er seine *Junge Parze*), und diese souveräne Methode, die er hier anwendet, hätte er, daran zweifle ich nicht, in allen andern Bereichen und mit ebenso glücklichen Ergebnissen benutzen können. Ja, ich kann mir Paul Valéry ebenso als großen Staatsmann, großen Diplomaten, Finanzmann, Gelehrten, Ingenieur oder Arzt vorstellen. Und mir steigt sogar die Vermutung auf, ob er nicht in der Baukunst, in der Malerei oder in der Musik Hervorragendes hätte leisten können, so wie er es in der Poesie getan hat, wiewohl es auf jenen Gebieten besonderer Begabung bedarf, die Valéry aber fast in gleicher Weise besaß.

Gleichwie Edgar Poe ging er von folgendem aus: daß der Künstler (Maler, Dichter oder Musiker) nicht etwa auf seiner eigenen Erschütterung fußen soll, sondern vielmehr auf der, die er beim Hörer, beim Zuschauer oder Leser hervorrufen will. Genau wie beim Schauspieler, dem Diderot in seinem *Paradoxon über den Schauspieler* Lob spendet, geht es für ihn nicht darum, erschüttert zu sein, sondern zu erschüttern. In gleicher Weise verfuhren Leonardo da Vinci und Richard Wagner. Valéry verschmäht es, an die Muse der Romantiker zu glauben, er macht sich lustig über das, was man »Inspiration« nennt. Er würde sich gerne Flauberts Wort zu eigen machen: »Inspiration? Sie besteht darin, daß man sich täglich zur gleichen Stunde an seinen Schreibtisch setzt.« Bis in seine letzten Lebenstage hinein stand Valéry schon vor dem Morgengrauen auf und arbeitete bis zum ablenkenden Erwachen der andern.

Er arbeitete, so vermute ich, nach der Art von Descartes; nicht gerade an einem bestimmten Werke zunächst, sondern daran, seinen Gedanken bis in seine letzten Verästelungen zu verfolgen. Nahezu zwanzig Jahre lang, während deren seine Jugendgefährten ihre Kräfte an Schöpfungen vergeudeten, die er als unbedeutend beurteilte, schwieg Valéry und suchte. Angesichts jedes bedeutenden Werkes stellte sich für ihn die gleiche Frage: wie ist es zustande gekommen? Die dargebotene Speise beschäftigte ihn weit weniger als das Rezept; dieses war ihm wichtiger. Er verachtete die genialen Geistesblitze. Und vor allem ertrug er es nicht, am Narrenseil herumgeführt zu werden. Ganz jung noch (wir waren noch keine zwanzig Jahre, als jene unschätzbare Gemeinschaft zwischen uns begann, die allein sein Tod unterbrach) hatte er an die Wand seines Zimmers die berühmte Lebensregel angeheftet: »Vergiß nie, dir selber zu mißtrauen« (ich weiß nicht mehr, wie es auf griechisch heißt). Ein Mißtrauen, das er auf alles anwandte, auf Menschen, auf Dinge, auf Überzeugungen, auf Glaubensbekenntnisse, auf den Glauben und vornehmlich auf die Worte, diese Atome; man weiß ja, welche verborgenen Kräfte deren Zertrümmerung entfesselt.

Ich erinnere mich, wie er aus irgendeiner ausdrucksvollen Rede von Barrès vorzulesen begann (wir saßen beide in einem kleinen Kaffeehaus am Boulevard Saint-Germain, in der Nähe des Kriegsministeriums, wo er damals ein sehr bescheidenes Amt bekleidete). Lächelnd ließ er seine Stimme anschwellen und fuhr fort, vom Text ablassend, ohne dabei aber den Ton zu ändern, und gleichsam »anknüpfend«: »Und man sieht das Gespenst (eine Zeit) scheußlicher Mühelosigkeit sich aufrichten.« Vor allem, was mühelos ist, empfand er Verachtung und Abscheu. Daher rührt seine unermüdliche Anforderung an sich selbst, die ihn soweit bringen sollte. Unterdessen schuf er nichts.

Sein Schweigen indessen begann uns zu beunruhigen. Manche Berufsgenossen sprachen darüber mit Ironie: »Nun, euer großer Valéry, der so gut begann!... Er läßt es bei seinen paar Jugendgedichten bewenden; schöne Verheißungen, ganz gewiß. Nun schweigt er. Er wird für immer schweigen. Gebt zu, daß ihr ihn ein wenig überschätzt habt. Er ist bereits am Ende seines Könnens...« Man hielt ihn für einen Tatenlosen, schon fast für einen »Versager«.

Seine Unterhaltungsgabe jedoch blieb blendend, so daß mitunter die Furcht in mir aufkam, er finde darin sein Genüge. In Anbetracht seiner Neigung zu bündiger Klarheit fürchtete ich für ihn auch die Lockung der Mathematik. Er arbeitete damals nicht etwa vor einem Tisch und weißem Papier, sondern vor einer riesigen Wandtafel, die das bescheidene kleine Zimmer, welches er in jener Zeit bewohnte, fast zur Gänze ausfüllte. (In der Sackgasse Royer-Collard, am Ende der Rue Gay-Lussac.) Er malte darauf seltsame Zeichen, komplizierte Gleichungen, von denen ich nicht das geringste verstand, Formeln, die er mir umständlich erklärte, obwohl ich auf diesem Gebiete Laie war, denn es kümmerte ihn wenig, ob man ihn verstand, und er sprach weit eher für sich und zu sich selbst als für andre. Daher die geringe Sorgfalt, die er seinem Vortrag widmete, der bis

an sein Lebensende sehr mangelhaft geblieben ist. Es kam häufig vor, daß
seine Schäflein im Collège de France, im Vieux-Colombier, in der Sorbonne oder sonstwo, sich damit zufriedengeben mußten, ihn zu sehen,
und es aufgeben mußten, ihn zu verstehen, denn sie konnten ihn nicht
wie in einer privaten Unterhaltung bitten, er möge seine Sätze wiederholen. Obendrein gab er sich häufig mit irgendeinem beliebigen Zuhörer
zufrieden, wenn dieser ihm nur genügend Aufmerksamkeit zu schenken
schien und ihn seine ganze Überfülle ausreden ließ, ohne ihn zu unterbrechen. Zur Zeit unsrer Jugend rühmte er sehr einen gewissen »Gesprächspartner«, der so andächtig und schweigsam sei, wie er ihn sich nur
wünschen könne, der seine Worte trinke und sich darauf beschränke,
höchste Bewunderung in seinen Blicken auszudrücken; täglich treffe er
ihn zur gleichen Stunde auf der Plattform eines Omnibusses. Dieser Unbekannte erregte meine Neugier. Ich wurde eifersüchtig auf ihn. Wer
mochte es sein?... Durch Nachforschungen kam ich dahinter, daß es der
Schwimmlehrer der Badeanstalt Rochechouart war.

Mathematik und Algebra beschäftigten seinen Geist; weniger zunächst die Geometrie, für die er anfangs eine ausgesprochene Verständnislosigkeit an den Tag legte: »Als ich in der Schule zum erstenmale den
Lehrer sagen hörte: Nehmen wir Dreieck A B C und übertragen es auf das
Dreieck A′ B′ C′, da weigerte sich mein Verstand zu folgen.[2] Was mochte
das wohl bedeuten? Unnütz, fortzufahren; denn ich komme nicht mit.«
Andre werden sich fragen, ob diese Ausschaltung der Geometrie zulässig
ist, und ich bezweifle, ob Valéry sie hat aufrechterhalten können, da er
andrerseits beharrlich das Studium beispielsweise der Astronomie betrieb. Er widmete Lobatschewsky, Maxwell und Riemann eine Aufmerksamkeit, die er für Werke der schönen Literatur nicht aufbrachte. Während eines Besuches in La Roque, wo er zu seiner Freude auf seinem
Nachttisch Maxwells Schriften fand – ich hatte mir das Vergnügen gemacht, sie zu beschaffen, um sie ihm zu schenken –, nahm er eines
Abends aus meinem Bücherschrank die beiden Bände von Dickens'
Martin Chuzzlewit; am nächsten Morgen gab er sie mir zurück, nachdem er, wie er sagte, einen Teil der Nacht damit verbracht hatte, sie zu
lesen. »Wie? vollständig?« rief ich.

»Oh!... So ziemlich. Ich kenne das Vorgehen von Dickens, das ziemlich drollig ist. Ich habe gesehen, von wo er ausgeht und worauf er hinzielt. Was dazwischen liegt, ist Füllsel. Ein guter Sekretär, der seine Methode fleißig abgeguckt hat, hätte fast ebenso gute Arbeit geleistet. Das
Farà da se interessiert mich nicht.«

Er war schnell damit fertig, sich das wenige an wesentlicher Substanz eines Buches anzueignen, und meist war, nachdem er einmal gesehen hatte, »worum es ging«, seine Neugier dahin. Selbst in genießerischer Lust liebte er nicht lange zu verweilen. *Ars non stagnat* blieb sein Wahlspruch; und wenn er ein Kunstwerk nur insoweit schätzte, als der Künstler es nach Belieben noch einmal machen könnte, so dachte er doch: »Warum nochmals machen, was man bereits vollkommen besitzt?« Wichtig war, jedes Begonnene gleich zur Vollkommenheit zu führen, um sich alsobald davon abwenden zu können. Daher jene vollendeten Werke, die seine großen Gedichte ja der Reihe nach waren, nachdem er sich durch die »geistigen Übungen« der *Jungen Parze* geschult hatte. Unablässig schritt er voran auf seinem Wege, wobei er schamhaft seine tastenden Versuche, die Überarbeitungen und ersten Entwürfe verbarg und die Schriftstellerkollegen ringsum sich damit aufhalten ließ, unermüdlich immer wieder die gleichen Verse, die gleichen Bücher oder, ohne einen Fortschritt zu zeigen, Werke nämlichen Inhalts zu schreiben.

Daher hegte er auch eine ziemliche Geringschätzung für die Literatur, vornehmlich für den Roman. Tatsache ist, daß er sich für andre nicht interessierte, wenigstens nicht für die Menschen als solche; denn er sträubte sich gegen ... fast möchte ich sagen: gegen die Hingezogenheit; doch ich möchte nicht, daß man dieses Wort falsch verstehe in dem Sinne, als wollte ich sagen, er sei der Liebe nicht fähig gewesen; nein, wohl aber widerstrebte es ihm, die Welt der Gedanken und der Gefühle wie ein schleichendes Gift in seinen eigenen inneren Bereich übergreifen zu lassen. Konnte nicht La Rochefoucauld in diesem Sinne schreiben: »Ich bin dem Erbarmen wenig geöffnet, und ich möchte es auch hier auf keinen Fall sein.«

Demgemäß waren im Bereiche der Literatur bewundernde Anerkennungen von seiner Seite aus selten, waren mehr und mehr abgehandelt, schnell eingeschränkt oder überholt. Über die Bewunderung, die er im Anfang seines Lebensweges zum Beispiel für Stendhal aussprach, sah ich ihn zu meinem Erstaunen in seinen letzten Lebensjahren lächeln; er gab damals paradoxerweise vor, ihm Restif de la Bretonne oder Casanova vorzuziehen. Übrigens las er wenig, da er kein Bedürfnis empfand, für seine Gedanken Stützen bei andren zu suchen.[3]

Und doch glaube ich, ungeschmälert blieb seine tiefe Verehrung für Mallarmé, den er als seinen Meister und seinen Vorläufer auf seinem steilen Wege ansah, den er nur in seinem Gefolge betreten sollte, um ihn, wie mir scheint, bald zu überholen. Übrigens blieb Valéry ein überaus getreuer Freund: »Ich bin in die Freundschaft verliebt«, hätte er mit Montesquieu sagen können. Trotz seiner Abneigung gegen Gefühlsäußerungen besaß er eine Zärtlichkeit des Herzens und eine Sensibilität, von denen seine Vertrauten zahlreiche Beweise kennenlernten, aber auch eine solch schamhafte Scheu, daß er mir ohne Zweifel einen Vorwurf machen würde, daß ich darüber spreche. Dieser Zyniker war gegenüber den Seinen und allen, denen er sich verbunden fühlte, ausgesuchter Aufmerksamkeiten und Zuvorkommenheiten fähig. Nun, da er nicht mehr ist, darf ich es wagen, folgendes zu berichten: Kurz nach Mallarmés Tode kam er zu mir und sagte: »Man spricht von einem Denkmal, das man ihm zu errichten plant. Subskribentenlisten werden, wie es sich gehört, in den Zeitungen erscheinen. Doch hinterläßt Mallarmé eine Witwe und eine Tochter in jener Wohnung, in die wir uns so oft begaben und für die der Mietzins noch zu zahlen ist. Wie aber? Darüber macht keiner sich Gedanken. Ich bin nicht in der Lage, die Verpflichtung allein zu übernehmen. Ich dachte, du würdest mir vielleicht helfen... aber, nicht wahr, sprich zu niemandem darüber.«

Sein ganzes Leben lang beschäftigten ihn die Geldsorgen. Ständig fürchtete er, nicht auszukommen, und dies, zusammen mit seinem Wunsch, gefällig zu sein, hielt ihn davon zurück, sich den unablässigen Ersuchen, Aufforderungen und Einladungen zu verschließen. Daher seine zahlreichen Einzelabhandlungen und Vorreden. »Man scheint es nicht zu hören oder zu glauben – und doch habe ich es genugsam gesagt, daß mein Werk zum größten Teil nur aus meinem vielfachen Eingehen auf Ersuchen oder zufällige Gelegenheiten zustande gekommen ist, und daß es ohne solche Aufforderungen oder äußere Notwendigkeiten gar nicht bestände«, konnte er schreiben. Das Übermaß an Verpflichtungen, die er sich aufzwingen ließ, erschöpfte ihn; gerne hätte er sich ihnen entzogen, um Nachsicht gebeten: »All diese überaus reizenden Menschen werden mich noch töten«, sagte er. »Kennen Sie die Inschrift, die man auf meinen Grabstein wird meißeln müssen? – Hier ruht Paul Valéry, getötet von seinen Mitmenschen.« Aber man muß schon anerkennen, daß sehr viele seiner besten Schöpfungen aus gelegentlicher Anregung entstanden. Übrigens konnte nichts von dem, was er schrieb, übersehen werden. Er schöpfte aus seinen angehäuften Vorräten und schüttete auf diese Weise seine Schätze in einzelnen Goldkörnchen aus. Gleichwohl wandten sich seine so außerordentlich wertvollen Schriften nur an eine geringe Zahl von Lesern. Seine Bücher fanden keinen großen Absatz. Ihre Lehre konnte nur von einer Elite verstanden werden; und es war nicht einmal wünschenswert, daß die große Masse ihr folgte; denn genau wie die Lehre Nietzsches birgt sie die Gefahr, diejenigen vom rechten Wege abzubringen, die durch sie nicht stärker werden.

Sein Ruhm verbreitete sich schnell, und nicht nur in Frankreich. Ich weiß nicht, wie es kam, daß der Vertreter der *Chartered Company*, der Valérys Lob vernommen hatte, ihn, ganz jung noch, nach London einlud, um ihm eine ungemein wichtige Arbeit anzuvertrauen. Da er zum Stillschweigen verpflichtet und überdies von Natur aus sehr wenig vertrauensselig war, hat Valéry von diesem seltsamen Erlebnis, das für ein in so geringem Grade bewegtes Leben höchst überraschend war, nur wenigen Menschen erzählt. Und ich entsinne mich kaum noch des Berichtes, den er mir gleich nach seiner Rückkehr aus London, wo diese geheimnisvolle Arbeit ihn einige Wochen festhielt, von den seltsamen Lebensumständen gab, zu denen er sich hatte verstehen müssen. Von der Art der Arbeit selbst sagte er uns wegen der versprochenen Verschwiegenheit kein einziges Wort. Ich erfuhr nur, daß er bei seiner Ankunft in England von einem Unbekannten, dessen Namen er niemals erfuhr, empfangen, nach London geleitet und in eine Art komfortabler, doch hermetisch abgeschlossener Wohnung gebracht wurde, daß es ihm während seines ganzen Aufenthaltes nicht erlaubt war, sie zu verlassen und ihm desgleichen verboten wurde, auch nur mit einem einzigen Menschen zu verkehren. Ein Diener, der taubstumm – oder vorgeblich taubstumm – war oder keine der gebräuchlichen Sprachen beherrschte, brachte ihm täglich seine Mahlzeiten und ging, ohne den Mund aufgetan zu haben, wieder fort. Dieser fast freundliche Gefängnisaufenthalt nahm erst ein Ende, nachdem Valéry sich seiner Aufgabe entledigt hatte. Von dem gleichen Manne, der ihn hergebracht, wurde Valéry sogleich wieder zum Einschiffungshafen gebracht, und er bewahrte die Erinnerung an all dies auf wie an einen Traum.

Journalisten haben von der Stellung gesprochen, die er 1900 für ziemlich lange Zeit bei der Agentur Havas übernommen haben soll. Das stimmt nicht genau. Tatsache ist, daß er beim alten Lebey, dem Gründer der berühmten Agentur, der damals aber im Ruhestand lebte, die Tätigkeit eines Privatsekretärs, Vorlesers und Beraters ausübte. Ein Vertrauensposten, auf dem Valéry alle Muße hatte, seinen Scharfsinn, seine Beschlagenheit in politischen, diplomatischen und finanziellen Dingen zu bewähren, die Sicherheit seines Urteils, seine Rechtschaffenheit, seinen Takt, schließlich die auserlesene Courtoisie seiner Umgangsformen und die Feinheit seines Empfindungsvermögens. Von diesem Greis, zu dem er Zuneigung gefaßt hatte, sprach er mit großer Ehrerbietung: er war, so sagte er, eine Art Vater Leuwen, befallen von einem Gliederschütteln, das ihm die Herrschaft über seine Bewegungen raubte. Da er die Hand nicht reichen konnte, die infolge seines Gebrechens geschüttelt wurde, pflegte er seinen Besuchern zu sagen: »Halten Sie, bitte, meine Hand an.« In einem tiefen Sessel sitzend, lauschte er der Vorlesung aus den Zeitungen und den Reden Bourdaloues (die er den Reden Bossuets vorzog), aber Valéry gestand mir, daß er häufig Seiten übersprang. Das dauerte Monate, Jahre. Und zweifellos lernte er viel bei diesem abgeklärten Greis, in dieser heiklen Tätigkeit, welche die aufs Praktische gerichteten Fähigkeiten seines Geistes erprobte. Da er die abstrakten Gebiete der Mathematik verließ, als er seine Blicke auf die »gegenwärtige Welt« richtete, waren seine Urteile, seine Voraussagen von solcher Treffsicherheit, daß sie uns heute als prophetisch erscheinen; und ich glaube nicht, daß zur damaligen Zeit jemand über die Situation Europas und Frankreichs tiefblickendere Urteile ausgesprochen hat.

Was er 1927 über die französische Nation schrieb, bleibt in erstaunlicher Weise aktuell und von packender Zeitgemäßheit:

»Diese erregbare Nation voller Widersprüche findet gerade in ihren Widersprüchen ganz unerwartete Hilfsquellen. Das Geheimnis ihrer wunderbaren Widerstandskraft liegt vielleicht in den großen und vielfältigen Verschiedenheiten, die sie in sich vereinigt. Bei den Franzosen ist die augenscheinliche Beweglichkeit des Charakters mit einer einzigartigen Ausdauer und Geschmeidigkeit verbunden. Die allgemeine Ungezwungenheit und Liebenswürdigkeit im Umgang verbinden sich bei ihnen mit einem kritischen, stets wachsamen Geist. Vielleicht ist Frankreich das einzige Land, wo das Lächerliche eine geschichtliche Rolle gespielt hat; es hat einige Regierungsformen untergraben und vernichtet, und es genügt dazu ein ›Witzwort‹, ein glücklicher (und manchmal allzu glücklicher) Einfall, um in der öffentlichen Meinung in wenigen Augenblicken bedeutsame Mächte und Situationen zu vernichten. Überdies kann man bei den Franzosen eine gewisse angeborene Zuchtlosigkeit beobachten, die aber immer zurücktritt, sobald sich die Notwendigkeit einer Einordnung offenbart. Es kommt vor, daß man die ganze Nation plötzlich geeint findet, wenn man darauf gefaßt sein konnte, sie gespalten zu sehen.«

Bevor er sich in die Schweigsamkeit begab, hatte Valéry schnell nacheinander die *Arbeitsweise Leonardo da Vincis* (1894) in Mme. Adams *Nouvelle Revue*, und im *Centaure*, den damals Pierre Louys herausgab, den staunenerregenden *Abend bei Herrn Teste* erscheinen lassen, eine außerordentliche Schöpfung, die ihresgleichen in keiner andren Sprache findet, ein in sich geschlossenes, vollendetes Werk, vor dem wir alle uns neigen müßten. Wie er uns in seinem Essay *Leonardo da Vinci* mit seiner Arbeitsweise bekanntgemacht hatte, offenbarte Valéry uns hier mit Hilfe jenes gewissermaßen halbmythischen Alibis seine Ethik, seine Haltung zu den Dingen, den Menschen, den Ideen, dem Leben. Er erwies sich hier – und blieb es bis ans Ende – sich selber treu und unbeirrbar, so daß er kurz vor seinem Tode sagen konnte (es sind seine eigenen Worte, die ich anführe): »Die Hauptthemen, um die ich seit fünfzig Jahren mein Denken geordnet habe, bleiben für mich UNERSCHÜTTERLICH.« Das letzte Wort sprach er aus, indem er jede Silbe stark betonte.

✳

Doch täuschen wir uns nicht, Monsieur Teste ist nicht Valéry, sondern wohl nur eine Projektion seiner selbst: eines Valéry, der entblößt ist von jener Heiterkeit, von jenem dichterischen Lächeln, von jener Anmut, von all dem, das ihn uns so liebenswert machte. Gewiß, er mochte das Getriebe ringsumher als eitel ansehen und ihm nur eine flüchtige Aufmerksamkeit widmen; meist aber geschah es mit einer gewissen Nachsicht, solange er sich von ihm nicht gestört sah, oder auch mit jener Art Belustigung, die wir mitunter gegenüber dem Spiel der Kinder, dem kein Zweck innewohnt, an den Tag legen. Ich sehe ihn noch in jener Zeit, da er zum heiteren Zeitvertreib der Seinen die Marionetten eines kleinen Kasperletheaters mit begeisternder Hingabe beseelte, ganz wie er sich später zu den Redekämpfen bei gesellschaftlichen Unterhaltungen, dem Getue der Salons hergeben konnte. Er fand übrigens Vergnügen daran, gefeiert und verhätschelt zu werden; er war ein schlechter Zuhörer, redete viel, glänzte und war offensichtlich belustigt darüber, hier so leichte Erfolge einzuheimsen, oder vielmehr, hier die Leichtigkeit der Erfolge festzustellen. Selbst im Verkehr mit seinen Vertrauten überschattete der Ernst seiner Gedankenwelt niemals seine lächelnde Anmut. In diesem Punkt ist nichts aufschlußreicher als sein vorgeblicher Brief von Mme. Teste, der einen einzigartigen Gedankengang von köstlicher Zartheit darstellt und die verborgene Empfindsamkeit dieses Mathematikers in unvergleichlicher Weise enthüllt. »Ich glaube, er hat allzu viel Folgerichtigkeit in seinen Gedanken«, läßt er Mme. Teste ein wenig klagend von ihrem schrecklichen Gatten sagen. Und an andrer Stelle (*Orientem versus*) schreibt Valéry, der tödlichen Gefahr einer allzu unnachgiebigen Strenge völlig bewußt: »Ich bin sehnsüchtig nach den unwägbaren Dingen. Es ist dies eine Art Krankheit, ein eigentümlicher Reiz, der sich gegen das Leben richtet, denn das Leben wäre unmöglich ohne ein Ungefähr.«

Freilich: gerade über dieses *Ungefähr* verbreitet sich die Literatur, im Ungefähr patschen wir alle herum. In seiner Gegenwart wurde ich mir dessen nur allzu sehr bewußt, und auch sein liebenswürdiges Wesen vermochte oft nicht zu verhindern, daß ich mich darob verwirrt fühlte. Aus großer Achtung vor andren, wie auch aus Gleichgültigkeit, war er duldsam gegenüber religiösem Empfinden, aber einzig bei den andern, da er es selbstverständlich ablehnte, sich irgendeinem Credo, welches es auch sein mochte, zu beugen. Besondere Abneigung empfand er gegen den Protestantismus, der die christliche Religionsausübung all dessen beraubt, was der Katholizismus ihr an Zauber in der äußeren Zurschaustellung, an Weltklugheit in den Lehren und an Erfahrung in den Beziehungen zueinander beigibt, so daß er sich auch für die Jesuiten und gegen Pascal erklärte. Großen Widerwillen empfand er überdies vor dem bigotten Wortschatz wie auch vor allen unklaren Begriffen; dieses Papiergeld ohne Deckung fand bei seinem Scharfsinn keinen Kredit. In diesen Zusammenhang gehört folgende Erinnerung, die auch ein Beispiel für die kurzweilige Begeisterung ist, von der ich vorhin sprach: Ich weiß nicht mehr, welche Unpäßlichkeit mich mehrere Tage mit Fieber ans Bett fesselte. Er tritt an mein Krankenlager; wir plaudern lange. Wovon wir sprachen? Von den christlichen Tugenden, glaube ich; und da ich mich zu ihrer Verteidigung aufschwang und das Wort Entsagung mir entschlüpfte, springt, schnellt Paul von seinem Stuhl auf, stürzt zur Türe des Flurs und ruft in gespielter Kopflosigkeit: »Eis! Schnell Eis her!... Der Kranke redet irre. Er ENTSAGT!«

Voller Ehrerbietung gegen andre; doch das soll nicht heißen: voll unterwürfiger Ehrfurcht. Ehrerbietung ist ein erster und bequemer Schritt voran auf dem Wege zur Ehrfurcht, die ihrerseits den Respekt mit einschließt, und Valéry wußte, wie sehr der Respekt uns behindert: »Der Weiße besitzt eine Eigenschaft, die ihm auf seinem Wege vorwärts behilflich gewesen ist: die Respektlosigkeit«, schreibt respektlos Henri Michaux. Valéry, dessen Geist »vorwärts strebte«, ließ sich durch keine Form der Trägheit aufhalten. Scherzend sagte er (oder hat er es geschrieben?): »Ich wüßte gerne die Zahl der Leute, die bei Unfällen umkommen, weil sie ihren Regenschirm nicht fahrenlassen wollen!« Sich von allen Behinderungen freizumachen, blieb seine ständige Sorge, und man kann sich keinen freieren Geist vorstellen als den seinigen.

*

Man werfe mir nicht vor, wie man es bei meinen Arbeiten über Dostojewskij, Goethe oder Montaigne getan hat, ich wolle Valéry zu mir heranziehen. Es gibt nichts Verschiedeneres als unsre beiden Naturen, nichts Entgegengesetzteres als die Neigungen unsrer beiden Geister: der meinige so »natürlich der Verehrung zugetan«, wie Goethe von seinem eigenen sagte, wie der Valérys sich ungläubig gab, sich schroff ablehnend zeigte gegen jede anerkannte und ungeprüfte Glaubenslehre, entschlossen skeptisch (Zweifler und Sucher zugleich), unbekümmert um Beifall, Zustimmung, Sympathie, und dem Anscheine nach befreit von allen menschlichen Schwächen, eitler Wißbegier, unbedachten Vorurteilen, Hemmungen, gefühlsbedingten Vorbehalten. Zu allem, was ihn von seinem Suchen abgelenkt hätte, sagte er nein. Wohingegen ich, wenn ich zweifelte, in seinem Gefolge und in seiner Art, vor allem an mir selber zweifelte. Er schien sich seiner Überlegenheit kaum bewußt zu sein; meine Freundschaft ertrug ihn, nicht ohne gelegentliches Sträuben, aber das wenige an Widerstand, das ich ihm entgegenzusetzen versuchte, zog sich schnell zurück, floh davon. Eines war mir völlig klar, und daran zweifelte ich nicht: daß er nämlich immer recht hatte. Ich litt unter seinen Geringschätzungen, wenigstens unter gewissen von ihnen, erkannte ihm aber das Recht und den Grund zur Geringschätzung zu, ein Recht, das er sich durch seine Persönlichkeit erworben hatte. Wenn er, frei von Bilderstürmerei, zuschlug, verschonte er nichts. Und ich verstand damals nicht, ihm auf seine Einfälle ironisch zu erwidern, so wie es mir kurz vor dem Kriege auf jener Sitzung des Rundfunkbeirates geschah, da ich ihn zu meiner Freude am grünen Tisch zum Nachbarn hatte; er neigte sich zu mir herüber (es war gerade bei irgendeiner Äußerung der Name Homer gefallen) und flüsterte: »Kennst du etwas Langweiligeres als die *Ilias*?«

»Ja, das *Rolandslied*«, erwiderte ich. (Schlagfertiger hätte ich antworten sollen: *Die Junge Parze*.)

Nicht etwa, als hätte ich ihn in diesen jüngst verflossenen Jahren weniger ernst genommen (ich wäre versucht zu sagen: im Gegenteil), aber ich hatte meinerseits mehr Sicherheit gewonnen. In jenen fernen Zeiten, in die meine Erinnerungen zurückgehen, fühlte ich, wenn ich von meinen Gesprächen mit Valéry fortging, mich in Kopf und Herz wie benommen. »Er zerbricht einem den Geist mit einem Wort, und ich komme mir vor wie eine mißlungene Vase, die der Töpfer zu den Scherben wirft«, schrieb Mme. Teste von ihrem Gatten. Ja, genau das gleiche empfand auch ich. Sie setzte hinzu: »Er ist streng wie ein Engel«, und ferner: »Sein Dasein scheint allen andern die Kraft zu rauben«. Meine Bewunderung für ihn mußte schon sehr groß sein, damit meine Freundschaft nicht allzu sehr darunter litt. Nichts von all dem, wofür ich lebte, schien in seinen Augen Wert zu haben, und ich zweifelte, ob er dem, was ich geschrieben hatte oder schreiben wollte, überhaupt irgendwelche Bedeutung beimaß. Darin auf seiner Seite einen Mangel zu sehen, wäre mir meinerseits als Anmaßung erschienen. Aber er wußte seine Zuneigung in sehr zurückhaltender, fast zärtlicher Form zu bekunden, die mir sicherer zu Herzen ging als laute Gefühlsergüsse. Sein Vertrauen in meinen kritischen Geschmack, wenn er mich bei irgendeinem Gedicht, das er soeben verfaßt hatte, zu Rate zog – nichts konnte mir mehr schmeicheln, mich mehr rühren, mich besser begreifen lassen, daß er doch wenigstens auf mein Urteil Wert legte. Gewiß, Vertraulichkeiten widerstrebten ihm, und er liebte, da er jedwede Beichte für eine unschickliche Entblößung hielt, nicht das, was mir Freude machte und das zu schreiben ich für meine Pflicht hielt; er achtete aber, daß ich zu schreiben verstand, und diese Achtung genügte mir. (Ich spreche hier nicht von dem Valéry der ersten Jahre, sondern von dem, der er geworden war, von dem, den er aus sich gemacht hat.)

Eines Tages war ich überrascht über das unerwartete Lob, das er mir über einen kurzen Aufsatz spendete, dem ich, ich gestehe es, wenig Bedeutung beimaß: dem *Zwiegespräch mit einem Deutschen*, kurz nach dem Ersten Weltkriege geschrieben.

»Aber es ist doch nur eine Reportage«, protestierte ich. »Das hat nichts zu sagen«, entgegnete er; »es ist eine vollendete Skizze.«

Ich glaube wohl, daß es das einzige Lob ist, welches er jemals an mich richtete. Möge doch das Bild, das ich heute von ihm zu zeichnen versuche, so sein, daß es ihm hätte gefallen können.

*

So bewundernswert uns die meisten Gedichte Valérys erscheinen, ich weiß nicht recht, ob ich ihnen nicht seine Prosa vorziehe; zahllose Seiten von ihr gehören, glaube ich, zu dem Vollkommensten, das je in irgendeiner Sprache geschrieben worden ist. Fügen wir gleich hinzu, daß ich nur wenige Beispiele französischer Schriftsteller kenne, sofern ich überhaupt einen einzigen finde (in Deutschland könnte man Goethe nennen), die in beiden Gattungen gleich Hervorragendes geleistet hätten. Und gerade von seiner Prosa erwarte ich mit aller Bestimmtheit die ersprießlichste Wirkung. Denn es bedeutet mir wenig, daß er die Verskunst des einen oder andren in seinem Sinne gebeugt, eine Anzahl gelehriger Schüler veranlaßt hat, Verse in seiner Art zu machen. Dieser deutliche Wink mußte einmal erteilt werden, um dem Übermaß der dichterischen Freiheit zu begegnen; aber die außerordentliche Wohltat seines Einflusses wirkt viel verborgener auf ganz andrer Ebene. Dieser *asper contemptor deum* scheint mir vor allem und in erster Linie ein befreiender Lehrer zu sein. Niemand (nicht einmal Voltaire) hat mehr getan als er, uns von den Glaubensbekenntnissen, den Kulten, dem Dogmenwesen freizumachen und zu entwöhnen. Gerade in einer Zeit, in der das todwunde Frankreich geneigt zu sein scheint, in Gottergebenheit Trost, Zuflucht und Rettung zu suchen (wie es auch gegen Ende der Regierung Ludwigs XIV. nach den Rückschlägen unsrer Armeen der Fall war), gewinnt jene mannhafte Lehre Valérys besondere Bedeutung, wie auch das Beispiel seines Widerstandes gegen die schwächlichen Nachgiebigkeiten. Eigenwillig sagte er NEIN und blieb ein lebendiges Zeugnis für die Nichtunterwerfung des Geistes.

Woher aber kommt es, fragte ich mich, daß sich die Menschen so schnell zur Ruhe finden? Warum begnügen sie sich mit so wenigem?

(Aus dem Französischen von Wilhelm Maria Lüsberg)

Anmerkungen

1 »Ich bringe alles, was ich über die Kunst denke, mit der Idee einer *geistigen Übung* in Zusammenhang.«
2 Im Jahre 1934 kam er in seinem Essay *Fluctuations sur la Liberté*, Unverbindliche Gedanken über die Freiheit, ganz nebenbei darauf zurück: »Ich begreife nicht einmal diese Gleichheit der Figuren, von der man in der Geometrie Gebrauch macht.«
3 »Seine Seelenregungen kümmern mich nicht, ich brauche sie nicht«, schrieb er gerade in bezug auf Stendhal. »Ich verlange von ihm lediglich, daß er mich über seine Arbeitsweise belehre.«

T. S. ELIOT

Leçon de Valéry

Wohl nur so viele Zusammenkünfte, wie man an den Fingern abzählen könnte: Aber diese Begegnungen verteilten sich auf bedeutsame Zeitpunkte in den einundzwanzig Jahren bis zum Juli 1945, einundzwanzig Jahre, in denen der schon als bedeutender Dichter anerkannte Valéry zu einer für das Europa unserer Zeit symbolischen Gestalt wurde. Als Autor von *La Jeune Parque* war er den englischen Lesern in *The Times Literary Supplement* von J. Middleton Murry kurz nach Veröffentlichung dieses Gedichts vorgestellt worden; er war berühmt im Jahre 1924. Von unserem ersten Zusammentreffen bis zum letzten machte er auf mich den Eindruck einer gewiß nicht unkomplizierten oder leicht zu begreifenden, aber all diese Jahre hindurch unbeirrbaren Persönlichkeit. Die geselligen Eigenschaften und der Charme – eine ungekünstelte Bescheidenheit im Auftreten, beeindruckender als alle Grandeur, und die Art von boshaftschelmischem Witz, die einen Mann erkennen läßt, der angemaßte Würde nicht nötig hat –, diese Züge waren augenfällig. Aber erst nach und nach wurde mir klar, daß diese Verhaltensweisen wesentlich seiner Geistesart entsprachen. Seine Bescheidenheit und Ungezwungenheit waren die Eigenschaften eines Mannes ohne Illusionen, eines Mannes, der sich selbst nichts vormachte und es müßig fand, sich anderen gegenüber zu verstellen. Er konnte verschiedene Rollen spielen, aber er ging nie in einer auf. Der vorherrschende Eindruck von manchen bedeutenden Menschen mag der von Güte, Genialität oder Weisheit sein: Der entscheidende Eindruck, den man von Valéry gewann, war der von Intelligenz.

Intelligenz in höchstem Grade, ein Typ von Intelligenz zudem, der die Möglichkeit des Glaubens ausschließt, bringt tiefe Melancholie mit sich. Man hat Valéry einen Philosophen genannt. Aber ein Philosoph im landläufigen Sinn ist jemand, der ein philosophisches System konstruiert oder vertritt; in diesem Sinne kann man sagen, daß Valéry zu intelligent war, um Philosoph zu sein. Der Systemphilosoph muß religiöse Überzeugungen teilen oder über einen Glaubensersatz verfügen; gewöhnlich ist er nur in der Lage, ein System zu konstruieren, weil er sich anderen Standpunkten verschließen kann oder weil ihm die emotionalen Gründe, die ihn an sein System binden, nicht bewußt sind. Valéry sah viel zu klar, um auf solche Weise philosophieren zu können; und deshalb setzt sich seine »Philosophie« dem Vorwurf aus, nur ein kunstvolles Spiel zu sein. Genau! Aber dieses Spiel spielen, an diesem Spiel ästhetisches Vergnügen finden zu können, ist eine der Ausdrucksformen des zivilisierten Menschen. Für diesen gibt es nur noch eine höhere Stufe: die Vereinigung der äußersten Skepsis mit dem stärksten Glauben. Aber Valéry war nicht Pascal, und wir haben kein Recht, das von ihm zu verlangen. Er besaß wohl einen zutiefst destruktiven, ja sogar nihilistischen Geist. Das aber kann keineswegs unsere Meinung von seiner Dichtung ändern, das Vergnügen oder die Bewunderung ihr gegenüber weder vermindern noch vergrößern, sollte aber, so glaube ich, unsere Bewunderung für den Mann, der diese Dichtung schuf, verstärken. Denn die Qual des *Schaffens* muß für einen Geist wie den Valérys sehr groß sein. Wenn der Geist unaufhörlich spottet, widerrät und nachdrücklich geltend macht, die schöpferische Anstrengung sei vergebens, dann sind das langsame Entstehen eines Gedichts und die Stunden, deren die harte Arbeit seiner Vollendung über Jahre hinweg bedarf, nur möglich dank eines verzweifelten Heroismus, der ein Triumph des Charakters ist. (Natürlich erwartet man von einem englischen Schriftsteller, an irgendeinem Punkt das Wort »Charakter« zu erwähnen.)

»L'Europe est finie«, sagte er zu mir im Mai. Zweifellos hatte er anderen dasselbe gesagt. Es war schließlich nur die endgültige Bestätigung einer Ansicht, die er schon lange vorher geäußert hatte. Einerseits dürfen wir weiterhin hoffen, daß dieser Satz nicht wahr ist; da wir weiterhin handeln und reden müssen, da wir weiterhin der Dummheit und dem Bösen uns widersetzen und die Intelligenz sowie die überragende Leistung würdigen müssen, müssen wir daran festhalten, daß er nicht wahr ist. Andererseits jedoch ist jener Satz für den Schöpfer von Kunst zweifellos immer wahr. Für mich ist meine Sprache am Ende (und für einen Dichter verkörpert seine Sprache sein Land, und auch Europa), wenn ich bei dem Bemühen, diese Sprache zu erweitern und zu entwickeln, ans Ende meiner Mittel gelangt bin. Für einen Künstler, der am Ende seines Zeitalters in Erscheinung tritt, endet die Kunst mit ihm selbst. Aber ich stimme Valéry auch zu, wenn es um die unbestimmte Sphäre des Sinns geht, die sich zwischen diesen beiden Bedeutungen jenes Satzes eröffnet. Es ist merkwürdig, aber meine Vertrautheit mit seiner Dichtung verdankt sich weitgehend meinem Studium dessen, was er über Dichtung geschrieben hat. Von allen Dichtern hatte Valéry das klarste Bewußtsein (vielleicht

sollte ich sagen: das der Klarheit am nächsten kommende Bewußtsein)
seines Tuns. Was er über das Verfassen von Gedichten schrieb, gilt vielleicht nicht für alle Dichter, denn es bleibt eine kraft unglaublicher
Selbstbeobachtung erreichte Darstellung seines ureigenen Schaffens; jedoch habe ich immer wieder festgestellt, daß seine Analysen des poetischen Prozesses meiner eigenen Erfahrung entsprachen und viel von dem
ans Licht brachten, wovon ich nur undeutliche Vorstellungen hatte.
»L'Europe est finie«: Valérys Europa ist gewiß am Ende, und ich muß
zugeben, daß es zu einem großen Teil auch mein Europa ist. Aber von
allen Dichtern der letzten dreißig Jahre – gleichgültig, in welcher Sprache
sie schrieben – besaß Valéry das größte Recht, diese Bemerkung zu machen. Denn er ist es, der für die Nachwelt der repräsentative Dichter, das
Symbol des Dichters, der ersten Hälfte des 20. Jahrhunderts bleiben wird
– nicht Yeats, nicht Rilke, niemand sonst.

Ich hoffe jedenfalls, daß etwas weiterwirken wird auf die kommenden
Generationen, die andere Kriterien haben und die Poesie anderen Zwek-
ken unterordnen werden – eine *leçon de Valéry*. Es wäre ungehörig von
mir, französische Dichter zu ermahnen oder ihnen zu sagen, was sie mit
einer Sprache tun sollten, die nicht die meine ist; aber ich kann dies mit
gleicher Eindringlichkeit auch dann sagen, wenn ich nur an englische
Dichter denke. Das eigentliche Ziel des Romantischen ist es, das Klassische zu erreichen – d. h., jede Sprache muß, um ihre Vitalität zu bewahren, unaufhörlich sich von sich selbst entfernen und zu sich zurückkehren; aber ohne das *Sich-Entfernen* gibt es keine Rückkehr, und der
Vorgang des *Zurückkehrens* ist ebenso wichtig wie die Ankunft. Wir
müssen dorthin zurückkehren, von wo wir aufgebrochen sind, jedoch hat
die Reise den Aufbruchsort verändert, so daß der Ort, den wir verließen,
und der, an den wir zurückkehren, dieselben und gleichzeitig verschieden
sind. In Valéry kehrt eine lange Bogenlinie der Romantik wieder zum
Klassischen zurück. Nun muß die Fahrt von anderen Reisenden angetre-
ten werden, und weder die nächste noch die übernächste Generation wird
ans Ziel gelangen. Jede neue Reise ist in gewisser Weise schwieriger als
die vorangegangene. Auf diese Weise jedoch können die bedeutenden
Sprachen Europas lebendig erhalten werden; und wenn sie lebendig erhalten werden können, dann ist Europa noch nicht am Ende.

(Aus dem Englischen von Herbert Weiß)

JORGE LUIS BORGES

Valéry als Symbol

Den Namen Walt Whitman neben den von Paul Valéry zu stellen, ist auf den ersten Blick hin ein willkürliches, ja schlimmer noch, ein fruchtloses Unternehmen. Valéry ist ein Sinnbild unendlicher geistiger Finessen, aber auch unendlicher Skrupel; Whitman ist das Sinnbild einer fast zusammenhanglosen, aber titanischen Berufung zum Glück; Valéry personifiziert auf illustre Art die Labyrinthe des Geistes, Whitman die Interjektionen des Leibes; Valéry steht für Europa und seine zartgetönte Dämmerung, Whitman für den Morgen in Amerika. Es scheint, als hätte der gesamte Weltkreis der Literatur keine gegensätzlicheren Verwendungen des Wortes »Dichter« zu vergeben. Ein Umstand jedoch führt sie zusammen: nicht das Dichterische ist im Werk der beiden das Wertvollste, sondern der Umstand, daß es einen musterhaften Dichter anzeigt, der mittels dieses Werks erschaffen wurde. So konnte der englische Dichter Lascelles Abercrombie Whitman das Lob spenden, daß er »aus dem Reichtum seiner hochgesinnten Erfahrung diese lebendige und persönliche Gestalt zu schaffen vermocht hat, die zu den wenigen wirklich großen Errungenschaften der Dichtung unserer Zeit gehört: die Gestalt seiner selbst«. Die Charakterisierung ist unbestimmt und hochtrabend, hat jedoch den besonderen Vorzug, daß sie Whitman, den »homme de lettres« und Verehrer Tennysons, nicht mit dem halbgöttlichen Helden der *Leaves of Grass* identifiziert. Die Unterscheidung ist wichtig: Whitman verfaßte seine Rhapsodien im Auftrag eines imaginären Ich, das zum Teil aus ihm selbst, zum anderen Teil aus jedem seiner Leser gebildet war. Daher die Widersprüche, über die sich die Kritik erregt hat, daher die Gepflogenheit, seine Gedichte mit den Namen von Regionen zu datieren, die er gar nicht gekannt hat; daher gab er in seinem Werk auf der einen Seite als seine Geburtsheimat die Südstaaten an, auf der anderen (wie es der Wirklichkeit entsprach) Long Island.

Das, worauf Whitman in seinem Schaffen unter anderem ausgeht, ist die Darstellung eines möglichen Menschen – Walt Whitman – von unbegrenzter und sorgloser Glücksbegabung; nicht minder hyperbolisch, nicht minder illusorisch ist der Mensch, den die Dichtungen Valérys definieren. Dieser erweitert nicht die menschlichen Befähigungen zu

Philanthropie, feuriger Gesinnung und Glück, er erweitert die Verstandeskräfte. Valéry hat Edmond Teste geschaffen; diese Persönlichkeit wäre
eine der Mythen unseres Jahrhunderts, wenn nicht alle im stillen einen
bloßen Doppelgänger Valérys in ihm sähen. Für uns ist Valéry Edmond
Teste; das heißt, Valéry ist ein Derivat des Chevalier Dupin von Edgar
Allan Poe und des unbegreiflichen Gottes der Theologen. Was aller
Wahrscheinlichkeit nach nicht zutrifft.

Yeats, Rilke und Eliot haben Verse geschrieben, die bemerkenswerter
sind als die von Valéry; Joyce und Stefan George haben auf ihrem Instrument tiefere Modifikationen vorgetragen (vielleicht ist das Französische
weniger modifizierbar als das Englische und als das Deutsche); jedoch
hinter dem Werk dieser großartigen Kunstwerker steht keine Valéry vergleichbare Persönlichkeit. Der Umstand, daß die Persönlichkeit auf gewisse Weise eine Projektion des Werks ist, bedeutet keine Herabsetzung.
Den Menschen die Klarheit des Geistes vorzuleben in einer heruntergekommenen romantischen Ära, in der trübsinnigen Ära des Nazismus
und des dialektischen Materialismus, der Auguren der Sekte Freuds und
der Verhökerer des »Surrealismus«: dies war die hochverdienstliche
Mission, die Valéry oblag (und weiterhin obliegt).

Paul Valéry hinterläßt bei seinem Tode das Sinnbild eines für jede Tatsache unendlich empfänglichen Menschen, eines Menschen, für den jede
Tatsache zugleich ein Anreiz ist, der eine unendliche Gedankenfolge auslösen kann. Eines Menschen, der die individuellen Züge des Ich transzendiert und von dem wir wie William Hazlitt von Shakespeare sagen können: *He is nothing in himself.* Eines Menschen, dessen herrliche Texte
seine allseitigen Möglichkeiten nicht ausschöpfen, ja nicht einmal definieren. Eines Menschen, der in einem Jahrhundert, das die chaotischen
Götzenbilder des Blutes, der Erde und der Leidenschaft anbetet, stets den
lichten Freuden des Denkens und den geheimen Abenteuern der Ordnungskraft den Vorzug gab.

                                                    Buenos Aires, 1945

                    (Aus dem Spanischen von Karl August Horst)

HANS PAESCHKE

Epitaph. Paul Valéry

In der Frühe des 20. Juli 1945 starb in Paris der große Dichter-Denker im 74. Lebensjahr. – Zu einer Stunde, die ihn seit vielen Jahren am Schreibtisch gesehen hatte, vertieft in die Beobachtung der Phänomene, die auf der Grenze zwischen Sein und Nicht-Sein im Entstehen begriffen sind: je n'aime rien tant que ce qui va se produire. Ein Werk hinterlassend, das noch einmal, durch den Mund des *Faust*, die entweihten Ideale des faustischen Menschen mit letzter Verachtung an uns zurückgibt: »Mein Leben wird vollendet sein, wenn ich alles verbrannt haben werde, was ich je anbetete, und angebetet, was ich je verbrannte.« – Das Datum erscheint auch äußerlich beziehungsreich. Am 16. Juli 1945 explodierte die erste Atombombe in Neu-Mexiko. Wer möchte nicht versucht sein, darin ein Alibi zu sehen, das der Zeitgeist dem sterbenden Dichter für seinen unerbittlichen Skeptizismus ausstellte. – Wenige Wochen zuvor hatte Frankreich den ersten Jahrestag des errungenen Sieges feiern können. Mit dem Staatsbegräbnis für den Dichter schrieb es zu dieser Feier einen Epilog, der geistiger Unabhängigkeit und Wachsamkeit ein Denkmal setzte. Mitten im Erleben äußerer Befreiung stehend, bekannte eine Nation sich zu dem Vermächtnis einer inneren, weltüberlegenen Freiheit, einer Freiheit von Parolen, Dogmen, Meinungen, Einbildung und Haß.

Rückschauend ist man versucht zu sagen: er geruhte zu sterben. Ausgeschritten schien der Kreis von Erfahrungen, die Valéry bestimmt haben mochten, dem Geist um seiner Freiheit willen ein Äußerstes an Distanz abzufordern. So klar wie wenige erkannte er in dem Angriff des 20. Jahrhunderts gegen die Humanität des Menschen einen Zangengriff. Im Realen war es der disziplinäre Dämon, der die dunkle Leidenschaft der Macht in das System einer wissenschaftlichen Methode zwängt, und den Valéry als einer der Ersten (in seinem Essay *Une conquête méthodique*, 1896) im Bilde Deutschlands durchschaute. In einem zweimaligen Exzeß hat dieses Land ihn nunmehr beispielhaft ad absurdum geführt. Und damit eine ganze Entwicklungskette des modernen Bewußtseins, das zwischen Ideologie und Wirklichkeit eine totale Gleichung anzusetzen strebte. Aber auch die Bemühungen des Intellektes, sich vor solchem Zugriff in den anderen Selbstzweck der »reinen« Dichtung (Symbolis-

mus), der »reinen« Kunst (l'art pour l'art), des »reinen« Denkens (Phänomenologie) zu retten, waren als nur scheinbar gegnerisch zu erkennen. Auch sie als bloße Methoden, als »Versuchungen des Geistes« nachgewiesen zu haben, macht die wesentliche Leistung des Valéry'schen
Werkes aus. Einem europäischen Buddha vergleichbar, unternahm er es,
nach allen Seiten hin zu »passen«, da er die Spielregeln selbst (nicht nur
diese oder jene weltanschauliche Karte) als falsch erkannte. »L'idéal est
une manière de bouder; Bouddha boude«, notiert er einmal in *Rhumbs*.

Mit Absicht wählen wir, um zum Denken Valérys hinzuführen, eine negative Formel. Jedes Wort steht bei ihm an der Grenze zwischen Ja und
Nein, in einer Klarheit, die da entsteht, wo das Licht sich bricht und nicht
blenden will. Die Versuchung, seiner Gestalt eine nihilistische Diagnose
zu stellen, ergibt sich leicht für jeden, der ideologisch denkt. Zuweilen
entsteht der Eindruck, als provoziere Valéry eine derartige Reaktion, um
den Abstand deutlicher zu machen. In seinen nachgelassenen Faust-Skizzen bekennt dieser am Schluß:

> »J'en sais trop pour aimer, j'en sais trop pour haïr,
> et je suis excédé d'être une créature.«

Spricht hier ein letzter, verzweifelter Zauberer einer sterbenden Epoche?
  Eine solche Frage einfach zu bejahen, wäre Anmaßung. Der Mensch
vermag nicht, im Hier und Jetzt eine untergehende und eine neue Welt
zu konfrontieren, ohne selbst nihilistisch, d. h. in Katastrophen zu denken. Die Verantwortung des Geistes vor seiner Zeit kann nur darin bestehen, nach rückwärts und vorwärts zugleich zu schauen und die verbindenden Fäden zu ziehen. Auch zeigt der Doppelsinn, den das Problem des
Nihilismus in der Diskussion zunehmend offenbart, daß diesem nicht
nur Dekadenz, sondern auch ein Element innewohnt, das der Zukunft
dienstbar ist. Vielleicht ist der junge Mensch noch nicht lange geboren,
der mit einer »Einführung in Paul Valéry« die Prolegomena der künftigen Philosophie für uns erarbeiten wird. Noch immer ist Nietzsche, als
Gesamtphänomen betrachtet, in Klärung begriffen. Noch schweigt die
strengere Deutung um Max Scheler, um den Hofmannsthal des *Turm*,
um Rudolf Kassner. Die Bemühungen um Kafka haben erst begonnen,
die um Rilke werden es von neuem, da der Chor der Liebenden um ihn
verklungen ist; T. S. Eliot steht selbst noch in vollem Schaffen.
  Mit diesen Namen seien einige aus der Reihe derer bezeichnet, die
nicht müde wurden, den Prozeß des modernen, überwachen Bewußtseins
zu Ende zu denken. Die Analyse wird zuletzt Kritik des Kritischen. Vor

den Spiegel unserer selbst gestellt, unterliegen wir so lange, gleich Narziß, einem (dialektisch zu nennenden) Wechselspiel von Liebe und Haß, Rührung und Ekel, Anziehung und Abscheu, bis wir erkannt haben, daß alles in uns selbst und aus uns selber ist. »Stell dir vor«, sagt Valéry-Faust zu Mephisto, »daß die Menschen im Innersten ihres körperlichen Selbst, also gleichsam diesseits ihrer Wirklichkeit, das alte Chaos wiederfanden. Ihr Geist hat aufgehört, sich von einem Bereich unterhalb der Schöpfung her anzuzweifeln.«

Ein solches Wissen versiegelt heute oft den Mund, wenn dieser verneinen will und das Wort »Nihilismus« sich auf die Lippen drängt. Berechtigt erschien es allenfalls im Sinne Bakunins, als offenes Bekenntnis zur Zerstörung. Wer als kritischer Geist mit ihm anklägerisch operiert, steht in Gefahr, sich selbst zu desavouieren; schlimmstenfalls belügt er sich. Sorgfältig vermied Valéry solchen Ausdruck. Was nottat, war ein Verhalten, das der Dichter mit dem Wort Lionardos »*hostinato rigore*« gern umschrieb: der Mut – wir formulieren billig –, sich selbst mit einer Dosis Skepsis zu impfen, die so stark ist, daß sie den Zweifel in uns immunisiert. Nur so wird Mephisto abermals geprellt, nachdem er, in uns selbst erkannt, seine objektive Realität verlor. Folgerichtig lehrt Valéry die Umkehrung des Paktes: Mephisto wird nun seinerseits zum Streber, der von dem Erkenntnisdrang und der Sehnsucht des faustischen Menschen zu profitieren sucht, »um seine antike Rebellion endlich zu erneuern«. (Welch unerbittliche Ironie auf den Fortschrittsglauben, aber auch auf den der Kirche, liegt darin!) Faust aber, dessen Namen sich inzwischen der Dunkelmann als Maske lieh, gewinnt eine neue Überlegenheit gegenüber den Verführungen sowohl des Seins wie des Nichts. Der moderne Hamlet, der in dem bekannten Essay *Die Krise des Geistes* (1921) ohne Hoffnung über Leben und Tod der Wahrheiten nachsinnt, und der als Monsieur Teste das Bewußtsein als »unbegrenzte Weigerung, was auch immer zu sein« umschreibt, findet zuletzt die Sicherheit, in »vollendetem Austausch mit allem, was da kommt, zu leben«.

Ist es zuviel gesagt, wenn wir behaupten, die gegenwärtigen Bemühungen um den Existenzbegriff wiederholten nur die Diskussionen nach dem Ersten Weltkrieg? Gewiß ist es nötig, daß der Ansturm auf den eisigen »Ararat« immer neu versucht werde. Um so wichtiger wird es, sich den wenigen Vorbildern zu neigen, welche die Fährten erkundeten. Nicht jede ist gangbar. Es kommt auf die Fragestellung an. Der Existentialismus bietet philosophisch die Möglichkeit unendlich vieler Lösungen, weil er von keinem geschlossenen System ausgeht. Dies hebt ihn auf eine höhere Bewußtseinsstufe als die der bisherigen Philosophie. Doch inso-

fern er alle Fragen auf das fragende Subjekt selbst zurückbezieht, muß
er sie negativ formulieren, wenn sie nicht zu einem leeren qui pro quo
führen sollen. Ohne Distanz, philosophisch gesprochen ohne ein tran-
szendentes Auge, wird Denken zu einem Akt freiwilliger Blendung. Das
Problem: was ist Existenz? erscheint im Lichte der Sprachkritik von Valéry als ein auswegloses Vexierspiel. Dieser stellt nicht mehr die Frage:
Wie existiere ich? Er fragt höchstens: Wie existiere ich – nicht? Wie
schaffe ich, ohne daß das Geschaffene mich bindet? Wie entziehe ich
mich den subjektiven Täuschungen meines Denkens, ohne mich dem
objektiven Zwang der Verhältnisse anheimzugeben? Wie ordne ich das
Zufällige? Wie regele ich das Allerregelloseste, nämlich meine eigenen
Einbildungen, meine eigene Intuition?

Mit diesen Fragen gewann Valéry sich die klassischen Gesetze der
Klarheit, der Ordnung und des Maßes auf höherer Ebene zurück. Wer
ihm begegnet ist, mochte dies in seiner persönlichen Art bestätigt finden. Zuweilen schien es, als speise sie ein Quell jenseits der Gegensätze.
Ein Mensch, der aus dem reinen Potential lebte, strategisch statt tak-
tisch, wie Valéry zu sagen liebte. So sehe ich ihn vor mir, als er mich im
Sommer 1938, es war unser letztes Gespräch, mit den Worten verabschiedete: »Sie haben 40 Jahre mehr Zeit als ich – nutzen Sie sie gut!
Selbst wenn unsere Zivilisation untergeht... und sie wird untergehen!« Ohne Hoffnung war dies gesagt, doch zugleich in vollkommener
Heiterkeit. Mit einem Lächeln, in dem Schwermut und Anmut ineinan-
derspielten, und das die Geste der Hand, die sich auf schlangenhafte Art
in einem darbot und entzog, noch unterstrich. Dazu der Blick eines
Auges, das von besonderer Schönheit war. Etwas Sternhaftes lag darin,
das Milde und Kälte vereint; zugleich etwas von einem Licht, das im
Zentrum der Flamme wohnt. Hier sind die stofflichen Leidenschaften
bereits verglüht; nur das eisklare Leuchten des reinen Geistes bleibt.
Freilich, gestand Valéry nicht selbst: »Die Flamme ist unbewohnbar«?
Wer im Reich des reinen, durch kein Gefühl getrübten Lichtes weilt, für
den zerfließt die Welt der menschlichen Empfindungen zur Illusion...
und darum wissen, bedeutet Trauer, mitleidlose Trauer. Wie der dunkle
Rand die Flamme, so umsäumte sie den Glanz in diesem Auge; doch
erhöhte sie noch seine Strahlung. Der Geist, der sich im Irdischen ver-
wirklicht, wird für Valéry eben darum sterblich, unrein, Täuschung, ein
»Fehler in der Reinheit des Nicht-Seins«. Die Größe der menschlichen
Schöpfung hängt von dem Widerstande ab, den sie dem »unfruchtbaren
Sturz des Feuers« entgegenstellt, indem sie der Last der Materie den
Kristall, die vollendet klare Form, entreißt. Erfüllt von diesem Wissen

sehe ich den Blick des Mannes für immer vor mir: ein leuchtendes Zeichen der Anstrengung des Menschen, im Denken unermüdlich über sich hinauszudenken.

Wer das Werk des Dichters in seinen Ursprüngen untersucht, begegnet Mallarmé. Der Dialog mit diesem Mann wird für Valéry später zur Auseinandersetzung mit seiner Epoche. Diese ist im Bereich der Kunst mit dem Begriff des »Symbolismus« ähnlich allgemein umschrieben, wie im Bereich der Wissenschaften und der Philosophie durch die Begriffe des »Relativismus«, »Psychologismus« und »Fiktionalismus«.

Es gehört nicht in den Rahmen dieser Würdigung, die vielfältigen Wurzeln dieser Epoche aufzuzeigen. Ohne zu vereinfachen, läßt sich sagen, daß ihr ein Zug zur Zerstreuung innewohnte. Der dualistische Rationalismus des Abendlandes war in ein Stadium der Hochspannung eingetreten, die sich in zwei Weltkriegen entladen hat. Im Geistigen lockert sie den festen Bezug des Sinnes auf ein Unveränderliches: das Jenseits des Christen, die Vernunft des Aufklärers, oder wie immer man das Absolute statuieren mag. Der Sinn wird heimatlos, zuletzt Fiktion und als solche willkürlich. Er zerflattert in »Divagations«, um ein Lieblingswort von Mallarmé zu gebrauchen, mit dem er seinen berühmt gewordenen cercle in Paris jeden Dienstag unterhielt. Dieser Ausdruck beleuchtet treffend die Art der symbolistischen Dichtung, den Menschen, Situationen, den Dingen und Leidenschaften ihre Bedeutung gleichsam aufzukleben. Ein jeder Wert, der höchste wie der alltäglichste, kann hier des Symbols für würdig befunden werden. Ein jeder rückt in das Zwielicht einer besonderen Bedeutsamkeit und wird zum »Phänomen«. Mit Recht hat man bemerkt, daß die Gedichte von Mallarmé ebensogut eine Kommode, eine bunte Glasscheibe wie eine Liebesszene zum Gegenstand einer Bilderserie machen könnten. Ein neueres Beispiel anderer Herkunft bietet etwas Hans Carossa, dessen Frauen und Mädchen wir ad hoc die Priesterin glauben sollen, wenn sie ihre Milch den Kindern zubereiten.

Fragen wir nach dem Ergebnis, so kann die Antwort nur lauten: es ist die Sachlichkeit als solche, in ihrer ganzen Nacktheit, die uns bleibt. Die künstlichen Hintergründe, auf alles und jedes angewendet, fallen eben dadurch in sich zusammen. Geschäftig degradiert der Psychologe sie zu Komplexen. Wir sind allein gelassen mit einer Welt des Vordergründigen, die doppeldeutig und undeutbar zugleich geworden ist.

In ihr fand der Symbolismus seine Auflösung, nicht anders wie der Individualismus des späten 19. im Kollektivismus des 20. Jahrhunderts. Haben wir nicht alle miterlebt, daß die *Blumen des Bösen* zu grausamen

Realitäten werden können? Überall sieht sich das Spiel der »freischwe-
benden Intelligenz« (Karl Mannheim) von den Wirklichkeiten furchtbar
ernst beim Wort genommen, ob der Weg nun von Proust über Joyce zu
Majakowski und der Kurzgeschichte der Amerikaner führt – oder von
Wagners Pathos über Thomas Manns Ironie in das eiskalte Theater, in
dem Ernst Jüngers *Abenteuerliches Herz* schlägt. Der feine Puder, den
Degas über die Gewänder seiner Tänzerinnen streut, flackert bei van
Gogh in vielen Stichflammen auf und wird magisch wirksam bei den
Expressionisten, bei denen die Details willkürlich wie Auge oder Zahn
einer primitiven Maske hervortreten. Das geistige Spiel mit dem Mythos
bei Stefan George und Alfred Schuler endet in der Mythisierung des
Banalen durch den Kult von »Blut und Boden«.

Valéry besaß von Anfang an die feinste Witterung für diesen »Fall«.
Dachte man entwicklungsgeschichtlich, so konnte ein Phänomen der Dekadenz, wie es der Symbolismus war, dem Fallgesetz gemäß nur Niederes
zur ersten Folge haben. Die Frage für seinen Erben und Kritiker stellte
sich also von vornherein anti-evolutionär. Wie war es möglich, die far-
ben- und bildersprühende Fontäne dieser Epoche derart in einem Werk
einzufangen, daß dieses ihr Zerstäuben überdauerte? »Unterliegt der
europäische Geist völlig der Diffussion? Oder haben wir dieser bedrohlichen Verschwörung der Dinge noch eine Freiheit entgegenzusetzen?«
Mit dieser Frage am Schluß seiner bekannten Studie *Die Krise des Geistes*
umschreibt Valéry zugleich die eigene Aufgabe.

Als der Dichter nach 25jährigem Schweigen, das zwischen dem *Album
des vers anciens* (1891–93) und der *Jungen Parze* (1917) liegt, mit seinen
großen Gedichten und Essays hervortrat, schien eine Lösung gefunden.
Sie bestand darin, auf Dichtung und Denken ein Verfahren anzuwenden,
dem in der Mathematik die analytische Geometrie entspricht. Gleichwie
diese alle Figuren durch Gleichungen ersetzen kann, die den Raum mit
Hilfe von Zahlen zu interpretieren erlauben, so glaubte Valéry die Ideen
nicht mehr direkt, sondern durch Vermittlung von Worten interpretieren
zu können. Er verdoppelt also zunächst den Zwiespalt, in dem er die
Spiegelungen des Intellektes in einem zweiten Spiegel fängt. Die Spaltung
von Bewußtsein und Unbewußtem, welche die Krisis unserer Kultur ausmacht, verschärft er bis zur Beziehungslosigkeit. Dies soll ihm ermöglichen, die Pole, zu rein formalen Größen abstrahiert, beliebig auswechselbar zu machen. Er intellektualisiert die Dichtung, aber er poetisiert
zugleich das Denken. Der Psychologe, der seit Baudelaire zur Schatten-
linie des modernen Dichters geworden war, tritt selbst als Schöpfer auf,
indem er aus den Analysen seiner Bilder neue Bilder fertigt, unendlich

variierbar wie die Zahlenreihen der Algebra: »Eine Poesie der Erkenntnis, die auch da zu singen weiß, wo der Gesang versagt«. Ein geschautes Bild ringt nicht mehr um seinen Ausdruck, sondern Worte kombinieren sich nach der gewählten Regel zu einem Ganzen, dessen Form von keinem Bildersturm mehr aufzulösen ist.

Je strenger die Regel, um so nützlicher die Übung. So übernahm Valéry gern Aufträge wie den, für das Palais de Chaillot am Trocadéro in Paris vier fünfzeilige Strophen zu je 37 Buchstaben zu verfassen. Gleichwie die Physik am Experiment mit der Schwingungszahl der Töne das Wesen des Schalles erforscht, sucht er in der Analyse der Beziehungen metrischer Werte zueinander das Wesen der dichterischen Form als Gleichung abzuleiten. Die Eingebung, die das Gedicht gebiert, ist ebenso wie der Ausdruck selbst nur Instrument.

Wenn Valéry es vorzog, eher ein Dichter als ein Denker genannt zu werden, so deshalb, weil die Dichtung der Klarheit des reinen Geistes mehr Widerstände bot. Sie stellt für ihn einen Grenzfall dar, an dem die Zweigleisigkeit von Denken und Sein besonders deutlich zu machen war. Worte sind Ersatzwerte, also Fabrikate, weil ihr Kontinuum dem Impuls des Schöpfers, der aus einer inneren Bewegung handelt, niemals genau entspricht. Nur im Traum, der entsteht, wenn man ein bis zwei Postulate des Bewußtseins streicht, retardiert das Denken nicht mehr gegenüber dem Leben. Darin zeigt sich, so folgert Valéry, daß »die Elemente des Bewußtseins unabhängig von ihrem Sinn existieren können«. Die Realität bleibt eine terra incognita für das Denken. Die Philosophie, welche die Dinge im Begriff zu fassen glaubt, operiert mit Fabeln, nicht anders wie der Dichter. Was wir im Kunstwerk, in der Dichtung, in den Systemen des Denkens gestalten, ist, wenn wir ernstlich daran glauben, eine Fälschung; wenn wir es durchschauen: ein »exercice«, ein Spiel mit Tauschwerten. Diese sind nur als Koeffizienten bestimmter Situationen gültig. An die Stelle der Gleichung zwischen Wort und Ding setzt Valéry eine Art logischer »Unbestimmtheitsrelation«: »Etwas bedeutet mir jemand, der an dieses Etwas denkt. Statt *Zeit* setze ich *Uhr*; statt *Raum – Regel*; statt *Kraft – Kontraktion.*«

Von der Kritik der symbolistischen Dichtung ausgehend, kommt Valéry so zu einer sehr modernen Erkenntniskritik. Das Zusammenwirken von Intuition und Psychologie, zu dem nur der echte Dichter-Denker befähigt ist, erweist sich als das hohe Anliegen unserer Zeit. Denn es setzt uns instand, die Gesamtheit der unübersehbar gewordenen Manifestationen unserer Kultur auf ihren gemeinsamen Ursprung hin zu überprüfen. Wenn alle Ausdrucksformen unseres Bewußtseins als Transfor-

mationen erkannt sind, stellt sich die Frage nach dem Transformator. Der
Mensch des Atomzeitalters macht die Erfahrung, daß Dauer oder Ver-
gänglichkeit des irdisch Geschaffenen von seiner eigenen Kraft abhängig
geworden sind. Er steht vor der Notwendigkeit, die Stufe eines totalen
Bewußtseins zu erklimmen, auf der er sich als Schöpfer seiner eigenen
Geschöpflichkeit erkennt.

Hier erhellt sich die außerordentliche Bedeutung des Valéryschen
Werkes für unsere Situation. Es unternimmt den Versuch, den Nihilismus des reinen, zum Selbstzweck erhobenen Dichtens und Denkens als
eine notwendige Schule zur Erlangung einer höheren Freiheit zu betrachten. Es wagt, den Kopf in die eigenen Hände nehmend, dem Spiel
seiner Einbildungskraft zuzusehen und diese wie ein Material zu behandeln. Ein äußerster, ein demiurgischer Anspruch, wenn man so will. Für
ihn schuf Valéry sich den Begriff seiner »poétique«. Diese definiert er
einmal als »Abhandlung über die Kraft, die alle Fabeln hervorbringt«.
Das griechische *poiein*, der Akt der Selbstzeugung aller Bilder aus dem
Urbild, wird zum Inhalt einer Unterweisung, die zugleich Einübung ist.
Zuletzt ist es das *WORT* im biblischen Sinn, dessen mögliche Inkarnation
im Leib der menschlichen Sprache der Dichter-Denker überprüft. Das
Symbol, im Symbolismus entartet und verflüchtigt, findet sich in seinen
ältesten Rang, den des kultischen Gleichnisses, zurückversetzt: es ist
nicht mehr nur Bildnis, es ist Akt. So streicht Valéry aus seiner Sprache
das umschreibende Wort »gleichwie«, das noch Giraudoux so schätzte.
So verwendet er mit Vorliebe die Form des substantivierten Adjektivs.
Was bisher der Umschreibung diente, will selbst als Träger einer Eigenschaft und damit als »Wirkstoff« erkannt sein. Wohlgemerkt: es will
erkannt sein! Vermag der Mensch, dem Gotte gleich, mit Worten Wirklichkeit zu schaffen, so dürfen wir an objektive, geoffenbarte Wahrheiten
nicht mehr glauben. Wir alle haben es erlebt, was es bedeutet, wenn es
einem Menschen heute gelingt, sich zum gläubigen und von den anderen
geglaubten »Symbol« der Wahrheit zu machen. Nur der skeptischste der
Skeptiker durfte es wagen, bis zu einem Punkt vorzudringen, wo das
Wort als ein Akt gedeutet werden kann. Valéry bezahlte diese Haltung
mit jahrzehntelangem Schweigen. Unermüdlich mahnt er, was er
schaffe, sei nur ein Versuch, ein unvollendbares Spiel; keine Behauptung
sei des Beweises wert. Wir rühren hier an ein seltsames Paradox unserer
Zeit: daß ungläubige Geister, die trotzdem schaffen, sich oft als die Zeu-
genden erweisen. Ihr Motto finden sie in den Worten Valérys: faire sans
croire!

In dem vorstehend abgedruckten Essay[1] beugt sich der Mensch über die Muschel, nicht fragend: Was bist du? sondern: Wer hat dich gemacht? Der Betrachter sieht zunächst vom Gegenstande ab und schafft aus sich, von Akt zu Akt, den Vorgang des Entstehens der Muschel nach. Er identifiziert sich mit dem Objekt, das in dem Maße, in dem die Erkenntnis fortschreitet, erzeugt und eben dadurch (im Sinne des *Logos spermatikos*) »ausgestoßen« wird. Er selbst ist auch die Muschel oder in ihr oder sie in ihm (Narziß!); aber er ist auch der ganz Andere, der zum Schluß ein ihm entfremdetes, weil vollkommen erkanntes Ding gleich einem Spielzeug wegwirft.

Die Methode von Valéry wird hier besonders deutlich. Der Philosoph, der mit Hilfe von Kategorien zwischen Subjekt und Objekt eine konstante Gleichung ansetzt, erscheint in ihrem Licht als Fälscher. (Auch die Sonne ist ein Geschöpf, ein Spaltungsprodukt Gottes, und kann darum nicht als Sinnbild objektiver Erkenntnis angesehen werden, lehrt Valéry in einem seiner tiefsten Gedichte, *Ébauche d'un serpent*; sie wird »la faute éclatante« und somit dem Reich der Schlange, dem Inbegriff kosmischer Verwandlung, unterworfen.) Wenn aber die Bemühung der modernen, mikrokosmischen Wissenschaft (vor allem der Atomphysik und der Psychoanalyse) recht hat, ein inkonstantes Bezugssystem zwischen Subjekt und Objekt anzunehmen, in dem der Beobachter wie das Beobachtete gegenseitiger Beeinflussung unterliegen, muß die Folgerung gezogen werden, daß Erkenntnis im herkömmlichen Sinn eine Täuschung sei. Sie bindet sich an den Stoff, den sie beobachtend verändert, und sie löst sich von ihm nur um den Preis der Entfremdung. Ihr Rhythmus ist fallend (Offenbarung als Sündenfall) oder steigend (Auflösung des Wirklichen im Nichts).

Hier setzt Valéry zu einem letzten Schritt an. Wäre es möglich, den Vorgang des Erkennens auf den reinen Akt zu konzentrieren, auf den Moment eines hellsichtigen Zustandes, dann gäben wir dem Rückstoß der Objekte (der »Übertragung« im Sinne der Psychoanalyse) keine Zeit. Der Existentialismus, der uns als erkennendes Subjekt wie zwischen Gummiwänden einer Zelle einschließt, unterstreicht mit seiner Formel von der »Entscheidung« nur unsere Ohnmacht. Er ist für Valéry Voraussetzung, nicht Ergebnis. Wie können wir den Akt auf sich selbst beschränken, um den circulus vitiosus von Aktion und Reaktion zu entrinnen? Wir müßten »schaffen und das Geschaffene verlassen«, wie es in der von Richard Wilhelm herausgegebenen chinesischen Schrift *Das Geheimnis der goldenen Blüte* heißt. In diesem Sinn greift Valéry die Gegenstände auf, um sie fallen zu lassen. Er denkt in Wendungen. Er interessiert sich nur insoweit, als er aus sich »Effekte oder Produkte ziehen kann, die ihn überraschen«. An die Stelle des Wortes »schaffen« setzt er das Wort »machen«, weil dieses eine Kontrollfunktion einschließt.

Die Bedeutung dieser Methode tritt hervor, wenn wir uns vor Augen halten, wie stark das Denken der Zeit um die Begriffe der Leistung, des Aktes, der Entscheidung kreist. Hier zeigt sich im Geistigen die Besitzlosigkeit des modernen Menschen an. Diesem wird auch die Erkenntnis zum Arbeitsakt. Seine religiösen Vorstellungen nähern sich denen Platons vom Demiurg, dem Gotte an der Arbeit. Der homo faber hat den homo sapiens in den Erörterungen des Humanismus abgelöst. Seltsam, zu denken, daß es Bergson war, der als einer der Ersten die starre Welt des objektiven, bürgerlichen Denkens durchbrach. Sein Elan vital wurde nur zu bald Opfer einer um so härteren Disziplin. Das »se-faisant« der *Schöpferischen Entwicklung* Bergsons wandelt sich zum »faire« des Konstrukteurs, der das Irrationale wie die Unbekannte einer höheren Gleichung in Rechnung stellt und – benutzt. Ernst Jünger schreibt das eisige Buch vom *Arbeiter*. Sartre definiert den Existentialismus mit der Formel: »Machen und nichts sein als das, was sich gemacht hat«. Kafka, der schreckliche Prophet, ersinnt die Novelle von der mechanischen Hand, die den Willen eines Toten vollstreckt.

Valéry spielt dieses Motiv gleichsam auf einer höheren Oktave durch. Eine eigene Güte und Sicherheit, die man wohl begnadet nennen darf, geleitet ihn auf seiner Wanderung über Grate, von denen der Blick auf eine erbarmungslose »Welt in Arbeit« fällt und das eigene, pochende Herz als eine Maschine unter anderen wahrnimmt. Bewundernd spricht André Gide in seinem Tagebuch von der »constance« seines Freundes, wenn er daran denkt, mit welchen Zuckungen andere moderne Geister den Zwiespalt zwischen Geist und Leben bezahlten.

Zweifellos hat der französische Genius an diesem »Glücksfall« seinen Anteil. Mehr noch der Geist der engeren Heimat des Dichters. Valéry, in Sète geboren, war ganz und gar ein Sohn des Mittelmeeres. Was Nietzsche zeitlebens schmerzlich ersehnte, lag ihm im Blut: »Meeres-Atem, trockenes Sonnenfeuer, dünne und entschiedene Luft, der flüchtigste Gedanke in der reinsten Klarheit« (Nietzsche). Die slavische Unruhe eines Dostojewski, das nordisch Quälerische eines Kierkegaard, das melancholische Pathos des Jüdischen bei Kafka finden hier kein Echo. Wohl aber jene kühle, durch und durch nüchterne und doch graziöse *diffidentia* des Italieners, die ihm mütterlicherseits vererbt war. Sein Kritizismus steht einem Lionardo und Machiavelli näher als Pascal und Voltaire. Auch fand er in dem Menschen der Renaissance viel von den geistigen Konflikten unserer Zeit in den Ursprüngen bloßgelegt. Das damalige Überkreuz von christlich und antik, Weltverachtung und -bejahung, Glauben und Experimentieren, bot Vorbilder für die eigene Situation. Im ersten Zusammenprall stieg hier der Geist zu einer Haltung empor, welche die Gegensätze wie ein Ingenieur handhabt, der elektrische Spannungen bedient. Die Analogien sind zu greifen. So, wenn Valéry mit fast machiavellistischer Wendung Descartes einmal den Mann des »intellektuellen Staatsstreiches« nennt. Sein Versuch, die Tugend (virtù) als mathematisches Gesetz aus den Begriffen der Virtualität und der Virtuosität abzuleiten, ist reine Renaissance.

Noch andere »Erblinien« aus der gleichen Zeit wären zu ziehen: das *gai saber*; das höchst komplizierte Spiel mit der Schönheit an den Liebeshöfen Südfrankreichs; ferner, und nicht zuletzt, der asketische Geist der Katharer, die alles irdisch Geschaffene als Abfall von der reinen Form bewerteten. Nicht mit Unrecht hat der Kritiker André Rousseaux Valéry einen Katharer der modernen Dichtung nennen können.

Damals wie heute erschien die Spannung zwischen dem aktiven und dem kontemplativen Leben auf einem Höhepunkt. Alles drängte zu einem Jenseits der Gegensätze. Die Frucht war die Mystik, deren frühe Vertreter in der Provence sich als *jongleurs de Dieu* zu bezeichnen pflegten: ein Titel, der Valéry entzückt hätte. Alle Lehren sind für diese nicht mehr als ein Finger, der auf das Licht der Wahrheit zeigt. Er selbst aber kann nicht leuchten, sondern eben nur – zeigen. Je plötzlicher, je blitzhafter dies geschieht, um so mehr nähern wir uns, dem Gesetz der Analogie entsprechend, dem reinen Akt der Schöpfung an. Das Denken soll »zwischen der Leere und dem reinen Ereignis« manövrieren. Das Motiv kehrt wieder in der Frage von Phädra im Eupalinos-Dialog: »Was willst Du während eines Blitzes tun?« Antwort: »Eine Analyse mit einer Ekstase verbinden«. So sagte Valéry von sich selbst: je suis rapide ou rien. In seinem denkerischen Werk ist alles funkelnd, großer Essay, Dessin, glänzend in der Behauptung und nachlässig in der Beweisführung, wie Jean Paulhan in seinen Studien zur Rhetorik nachgewiesen hat. In seiner Dichtung kommt es zum Versuch, das Lebendige aus dem Strom der Bewegung gleichsam herauszureißen. Der Dichter beschwört den Stillstand der Zeit.

Eine Dichtung, die gegen das natürliche Gefälle des Dichterischen, gegen das zeitgeborene Pathos der menschlichen Seele mit – Gedichten angeht? Wie sollen wir sie benennen? Hat T. S. Eliot recht, wenn er sie mit irrealen Gebilden nach Art des Einhorns vergleicht? Kann die Poesie zur Doublette der Philosophie werden? Kann sie, statt der Bilder die Spielregeln ihrer Assoziationen betrachtend, den Impuls der Mythen, Fabeln, Epen auf der Stufe eines totalen Bewußtseins wiederholen? Oder verschließt sie sich damit endgültig in dem »elfenbeinernen Turm«? Hinterläßt sie den Nachfahren einen Abgrund, in dem diese hilflos und wie erblindet die einfachste Form der Aussage an der Hand der urtümlichen (heute vor allem russischen und amerikanischen) Erzähler neu erlernen müssen?

Wir antworten indirekt, wie André Gide, der eine fortzeugende Wirkung vor allem von der Prosa Valérys erwartet. Die Denkaufgaben, die diese stellt, wollen durchdacht und bewältigt sein, bevor der Zugang zu den Gedichten sich erschließt. Diese aber stehen einsam in ihrer Zeit, gleich Marmortempeln auf verlassener Erde. Der Ruhm, der das Erscheinen der *Jungen Parze*, des *Friedhofs am Meer*, der *Fragmente des Narziß* begleitete, beleuchtet fast schneidend scharf die Tatsache, daß diese Dichtung bis heute ohne Nachfolge geblieben ist. Alle bedeutende Poesie des gegenwärtigen Frankreich, im Erleben der Résistance geboren, wendet sich fast ruckartig zu anderen Zielen: sie verströmt sich aufs neue in der Passion.

Hier offenbart sich, in welchem Maße der Dichter Valéry den lebendigen Bilderstrom einer ganzen Epoche in die Klammer nahm. Während sein Denken sich in unglaublicher Vielfalt bricht, auf allen Gebieten Anregungen gebend, kreisen seine Gedichte in magischer Geschlossenheit um das immer gleiche Motiv. Die Bilder, die Leidenschaften, alles Bewegte wird im Kulminationspunkt, alles Ruhende im Indifferenzpunkt ihres Seins erfaßt. Eupalinos, der göttliche Architekt, der das Vergehende des Tones in die »singenden Säulen« zu bannen strebt; der »Friedhof am Meer«, über dem am Mittag die Sonne stillzustehen scheint und gleich Achill, »immobile à grands pas«, die Schildkröte nicht einzuholen vermag: das sind Metaphern, die der Aufhebung des Elementes der Zeit in dem des Raumes dienen sollen. Das Triebhafte des Lebens fängt sich im Symbol der Schlange, der Göttin der Metamorphosen; das Werden und Vergehen der Natur in den unermüdlich gepriesenen Bildern des Meeres, dieser »absoluten Hydra«, und des Baumes, des großen Transformators der Säfte, der in der Palme Goethes Vision von der Ur-Pflanze, ihrer Einheit vom Stamm, Blatt und Blüte, am nächsten kommt. Die Seele aber schwebt von Zustand zu Zustand, wie der Geist über den Wassern, bevor die Erde geschaffen ward. Die »Junge Parze« ist ohne Erde. Ihr Wesen ist Tanz, der die Schwerkraft aufhebt und »den Zufall vermindert«. Das Wirkliche wird nur im reinen Augenblick erlebt, als Biß der Schlange; der Schmerz ist »eine Träne, welche schmilzt«, um sofort danach, zum

Diamant erstarrt, dem Schmerz unendlich überlegen zu sein. Kaum
wahrnehmbare Vibrationen von Algen im Meer des Blutes und der Lym-
phe, das ist das Leben in dieser Poesie. Und die Seele ein erhabener Flirt
mit den Wirklichkeiten, mit einem Worte: Charme. Die junge Parze
tauscht Blicke mit ihrem Blick und spricht:

Je me voyais me voir, sinueuse, et dorais
De regards en regards, mes profondes forêts.

Rudolf Kassner hat in seinen Essays über Rilke zuerst auf die Bedeutung
des Raumes in dessen Dichtung hingewiesen. Von Valéry gilt Ähnliches
in vielleicht noch stärkerem Maße. Doch wäre es ein Irrtum, in dieser
Wendung nur eine Rückkehr zum antiken Ideal der statischen, begrenzten Form zu sehen. Es ist nicht mehr der euklidische Raum, sondern der
moderne Raum der Relativitätstheorie, mit dem sich das Gestaltungsver-
mögen unserer Zeit auf allen Gebieten auseinandersetzt. In diesem
Raum erscheinen die Elemente der Zeit, Vergangenheit und Zukunft, im
Hier und Jetzt allgegenwärtigen Daseins gleichsam aufgesogen. In ihm
sucht der Dichter, über sich selbst gebeugt, in seinen Erinnerungen nach
der »verlorenen Zeit«; und schaut er nach außen, so gewahrt er, gebannt
von der »ewigen Wiederkehr« der Bilder, wiederum die riesenhafte Projektion seines eigenen Selbst. Gleich einem Höhlendom schließen sich
die Bilder unseres Unbewußten über uns zusammen. Der Mensch
kommt nicht mehr los von sich in diesem Raum, in dem die Dinge, räum-
lich gesehen, in den Vordergrund, und zeitlich gesehen, in das Präsens
rücken. Aber er kommt auch nicht mehr los vom Du: er wird sich selbst
zum Doppelgänger.

Das Wissen um diesen Prozeß hat Rilke und Valéry, bei aller Verschiedenheit des künstlerischen Temperamentes, tief verbunden. In einem
seiner Essays hat Valéry ihn unter dem Stichwort »L'idée fixe« beschrieben. Der dynamische Idealismus des Abendlandes, aus dem christlichen
Weltbild von der Unendlichkeit der Zeit erwachsen, erlebt den post-eu-
klidischen Raum als ein Fixativ. Analogie und Gleichzeitigkeit, die
Gesetze einer vierdimensionalen Welt, wirken bestimmend auf das
Formgefühl des modernen Intellektes ein. Sie führten Valéry zu dem
Versuch, auf Dichtung und Metaphysik die Regeln der reinen Mathematik anzuwenden. Was Rilke den »reinen Bezug« genannt hat, wird bei
ihm in Analogie zu der a-kausalen, rein statistischen Ordnung der modernen Physik nahezu wissenschaftlich präzis gedeutet.

Es dürfte eine reizvolle Aufgabe für die vergleichende Literaturbetrachtung sein, die Dichtung von Valéry zur Interpretation der *Duineser Elegien* heranzuziehen. Hier wie dort begegnen wir denselben Leitbildern, die zwischen den Wirklichkeiten, zwischen Gott und Mensch, Mann und Weib, Tag und Nacht, Lieblichkeit und Schrecken, als Grenzgestalten »existieren«: Narziß und Orpheus, die Parze und die Fee, und immer wieder der Engel, dem Valéry sein letztes, unmittelbar vor seinem Tode vollendetes Gedicht widmete. In diesen Wesen findet das neue Verhältnis zwischen Diesseits und Jenseits, um das der Existentialismus sich bemüht, seinen tiefsten Ausdruck. Wir sind gleichzeitig in beiden Bereichen anwesend; es besteht Analogie zwischen dem Leben und dem »Abgelebten«, das uns als »Gräberwelt« im Sinne Rilkes gleichsam umgeistert. Auch Valéry hält zahlreiche Gespräche im Totenreiche ab, auch er besingt den Friedhof. Doch stehen dem Gespräche, die im Innern des reinen Geistes geführt werden, gegenüber. Im Unterschied zu Rilke, dessen slawisches Erbe gern bei dem »Unsäglichen« dieser Zwischenwelt verweilt, erfaßt das klarere, romanische Auge vor allem die Schärfe der Polarität, die Doppelung der Wirklichkeiten. Es rückt die Spannungen zwischen Geist und Körper in einen Winkel von 180 Grad. Das Licht steht im Zenith. Das Motiv des »Großen Mittags«, an dem Nietzsche das »Da wurde eins zu zwei« erfuhr, wird von dem echten Sohn des Mittelmeeres in einer Weise durchgespielt, daß dieses Erlebnis zuletzt umkehrbar wird: zwei wird zu eins. Der Geist, von allem Gegenständlichen gelöst, löst sich seinerseits in der Welt des Körperlichen auf, gleichwie der Schatten am Mittag in der Erde. Rilke, ähnlich wie Kafka, bleibt bis zum Schluß in dem Staunen befangen, daß er einen Körper habe. Valéry ist zuletzt erstaunt, einen Geist zu haben.

Welch ein beispielhafter Kreislauf wird damit vollzogen! Der Mann, der den Intellekt zu seinem Gott erklärte, verkündet in den letzten Jahren mehr und mehr die Allmacht des Leiblichen (»ce corps qui le défend des morts«). Er schreibt Betrachtungen über die vier Körper unserer selbst, den spirituellen inbegriffen, und beschäftigt sich mit Swedenborg. Auf seinem Krankenbett kommt er zu der Überzeugung, daß schon das Wasser drei Dimensionen habe. Freunde berichten, der Sterbende habe immer wieder die Zeilen aus seinem berühmtesten Gedicht *Die junge Parze* zitiert: »tout peut naître ici-bas d'un attente infinie«. Das männlichste Auge, in seiner Anmaßung, die innere wie die äußere Welt aus weltferner Distanz zu sehen, findet am Schluß in dem weiblichen Auge, dem in unendlicher Erwartung geöffneten, seinen wahren Spiegel. Der reine Intellekt verrät das Leben nicht; dieses wird nicht ertötet. Der Geist, dessen letztes Wort der actus purus ist, erkennt sich im Irdischen als in sich ruhende Fülle wieder. Die Palme, die geduldige, wird so zum Urbild einer Dichtung, die orphisch zu nennen man nicht verweigern sollte.

Valéry – ein Mystiker? Wir gestehen, daß ein Studium seines Werkes immer wieder zu diesem Wort verführen möchte. Die Art, alle Vorstellungen und Begriffsinhalte durch Negationen zu umschreiben, erscheint als mystisches Erbgut. In seinem *Faust* beschwört Valéry durch den Mund des Einsiedlers, der, halb Tier und halb Gott, in eisiger Höhe haust, das Geheimnis mit den Sätzen: »Worte ohne Stimme, Stimme ohne Worte, Kräfte ohne Formen, Lächeln ohne Gesichter.« Monsieur Teste nennt er einen »Mystiker ohne Gott«. In seinen *Mauvaises Pensées* gibt er sich selbst den Namen: »Niemand!« In seinen letzten Jahren geht er so weit, die Identifikationen seiner Person mit dem Autor seiner Werke zurückzuweisen (z. B. in dem Brief an Jean de Latour, der dessen Buch über Valéry einleitet).

Um so stärker spürt man das Tabu, das hier über das Ja des Mystikers, über jede mögliche Religiosität verhängt ist. Warum verbot sich Valéry dieses Ja? Warum enthielt er sich des hohen Wortes »Opfer«, das sich ihm z. B. im Sinnbild der Palme darbot, und das ein Claudel nur zu gern im Munde führt? Schienen ihm, wie die Begriffssysteme der Philosophie, so auch die Symbole der Kirche des Ausdrucks nicht mehr wert? Oder weiß er hier das Wort nicht mehr, wie Ernst Robert Curtius am Schluß seiner Studie über Valéry bereits 1925 feststellte?

Es wäre vermessen, hier weiterzufragen. Es bleibt uns das Paradox einer einmaligen Gestalt. In dieser Hinsicht gemahnt sie an Pascal, der ihr ein feindlicher Bruder war. Warum Valéry dessen *credo quia absurdum* nicht sprach, können wir nur vermuten. Vielleicht erschien es ihm wichtiger, durch ein *cogito quia absurdum* diese Zeit ihrer falschen Gläubigkeit zu überführen. Ward das Licht, einst Symbol göttlicher Erkenntnis, nicht »von dem elektrophysikalischen Prozeß als materiell kompromittiert«? Wähnt man nicht, der Gedanke könne, analog dem Äther, meßbar und wägbar sein? Die Dämonen der Tiefe haben sich zu weit ans Licht gewagt und die Höhen usurpiert. Andrerseits bliebe das politische, das technische Tier um uns und in uns unerlöst, wollten wir an ihm nur die Sündigkeit des Menschen ablesen dürfen. Wir selbst, als Menschen, sind verantwortlich geworden für alles, was uns geschieht. Es ist an uns, den Drang der Tiefe in die Höhe richtiger zu leiten. Dies bedingt, daß wir die falschen Höhen erniedrigen, und daß das Nichts als Nichts erkannt werde. In diesem Sinn mag Valéry das Luziferische an seinem Werk als Ehrentitel empfunden haben.

Verlangt der für tot erklärte Gott nach neuen Namen? Oder will er als der »verborgene Gott« im Menschen selbst erkannt und gedeutet sein? Valérys Antwort ist klar. Die Überfülle der Bilder, ihre rasende Flucht, die Vorläufigkeit aller Ziele, die tödliche Explosivität unseres Tuns, die Zerstückelung des Ich in der Masse, die schon einmal, in einer Zeit wie dieser, mit dem Rufe: »Gott ist tot« in dem Kult des Dionysos erlebt worden ist... all dies sind untrügliche Zeichen der Stunde. Die Symbole, heute zu Realitäten geworden, werden uns zerreißen, wenn wir sie nicht in uns durchschauen. Die analytische Psychologie hat uns, in Anlehnung an die Lehren des Ostens, die ersten Unterweisungen gegeben, als sie uns lehrte, uns auch für unsere Träume verantwortlich zu fühlen: d. h. für den ganzen, den integralen Menschen. Eine »Welt in Arbeit« erringt sich entweder ein neues, unendlich waches Bewußtsein oder – das tierische Ideal des Termitenhaufens. Eben darum kann nur die wachsamste, die skeptische Intelligenz heute die Flamme der Humanität weitergeben. Ihre Träger sind jene, die Valéry (in einem unvergessenen Mahn- und Trostwort, das er mir 1938 schrieb) die »bienheureux infortunés« ihrer Zeit getauft hat.

In einer Legende des Zen-Buddhismus beginnt ein Meister seinen Unterricht über die letzten Geheimnisse damit, daß er ein hölzernes Buddha-Bild vor den Augen seiner Schüler verbrennt. Dann fordert er diese auf, in der Asche zu stöbern, ob darin etwa die »unzerstörbare Wahrheit« zu finden sei. Eine ähnliche Aufforderung richtet Valéry an uns.

Anmerkung der Herausgeber

1 Gemeint ist Valérys Text »Der Mensch und die Muschel«.

C. FRUTTERO / F. LUCENTINI

Herrn Testes Schritt

»Ich habe ihn nie gesehen außer nachts. Einmal in einer Art von B..., oft im Theater. Man sagte mir, er lebe von unbedeutenden Wochenspekulationen an der Börse. Er nahm seine Mahlzeiten in einer kleinen Wirtschaft der Rue Vivienne ein. (...) Gelegentlich bewilligte er sich anderswo ein gemächliches und feines Mahl.

Herr Teste war vielleicht vierzigjährig. Seine Sprechweise war außergewöhnlich rasch und seine Stimme klanglos. (...) Er hatte indessen soldatische Schultern und sein Schritt war von einer Regelmäßigkeit, die verblüffte. Sprach er, so erhob er nie den Arm oder nur den Finger: *er hatte die Marionette getötet.* Er lächelte nicht, sagte weder guten Tag noch guten Abend; er schien das ›Wie geht es Ihnen?‹ nicht zu hören.

(...) Herr Teste hatte keine Meinungen. (...) Nie lachte er, nie streifte der Widerschein von Unglück sein Antlitz. Er haßte die Melancholie.

(...) stellte man fest, daß eine große Zahl von Ausdrücken aus seiner Rede verbannt war. (...) Auf das, was er sagte, gab es nichts zu entgegnen.«

In geringer Auflage, ganz wie es sein Stil ist, kommt der alte Teste wieder: unter einem unauffälligen und matten Buchdeckel ist *er* wieder erschienen, zart, kristallin und unzerstörbar trotz allem. Seit mehr als zehn Jahren war er nicht in den Buchhandlungen, den Straßen unserer Städte voller Marionetten, und wir hatten die Hoffnung fast aufgegeben, ihn wiederzusehen.

Seit 1894, dem Jahr, an dem er anfing umherzulaufen, wurde er freilich weiß Gott wie oft beiseite geschoben, ignoriert, begraben, vergessen, für tot gehalten. Diesmal aber war es schlimmer, diesmal schien er wirklich ein toter Mann zu sein, aus dem Spiel eliminiert. So etwas gab es noch nie: Kulturtarzans, Stereophilosophen, Vollgas-Denker, trenseknirschende Ideologen verstopften die Plätze, die Theater, die Hörsäle, die Sitzreihen, dazwischen hätte nicht einmal eine Stecknadel gepaßt.

Und doch ist er wieder da, Teste mit seiner Platinnadel. Offen gesagt bleibt man ratlos, wenn man an ein würdiges Schicksal des Bändchens denkt. Vielleicht wäre es klug, seine Existenz zu verschweigen, die Angelegenheit so geheim wie möglich zu halten. Die Vulgarität, die Unverschämtheit, der barbarische Aktivismus, in die die Republik der Künste und der Literatur verfallen ist, rechtfertigen schlimmste Hypothesen, die eines plötzlichen Massenrevival inbegriffen. Valéry schrieb vor einem halben Jahrhundert, daß bestimmte Leute *sich mit ihm unwohl fühlen müßten*, und wunderte sich, daß es nicht so war. Heutzutage aber ist es schon möglich, daß irgendein Stadtrat beschließt, ein 24-Stunden-Herr-Teste-Marathon zu veranstalten, mit einem schönen Teller Spaghetti Schlag Mitternacht, oder daß irgendeine Filmgesellschaft eine zwölf-teilige Herr-Teste(Jean-Paul-Belmondo)-Fernsehserie herausbringt. Nichts hält sie auf, nichts treibt sie zurück, diese schrecklichen Mahl- und Verpackungsmaschinen, die sich hemmungslos über jede Schamgrenze hinwegsetzen.

Aber unsere Befürchtungen sind vielleicht übertrieben. Teste war nie ein populärer Held, nie ein leicht zugänglicher Mythos, nicht mal zu Lebzeiten Valérys. Anläßlich seines Todes 1945 schrieb Borges: »Valéry hat Edmond Teste geschaffen; diese Persönlichkeit wäre eine der Mythen unseres Jahrhunderts, wenn wir nicht alle im stillen einen bloßen Doppelgänger Valérys in ihm sähen. Für uns ist Valéry Edmond Teste.«

Heute jedoch erscheint die Identität Testes mit seinem Autor wie ein entferntes Zusammentreffen, eine unwichtige Verkettung. Im höchsten Fall besitzt Teste gegenüber den anderen literarischen Helden des Affen-stalls von Werther bis Des Esseintes, von D'Annunzio bis Hemingway den Vorteil, ein ganz inneres »Modell« zu sein, von fanatisch *beliebigem* Äußeren (»analog zu der beliebigen Unbekannten der Theoreme«), der an Stelle von Waffen, Liebesaffären, Parfums mühevoll und konzen-trisch die Disziplin der Intelligenz vorzieht.

In Italien, Paris, London gibt es noch Menschen, die die Gelegenheit hatten, Valéry kennenzulernen und die von ihm ein Bild der Eleganz, der Umgänglichkeit, der freundschaftlichen Unkompliziertheit, der voll-kommen mondänen Höflichkeit bewahren. Valéry empfing und traf un-zählige Menschen, er gab sich willig zu Gedenkreden, Einweihungen, Gelegenheitsansprachen her. Er lehnte weder den Sitz, den Zweispitz, noch den Degen der Akademie ab, genausowenig wie die Divans der *Sa-lons à la mode*.

Aber es wurde über ihn auch gesagt, daß er nicht menschlich, daß er aus Eis war, ein Robespierre der Literatur, ein Asket, ein Monstrum. André Gide, der ihn oft sah und ihn seit seiner Jugend bewunderte, gibt uns davon ein alarmierendes Porträt. Sein Tagebuch fließt über von Eindrücken die-ser Art. »Paul lädt mich zum Essen ein. Sehr spät zurückgekommen, ausgelaugt.« »Nachmittag mit P. V. Langes Gespräch, das mich aufgerie-ben hat.« »Große Freude, V. wiederzusehen, zwei Stunden zwischen zwei Zügen. Aber ich fuhr wie zerschlagen zurück, den Kopf glühend.«

Der legendäre *Charme* Valérys war nur eine Hülle, ein nachlässig über die Schultern geworfener Regenmantel. Ein zurechtgemachtes Gesicht, »Gesichter zu treffen, die sich treffen«. Dahinter, seine Freunde wußten dies wohl, unausweichlich ein stählernes Profil, ein Schatten ohne Lächeln, ein Mister Hyde, ein Double, ein vieläugiger Zeuge, scharf, unversöhnlich. Eben Herr Teste.

Was ist *Herr Teste*, dieses unzugängliche Büchlein? Die Geschichte eines Treffens, eines Abends im Theater, ein Spaziergang zu einer »reinen und banalen« Wohnung, eine kurze Unterhaltung. Ein paar Seiten, ein paar saubere und unendlich flüchtige Zeichen, die umreißen, was der junge Valéry sein wollte und was zu sein er sich sein ganzes Leben lang bemühte. »Teste ist mein Popanz«, schrieb er Jahre später, »wenn ich mich schlecht benehme, denke ich an ihn.« Ein Winker, der die Richtung angibt. Eine Begrenzung. Der Entwurf zu einer Geometrie. Oder ferner, um einen Ausdruck von 1894 zu benutzen, ein Ideal.

Valéry hätte ein großer Gelehrter sein können, ein großer Schachspieler, ein großer Bankier, ein großer Musiker. Doch er selbst hat die absolute Konzentration zu seinem Terrain auserkoren. Ganz gewiß nicht wie die Romantiker, von einem überschäumenden, exaltierten Konzept seines »Selbst« angetrieben. Im Gegenteil, dieser extreme Individualist behandelte sich immer wie ein Versuchslabor, das der Zufall ihm für Analysen zur Verfügung gestellt hatte. »Man muß bis an die Zähne bewaffnet in sich gehen«, sagt Teste.

Wir sind bei den Antipoden der »Identitätskrisen«, die unter den unruhigen Hausfrauen, den vertäuten Studenten, den erklärten professionnels, den Rückzugsgefechtsrevolutionären Furore machen. Die »private« Domäne Valérys ist nackt, streng: etwas zwischen Mönchszelle und Druckkammer eines Raumschiffs. Er bewegte sich wie ein Fremder darin; was ihn an seinem Geist, seinem Bewußtsein, seinem Empfindungsvermögen interessierte, war das *Funktionieren*, die ununterbrochene, unteratomische Aktivität, Sprünge, Verirrungen, Verkrustungen, Risse, Explosionen. Er definierte sich als Robinson des Intellekts: er war auf diese Insel verschlagen worden und nahm sich vor, sie zu erforschen, zu katalogisieren, zu kultivieren, sie von einem Ende zum anderen und bis in ihre letzten Winkel zu beherrschen.

Man kann *Herrn Teste* als das Programm eines Schiffbrüchigen lesen, der beschließt, die Ärmel hochzukrempeln und mit dem, was er zur Hand hat, ans Werk zu gehen. Klar, das ist kein nachahmbares Programm, und es kann nicht die Rede davon sein, diese verpflichtende und grandiose

Erfahrung auf unseren armseligen Postkarteninseln zu wiederholen. Mystik ohne Gott, Narziß mit dem Mikroskop bewaffnet, metaphysischer *Detektiv* »von Edgar Allan Poe und dem unfaßlichen Gott der Theologen abstammend«, repräsentiert Valéry bestimmt nicht, was die Scharlatane des Engagements noch eine »gültige Alternative« nennen.

Und doch war er Zeuge der Dreyfusaffäre, zweier Weltkriege, des Nazismus, des Stalinismus: Wie alle anderen erlitt er Idiotie und Brutalität der Epoche, er ging mit dem Jahrhundert um, er war wie alle anderen versucht, sich gehenzulassen, der Leichtfertigkeit, dem Vagen, dem Verblendetsein, der Begeisterei, dem Geschwafel nachzugeben.

»Gewisse Leute haben mir Komplimente über meine ›Intelligenz‹ gemacht«, schrieb er. »Ihr könnt nicht ahnen, was eine derartige Sache kostet und wie wenig man damit verdient. Ein sehr schlechtes Geschäft.«

Er hätte irgend so ein Sartre sein können, irgend so ein Marcuse, einer von den tausend bekehrungssüchtigen Schwätzern. Mit hochmütiger Strenge zog er es vor, »den Menschen die Klarheit des Geistes vorzuleben in einer heruntergekommenen romantischen Ära«. Und Borges fährt fort: »das Sinnbild eines für jede Tatsache unendlich empfänglichen Menschen, eines Menschen, für den jede Tatsache zugleich ein Anreiz ist, der eine unendliche Gedankenfolge auslösen kann. (...) Eines Menschen, der in einem Jahrhundert, das die chaotischen Götzenbilder des Blutes, der Erde und der Leidenschaft anbetet, stets den lichten Freuden des Denkens und den geheimen Abenteuern der Ordnungskraft den Vorzug gab.«

Herr Teste ist kein bequemes Symbol, kein triumphierender Held, dem man folgen, an dem man Slogans intonierend vorbeidefilieren könnte. In gewissem Sinn ist er immer geschlagen worden. Aber mit langen Unterbrechungen, wenn sich die Bürgersteige voller Geschrei für Augenblicke leeren, hört der, der hören will, seinen nächtlichen, regelmäßigen, unerschütterlich einsamen Schritt.

(Aus dem Französischen von Gabriele Gerecke)

IV

Aneignungen

ERNST ROBERT CURTIUS

Paul Valéry

Ni lu ni compris?
Aux meilleurs esprits
Que d'erreurs promises!
Le Sylphe

1

Wer die moderne französische Dichtung liebt, kennt die von A. van Bever und Paul Léautaud zuerst 1900 herausgegebene und seither in vielen Auflagen verbreitete Anthologie *Poètes d'aujourd'hui*. Sie faßte den lyrischen Ertrag der zwei Jahrzehnte von 1880 bis 1900 zusammen. Sie war die Fruchtlese im Herbst des Symbolismus. Sieben Gedichte von Paul Valéry waren dort abgedruckt, und in der Vorbemerkung wurde gesagt: »Herr Paul-Ambroise Valéry, der in Cette (Hérault) am 30. Oktober 1872 geboren ist, hat bisher fast nur für seine Freunde und in Zeitschriften für einen kleinen, geschlossenen Leserkreis geschrieben... Die meisten der folgenden Gedichte, die ihr Verfasser jetzt als längst verblaßte Vergnügungen betrachtet, entstanden zwischen 1889 und 1895... Seither hat Herr Paul Valéry sehr wenig geschrieben. Kaum daß man seinen Namen von Zeit zu Zeit im *Mercure de France* unter Studien findet, deren Titel *Méthodes* bezeichnend ist für die Abstraktionen und die mathematischen Spekulationen, denen er sich zugewandt hat. Herr Paul Valéry widmet sich seit einigen Jahren außerliterarischen Untersuchungen, die sich schwer definieren lassen, denn sie scheinen sich auf eine vorsätzliche Vermischung der naturwissenschaftlichen Methoden und der künstlerischen Instinkte zu gründen. Aber aus diesen Untersuchungen hat ihr Verfasser noch nichts veröffentlicht.«

Fast zwanzig Jahre lang hat Paul Valéry geschwiegen. 1917 ließ er *La Jeune Parque* erscheinen, nach einer Pause, die man sich ausgefüllt denken mag nach der Andeutung des *Cimetière marin*:

Après tant d'orgueil, après tant d'étrange
Oisiveté, mais pleine de pouvoir.

Die Widmung an André Gide sagte: *Depuis bien des années, j'avais laissé l'art des vers; essayant de m'y astreindre encore, j'ai fait cet exercice…* Seither ist, wie Thibaudet sagt, jedes Gedicht von Valéry als ein Ereignis begrüßt worden. Bei einer Rundfrage, die 1921 veranstaltet wurde, bezeichneten die meisten Stimmen Valéry als den größten französischen Dichter der Gegenwart.

Valéry ist nicht nur Lyriker. Er hat Bewunderer, die seine Prosa (zum Beispiel die Dialoge *Eupalinos* und *L'âme et la danse*) noch über seine Verse stellen. Aber nur von seiner Dichtung soll hier die Rede sein; von seinen betrachtenden Äußerungen nur, sofern sie seine Dichtung betreffen.

Aber was ist Dichtung? Weder ihr Gegenstand noch ihre Methoden sind geklärt, sagt uns Valéry. Wer sie kennt, schweigt; wer sie nicht kennt, spricht darüber. Es gibt keine intellektuelle Materie, die nicht im Lauf der Jahrhunderte den harmonischen Gesetzen des Rhythmus unterworfen worden wäre. Naturwissenschaft, Geschichte, Politik, Theologie gehören zur Substanz der größten dichterischen Werke, die uns die Vergangenheit hinterlassen hat, des *De natura rerum*, der *Georgica*, der *Aeneis*, der *Göttlichen Komödie* (das ist die bezeichnende Auswahl, die Valéry trifft). Erst im 19. Jahrhundert fühlt man das Bedürfnis, die Poesie von allen fremden Stoffen loszulösen: Poe und Baudelaire machten den Anfang. Der Symbolismus suchte dann der dichterischen Sprache die Wirkungen der Musik abzugewinnen. Mehr noch und Tieferes: er suchte alle Rede und Rhetorik, alles Begriffliche aus der Poesie zu entfernen. Er wollte sie rein – rein wie die Musik.

Er wollte die absolute Poesie – und mußte daran scheitern. Das sagt nichts gegen das Ideal des Symbolismus; es sagt höchstens etwas gegen die Welt. *Car c'est une limite du monde qu'une vérité de cette espèce; il n'est pas permis de s'y établir. Rien de si pur ne peut coexister avec les conditions de la vie. Nous traversons seulement l'idée de la perfection, comme la main impunément tranche la flamme; mais la flamme est inhabitable, et les demeures de la plus haute sérénité sont nécessairement désertes… La poésie absolue ne peut procéder que par merveilles exceptionelles.*

Reine Poesie – ein spekulativer Grenzbegriff; ihre Verwirklichung – ein Wunder, eine Ausnahme: in diesen Sätzen erkennen wir den Verfasser der »Methoden« wieder. Sie erklären uns Valérys langes Verstummen. Sie lassen uns den Ausgangspunkt und den Standort seiner geistigen Aktivität ahnen. Es ist ein archimedischer Punkt außerhalb der Welt, ein Reich reiner Beziehungen, immaterieller noch als die Philosophie, die immer noch mit dem Erdenrest inhaltlicher Probleme behaftet ist. Bei Valéry wird alles Substantielle der Geisteswelt in pure Methodologie aufgelöst. Sein Denken ist die äußerste Entwirklichung des Seins. Man hat Valéry einen philosophischen Dichter genannt. Diese Formel hat ein gewisses Recht – aber nur, wenn man Valérys eigentümliches Verhältnis zur Philosophie beachtet. *La philosophie, sagt er, si l'on en déduit les choses vagues et les choses réfutées, se ramène maintenant à cinq ou six problèmes, précis en apparence, indéterminés dans le fond, niables à volonté, toujours réductibles à des querelles linguistiques, et dont la solution dépend de la manière de les écrire. Mais l'intérêt de ces curieux travaux n'est pas si amoindri qu'on pourrait le penser: il réside dans cette fragilité et dans ces querelles mêmes, c'est-à-dire dans la délicatesse de l'appareil logique et psychologique de plus en plus subtil qu'elles demandent qu'on emploie; il ne réside plus dans les conclusions. Ce n'est donc plus faire de la philosophie que d'émettre des considérations même admirables sur la nature et sur son auteur, sur la vie, sur la mort, sur la durée, sur la justice... Notre philosophie est définie par son appareil, et non par son objet.*

Philosophie ist also für Valéry nicht mehr ein Erkennen von Gegenständen, überhaupt nicht mehr eine Entscheidung über die Wahrheit. Wahrheit wird ein rein formaler Faktor, Problemlösungen sind nur ein Sonderfall einer Technik, der Technik schriftstellerischer Darstellung. Philosophie ist ein ästhetisches Spiel, dessen Regeln durch die Natur begrifflicher Spekulationen vorgeschrieben sind. Ihr Reiz und ihr Wert liegen in der komplexen und subtilen Art ihrer Methoden. Valérys Dichtung ist philosophisch nicht in dem Sinne, daß sie eine Lehre metaphysischer Ordnung enthielte, sondern dadurch, daß sie die Musik der Ideen als Anregung, als Gehalt, als Gerüst poetischer Schöpfungen verwendet – und dadurch, daß sie die rhythmische Form mit derselben Strenge handhabt, die der Logiker in seinen begrifflichen Konstruktionen beachtet. Die Poesie ist als Technik eine der Philosophie analoge und geheim verwandte Tätigkeit – oder sollte es sein.

In diesem Punkt scheint Valéry den Symbolismus immer als unvollkommen empfunden zu haben. Mit zwanzig Jahren, so erzählt er[1], glaubte er »an die Macht des Gedankens«. Er fühlte sich im Besitz von Ideen, die er wie Geheimnisse hütete, denen er unbegrenzte Macht zutraute, und die doch vor den Problemen versagten. *J'avais cessé de faire des vers. Je ne lisais presque plus. Les romans et les poèmes ne me semblaient que des applications particulières, impures, et à demi inconscientes, de quelques propriétés attachées à ces fameux secrets... Les lettres, de leur côté, m'avaient souvent scandalisé par ce qui leur manque de rigueur, et de suite, et de nécessité dans les idées. Leur objet est souvent minime. Notre poésie ignore, ou même redoute, tout l'épique et le pathétique de l'intellect. Que si, quelquefois, elle s'y est risquée, elle s'est faite morne et assommante. Lucrèce, ni Dante, ne sont Français. Nous n'avons point, chez nous, de poètes de la connaissance... Nous ne savons pas faire chanter ce qui peut se passer de chant. Mais notre poésie, depuis cent ans, a montré de si riches ressources, et une puissance si rare de renouvellement, que l'avenir lui donnera peut-être assez vite quelquesunes de ces œuvres de grand style et d'une noble sévérité, qui dominent le sensible et l'intelligible.*

Diese Sätze machen die doppelte Beziehung noch deutlicher, die Valérys Dichtung mit der Philosophie verbindet – die intellektuelle Emotion wird als lyrisches Thema erfaßt, und die unausweichliche Gesetzlichkeit begrifflicher Struktur wird ein Maß formaler Gestaltung. Aber Inhalt und Form hier noch zu trennen ist künstlich und irreführend. Jene seelische Spannung der metaphysischen Spekulation und jene Bindung an strenge Form sind nur zwei Seiten desselben Prozesses, sind zwei nur in der Reflexion isolierbare Wirkungen derselben Anspannung des Geistes. Sie wurzeln in dem *ostinato rigore*, der Valéry zu Leonardo zog[2], in dem Bewußtsein einer immanenten Gesetzlichkeit des Geistes, die als Absolutes zuletzt übrigbleibt, wenn alle Inhalte des Denkens problematisch geworden sind.

Diese kühle Luft abstrakter Geistigkeit ist das Klima von Valéry. Seine Kunst ist Vernunftkunst. *J'aime ces amants de la Poésie qui vénèrent trop lucidement la déesse pour lui dédier la mollesse de leur pensée et le relâchement de leur raison. Ils savent bien qu'elle n'exige pas le sacrifizio dell'intelletto. Minerve ni Pallas, Apollon chargé de lumière, n'approuvent pas ces abominables mutilations que certains de leurs dévots égarés infligent à l'organisme de la pensée...*

Man sieht, daß Valérys Auffassung der Poesie in schroffem Gegensatz zu allen romantischen Tendenzen der Vergangenheit und der Gegenwart steht. Die romantische Theorie (und ihre moderne Deszendenz – man denke etwa an Verlaine und Verhaeren) will die Dichtung auf die irrationalen Elemente der Persönlichkeit gründen und ihre Spontaneität der Kontrolle der Intelligenz entziehen. Sie schaltet die »Regeln« aus, sie löst Vers und Reim auf, um das Wogen des Gemüts nicht zu hemmen. Diese romantische Revolution ist für Valéry ein verhängnisvoller Irrtum. Es erscheint ihm unwürdig, aus Enthusiasmus zu dichten. *L'enthousiasme n'est pas un état d'âme d'écrivain. Quelque grande que soit la puissance*

du feu, elle ne devient utile et motrice que par les machines où l'art
l'engage; il faut que des gênes bien placées fassent obstacle à sa dissipa-
tion totale, et qu'un retard adroitement opposé au retour invincible de
l'équilibre permette de soustraire quelque chose à la chute infructueuse
du feu. So erhält das Technische des Versbaus für Valéry eine ungemeine
Bedeutung. Die Metrik gewinnt eine neue Dignität. Ihre Gesetze sind
vom Geist sich selbst gesetzte Widerstände. Nur indem er sich streng an
sie bindet, vermag seine Schöpferkraft ihr Höchstes zu geben. Die Metrik
ist für die Dichtung, was die Statik für die Baukunst ist: die bedingende
Möglichkeit.

Metaphysischer und technischer Formalismus; Rigorosität der intellektuellen und der handwerklichen Methode: das zeigt sich so als Grundwesen von Valérys Dichtung. Aber daraus allein würde kein Kunstwerk
wachsen. Ohne einen irrationalen Antrieb ist kein Schaffen denkbar. Valéry reinigt die ganze Sphäre des Geistigen vom Irrationalen – aber er muß
es wiederfinden in einer anderen Sphäre: als *désir*, als puren Drang, der
dem Leben inhärent ist, der das Leben erst erzeugt – ja mehr noch, der
vielleicht das Sein selbst erzeugt. Dieser Drang ist das kosmogonische, das
ontologische Prinzip; er ist der Sündenfall, der die reine Idee in das Sein
hinabzieht, er ist die Urschuld. Weltwerdung und Sündenfall sind ein und
dasselbe. Sie sind auch das Grundproblem des Geistes: als Tatsache seiner
Entäußerung. Sie müssen also auch ein Grundthema aller Dichtung sein.
Vielleicht hat alle Dichtung als Kosmogonie begonnen. Die kosmogonische Poesie ist jedenfalls eine der ältesten und beharrendsten Dichtungs-
formen. Sie ist unentsetzbar. Denn die Frage nach dem Ursprung der Welt
ist der Wissenschaft und der Philosophie unzugänglich. Alle Versuche, sie
wissenschaftlich oder philosophisch zu beantworten, müssen bei einem
Mythos endigen. Woraus folgt, daß es sinnvoller ist, mit dem Mythos zu
beginnen, das heißt das Problem der Kosmogonie in der rein mythischen
Sphäre zu belassen: in der dichterischen Sphäre. Das mythische Symbol,
dessen Valéry sich als Künstler bedient, ist die Schlange.

Die Schlange – *l'hydre vénérable*[3] – windet sich durch das poetische
Werk Paul Valérys. Die junge Parze spürt ihren Biß:

> *... Mais toute à moi, maîtresse de mes chairs,*
> *Durcissant d'un frisson leur étrange étendue,*
> *Et dans mes doux liens, à mon sang suspendue,*
> *Je me voyais me voir, sinueuse et dorais*
> *De regards en regards, mes profondes forêts.*
> *J'y suivais un serpent qui venait de me mordre.*

Sie wird selbst Schlange:

> *Va! je n'ai plus besoin de ta race naïve,*
> *Cher serpent... Je m'enlace, être vertigineux!*

Im *Cimetière marin* wird das Meer als Hydra gesehen:

> *Hydre absolue, ivre de ta chair bleue,*
> *Qui te remords l'étincelante queue*
> *Dans un tumulte au silence pareil...*

Es ist, als ob die Schlange in allem Lebendigen wäre. Sie ist im Preis-kämpfer, der nach dem Tanze ruht:

> *Dormez, sous les pas sidéraux,*
> *Vainqueur lentement désuni,*
> *Car l'Hydre inhérente au héros*
> *S'est éployée à l'infini...*

Sie windet sich um den Dreifuß der Pythia:

> *Cette martyre en sueurs froides,*
> *Ses doigts sur ses doigts se crispant,*
> *Vocifère entre les ruades*
> *D'un trépied qu'étrangle un serpent.*

Sie geht in die Pythia ein:

> *Eh! Quoi!... Devenir la vipère*
> *Dont tout le ressort de frissons*
> *Surprend la chair que désespère*
> *Sa multitude de tronçons!...*

Und endlich rollen sich alle Windungen des Symbols auf. Das Schlangen-hafte alles Lebens wird Form und Klang in *Le Serpent*. Der biblische Mythos wird das Thema eines kosmogonischen Gedichts. In einem Mo-nolog von dreihundert Versen sagt die Paradiesesschlange ihr Wort über den Schöpfer und seine Werke. Auch hier ist die Schlangenhaut nur eine Maske, ein Gewand, in dem ein dämonisches Prinzip sich verkörpert hat:

Parmi l'Arbre, la brise berce
La vipère que je vêtis…
…
La splendeur de l'azur aiguise
Cette guivre qui me déguise
D'animale simplicité…

Die Schlange ist der Verführer. Sie lehrt die Auflehnung und die Begierde. Sie ist Arglist, Sinnlichkeit und Trauer. Sie ist nicht nur ein Symbol, mit dem Valérys Dichtung spielt, sondern sie ist – freilich ins Böse verzerrt – das Symbol, in dem das Wesen dieser Dichtung erkennbar wird.

Denn Valérys Musik baut sich auf diesen drei Grundtönen auf: Intellektualität, Sinnlichkeit, Trauer. Valérys Dichtung hat einen luziferischen Blick. Sie hat etwas Unmenschliches. Sie wechselt zwischen der Eisregion eines Denkens, das pures Spiel mit Formen ist, und dem trockenen Feuer einer Sinnlichkeit, die purer Drang ist und an keinem Gegenstand haftet. Das ist ihre eigentümliche Polarität. Es ist die Poesie sinnlicher Intellektualität. Das Mittlere zwischen Geistigkeit und Sinnlichkeit: das Reich der Seele und ihrer Schönheit, in dem wir die wahre Heimat der Poesie zu sehen gewohnt sind, fehlt bei Valéry. Hier ist, wenn man will, eine leere Stelle. Sie ist ausgefüllt mit Trauer: – *le triomphe de ma tristesse* im Munde der Schlange.

Es ist keine elegische Wehmut, sondern eine bittere, aschenfarbene Trauer. Es ist die Trauer, die für den reinen Geist wie für den reinen Drang aus der Tatsache der Zeit und des zeitlich verfließenden Seins selbst mit Notwendigkeit entspringt. Der Geist möchte nur in der Ewigkeit reiner Formen wohnen, aber auch alle Lust will Ewigkeit. So wird das Leben schal, die Wirklichkeit entwertet. Für die dichterische Meditation ist daher der Totenacker der gemäße Ort. Hier wird die Bitternis mild:

Et l'amertume est douce, et l'esprit clair.

Der Geist wird klar und zergliedert seine Trauer mit den Formeln der Philosophie. Die Antinomien des alten Eleaten – die auch in Bergsons Erstlingswerk eine so bedeutsame Rolle spielen – werden lyrische Materie:

Zénon! Cruel Zénon! Zénon d'Elée!
M'as-tu percé de cette flèche ailée,
Qui vibre, vole et qui ne vole pas!
Le son m'enfante et la flèche me tue!
Ah! le soleil! ... Quelle ombre de tortue
Pour l'Ame, Achille immobile à grands pas!

Albert Thibaudet gibt zu dieser Strophe einen Kommentar, den ich anführe, weil er anschaulich zeigt, welcher präzisen Deutung auch die dun-
kelsten Wendungen von Valérys Dichtung zugänglich sind. *Quand je dis*
et que je pense : »Je suis un être qui change!« je rencontre l'Eléate qui fait
du changement et du mouvement un non-être, – ces arguments de Zénon
derrière lesquels on aperçoit, comme derrière un drapeau permanent,
tous les bataillons de la métaphysique et des métaphysiciens. La flèche
me tue, dit Valéry comme M. Bergson. L'argument de la flèche me nie,
nie la vie en niant le changement. Le son de la flèche vibrante »m'en-
fante« parce que mon être, et surtout mon être de poète, consiste à épou-
ser cette vibration mystérieuse, ce mouvement, ce principe de ce qui se
meut et qui change, c'est-à-dire l'âme.

Valérys Trauer ist metaphysischer Art. Sie ist ein logischer Schmerz.
Von seiner Jugend erzählt er: *J'avais vingt ans, et je croyais à la puis-*
sance de la pensée. Je souffrais étrangement d'être et de ne pas être. Das
ist nicht die Hamletfrage nach dem Schicksal der Seele, sondern Pathos
und Passion des Intellekts.[4] Ein Luxus des Intellekts, wird mancher finden. Ein stolzer und eigenwilliger Luxus jedenfalls.

Aber gleichviel. Die geistige Haltung Valérys interessiert uns nicht
philosophisch, sondern psychologisch. Es ist nötig, sich ihre formale
Struktur klarzumachen, um Valérys Dichtung besser zu verstehen:
ihren geistigen Ursprung, ihre treibenden Energien, ihre innere Logik.
Gewiß wird der poetisch Empfängliche, der rhythmisch Sensitive die
Schönheit eines Gedichts von Valéry ohne vorgängige Erklärung empfinden. Aber sein Empfinden wird sich bereichern, vertiefen, ausweiten,
wenn er einen Einblick gewonnen hat in den geistigen Kosmos, aus dem
dieses Gedicht aufblühte.

Es gibt ein Gedicht, in dem dieser Kosmos selbst lyrische Form gewonnen hat: *L'Aurore.* Dieses Stück nimmt im Werk Valérys die Stellung
ein, die *Art poétique* im Werke Verlaines oder *Prose pour des Esseintes*
im Werke Mallarmés hat. Es ist Valérys *ars poetica,* es ist die Schilderung
des Dichtertags: Erwachen aus Chaos und Wüste des Schlafes, Hinaus-
schreiten ins Morgenrot, in Sonnenfrühe und Geistesklarheit:

Dans mon âme je m'avance,
Tout ailé de confiance:
C'est la première oraison!
À peine sorti des sables,
Je fais des pas admirables
Dans les pas de ma raison.

Der erste Blick des Dichters fällt auf die Schar der Worte, die in geheimer Verwandtschaft glänzen:

Salut! encore endormies
A vos sourires jumeaux,
Similitudes amies
Qui brillez parmi les mots!

Aber diese Worte sind belebt, scheinen leibhafte Formen anzunehmen. Ein sinnliches Locken geht von ihnen aus:

Quelle aurore sur ces croupes
Qui commencent de frémir?

Es sind die sinnlichen Bilder des Geistigen, es sind die Leiber der Ideen:

Quoi! c'est vous, mal déridées!
Que fîtes-vous cette nuit,
Maîtresse de l'âme, Idées
Courtisanes par ennui?
— Toujours sages, disent-elles,
Nos présences immortelles
Jamais n'ont trahi ton toit!
Nous étions non éloignées,
Mais secrètes araignées
Dans les ténèbres de toi!

In der Stille der Nacht waren sie am Werk. Sie haben gesponnen:

Ne seras-tu pas de joie
Ivre! à voir de l'ombre issus
Cent mille soleils de soie
Sur tes énigmes tissus?

Und der Dichter webt aus Geistgespinst und sinnlich rankendem Leben
seinen Sang. Er »beherrscht das Sensible und das Intelligible«.

> *Leur toile spirituelle,*
> *Je la brise, et vais cherchant*
> *Dans ma forêt sensuelle*
> *Les prémisses de mon chant...*

Es ist hier nicht der Ort, dem Gedicht weiter zu folgen. Halten wir nur
fest, was der Dichter über sein Verhältnis zu den Worten sagt:

> *Similitudes amies*
> *Qui brillez parmi les mots.*

Nur ein lateinischer Dichter kann so sprechen. Der deutsche Dichter ist
Sprachschöpfer. Die Sprache ist in ihm, und ist in ihm als ein Werden.
Goethe, Hölderlin, George bezeugen es uns. Der lateinische Dichter fin-
det die Worte vor als ein Sein außer sich. Sie haben die unveränderliche
Prägung der Jahrtausende. Es sind nicht Runen, die neue Deutung tragen, nicht Wurzeln, die neue Zweige treiben können. Es sind die Anti-
qualettern der Triumphbogen, die lapidaren Charaktere der Inschriften.
Der lateinische Künstler kann an diesem Bestand ewiger Formen keine
Linie ändern. Sein Schöpfertum muß andere Wege gehen und andere
Siege erringen. Er muß schalten mit dem Gegebenen, dem Abgeschlosse-
nen, dem unwandelbar Gültigen. Aber er kann es durchdringen, aus-
messen, verhören. Er kann geheime Verwandtschaften erspüren – *similitudes amies* – und Klang werden lassen. Sein Triumph ist der: die
Klangverwandtschaft der Worte in Seelisches umzusetzen; aus dem Irrationalen eines akustischen Zufalls eine Harmonie des Geistes aufglänzen
zu lassen. Das ist der römische Ritus des poetischen Mysteriums. Das ist
die Kunst des unsterblichen Meisters der *Georgica*. Das ist das überraschende Glück, das Paul Valéry uns schenkt. Das ist der goldene Regen
der Palme:

> *Patience, patience,*
> *Patience dans l'azur!*
> *Chaque atome de silence*
> *Est la chance d'un fruit mûr!*
> *Viendra l'heureuse surprise:*
> *Une colombe, la brise,*

L'ébranlement le plus doux,
Une femme qui s'appuie,
Feront tomber cette pluie
Où l'on se jette à genoux!

Ein unendliches Reich musikalischer Harmonien steht solcher Kunst offen. Unter den subtilen Klangwirkungen Valérys ist die augenfälligste vielleicht die Alliteration. Fast jede seiner Strophen enthält Belege dafür. Nehmen wir aufs Geratewohl einige Beispiele aus dem Schlangengedicht... Nehmen wir gleich die erste Strophe:

Parmi l'Arbre, la brise berce
La vipère que je vêtis;
Un sourire que la dent perce
Et qu'elle éclaire d'appétits,
Sur le jardin se risque et rôde,
Et mon triangle d'émeraude
Tire sa langue à double fil...
Bête je suis, mais bête aiguë,
De qui le venin quoique vil,
Laisse loin la sage ciguë.

Wie sehr werden Rhythmus und Reim hier bereichert und verstärkt durch den Stabreim von *brise* und *berce*; *vipère* und *vêtis*; *risque* und *rôde*; *venin* und *vil*; *laisse, loin, la*; *sage* und *ciguë*. Die Folge dieser Alliterationen wirkt wie ein Resonanzboden, der das Klangvolumen vergrößert. Wie zischt die Schlange in den Versen:

Ce lieu charmant qui vit la chair
Choir et se joindre, m'est très cher.

Wie pfeift und betört die Verführerin in *s* und *b*:

Sitôt pétris, sitôt soufflés,
Maître Serpent les a sifflés,
Les beaux enfants que vous créâtes!
Holà! dit-il, nouveaux venus!
Vous êtes des hommes tout nus,
O bêtes blanches et béates!

Alliteration kann sich mit Assonanz und reichem Reim zusammen-
finden.

> Je vais, je viens, je glisse, plonge,
> Je disparais dans un cœur pur!
> Fut-il jamais de sein si dur
> Qu'on n'y puisse loger un songe?
> Qui que tu sois, ne suis-je point
> Cette complaisance qui poind
> Dans ton âme, lorsqu'elle s'aime?
> Je suis au fond de sa faveur
> Cette inimitable saveur
> Que tu ne trouves qu'à toi-même!

Man höre das sanfte Lispeln der *d* und *l*:

> Dore, langue! dore-lui des
> Plus doux des dits que tu connaisses!

Kaum noch zerlegbar ist dann eine Musik wie die der folgenden Strophe,
in der der schrille Klang des wiederkehrenden *i* sich mit so vielen anderen
Wirkungen mischt:

> Quel silence battu d'un cil!
> Mais quel souffle sous le sein sombre
> Que mordait l'Arbre de son ombre!
> L'autre brillait comme un pistil!
> – Siffle, siffle! me chantait-il!
> Et je sentais frémir le nombre,
> Tout le long de mon fouet subtil,
> De ces replis dont je m'encombre:
> Ils roulaient depuis le béryl
> De ma crête, jusqu'au péril!

Diese Klangmusik der Assonanzen und Konsonanzen, die arabeskenhaft
die feste Linie des Reims umspielt, gehört zu den Kunstmitteln, die der
Symbolismus bewußt gepflegt hatte. Reicher und überreicher Reim werden von Verlaine und Mallarmé verwandt. Man findet sie in Verlaines
bekanntem Herbstlied:

Les sanglots longs
  Des violons
   De l'automne
Blessent mon cœur
D'une langueur
  Monotone.

Bei Mallarmé:

> *Gloire du long désir, idées*
> *Tout en moi s'exaltait de voir*
> *La famille des iridées*
> *Surgir à ce nouveau devoir.*

Einen solchen »leoninischen Reim« (nach der Deutung des Mittelalters: Löwenreim, weil König der Reime, wie der Löwe König der Tiere) enthält die zuletzt angeführte Strophe von Valéry: *béryl – péril.* Es liegt nahe genug, daß solche und andere Subtilitäten sehr leicht ins Spielerische entarten. So erging es den *Rhétoriqueurs* des ausgehenden Mittelalters, so erging es auch oft den Symbolisten. Man vergleiche die gesuchten Assonanzen, die Binnenreime und die pedantischen Alliterationen (besonders in der vierten Zeile) bei Stuart Merrill:

> *La blême lune allume en la mare qui luit,*
> *Miroir des gloires d'or, un émoi d'incendie.*
> *Tout dort. Seul, à mi-mort, un rossignol de nuit*
> *Module en mal d'amour sa molle mélodie.*

Hier werden die Harmonien isolierte Effekte, Glanzlichter, die sich peinlich aufdrängen. Man sieht, daß *module* und *molle* absichtlich gewählt sind. Das ist Kunstfertigkeit, nicht Kunst. Ganz anders bei Valéry. Bei ihm machen solche Klangwirkungen nie den Eindruck der Virtuosität, der brillanten Verzierung, der künstlichen Zutat. Sie sind nicht Triller, die auch wegbleiben könnten, sondern sie haben die Kontinuität einer Melodie. Sie gleichen, wenn man will, einer zweiten Stimme, die zum Sopran des Reimes tritt, und die harmonisch nicht entbehrt werden kann. Niemals wirken sie gesucht und erklügelt. Sie sind wie eine geheime dauernde Gegenwart:

J'étais présent comme une odeur,
Comme l'arome d'une idée
Dont ne puisse être élucidée
L'insidieuse profondeur!

Die Musik der *similitudes amies* wirkt in jedem einzelnen Falle als notwendig – als das sinnliche Siegel einer ideellen Notwendigkeit. Das verleiht der Dichtung Valérys ihre magische Geschlossenheit. Diese Gedichte wollen ja Zaubersprüche, Beschwörungen, Inkantationen sein: *Charmes* (*carmen*: »Lied« und »Zauberspruch«).

Valérys dichterische Erscheinung hat etwas völlig Singuläres. Dennoch ordnet sie sich, unbeschadet ihrer Einzigartigkeit, dem Rhythmus der französischen Dichtungsgeschichte ein. Thibaudet hat hier das Entscheidende gesagt. Er zeigt, daß Valérys Werk wie eine Wiederaufnahme des Werkes von Stéphane Mallarmé ist. Bis auf Valéry konnte Mallarmé als eine rätselhafte Ausnahme, ein ἅπαξ λεγόμενον in der französischen Literatur gelten: ein Wanderer, der sich in Eis- und Felsenöde verstiegen hat. Valéry aber erlöst ihn aus seiner Einsamkeit, gibt ihm Widerhall. *La question qu'avait posée Mallarmé n'était pas une question vaine, puisque la voici reprise par un génie original, par une autre voix et sur un autre registre spirituel. A la page que Mallarmé avait écrite sur ces frontières de la littérature, sur ces feuilles extrêmes venues de l'arbre dodonéen, d'autres pages s'ajoutent, qui forment avec elles une tradition littéraire, pure d'ailleurs de toute école, et fondée non sur la communauté d'une solution, mais sur une analogie de problème.*

Aber nicht nur der Symbolismus Mallarmés, auch die parnassische und die klassische Dichtung Frankreichs gehört zu den Voraussetzungen von Valérys Kunst. Sie vereinigt diese drei poetischen Bewegungen, wie Thibaudet sagt, »in einer gemeinsamen Essenz«.

Es würde diese einführende Betrachtung allzusehr belasten, wollten wir das Klassische von Valérys Dichtung genau zu erfassen versuchen. Dem künstlerischen Instinkt und dem Stilempfinden tritt es in greifbarer Deutlichkeit entgegen. Valéry gibt Klassik – unbekümmert um den Streit der Kritiker, ob Klassik sein soll, heute sein darf oder nicht –, und viele unter uns werden ihm dafür danken. Oder sind es nur noch wenige, die Lukrez, Vergil, Dante, Racine lieben?

2

Ich wüßte kein Thema aus dem Bereich heutiger Dichtung, das für den Kritiker lockender und zugleich entmutigender sein könnte, als die Kunst von Paul Valéry. Verführerischer: denn diese Kunst schenkt uns Werke von der unwiderleglichen Vollkommenheit des Diamanten: die reinste und seltenste Materie in mathematisch strenger Form. Entmutigender: denn die Kristalle dieser Poesie, die Konstellationen dieser Prosa, so unverrückbar und endgültig ihre Umrisse und Proportionen sich dem Betrachter darstellen – ihrem Schöpfer sind sie Zufälle, Zugeständnisse, Gelegenheitsprodukte, Nebenwerk; Spiel oder Versuch; Abstieg, ja Abfall vom reinen Denken. Vollzieht der Leser diesen Blick mit, den der Schöpfer aus der unbedingten Sphäre seines Geistes auf sein Werk wirft, so muß er einsehen, daß jeder Kommentar inadäquat ist außer dem, den der Künstler selbst geben könnte.

Diese Kunst ist von einer Art, daß sie den Geist nötigt, aus der Welt der Kunst hinauszuschreiten in einen dünneren und reineren Äther – eine Bewegung, vergleichbar jener der Flamme, die – wie Dante will – aufsteigt

Per la sua forma ch'è nata a salire
Là dove più in sua materia dura,

in die Feuersphäre jenseits der Lufthülle, in ihr Element, in ihre überirdische Heimat. So zieht uns die Kunst Valérys in eine Sphäre, in der nicht mehr die Formen wohnen, sondern die Ideen der Formen.

Oder sollten wir Formeln sagen statt Formen? Um sich dieser Metapoesie anzunähern, muß die Ästhetik ein Stück Weges mit der Mathematik gehen. Deren Abstraktionsverfahren erläutert Valérys Denkbewegung.

Das Kind lernt die Elemente des Rechnens, indem es Dinge zusammenzählt. Später setzt es für die Dinge die Zahlen ein, es addiert nicht mehr zwei und drei Äpfel, sondern 2 und 3. Und dann lernt es, daß man für Zahlen Größen einsetzen kann. Aus 2 und 3 wird a + b, aus der Arithmetik die Algebra. Setzt die Mathematik diese Transformationsmethoden fort? Ich weiß es nicht. Aber es ist denkbar. Es würde ins Unendliche führen: von Verwandlung zu Verwandlung. Es würde an einen Punkt führen, wo die Mathematik etwas anderes würde... eine universale Formenlehre, die doch noch das Gesetz aller unteren Sphären enthalten müßte.

Gehen wir von den Elementen unseres Erlebens statt von denen des
Rechnens aus, so ist ein analoges Verfahren denkbar: ein Stufengang der
Abstraktion und der Verallgemeinerung, bei dem das Ich zuletzt namen-
loses leeres Bewußtsein, bei dem das Weltall zuletzt ein Sonderfall
unendlich vieler möglicher Systeme wird. Auf diesem schwindelnden
Flug opfert das Ich nacheinander alle seine Wünsche, seine Pläne, seine
Inhalte, um immer höher zu steigen und auf dem Gipfel des Hochmuts
sich selbst zu vernichten: denn das reine Bewußtsein eliminiert die Individualität. Es eliminiert das Sein. Es weiß

Que l'univers n'est qu'un défaut
Dans la pureté du Non-Etre.

Das Wirkliche ist eine Verunreinigung der Idee. Wir leben, weil wir uns
dem Wahn der Sinne und dem Spiel der Triebe blind hingeben. Vor dem
reinen Blick des Geistes ist das Leben schlechthin grauenvoll, denn es hat
keine Notwendigkeit. Man kann diesem Grauen entfliehen, indem man
aus dem Herzen lebt und nach ihm die Welt deutet. Aber das heißt sie
umdeuten, heißt ihr etwas hinzufügen, heißt betrügen. Man fügt den
ewig stummen Sternbildern der Weltnacht einen Sinn zu oder einen Urheber. Das Herz schafft einen Demiurgen und gibt ihm Seele, gibt ihm
Liebe. Es gibt sich etwas, was vor ihm gewesen wäre. Es schafft sich
Sicherheiten, indem es Unsicheres erfindet. So entstehen die Fabeln und
Kosmogonien.

Der Geist überblickt diese Fiktionen. Sie sind poetische Spiele. Er zieht
es vor, unbestechlich zu bleiben und in der Klarheit zu wohnen – in der
kalten Klarheit des reinen Denkens. Dieser Akt des Vorziehens ist eine
einmalige Entscheidung der Persönlichkeit. Sie ist nicht weiter begründ-
bar. Alle großen Schöpfungen, alle großen Lebensläufe empfangen ihre
Größe aus einem solchen einmaligen Vorzugsakt. Er reift in der Einsamkeit des Bewußtseins. Er ist das selbstgegebene Gesetz der Persönlichkeit
und die unsichtbare Formel ihrer Taten. Es ist das unzugängliche, lebens-
längliche Geheimnis und der unverrückbare Mittelpunkt der großen
Menschen. *The hero*, sagt Emerson, *is he who is immovably centred*. Es
gibt einen solchen Heroismus auch im Gebiet des reinen Intellekts, und
seine Taten und Leiden wiegen nicht geringer als die zwölf Arbeiten des
Herkules.

Eine jede solche Entscheidung ist unbegründbar. Sie ist eine freie
Wahl. Sie ist ein Akt der Liebe, die sich auf einen Wert richtet – ein Akt
der Liebe auch dann noch, wenn jener Wert der reine Intellekt ist, der die
Liebe eliminiert. Er kann es und muß es in seiner Sphäre. Aber die Wahl

dieser Sphäre ist selbst noch eine Wirkung des Primats der Liebe vor dem Erkennen. Paul Valéry bekennt: *Les choses du monde ne m'intéressent que sous le rapport de l'intellect: tout par rapport à l'intellect. Bacon dirait que cet intellect est une Idole. J'y consens, mais je n'en ai pas trouvé de meilleure.*

Entscheidung heißt Verzicht. Eine Idee, ein Werk, einen Wert als das Absolute bejahen heißt die übrigen Weltinhalte ausschließen. Ein großer geistiger Wille muß grausam sein. Er kann sich nicht verwirklichen ohne Opfer. Er opfert Teile seines eigenen Lebens. Er entfernt mit dem Meißel allen überflüssigen Stoff. Valérys Intellekt ist stoisch-analytisch. Er opfert alles, was sich nur auf den Glauben berufen kann.

Aber die Poesie nimmt er von seinem Zerstörungswerk aus. Kann er sie vor dem puren Intellekt rechtfertigen? Streng genommen nicht. Sie ist in seinem geistigen System der geometrische Ort des Zufalls, der Willkür, der Inkonsequenz – des Lebens. Sie ist die edelste Form des Machttriebes. Etwas von diesem Triebe ist ja auch im reinen Erkennen, ist jedenfalls in jener Art des Denkens, die nach der Art der mathematischen Abstraktion verfährt. Sie geht auf die Gewinnung von Formeln, und die Formeln haben einen doppelten Sinn: den des Begreifens und den des Hervorbringens. Sie verflüchtigen das Wirkliche in ein Zeichensystem, um nach Belieben andere Wirklichkeiten formen zu können. Erkennen und Erzeugen sind zwei Seiten desselben Prozesses. Die Kunst als Form geistiger Konstruktion wird so eine Dependenz des Denkens. Aber die intellektuelle Freude bleibt für Valéry der poetischen übergeordnet. Wichtiger als etwas zu machen ist es, zu wissen, wie etwas gemacht werden kann. Das Werk hat den Sinn, eine Methode zu verifizieren. Der Akt des Verwirklichens ist eine Ausnahme, hervorgerufen durch einen äußeren Anlaß. In diesem Reich höchster Bewußtheit gibt es keinen Schaffensdrang. Viele Arbeiten von Valéry sind unvollendet geblieben. Von seinen Fragmenten über Mallarmé sagt er: *Ils diffèrent infiniment des parties de l'étude rigoureuse qu'il eût aimé de faire, et qu'il ne fera jamais.* Oft kehrt derartiges bei ihm wieder.

Dieser Dichter, der jahrzehntelang das Schweigen wahrte, hat eine Metaphysik und eine Ethik der Zeit, die dem Rhythmus unseres amerikanisierten Lebens fast unfaßbar sein muß. Da die Zeit unendliche Dauer ist, müssen alle Kombinationen der Wahrscheinlichkeitsrechnung sich einmal in ihr verwirklichen. Alles Wahre und alles Falsche ist in der Welt potentiell enthalten. Wer über die Unendlichkeit der Zeit verfügte, könnte alles in alles verwandeln. Valérys Dichtung verkündet die Weisheit des Wartens:

Tout peut naître ici-bas d'une attente infinie.

Es ist die Weisheit der Palme:

> *– Calme, calme, reste calme!*
> *Connais le poids d'une palme*
> *Portant sa profusion.*
> ...
>
> *Cependant qu'elle s'ignore*
> *Entre le sable et le ciel,*
> *Chaque jour qui luit encore*
> *Lui compose un peu de miel.*
>
> *Sa douceur est mesurée*
> *Par la divine durée*
> *Qui ne compte pas les jours,*
> *Mais bien qui les dissimule*
> *Dans un suc où s'accumule*
> *Tout l'arome des amours.*
>
> *Parfois si l'on désespère,*
> *Si l'adorable rigueur*
> *Malgré tes larmes n'opère*
> *Que sous ombre de langueur,*
> *N'accuse pas d'être avare*
> *Une Sage qui prépare*
> *Tant d'or et d'autorité:*
> *Une espérance éternelle*
> *Monte à la maturité!*
> ...

Warum ist der Baum ein bevorzugtes Motiv von Valérys Dichtung? Gewiß webt sich vieles darin zusammen, und uralte religiöse Vorstellungen mögen mit einfließen. Aber ein bestimmender Zug hebt sich heraus. Der Baum ist für Valéry ein Symbol der Wandlung. Unsichtbar, aber stetig treibt er sein Werk: die Feuchte des Erdreichs aufzusaugen, um sie in Wachstum umzusetzen:

> *Ces jours qui te semblent vides*
> *Et perdus pour l'univers*
> *Ont des racines avides*

Qui travaillent les déserts.
La substance chevelue
Par les ténèbres élue
Ne peut s'arrêter jamais
Jusqu'aux entrailles du monde,
De poursuivre l'eau profonde
Que demandent les sommets.
                    (Palme)

So der Baum der Schlange:

Arbre, grand arbre, Ombre des Cieux,
Irrésistible Arbre des arbres,
Qui dans les faiblesses des marbres
Poursuis des sucs délicieux,
Toi qui pousses tels labyrinthes
Par qui les ténèbres étreintes
S'iront perdre dans le saphir
De l'éternelle matinée,
Douce perte, arome ou zéphir,
Ou colombe prédestinée,

O chanteur, ô secret buveur
Des plus profondes pierreries...
                (Ebauche d'un Serpent)

Der Chemismus des Baumes verwandelt die Wasser des Bodens in Blätter und Früchte. Der Baum ist ein Transformator. Die Alchimie des Organischen, sich auswirkend in der schweigenden Dauer des Wachstums, ist sinnliches Bild und Sinnbild aller Wandlung überhaupt.

Wandlung, Verwandlung, Umformung – dies ist das fundamentale ideelle Schema in der Kunst von Paul Valéry. In der Mathematik erscheint es als Verfahren der Abstraktion und der Transformation. Aber wir finden es bei Valéry in allen Gebieten des Geistes. Sein Denken ist eine universale Transformationstheorie.

Ewigen Gestaltenwechsel als Trieb alles Lebens – das stellt die Seele im Tanz dar. Was bedeuten die Bewegungen der Tänzerin? fragen Phaidros und Eryximachos. Und Sokrates in Valérys Dialog antwortet: *Nulle chose, cher Phèdre. Mais toute chose, Eryximaque. Aussi bien l'amour comme la mer, et la vie elle-même et les pensées... Ne sentez-vous par qu'elle est l'acte pur des métamorphoses?* Tanz ist Umsetzung des Geistes in reine Bewegung.

Verfließendes Leben umsetzen in Festgefügtes – das ist der Sinn der
Kunst. Eupalinos der Baumeister hat einen festlich-hohen Lebenstag in
ein Heiligtum umgewandelt: *O douce métamorphose! Ce temple délicat,
nul ne le sait, est l'image mathématique d'une fille de Corinthe, que j'ai
heureusement aimée. Il en reproduit fidèlement les proportions particulières. Il vit pour moi! Il me rend ce que je lui ai donné...* Architektur
und Musik – sie sind die beiden idealen Künste, weil sie im Vergänglichen
die Formen wandelloser Ordnung ausprägen. Sie schaffen einen intelligiblen Raum und eine intelligible Zeit. Sie ahmen die Natur nicht nach,
sondern entlehnen ihr nur das Minimum an Stoff, dessen sie bedürfen,
um die Gesetzlichkeit des Kosmos nachzubilden.

Des Dichters Stoff ist der schlechteste und der edelste zugleich – die
Sprache; das schlechthin Nichtige, verwehend wie Staub, beschmutzt
von tausend Berührungen; aber auch Organ des Göttlichen:

> *Honneur des Hommes, Saint Langage,*
> *Discours prophétique et paré,*
> *Belles chaînes en qui s'engage*
> *Le dieu dans la chair égaré,*
> *Illumination, largesse!*
> *Voici parler une Sagesse*
> *Et sonner cette auguste Voix*
> *Qui se connaît quand elle sonne*
> *N'être plus la voix de personne*
> *Tant que des ondes et des bois.*
> *(La Pythie)*

Des Dichters Amt: Überführung aller Weltsubstanz in wandellose
Sprachgestalt. Von Mallarmé sagt Valéry: *Le passage du songe à la parole occupa cette vie infiniment simple, de toutes les combinaisons d'une
intelligence étrangement déliée. Il vécut pour effectuer en soi des transformations admirables. Il ne voyait à l'univers d'autre destinée conceva-
ble que d'être finalement exprimé. On pourrait dire qu'il plaçait le Verbe,
non point au commencement, mais à la fin dernière de toutes choses.*

Es war Mallarmés Glaube, es ist nicht der Valérys. Der Mathematiker,
der Konstrukteur, der skeptische Analytiker Valéry hat nichts vom Vates
an sich. Wie könnte er der Dichtung eine sakrale Würde zugestehen.
Seine unerbittliche Klarheit, seine spielende und spottende Schlangen-
klugheit haßt den trüben Dunst der Mysterien: *Qu'est-ce qu'il y a de
plus mystérieux que la clarté?* Was Valéry an Mallarmé rühmt, ist sein

Versuch, die Dichtung intellektuell mündig zu sprechen: – *la tentative la plus audacieuse et la plus suivie qui ait jamais été faite pour surmonter ce que je nommerai l'intuition naïve en littérature.*

Aber Valéry geht noch weiter. Er läßt von dem religiösen Nimbus, den wir um den Dichter weben, nichts bestehen. Er zieht den Schaffensprozeß ans freie Licht der Intelligenz. *Je mets le plaisir intellectuel au-dessus du plaisir poétique.* Der Denker in ihm sieht den Künstler unter sich und läßt sich von ihm nicht verführen. Er verspottet wie jeden Aberglauben auch den der Inspiration. Er würde Nietzsche zustimmen: »Die Künstler haben ein Interesse daran, daß man an die plötzlichen Eingebungen, die sogenannten Inspirationen glaubt; als ob die Idee des Kunstwerks, der Dichtung, der Grundgedanke einer Philosophie wie ein Gnadenschein vom Himmel herableuchte. In Wahrheit produziert die Phantasie des guten Künstlers oder Denkers fortwährend, Gutes, Mittelmäßiges und Schlechtes, aber seine Urteilskraft, höchst geschärft und geübt, verwirft, wählt aus, knüpft zusammen...«

Der Prozeß des Schaffens ist nicht dunkel, denn hier ist der Geist bei sich und wirkt in seinem eigenen Reich. Nicht hier liegt das Unbegreifliche – sondern in all dem anderen, was nicht von der Art des Geistes ist. In all dem, was uns täglich, stündlich umgibt; was uns selbstverständlich ist und doch jedem Verstehen entzogen. Der Geist will Klarheit, aber alle Dinge sind undurchlässig für diese Klarheit. Alles Stoffliche setzt ihr einen Widerstand entgegen, der nicht zu überwinden ist. Unseren Leib erkennen wir nicht. Wir sinken in Schlaf, wir sinken in Tod – der Geist faßt es nicht. Unser ganzes Leben ist gewebt aus solchen Unfaßbarkeiten. Klarheit! – unser Dasein enthält davon nicht mehr als die Erdmasse vom Diamanten. Diese bittere Erkenntnis ist die gewisseste. Hilflose, rettungslose Einsamkeit des Geistes. Er ist verbannt in das Sein, gebunden an das Ewig-Fremde. Er sagt, im Symbol des Gedichtes *Le rameur*:

Je m'enfonce au mépris de tant d'azur oiseux.

Und wenige Strophen vorher:

Je remonte à la source où cesse même un nom.

Seltsam, beziehungslos steht dieser Vers in Valérys Werk; wie eine unwahrscheinliche, nur für eine Sekunde aufblitzende Möglichkeit des Geistes – die mystische Möglichkeit: das Blitzen eines Meteors, das in dem

Augenblick schon hinter dem Nachthorizont erloschen ist, wo wir es
wahrnehmen. Geben wir ihm nicht eine Bedeutung, die es fälschen
würde. Aber es darf eine Empfindung verstärken, die uns dumpfer oder
deutlicher durch das ganze Werk Valérys begleitet – daß wir am Rande
eines Abgrundes stehen. An der Grenze des Nichtseins. Winkt hier eine
letzte Wandlung? Für sie weiß der Dichter das Wort nicht mehr.

3

Was ist der Mensch? fragen die Philosophen. Was soll der Mensch? fragt
der Katechismus. Was kann der Mensch? die Frage wird selten gestellt.

Es ist die Frage Paul Valérys. Sein Denken kreist um eine Methodologie des Schaffens, um eine Metaphysik der Technik – dies Wort in dem
umfassenden Sinn genommen, den *techne* im Griechischen hat, und der
in Leonardo lebendig war, als er sich in einem Brief an den Herzog von
Mailand zur Verfertigung künstlicher Werke erbot. Er nannte da nebeneinander Brücken, Miniergänge, Kriegswagen, Gebäude, Wasserleitun-
gen, Bildwerke aus Marmor, Bronze, Ton... endlich auch Gemälde. Man
erinnert sich, daß Technik eigentlich »Kunstlehre« bedeutet – und Poesie
»Machen«!

Was kann der Mensch machen? Wir würden es wissen, wenn wir das
Seiende in seine letzten Elemente zerlegt hätten. Wäre diese Analyse
vollständig durchgeführt, so hätten wir alle Bausteine zur Verfügung.
Wir könnten alles Seiende wiedererzeugen und könnten auch das erzeugen, was noch nie war.

Ist des Technikers Sinn auf das Nützliche gerichtet, so wird er mit den
Elementen des Stoffes experimentieren. Freut ihn das Nutzlose mehr, so
wird er mit den Elementen des Geistes arbeiten: mit der Zahl, mit dem
Wort, mit dem Gedanken. Aber ob er nun ein Flugzeug, einen Lehrsatz,
ein Gedicht, ein System konstruiert – es sind alles nur Anwendungen
einer universalen Kombinationslehre.

Valéry beschreibt sein künstlerisches Schaffen gern mit mathematischen Vergleichen. Ein Gedicht ist für ihn eine Konstruktionsaufgabe.
Gegeben sind die Axiome der französischen Metrik, deren Euklid Mal-
herbe ist. Aufgegeben sei die Konstruktion eines Wesens, das zugleich
purer Trieb und pure Intelligenz ist. Die Lösung ist dann *Le Serpent* – das
kosmogonische Gedicht von der Paradiesesschlange.

Die Technik des Romans hat Valéry in einem Aufsatz über Marcel
Proust analysiert. Der Roman entsteht wie alle literarischen Gattungen

aus einer besonderen Verwendung der Sprache, und zwar aus ihrer Fähigkeit, unmittelbar zu bezeichnen und zu vergegenwärtigen. Wenn man dieses Element der Rede isoliert und es als Material einer Konstruktion benutzt, hat man die Möglichkeit, ein imaginäres Leben zu schaffen und mitzuteilen. Der Roman setzt sich zum Ziel, in uns jene unbestimmte und unregelmäßige Erwartung zu erzeugen, die wir gegenüber den Ereignissen der Wirklichkeit haben. Der Anschein von Leben und Wahrheit wird dadurch erzeugt, daß der Erzähler in das Gewebe seiner Fiktion sogenannte »Beobachtungen« einflicht. Das sind Elemente, die der Leser »wiedererkennt«, weil er sie in seiner Erinnerung vorfindet. So werden sie für ihn Träger eines Wirklichkeitskoeffizienten, den er dann auf das Ganze der Fiktion überträgt. »Man darf daraus keine Schlüsse auf den Roman ziehen«, sagt Valéry; »höchstens darf man das Leben anklagen, das sich uns darbietet als eine vollkommen wirkliche Summe aus Dingen, von denen die einen eitel und die anderen imaginär sind.« So erhalten wir von Valéry die mathematische Definition des Lebens in einem Relativsatz, als Randglosse zu einer ästhetischen Theorie.

Mehr als 25 Jahre vor dieser Theorie des Romans hatte Valéry eine praktische Anwendung von ihr gegeben in seinem philosophischen Roman *La Soirée avec Monsieur Teste* (1896; wiedergedruckt 1922). Ein Roman, oder wenigstens ein Romankapitel, ist dieses kristallinische Werk, in dem das Mysterium des Geistes die Maske der absoluten Klarheit annimmt.

Fingieren wir einen Menschen, der alle Möglichkeiten des Bewußtseins methodisch erforscht und der ein unbestechliches, präzises und logisches Denken als obersten Wert setzt. Versetzen wir ihn in eine Pariser Durchschnittsexistenz unserer Zeit. Wie wird er aussehn? An seiner Körperlichkeit wird nichts in die Augen fallen. Sein Blick scheint verwischt, seine Hände sind anonym. Er gestikuliert nicht. Er lächelt nicht. Die üblichen Grußformeln hat er ausgeschaltet. Er nimmt seine Mahlzeiten in einem kleinen Restaurant der Rue Vivienne, in der Nähe der Börse. Denn er lebt von kleinen Börsenoperationen. Er schluckt seine Nahrung hinunter, wie man eine lästige hygienische Pflicht erfüllt. Abends liest er die Zeitungen im Café. Manchmal besucht er das Bordell. Er haust in einem möblierten Zimmer, in dem sich nur das Notwendige an Möbeln befindet. Seit zwanzig Jahren – er ist jetzt vierzig – hat er keine Bücher mehr. Auch seine Manuskripte hat er verbrannt. Was er schon weiß, interessiert ihn nicht mehr. Ihn interessieren nur jene Probleme gedanklicher Synthese, die er noch nicht gelöst hat. Alles schon Erledigte schaltet er aus seinem Gedächtnis aus, um sich ganz auf die Experimente mit der Idee konzentrieren zu können. Er züchtet und kombiniert seine Gedanken, unterwirft sie den Einwirkungen der Zahl, behandelt sie mit verschiedenen Reagenzmethoden. Er operiert mit seinen Gefühlen wie mit chemischen Substanzen. Er ist der Systematiker seines Ich, seine Beschäftigung ist die Selbstvariation. Welches sind die Umformungsmethoden, die noch nicht erprobt wurden?

Das, was die Mehrheit interessiert, ist leicht und darum reizlos. Glücklich sein ist leicht; man braucht nur die erhöhten Augenblicke seines Daseins zu isolieren und sie durch eine ideale Linie verbunden zu denken. »Das Genie ist leicht, das Vermögen ist leicht, die Gottheit ist leicht... Ich will damit einfach sagen – daß ich weiß, wie man das zu begreifen hat. Es ist leicht.«

So urteilt Herr Teste. Er ist der anonyme, der geheime, der illusionslose und emotionslose, der mächtige Mahatma der abendländischen Intelligenz.

Fast dreißig Jahre hatte man nichts mehr von ihm gehört – da teilte Valéry 1924 einen Brief von Frau Emilie Teste mit, in dem sie von den Lebensgewohnheiten ihres außerordentlichen Gatten spricht und den Eindruck seiner unbegreiflichen, unheimlichen und dennoch liebenswerten Persönlichkeit schildert. Ein gottloser Mystiker, so erscheint er ihr. Einige Zeit später kamen dann »Auszüge aus dem Logbuch von Herrn Teste« zum Vorschein, – Aufzeichnungen, die das Feld unseres Bewußtseins mit Erleuchtungen, Zerstörungen, herzversetzenden Explosionsphänomenen übersprühen; den Aphorismen herkömmlicher Art ebenso fern wie die Sprengstoffe der Weltkriegschemie den Feuerwerken unserer Großväter.

In einigen dieser Sätze scheint sich eine Umkehr der geistigen Bewegungsrichtung vom Licht der Erkenntnis zu einem Zustand purer Wesenssehnsucht anzudeuten: einem Zustand, der dem Licht überlegen ist, weil das Licht noch den Unterschied zwischen Hell und Dunkel wahrt, weil es noch Gegenstände beläßt, die nicht notwendig sind; weil es den Geist noch trübt durch Bilder des Zufälligen. So wäre denn das Licht der Intelligenz nur eine Form des Dunkels? Und es gäbe eine Erleuchtung, reiner als das Licht? Solche Gedanken führen wirklich an die Säume der Mystik. Logische Abstraktion sublimiert sich zu Überlogischem.

Anmerkungen

1 *Au sujet d'Euréka.*
2 Vgl. Valérys »*Introduction à la méthode de Leonard de Vinci*« (1894, erweitert 1919).
3 *Au Platane.*
4 Es ist die Passion, an der Walter Paters Sebastian van Storck hinsiecht.

Anmerkung der Herausgeber

Der Text erschien zuerst unter dem Titel ›Der Dichter Paul Valéry‹ im *Neuen Merkur*, Heft 8, Mai 1924, dann um einen Abschnitt erweitert in *Französischer Geist im neuen Europa*, Berlin/Leipzig 1925. Die vorliegende, erstmals 1952 veröffentlichte Fassung enthält als weitere Ergänzung den Abschnitt über *Herr Teste*, den Curtius 1927 als Rezension der Übersetzung seines Freundes Max Rychner sowohl in der *Literarischen Welt* (Nr.40) als auch in *Die Literatur* (Heft 1) veröffentlicht hatte.

WERNER KRAFT

Paul Valéry und der Gedanke
Eine Skizze

Es gibt zwei Äußerungen, in denen Valéry in der allgemeinsten Form sein Verhältnis zum Gedanken ausdrückt. Die erste steht in »Rhumbs« und lautet: »J'aime la pensée comme d'autres aiment le nu, qu'ils dessineraient toute leur vie. Je la regarde ce qu'il y a de plus nu; comme un être tout vie – c'est-à dire dont on peut voir la vie des parties et celle du tout. La vie des parties de l'être vivant déborde la vie de cet être. Mes éléments, même ceux de mon esprit, sont plus antiques que moi. – Mes mots viennent de loin. Mes idées de l'infini. Infinis des combinaisons de cet ordre.« Hier wird deutlich, daß der Gedanke für diesen Denker so im Mittelpunkt der Welt steht wie für Karl Kraus die Sprache. Von diesem unterscheidet ihn die zweite Äußerung, welche dem »Cahier B 1910« entnommen ist: »Penser?... Penser! c'est perdre le fil.« Sie besagt, daß Valéry hinter einer erstaunlichen Kraft, sein Gedachtes zu formulieren, dort, wo er nicht repräsentativ, sondern wesentlich denkt, kaum anderes tut als seine Denkprozesse publizieren, – ein Verfahren, das die letzte Sicherheit nicht gewährt, den Denker mit dem Gedanken, den er ausspricht, identisch zu wissen. Da es aber im Gebiete des Denkens niemals um einen unter seinem Namen bekannten Denker geht, sondern um ein Gedachtes, so ist es grundsätzlich möglich, dieses, wenn es mit Intention nicht zu Ende gedacht ist, im Wege der kritischen Rezeption auf Gedanken zu beziehen. Goethe, der sich rühmt, es darum so weit gebracht zu haben, weil er nie über das Denken nachgedacht habe, sieht das Problem doch genau, wenn er in den »Maximen und Reflexionen« sagt: »daß man gerade nur denkt, wenn man das, worüber man denkt, nicht ausdenken kann.« Dazu paßt wieder genau, was Valéry im »Cahier« sagt: »Je ne pense même plus, pressentant... que je n'irai point jusqu'où je sais qu'il *faudrait* aller.« Auch ein anderer Satz Goethes an der gleichen Stelle gehört hierher: »Die größten Schwierigkeiten liegen da, wo wir sie nicht suchen.« Will sagen: wo wir sie nicht suchen können. Vom Standpunkt des Geistes aus ließen sich alle Menschen vorstellen als mit der gleichen Kraft dem Problem nachdenkend, das den Einzelnen beschäftigt, und sie lösen es anders. In diesem anderen steckt die eigentliche Schwierigkeit, die wir unserer individuellen Natur nach nicht suchen.

Einen Denkertypus wie Valéry sieht man oft, besonders unter Franzosen, auf dem Niveau eines sogenannten Skeptikers. Ein solcher dürfte heute im Sinne einer Konvention, die sich durchgesetzt hat, kaum mehr sein als einer, der im bequemen Sessel der Welt noch ein besonders weiches Kissen zum Sitzen braucht; weder weiß er etwas von der Wahrheit noch hat er außer einer gefälligen sprachlichen Begabung das geringste Interesse an ihr. Valéry hat eine Ahnung von der *Qualität* der Wahrheit, wenn er in »Mauvaises pensées« sagt: »Craindre la vérité comme le feu, dont elle a les propriétés. Rien n'y résiste.« Der Skeptiker ist verwandt dem Pessimisten. Beide sind im Trauerspiel der Philosophie Lustspieltypen. Ein Trauerspiel ist die Philosophie darum, weil ihr der Inhalt immer wieder in den gewaltigsten Anstrengungen entgeht. Valéry, der den Inhalt aus dem Denken eliminieren möchte, sagt mit subjektivem Recht in seiner Rede auf Descartes: »... que la vie de l'intelligence constitue un univers lyrique incomparable, un drame complet, où ne manquent ni l'aventure, ni les passions, ni la douleur..., ni le comique, ni rien d'humain... Ce monde de la pensée, où l'on entrevoit la pensée de la pensée et qui s'étend depuis le mystère central de la conscience jusqu'à l'étendue lumineuse où s'excite la folie de la clarté, est aussi varié, aussi émouvant, aussi surprenant par les coups de théâtre et l'intervention du hasard, aussi admirable par soi-même, que le monde de la vie affective dominé par les seuls instincts.« Ja, dieser Denker geht so weit, daß er offen sagt, der Gedanke erscheine ihm als der schönste, der sich *erfinden* lasse, so in »Rhumbs«: »Le plus beau serait de penser dans une forme qu'on aurait inventée.« Was will er damit sagen? Ich vermute, etwa dieses: Zwischen dem systematischen Denker und dem einzelnen Denkenden, der auf jede Systematik verzichtet, besteht eine ähnliche Beziehung wie zwischen dem Gläubigen und dem Mystiker einer Religion. Die Kirche beantwortet dem Gläubigen alle Fragen, deren Beantwortung *sie* für wissenswert hält. Die nach Gott steht nicht im Mittelpunkt der von der Kirche verwalteten Heilsgüter. Gerade diese Frage als eine, die im Mittelpunkt steht, interessiert den Mystiker. Was dort Gott ist, ist für Valéry – der Monsieur Teste, sein metaphysisches Wunschbild, durch Madame Teste als einen »mystique sans Dieu« bezeichnen läßt – der Gedanke, als ein Denken, dem ein Gedachtes entspricht. Dieses Gedachte will er nicht dem System entnehmen, das maschinenmäßig auf alle Fragen antwortet, sondern seinem Kopf, der zu *erfinden* vorzieht, was andere systematischem Bemühen verdanken. Dieser Kopf hat hinter allen Fragen nur an einer, auf welche er sie bezieht, das brennendste Interesse, nämlich an der, ob dem Denken überhaupt ein Gedachtes entsprechen könne, insofern als

dieses Gedachte vor jenem Denken nur dann bestände, wenn an ihm das
Kriterium der *Verwandlung* sichtbar würde, im Sinne des Satzes aus
»Cahier«: »Il m'est parfaitement inutile de savoir ce que je ne puis modi-
fier«, und dieser Satz ist noch deutlicher in »L'homme et la coquille«
formuliert, wo es heißt: »Je ne sais que ce que je sais faire.« Formelhaft
ausgedrückt, reduziert sich Valéry die Betrachtung der geistigen Welt,
wie sie ist, auf die Gleichung $1 = 1$; die der Welt, wie sie sein soll (nicht im
moralischen, sondern im Sinne der Verwandlung, aus der die vorhandene
Welt selbst hervorgegangen ist, im Sinne der Akte, die sie konstituieren)
auf die Formel $1 = 2$, besser: $1 \, (> 2) = 2 \, (< 1)$, die gegebene Welt nämlich, die zu einer verwandelten wird, ist gleich der verwandelten Welt, die
aus der gegebenen entsteht. Die »poésie pure«, die von dem Abbé Bré-
mond auf Grund horribler Mißverständnisse zu einer inzwischen längst
wieder vergangenen Mode gemacht wurde, hängt als Anwendungsgebiet
von Valérys Philosophie aufs engste mit der Verwandlung zusammen:
Formen sind Akte; Inhalte können weggelassen werden. In den Rand-
bemerkungen zu dem Aufsatz »Léonard et les philosophes« heißt es:
»J'ajoute (mais pour certains seulement) que la volonté de ne pas se laisser manœuvrer par des mots, n'est pas sans quelque rapport avec ce que
j'ai nommé ou cru nommer: poésie pure.« Die Akte, darf man erklärend
hinzufügen, beziehen sich auf die verwandelte Welt und können in der
unverwandelten nicht beliebig hervorgebracht werden.

   Die Inhaltsproblematik deutet auf die Grenze von Valérys Blick. Er
sagt in »Cahier«: »Mais vite, on vient à penser que ce Réel ne vaut pas
mieux que ses apparences. Et de deux choses pensées, A et B, il n'y a pas
de raison… *durable* pour que A soit toujours l'apparence, ni B toujours
le réel.« [Die Punkte gehören zum Text.] Es erhebt sich nun die Frage, ob
ein Denken, das in einem solchen Grade auf Systematik verzichtet, überhaupt möglich sei. Vielleicht bezieht sich alles Gedachte als Resultat so
notwendig auf ein System, wie es als Denkendes sich nicht darauf zu
beziehen braucht. Es gibt kein System ohne Inhalt. Eine Tasse benennt
man nur wegen des Inhalts, dem sie dient, mit diesem Namen; ein Glas
Wasser ohne Glas ist nicht denkbar. Valéry dagegen findet (»Descartes«):
»Mon attention la plus naturelle s'exite au vain désir de percevoir le travail propre de la pensée. Le thème, le problème, la portée de cette pensée
ne m'importent que par effort.« Das Denken des Denkens steht, wie bekannt, im Mittelpunkt der Fichteschen Philosophie, aber dort hat es eine
ausschließlich systematische Bedeutung. Indem die »Tathandlung« aus
dem systematischen Zusammenhang ausbricht, schafft sie ein günstiges
Erdreich für die mythisch verdeckte Verklärung des Verbrechens; das

ließe sich bei George zeigen. Bei Valéry heißt es, ebenfalls in der Rede auf Descartes, noch schroffer: »Ce doute-là est un état d'âme à la mode du temps. Entre Montaigne et Hamlet, cela se portait. Mais à peine l'esprit veut-il l'exprimer nettement, il découvre sans le moindre effort que le petit verbe *être* ne possède aucune vertu particulière, que sa façon n'est que de joindre; et que, de dire que l'on n'est pas, est dire la même chose que de dire que l'on est.« Hier sind wir an einem Punkt angelangt, wo es scheinen könnte, auch dieses Denken, wenn nicht in dem bequemen Auffangbecken einer dubiosen Existentialphilosophie wie die Heideggers zur Ruhe, so doch in dem konsequenten Inhaltsdenken eines Leo Schestow zur Unruhe kommen zu sehen. Beides hält nicht Stich, sondern *gegen die Tiefe selbst* wendet sich dieses Denken, eine Wendung, in der die gegen das System und die gegen den Inhalt komplett wird.

Es sieht nämlich so aus, als ob Valérys Behauptung, wenn Descartes *je pense* sagt, meine er kein abstraktes *je*, sondern Descartes selber, nur den Zentralgedanken Schestows wiederhole. Nach diesem schließt die Behauptung eines Spinoza, es komme nicht darauf an, zu trauern oder sich zu freuen, sondern es komme nur darauf an, zu erkennen, Spinoza selbst aus, der sehr wohl Trauer und Freude empfunden habe. Schestow will sagen, daß es hinter allem Erkennen in der eingestandenen oder uneingestandenen Beziehung auf die Ideen, hinter aller wissenschaftlichen Philosophie oder dem berufenem Einzeldenken den Punkt gibt, wo der Denkende entweder schweigt oder »plötzlich« *aus der Tiefe* (de profundis) schreit. Valéry weist dem *je* des Descartes die Person des Denkers nur zu dem Zwecke zu, die eigentlichen Gedanken zu denken, die dem auf Grund von Tradition denkenden Berufsdenker nicht zukommen. Diese Gedanken sind nicht die des cogito ergo sum, indem er sich sehr gut vorstellen kann, daß man denkt und eben darum nicht ist, sondern Gedanken über das Denken selber, welchen jede konkrete Inhaltsproblematik unangemessen ist. Schestow bekämpft das wissenschaftliche Erkennen, indem er nachweist, daß es zu unauflösbaren Widersprüchen führt, aus welchen es für den Philosophen keinen anderen Ausweg geben dürfe als den einen, die Wahrheit zu sagen, und daß sie darin besteht, daß er sie nicht hat. Husserl begründet die wissenschaftliche Philosophie und grenzt sie nicht nur gegen die »Weltanschauung«, sondern auch gegen die Tiefe ab. In »Philosophie als strenge Wissenschaft« schreibt er: »Erst, wenn die entschiedene Trennung der einen und anderen Philosophie sich im Zeitbewußtsein durchgesetzt hat, ist auch daran zu denken, daß die Philosophie Form und Sprache echter Wissenschaft annehme und als Unvollkommenheit erkenne, was an ihr vielfach gerühmt und gar imitiert wird – den Tiefsinn. Tiefsinn ist ein Anzeichen des Chaos, das echte Wissenschaft in einen Kosmos verwandeln will, in eine einfache, völlig klare, aufgelöste Ordnung. Echte Wissenschaft kennt, soweit ihre wirkliche Lehre reicht, keinen Tiefsinn.« Valéry bejaht zwar auch die Wissenschaft, aber nur die der Mathematik, und diese hat für ihn nicht die methodische Bedeutung, kraft deren Husserl seine Inhalte sicherstellt, indem er die Tiefe auflöst, sondern er möchte mit ihren Methoden seine eigenen Gedanken denken, als in denen sämtliche denkbaren und formulierbaren Inhalte nicht vorkommen, es sei denn im Wege ihrer Reduzierung auf Identitätsaussagen. Wo aber Inhalt ist, da ist für ihn auch Tiefe. Sie zu denunzieren wird dieses Denken nicht müde.

In »Rhumbs« heißt es: »Je déteste la fausse profondeur, mais je n'aime pas trop la véritable. La profondeur littéraire est le fruit d'un procédé spécial. C'est un effet comme un autre, obtenu par un procédé comme un autre. – Il suffit de voir comme se fabrique un livre de pensées – j'entends profondes. Et qu'importe que ce bassin ait quarante centimètres de profondeur ou quatre milles mètres? C'est son éclat qui nous enchante.« Läßt man die falsche Tiefe beiseite, so wird die wahre hier auf den Rest reduziert, der bleibt, wenn man den Inhalt abzieht, auf den sich das Urteil der Tiefe bezieht, und auf das Bild eines Bassins. Die geringere oder größere »Tiefe« dieses Bassins trägt zu der Bestimmung des Begriffs nichts bei, im Gegensatz zu dem éclat, der uns entzückt und welcher darauf hinzudeuten scheint, daß es gefüllt ist, daß also im Bilde die Tiefe auf ein Objekt bezogen ist, von dem der Gedanke selbst abstrahiert oder das er gerade als ein Objekt der *Oberfläche* bejaht. Im Zusammenhang mit diesem éclat steht in »Cahier« der Ablehnung der Tiefe in dem Satz: »On croit réfléchir au sens, tandis qu'on se borne à le chercher« der folgende Satz gegenüber: »La plus véritable profondeur est la profondeur limpide.« Diese profondeur limpide ist der Schlüssel zu Valérys Poesie, die als Poesie nur bedingt in einen Zusammenhang gehört, der ihren episodischen Charakter erklärt. Karl Kraus konnte als ein wesentlich unphilosophischer Mensch ein einheitliches Sprachwerk schaffen, das durch die Worte aus »Nachts« erklärt wird: »Kunst ist etwas, was so klar ist, daß es niemand versteht.« Daß selbst ein solches Werk den Begriff des Epigonen nicht aufhebt, als den der Autor sich selbst bejaht hat, ohne doch das Werk in Frage zu stellen, hängt bei Karl Kraus mit der sachlichen Erkenntnis der Epochenbedingungen zusammen, einer Erkenntnis, die bei Valéry zum Verzicht auf die Poesie und zur Konzentrierung seines Geistes auf das Denken des Denkens führt. Die Beziehung der Tiefe auf ein Objekt wird in den folgenden Sätzen (»Autres Rhumbs«) entwickelt:

»Ce n'est rien que d'être profond, *d'aller au fond*. Tout le monde peut plonger; mais les uns sont retenus et gardés à mort par leur abîme où ils se prirent dans les herbes; les autres en sont rejetés et comme trouvés trop légers *par leur propre et intime profondeur*. Dans l'être ou dans la mer, le plongeur utile et admirable descend vers son objet, peut travailler quelque temps loin de sa vie naturelle, à laquelle il retourne quand il faut, en un instant. « Der Gedanke will sagen: Tauchen kann jeder, aber die nicht tauchen, werden zurückgehalten durch den Abgrund des natürlichen Lebens, in dem sie sich verfangen, die anderen sind zu leicht durch ihre eigene und intime Tiefe. Ganz jenseits der falschen Tiefe wird die wahre als eine Art von Konvention gewertet im Vergleich zu der intimen und eigenen, in die man durch Tauchen nicht hinabreicht und welche in der Sphäre jenes schönsten Gedankens zu liegen scheint, den man erfinden könnte, das eigentliche Objekt des Denkens. Der nützliche und bewunderungswürdige Taucher arbeitet eine Zeitlang außerhalb der Bedingungen des natürlichen Lebens, zu welchem er jederzeit zurückkehren kann.

In der Tiefe *leben* kann niemand. Wenn der Psalmist sagt: *De profundis clamavi*, so wird das konsequent inhaltsferne Denken Valérys diese Aussage nicht einmal bestreiten, sie wird von seinen Augen so wenig wahrgenommen wie die Schrift auf dem Blatt Papier, das der der Mathematik untreu gewordene Pascal eingenäht bei sich trug und welches als das berühmte »Mémorial« eine so inhaltsschwere und für die Geschichte des religiösen Geistes kaum zu überschätzende Bedeutung hat, mag auch die unklare Textgeschichte stellenweise zur Vorsicht mahnen. In der folgenden Betrachtung wird dann die schärfste Begriffsbestimmung der Tiefe gegeben, die Valérys Voraussetzungen überhaupt erlauben. Sie lautet (»Autres Rhumbs«): »Profonde pensée est une pensée qui nous paraît n'avoir pu se former et se laisser prendre qu'à l'écart du *temps naturel*. Elle nous impose quelque chose de plus que les pensées qu'un simple échange expédie. ›Profondeur‹? – le sens vague de ce mot me semble composer les idées de deux grandeurs: *la grandeur* d'une certaine *transformation* de l'objet de notre pensée et la *grandeur* de *l'effort* que nous croyons avoir été nécessaire pour effectuer cette transformation, – ou pour lui permettre de se produire. La transformation dont je parle affecte, sans doute, *la portée* d'un mot, d'une proposition, ou d'une image, qui nous étaient de purs signes – des éléments de transition, bons ou suffisants pour ce régime d'échanges (ce *temps naturel* dont je parlais), et qui reçoivent tout à coup je ne sais quelle force ou quelle valeur que nous devons supposer puisées au plus près du *point d'existence* ineffable où la pensée *touche*, et peut intéresser à soi, le plus possible des puissances d'une vie. Mais cette valeur n'est qu'intrinsèque. Rien ne nous assure que la pensée transformée dans cette ›profondeur‹ s'ajuste mieux qu'une autre à l'expérience et que, pour avoir été soutenue jusqu'à l'extrême de la durée d'une unité de conscience, elle en retire une importance nécessaire dans l'ordre de ce qui n'est point pensée.« In der natürlichen Zeit spielen die Gedanken, die im Wege des Austauschs sich vollziehen: für einen Denkakt erhalte ich ein Objekt. Jenseits der natürlichen Zeit vollziehen sich die »tiefen« Gedanken. Hier handelt es sich nicht mehr um einen einfachen Austausch, sondern um eine Modifizierung oder Verwandlung des Objekts einerseits und anderseits um eine besondere Anstrengung des denkenden Subjekts, dieses Ziel zu erreichen. Dies geschieht im Wege eines plötzlichen Kraft- oder Wertzuwachses, wenn der Gedanke das Kraftzentrum einer menschlichen Existenz berührt. Aus der Hervorhebung des *touche* wird deutlich, daß Valéry diese Berührung als eine real wahrnehmbare angesehen wissen will. Sie stellt den Wert des tiefen Gedankens dar, sie gibt aber keine Gewähr, da es sich um einen lediglich innerlichen Vorgang handelt, daß der im Wege des tiefen Denkens verwandelte Gedanke (auf den sich jedes Objekt reduziert) dem Ziele selbst bei äußerster Konzentration angemessener sei als ein anderer, da dieses Ziel sich ja auf diejenige Ordnung bezieht, die *nicht Gedanke* ist. Hier wird deutlich, was dieses Denken seiner eigentlichen Intention nach meint und was ich in der Formel $1 = 2$ angedeutet habe. Indem dieses Denken schon innerhalb seiner eigenen Sphäre jeden Gedanken ablehnt, dessen das Objekt modifizierende Kraft es nicht zu erkennen vermag, will es zu etwas anderem durchbrechen, zu einer Ordnung, die nicht Gedanke ist.

Wie ist diese Ordnung, die nicht Gedanke ist, zu denken? Sie muß in Beziehung auf das gegebene Sein gedacht werden. Nun ist es aber bekannt, wie die bedeutendsten Denker zu diesem Sein gestanden haben. Plato will aus ihm die Ideen entwickeln, für Kant ist es empirisch und als solches nicht zu verwechseln mit dem Bereich, in dem Dinge an sich gedacht werden können, Husserl will es eingeklammert wissen. Als die Ordnung, die nicht Gedanke ist, muß sich Valéry das gegebene Sein selbst darstellen. Die Formel $1 = 2$ würde sich also verwandeln in die Formel $(1 = 2) = 1$. Die folgenden Betrachtungen (»Analecta«) scheinen sich in dieser Richtung auszusprechen: »*Profond* est (par définition) ce qui est éloigné de la connaissance. *Superficiel* est (par définition) ce qui est conforme à la connaissance aisée et rapide. – L'obscurité est *profonde*, dit *l'Oeil*. – *Profond* est le silence, dit *l'Oreille*. Ce qui n'est pas – est le profond de ce qui est... *Mais* (puisque nous jouons sur ce mot, divisonsle...) distinguons deux profondeurs. *L'une*, pour y placer les objets que nous croyons que notre esprit saisirait par un simple acroissement de ses puissances connues, – durée d'attention, – persistance des impressions, – nombre des actes indépendants ou opérations, ou des données simultanées, etc. *L'autre*, pour domaine et dimension des choses que nous croyons exister, mais ne pouvoir être perçues que par une connaissance douée de propriétés non semblables, non homogènes à celles de la nôtre. Cette profondeur est le lieu d'objets inconnus d'une connaissance inconnue...« Es ist also das Dunkel und das Schweigen, die »tief« sind, und indem alles, was nicht ist, als das Tiefe von dem, was ist, gedacht wird, wäre die autoritative Geltung des Seins sichergestellt, wenn der Gedanke sich hierbei beruhigte. Er beruhigt sich nicht und kommt – wie in der vorhergehenden Stelle zu einer Bestimmung der Tiefe nach Austausch, Modifizierung und Anstrengung – zu einer Zweiteilung der Tiefe nach Wachstum des Vermögens, das Objekt zu erfassen, und einer unseren Fähigkeiten nicht angemessenen Erkenntnis. Diese Tiefe bezieht sich also auf unbekannte Objekte einer unbekannten Erkenntnis. Wichtiger als dieser Ausblick auf ein nicht zu durchdringendes Dunkel und seltsam positiv ist der Gegensatz zwischen Tiefe und Oberflächlichkeit, indem jene von der Erkenntnis entfernt, diese ihr aber angemessen sei: sie ist leicht und schnell. Hierzu stimmen die Sätze (»Cahier«): »La ›vérité‹, la découverte du nouveau, est toujours le prix de quelque attitude *antinaturelle*. La profonde réflexion est forcée. La remarque intempestive est souvent féconde.« Noch schärfer (»Analecta«): »Profondes, insignifiantes, et d'autant plus insignifiantes que plus profondes, ces recherches qui ne cherchent que leurs limites. Il n'y a que les choses superficielles qui puissent ne pas être insignifiantes. Ce qui est profond n'a point de sens ni de conséquence.« Valéry vergißt hier, daß die Tiefe selbst für sein Denken mindestens ein Ansatzpunkt ist, um die Oberflächlichkeit in die Hand zu bekommen und von ihr zu einer Tiefe zu gelangen, die gleichsam über und auf keinen Fall unter jener läge. Es kann aber keine Rede davon sein, daß ein im Wege dialektischer Besinnung gefundener Begriff wie der der Oberflächlichkeit der Boden sein könnte, auf dem es sich stehen ließe. Anderseits könnte gerade dieser Begriff eine *Beziehung* eingehen zu der Realität, um die sich das gesamte Denken dieses Denkers dreht, ohne sie näher als mit Traumfingern des Gedankens greifen zu können...

Er erstrebt keine höhere Welt, indem er das Sein etwa als ein Sprungbrett benützte, um es im Sprunge aufzugeben. Er wohnt als Dichter mit ironischer Sicherheit in diesem Sein, da es noch immer stichfester ist als jedes, dem sich der Gedanke nähern könnte. Nie war darum der geistige

Zweifel eines Dichters, der bis zur Verzweiflung aufsteigen kann, so in Sonne gebadet, so »limpide« wie in »Le cimetière marin« oder in »Le rameur«. Im »Cimetière marin« ist die vierte Strophe besonders aufschlußreich: »Temple du Temps, qu'un seul soupir résume, / A ce point pur je monte et m'accoutume, / Tout entouré de mon regard marin; / Et comme aux dieux mon offrande suprême, / La scintillation sereine sème / Sur l'altitude un dédain souverain.« Hier findet der Dichter für die Verachtung der Tiefe ein Bild, dem es sogar gelingt, sich des Wortes (profondeur) nicht zu bedienen, wie denn Gustave Cohen in seiner Erklärung des Gedichts sagt: »Il regarde la mer, dont *l'altitude* (au sens de profondeur qu'a souvent le latin *altitudo*, profondeur des flots correspondant à la profondeur de l'âme) est écrasée sous la lumière éblouissante de midi.« In der zehnten Strophe: »Fermé, sacré, plein d'un feu sans matière, / Fragment terrestre offert à la lumière, / Ce lieu me plaît, dominé de flambeaux, / Composé d'or, de pierres et d'arbres sombres / Où tant de marbre est tremblant sur tant d'ombres; / La mer fidèle y dort sur mes tombeaux« gehen die Toten (feu sans matière) ganz in das Licht ein, statt daß das Licht in sie eingehe. In der zweiten Strophe von »Le rameur«: »Le cœur dur, l'œil distrait des beautés que je bats, / Laissant autour de moi mûrir des cercles d'onde, / Je veux à larges coups rompre l'illustre monde / De feuilles et de feux que je chante tout bas« durchbricht der Ruderer, das Herz hart, das Auge zerstreut, in breiten Schlägen die erlauchte Welt der Schönheit. In der vierten Strophe: »Jamais, charmes du jour, jamais vos grâces n'ont / Tant souffert d'un rebelle essayant sa défense: / Mais comme les soleils m'ont tiré de l'enfance, / Je remonte à la source où cesse même un nom« ist die von Mallarmé übernommene Verachtung des Äthers (azur), die das ganze Gedicht durchzieht, zur mystischen Hoffnung des geistigen Rebellen erwachsen. Zu behaupten, daß eine so gespannte dichterische und denkende Persönlichkeit keine Inhalte habe, wäre hier wie bei Mallarmé eine unzulässige Vereinfachung des Gegenstandes. Er hat sie mit dem sicheren Instinkt eines sensualistischen Franzosen. Daß er diese Inhalte in tausend Variationen des Gedankens ständig selbst zersetzt, dieses mutige Bemühen ist hier wenigstens andeutungsweise entwickelt. Es erhebt sich nur noch die Frage, ob es bei diesem Denker innerhalb seines Denkens Inhalte gibt, die er nicht zersetzt.

Nichts erhellt Valérys Stellung zur Frage des Inhalts deutlicher als sein Verhältnis zu Pascal. Für dieses liegt in dem Aufsatz aus »Variété« »Variation sur une Pensée« ein wesentliches Dokument vor. Es handelt sich um Pascals berühmten Satz: »Le silence éternel des espaces infinis m'effraie« (den Valéry in »Autres Rhumbs« sogar mit der, in dem in Kursiv gesetzten Wort merkwürdigen Einleitung »Contre-épreuve, *négatif*, d'une phrase illustre« parodiert hat: »Le vacarme intermittent des petits coins où nous vivons nous rassure«). Es ist bekannt, daß Pascal diese Welt entwertet hat, um den Durchbruch in jene Welt, die christliche, zu erleichtern. Außerhalb der von ihm selbst verwendeten Begriffe betrachtet, liegt das Neue seiner Kritik der Welt darin, daß er absolute Werte der christlich-absolutistischen Politik durch relative ersetzt: der Blick auf die Nase der Kleopatra – »Le nez de Cléopatre: s'il eût été plus court, toute la face de la terre aurait changé« –, der Blick auf das Sandkorn in Cromwells Harn – »Rome même allait trembler sous lui; mais ce petit gravier s'étant mis là, il est mort, sa famille abaissée, tout en paix, et le roi rétabli« – verwandelt den Heilszusammenhang der Welt in einen Zusammenhang des Unheils. Pascals Erschrecken vor dem Schweigen der unendlichen Räume ist nur verständlich, wenn man es als Ausdruck jener Trauer versteht, die von Calderon bis Gryphius das zentrale Gefühl des Barock ist und die sogar Shakespeare einbeschließt, wie dies Walter Benjamin in »Ursprung des deutschen Trauerspiels« und Charles du Bos in seinem Aufsatz »Le langage de Pascal« gesehen haben. Dieses Gefühl entspringt einem Christentum, das die Heilsgewißheit verloren hat und noch die gefundene Erleuchtung in die eigene Rocktasche einnäht, statt sie in alle Winde auszurufen, und welches sich darüber von oben mit der höchsten Machtfülle des Absolutismus, von unten mit der Anerkennung dieses Systems hinwegtäuscht. Es ist nun überaus bezeichnend für Valérys geschichtslose wie für seine die ganze Inhaltsfrage aufrollende Kritik, daß er Pascals Äußerung völlig wörtlich nimmt und die Frage stellt, wie die Griechen und die Juden die unendlichen Räume angesehen haben. So läßt er Pythagoras sprechen: »Comme les sphères obéissent à une loi, les sons qu'elles engendrent se composent dans cet accord suave et doucement variable, qui est celui des cieux avec le cieux. L'ordre du monde pur enchante tes oreilles. L'intelligence, la justice, l'amour, et les autres perfections qui régnent dans la partie sublime de l'univers, se font sensibles; et ce ravissement que tu éprouves n'est que l'effet d'une divine et rigoureuse analogie...« Und so spricht er von den Juden: »Les nuits bibliques retentissent des louanges du Seigneur. Les étoiles, quelquefois, y paraissent confondues aux fils de Dieu, qui sont les anges, et cette innombrable tribu des esprits et des astres fait entendre à toute la terre une acclamation immense.« »L'auteur des Psaumes ne trouve pas de termes assez energiques pour exprimer toute la puissance de cette voix extraordinaire: Le jour vomit au jour la parole divine, et la nuit enseigne la nuit. Ce ne sont point des babillages, ni de ces propos qui peuvent échapper à l'oreille, mais leur résonance se prolonge aux extrémités de la terre.« Aber so spricht er von den Christen, von Pascal selber: »Il se plaint amèrement d'être abandonné dans le monde. Il n'y découvre pas Celui qui déclarait par Jérémie: Coelum et terram impleo. Et cet étrange chrétien ne se trouve pas son Père dans les cieux.« Die eigentliche Kritik Valérys setzt ein mit der Sprache, wenn er sagt: »Une phrase bien accordée exclut la rénonciation totale«, das ist jene »renonciation totale et douce« aus Pascals »Mémorial«. Sie wird durch die bewußte Unordnung (désordre) in Pascals »Pensées« widerlegt wie auch durch dessen eigene – christliche – Kritik der Sprache: »En écrivant ma pensée, elle m'échappe quelquefois; mais cela me fait souvenir de ma faiblesse, que j'oublie à toute heure; ce qui m'instruit autant que ma pensée oubliée, car je ne tends qu'à connaître mon néant.« Durchschlagender ist die Kritik an dem Pascal, der die Mathematik preisgibt, während Jesuiten die großen wissenschaftlichen Entdeckungen des Zeitalters machen, und in seinem Haß gegen die von Pascal behauptete Leere der unendlichen Räume beruft sich Valéry sogar auf Kant, indem er sagt: »Kant lui-même, cédant à un secret mouvement de mysticisme naif, a conjoint cette espèce d'inspiration qu'il eut d'une loi morale universelle, à la sensation que lui causait le spectacle du ciel étoile.« Am aufschlußreichsten sind aber die folgenden Sätze: »Ce que nous voyons dans le ciel, et ce que nous trouvons au fond de nous-mêmes, étant également soustraits à notre action, et l'un scintillant au delà de nos entreprises, l'autre vivant au déçà de nos expressions, il se fait donc une sorte de relation entre l'attention que nous attachons au plus loin, et notre attention la plus intime. Elles sont comme des extrêmes de notre attente, qui se répondent, et qui se ressemblent par l'espérance de quelque nouveauté décisive, dans le ciel ou dans le cœur.« Diese Stelle erhält ihre originale Bedeutung für die Frage des Inhalts in Valérys Weltbild, wenn man sie zu seiner e contrario gewonnenen Bejahung des antiken wie des jüdisch-christlichen Glaubens in Beziehung setzt. Diese Hoffnung auf etwas *Neues* im Himmel und im Herzen scheint mir nicht auf eine Näherung an diese verschollene, wesentlich religiöse Weltzeit zu deuten, sondern auf die Ahnung eines Denkers, der gerade, weil er sich von dem *Inhalt* jener Weltzeit radikal entfernt weiß, die Möglichkeit besitzt, die *Kraft* zu gewahren, aus der jener entsprang, und diese so für anderes und Neues einzusetzen, daß Pascals christliche Schwäche an ihr nicht als Kraft erscheint, sondern nur als jene Schwäche, die sich unter der Sprachgewalt des Genies verbirgt und auch dem ungetrübten Blick entzieht.

Mindestens einmal gibt es in Valérys verwickeltem Denken eine Andeutung, wie er sich dieses Andere und Neue konkret vorstellt. Sie ist in den »Ebauches de rêves« am Schluß des vor dem Zweiten Weltkrieg erschienenen Bandes »Moralités« enthalten. Von diesen drei Träumen ist der wichtigste der zweite. Der erste sieht das Abnehmen der menschlichen Intelligenz voraus und ihr natürliches Sinken auf das Niveau der Unbeständigkeit und der affenhaften Flüchtigkeit, eine Entwicklung, die die Politik der gegenwärtigen Welt schon verständlich mache. Darum heißt es mit Recht: »L'oubli rapide des malheurs de la guerre et de la demonstration de l'absurde par ses suites est un grand argument.« Valéry, der nach seiner Herkunft, repräsentativen Stellung und unsicheren Haltung zur Geschichte unbewußte Beziehungen zu einer Politik haben mochte, die er bewußt verachtete, stößt kraft seiner souveränen Intelligenz in einen Bezirk des Neuen vor, in dem seine gesellschaftlichen, moralischen und geistigen Bedingtheiten keine Stelle mehr haben. Der dritte Traum stellt der Übermächtigung der Welt durch den Intellekt in »univers«, »unité«, »loi«, »Dieu« oder in der Gegenbewegung des »pur« und »absolu« das Bestreben der »anderen« gegenüber: »Les autres font de l'Univers un système complet en soi-même, qui leur semble toutefois se chercher dans leur pensées une expression finale et symétrique de ses transformations, une sorte de figure mentale suprême: comme si, la multitude des phénomènes accomplis, une fois représentée à un instant, dans un instant, par un instant, – on pût ensuite – ou bien... *mourir en paix*; ou bien commencer à s'occuper sérieusement de quelque autre objet, moins futile et moins particulier que... *ce qui est.*« Wieder ist dieser Geist bei dem »anderen« angelangt. Der zweite Traum stellt *eine andere Welt* dar. Er lautet:

»Vint un temps que les choses du ventre et du bas-ventre ne causèrent plus le rire, la honte, les dégoûts. Nutrition, élimination, fécondation se firent pures, comme elles sont en soi. Il n'y eut plus d'ombres dans le tableau des actes humains; plus de secrets connus de tous et gardés par chacun. La mort perdit toute puissance imaginaire; devint nette et condition de la vie. On comprit que la vie change d'individus comme l'on change de chemise,« – (Goethe sagt in dem Hymnus auf die Natur: »Leben ist ihre schönste Erfindung, und der Tod ihr Kunstgriff, viel Leben zu haben.« Für Valéry hat der Tod eine negative Beziehung zur Tiefe: »La mort... ne peut être pensée ou réfléchie qu'illusoirement quand *on l'oppose à la vie*, des conditions de laquelle elle est une conséquence. C'est pourquoi quand j'y songe ou que je lis quelque auteur qui s'y attarde et *s'approfondit* sur elle, j'ai bientôt l'impression que nous pensons à autre chose...« Wie anders als diese ist Goethes *erschütterte* Haltung zum

Tode, zum eigenen Tode am Schluß des Faust!) – »on comprit que le changement d'individu est aussi essentiel à la vie que le changement de la gorgée d'air qu'il respire est nécessaire à l'individu, ou que le changement de molécules d'eau l'est à l'onde qui se propage. L'homme devint aussi pur que l'ange ou que l'animal; car l'impureté n'est que le mélange des natures. Fatigué de n'être ni angre ni bête, il se résolut à être tantôt l'un tantôt l'autre: tantôt ›corps‹ et tantôt ›esprit‹. Au dépens de la honte, au dépens du trouble et des ombres, au dépens de la crainte, au dépens de l'amour, se fit ce grand changement. La poésie disparut. On ne cultiva plus que l'algèbre et la sensation. Ainsi périt l'étrange monde affectif, l'univers des émois, des passions, des résonances et des valeurs illégitimes. Le Royaume Nerveux fut divisé. L'âme s'évanouit. La pensée ne fut plus obsédée par les harmoniques et les parasites d'origine viscérale. Les fonctions permanentes ne furent plus déréglées par les événements ou par les idées. On interdit ›aux choses‹ d'avoir plus de signification qu'elles n'ont d'existence, et plus d'action qu'elles n'ont de signification.« Bei so radikalen Traumvorstellungen, die auf die Erfassung von Konkretem gerichtet sind, muß man, im Wege der Übersetzung, im Ganzen deuten. Alles Einzelne kann, wie alles Gedachte, wahr oder falsch sein. Das Ganze zeigt mit suggestiver Kraft einen Punkt, der auch von anderen Erwägungen her, als sie Valéry geläufig sind, überzeugend in Erscheinung tritt. Dieser Traum ersetzt *die magische* Welt durch eine andere, die noch keinen Namen hat. Unter Magie wird hier in einem allumfassenden Sinne das gesamte *innere* Leben der Menschheit verstanden. Zu diesem inneren Leben gehört mit der Angst der Tod, der das Leben beschattet, dazu gehört die Identität von Körper und Geist, welche die Ideen vermitteln, dazu gehört die Furcht, die Hoffnung, die Liebe, die Poesie, dazu gehört die Welt der Affekte, dazu gehört die Seele. Es ist schließlich den Dingen verboten, mehr Bedeutung als Existenz und mehr Handlung zu enthalten als Bedeutung. Diese Darstellung ist schematisch und summarisch. Daß alles höhere Interesse auf Algebra und »sensation« (ohne »ideas«) notwendigerweise verringert sei, leuchtet nur bedingt ein. Die Ökonomie fehlt völlig, ebenso die Geschichte. Mögen auch Furcht, Hoffnung, Liebe ihren Namen, ihre Zuordnung, ihr Wesen ändern und von innen nach außen treten, mögen die Ideen weniger zu zerstören sein als die Atome, eine Richtung ist gewiesen. Valéry ist bis an die Grenze vorgeschritten, wo zwar das Denken noch immer nicht in Tat umschlägt, wo aber die Tat, die ohne es entstände, einmal auf es, das Denken, zurückführen könnte und seine schaffende Notwendigkeit erhärten.

Jacques Rivière sagt von Valéry, er sei »une grande intelligence inappli-quée« und deutet, wenn wir dieses Unangewandte interpretieren, auf den leeren Raum zwischen Denken und Tat, dessen Tragisches dieser Denker dauernd aufzulösen bemüht ist. Was ihm nicht gelang, könnte gelingen: sein Werk statuiert eine Hoffnung.

MARCEL RAYMOND

Paul Valéry und die Versuchung des Geistes

»Die Welt wird enden«, schrieb Baudelaire am Morgen nach dem 2. Dezember. »Der alleinige Grund, aus dem sie noch weiter bestehen könnte, ist, daß sie existiert.« Es ist also ein Trägheitsgesetz, das ihr Leben verlängern könnte. Und mehr als die Institutionen verklagte Baudelaire die Mechanisierung des Denkens, er sah die Verhärtung des Menschen und der Gesellschaften durch die »Erniedrigung der Herzen« voraus.

Der Geist«, hat Valéry einmal in einem seiner *Cahiers* notiert, »ist vielleicht eines der Mittel, das das Universum für sich gefunden hat, um möglichst schnell ein Ende mit sich zu machen.« Sollte der Geist tatsächlich dafür in die Welt gekommen sein? Die Komödie hat lang genug gedauert! Dann würde das Übel des Bewußtseins tatsächlich ein tödliches Übel sein. Aus diesem gefährlichen Geist aber hat Valéry sein Idol gemacht. Betrachten wir nun genau den tragischen Zweifel, der sein Denken plagte, und den Ernst dieses Paradoxes: Eben dieses Universum, das sich so beeilt, ein Ende mit sich zu machen, das den Menschen und den menschlichen Geist nur zu diesem Ende aus seiner Substanz geschöpft hat, verdankte es dennoch diesem Geist, sich zum Dasein erhoben zu haben. »Der Mensch denkt, also bin ich«, würde das Universum sagen, »aber ich bin nur, um zu sterben, ich denke nur, um zu sterben.« Sublimer Irrtum und Unsinn...

Seit dem Winter 1918/19, als er *La Crise de l'esprit* schrieb, seit 1897, Zeitpunkt der Publikation von *Une conquete méthodique*, hat Valéry mit erschreckender Klarheit die tödliche Bedrohung erkannt, die über der Zivilisation schwebte. Alle folgenden Essays dienten nur dazu, diese erste Vision zu entwickeln. Sie mochte chimärisch erscheinen, gleichermaßen scharfsichtig und konsequent war sie vielleicht nur die Tat einer überlegenen Intelligenz, die keine Gewohnheit hemmte.

Dieser auf die gegenwärtige Welt gerichtete Blick ist Befragung mit Hintergedanken. Angesichts des Laufs der menschlichen Dinge kann Valéry weder von »den beständigsten Themen seines intellektuellen und affektiven Lebens« abstrahieren, noch den Satz von Pindar vergessen, den er dem *Cimetière marin* vorangestellt hat: »das Feld des Möglichen erforschen«.

Nur dafür würde der Mensch existieren, nicht dafür, nach »Unsterblichkeit« zu streben; er würde existieren, um »die Schöpfung neu zu
erschaffen«, um die natürliche Ordnung durch eine menschliche zu ersetzen und sich seinerseits zum Demiurg aufzuwerfen. Dies ist die
Schlußfolgerung des *Eupalinos*: »zum Ausgangspunkt seines Handelns
eben den Punkt, an dem der Gott stehengeblieben ist« zu nehmen.

Nicht einen Moment verliert Valéry die Tatsache aus den Augen, daß
der Geist den Menschen – und alle Menschen – in ein kollektives Abenteuer gestürzt hat, das »alle Kräfte aufbietet, sich mehr und mehr von den
ursprünglichen Bedingungen des Lebens zu entfernen, als wäre der
Mensch begabt mit einem paradoxen Instinkt, der dem Verhalten aller
anderen Instinkte ganz zuwiderläuft, die vielmehr darauf abzielen, das
Lebewesen immerfort auf denselben Punkt und auf denselben Zustand
zurückzuführen«. »Der Mensch ist sein eigener Prometheus«, sagte
Michelet. Promethismus, Titanismus der Romantiker, wie weit seid ihr
entfernt! Jenen religiösen Menschen war die Revolte als Bruch mit der
Orthodoxie heilig. Der Gott, den sie töten wollten, war der Gott der
Theologen, geschaffen nach dem Bild des Menschen, nicht aber der unbe-
kannte Gott, der jenseits der letzten Hoffnung immer gegenwärtig ist.
Handelt es sich nicht jetzt darum, den Bruch mit den natürlich genannten
Bedingungen des Lebens zu wagen, nach und nach die alte Gestalt der
Welt durch eine menschliche Konstruktion zu ersetzen?

Ich erinnere daran, daß zu Beginn des modernen Zeitalters der Wissenschaft, zum Zeitpunkt der größten Aktivitäten der Geometer und
Physiker, der »Mensch der Renaissance«, Pascal, zwischen allen Spezies
unterschieden hatte, die nicht fähig sind, einen Kreis begrenzter Vollkommenheit zu verlassen, und dem Menschen, »der nur für die Unendlichkeit geschaffen ist«. Und Descartes, im *Discours de la méthode*:
»...denn sie haben mir gezeigt (die allgemeinen Grundbegriffe der
Physik), daß es möglich ist, zu Kenntnissen zu kommen, die von großem Nutzen für das Leben sind, und statt jener spekulativen Philosophie, die in den Schulen gelehrt wird, eine praktische zu finden, die
uns die Kraft und Wirkungsweise des Feuers, des Wassers, der Luft, der
Sterne, des Himmels und aller anderen Körper, die uns umgeben,
ebenso genau kennen lehrt, wie wir die verschiedenen Techniken unserer Handwerker kennen, so daß wir sie auf ebendieselbe Weise zu allen
Zwecken, für die sie geeignet sind, verwenden und uns so zu *Herren
und Eigentümern der Natur* machen könnten.« Dieser Weckruf schallte
laut in den Morgen des rationalistischen Humanismus. Und kündete er
nicht seltsamerweise die These von Marx über Feuerbach an? Endlich,

nach sovielen unnützen Erklärungen ist die Stunde gekommen, die Welt zu verändern.

Was ist der Geist tatsächlich? Valéry hat ihn auf verschiedenartige Weise zu definieren versucht, er hat ihm ziemlich verschiedenartige Funktionen zugeordnet, auch einige quasi mystische... Im Moment jedoch, als er dessen Werke in der Geschichte und in der gegenwärtigen Welt betrachtet, charakterisiert er ihn exakt durch ein bestimmtes, ihm innewohnendes Vermögen »der Transformation, der Transmutation alles Materiellen und Geistigen«. »*Regarde-moi qui change.*« So begreift sich das Bewußtsein selbst im *Cimetière marin*. Es ändert und verändert sich. Es gestaltet alles um, was es umgibt. Das genau ist die Absicht des Versuchers (in *L'Ebauche d'un Serpent*); er brüstet sich und singt: »*Je suis celui qui modifie...*« Ein wahrer Stein der Weisen, diese Macht zur Transmutation, genau der, den Dr. Faust beanspruchte.

Nur ist der Geist so schnell und so weit in seiner Erforschung gegangen, hat er so weit alle Schranken hinter sich gelassen, hat er dem menschlichen Abenteuer einen so schnellen und maßlosen Rhythmus verliehen, ist die Zeit durch sein Streben und seine Arbeit so offensichtlich außer Rand und Band geraten, daß sich notwendigerweise ein Zweifel in alles Denken einschleicht, das die Menschheit und ihre Zukunft zum Gegenstand hat: Ist diese Transmutation alles Materiellen und Geistigen dabei, sich zum Vorteil des Menschen oder im Gegenteil zu dessen Ruin zu vollenden? Nachdem er die großen Taten des Menschen verherrlicht hat, fragt sich Valéry, welches ihr Sinn, welches ihr Ziel sein wird. Wo dann bliebe es stehen? Wenn der Geleitszug auf den Abgrund zusteuert, wer wird die Notbremse ziehen? »Wie dem Verstand sagen: du wirst nicht weitergehen?« Denn das Wesen seiner Tätigkeit ist, ohne Grenzen zu sein. In einer Welt, deren Sinn sich uns immer entzieht, wird kein Gedanke der letzte sein. Das Gesetz, das auf dem Abhang regiert, auf dem wir uns wegen der Wissenschaft, ihrer Erfindungen und ihrer Technik befinden, ähnelt dem Trägheitsgesetz: die Beschleunigung ist verhängnisvoll.

Aber vielleicht hat sich das Universum durch die Anwesenheit des Menschen bis zum Äußersten sensibilisiert. Vielleicht ist es, ähnlich einem tatsächlich zum Tode verdammten Riesentier durch die Ausübung des Denkens, die in ihm eine ungeheure Hypertrophie hervorruft, Schritt für Schritt zu einer Existenzform gelangt, die bald nicht mehr lebensfähig sein wird. Folgt man den Gedankengängen Valérys, würde man dann nicht sagen, daß, seit der Schöpfer gefährlicherweise sein *Ich* hervorgebracht hat und dieses das Signal zur Auflösung aller Dinge gegeben und den Akt der Teilung des Bewußtseins präfiguriert hat, das Universum aufgehört hat zu *sein* – im Zustand glücklicher Verwirrung mit dem unaussprechlichen Absoluten – um zu *existieren*, um den Weg der Metamorphosen einzuschlagen und schließlich zu sterben?

Für ein Wesen, das davon träumt, alles auf das *reine Ich* [*moi pur*] zurückzuführen wie auf den Grundton der Existenz, das heißt, alles automatisch diesem *Ego* entgengenzusetzen, und das sich andererseits weigert anzuerkennen, daß die Liebe (die dem Reich der vagen und gleichsam entlehnten Mächte gehört) sein Schicksal ändern und ihn davon befreien könnte, sich genötigt zu sehen, sich auf sich selbst zu konzentrieren – für dieses Wesen wird die Versuchung des Solipsismus – hundertmal zurückgestoßen – wie eine Fata Morgana immer wieder erscheinen.

Valéry spricht vom Übel, nicht einzigartig zu sein. In diesem Licht besehen, ist die Existenz des Anderen immer unverständlich und anstößig. Der Mensch des *reinen Ich* möchte gern einzig sein, er glaubt in seiner Art einzig zu sein. In Hinblick auf den Anderen wäre das einzige zufriedenstellende Verhalten – theoretisch! –, ihn sich zu assimilieren, an seiner Stelle zu denken, ihn schließlich als autonomes Wesen verschwinden zu lassen (sehen Sie Monsieur Madame Teste gegenüber).

Man könnte Valéry vorwerfen, sich wenig um das Glück seiner Mitmenschen und gar um das gemeinsame Schicksal der Menschheit zu kümmern. Ebenso wenig wie La Rochefoucauld wäre er geneigt, das Mitleid zu loben. Jede sentimentale Ansicht seines Nächsten irritiert und ekelt ihn (Pornographie!). Die großen Aspirationen der kollektiven Psyche sind ihm gleichgültig. Haben wir nicht bemerkt, daß er sich bemüht, seine eigene Psyche als etwas Fremdes zu betrachten? Von sozialen Problemen fühlt er sich kaum angezogen, ebenso, scheint es, vom Problem des Sozialismus. Es wäre also ein beträchtlicher Irrtum, wollte man Valérys Essays über Europa, die Politik und die Zivilisation als einen allgemeinen Versuch ansehen, unsere Zeit zu erklären. Nein, der subjektive Denker hat seinen Gesichtspunkt gewählt: alles in Beziehung zum Intellekt! Es ist das Werden des Geistes, es ist das Vermögen des Menschen, die seine ganze Aufmerksamkeit auf sich ziehen. Diese ungeheure Frage nach der Zukunft oder dem Ende der Zivilisation ist seine Frage. Er eröffnet eine besondere Perspektive, die ihm »am Herzen liegt«. Aber er begreift wohl auch, daß sie die beste ist! Die, die am weitesten geht.

Es ist nicht überflüssig, kurz auf die Art der nach Valéry möglichen Beziehungen zwischen Individuum und Gemeinschaft hinzuweisen.

Er betrachtete sie beinahe immer unter dem Aspekt eines Machtkon-

flikts. Fast reduziert sich die Bedeutung des Anderen zu der eines Geg-
ners. Er legt den Tatbestand der »Feindseligkeit der Menschen untereinander« dar, die sich (im Krieg) durch Zerstörung oder (im Frieden, dessen
Prinzip die Konkurrenz ist) durch Aufbau manifestiert. Auch Pascal behauptete, daß »alle Menschen sich natürlicherweise gegenseitig hassen«,
denn der Mensch (ohne die Gnade!) ist so beschaffen, sich selbst zu lieben
und sich nur für sich selbst zu interessieren. »Der Mensch kann dem
Menschen nur sein Böses zeigen«, sagt Valéry. Tiefer Pessimismus, was
die Möglichkeit einer menschlichen Gemeinschaft anlangt. (Ich werde
nicht hinzufügen: eingefleischter Egoismus. Denn die Diskrepanzen
sind häufig zwischen dem, was man ist und dem, was man sein will, dem,
was man in Betracht ziehen will.)

   Also keine Lösungen der großen Probleme, oder sogenannten großen
Probleme, keine Heilmittel, sondern Linderungsmittel, heikle Berichtigungen, relative Erfolge, um so offensichtlicher, als das Unternehmen
begrenzter ist; die Suche nach einem *modus vivendi*, das ist in der Politik die Weisheit. Aber alles ist glücklicherweise dadurch erleichtert, daß
die Seelen Chimären sind. Sie leben fast niemals in der Gegenwart. Der
Mensch, der die Zeit mit ihren zwei Dimensionen der Vergangenheit
und Zukunft erfunden hat, fühlt sich wohl in ihr, geht in ihr rastlos umher. Valéry findet dieses einzigartige und aufschlußreiche Wort: »Es
fehlt dem Menschen unendlich das, was nicht existiert.« Und dennoch
ist es das, wovon er immer in seinem Leben zehrt, ziemlich unzurei-
chend übrigens und immer unterhalb seines Verlangens, denn der
»Mangel« ist trotzdem spürbar. Sagen wir, daß der Mensch seine Zeit
durchzieht im Versuch, sich gegenwärtig zu machen, was abwesend ist.
Aber genau das Einverständnis oder die Übereinkunft zwischen den
Mitgliedern einer Gemeinschaft oder den Bürgern eines Landes gründet
sich bestenfalls auf dem, was nicht oder noch nicht existiert. Die Beschäftigung, die im gemeinsamen Träumen und Wünschen besteht,
zahlt sich aus. Und die Gesellschaften sind eine Realität. Die Menschen
leben in ihnen Seite an Seite.

   Wie es seine Gewohnheit ist, bemüht sich Valéry, den irrealen Charakter dieser Realität hervortreten zu lassen. Er betont den artifiziellen
Aspekt der sozialen Welt, den Anteil an Konvention, der sie unterstützt,
die Zerbrechlichkeit ihrer Strukturen, das bißchen »Gehalt« des kollektiven Enthusiasmus, das bißchen Gewicht der Überzeugungen. Er stellt
sich in der Menschheit wie im Menschen das vor, was anders sein könnte,
die Möglichkeiten, aus denen der Zufall »Reales« ziehen könnte. Immer
nahe am Nullpunkt des Wissens hört Valéry selten auf, sich zu wundern.

Er überzeugt sich davon, daß alles *Magie* ist – in der sozialen Welt genauso wie in der Liebe. Die magische Aktion ist einfach das Gegenteil der sichtbaren, mechanischen Aktion, die Vermittler braucht. Sie wird okkult und auf Entfernung ausgeübt und bewegt unmittelbar die Seelen. Jedwede organisierte Gesellschaft wird von *Fiktionen* regiert, weil die Menschen in ihr durch gemeinsames Anhangen an Mythen, Symbolen und Werten zusammenhalten, die Produkte des Menschen sind und als solche alles mögliche Andere sein können, sich verändern, ersetzen ließen (was jede geschickte Propaganda tun wird). Die meisten Menschen aber ahnen überhaupt nichts vom ungewissen oder trügerischen Charakter ihrer *Ideale*. »Alles ruht«, sagt Valéry, »auf einigen Ideen, denen man nicht ins Gesicht blicken kann.« Desillusionierte Ansichten, die einen Leser von Pascal und Montaigne kaum überraschen werden, der gewitzt genug ist, den »raison des effects« zu demaskieren, der gleich bereit ist, zuzugeben, daß Gesetze nicht in der Natur, sondern in der Gewohnheit begründet sind – »einziges mystisches Fundament ihrer Autorität«! Jede Gesellschaft hat so ihr Kapital an Werten, die mit ihrer Sprache zusammenhängen, an »fiduziären« Werten, denen man Glauben hinzufügt und die ihre Macht fast einzig und allein aus diesem Glauben ziehen – ganz genau wie das Papiergeld der modernen Staaten.

Aber die Gesellschaften zerfallen, ein Zeitalter bricht heran, in dem die Zivilisationen ihrem Untergang nahe sind. Immer durch die Wirkung einer Vertrauenskrise. Und immer ist es der Geist, der uns den Glauben verlieren läßt. Es ist eine Zeit für Zweifler, für »Intellektuelle«, die die Werte in Mißkredit bringen. Es gibt eine Dialektik der Unordnung, die sich unvermeidlich reproduziert. Denn der Skandal muß kommen, daß der Geist sich gegen das Bestehende richtet, daß die Mythen verschwinden, daß die Ideale ins Wanken geraten, daß die Sprache sich verändert.

Werden wir an eine einfache *amor fati* gelangen? Ist die *raison d'être* für diese Metamorphosen ganz einfach die Bewegung des Geistes, der von Natur aus immer unzufrieden, immer unruhig ist? Wenn die Werte, durch die die Gesellschaften leben, irreal sind, das heißt von Grund auf kontingent, wird man versucht sein, dem historischen Prozeß und seinen Schöpfungen gegenüber eine gleichgültige Haltung einzunehmen oder im Gegenteil und *ad libitum* sich für alle Erscheinungen als solche zu interessieren. Jemand wie Pascal, für den der Frieden das höchste Gut ist, wird jedes Mittel für recht erkennen, das zu seiner Unterstützung beiträgt. Kein einziger Beweggrund verpflichtet dazu, eine besondere, wie auch immer geartete soziale Ordnung vorzuziehen, sofern eine solche nur (die Einschränkung ist wesentlich) dem Menschen erlaubt, Gott zu verehren und in Arbeit und Gebet die Erlösung zu erwarten.

Nein, Valéry kann nicht für die *amor fati* optieren. Sein Verhalten kann nicht das eines Mannes sein, der völlig von jeder menschlichen Ordnung losgelöst ist. In vieler Hinsicht so apolitisch, so skeptisch der Fuhre von »Wahrheiten« gegenüber, die die Geschichte hinter sich herzieht, hat auch er indessen alles einem »höchsten Gut« geopfert, das er ausgewählt, das er sich gegeben hat: dem Geist, der Freiheit des Geistes. Er meint, daß der Mensch im allgemeinen zum Denken geschaffen ist oder daß er sich zum Denkenden herausbildet. Es ist die Bestimmung der menschlichen Gattung, diese ihm innewohnende Macht zur Transmutation alles Materiellen und Geistigen unendlich zu entwickeln und der Existenz die größtmögliche Anzahl an Individuen und Bewußtsein zuzuführen.

Also aus diesem eine Politik und eine Soziologie definieren, ein Notbehelf oder ein Optimum. Daraus eine *Politik des Geistes* bestimmen. Die erträglichsten Regime werden diejenigen sein, die es dem Menschen am ehesten erlauben, seiner Berufung zu folgen, seine innere Freiheit zu erproben, das »Feld des Möglichen« zu erforschen, die Welt zu verändern.

Wenn auch die Beziehungen zwischen Individuum und Staat so wären, wie sie sein könnten, sie werden niemals stabil sein; die Neigung des Geistes ebenso wie des Individuums, das einzigartig zu sein glaubt, rückhaltlos alles für sich zu fordern – der Krieg droht immer im Schoße einer Gemeinschaft. Die Weisheit verlangt also nach den »restriktiven Mächten« in ihr: Familie, Schule, Staat, Gesetz, Nation... Dort drängt sich ein *modus vivendi* auf. Über den Staat sagt Valéry: »Wenn er stark ist, erdrückt er uns, wenn er schwach ist, gehen wir zugrunde.« Dies führt faktisch zu einer Politik à la Montesquieu, zur Anwendung der Praxis der Gewaltenteilung. »Es ist eine immerwährende Erfahrung, daß jeder Mensch, der Macht besitzt, dazu verleitet wird, sie zu mißbrauchen«, sagt Montesquieu; »er geht soweit, bis er an Grenzen stößt... Um es zu vermeiden, daß einer die Macht mißbrauchen könnte, muß mittels der Disposition der Dinge die Macht durch die Macht aufgehalten werden.« Denn wenn die Freiheit ohne Einschränkung ausgeübt wird, tendiert sie genau wie das Individuum zum Mißbrauch der Macht. Es ist notwendig, daß sie auf Hemmnisse trifft.

Überträgt man das auf den allgemeinsten menschlichen Maßstab, kann man einräumen, daß es dem Geist eigen ist, Macht zu mißbrauchen. Nun hat der Mensch seit zwei oder drei Jahrhunderten ein vortreffliches Werkzeug in den Händen, er verfügt über eine gefahrvolle Macht: die Wissenschaft mit ihren Erfindungen und Anwendungen. Anfänglich folgten letztere aufeinander, ersetzten einander gegenseitig in einem maßvollen Rhythmus. Destruktionen und Konstruktionen glichen sich zumundest annähernd aus. Aber seit ungefähr fünfzig Jahren hat sich alles geändert! Heute würde Valéry, glaube ich, sagen, daß wir mit dem Sommer 1945 in eine Zone äußerster Gefahr eingetreten sind. Man muß sich schon darüber klar sein, daß diese Revolution keinem anderen Ereignis irgendeiner Epoche vergleichbar ist. Hinsichtlich dieser schwindelerregenden Bewegung, die uns mit sich reißt, sind die Lehren, die wir glaubten, aus dem Studium der Vergangenheit ziehen zu können, völlig unwirksam. Die Probleme der Politik (Republik, Demokratie?), die die öffentliche Meinung erhitzen, alles, was Institutionen betrifft, die Träume und die großen Hoffnungen, die die Herzen erfüllen, all dies läuft, wie wir selbst, Gefahr, von anderen Ereignissen überrollt zu werden, die Manifestation eines wirklichen Verhängnisses, tödliche Konsequenz eines bestimmten Abenteuers sein werden.

Welche Macht wird die Macht aufhalten, diese Macht zur Transformation, die der Geist ist? Welches Hindernis wird den Mißbrauch verhindern? Etwas so Ungeheuerliches ist eingetreten: die Erfindungen und Anwendungen folgen mechanisch, automatisch aufeinander wie durch die Wirkung einer okkulten Macht, die Trägheit ist. Die Versuchung ist zu groß. Der gute Wille zwangsläufig verspielt. Die Weisheit verherrlicht sich vergeblich; sie vermehrt ihre Ratschläge, die Evidenz ihrer Vernunftgründe ist blendend. Aber man sagte ja einmal, daß das Universum beschlossen hat, »möglichst schnell ein Ende mit sich zu machen«.

Im Winter 1918/19, als diese Umwälzung noch weniger beträchtlich als heute war, die Unordnung reparabel und die Wunde ziemlich schnell zu heilen schien, hat ein Dichter, ein mit Antennen versehener Mensch des Geistes verstanden, daß die Zivilisation – und besonders die europäische – furchtbar angeschlagen war, weil er selbst am empfindlichsten Nerv seines Daseins getroffen worden war. Nehmen wir einige Sätze aus den Briefen über *La crise de l'esprit*:

»Wir andere Zivilisationen, wir wissen jetzt, daß wir sterblich sind...

Wohl wußten wir, daß der ganze Erdboden aus Asche ist, daß Asche viel bedeutet. In den Tiefen der Geschichte gewahrten wir Phantome riesiger Schiffe, einst befrachtet mit Reichtum und Geist. Wir vermochten nicht, sie zu zählen. Aber diese Katastrophen kümmerten uns letzten Endes nicht.

Elam, Ninive, Babylon waren nur klangvolle Namen, und der völlige Untergang dieser Welten hatte für uns geradeso wenig Bedeutung wie ihr Dasein. Aber Frankreich, England, Rußland könnten ebenso klangvolle Namen sein. Auch Lusitania ist ein klangvolles Wort. Und wir sehen jetzt, daß der Abgrund der Geschichte Raum hat für alle. Wir fühlen, daß eine Zivilisation genau so hinfällig ist wie ein einzelnes Leben...

Die bittere Erkenntnis ist noch umfassender. Nicht genug, daß unsere Generation durch eigene Erfahrung hat lernen müssen, wie das Schönste und das Ehrwürdigste, das Gewaltigste und das Bestgeordnete durch bloßen Zufall dem Untergang verfallen kann; sie hat gesehen, wie in der Welt des Denkens, des durchschnittlichen Verstandes und des Gefühls das Unerwartetste in Erscheinung tritt, wie das Widersinnigste sich jäh verwirklicht, das Gewisseste zuschanden wird.

Nur ein Beispiel: die großen Vorzüge der Deutschen haben mehr Unglück verschuldet als je der Müßiggang Laster gezeugt hat. Wir haben gesehen, mit eigenen Augen gesehen, wie die gewissenhafteste Arbeit, die gründlichste Bildung, die ernsteste Zucht und Bemühung grauenvollen Zwecken dienen mußten. Soviel Schreckliches wäre nicht möglich gewesen ohne so vorzügliche Eigenschaften. Es bedurfte zweifellos vielen Wissens, um in so kurzer Zeit so viele Menschen zu töten, so viele Güter zu verschwenden, so viele Städte zu vernichten; aber nicht weniger bedurfte es dazu sittlicher Kräfte. Wissenschaft und Pflicht, seid auch ihr nun verdächtig?

Ein Schauer ohnegleichen hat Europa bis ins Mark durchbebt... Aber in diesem Augenblick ist wie zu einer verzweifelten Verteidigung seines inneren Seins und Besitzes die Gesamtheit seiner Erinnerungen vor ihm noch einmal dunkel emporgestiegen...

Indes die Erfinder fieberhaft in ihren Mappen, in den Annalen früherer Kriege nach Mitteln suchen, um die Stacheldrähte zu zerreißen, die Unterseeboote zu überlisten oder den Flug der Luftschiffe zu lähmen, nahm die Seele gleichzeitig Zuflucht zu allen Zauberformeln, die sie nur wußte, erwog sie ernsthaft die seltsamsten Prophezeiungen; im gesamten Register der Erinnerungen, der Taten von einst, der urväterlichen Riten suchte sie nach Schutz oder Wahrzeichen oder Trost. Dies sind die Folgen von Angstzuständen, die wirren Anstrengungen des Gehirns, das vom Wirklichen zum Wahn, vom Wahn zurück zum Wirklichen getrieben wird, ratlos wie eine Ratte in der Falle...

Der Glaube an eine europäische Kultur ist dahin; daß die Erkenntnis nichts, gar nichts zu retten vermag, ist erwiesen; die sittlichen Ansprüche der Wissenschaft sind tödlich getroffen, sie sind gleichsam entehrt durch die Grausamkeit ihrer praktischen Anwendung; der Idealismus, der nur mit Mühe gesiegt hat, ist tief verwundet und büßt für seine Träume; der Realismus enttäuscht, geschlagen, mit allen Verbrechen und Verfehlungen belastet; Begierde und Verzicht gleichermaßen zum Spott geworden; die Bekenntnisse nicht nach Lagern geschieden, Kreuz gegen Kreuz, Halbmond gegen Halbmond; und sogar die Skeptiker, aus aller Fassung gebracht durch so plötzliche, so heftige, so bestürzende Ereignisse, welche mit unsern Gedanken ihr Spiel treiben wie die Katze mit der Maus – die Skeptiker bezweifeln ihre eigenen Zweifel, verfallen ihnen von neuem, bezweifeln sie wieder, und sind nicht mehr imstande, sich der eigenen geistigen Kraft zu bedienen.

Das Schwanken des Schiffes war so stark, daß auch die gesichertsten Lampen erloschen.«

Wenn aber eine Zivilisation zufällig zugrunde gehen kann, dann, weil der Zufall möglich ist. Wenn es wahr ist, daß wir seit 1914 »in einer von Blitzen umzuckten Welt« leben, dann, weil die Welt den Blitz anzieht. Für diese universelle Katastrophe sind die Europäer verantwortlich, ist der Geist verantwortlich. Eine solch außergewöhnliche Überschwemmung von Gedanken, vergleichbar der Gedankenflut, die einen in den Abgrund untertauchenden Ertrinkenden oder einen vom Tode erfaßten Menschen überflutet, kann sich nur in solchen modernen Zeiten bilden, deren Hauptmerkmal – auf dem Gebiet des Intellekts – »die Vervollkommnung der Unordnung« ist. Aber zur Gefahr der Unordnung, die die menschliche Gesellschaft bedroht, kommt eine ganz gegensätzliche Gefahr hinzu: die der Ordnung.

Hoch über allen Leichenfeldern, umringt von Millionen Gespenstern, läßt Valéry Hamlet auf einer neuen Terrasse von Helsingør seinen Monolog sprechen.

»Die Welt, die ihrem Hang zu einer fatalen Präzision den Namen ›Fortschritt‹ gibt, trachtet, die Güter des Lebens mit den Vorteilen des Todes zu verbinden. Noch herrscht eine gewisse Verwirrung. Ein wenig Geduld, und alles wird sich aufklären; schließlich wird vor unseren Augen ein Wunder entstehen, eine Tiergesellschaft, der vollkommnene und definitive Ameisenhügel.«

Allerdings würde diese Tierordnung, dieser menschliche Ameisenhügel, die »Güter des Lebens« in sich verschließen. Der Geist wäre darin gebunden, auf den Leim gegangen, außerstande zu schaden, ohne kreative Macht. Aber es ist zu befürchten, daß nichts von dem, was das Leben ausmacht, mit dem Leben selbst angefangen hat – zumindest mit dem des Menschen –, daß nichts *definitiv* ist.

Von 1919 bis 1944 hat Valéry wiederholt die Lage Europas analysiert, er hat gezeigt, wie es auf dem Wege dahin ist, »ein kleines Kap des asiatischen Kontinents« zu werden, was es geographisch ja tatsächlich ist. Diese Äußerungen, die in allen unseren Erinnerungen spuken, berührten uns vor dem Krieg wie furchtbare Eventualitäten. Heute nehmen sie den unfehlbaren Charakter einer Feststellung an. Die Europäer hätten die Erde »mit europäischen Zielsetzungen« einrichten und ihr den Frieden bringen können. Die Römer haben dies in der ihnen bekannten Welt zu tun gewußt. Aber weil sie von Vergangenheit genährt waren, haben die Europäer »nur

Vergangenheit zu zeugen verstanden. Die Gelegenheit ist ebenso vergangen.« Dies ist das Motiv für die heftige Kritik Valérys an der Geschichte, eine Anklage gegen die Geschichte nicht als Wissenschaft (wie sollte sie eine sein!), sondern als Alptraum, als Quelle von Schuldgefühl, Schande, Ressentiment, Fallstrick für den Geist, der in hohlem, zerstörerischem, jedem Menschenwerk feindlichen Geplapper versinkt. »Die unglückseligen Europäer haben lieber Armagnacs und Bourguignons gespielt.«

Ich füge hinzu, daß es ihnen eingefallen ist, schöne Ideen zu ersinnen: Freiheit, Recht... Sie sind in alle Winde zerstreut. Allein die neuen Völker kehrten sich gegen die, die sie ersonnen haben. Ein einziger Tropfen Gerechtigkeit genügt, »um den Abschaum der Menscheit aufzupeitschen«. Ist dies nicht eine mögliche Bedeutung des *Vin perdu*?

> »*J'ai, quelque jour, dans l'Océan,*
> *(Mais je ne sais plus sous quels cieux)*
> *Jeté, comme offrande au néant,*
> *Tout un peu de vin précieux... (...)*
>
> *Perdu ce vin, ivres les ondes!*
> *J'ai vu bondir dans l'air amer*
> *Les figures les plus profondes...*«

Und die Europäer haben aus dem Wissen eine Ware gemacht; sie haben es verpackt. Alle haben danach verlangt, was Recht ist. Grundeigenschaft eines Produktes ist es, sich zu verbreiten. Diese Wissensware trat ihren Zug um die Welt an – zum größten Nachteil für die Kultur, die persönlich und schöpferisch ist. Dieses portionierbereite, servierbereite Wissen, das mit der Seele weder verbunden noch vereinigt ist, scheint dafür geschaffen, in naher Zukunft jede spontane Gedankenregung überflüssig zu machen.

Aber viel ernster und ergreifender ist, daß Valéry sogar dahin gelangte, die Macht des Geistes in Frage zu stellen, diese »Macht zur Transmutation alles Materiellen und Geistigen«. Die Schrift von 1919 heißt eben *La crise de l'esprit*, es geht um die Zukunft der gesamten Menschheit, nicht nur mehr um diejenige Europas. Im Herzen des Schriftstellers beginnt sich die ganze Tragik des menschlichen Abenteuers einzunisten, die Existenzbedingung seines Lebens ist aufs tiefste betroffen, seine beständigste und intimste Lebensentscheidung ist durch das Ereignis anzweifelbar geworden. Selbst vorausgesetzt, daß sie nicht zum Zerstören benutzt würden, (eine ziemlich absurde Voraussetzung!), stürzen die angewandten Wissenschaften den Menschen in einen unheilvollen Zustand der »Instabilität und des jeweils Bevorstehenden«. Unheilvoll deswegen, weil der Mensch so beschaffen ist, daß er Zeit zum Denken und Fühlen braucht. Die neuen Verfahren befreien von geduldiger und schwieriger Arbeit: »sie zielt darauf ab, die Anstrengung des Denkens abzuschaffen«. Wir erkennen die Dinge über »Relais« und symbolisch, mit Hilfe abstrakter Schemata. In übrigens immer geringer werdender Zahl werden für uns bestimmte ihrer Qualitäten wahrnehmbar. Weil diese nun künstlich isoliert sind, ordnen wir sie sofort in Reihenfolgen nach dem Gebrauch an, den wir von ihnen machen wollen. Im Namen von Komfort und Bequemlichkeiten werden immer kompliziertere »Pflichten« für uns ersonnen. Am Horizont zeichnet sich bereits der Moment ab, an dem der Zufall selbst träge und die Spontaneität auf ein Minimum beschränkt sein wird. »Alles erteilt uns Befehle, alles drängt uns zur Eile, alles schreibt uns vor, was wir zu tun haben, und alles schreibt uns vor, es automatisch zu tun.« Die Freiheit des Geistes wird immer illusorischer.

Ja mehr noch – der moderne Mensch (so wie er in erster Linie in den Städten entsteht) leidet an einer »allgemeinen Trübung der Sensibilität«. Er erträgt den Lärm, Gerüche, immer gewaltsamere und schroffer wechselnde Beleuchtungen. Er kann nicht daran vorbei; er fordert sie, genauso wie »ein Vergifteter Rauschmittel fordert«; wenn er nicht ständig durch sie angereizt wird, außerhalb seiner selbst geworfen ist, fühlt er sich unglücklich, das Leben erdrückt ihn.

Trotz der Rassenunterschiede, der Unterschiede von Völkern und Sitten gewinnt notwendigerweise das Böse, weil die Welt jetzt eine endliche Welt ist. Es ist das Los der Menschheit, sich auf einer engeren Erde zusammenzudrängen. Die Kommunikation, die Kontakte zwischen den Völkern haben die Reibungsflächen vermehrt, und alles verbreitet sich mit wachsender Schnelligkeit um den Globus. Wie könnte man da nicht an die unermeßlichen Zerstörungen denken, die durch den letzten Krieg und die Unterdrückung hervorgerufen wurden, an die schauderhafte Vereinfachung des Lebens, die sich in so vielen Ländern als Konsequenz daraus ergibt? Millionen nicht übersättigter Menschen, die Elenden, entgehen heute wie gestern der Diagnose Valérys. Es wäre einfach beleidigend, die Worte Komfort oder Kultur vor ihnen auszusprechen. Die Wissenschaft legitimiere sich in erster Linie dadurch, daß sie es ermögliche, jene unzähligen Leben erst auf die Höhe eines menschlichen Daseins zu erheben. Aber Valéry würde zweifellos argumentieren, daß jede Art von »Glück« im Grunde relativen Charakters sei; er würde vor allem sagen, daß – ehe

das mit Recht daraus zu erwartendende Gute überhaupt realisiert wäre –
die praktischen Anwendungen der Wissenschaft einen so gewaltigen Mißbrauch autorisiert hätten, daß der aus dem materiellen Fortschritt resul-
tierende Nutzen nichts mehr als eine höhnische Kompensation wäre.

Als Fazit geht aus Valérys späteren Texten hervor, daß, falls nicht ein
Wunder geschieht, oder eine Rückbesinnung, die keineswegs vorauszu-
sehen ist, die ganze Menscheit der Barbarei oder irgendeinem abrupteren
Bruch in der Kontinuität verfallen zu sein scheint.

Einer Nation oder einer bestimmten Klasse dafür die Schuld zu geben
(und ihr damit das Privileg der Weitsichtigkeit einzuräumen), würde von
ziemlich kindischer Verlogenheit zeugen und würde ja letzten Endes
doch darauf hinauslaufen, sich selbst anzuklagen. Und ferner, bei allen
auch noch so verteilten, übertragenen Verantwortlichkeiten, würde es
immer bei der des Geistes bleiben. Diese ist es, die Valéry ins Auge faßt,
der Geist ist es, der folglich der Anstifter des Desasters ist.

Man würde hier gern bemerken, daß das nun erwiesene »Unvermögen
des Wissens [connaissance], irgend etwas zu erretten«, doch darin besteht, daß die Wissenschaft neutral ist und all das Böse vom Mißbrauch
herrührt, den der Mensch mit ihr treibt. Einmal mehr würde das Wort
Rabelais' am Platze sein: »Wissen ohne Gewissen ist nichts als Verderb
der Seele.« [»Science sans conscience n'est que ruine de l'âme.«] Dennoch muß man wohl beachten, daß das Gewissen [conscience] – Herrin
der Seele –, worum es sich in diesem Fall handelt, höchst verschieden von
dem psychologischen Bewußtsein [conscience] ist, von dem aus der Fortschritt das abendländische Denken transformiert hat. Zu sagen, daß –
vom Standpunkt eines moralischen Gewissens her – die Wissenschaft
neutral ist, heißt gleichzeitig zu bejahen, daß sämtliche Aktivität der Erkenntnis [activité connaissante], im Sinne der Vernunft, einer höheren
Instanz und damit die Macht der Transmutation des Geistes einer höheren untergeordnet sein muß.

Dieses Prinzip aber ohne weiteres zu voraussetzen bedeutet, Valérys
Universum zu verlassen und darauf zu verzichten, sich über dessen Zweifel und seine eigentlichen Ängste klar zu werden. In seinen Augen
schließlich – und hier kommt darauf an, dies deutlich zu bestimmen und
zu bezeichnen – ist es gerade die *Aktivität* des Geistes, des Generators der
Wissenschaft, genehmigten Transformators aller Dinge, die jetzt verdächtig ist.

Der Text aus dem Jahre 1897, den ich schon zitiert habe, *Une conquête
méthodique*, wurde von einem Valéry verfaßt, dessen Denken im vollen

Aufschwung war, in einem Zustand fast völligen Vertrauens in die Möglichkeiten des Geistes. Dieser Text, selbst ein blendendes Beispiel der intellektuellen Strenge, klagt bereits einige der unentrinnbaren Konsequenzen der methodischen, auf materielle Gegenstände angewendeten Ausübung des Intellekts an.

Ausgangspunkt dieser Studie ist also die Lage Deutschlands am Ende des 19. Jahrhunderts, das Valéry prophetisch als die Nation beschreibt, die den Plan entworfen hat, die Welt mit Waffen oder durch die »friedliche« Industrie zu erobern (wobei letzteres ersteres ablöst), als die Nation, die sich entschieden hat, aus dem Krieg eine Wissenschaft und aus der Wissenschaft einen Krieg zu machen. Doch dieser Entwurf nimmt in seinem Hauptteil eine ganz allgemeine Bedeutung an. Valérys großes Thema ist die fortschreitende Unterjochung der Erde durch die Menschheit und die Unterwerfung der Menschheit unter einen aktiven Intellekt – die ich deshalb absolut nennen würde, da er *a priori* durch keinerlei Begrenzung zurückgehalten wird und da es seine Bestimmung ist, ganz einfach bis ans Ende zu gehen...

Welches auch immer die Hoffnungen sind, die Valéry in der Schlußfolgerung ausdrückt und die den Nutzen betreffen, den eine perfekte Disziplin und eine Kunst des Denkens dem schöpferischen Geist selbst bringen würde, aus einer aufmerksamen Lektüre folgt, daß der aktive Intellekt, auf seine verändernde Macht reduziert, endgültig gegen den Menschen arbeitet und seine Integrität bedroht. Welche Operation er auch immer beginnt, er ist tatsächlich dazu verdammt, ihr im voraus *mechanisch* eine »immer größere Ausdehnung« zu geben. Er wird so vollständige Zählungen und so generelle Untersuchungen vornehmen (selbst solche, die ein neuer *Discours de la méthode* fordert), daß eine immer wachsende Anzahl von Fakten zu seinen Berechnungen hinzukommt. Alle Dinge, und alle menschlichen Dinge bis hin zu den intimsten, in das Universum der Quantität versetzt, werden zu »handhabbaren Quantitäten«, die in neuen Berechnungen zu neuen Zielen benutzt werden. Eine »fatale Präzision« bemächtigt sich des Menschen.

Hier ist menschliche Qualität nicht mehr notwendig, *Wert* ist überflüssig. Die hinreichend abgerichtete Intelligenz »ist nur mehr ein Instrument«, eine Maschine, die ganz von selbst funktioniert. Und diese Maschine produziert alles mögliche. Auf militärischem Gebiet zum Beispiel die bemerkenswerte Erfindung von Moltke »nicht unentbehrlich zu sterben«. Genauso, wie »alle Dinge ersetzt werden können« (in *Note et Digressions* fragt Valéry sich, ob dies nicht die Definition der Dinge

schlechthin sei), kann ein Mensch immer einen anderen Menschen ersetzen. »Die elementarsten Gaben, solche wie die Geduld oder wie eine
wahllose, begeisterungslose, allem zugewandte Aufmerksamkeit«, können auf lange Sicht ausreichen, wenn alle Aktivitäten ihren Platz in
einem System haben, das sich von selbst nach und nach erweitert und
kompliziert – im Maßstab des Globus, den es zu erobern gilt, der
Menschheit, die es gilt, ganz und gar mit zu verrechnen, wie ein Material
auszubeuten, je nachdem wie die Wissenschaft sich entwickelt.

Valéry zögert nicht zu schreiben: »Und kraft einer von Deutschland
bereits angestellten Überlegung sähe man zweifellos den endgültigen
Triumph alles Mittelmäßigen auf Erden. Die auf alles ausgedehnte Methode würde zu einer gewaltigen Einsparung an höheren Menschen führen.« Ich sagte bereits, daß der »homme de pensée« 1897 um der Schönheit
des Gedankens willen doch noch immer von dieser grandiosen Maschine
verführt war. Er bewunderte und fürchtete sie gleichzeitig, und er wußte
bereits genau, daß diejenigen, die wegen des Paradoxes schreien würden,
nicht lange schreien würden: »Wenn die Dinge auch in Deutschland sich
nicht genauso verhalten, wie ich es dargestellt habe, so werden sie sich
künftig so verhalten...«

Es ist klar, daß das Persönlichste und Tiefste des Menschen durch einen
derartigen Gebrauch des Intellekts direkt *angegriffen* wird. Die Macht
der Umwandlung aller geistigen und besonders materiellen Dinge nimmt
in unmäßigen Proportionen zu. Darum konnte Valéry in diesen letzten
Jahren sagen, daß es der Mißbrauch ist, der die moderne Zivilisation charakterisiert – der »Mißbrauchsgeist« in allen seinen Formen. Er ist soweit
gegangen, zu behaupten, »*alles was wir wissen*, das heißt, *alles, was wir
vermögen*, hat sich schließlich dem entgegengesetzt, *was wir sind*«. Oder
weiter, daß »die Bedingungen, unter denen und dank derer das, was wir
am meisten bewundern, was bisher sogar an Bewunderungswürdigstem
hervorgebracht worden ist, (...) auf dem *Wege des raschen Verschwindens*« sind.

Mit anderen Worten: der Mensch ist so mit sich selbst entzweit – gegen sich selbst – kraft seines Bedürfnisses, sich immer anderswo zu suchen – so ist zumindest der gewissenhaft bewußte Mensch –, daß er mit
großen Schritten der Selbstzerstörung entgegengeht. Aber die Worte,
die Valéry benutzt, legen bei ihm eine einzigartige Kehrtwendung nahe.
»Was vermag ein Mensch?« fragte Teste. Es ist hier das Problem der
Macht des Menschen, das Valérys ganze Aufmerksamkeit auf sich zieht,
der Macht, die nach Belieben die Oberhand über das Sein oder genauer

die Existenz gewinnt – die Existenz, die sich nur im Akt des Machens verwirklicht, *raison d'être* des Menschen. Jetzt scheint es ganz im Gegenteil, daß durch den Mißbrauch dieser Macht das »was wir sind« verlorengeht und verschwindet. Valéry spricht von »anfänglichen Lebensbedingungen« des Menschen, von »Bedingungen des organischen Lebens«, von denen zu weit und zu schnell sich zu entfernen, gefährlich sein würde – wie wenn es eine »menschliche Natur« gäbe, von der man sich nicht ohne Risiko immer weiter entfernen könnte. Und als unentrinnbare Konsequenz ist es der Akt der Konstruktion, der Schöpfung selbst, das, warum der Mensch existiert, der unter dieser »Desintegration« der Person leidet. Ästhetik und Ethik der Erschaffung (oder der »Kreativität«) – die einzigen, die Valéry zulassen oder in Erwägung ziehen könnte – sind bis in ihre Grundfeste erschüttert. Denn die Schöpfung, die Erfindung, um die es sich bei einem Werk oder einem persönlichen Gedanken des Menschen handelt, erfordern die Möglichkeit des Wartens, der Dauer, der langsamen Reifung. Diese »natürlichen Bedingungen« lassen sich durch eine unfehlbare Methode und alle Verfahren der Beschleunigung des Denkens nicht ersetzen.

»Kann der Geist uns aus der Lage wieder herausbringen, in die er uns gebracht hat?« Dies ist die Frage, die Valéry sich sodann stellt. Und er kann sie nicht beantworten. *Die Krise des Geistes* erforderte Folge und Schlußfolgerung, zu denen es niemals gekommen ist. In *La politique de l'esprit* macht der Autor »die Unmöglichkeit, zu dem Schluß zu kommen« selbst zum Objekt seiner Studie. Am Ende von *Bilan d'intelligence* entschließt er sich, seinem Leser zu raten, die Kunst des Denkens zu praktizieren, eine persönliche Kunst allerdings, die es ihm erlaubt, in sich selbst und gegen alles die notwendigen Bedingungen für geistiges Leben zu realisieren. Eine sehr wirksame Lehre, von einem Valéry vorgeschlagen und durch sein Beispiel illustriert, die aber nur zu einem bewundernswerten »Rette sich wer kann« führen würde... Nun, das Schicksal des Menschen aber ist eine Lehre. Wenn es kommt, wird das Verderben ein gemeinsames sein. Wenn es ein Rettungsmittel gibt, muß es ein allgemeines sein, allgemeine Geste des öffentlichen Wohls, die das Gegengewicht zur Maßlosigkeit wäre, die die Korrektur der »Hybris« hervorriefe, dieser Schändung, dieses Sakrilegs, deren sich in den Augen der Griechen derjenige schuldig macht, der danach trachtet, gegen die Götter anzugehen.

Gewiß, man könnte sich fragen, ob es der Menschheit nicht möglich ist, neue Mythen oder Symbole zu ersinnen, die in neuen Glauben verwurzelt wären (um bei der Darstellung der sozialen Körperschaft zu bleiben, die Valéry uns vorschlägt). Ich denke an den Mythos vom neuen

Menschen, an den sich heutzutage die Revolutionäre halten, an die »terre des hommes«, auf der das Individuum durch und für das Kollektiv leben wird, schließlich wert sein wird, was dieses wert sein wird, nachdem es zu einem neuen Gefühl für menschliche Würde gelangt ist, das seine Grundlagen in einem veränderten ökonomischen und sozialen System hat. Aber man braucht kaum darauf aufmerksam machen, daß ein solcher Glaubensakt von seiten eines Menschen unbegreiflich ist, der das Prinzip der natürlichen Feindschaft der Menschen untereinander aufgestellt hat, für den der soziale Mythos zuallererst eine Fiktion ist, die gelten zu lassen um so schwieriger ist, als das Bewußtsein klarer und weniger fähig ist, sich an Fiktionen festzuhalten. Außerdem würde Valéry ohne jeden Zweifel urteilen, daß Hoffnungen dieser Art auf mehr oder weniger entfernte Sicht um so trügerischer werden, als sie alle Blicke von der größeren Gefahr ablenken, ohne der Welt im mindesten zu helfen, sie zu verringern – dieser Hauptgefahr des Geistes, der seiner exzessiv vermehrten Macht zügellos ausgeliefert ist.

Aber diese Definition des Geistes, in seiner höheren Funktion erfaßt, ist auch durch all das charakterisiert, was sie ausschließt. Zu abendländisch, meiner Meinung nach, aus der Aktion geboren, an den Fortschritt der Aktion in einer Welt gebunden, die mit dem Menschen nur noch durch eine Beziehung von Objekt zu Subjekt vereinigt ist, vom Sklaven zum Herren, einer Welt, die ihre Feindseligkeit dem immer stärker zeigt, der sie ohne Liebe betrachtet, schließt diese Definition keine einzige Vorstellung von Weisheit ein (von dem, was man Jahrhunderte so genannt hat). Sie setzt keine einzige kontemplative Tugend voraus – oder lehnt sie gar ab –, die in der Lage wäre, das Werk des Menschen zu rechtfertigen und ein ideales, wenn nicht gar letztes Ziel aufzustellen. Ich denke nicht daran, für eine bestimmte Konfession zu plädieren. Ich weiß nicht, ob die Religionen, so wie sie heute sind, eine Macht repräsentieren, die ausreichen würde, die Macht des entfesselten Intellekts aufzuhalten. Viel einleuchtender erscheint mir, daß allein die Kontemplation, die eben auch ein Akt ist – aber der des Akzeptierens, das, indem es Fülle erzeugt und dem Leben gegenüber eine Haltung rechtfertigt, die man wohl religiös nennen muß –, den Menschen mit der Welt und mit sich selbst aussöhnen und ihn über diese Leidenschaft erheben könnte, alle Dinge zu verändern, die sich seiner bemächtigt hat.

Es kann gar nicht die Rede davon sein, und dies sollte sehr genau festgehalten werden, Valéry auf diejenige Definition des Geistes einzuengen, die er sich zurechtlegte, als es ihm eines Tages gefiel, sich über diejenige Bewegung Rechenschaft abzulegen, von der die moderne Zivilisation sich fortreißen ließ. Das Mystische des »*leben*«, von dem man andeutungsweise Züge in seinem *Faust* und in einigen Passagen früheren Datums sehen kann, die für ihn nie nachlassende Anziehungskraft der Mächte der Sensibilität und des »geringsten Gegenstands der Realität« – seine Überzeugung schließlich, daß »je mehr der Mensch seine Kräfte vermehrt (. . .), desto mehr entfernt er sich dem, was man *das Optimum* des Erkennens nennen könnte« – all dies bestätigt, daß er die Mittel hatte, der Versuchung zu widerstehen, die er im Innersten seines Selbst spürte und deren Folgen er außerhalb seiner selbst entdeckte – jetzt aber ins Maßlose gesteigert, sich katastrophal entwickelnd und fast verwachsen in einer Gesellschaft, die der mechanischen Aktion und dem Verlangen nach einer »fatalen Präzision« preisgegeben ist.

Ist es jedoch der Zufall, der ihn den Intellekt zum Idol wählen ließ, oder der ihn dazu führte, als höchstes Gut das Absolute des *Ich* zu setzen, das sich vom Ganzen löst, sich dem Ganzen entgegensetzt? Er selbst war es doch, der die Erfahrung gemacht hat, daß das Leben unerträglich ist, wenn es sich selbst mit fixierendem Blick anschaut, oder daß es an dem Bewußtsein nagt, daß es als Gewissensbiß – gleich poetisches Symbol und Ahnung der unmittelbaren Realität des Todes – den Menschen wurmt und frißt, *der sich von der Welt zurückgezogen hat.* Wenn man weiter auf diesem Wege, diesem Abhang fortgeschritten ist, erreicht man einen Punkt, an dem alle Bewegung keine andere *raison d'être* mehr hätte, als den Geist vom Nichts abzulenken, und an dem alle Aktion die Tragweite der Zerstreuung in einem so grandiosen wie nichtigen Reich des Demiurgischen hätte. Kein Zweifel – Valéry hätte es in seinen späten Jahren nicht bedurft, in einer wegen ihres Mißbrauchs der Macht des Geistes zugrunde gehenden Menschheit ein unheilvolles Bild wiederzufinden, oder – gleich einer Projektion seiner Angst – in der Welt der Dinge ein Äquivalent der metaphysischen Ahnung des Todes, die eine der Komponenten seines Lebens gewesen ist.

Auf der letzten Seite der *Politique de l'esprit* des Jahres 1932 demonstriert Valéry noch einmal auf heroische Weise seinen Trotz, herausfordernd wie ein Spieler: »Wir müssen in unserem Geiste in unseren Herzen den Willen zur Klarsicht bewahren, die Schärfe des Intellekts, das Gefühl für Größe und Risiko des außerordentlichen Abenteuers, auf das die Menschheit, die sich vielleicht von den ersten und natürlichen Bedingungen der Gattung maßlos entfernt hat, um, ich weiß nicht, wohin zu gehen.«

Dennoch, am 10. Dezember 1944, als er an der Sorbonne ein letztes Mal in der Öffentlichkeit sprach und in Voltaire einen Apostel eben dieser selben Zivilisation ehrt, deren noch schwelenden Ruinen jetzt überall sichtbar sind, beendete Valéry seine Rede mit einem keineswegs Voltaireanischen Wort, nachdem er sich gefragt hatte, was ein Mensch vermag, vor dieses Spektakel gestellt, angesichts des »universellen Feuerbrands des Krieges« und angesichts des Chaos von Widersprüchen, von den unerwartet unglücklichen und glücklichen Wendungen, die daraus erfolgt sind und daraus erfolgen werden:

»Ob Voltaire angesichts dieser Lage der menschlichen Dinge, die es dazu gebracht hat, daß der Mensch weniger und weniger sich selbst begreift – wie er die Natur um so weniger zu begreifen scheint, je mächtiger das Vermögen an Aktionsmitteln ist, die er in ihr entdeckt –, ob er vor diesem phantastischen Spektakel noch jenes berüchtigte Lächeln aufsetzen könnte, das wir an ihm kennen? Vielleicht – wenn es mir gestattet ist, Ausführungen über einen pietätlosen Ungläubigen so zu beenden – vielleicht besänne er sich auf jenes höchste und majestätische Wort, das tiefste, einfachste und wahrste Wort, das einmal über die Menschheit gefällt worden ist, und damit über ihre Politik, über den Fortschritt ihrer Wissenschaften, über ihre Lehren und über ihre Konflikte – vielleicht murmelte er jenen so offenkundig wahren Satz: *Sie wissen nicht, was sie tun.*«

Daraus geht hervor, daß – bei dem Menschen, der sich, ohne auf sie achtzugeben oder sie zu beherrschen, der unbegrenzten Tätigkeit verschrieben hat, sei sie nun Konstruktion oder Destruktion – diese Tätigkeit schließlich eine außerordentliche und fast ebenso große Unbewußtheit impliziert, sogar bei der blendendsten Klarheit des Denkens. Auf die Formel Fausts: Am Anfang war die Tat, antwortet das Bekenntnis Rimbauds: Die Tat ist nicht das Leben ... Es ist nicht das *Tun*, das *Machen* – die Transformation aller Dinge –, das das Sein offenbaren oder seine Abwesenheit bemänteln kann.

                                                  18. März–18. April 1946

(Aus dem Französischen von Gabriele Gerecke)

V

Positionen

THEODOR W. ADORNO

Valérys Abweichungen

Für Paul Celan

Kurz nacheinander sind auf deutsch zwei Bände mit Prosa von Paul Va-
léry erschienen. Der Insel-Verlag bringt, in einer vorzüglichen Übersetzung von Bernhard Böschenstein, Hans Staub und Peter Szondi, eine
Auswahl aus den Merkbüchern. Der Titel ›Windstriche‹ gibt das
›Rhumbs‹ des Originals wieder, Teilstriche auf der Windrose, sodann die
Winkel zwischen einem dieser Striche und dem Meridian, also die Abweichung eines Kurses von der Nordrichtung; von Valéry gemeint sind
»Abweichungen von einer bestimmten, von meinem Geist bevorzugten
Richtung« (W 9).[1] – Die Bibliothek Suhrkamp hat die ›Pièces sur l'art‹
aufgenommen und nennt sie verkürzt ›Über Kunst‹. Die Übertragung
stammt von Carlo Schmid, vermutlich dem ersten und einzigen deutschen Politiker von den front benches, der Valérys Rang und Namen
kennt und heroisch die Zeit für derlei schwierige und anspruchsvolle
Texte sich abringt. Die beiden Bände sind angesiedelt an den Gegenpunkten der Prosaschriftstellerei des Lyrikers. Der eine enthält Einfälle, deren
er als Mann der Ordnung, einem Passus des Vorworts zufolge, kokett
sich schämt; der andere offizielle Äußerungen bei Gelegenheit von Ausstellungen und Ähnlichem. In ihnen zeigt der Nachfahre Baudelaires zuweilen den Gestus des Mitglieds der Akademie; ihm gefährlicher vielleicht denn der »Schein des Lebens« von Notizen, deren unterirdischer
Zusammenhang ihnen mehr an Einheit und Form verleiht, als Außenarchitektur ihnen hätte verschaffen können.

Die späte Stunde der Publikation mag den beiden Büchern in Deutschland günstig sein. Nicht nur vereinen sie, gleich Proust, das Fortgeschrittene mit einer heute hierzulande seltenen Autorität des Gelingens.
Sondern das Spannungsfeld Valérys nimmt um dreißig Jahre das der
gegenwärtigen Kunst: das von Emanzipation und Integration, vorweg.
Hochmütig spricht Valéry gelegentlich sich selbst die Qualifikation zum
Ästhetiker ab (K 114), will damit freilich das Versagen der Schulphilosophie vor den Fragen der aktuellen Produktion treffen, ähnlich wie er der
Literarhistorie die sachliche Zuständigkeit abstreitet (K 161). Wohl ist er
viel zu gescheit, um nicht einem Ressentiment sich verdächtig zu machen,
dem er auf den Grund sah: »Man nennt den andern einen Sophisten,

wenn man fühlt, daß man dümmer ist als er. Wer das Denken nicht angreifen kann, greift den Denkenden an« (W 99). Aber sein Gedanke
schärft sich durch rückhaltlose Preisgabe ans Objekt, nie durchs Spiel mit
sich selber. Darüber zergehen ihm die Clichés, deren Demontage mittlere
Intellektuelle der Eitelkeit dessen aufzubürden pflegen, der es um jeden
Preis besser wissen wolle. Die Fähigkeit, Kunstwerke von innen, in der
Logik ihres Produziertseins zu sehen – eine Einheit von Vollzug und
Reflexion, die sich weder hinter Naivität verschanzt, noch ihre konkreten
Bestimmungen eilfertig in den allgemeinen Begriff verflüchtigt, ist wohl
die allein mögliche Gestalt von Ästhetik heute. Sie bewährt sich daran,
daß Valérys Formulierungen kaum andere Kritik dulden als eine, die sie
weiterdenkt.

   Das Wort Ästhetik hat mittlerweile jenen leise archaischen Klang angenommen, den Valérys Sensorium an so vielem anderen, wie der Tugend, als erster registrierte. Als Lehre vom Schönen, die dessen Gesetze
ein für allemal aufrichten möchte – und der Wille dazu war Valéry nicht
fremd, so wenig er auch ihm sich verschrieb –, ist sie so reaktionär geworden wie das mit jener Konzeption von Kunst verschwisterte Pathos, das
sie über die empirische Realität, die Gesellschaft, ins Absolute erhöht.
Dies Pathos hat Valéry von Mallarmé ererbt, obwohl der Essay über Manets Triumphzug in den Stücken über die Kunst gebietend auch über die
Parole l'art pour l'art sich erhebt, die man ihm so einfältig zuschiebt; er
preist und deutet den Maler als den, welchen Zola nicht weniger geliebt
habe als Mallarmé. Aber es ist in der französischen Avantgarde üblich
geworden, Valéry unter die Reaktionäre einzureihen, und das wird gewiß
seine deutsche Rezeption beeinträchtigen. Nach Bemerkungen von
Pierre Jean Jouve gehörte er auf die Baudelairesche Rechte. Dorthin verweise ihn der herrschaftlich-klassizistische Kultus der Form, der samt
seinen finsteren politischen Implikationen schon einen Aspekt Baudelaires selber abgab und dann in Mallarmé von den sozialrevolutionären
Impulsen der Fleurs du mal sich schied, während der linke Baudelaire
über Rimbaud in den Surrealismus mündete. Die Surrealisten haben Valéry in Verruf gebracht. Er muß es sich schon gefallen lassen, daß man
auf ihn selber eine Nietzsches würdige Stelle der Windstriche anwendet:
»Der Haß bewohnt den Gegner, erforscht seine Tiefen und zergliedert die
feinsten Wurzeln der Absichten, die er in seinem Herzen hegt. Wir erkennen ihn besser als uns selbst und besser, als er sich selber erkennt. Er
vergißt sich, wir vergessen ihn nicht. Denn wir nehmen ihn durch eine
Wunde wahr, und keiner unserer Sinne ist so stark, keiner vergrößert so
sehr und bestimmt so genau, wovon er getroffen wird, wie ein verletzter

Teil unseres Wesens.« (W 98) Den Büchern mangelt es nicht an schlicht Reaktionärem, von einer Verbeugung vor Mussolini als dem machtvollen Willen, »der jenseits der Berge das Regiment führt« (K 146), über die sich anbiedernde Behauptung, es bedürfe »gesellschaftlicher Ordnungen, die eine Aristokratie gelten lassen und erhalten, der es weder an Reichtum noch an Geschmack gebricht und die den Mut zu dem Gepränge in sich fühlt, das zu ihr gehört« (K 60), bis zur fatalen Moltkeschen Befriedigung: »Diese Welt süßer Beglückung ist nicht unsere Welt, und ich behaupte, daß man dessen im Grunde froh sein muß.« (K 67) Antipolitisch war Valéry wie der Thomas Mann der ›Betrachtungen‹. Pointiert jedoch hat er seine Haltung eher in Worten, die bei Karl Kraus stehen könnten: »Politik ist die Kunst, die Leute daran zu hindern, sich um das zu kümmern, was sie angeht.« (W 32) Die antipolitische Intention ist leicht genug der reaktionären des Privatiers gleichzusetzen. Aber der Vorwurf wäre zu kurzatmig. Valéry beschreibt eine politische Versammlung: »Einer besteigt die Tribüne, Tumult, tierische Schreie, die ›verstimmte‹ Opposition, usw. Er beginnt... Ist es eine Rede? Doch nach und nach tritt, eindringlich, die Arbeit des Denkens hervor, beginnt zu wirken. Das Denken selbst zeigt sich an der Arbeit. Es gibt keine billigen Lösungen mehr, keine einfachen Formeln, keine politischen Programme, keine parlamentarische Taktik, keine überraschenden Vergleiche, keine schlagkräftigen Entgegnungen... Sondern die ungeheure schöpferische Verlegenheit, die sich vortastet, unbekannte Zukunft, unvertraute Gegenwart, mangelhafte Logik, ungestaltetes Wissen, Verfolgung falscher Fährte, der ungreifbare Gegenstand, das grobschlächtige Wort, die Entscheidung immer in der Schwebe... Alles, was die Kunst des Redners verdeckt, alles, worin das Denken ursprünglich mit der wirklichen Wirrnis der Dinge übereinstimmt, wird sichtbar...« (W 32 f.) Den gleichen Widerwillen gegen das Überredende zeigt Valéry auch als Ästhetiker, etwa gegen Wagner. Er findet es allgemein »unwürdig, zu verlangen, daß die andern unserer Meinung seien« (W 67). Seine Aversion gegen Politik als Herrschaftstechnik und als Gestalt von Ideologie schießt hinaus über jenes engagement, das man dem Artisten so pharisäisch predigt. Was sich gebärdet wie das ça ne me regarde pas des Pariser Individualisten, sympathisiert insgeheim mit der Anarchie.

Dennoch affiziert Valérys antipolitisch-politischer parti pris auch sein künstlerisches Urteil. Dann geht er unter das Niveau; so wenn er bewundert, »daß man es einmal fertig gebracht hat, zwanzig menschliche Gestalten auf die Leinwand oder den Kalk zu werfen und dies in den mannigfaltigsten Haltungen, und daß es um sie her weder an Früchten, noch

an Blumen, noch an Bäumen, noch an Baulichkeiten mangelte.« (K 98)
Weil man es heute so gut nicht mehr habe, passieren dann Sätze wie: »Der
ausschließliche Geschmack am Neuen verrät eine Entartung des kritischen
Sinns, denn nichts ist einfacher, als über die Neuheit eines Werks zu
urteilen.« (W 121) Oder: »Die Künste halten mit dem Hasten nicht
Schritt. Zehn Jahre dauern unsere Ideale! Der abgeschmackte Wahn-
glaube an das Neue – der unheilvollerweise an die Stelle des alten und
wohltätigen Glaubens an das Urteil der Nachwelt getreten ist – richtet vor
dem eifernden Fleiße das trügerischste aller Ziele auf und mißbraucht ihn
dazu, das Allvergänglichste zu schaffen, zu schaffen, was schon seinem
Wesen nach vergänglich sein muß: den Reiz des Neuen.« (K 148) Veraltet
auch an den Kunstwerken genau der »Reiz des Neuen«, so werden doch
die, welche eines solchen Reizes entraten; welche nicht in ihm das einge-
schliffene Bewußtsein ihrer Epoche durchbrechen, zu dem auch das du-
biose Vertrauen aufs Urteil der Nachwelt rechnet, schwerlich alt werden.

Aber nur an den reaktionären Momenten ist abzulesen, was in Valéry
weitertreibt. Denn über seine Bücher ist nicht Progressives und Regressi-
ves ausgestreut, sondern das Progressive wird dem Regressiven abge-
zwungen und transformiert dessen Schwerkraft in den eigenen Elan. Der
Theoretiker Valéry hat, wie man es wohl auszudrücken pflegt, zwischen
den Extremen Descartes und Bergson die Brücke geschlagen. Aber dem
Cartesianer in ihm, dem Hüter eingeborener ewiger Ideen, ebenso wie
dem bergsonianisch aufs Fließende, »Unbestimmte« Horchenden, das
der begrifflichen Fixierung spottet, muß Hegel ursprünglich überaus
fern gewesen sein, der bewegt denkt und doch in harten Umrissen, ohne
jeglichen schwebenden oder fließenden Übergang. Um so nachdrück-
licher das Plädoyer für die Dialektik, zu der Valéry gegen Bildung und
Temperament, lediglich durch die »Freiheit zum Objekt« genötigt wird,
dem er denkend gerecht zu werden trachtet. Sein philosophisches Wesen,
hartnäckig wie anschlagende Wellen, unterspült das Gemeinsame der
beiden philosophischen Erzfeinde, die Illusion des Unmittelbaren als
eines schlechterdings sicheren Ersten. Die Kritik am Ausgang vom je
eigenen Bewußtsein als solcher Unmittelbarkeit und die implizite Wendung gegen die Reinheit dessen, der nicht sich zu entäußern vermag, hat
Valéry selbst vollzogen in einem Gedankenexperiment, das man in der
Phänomenologie, vielleicht auch in der Rechtsphilosophie des seit Cousin
bis zur jüngsten deutschen Welle in Frankreich vergessenen Hegel ver-
mutete: »Ein Mensch, der alles nur nach seiner Erfahrung einschätzen
würde, der über nichts urteilen würde, was er nicht gesehen und erlebt
hat, der sich nur selbständig entschiede, der sich ausschließlich aus den

Tatsachen geschöpfte, vorläufige und begründete Meinungen erlaubte, der bei jedem Gedanken, der ihm käme, gleich hinzusetzte, er habe ihn selber erzeugt oder gelesen oder gehört (der eine sei zufälliger und unbekannter Herkunft, der andere nur ein Echo); und was er irgend denke oder verstehe, sei alles nur durch Zufall oder Widerhall vermittelt – der wäre wohl der ehrlichste, selbständigste und wahrhaftigste Mensch auf Erden. Doch seine Reinheit würde ihn hindern sich mitzuteilen, und seine Wahrhaftigkeit verurteilte ihn zum Nichtsein.« (W 33 f.) So wenig in der unmittelbaren Gewißheit des ego cogitans autarkisch sich leben läßt, so wenig stichhaltig ist der Glaube an Natur als Unmittelbarkeit: »Keine Anschauung ist naiver als diejenige, die alle dreißig Jahre zur Entdeckung der ›Natur‹ führt. Es gibt keine Natur. Oder genauer: was man als gegeben annimmt, ist allemal, früher oder später, hergestellt worden. Der Gedanke, daß man Dinge wieder in ihrer Ursprünglichkeit erfaßt, ist von erregender Kraft. Man stellt sich vor, es gebe ein solches Ursprüngliches. Doch das Meer, die Bäume, die Sonnen – und gar das Menschenauge –, all das ist Kunst.« (W 35) In den Essays ›Über Kunst‹ erweitert sich das zu einer Denunziation jenes ästhetischen Wald- und Wiesenbegriffs vom Einfachen, den der Philister als Winckelmannsches Erbe hütet: »Der Wille zum Einfachen in der Kunst ist immer tödlich, wo er sich selbst genug sein will und uns verführt, uns um eine anfallende Mühsal zu drücken.« (K 78) Unmittelbares, Einfaches ist für Valéry wie für Hegel nicht das Erste, sondern Resultat einer Vermittlung. Das erläutert er an einer Anekdote von chinesischer Schönheit: »Einer der ruhmvollsten Meister der Reitkunst aller Zeiten erhielt, arm und alt geworden, vom Zweiten Kaiserreich eine Stallmeisterstelle in Saumur. Dorthin kam eines Tages, ihn zu besuchen, sein Lieblingsschüler, ein junger Rittmeister und glanzvoller Reiter. Baucher sagte zu ihm: ›Ich will für Sie ein wenig in den Sattel steigen.‹ Man hebt ihn auf ein Pferd; er durchquert die Bahn im Schritt, kommt zurück… Der andere, geblendet, sieht einen vollkommenen Kentauren daherkommen. ›So‹, sprach der Meister zu ihm, ›ich mag keine Wichtigtuerei. Ich stehe auf dem Gipfel meiner Kunst: Reiten im Schritt und dies fehlerlos.‹« (a. a. O.) Wie er das Unmittelbare als vermittelt durchschaut, so ist er offen fürs Unmittelbare als telos der Vermittlung. Das ist ihm Kultur. Die Kunst der Renaissance habe dem italienischen Volk »nicht als Dreingabe« gegolten, nicht »als etwas, das nur in Ausnahmefällen zum Dasein gehört, sondern als eine seiner natürlichen und so gut wie notwendigen Bedingungen, deren Fehlen ihm eine spürbare Entbehrung bedeuten würde« (K 155). Von dem ist nicht weit zur Hegelschen Definition von Kunst als einer Erscheinung der Wahrheit. Die Wahlverwandtschaft reicht bis in die Logik hinein. In der Hegelschen des Wesens würden Analysen keine üble Figur machen wie: »Aussagen haben stets mehrere Bedeutungen, deren bemerkenswerteste sicherlich der Grund selber ist, warum die Aussage getan wurde. So bedeutet ›Quia nominor Leo‹ durchaus nicht ›Denn Löwe heiße ich‹, sondern: ›Ich bin ein grammatikalisches Beispiel‹.« (W 111) Dafür hat Hegel in Sätzen wie »Je schlechter der Künstler ist, desto mehr sieht man ihn selbst, seine Partikularität und Willkür« Valéry prophetisch plagiiert. Früh nahmen sie die Dynamik der Idee jenes Fortschritts vorweg, dessen Spätzeit noch Valéry, zumindest ästhetisch, zugehörte, der subjektivistischen. Ihre Träger sind ihm Manet, Baudelaire und Wagner, in denen sensuelle Reizsamkeit und Differenziertheit, wie Impressionismus und Symbolismus sie teilten, zum Prinzip geworden und aufs höchste gesteigert seien. Als einer der ersten verbuchte Valéry, was darüber an Kräften der Objektivation und Verbindlichkeit verlorenging. Selber vom Symbolismus geprägt, war er vor der laudatio temporis acti gefeit, schätzte jedoch den Preis ein, den die Stimmigkeit der Gebilde für ihre subjektive Durchdringung zu zahlen hat. Die nach-valéryanische moderne Kunst hat unabhängig von ihm daraus die Konsequenz gezogen. Was in Malerei und Plastik von der Ähnlichkeit mit dem Gegenstand, in der Musik von der Tonalität sich lossagt, wird wesentlich motiviert von dem Drang, dem Gebilde rein von sich aus etwas von jener Objektivität wieder anzuschaffen, deren es enträt, solange es beim subjektiven Reflex auf ein wie immer auch Vorgegebenes sein Bewenden hat. Je mehr das Kunstwerk all der Bedingungen kritisch sich entäußert, die seiner je eigenen Gestalt nicht immanent sind, desto mehr nähert es sich mittlerweile einer Objektivität zweiter Potenz sich an. Insofern hat die Radikalisierung der Kunst eingebracht, was Valéry retrospektiv am Fortschritt seiner eigenen Epoche noch bemängelte. Dazu stimmt, daß inmitten einer fortdauernd gefesselten Gesellschaft die Entfesselung des Subjekts, seine Pflicht und sein Glück, zugleich auch Schein bleibt und am allgemeinen Schein mitwirkt. Dem ästhetischen Subjekt ging die Autorität alles Traditionalen unwiederbringlich verloren. Es muß auf sich selbst rekurrieren, darf nur auf das sich verlassen, was es aus sich herauszuspinnen vermag; ihm wahrhaft ist der kritische Weg allein offen. Auf keine andere Objektivität kann es hoffen. Zurückverwiesen auf sich, ist es künstlerisch notwendig sich selbst das Nächste und Unmittelbarste. Gesellschaftlich aber bleibt es abgeleitet, bloßer Agent des Wertgesetzes. Je tiefer es seine je eigene Wahrheit als ihm allein erreichbare, von ihm allein zu füllende ausdrückt, desto mehr verstrickt er sich in die Unwahrheit. Diese Antinomie bezeugt Valérys gesellschaftlich bewußtlose Trauer ums Vergangene ebenso treu, wie die ästhetische Eigenständigkeit, die er im Gedanken an die authentischen Werke von einst verficht, durch ihre hermetische Abdichtung vom kommunikativen Unwesen mit Tendenzen solcher übereinkommt, denen Valéry anathema ist und die er selbst wohl ohne Zögern als Verfall verdammt hätte. Wenn in der Phase des Tachismus und der Experimente mit aleatorischer Musik Mallarmés Würfeltheorie aktuell geworden ist, so manifestiert darin sich ein Zusammenhang, in den das œuvre seines Schülers Valéry insgesamt fällt. Wie nach ihm die Spannung zwischen dem konstruktiven Gesetz und der Kontingenz in der Kunst bis zum Bersten sich steigerte, so wird schon seiner eigenen anachronistischen Insistenz auf Begriffen wie Ordnung, Regelhaftigkeit und Dauer die Abweichung konstitutiv beigesellt. Sie ist ihm Bürgschaft der Wahrheit. Schroff widerspricht er der Ansicht des common sense von Erkenntnis: »Jede Sicht der Dinge, die nicht befremdet, ist falsch. Wird etwas Wirkliches vertraut, so kann es nur an Wirklichkeit verlieren. Philosophische Besinnung heißt vom Vertrauten auf das Befremdende zurückkommen, im Befremdenden sich dem Wirklichen stellen.« (W 144) In einer Gesellschaft, deren Totale sich fugenlos zur Ideologie abgedichtet hat, kann wahr nur sein, was der Fassade nicht gleicht. Das kritische Bewußtsein des konservativen Artisten vom Banalen als Trug geht über in Brechts Verfremdungseffekt. In seinen Gedanken so wenig wie in der Praxis der Künstler läßt das Allgemeine dem Besonderen so bruchlos sich versöhnen, wie es der traditionellen Kunst und Ästhetik vor Augen stand. Indem der Reaktionär Valéry dessen gedenkt, was auf dem Weg des Fortschritts vergessen wird; was der großen Tendenz sich entzieht, deren Fürsprecher er doch als einer der ästhetischen Naturbeherrschung selber ist, muß er auf die Seite der Differenz, des nicht Aufgehenden sich schlagen. Daher der nautische Name seiner Merkbücher. Keine Interpretation könnte das präziser herausstellen als seine eigene Formulierung vom »Akzidens, das meine Substanz ist« (W 80).

Dem hätte Valérys deklarierter Antipode Proust zugestimmt, dem klassische Rationalität und Ordnungsgefüge vorweg verdächtig sind: Wozu Valéry widerstrebend sich nötigen läßt, ist das Formgesetz des Proustischen Gesamtwerks. Aber Prousts enthusiastisches Vertrauen auf den Wahrheitsgehalt des Inkommensurablen, der unwillkürlichen Erinnerung ist bei Valéry schwermütig gebrochen: »Die richtigen Gedanken sind immer unerwartet. Jeder unerwartete Gedanke ist einige Augenblicke lang richtig.« (W 108) Die Evidenz des Unwillkürlichen, der Zeitkern der Wahrheit als eines jeweils Neuen, die plötzlich erscheinende

Wahrheit hat den Aspekt des Trügerischen und Hinfälligen. Das ist der
Grund des Schmerzes, den die unwiderleglich jähe Einsicht Valéry wie
Proust bereitet. Der Nachfahre Baudelaires, der die Lüge der Geliebten
verherrlichte, bringt dessen spleen ein in eine leidvolle Physiognomik,
wie Proust nicht anders an Albertine sie hätte entwerfen können. »Die
Menschen flehen schweigend die Menschen an, ihnen zu sagen, was sie
nicht denken. ›Sagt uns, was wir hören möchten!‹ ›Sag mir etwas
Freundliches!‹ singen die Augen.« (W 137) Larochefoucauldsche Aufklärung und neuromantische Sensibilität verschränken sich in der Beobachtung. Gleich Proust hat Valéry die verhärtete Scheidung von Denken und Intuition widerrufen, an welche das verdinglichte Bewußtsein
befriedigt sich klammert: »... es sei denn, man verstehe unter Inspiration eine so bewegliche, geordnete, scharfsinnige, unterrichtete und be-
rechnende Kraft, daß man sie ebensogut Intelligenz oder Kenntnis nennen könnte« (W 48). Zuweilen reicht die Übereinstimmung bis in die
philosophische These: »Die Vergangenheit ist ganz und gar nicht, was
man dafür hält. Die Vergangenheit ist nicht, was einmal war; sie ist
nur, was von dem, was einmal war, übrigblieb. Das sind Spuren und
Erinnerungen. Sonst ist einfach nichts vorhanden.« (K 163) Die Besinnung über den klassischen Begriff des Dauernden und Bleibenden, den
Valéry nicht antastet, führt zur Verneinung des monumentum aere per-
ennius. In Valérys Geschichtsphilosophie öffnet sich ein Spalt im Gefüge der vérités éternelles. Der Generalnenner für Proust und Valéry ist
aber kein anderer als jener Bergson, dem Valéry, unter der nationalsozialistischen Besetzung, die Totenrede hielt.

Nirgends kann man den Zwang, antithetisch über jene Art Position
hinauszugehen, welche alle traditionelle Philosophie mit Besitzerstolz
hütet, in Valéry deutlicher wohl erkennen, als an seinem Verhältnis zur
Musik. Er hat sich unmusikalisch genannt, wenn nicht antimusikalisch.
»Musik langweilt mich nach kurzer Zeit.« (W 118) Der einem mittleren
Komponisten wie Honegger seinen »mächtigen Atem« (K 34) nach-
rühmt, beschreibt die opernhaften Züge jenes Racine, »dessen Tragödien
Lulli sich so beflissen anzuhören pflegte und dessen Linienführung und
Themen sich anhören, als seien sie unmittelbar in die schönen Formge-
bilde und die reinsten Durchführungen Glucks übergegangen« (K 31),
nicht wissend, daß es bei Gluck kaum »Durchführungen« gibt, und daß
die Primitivität von dessen Formgestaltung ihn zum blutigen Hohn rei-
zen müßte, wenn er ihr in der Malerei begegnete. Dennoch charakterisiert er unmittelbar danach Unmanieren beim Sprechen von Versen so,
wie es wörtlich auf schlechte musikalische Interpretationen angewendet

werden könnte: »Man zerschlägt sie, man unterschlägt sie; andere Male scheint es, als ob man nur ihre Zwänge zur Geltung bringen wolle: man unterstreicht, man übertreibt die Zeilenfügung, die Ecksilben der Alexandriner, eingebürgerte Formelemente, die meiner Meinung nach durchaus ihren Nutzen haben, die aber zu grobschlächtigen Wirkungsmitteln werden, wenn die Sprechweise sie nicht in die Gewänder ihrer Anmut hüllt.« (a. a. O.) So fern und nah war Valéry der Musik. Er fügte sich zunächst dem Schema, welches das Visuelle als statisch rational in einfachen Gegensatz rückt zum Fließenden und Chaotischen der begriffslosen Zeitkunst. Im Gegensatz zu Dichtung und Musik schreibt er der Malerei ein dinghaft positivistisches Moment zu. Daher seine Reservate gegen magische Wirkung des Bildes. Der Symbolist Valéry hat es denn auch mit den Impressionisten gehalten und nicht mit Puvis de Chavannes: »Die Malerei darf, bei Vermeidung von Gefahren, sich nicht herausnehmen, uns den Traum vorzutäuschen. Die Einschiffung nach Kythera scheint mir nicht vom Besten Watteaus zu sein. Die Zauberwelten Turners bringen es bisweilen fertig, mich zu entzaubern.« (K 90) Nicht wenn Kunst desperat ihr magisches Erbe hütet, nur wenn sie es sich versagt, durch die Ernüchterung hindurch, kann sie überleben und übergehen in jene Sprache, als welche Valéry sie las. Darin terminiert seine Interpretation Manets. Die »Naturalisten«, denen er ihn in diesem Zusammenhang zuzählt, haben, analog zu Baudelaire, »ein wirkliches Verdienst: sie haben in Gegenständen oder Vorwürfen, die bis auf ihre Zeit für schmählich oder bedeutungslos galten, Poesie entdeckt (oder vielmehr darein eingebracht) und bisweilen solche vom höchsten Range« (K 110). Aber er war nicht so intransigent gegen Musik wie gegen die Pseudomorphose an sie. Schon zu Beginn der Windstriche ist, in erstaunlicher Parallele zu Kierkegaard, vom »philosophischen Ohr« die Rede. (W 16) Valéry besaß es selber. Der den musikalischen Sinn sich aberkannte, konnte als Lyriker nicht darüber sich täuschen, daß »die Wege der Musik und der Dichtung sich kreuzen« (W 57). »Es war die Zeit des Symbolismus: wir waren, ein jeder wie es seiner Anlage und seiner Schule entsprach, reichlich damit beschäftigt, nach besten Kräften das Maß an Musik zu mehren, das die französische Sprache in die Aussage einzuführen erlaubt.« (K 35) Aber er beharrt nicht auf dem synästhetischen Programm von Verlaines Art Poétique, sondern legt seine widerspruchsvolle Erfahrung auseinander. Den Witz: »Gute Verse vertonen, heißt ein Gemälde durch ein Kirchenfester beleuchten« (W 61), meint er boshaft gegen die Musik. Er zielt zu kurz: kaum sonst könnte die Qualität von Liedern so sehr abhängen von der der Gedichte; jene siedeln sich eher in deren Hohlräumen an, stehen ihnen

eher in ihrer Fehlbarkeit bei, als daß sie sie verdoppelten. Dafür aber ist
die Verfremdung eines Bildes durch den Strahl, der durch gemalte Scheiben bricht, kein schlechtes Gleichnis für die Transfiguration guter Verse
in einem guten Lied. Valéry gesteht sich denn auch zu, was Goethe nicht
Wort haben mochte: seine antimusikalische Haltung wehrt eine bedrohliche Lockung ab, der er dann doch unerschrocken folgt. »Meine ›Ungerechtigkeit‹ gegen die Musik kommt vielleicht von dem Gefühl, eine solche Macht wäre imstande, selbst dem Absurden Leben zu verleihen«
(W 63), Sinnzusammenhänge jenseits des rationalen zu stiften: ». . . habt
vor allem keine Eile, an die Schwelle des Sinnes zu gelangen« (K 32).
Danach umschreibt Valérys Postulat jener reinen Dichtung, welche den
Sinn der Sprache unter sich lasse, die Kriterien eines seiner selbst bewußten Musikers: »Welche Schande, zu schreiben, wenn man nicht weiß,
was Sprache, Wort, Metapher sind, Gedankenübergänge und Wechsel im
Ton; wenn man die Struktur der zeitlichen Folge eines Werks und die
Voraussetzungen für seinen Schluß nicht begreift, kaum das Warum
kennt und schon gar nicht das Wie! Die Scham darüber, eine Pythia zu
sein...« (W 166) Die Sehnsucht, daß der Sinn im Vers verschwinde, ist
beheimatet in der Musik, die Intentionen kennt nur als untergehende.
Das Korrelat dazu bemerkt Valéry an der Sprache: »Wenn der Klang,
der Rhythmus dem Sinn zum Bewußtsein kommen, machen sie sich
nur für einen Nu geltend: als eine sich im Augenblick aufbrauchende
Notwendigkeit, als Hilfsorgan der Sinnbedeutung, die sie herführen,
und die sie dann unverzüglich aufzehrt« (K 29).[2] Es zeugt für die gegensätzliche Einheit der beiden Medien, daß, wo in der Lyrik musikalische
Strukturen die meinende Sprache überflügeln, die Musik strukturell der
Prosa sich anähnelt, vor deren Spuren Valéry den Vers schützen
möchte. Die Ästhetik des Antimusikalischen klingt zuzeiten wie eine
Musikästhetik: »Alle Teile eines Werks müssen ›arbeiten‹.« ((W 169)
Nicht anders verwendet die musikalische Terminologie den Begriff thematischer Arbeit. Dies bewußtlose Einverständnis Valérys mit der Musik kommt manchmal Werken zugute, die er nie hörte. »In sehr kurzen
Werken erreicht die Wirkung des geringsten Details die Größenordnung der Gesamtwirkung« (W 170) – das ist die Physiognomik Anton
von Weberns. Dem optisch-kristallinischen Valéry verwandelt am Ende
jegliche Kunst sich in die von ihm gefürchtete Musik; nicht bloß ist ihm,
wie in Benjamins Jugendwerk, alle Kunst Sprache, sondern es gibt
»Schauseiten, Formen, Zustände auch in der Welt des Sichtbaren, die
Gesang sind« (K 83). Ihn entdeckt der saugende Blick des Dichters auf
Farben und Formen.

Seine diffizile Stellung zur Musik ist aber relevant nicht bloß für die allgemeine Abgrenzung der Künste gegeneinander und ihre Einheit. Ein Fragenkomplex, um den Valéry kreist, rückte heute ins Zentrum des Komponierens: die Beziehung integraler Konstruktion, wie sie den Gedanken der Autonomie des Werks, seine Unabhängigkeit vom je Aufnehmenden zu Ende denkt, zum Zufall. In der Idee des integralen, in sich lückenlos geschlossenen und bloß seiner immanenten Logik verpflichteten Kunstwerks, welcher aus der Gesamttendenz der abendländichen Künste zur fortschreitenden Naturbeherrschung, konkret: zur vollkommenen Verfügung über ihr Material folgt, ist etwas ausgelassen. Kunst, die dem zivilisatorisch-rationalen Zug sich einfügt und ihm die historische Entfaltung ihrer Produktivkräfte verdankt, meint doch zugleich auch den Einspruch gegen ihn, das Eingedenken dessen, was in ihm nicht aufgeht und was er eliminiert; eben das Nichtidentische, worauf das Wort Abweichung anspielt. Sie verschmilzt darum nicht bruchlos mit der totalen Rationalität, weil sie dem eigenen Begriff nach Abweichung ist, nur als solche in der rationalen Welt ihr Lebensrecht hat und die Kraft, sich zu behaupten. Wäre sie bloß identisch mit der Rationalität, sie verschwände in dieser und stürbe ab, während sie ihr doch nicht ausweichen darf, wenn sie nicht hilflos Reservate besiedeln will, ohnmächtig gegenüber der unaufhaltsamen Naturbeherrschung und ihren gesellschaftlichen Verlängerungen, und gerade als geduldete erst recht jener hörig. Die ästhetisch aktuelle Figur solcher Paradoxie ist der Zufall, das mit ratio nicht Identische, Inkommensurable als Moment der Identität selber, einer rationalen Gesetzlichkeit von eigenem Typus, der statistischen, deren Valéry häufig gedenkt. Als Zufall schlägt die sich selbst entfremdete Gestalt der Subjektivität im objektiven Kunstwerk durch, dessen Objektivität nie eine an sich sein kann, sondern durchs Subjekt vermittelt wird, während es keinen unmittelbaren Eingriff des Subjekts mehr dulden möchte. Zugleich bekundet der Zufall die Ohnmacht eines Subjekts, das zu nichtig wurde, um legitimiert zu sein, im Kunstwerk überhaupt unmittelbar noch von sich zu reden. Er negiert das Gesetz der ästhetischen Freiheit zuliebe und bleibt doch in seiner Heteronomie Widerspiel der Freiheit. Das bestätigt Valéry, als spräche er gegen den gegenwärtigen Traum total determinierter und vom Subjekt schlechterdings unabhängiger Musik: »In allen Künsten – und darum gerade sind sie ja Künste – kann das Aus-Notwendigkeit-so-geworden-Sein, das uns ein glücklich zu Ende gebrachtes Werk glaubhaft machen muß, nur durch einen Akt freier Schöpfung ins Leben gerufen werden. Der Fug und der abschließende Zusammenklang der voneinander unabhängigen Eigenschaften, die es zu verweben gilt, werden nie durch ein Rezept oder einen Automatismus erzielt, sondern durch das Wunder oder schließlich und endlich durch Bemühung – durch Wunder im Verein mit Bemühungen, die ein Wille trägt.« (K 18 f.) Darum bleibt nach seinem Willen wie dem der jüngsten Kunst der Zufall gesteuert, der Rationalität des Ganzen unterworfen. Aber er markiert doch auch die Grenze der Rationalität an dem Material, das sie zurichtet; nur ist es von jener schon so ausgelaugt, daß seine Abstraktheit wiederum mit der bloßen Gesetzmäßigkeit, der formalen Einheit des Begriffs, zusammenfällt, der der Zufall opponiert: das Nichtidentische als Identisches. Was der Zufall an Sinnfremdheit in jedes Gebilde hineinträgt, ahmt die des Zeitalters nach; indem er unbeschönigt die Sinnfremdheit der Totale einbekennt, erhebt er Einspruch gegen sie. Die Erfahrungen alles dessen hat Valéry gemacht. Dabei sympathisiert er wie Mallarmé ohne apologetische Vorbehalte, großartig unbekümmert um den Widerspruch zu seiner primären Neigung, mit dem Zufall, obgleich sein ganzes Pathos daher rührt, daß der Geist seiner selbst mächtig werde, indem das Kunstwerk seiner mächtig wird. Die Konstellation beider Momente ist entworfen in dem Essay der Pièces sur l'art über die Würde der künstlerischen Verfahrungsweisen, an denen das Feuer beteiligt ist. »Doch all die Wachsamkeit des erlauchten Handwerkers am Feuerofen, alles, was seine Erfahrung, seine Wissenschaft von der Hitze, den gefährlichen Zuständen, den Temperaturen für die Schmelze und die Reaktion der Stoffe vorauszusehen erlauben, lassen die adelnde Ungewißheit in ihrer Unermeßlichkeit bestehen. Sie alle schaffen den Zufall nicht ab. Seine hohe Kunst bleibt unter der Herrschaft des Wagnisses und wird dadurch gleichsam geheiligt.« (K 12) Was der Notwendigkeit entschlüpft, schlägt er nicht geringer an als diese, und vom Zufall erhofft er sich die Indifferenz von beidem. Gerade das sinnfremde Moment des Zufalls, wahrhaft eines Grenzwertes im temps espace, assoziiert er mit dem Bergsonschen temps durée, dem unwillkürlichen Eingedenken als der einzigen Gestalt des Überlebens. Denn in der Anarchie der Geschichte ist dies Eingedenken selbst zufällig: das definiert bei Valéry die Würde des Zufalls. Von einer Keramikausstellung sagt er: »Nichts gleicht dem bis zum heutigen Tage angehäuften Kapital unserer Kenntnisse, unserem Haben im Buche der Geschichte so, wie diese Sammlung von Dingen, die der Zufall uns erhalten hat. All unser Wissen ist wie sie ein Rückstand. Unsere Geschichtsurkunden sind Strandgut, das ein Zeitalter einem anderen überläßt, wie es der Zufall will, und in vollem Durcheinander.« (K 164) Gleichwohl mildert diese Rettung nicht sein Mißtrauen gegen die unmittelbare Zufälligkeit des künstlerischen Produktionsprozesses, gegen das Zu leicht. Der Nachdruck, den er auf widerstrebende Materialien legt, die den Zufall ins Kunstwerk tragen, rührt her von eben diesem Mißtrauen gegen den Zufall bloßer Subjektivität. »Darum befällt in allen Künsten, deren zugeordneter Stoff nicht schon durch sein bloßes So-sein gegenwirkende Widerstände häuft, die wahren Künstler das Gefühl der Gefahren und der Langeweile allzu großer Leichtigkeit des Schaffens.« (K 9 f.) Mag der Zufall, als ein dem schaltenden Künstler Entzogenes, mit der freilich heute bereits ein wenig antiquierten Vorstellung vom »Akt freier Schöpfung« unvereinbar sein – ihre Unvereinbarkeit definiert die Frage, wie Kunst überhaupt noch möglich sei.

Valérys Widersprüche insgesamt haben ihre gesellschaftlich-historische Seite. Wie die Essays über die italienische Malerei der Renaissance, zumal Veronese, nach neuromantischer Sitte Herrschaft schlechthin, die große Allüre, die souveräne Verfügung adorieren, die im bürgerlichen Individualismus zur Formlosigkeit zersplittert dünkt, so mag Valéry in den Musikanten windige Leute beargwöhnt haben, deren flüchtige Spektakel so wenig fest, verbindlich, zuverlässig im Raum angesiedelt und der Ordnung immanent sind wie die Herumziehenden selber. Unter seinen Idealen ist nicht das letzte das einer Kunst, die des Vagantentums sich entäußert hätte, ihres wie immer auch sublimierten gesellschaftlichen Odiums, während doch dies Vagantische, der Kontrolle seßhafter Ordnung nicht gänzlich Unterworfene allein der Kunst erlaubt, inmitten von Zivilisation zu überleben. Aber die Lauterkeit eines Gedankens, der von der Ideologie nicht sich fesseln läßt, auf die er vereidigt ist, hält auch vor diesem Motiv nicht inne. Valéry, der als Kind des rationalen Zeitalters die säuberliche Scheidung von Produktion und Reflexion in der Kunst nicht anerkennt, ist viel zu reflektiert, um sich darüber zu täuschen, daß auch solche Künstler, welche die Rücksicht auf den Markt verschmähen, an die prekäre Stellung des Geistes in der herrschaftlichen Gesellschaft gekettet bleiben, der sie noch als opponierender willfahren müssen. Künstler heute sind Intellektuelle, sie mögen es akzeptieren oder nicht, und als solche das, was die Theorie der Gesellschaft dritte Personen nennt: sie leben von abgezweigtem Profit. Während sie selber keine »gesellschaftlich nützliche Arbeit« leisten, nichts zur materiellen Reproduktion des Lebens beitragen, repräsentieren sie allein die Theorie und alles Bewußtsein, das über den blinden Zwang der materiellen Verhältnisse hinausweist; so wehrlos gegen das Mißtrauen des Bestehenden, von dem sie leben, ohne ihm zuverlässig zu dienen, wie gegen das seiner Feinde, denen sie nichts sind als ohnmächtige Agenten der Macht. Sie ziehen darum als neuralgischer Punkt der Gesellschaft den Haß der ganzen Welt auf sich. Nicht aber sind sie durch die abstrakte Anpreisung des Geistes zu verteidigen sondern einzig dadurch, daß auch ihr Negatives ausgesprochen wird. Erst wenn die ideologische Hülle ihrer eigenen Existenz fällt; erst in der schonungslosen Selbstreflexion, die zugleich eine der Gesellschaft wäre, gelangten sie zu ihrer gesellschaftlichen Wahrheit. Dazu hilft Valéry. Den Makel, der jeden Gedanken befleckt, nimmt Valéry in diesen hinein: »Ohne ihre Schmarotzer, Diebe, Sänger, Mystiker, Tänzer, Helden, Dichter, Philosophen, Geschäftsleute wäre die Menschheit eine Gesellschaft von Tieren; oder nicht einmal eine Gesellschaft: eine Gattung; die Erde wäre ohne Salz.« (W 36) Die gleiche Liste der dritten Personen könnte bei Marx stehen, dessen Namen Valéry kaum über die Lippen gebracht hätte. Auch der Zusammenhang des Geistes und der geistigen Produktion mit dem, was in der Sprache der politischen Ökonomie Zirkulationssphäre heißt, ist ihm nicht fremd, »Wenn ›Handel treiben‹ bedeutet, daß man einkauft, mit der Absicht wiederzuverkaufen, so ist der Künstler oder Autor ein Handelsmann, der nur darum anschaut, reist, liest, ja lebt, um zu produzieren, um seinen Eindruck auf den Markt zu bringen. – Statt für sich selber zu erwerben. – Aber, wer weiß, für sich selber erwerben ist vielleicht sinnlos.« (W 41 f.) Der unbestechlich auf der Reinheit des Werkes um seiner selbst willen insistiert, durchschaut zugleich, wie sehr diese Reinheit des ästhetischen An sich einem Für anderes, dem Markt, sich verdankt; wo mesquine Künstler vom Schöpfertum schwafeln und gerade, indem sie es ideologisch anpreisen, des allgemeinen Einverständnisses auf dem Markt sicher sind, gesteht Valéry den paradoxen Zusammenhang des autonomen Werks mit seinem Warencharakter zu. Es wird überhaupt erst zu einem Objektiven, indem der Produzierende nicht unmittelbar zu seinen Erfahrungen ist, sondern diese vergegenständlicht; die sich selbst entfremdete Wahrheit wird zum eingestandenen Modell des absoluten Gebildes. Was sich selbst Ursprünglichkeit und Genius ist, ist gesellschaftlich ein natürliches Monopol. Darauf spielt eine jener witzigen Bemerkungen an, die, laut Nietzsche, das kaum bemerkbare Lächeln erzeugen: »Wie, könnte ein Genie zu sich selber sagen – so bin ich also ein Kuriosum... Und was mir so natürlich erscheint, das Bild, das mir da einfiel, ein unmittelbar einleuchtendes Wort, eines, das mich nichts gekostet hat, flüchtiges Ergötzen meines inneren Auges, meines heimlichen Hörens, meiner Stunden, und dann die Zufälle beim Denken und Reden... machen sie aus mir ein Ungeheuer? – Seltsam ist meine Seltsamkeit. So wäre ich nur eine Rarität? Und ohne daß ich mich im geringsten zu ändern brauchte, genügten hunderttausend meinesgleichen, und ich würde nicht mehr auffallen...

Und bei einer Million wäre ich gar irgendein Trottel... Ein Millionstel meines früheren Wertes...« (W 68 f.) Derlei Erwägungen kulminieren in einer erstaunlichen Gleichung von Geist, Selbstentfremdung und Warencharakter: »Je ›bewußter‹ ein Bewußtsein ist, desto mehr scheinen ihm seine Person, seine Meinungen, seine Taten, seine Eigenheiten und seine Gefühle befremdlich, – fremd. So neigt es dazu, über seinen eigensten und persönlichsten Besitz als über etwas Äußeres und Zufälliges zu verfügen.« (W 146) Eine selbstzerstörerische Spitze ist dabei unverkennbar. Anti-intellektuelle Motive fehlen neben exponierten Rettungen des Anfälligsten am Geist so wenig wie bei Nietzsche. Stimmgeräusche aus der Ära des Vorfaschismus lassen sich vernehmen: »Das Geschäft der Intellektuellen ist es, mittels Zeichen, Namen, Symbolen alles aufzurühren, ohne das Gegengewicht wirklicher Handlungen. Das macht ihre Reden verblüffend, ihre Politik gefährlich, ihr Vergnügen oberflächlich. Es sind soziale Reizmittel, mit den Vorteilen und Gefahren aller Reizmittel.« (W 37) Aber wo Valérys spezifische Erfahrung sitzt, in der künstlerischen Produktion, gewährt er derlei Flausen keinen Raum. Intuition, der Markenartikel der Anti-Intellektuellen, kommt bei ihm schlecht weg. Er polarisiert sie in die Extreme von Bewußtsein und Zufall und heftet spottend den gelben Fleck der dritten Personen gerade an die offiziell Begnadeten: »Unerträglich ist oder sollte den Dichtern die Vorstellung sein, wonach sie das Beste ihrer Werke von erdichteten Mächten empfangen haben. Mittelsmänner – eine demütigende Auffassung. Ich, für mein Teil, will davon nichts wissen. Ich berufe mich nur auf den Zufall, der allen Menschen zugrunde liegt; und dann auf eine zähe Arbeit, die gegen eben diesen Zufall wirkt.«(W 95)

Was in solchen Modellen sich zuspitzt, aber insgesamt den Rhythmus von Valérys denkender Bewegung definiert, wäre, nach dem Brauchtum der offiziellen Philosophiegeschichte, der Widerstreit von rationalistischen und irrationalistischen Motiven. Ihr Stellenwert in Frankreich jedoch ist umgekehrt als in Deutschland. Hier ist man gewohnt, den Rationalismus dem Fortschritt zuzurechnen und den Irrationalismus, als romantisches Erbe, der Restauration. Bei Valéry aber ist das traditionale Moment eins mit dem Cartesianisch-rationalistischen, und irrationalistisch die Selbstkritik des Cartesinanismus. Das rational-konservative Moment bei Valéry ist das herrisch-zivilisatorische, die deklarierte Verfügung des autonomen Ichs übers Unbewußte. »Die Träume abschütteln, die Schlacken, die Dinge, denen Abwesenheit und Nachlässigkeit erlaubt hat, zuzunehmen und sich breit zu machen; die Naturprodukte, Unrat, Irrtümer, Torheiten, Schrecken, Bedrängnisse.

Die Tiere kriechen wieder in ihr Loch. Der Meister kehrt von der Reise zurück. Der Hexenspuk ist gestört. Weggang und Rückkehr.« (W 17) Nach wie vor wird solche Herrschaft cartesianisch gerechtfertigt durch clara et distincta perceptio. Valérys Zweifel noch an den bündigen Antworten, Ferment seiner irrationalen Abweichungen, mißt sich an jener Bündigkeit: »Aber unsere richtigen Antworten sind überaus selten. Die meisten sind schwach oder nichtig. Wir spüren das so genau, daß wir uns zuletzt gegen unsere Fragen wenden. Damit aber sollte man gerade beginnen. Man sollte eine Frage in sich ausbilden, die allen anderen vorausgeht und jede auf ihren Wert hin befragt.« (W 70) Der Cartesianismus überschlägt sich kraft seines eigenen methodischen Motors, des Zweifels: »Ich stelle mir oft einen Menschen vor, dem alles zur Verfügung stände, was wir an genauen Verfahren und Vorschriften kennen, dem aber alle Begriffe und Bezeichnungen unbekannt wären, die keine klaren Vorstellungen erwecken, die nicht zu einheitlichen und wiederholten Handlungen führen. Er hat nie von Geist, von Denken, von Substanz reden hören, nie von Freiheit und Willen, von Zeit und Raum, von Kräften, von Leben, Instinkt, Gedächtnis, Ursache, von Göttern, nie von Moral, nie von Ursprüngen; kurz: er weiß alles, was wir wissen und kennt nicht, was uns unbekannt ist, aber er kennt nicht einmal die Namen davon. So setze ich ihn den Schwierigkeiten aus und den Gefühlen, die sich aus ihnen ergeben; so lasse ich ihn entstehen. Jetzt setze ich ihn in Bewegung und liefere ihn den Umständen aus.« (W 148 f.) Das Beharren auf der Forderung des absolut Gewissen endet im Offenen, nach Descartes' Kriterien Ungewissen. Das sum cogitans wird der Zufälligkeit seiner bloßen Existenz überführt, auf die bei jenem nicht reflektiert war und die den Meditationen den Boden unter den Füßen weggezogen hätte. Ausdrücklich wird daraus die volle erkenntnistheoretische Konsequenz gezogen, die der Nichtidentität des Seienden mit seinem Begriff: »Die kleinen, unerklärten Fakten enthalten in sich immer genug, um alle Erklärungen der großen Fakten zu entkräften.« (W 140) Valéry bringt den Rationalismusstreit, ohne Entscheidung sich anzumaßen, auf die mathematisch elegante Formel: »Was nicht festgehalten wird, ist nichts. Was festgehalten wird, ist tot.« (W 112) Darf etwas den Namen von Philosophie überhaupt noch beanspruchen, dann solche Antithesen. Indem sie unversöhnt stehenbleiben, drückt der Gedanke die eigene Grenze aus: die Nichtidentität des Gegenstandes mit seinem Begriff, der ebenso jene Identität fordern wie ihre Unmöglichkeit begreifen muß.

Auch der Rationalismusstreit hat bei Valéry seine geschichtsphilosophische Dimension, die einer Dialektik der Aufklärung. Von ihr hat er ein Zentrales gewahrt, das Heraufkommen eines bloß noch instrumentellen Denkens, den Triumph subjektiver über objektive Vernunft vermöge des Fortschritts von Rationalität als solcher: »Hinzu kommt, daß die Ideen, selbst die grundlegenden, allmählich den Charakter von Wesenheiten verlieren und zu Werkzeugen werden.« (W 38) Er zögert nicht vor der Folgerung, daß damit die entfesselte Vernunft sich gegen sich selbst wendet: »Die Wissenschaft hat das Gewissen der Vernunft und des gesunden Menschenverstandes zerstört.« (a. a. O.) Den Schauder, der ihn befällt, hat seitdem das Grauen der Praxis schon überboten: »Mit dem Einwand des gesunden Menschenverstandes weicht der Mensch vor dem Unmenschlichen zurück, denn im gesunden Menschenverstand liegt nichts als der Mensch, seine Vorfahren, die Maßstäbe des Menschen und die menschlichen Fähigkeiten und Beziehungen. Doch die Forschung und selbst die Mächte rücken vom Menschen ab. Die Menschheit wird sich daraus retten, so gut sie kann. Die Unmenschlichkeit hat vielleicht eine große Zukunft.« (W 39) Die Verschränktheit der losgelassenen subjektiven Rationalität und der Selbstentfremdung des Subjekts ist ihm so wenig entgangen wie der Zusammenhang dieser Tendenz mit der totalitären: »Eine zu genaue Vorstellung vom Menschen, eine zu deutliche Wahrnehmung seines Mechanismus, das vollständige Fehlen von Aberglauben in menschlichen Dingen, die kategorische Weigerung, den Menschen als Ding an sich, als sein eigenes Ziel zu betrachten, eine zu statistische Sicht der Lebenden, eine zu genaue Voraussicht ihrer Reaktionen, der heute schon feststehenden Wandlungen und Rückfälle, die ihre Gefühle in einigen Wochen oder Jahren erfahren werden, ein zu starkes Gefühl für Ordnung und für das Staatsideal – all dies ist an der Spitze vielleicht nicht am richtigen Platz. Wenn der Verstand herrschen sollte?...« (W 100 f.) Vom neuen Staatsideal redet er in Gleichnissen wie Karl Kraus: »Der Staat ist ein riesengroßes, furchtbares und schwaches Wesen. Ein Zyklop von berüchtigter Kraft und Ungeschicklichkeit, das mißgestaltete Kind der Gewalt und des Rechts, die es aus ihren Widersprüchen gezeugt haben. Er lebt nur dank den unzähligen Männlein, die linkisch seine trägen Hände und Füße bewegen, und sein großes Glasauge sieht nur Pfennige und Milliarden. Der Staat ist jedermanns Freund und jedes Einzelnen Feind.« (W 100)

So heikel steht es um Valérys Konservativismus. Bei aller Aversion gegen die verwaltete Welt verschmäht er es, hinter Invektiven gegen Dekadenz und Perversion sich zu verschanzen. Was der Vernunft, den Menschen als deren Trägern, dem Subjekt widerfährt, ist ihr eigenes Prinzip: »Das Denken ist brutal, es kennt keine Schonungen. Was ist brutaler als ein Gedanke?« (W 109), oder gar: »Das Gemeinste auf der Welt, ist es nicht der Geist? Der Körper weicht vor Schmutz und Untat zurück. Der Geist rührt gleich einer Fliege an alles. Weder Abscheu noch Ekel, weder Bedauern noch Reue stammen von ihm; sie sind ihm nur ein Gegenstand der Neugier. Die Gefahr spricht ihn an, und wäre der Körper nicht so mächtig, der Geist führte ihn mit einer Art Torheit und einer absurden und drängenden Gier nach Erkenntnis ins Feuer.« (W 144) Reiner Geist beichtet in Valéry die eigene Unwahrheit. Seine Komplizität mit dem Abscheulichen ist aber nichts anderes als die Erbschaft der Gewalt, die er seit Jahrtausenden all dem widerfahren läßt, was ist, indem er es dem Prinzip seiner eigenen Selbsterhaltung unterwirft. Bei Valéry ist Geist gestählt genug, um seinem Geheimnis ins Auge zu sehen.

Dem, der soviel riskiert, ist auch die Kunst nicht tabu. Als vergeistigte ist sie in Fortschritt und Wissenschaft zum Guten und zum Unheil verstrickt. »Es gibt in allen Künsten einen Naturgesetzen unterworfenen Bereich, den man nicht mehr betrachten und behandeln kann wie ehedem: es ist nicht möglich, ihn den Unternehmungen des Erkenntnisvermögens und der Schaffenskraft von heute vorzuenthalten.« (K 46) Valérys Stolz richtet in keinem Elba von Irrationalität wie in einem Fürstentum sich ein: »Weder die Materie, noch der Raum, noch die Zeit sind in den letzten zwanzig Jahren geblieben, was sie vordem seit jeher waren. Man muß damit rechnen, daß so bedeutsame Neuerungen die ganze Technik der Künste umwandeln, damit auf den schöpferischen Vorgang selbst wirken – so sehr, daß sie vielleicht in erstaunlicher Weise bestimmen könnten, was künftig unter Kunst zu verstehen sein wird.« (a. a. O.) Der Erzfeind des Naturalismus schont nicht die Romantiker: »Ihr Geist suchte sich eine Fluchtburg in einem Mittelalter, das sie sich zurechtmachten; an der Esse des Alchimisten brachten sie sich vor dem Chemiker in Sicherheit. Wohl fühlten sie sich nur in der Welt der Sage oder der Geschichte, das heißt bei den Gegenfüßlern der Physik. Sie retteten sich den Bedingtheiten eines durch die Mechanismen der Gesellschaft geprägten Daseins durch die Flucht in die Leidenschaft und die Wallungen des Gemüts, deren Pflege und Ausbeutung sie zu einer Institution ausbauten (und sogar zu einer Komödie). Auf die Vergötzung des Fortschritts antwortete man mit der Vergötzung der Verdammung des Fortschritts; das war alles und ergab zwei Gemeinplätze.« (K 118 f.) Freilich gelangt in dem fast Max Weberschen Gestus, mit dem der Artist für die Rationalität der Kunst Partei nimmt, das reaktionäre Element nach oben als Einverständnis mit Entwicklungen, deren Träger bis heute die Kulturindustrie war. Wahr ist, daß der Geist und was ihm nicht gleicht in der Kunst von Anbeginn sich verbanden und dichter stets sich durchdrangen: »Nun hat der Gang der Zeit, oder, wenn man lieber will, der Dämon der unverhofften Verkettungen (jener, der aus dem, was ist, die überraschendsten Folgerungen zieht und münzt und daraus zusammenbraut, was sein wird), sich damit vergnügt, zwei einstmals genau entgegengesetzte Begriffe in wunderlicher Weise durcheinander zu werfen.« (K 120) Definiert aber Valéry jene »Begriffe« als »das Wunderbare und das Gegebene« (a. a. O.), und hofft er darauf, »daß diese beiden Feinde von ehedem sich verschworen haben, um unsere Lebensordnungen in eine unbegrenzte Abfolge von Wandlungen und Überraschungen zu verwikkeln« (a. a. O.), so ähnelt dies Vertrauen allzu sehr der Begeisterung von Poeten für die Möglichkeiten des Visionären, die der Film eröffnen werde. Die Übermacht der mechanischen Massenmedien verschlägt manchmal selbst Valéry den Gedanken, ob der Fortschritt der rationalen Naturbeherrschung nicht in Ideologie sich verkehrt, wenn er ausgespitzt als Kunst Zauber destilliert. Auch Valéry zollt einem Zeitalter Tribut, in welchem das positivistisch »Gegebene«, von dessen Kultus seine Meditationen mehr als bloß die Spur tragen, mit der Verzauberung der Welt mühelos übereinkommt: die Übermacht dessen, was der Fall ist, wird ihr zur magischen Aura. Valéry ist nicht blind gegen die Untaten der Kulturindustrie und ihren gesellschaftlichen Grund: »Von der Herstellung der Wunderwelt-Fabriken leben Tausende und Abertausende von Menschen. Der Künstler jedoch hat an dieser Herstellung von Wunderdingen keinerlei Anteil genommen. Sie ist Tochter der Wissenschaft und des Kapitals. Der Bürger hat sein Geld in Traumfabriken angelegt und spekuliert auf den Untergang des gesunden Menschenverstandes.« (K 121) Aber die Kritik bleibt zweideutig. Sie wappnet Valéry nicht gegen eine Banalität, die ihm sonst als Index des Unwahren gilt: »Schließlich sind dann fast alle Träume, die die Menschheit geträumt hatte und die in unseren Märchen verschiedenster Ordnung ihren Niederschlag gefunden haben, nunmehr aus dem Gehege des Unmöglichen und des Gedachten herausgetreten.« (a. a. O.) Er vergißt hinzuzufügen, daß, wie in den Märchen selbst, bis heute die Erfüllung der Wünsche einer Menschheit nicht zum Segen geriet, die inmitten aller utopischen Abschlagszahlungen im Bann von Versagung verharrt. Valéry meint: »Ludwig XIV. hat auf dem Gipfel seiner Macht nicht den hundertsten Teil der Macht über die Natur und die Mittel besessen, sich ein Vergnügen zu verschaffen, seinen Geist zu bilden oder ihm Erlebnisse zu bieten, die heutzutage so vielen Menschen recht mittelmäßigen Herkommens zu Gebote stehen.« (a. a. O.) Derlei Vergleiche sind prekär. Was in verschiedenen Zeiten Glück war, läßt kaum sich vergleichen. Aber man möchte doch glauben, daß die Lust des Roi Soleil die vor dem Fernsehschirm einigermaßen übertraf. 1928, als Valéry jene Gedanken niederschrieb, mochte in Europa noch nicht abzusehen gewesen sein, wohin es mit der Konsumentenkultur hinauswollte. Sicherlich hat seitdem der Weltlauf Valéry widerlegt, wenn er den »Menschen unserer Zeit« verherrlicht, der hinfliegen kann, wohin er will, sich »jeden Abend in einem Palaste zum Schlafe« (K 122) niederlegt, sich hundert Lebensformen zu eigen machen könne und in einem jeden Augenblick in einen glücklichen Menschen sich verwandeln. Denn die hundert Lebensformen verstecken nicht länger das Skelett ihrer standardisierten Einheit. Sie sind auch gar nicht das einheimische Reich dessen, dem sie aufgezwungen werden; sein Glück ist bloß dessen subjektives Zerrbild und vielfach nicht einmal das. So preiswert war die Einheit von Kunst und Wissenschaft nicht zu haben, wie Valéry sardonisch es ausmalt. Freilich betrachtete er als Modelle rationaler Kunst wohl eher die technischen Utopien von Futuristen und Konstruktivisten als das juste milieu von Radio und Kino. »Ein schönes Buch ist vor allem eine vollkommene Lesemaschine, deren Bedingtheiten recht genau durch die Gesetze und Methoden der physiologischen Optik bestimmt werden können; gleichzeitig ist es ein Kunstgegenstand, ein Ding.« (K 21) Klee taufte ein berühmtes Bild ›Zwitschermaschine‹.

Um so unbestechlicher hat Valéry visiert, was die jüngsten Entwicklungen für die traditionellen Kulturgüter bedeuten: »Geben wir doch zu, daß wir nur noch aus Pflichtgefühl bewundern, was uns zwingt, der Vielschichtigkeit des Vorwurfs, den scharfen Bedingungen, denen ein Künstler sich unterworfen hat, unsere Achtung zu zollen.« (K 98) Denn »alle Werke vergehen« (W 92). Anstatt den Verfall der traditionellen Werke larmoyant zu beklagen, läßt er von der eigenen Erfahrung dessen Unausweichlichkeit sich mitteilen. Genug vom fin de siècle dauerte in ihm fort, um ihn vor Krokodilstränen über den Verlust der Mitte durch die Moderne zu behüten: »All das – ich habe es gesagt – ist nur durch das Vorangehen einiger Männer vom ersten Range möglich geworden. Nur solche sind es, die je und je die Wege bahnen: um einen Verfall einzuleiten, bedarf es nicht geringeren Könnens als erforderlich ist, um etwas seinen möglichen Höhepunkten zuzuführen.« (K 103) Jener Verfall, der der Werke selbst wie ihrer Rezeption, ist objektiv diktiert durchs Schrumpfen historischen Bewußtseins, des Sinnes für Kontinuität überhaupt. Valéry gibt davon wohl als der erste, vor Huxleys Brave New World, Rechenschaft: »Angenommen, die maßlose Umwandlung, deren

Zeugen wir sind, die wir erleben und die uns umtreibt, entwickele sich
weiter, richte vollends zugrunde, was noch an Bräuchen übriggeblieben
ist, bringe Bedürfnisse und Mittel des Lebens in völlig anderen Fug –
dann wird das zu etwas ganz Neuem gewordene Zeitalter bald Menschen
in seinem Schoße austragen, die durch keinerlei Gewöhnung des Geistes
mehr mit der Vergangenheit verbunden sein werden. Die Geschichtsbücher werden ihnen Berichte zur Verfügung stellen, die ihnen fremd, ja
unverständlich vorkommen werden, denn für kein Ding ihrer Zeit wird
die Vergangenheit ein Musterbild gestellt haben, und nichts aus der Vergangenheit wird in ihre Gegenwart hinein überleben.« (K 123) Zuge-
standen wird, daß Kultur die heraufziehende Barbarei verdiente. Als
schuldhaft entblößt sie sich durch ihre beginnende Komik: »So ist es eine
der sichersten und grausamsten Wirkungen des Fortschritts, daß er dem
Tod eine Nebenstrafe beigibt, die sich in dem Maße, in dem der Umsturz
der Bräuche und der Denkbilder deutlichere Formen annimmt und sich
überstürzt, ganz von selber immer weiter verschärft. Es war nicht genug
zu vergehen: man muß darüber hinaus unverständlich, ja lächerlich werden, und – möge man Racine oder Bossuet gewesen sein – seinen Platz bei
den wunderlichen, buntscheckigen, tätowierten, dem Grinsen preisgege-
benen und ein wenig grauslichen Gestalten einnehmen, die in den Gale-
rien umherstehen und übergangslos an die zu Menschen erklärten
Endprodukte der Stammesgeschichte des Tierreichs anschließen...«
(K 124) Was die Kultur ereilt, enthüllt sie als das, worüber sie noch nicht
hinauskam, bloße Naturgeschichte. Valéry verifiziert den Satz Kafkas,
ein Fortschritt habe noch gar nicht angefangen.

Das wirft Licht auf seine Lehre von der Zeit. Sie weist unmittelbar auf
Baudelaire zurück, den Kultus des Todes als le Nouveau, als des schlecht-
hin Unbekannten, der einzigen Zuflucht des spleen, der die Vergangen-
heit verlor und dem der Fortschritt den Makel der Immergleichheit trägt.
Mit Kierkegaardscher Paradoxie vermummt die Utopie sich in das X:
»Man rettet sich in das Unbekannte. Man verbirgt sich in ihm vor dem
Bekannten. Das Unbekannte ist die Hoffnung der Hoffnung. Im Unbe-
stimmten hätte das Denken ein Ende. Die Hoffnung ist jener innerste
Akt, der Unwissenheit schafft, die Mauer zur Wolke wandelt – und kein
Skeptiker, kein Zweifler zerstört Urteil und Vernunft, Evidenz und
Wahrscheinlichkeit, wie dieser rasende Dämon Hoffnung.« (W 27) Aber
noch diese wolkige Stelle wird von Valéry zerdacht. Er bestimmt sie als
Augenblick, als einzig Erfülltes; als das Differential, das die verlorene
Vergangenheit und die hoffnungslose Zukunft um ein Geringes über-
ragt. Valérys Passion für den Impressionismus gilt der Verewigung des

Augenblicks in künstlerischen Verfahrensweisen, die zur obersten Tugend des Geistes Geistesgegenwart erheben: »Das Genie hängt an einem Augenblick. Liebe entsteht auf einen Blick; und ein Blick genügt, ewigen Haß zu erzeugen. Und wir sind nichts, wenn wir nicht imstande waren und imstande wären, einen Augenblick außer uns zu sein.« (W 28) Das äußerste Gegenbild dieser Idee ist der bürgerliche Begriff der abstrakten Arbeitszeit, nach der die Waren sich tauschen lassen. Idiosynkratisch sträubt Valéry sich gegen das Heraufdämmern eines Zeitalters ohne Zeit: »Die Meinung ›Zeit ist Geld‹ ist der Gipfel der Gemeinheit. Zeit ist Reifung, Einteilung, Ordnung, Vollendung. Die Zeit schafft den Wein und die Güte des Weins, solcher Weine, die sich langsam verändern und die man trinken soll, wenn sie ein bestimmtes Alter erreicht haben, wie eine Frau eines bestimmten Typus ihr Alter hat, das man abwarten muß, oder nicht verpassen darf, um sie zu lieben. Dieselben großen Nationen, denen der verfeinerte Sinn fehlt für die reiche Zusammensetzung der Weine, für das verborgene Gleichgewicht ihrer Qualitäten, für die Jahre, die sie brauchen und für die, die für sie ausreichen, haben auch jene unmenschliche ›Zeitgleichung‹ eingeführt und der Welt aufgenötigt. Ihnen fehlt auch der Sinn für Frauen und für die Nuancen der Frauen.« (W 28 f.) Eindringlicheres ist selten zur Verteidigung des verurteilten Europa gesagt worden. Zeitbewußtsein konstituiert sich zwischen den Polen der Dauer und des hic et nunc; was droht, kennt beides nicht mehr, die Dauer wird kassiert, das Jetzt vertauschbar, fungibel. Dem wirft Valéry, Enkel von Baudelaires vieux capitaine, als heroisch Scheiternder sich entgegen: »Der Geist verabscheut die unendliche Wiederkehr, und nun grüßen ihn die Wellen, die untergehen werden, den ganzen Tag...« (W 81) Solchem Geist wird Sonnenuntergang zur Baudelaireschen Allegorie seines eigenen: »Das Gefühl einer Enthauptung liegt in der Tiefe, die dieser Dauer innewohnt. Langsam fällt das Haupt dieses Tages. Die Scheibe ertrinkt.« (a. a. O.)

Todesverfallener Geist sympathisiert mit dem Stofflichen, nicht selber Geistigen mitten im Geist. In einem Materialismus zweiten Grades trifft Valéry sich mit Walter Benjamin, dessen Ästhetik mehr wohl von ihm lernte als von irgendeinem anderen. Ihm sind die Stoffe Gegengift gegen den sich selbst zerstörenden Geist, den er ohnehin, wie Nietzsche, als »Schallverstärker« beargwöhnt, der Erfahrung durch Steigerung fälsche. Einer verwegenen Meditation sind Stoffe, Brot und Wein, Bedingungen oder Logosreligion, des Christentums: »Wo Brot und Wein selten sind oder gar fehlen, wirkt die Religion, die sie heiligt, entwurzelt, wie eine Fremde, die nur von ungewohnten, fernher kommenden Speisen leben kann. Im Lande des Reises, der Bataten, der Bananen, des Biers, der sauren Milch und des klaren Wassers sind Brot und Wein exotische Produkte, und die heilige Handlung, die auf dem Eßtisch das Einfachste ergreift, um es zum Erhabensten zu machen, ist dem Leben entfremdet, dessen Hunger nach Übersinnlichem sie in Gestalt dessen stillen wollte, was das Leben physisch erneuert und verlängert.« (W 30) Er rührt damit an ein Moment der unwiderstehlichen Auflösung von innen her, das der Enthusiasmus für Bindungen eifrig übertäubt: daß der Gehalt des Christentums so wenig wie der der anderen großen Religionen isoliert werden kann von Sachgehalten des Lebens, die geschichtlich dahin sind. Sagt es von allem Stofflichen, in Raum und Zeit Bestimmten sich los, wird es reiner Geist, überantwortet es sich wahrhaft der Entmythologisierung: dann zieht es sich nicht nur die Autorität unter den eigenen Füßen weg, sondern verflüchtigt sich, durch bloße Symbolik hindurch, schließlich in Menschliches und büßt jene Substantialität ein, vor deren Schrumpfen durch die liberale Theologie die dialektische warnte, ohne doch den Prozeß aufhalten zu können. Daß Valéry, der Ästhetiker, all das verschweigt, steigert bloß die Spannkraft von Denkmodellen wie dem von Brot und Wein. Das Stoffliche ehrt er als die Schicht, in der allein der künstlerische Geist seiner selbst mächtig wird. Je tiefer dieser produzierend in das sich versenkt, woran er sich abarbeitet, je mehr seine eigene Form dem sich anbildet, was ihm widerstrebt, um so höher erhebt er sich selber: »Dichter ist, wer durch die eigentümliche Schwierigkeit seiner Kunst auf Einfälle kommt – und der ist es nicht, bei dem sie ihretwegen ausbleiben.« (W 46) Gerade der spirituelle Artist hat die Naivität verloren, in der Kunst irgend etwas zu tolerieren, was nicht auswendig geworden wäre; Pathos der Objektivation und Sympathie mit dem Stoff werden eines. Mit dem Gestus des Justament nimmt er im Gedicht lieber fürs Schriftbild Partei als für den Sinnzusammenhang: »Der Geist des Schriftstellers blickt sich im Spiegel an, den ihm die Drukkerpresse liefert.« (K 21; vgl. K 17) Dabei glorifiziert Valéry, der Anti-Idealist, keineswegs die Stoffe Fichteanisch als Vehikel des Geistes, um sie damit wiederum zu erniedrigen. Trauernd vielmehr spricht er ihnen den Sieg zu, den Geist bloß usurpiert. So ephemer ist er, daß alle Artefakte Opfer der zerstörenden Gewalt der Stoffe ebenso wie der eigenen Insuffizienz werden: »Bücher haben dieselben Feinde wie der Mensch: das Feuer, die Feuchtigkeit, Tiere, die Zeit – und den eigenen Inhalt.« (W 161) Solche Trauer macht jedoch insgeheim gemeinsame Sache mit der Hinfälligkeit. Geist wird zum Geist erst, wo er der eigenen Naturwüchsigkeit innewird: »Die einen Denker haben das Verdienst klar zu

sehen, was alle übrigen undeutlich sehen; die andern, undeutlich zu sehen, was noch keiner sieht. Sehr selten findet man diese Verdienste vereint. Die einen werden schließlich von jedermann eingeholt. Die andern
gehen in diesen auf oder werden völlig vernichtet, spurlos und für immer. Die einen verschwinden in der Menge, in der sie sich auflösen; die
andern in diesen oder einfach in der Zeit. Das ist das Los der Denker.«
(W 65) Es zu denken, anstatt mitleidlos von Essen und Trinken sich los-
zureißen, wäre ihre humane Freiheit. Dies Äußerste spricht Valéry epi-
grammatisch, als Witz aus in Betrachtungen über die Töpferkunst: »Eine
bestimmte Gattung der Dichtkunst könnte es darauf anlegen, vom
Grunde unserer Teller abgelesen zu werden.« (K 162)

Für Valérys ästhetische Erfahrung bewähren Kraft und Spontaneität
des Subjekts sich nicht in einer Bekundung sondern, Hegelisch, in seiner
Entäußerung: je gründlicher das Gebilde vom Subjekt sich ablöst, desto
mehr hat das Subjekt darin vollbracht. »Ein Werk dauert gerade insofern
es ganz anders zu erscheinen vermag, als es sein Verfasser geplant hat.«
(W 175) Schneidend kritisiert Valéry, was zu schwach ist, sich zu objektivieren, die bloßen Intentionen; was immer Dichter sich bei Werken denken oder in Werke legen, ohne daß es von ihnen sich emanzipierte und zu
einem an sich Beredten und Verbindlichen würde. »Wenn ein Werk erschienen ist, hat die Deutung, die ihm sein Verfasser gibt, nicht mehr
Gewicht als die eines andern... Meine Absicht ist nur meine Absicht,
und das Werk ist das Werk.« (W 171) Er, in dem das dichterische Vermögen und das philosophische sich wie kaum bei einem andern wechselseitig
produzierten, haßte die »philosophischen Dichter«, die »einen Maler von
Seestücken mit einem Schiffskapitän verwechseln« (W 61); »in Versen
philosophieren hieß und heißt immer noch, nach den Regeln des Dame-
spiels Schach spielen zu wollen« (W 92). Seine Selbstreflexion der Kunstwerke wird kontrapunktiert von dem, was am schwersten begreift, der
jene von außen betritt: daß sie nicht ihrem Autor gehören, nicht wesentlich dessen Abbild sind, sondern daß er mit dem ersten Zug der Konzeption an diese und sein Material gebunden ist, zum Vollzugsorgan dessen
wird, was das Gebilde will: »Ganz andere Kräfte als ein ›Verfasser‹ arbeiten an einem Werk.« (W 48) Künstlerische Produktivkraft ist die der
Selbstauslöschung. »Wir schreiben immer, selbst in der Prosa, notwendig solches, was wir nicht schreiben wollten. Was wir wollten, will
es.« (W 167) Schließlich wird das Convenu vom schöpferischen Künstler
antithetisch berichtigt: »Das Werk verändert den Autor. Bei jeder Bewegung, die es aus ihm herausholt, erfährt er eine Veränderung. Ist es
vollendet, wirkt es nochmals auf ihn. Er wird dann, zum Beispiel, derje-

nige, der fähig war, es zu erzeugen. Hinterher wird er irgendwie zum Erbauer des verwirklichten Ganzen – das ein Mythus ist.« (W 90) Verschlüsselt ist damit erreicht, daß das ästhetische Subjekt nicht das produzierende Individuum in seiner Zufälligkeit ist sondern ein latentes gesellschaftliches, als dessen Stellvertreter der einzelne Künstler agiert. Daher Valérys Widerwillen gegen die Lehren von der Inspiration: ihm ist das Werk kein dem Subjekt als Privateigentum Geschenktes, sondern ein Forderndes, das ihm Glück verweigert und es zu unbegrenzter Anstrengung anspornt. Einen großen Künstler läßt er von seinem Werk sagen: »... die unmittelbare Gesamtwirkung, die plötzliche Erschütterung, die Entdeckung und am Ende die Geburt des Ganzen, die vielfältige Stimmung, all dies ist mir verwehrt, all dies ist nur für die Menschen, die dieses Werk nicht kennen, die nicht mit ihm zusammengelebt haben, die nichts ahnen von langsamen Tastversuchen, von Widerwillen und Zerfall... die nur einen großartigen Plan auf einmal erfüllt sehen.« (W 90 f.) Als Geburtshelfer solcher Objektivität ist der Künstler das Gegenteil dessen, wozu die bürgerliche Kunstreligion ihn stilisiert: »Jeder Dichter wird schließlich soviel taugen, wie er als Kritiker (seiner selbst) getaugt hat.« (W 126) Implizit erteilt das dem ästhetischen Relativismus Bescheid. Die Objektivität der Kunst, die von der Gestalt der Problems vorgezeichnet ist und nicht von der Intention des Autors, zeitigt jeweils verbindliche Maßstäbe, ohne daß diese doch als abstrakte Regel auf apriorische Kategorien zu bringen wären: »Das Ziel der Malerei ist unbestimmt.« (W 117) Der Valérysche Künstler ist ein Bergmann ohne Licht, aber die Schächte und Stollen seines Baus schreiben ihm im Dunkeln seine Bewegung vor: der Künstler als Kritiker seiner selbst ist bei Valéry der, welcher »ohne Maßstäbe« urteilt (K 36). Indem der Produktionsprozeß zu dem der Reflexion auf das wird, was das sich entäußernde Werk von seinem Urheber ebenso wie vom Rezipierenden will, legitimiert sich das Denken über Kunst, dessen Fusion mit dem künstlerischen Prozeß bei Valéry das Normalbewußtsein permanent herausfordert. Das Werk entfaltet sich in Wort und Gedanken; Kommentar und Kritik sind ihm notwendig: »Alle Künste leben von Worten. Jedes Kunstwerk verlangt, daß man ihm antworte; und zu dem, was den Menschen treibt, Werke zu schaffen, gehört ebenso wie zu den Geschöpfen dieses absonderlichen Instinkts untrennbar eine ›Literatur‹, sei diese nun zu Papier gebracht oder nicht, entspringe sie der Unmittelbarkeit des Erlebens oder denkerisch bewältigter Verinnerlichung.« (K 72) Was für divergent gilt, ästhetische Irrationalität und ästhetische Theorie, erkennt Valéry, geschichtsphilosophisch, in seiner Einheit: »Dies veranlaßt mich, darauf aufmerksam zu machen, daß die

Künstler, die versucht haben, aus den Mitteln, die ihnen eigneten, die
kräftigste Wirkung auf die Sinne herauszuholen; die von der Eindringlichkeit den Kontrasten, dem Mitschwingenlassen, den Klangwirkungen
einen Gebrauch gemacht haben, der an Mißbrauch grenzt; die die schärf-
sten Reize mischten, die auf die Tiefenschichten des Empfindungsvermögens, und ihre Allgewalt, die auf die irrationalen Entsprechungen der
oberen Nervenzentren mit dem Vagus und dem Sympathikus setzten –
unsere unbeschränkten Herren –, daß diese Künstler zugleich die ›intel-
lektuellsten‹, am meisten theoretisierenden, am eifrigsten auf Gesetze
der Ästhetik versessen gewesen sind. Delacroix, Wagner, Baudelaire –
insgesamt sind sie große Theoretiker, insgesamt sind sie darauf aus, die
Seelen auf dem Wege über die Sinne in ihre Gewalt zu bekommen.«
(K 75) Organon dieser Einheit ist die künstlerische Technik, die über die
unwillkürliche Regung und das heteronome Material gleichermaßen
verfügt. »Der Künstler hat... durch sein ›Handwerk‹ und seiner Art gemäß darzutun, was er will und was er denkt.« (K 180) Der schwere Akzent, den bei Valéry das Werk trägt, die Absage an die Dichtung als Erlebnis, richtet schließlich auch das ideologische Bedürfnis von Kunden,
Kunst müsse ihnen etwas geben. Valérys Humanismus denunziert den
vulgären Anspruch, Kunst solle menschlich sein: »Gewisse Leute glauben, die Lebensdauer eines Werks hänge von seiner ›Menschlichkeit‹ ab.
Sie bemühen sich, wahr zu sein. Doch welche Werke sind älter als Wun-
dergeschichten? Das Falsche und das Wunderbare ist menschlicher als
der wahre Mensch.« (W 124) Der Abhebung des objektivierten Kunstwerks von der menschlichen Unmittelbarkeit verdankt Valéry eine bedeutende Einsicht, die er mit Benjamin abermals teilt, bei dem sie in der
Kritik der Goetheschen Wahlverwandtschaften in metaphysischem Zusammenhang auftritt: daß die Kunst zur Darstellung des Moralischen
überhaupt nicht und kaum zur Psychologie fähig ist; von all dem zu
reden, wäre Valéry zufolge so sinnvoll, wie wenn man Betrachtungen
über die Leber der Venus von Milo anstellen wollte. (W 61) Die Objektivation des Kunstwerks geht auf Kosten der Abbildung von Lebendigem.
Leben gewinnen die Kunstwerke erst, wo sie auf Menschenähnlichkeit
verzichten. »Der Ausdruck eines unverfälschten Gefühls ist immer banal. Je unverfälschter, um so banaler. Um es nicht zu sein, muß man sich
anstrengen.« (W 127) »Literarischen Aberglauben« nennt er »jede Überzeugung, die nicht von der Einsicht in die sprachliche Bedingtheit der
Literatur ausgeht. Das gilt etwa für die Eigenexistenz und Psychologie von Figuren, Geschöpfen ohne Eingeweide.« (W 180) Aber die imaginären Geschöpfe haben dafür ein Leben eigener Struktur mit Entfaltung,

Blüte und Absterben: »Erst sind sie zur Freude da, dann zur Unterweisung, zuletzt als Dokument.« (W 93) Die Morphologie solchen Lebens terminiert in einer geschichtsphilosophischen Bestimmung des Klassischen, die leicht alles aufwiegen dürfte, was über den verbrauchtesten Begriff der Ästhetik je gedacht wurde: »Die klassischen Werke sind vielleicht jene, die erkalten können, ohne zu vergehen, ohne sich zu zersetzen, und es lohnte, einmal den Willen zur Bewahrung, den die Begriffe ›Vollendung‹ und ›geschlossene Form‹ enthalten, in den Prinzipien, Regeln, im Kanon und in den Gesetzen der Kunst jener Epochen aufzudecken, welche man die klassischen nennt.« (W 121) Das aber sprengt Valérys Klassizismus. Denn klassische Werke überleben durch ihre Autorität, durch Ruhm, und der ist überschattet vom blinden Zufall: »Der Ruhm von heute geht bei der Vergoldung älterer Werke nicht planvoller vor als ein Brand oder ein Holzwurm bei ihrem Zerstörungswerk in einer Bibliothek.« (W 52) Der tödliche Autoritätsverlust so vieler traditioneller Kunst heute hat Valérys Verdacht gründlich bestätigt. Dafür hat alle Kunst, auch die avancierte, an sich bereits etwas Konservatives angenommen, den Gestus des Überwinterns. Noch wer zum Äußersten geht, und vielleicht er am ehesten, arbeitet, unter höchst ungewissen Auspizien, an einem Vorrat, über den erst eine versöhnte Menschheit verfügte; was er tut, ist nicht so aktuell, wie er vermeint, sondern möchte an besseren Tagen einmal erwachen. Auch das ist Valéry nicht entgangen: »Dichtung ist Fortleben. In einer Epoche, da sich die Sprache vereinfacht, da die Formen vernachlässigt und entstellt werden, in einer Zeit der Spezialisierung ist Dichtung ein Bewahrtes. Heute, heißt das, würde man den Vers nicht erfinden.« (W 163)

Trotz alledem jedoch verstockt Valérys objektivistische Ästhetik sich nicht dogmatisch. Seine Reflexion ereilt die fetischhaften Züge ihrer Baudelaireschen Ursprünge: noch die Entmenschlichung des Kunstwerks wird aufs Subjekt reduziert, auf seine Naturwüchsigkeit und Sterblichkeit. Das objektivierte Kunstwerk will Dauer, die wie immer auch ohnmächtige, selber sterbliche Utopie des Überlebens; insofern führt Valéry Nietzsches Programm einer zugleich antimetaphysischen und ästhetischen Philosophie aus. Ihr zuliebe stellt er anthropologische Spekulationen an: »Es gibt jedoch andere Auswirkungen unserer Wahrnehmungen, die jenen ganz und gar entgegengesetzt sind: sie erregen in uns das Verlangen, das Bedürfnis, die Zustandsänderungen, denen eigen ist, die auslösenden Wahrnehmungen bewahren oder neu finden oder auch nachvollziehen zu wollen. Wenn ein Mensch Hunger hat, wird dieser Hunger ihn tun lassen, was es braucht, um ihn so rasch wie mög-

lich zu beseitigen; wenn aber die Speise ihm köstlich dünkt, wird dieses
Köstlichsein in ihm weiterdauern, sich fortsetzen und neu erstehen wollen. Der Hunger drängt uns, eine Empfindung abzukürzen; das Köstlichsein, eine zweite sich entfalten zu lassen; und diese zwei Strebungen
werden sich bald selbständig genug gemacht haben, um den Menschen
lernen zu lassen, auf die Verfeinerung seiner Nahrung Bedacht zu nehmen und zu essen, ohne Hunger zu haben. Was ich vom Hunger sagte,
läßt sich leicht auf das Liebesbedürfnis erstrecken – und im übrigen auf
alle Arten von Empfindungen, auf alle Erscheinungsformen des Empfindungsvermögens, in die bewußtes Handeln einzugreifen vermag, um das
wiederherzustellen, zu verlängern oder auch zu steigern, zu dessen Be-
seitigung das Handeln aus dem Reflex allein ausdrücklich geschaffen zu
sein scheint. Sehen, Tasten, Riechen, Hören, Bewegen, Sprechen führen
uns insgesamt ein Mal ums andere in die Versuchung, uns in den Eindrücken häuslich einzurichten, die sie uns bescheren, sie am Leben zu
erhalten oder sie neu entstehen zu lassen.« (K 142 f.) Daraus springt die
Theodizee der Kunst hervor: »Der Inbegriff dieser von mir eben heraus-
geschälten Auswirkungen, deren Wesen darin besteht, auf Un-endlichsein auszugehen, könnte die Ordnung der Dinge bestimmen, die dem
Bereich des Ästhetischen zugehören. Um diesem Wort ›Un-endlichsein‹
sein Recht und seine scharf umrissene Bedeutung zu geben, braucht man
nur daran zu erinnern, daß innerhalb dieser Ordnung die Befriedigung
das Bedürfnis wiedererstehen läßt, die Antwort die Frage zu neuem Leben ruft, das Dasein in seinem Schoße das Nichtdasein austrägt und das
Besitzen das Verlangen.« (K·143) »Denn alle Lust will Ewigkeit.« Kein
anderes Motiv hat Proust zur Konstruktion des Lebens aus der gewalt-
losen, unwillkürlichen Erinnerung bewogen. Ein Moment des Despara-
ten, Jugendstilhaften; der Gestus des sich selbst aus dem Sinnverlassen
herausprojizierenden Sinnes ist dabei unverkennbar. Ästhetisches Bewußtsein, das den Sturz der Religionen – ausdrücklich bei Baudelaire,
implizit auch bei Valéry – voraussetzt, kann nicht Kategorien aus dem
theologischen Bereich wie die der Ewigkeit umstandslos zur Kunst säkula-
risieren, als ob solche Transposition deren Anspruch und Wahrheitsgehalt
nicht selber berührte. Die Kritik, die Valéry an der Gottähnlichkeit des
künstlerischen Selbst übte, dürfte auch vor der Idee der Dauer der Werke
nicht verstummen, an deren Realität er ohnehin zweifelte. Seitdem hat die
moderne Kunst Grenzen überschritten, die Valérys Generation respektierte und in denen seine Ästhetik veraltete.

Unter den Idealen seines in sich reflektierten, gebrochenen Klassizismus fehlen auch die etwas gipsernen Attribute der Reife und Vollkom-

menheit nicht (vgl. W 57), während doch die exemplarischen Werke keineswegs die runden und vollkommenen sind sondern jene, in denen der
Konflikt zwischen der Intention auf Vollkommenheit und ihrer Unerreichbarkeit die tiefsten Spuren hinterließ. An archaischen Gebilden
sieht Valéry wohl Ähnliches: »Wenn große Epen schön sind, so sind sie
es trotz ihrer Größe und nur bruchstückweise... Zu Beginn einer Literatur gibt es keine reinen Dichter, wie ja auch die ersten Handwerker keine
reinen Metalle kannten.« (W 59) Ihm ist gleich Nietzsche gegenwärtig,
wie sehr Ordnung, der Kanon von Klassizität, dem Chaotischen abge-
zwungen ist – den Alten kam, Valéry zufolge, »die irdische Welt... sehr
wenig geordnet vor« (W 176). »Unrein«, heißt es darum, »ist kein Ta-
del.« (W 60) »Ein Gedicht zu fügen, das nur Dichtung enthielte, ist unmöglich. Wenn es nur Dichtung enthält, ist es nicht gefügt, ist es kein
Gedicht.« (W 167) Das kommt auch der Moderne zugute. »An den Ex-
zessen der Neuerer von gestern verwundert uns immer ihre Ängstlich-
keit.« (W 46) Tatsächlich erweisen sich heute die Werke der Generation
von Schönberg und Picasso als durchsetzt von Elementen, die ihrer reinen Konsequenz und Durchbildung sich widersetzen; von Rudimenten
dessen, wovon sie abstießen. Aber das beeinträchtigt nicht die Qualität.
Die Authentizität solcher Produkte könnte gerade in dem Prozeß zwischen dem noch nicht Gewesenen und dem Gewesenen ihre Substanz
haben, an dem das Neue sich reibt und seine Gewalt vermehrt. Diese
Spannung haben die Gebilde etwa aus dem Dezennium vor dem Ersten
Weltkrieg vor den stimmigeren nach dem Zweiten voraus, und sie erlaubt ihnen zu überleben; der Spannungsverlust in so vielem Späteren
könnte eine Funktion sein von dessen eigener Konsequenz. Trotz dieser
Verteidigung des Stilbrüchigen aber war für Valéry Dauer, das bürgerliche Rudiment in seinem Denken, eine nach dem Modell des Besitzes
vorgestellte Wahrheit, eins mit Ordnung. Als einzige Macht, die den
Menschen »über die Geschehnisse« gegeben sei, »denen gegenüber sein
direktes Handeln nichts ausrichtet«, ist ihm, wie allen Klassizisten,
»Ordnen göttlich« (W 177). Seinen Klassizismus stützt er mit dem kräfti-
gen Argument, daß ans gelungene Kunstwerk der herkömmliche Stil-
unterschied von klassisch und romantisch nicht heranreiche.[3] »Der Unterschied zwischen klassisch und romantisch ist ganz einfach der zwischen
einem, der sein Handwerk versteht, und einem, der es nicht versteht. Ein
Romantiker, der seine Kunst gelernt hat, wird zum Klassiker. Deshalb
führte die Romantik schließlich zur Schule der Parnassiens.« (W 179) Die
Dauer verleihende Ordnung heißt ihm Form. Sie rückt, durch Valérys
Kritik alles Inhaltlichen, und wäre es auch selber geistig, nämlich die

vom Werk vermeinte Philosophie, ins Zentrum seiner Ästhetik. Aber
ihr eigener Begriff bleibt schwächlich. »Man gelangt zur Form, wenn
man danach strebt, dem Leser sowenig Mitarbeit wie nur möglich einzuräumen und auch sich selber möglichst wenig Unsicherheit und Willkür.« (W 169) So wahr es ist, daß jede bewältigte künstlerische Form
Zwang auf den Rezipierenden ausübt, der als das Authentische des Gebildes erfahren wird, so wenig verbürgt er allein dessen Rang. Gerade
Valéry hat darauf bestanden, daß im ästhetischen Formbegriff keine wie
immer geartete Rücksicht auf den Empfangenden oder den Produzierenden enthalten sei. Aber er gleitet darüber hinweg; vielleicht weil
sonst die Kunstmetaphysik selbst gefährdet würde. »Form«, sagt er im
Einverständnis mit dem abgestandenen Formalismus, »ist wesentlich an
Wiederholung gebunden« (W 169); als hätten nicht schon zu seiner Zeit
die authentischsten Kunstwerke ihr Formgesetz am Ausschluß des
äußerlichen und regressiven Formmittels der Wiederholung gesucht;
als schriebe er nicht ein paar Seiten später: »Der Geist aber erträgt
keine Wiederholung.« (W 172) Nur einen akademischen Formbegriff
kann er wirksam vorgeblicher Neuerungssucht kontrastieren: »Die Anbetung des Neuen ist demnach dem Bemühen um die Form entgegengesetzt.« (W 169) Form, die über ihre Parodie, das Schulstück, sich erhebt,
wäre schwerlich noch von der Obsession mit dem Neuen zu trennen.
Aber Valéry zeigt sich darin mit dem Neoklassizismus verschworen,
daß er von außen gesetzte Formen rechtfertigt unabhängig von der Immanenz der Form in der Gesetzmäßigkeit des je einzelnen Gebildes. Der
nichts einem anderen als dem Ingenium verdanken möchte, läßt von
masochistischer Freude an Typen sich verlocken, die heteronome und
unbestätigte Autorität ausüben; vergafft in den Reiz zweideutiger, als
Gesetz maskierter Zufälligkeit, der so schnell sich verbrannte zur Asche
der Langeweile. Manches aus den Windstrichen könnte in Strawinskys
musikalischer Poetik stehen: »Ein großer Erfolg des Reims ist es, die
einfältigen Leute zu ärgern, die naiv genug sind zu meinen, es gebe auf
der Welt Wichtigeres als eine Übereinkunft. Sie haben den arglosen
Glauben, irgendein Gedanke könne tiefer und dauerhafter sein – als jede
beliebige Konvention . . .« (W 167) Den ästhetischen Objektivismus Valérys trägt, genetisch-literarisch und auch sachlich, ein Subjekt, das der
Substantialität der Formen sich unwiderruflich entfremdet weiß und
gleichwohl das Bedürfnis danach bewahrt. Es zitiert sie als diszipline-
rendes Mittel, als Schwierigkeit herbei, welche die Kunst sich selber bereiten müsse, um vollkommen zu werden, als wäre nicht die künstlerische Praxis durch jene Mittel allzu bequem geworden. Ihn verleitet die

Willkür einer Subjektivität, die weder an jene Formen noch wesentlich gebunden ist, noch kraft der eigenen Arbeit und Anstrengung, die Valéry sonst zu fordern nicht müde wird, Form aus sich selbst, ihrer Selbstversenkung, unbekümmert um Muster und vergangene gesellschaftliche Übereinkunft, konstituierte. In solcher Gesinnung preist Valéry, nicht ohne die Ironie des Provokativen, eine dichterische Form, die vor andern den Verdacht des mechanisch Klappernden erregt: »Zuweilen bin ich einer, der, falls er in der Unterwelt dem Erfinder des Sonetts begegnete, ihm mit viel Hochachtung sagen würde (gesetzt den Fall, daß davon in der anderen Welt etwas übrigbleiben sollte): ›Lieber Herr Kollege, ich begrüße Sie in aller Demut. Ich weiß nicht, was Ihre Verse, die ich nie gelesen habe, taugen, und ich wette, daß sie nichts taugen, weil schon immer viel dafür gesprochen hat, darauf zu wetten, daß Verse schlecht sind. Doch so schlecht, so flach, so blöd, so durchsichtig, so einfältig, so kindlich sie auch gefügt sein mögen – ich stelle Sie unter allen Umständen in meinem Herzen über alle Dichter der Erde und der Unterwelt! Sie haben eine Form gefunden, und im Gesetz dieser Form fanden die Größten ihr Maß.‹« (K 24 f.) Wohl möchte man fragen, wie der Gedanke an die Erfindung einer Form mit ihrer Würde sich verträgt, welche doch diesen Gedanken erweckte. Das ist die Schwelle, die Valéry von deutschen Erfahrungen trennt, mit denen sonst seine Spekulation konvergiert. Damit Kunst ihm das Oberste bleibe, muß er krampfhaft die Augen verschließen. Sie ist ihm am Ende doch nicht, wie für Hegel, eine Entfaltung der Wahrheit, sondern, mit jenem zu reden, ein angenehmes Spielwerk. Das Moment des weltläufig Zivilisatorischen darin ist unverächtlich genug gegenüber der Befangenheit in einem Reich des Geistes, das der Befangene buchstäblich nimmt und verabsolutiert. Gleichwohl verhindert es Valéry daran, den vollen Begriff des Kunstwerks als eines Kraftfeldes von Subjekt und Objekt zu erreichen. Noch das hat er empfunden. Er versichert sich, im Gegensatz zur Toleranz fürs nicht ganz Ernste, der Unvereinbarkeit der geistigen Gebilde miteinander, die doch widerstrebend auf einander verwiesen sind: »Keinen von ihnen« – den bedeutenden Künstlern – »kann ich mir einzeln vorstellen; und dabei hat sich doch jeder verzehrt, damit keiner neben ihm bestehe.« (W 95) Darum demontiert er ein Cliché, das, heruntergekommen aus der großen Philosophie, nur noch zum Vorwand jener bürgerlichen Kultur taugt, die, wo Notwendigkeit sein sollte, Freiheit verhimmelt, weil Notwendigkeit herrscht, wo Freiheit sein sollte: »Über Geschmack und Farben soll man streiten.« (W 34) Keineswegs verläßt er sich auf die in Frankreich sakrosankte Kategorie des Geschmacks: »Wer nie den guten Geschmack verletzt, hat

sich nie sehr weit in sich vorgewagt. Wer gar keinen Geschmack hat, hat
es getan, ohne daraus Nutzen zu ziehen.« (W 169). Er hätte schwerlich,
wie der Musicien Français Debussy, die Pariser Erstaufführung von
Mahlers Dritter Symphonie protestierend verlassen. Dennoch behält bei
ihm das Kunstwerk etwas Unverbindliches. Seine oberste ästhetische Kategorie, das Formgesetz, gründet sich auf Wahl, Entschluß und Reminiszenz. Er sperrte sich dagegen, daß eben durch den Überschuß einer im
Subjekt nicht eingeschmolzenen Objektivität, an dem sein Objektivismus sich orientiert, Objektivität selber herabgesetzt wird zum Trug, zur
bloßen subjektiven Veranstaltung. Und damit zu einem ideologisch
Schmückenden. Trotz aller Polemik gegen Kommunikation und Wir-
kungszusammenhänge fügt sich das Valérysche Kunstwerk affirmativ in
den Bannkreis der Gesellschaft, den romanisches Denken zögert zu überschreiten, nach Cocteaus Wort stets dessen eingedenk, wie weit man zu
weit gehen darf. »Ein Gedicht muß ein Fest des Intellekts sein. Es kann
nichts anderes sein. Ein Fest: das heißt ein Spiel, aber ein hohes, geregeltes, voller Bedeutung; ein Bild dessen, was man gewöhnlich nicht ist,
eines Zustandes, in dem die Anstrengung im Rhythmus erlöst ist. Man
feiert etwas, in dem man es in seiner reinsten und schönsten Form vollendet darstellt.« (W 162) Man darf durch die Spiritualisierung der Idee
vom Fest nicht darüber sich täuschen lassen, daß das festliche Kunstwerk
eingeschworen bleibt auf die Bejahung dessen, was ist. Der ästhetische
Konformismus der Valéryschen Lehre von der Form ist gesellschaftlich
zugleich.

　　Selbst sein Neoklassizismus jedoch enträt nicht des Gärstoffs. Die neo-
klassizistische Bewegung in Frankreich war insgesamt, wie man
weiß, kunststrategisch ein Gegenschlag gegen Wagner. Die stipulierte
Ordnung sollte dem rauschhaften Wesen, der trüben Vermischung der
Künste, dem deutschen Hang zum Superlativ (W 49) widerstehen. Diesem Programm hat Valéry auch als Dichter sich verschrieben in dem Plan
des musikalischen Dramas Amphion, das, nachdem Debussy spröde sich
gezeigt hatte, schließlich von Honegger vertont wurde. Neoklassizistisch
ist nicht nur der griechische Stoff sondern die Idee. Sie beruht auf jener
scharfen Distinktion der Künste durch Valéry, die das Wagnerische Mu-
sikdrama vorweg negiert. Er hat sie an der eigenen Entwicklung erfahren
als die der Architektur, der seine erste Liebe gehörte, und der Musik; hat
es aber nicht bei der Distinktion sein Bewenden haben lassen und damit
auch nicht bei Stilkopien des siebzehnten und achtzehnten Jahrhunderts.
In seinem Medium, der Sprache, das ihm musikalisch war und keines der
begrifflichen Signifikation, hielt er der Architektur die Treue. Dazu in-

spirierte ihn, daß beide Kunstgattungen insofern verwandt sind, als sie
nichts Gegenständliches nachahmen oder bezeichnen. Er spricht an auf
die coincidentia oppositorum: »Die Komposition – das heißt die Verknüpfung des Ganzen mit dem Einzelnen – ist in den Werken der Musik
und der Architektur viel spürbarer und gebotener als bei den Künsten,
deren Gegenstand die Wiedergabe sichtbarer Dinge ist: da diese ihre Elemente und ihre Musterbilder der Welt außer uns entnehmen – der Welt
der ganz und gar schon zu Ende geschaffenen Dinge und der schon festgelegten Schicksale – entspringt daraus ein gewisser Mangel an Reinheit
der Form, einige Anspielung auf jene andersartige Welt, manch ein Eindruck, der mehrdeutig bleibt und zufällig ist.« (K 38) Das erst spezifiziert
seine Idee von Form: die Wiederkunft des Architektonischen im Musik-
haften.»Noch bei den ungewichtigsten Stücken muß man an das denken,
was Dauer verleiht, und das heißt an das, was in der Erinnerung zu bleiben vermag, an die Form also, so wie die Erbauer der mit ihrem Filigran
schwerelos in den Himmel ragenden Turmspitzen an die Gesetze denken,
die den Halt des Baues verbürgen.« (K 37) Der Künstler, dem die Reflexion auf Kunst und diese eins sind, zieht daraus den Impuls seines Musik-
dramas. Sein Vorwurf ist die Urgeschichte der Musik in ihrem Gegensatz
zur Architektur, die zugleich in der dramatischen Einheit durcheinander
vermittelt sind. Gleichgültig jedoch, ob das Projekt gelang oder nicht:
nachdem einmal Valéry auf das Abenteuer solcher Vermittlung sich einließ, geht es Kategorien wie der säuberlichen Trennung der Künste, dem
an der Optik orientierten Primat von Ordnung, schließlich dem Neoklassizismus ans Leben. Enthusiastisch grüßt er die Beschreibung eines von
Musik Besessenen durch E. T. A. Hoffmann, der »glaubt, einen Ton von
außerordentlicher Eindringlichkeit und Reinheit zu vernehmen, den er
den Euphon nennt und der ihm das unendliche und eigene Weltbild des
Gehörsinns aufschließt... So erlebt sich innerhalb der Ordnung der Bil-
denden Kunst der Mensch, der sieht, unversehens als Seele, die singt,
und dieser Zustand – ›Ich singe ja!‹ – läßt in ihm einen Durst nach Schöpfung entstehen, der das Geschenk des Augenblicks festhalten und ver-
ewigen möchte.« (K 94) Er verfällt darauf, »daß einer den Plan fassen
könnte, die Notenschrift zu diesem Tanze aufzuzeichnen. So könnte man
einer gegebenen Plastik ein bestimmtes Musikstück zuordnen, das ganz
auf dem Rhythmus der Hantierungen des Künstlers aufgebaut wäre.«
(K 174)
    Das Baudelairisch-neuromantische Motiv der Synästhesie wird subli-
miert: nicht länger verschwimmen Töne und Düfte in der Luft des
Abends, sondern das Getrennte wird synthesiert kraft seiner harten Ge-

trenntheit. Auch das wäre mit einem dogmatischen Begriff von Form
unvereinbar. Ihn sprengt Valérys verzehrendes Bewußtsein, das bei keiner festen Bestimmung sich ausruht, durch die Interpretation der Kunst
als einer Sprache eigenen Wesens. Sie ist Nachahmung; nicht eines Gegenständlichen, sondern mimetisches Verhalten. Noch die ästhetische
Kategorie, welche als die subjektive schlechthin erscheint, die des Ausdrucks, wird im Namen solcher Nachahmung zu einem Objektiven: zur
Nachahmung der Sprache der Dinge selber. Sie ist daran gebunden, daß
das Gebilde der Ähnlichkeit mit jenen sich entschlägt. »Dichtung ist der
Versuch, mit den Mitteln der artikulierten Sprache das darzustellen oder
wiederherzustellen, was Schreie, Tränen, Liebkosungen, Küsse, Seufzer
usw. dunkel auszudrücken versuchen, und was die Dinge scheinbar ausdrücken wollen in dem, was wir für ihr Leben und ihre Absicht nehmen.«
(W 163) Der musikalische Sprachgebrauch kennt in der Vortragsbezeich-
nung espressivo, die gleichgültig ist gegen das Ausgedrückte wie gegen
das ausdrückende Subjekt, etwas nah Verwandtes. Als Metaphysik der
Nachahmung tastet Valérys Ästhetik am Ende des Essays über die Würde
der Künste, an denen das Feuer teilhat, nach dem Äußersten: »Die Künste, die das Feuer wirkt, wären damit die verehrungswürdigsten von
allen, ahmen sie doch so genau das überirdische Wirken eines Weltschöp-
fers nach.« (K 14) Kunst ist Nachahmung nicht von Geschaffenem sondern des Aktes der Schöpfung selber. Diese Spekulation steht hinter Valérys provokatorischer, entschlossen alexandrinischer Ansicht, der
künstlerische Produktionsprozeß sei zugleich der wahre Gegenstand der
Kunst: »Warum sollte man denn die Ausführung eines Kunstwerkes
nicht auch als Kunstwerk ansehen dürfen?« (K 174) Das zerstört wie
kaum eine andere Theorie die Illusion vom Kunstwerk als einem Sein.
Gerade als objektives verwandelt es sich ins Werden, während die vulgäre
These es statisch vorstellt und sein dynamisches Moment dem vermeint-
lichen Schöpfungsakt des Künstlers zumißt, der bei Valéry in jener
höchsten Nachahmung erlischt. Die Paradoxie erhellt sich damit, daß die
objektiv gerichtete Ästhetik Valérys, die das Werk so wenig als Nachahmung eines Äußeren wie als die eines Inneren, der Seele des Autors,
dulden möchte, gleichwohl nicht so sehr von dem »unmittelbaren Vergnügen«, das die Werke der Kunst ihm geben, berührt wird, »als durch
die Vorstellung, die sie mir vom Tun dessen, der sie schuf, eingeben«
(K 170). Nach der abgründigen Passage von jenem Menschen der Vor-
welt, der, »gedankenabwesend ein beliebiges grobes Gefäß liebkosend, in
sich den Gedanken keimen fühlte, ein anderes Gefäß auszuformen, nur
um es liebkosen zu können« (K 13), wäre Kunst vielleicht Nachahmung

der schöpferischen Liebe selber. Als Nachahmung eines Schöpfungsaktes
anstatt der geronnenen Gegenstände gerät Kunst in Gegensatz zur Natur: »Wir spüren in uns gewisse Sehnsüchte, denen die Natur nicht zu
genügen vermag, und uns sind Vermögen eigen, die ihr abgehen.« (K 67)
So kommen Baudelaires paradis artificiels nach Hause, Mimesis dessen,
was aller Dinglichkeit vorausgeht, durch die künstlerische Freiheit, die
dem Bann der Dinge entrückt ist. Diese Theorie der Nachahmung verbindet vollends mit dem Ideal des l'art pour l'art, daß die Ähnlichkeit des
Kunstwerks – nicht länger eine mit etwas – zur Funktion seiner immanenten Form gemacht wird. »Man darf nicht vor jeglichem Dinge die
Ähnlichkeit wollen; diese muß vielmehr aus der Übereinstimmung einander zugewandter Beobachtungen und Verrichtungen hervorgehen, die
in die Form des Ganzen eine ständig sich mehrende Vielheit von Bezo-
genheiten der einzelnen Teile speichern, die der Künstler wahrgenommen hat. Es kennzeichnet die Güte einer Arbeit, daß man sie immer
weiter der Genauigkeit zu vorantreiben kann, ohne daß man ihre Anlage
oder die Bezugspunkte zu ändern brauchte.« (K 176) Kunstwerke wären
um so ähnlicher, je vollkommener sie durchgebildet sind bei sich selber:
»Für sie gab es eben richtigerweise die Ähnlichkeit nur in ihrer Bezogen-
heit auf das allgemeine Prinzip der Kunst und deren eigentlichen Gegenstand.« (K 177) Es wird nicht genannt und ist zugehängt, aber sein
Gleichnis ist der Schöpfungsakt, und das Kunstwerk rangiert um so höher, je mehr es diesem gleicht; je ähnlicher, ließe pleonastisch sich sagen,
es sich selber ist. Denn in der Ähnlichkeit mit sich selbst wird es zum
Gleichnis des Absoluten, dem es unmittelbar, in seiner Partikularität,
nicht zu ähneln vermag. »Was aber schön ist, selig scheint es in ihm
selbst« – das ist die Utopie in ihrer ästhetischen Gestalt. Auf sie, die reine
Möglichkeit, zielt Valérys denkende Bewegung. »In meinen Gedanken
suche ich mit all dieser Zaubermacht des Meeres zurechtzukommen, indem ich mir sage, daß es nicht aufhöre, meinen Augen das Mögliche
vorzuführen.« (K 130) Nur durch die verblendete Besessenheit mit sich
selber, nicht durch die durchsichtige Intention auf das, was mehr wäre,
wird das Kunstwerk mehr, als es ist. Seine Ähnlichkeit mit sich selber
macht es zur Sprache. Allein in solcher Sprachähnlichkeit hat alle Kunst
ihre Einheit. Ihre Idee ist von der meinenden Sprache so geschieden wie
ästhetische Ähnlichkeit überhaupt von der mit den Dingen. Die Inkom-
mensurabilität der Sprachen gerade verweist auf diese Schicht: »Es gibt
Lehren, die nicht vertragen, in eine fremde Sprache übersetzt zu werden,
die nicht die ihrer ursprünglichen Formulierung ist. Das Vertrauen darauf, daß man ihnen Glauben schenkt, der Zauber, die Scheu gehen dabei

verloren, die ihnen eigen waren, seitdem sie sich in Worte kristallisierten; in Worte, die sich verschleiert und nur ihnen geweiht haben.«
(W 147) In der Konzeption ungegenständlicher Ähnlichkeit wird der neuromantische Kultus der Nuance theoretisch heimgebracht. »Das Schöne erfordert vielleicht die sklavische Nachahmung dessen, was in den Dingen unbestimmbar ist« (W 94), lautet der schönste Satz der Windstriche. Das Unbestimmbare ist das Unnachahmliche, und die ästhetische Mimesis wird zu einer des Absoluten, indem sie im Bedingten solches Unnachahmliche nachahmt. Daran haftet das utopische Versprechen: »Merk auf dieses feine, unaufhörliche Geräusch; es ist die Stille. Horch auf das, was man hört, wenn man nichts mehr vernimmt.«(W 76)

Valérys Utopie geht über in die Prousts: »Die Blumen, die das Blumenmädchen gegenüber, unter dem großen Palasttor, verkauft, bringen allen Menschen Botschaften und Träume der Liebe. Was nie eintreffen, niemals geschehen kann, duftet, riecht gut.« (W 20 f.) An sie heftet sich die Sehnsucht des Denkers nach einem Denken, das des eigenen Zwangscharakters ledig wäre: »Am schönsten wäre es, in einer selbsterfundenen Form zu denken.« (W 72) Unbegrenzte Mühsal des Denkens will auf dessen Untergang in der Erfüllung hinaus; die intellektuelle Anstrengung auf die Abschaffung der Gewalt von »selbstgegebenen Gesetzen« (K 74). Wohl ist unstillbar Valérys Drang, seiner selbst mächtig zu werden, und seine Kunsttheorie möchte Autonomie dorthin noch ausdehnen, wo ihr sonst bloß Kontingenz sich entgegensetzt. »Weder das Neue noch das Geniale verlocken mich, – sondern die Herrschaft über sich selbst.« (W 69) Aber dies Ideal transzendiert den eigenen Subjektivismus. »Wer arbeitet, sagt sich: Ich will mächtiger, gescheiter, glücklicher sein – als – Ich.« (W 128) Schrankenloses Verfügen des Subjekts über es selber meint dessen Aufhebung in einem Objektiven. Das Werk, das die Sprache der Dinge als Ebenbildlichkeit mit dem Schöpfungsakt nachahmt, bedarf der Herrschaft des Produzierenden, den es wiederum unterjocht. So wird es für Valéry zugleich Strafe: »Und zu deiner Strafe wirst du sehr schöne Dinge herstellen. Dies hat ein Gott, der keineswegs Jehova ist, dem Menschen nach dem Sündenfall in Wahrheit gesagt.« (W 89) Aber mit Strafe will er sich nicht gemein machen. Sie untergrabe, heißt es, abermals in Nietzsches Tonfall, »die Moral, denn sie schafft für das Verbrechen einen deutlich begrenzten Ausgleich. Aus dem Grauen vor dem Verbrechen macht sie ein bloßes Grauen vor der Strafe; – eigentlich spricht sie frei; sie macht das Verbrechen zu etwas Verkäuflichem und Meßbarem: feilschen wird möglich.« (W 151) Valéry, der Denkende, durchschaut die Befleckung von Denken selber als einem

Kalkül durch den Tausch:»Das Wertvollste darf nichts kosten. Und den andern (Gedanken): darauf am meisten stolz sein, wofür man am wenigsten kann.« (W 165) So wird im Denken dessen Prinzip, Herrschaft selber, widerrufen. Der alles an seine Macht als Künstler setzt, denunziert die Kunstwerke, insoweit sie Macht ausüben.»Nichts liegt Corot ferner als die Sorge dieser gewaltigen und umgetriebenen Geister, die so angstvoll sich mühten, an diesen gebrechlichen und verborgenen Punkt des Wesens heranzukommen und zu etwas von ihnen Besessenem (im diabolischen Verstand dieses Wortes) zu machen, der es auf dem Umwege über die Tiefenschichten des Organismus und die Eingeweide ganz und gar ausliefert. Sie wollen verknechten. Corot will zu dem von ihm Erfühlten hinverführen. Er denkt nicht daran, sich zum Herren über einen Sklaven zu machen. Doch hofft er, aus uns sich Freunde zu schaffen, Gefährten seines glückhaften Schauens an einem schönen Tage vom silbernen Morgen bis an die Schwelle der Nacht.« (K 76) Die Idee der unversöhnlichen Anstrengung von Kunst ist Versöhnung als ihr Ende.

Anmerkungen

1 Im folgenden steht W für Paul Valéry, *Windstriche. Aufzeichnungen und Aphorismen,* Wiesbaden 1959, K für Paul Valéry, *Über Kunst. Essays,* Frankfurt a. M. 1959
2 Vgl. Th. W. Adorno, *Musik, Sprache und ihr Verhältnis im gegenwärtigen Komponieren,* in: *Jahresring* 56/57. Ein Querschnitt durch die deutsche Literatur und Kunst der Gegenwart, Stuttgart 1956, S. 99 [jetzt auch: *Quasi una fantasia. Musikalische Schriften II,* Frankfurt a. M. 1963, S. 14 f.].
3 Vgl. Th. W. Adorno, *Klangfiguren,* Berlin, Frankfurt a. M. 1959, S. 182 ff.

Anmerkung der Herausgeber

Die vorliegende den *Noten zur Literatur* I (1961) entnommene Fassung weist gegenüber dem ursprünglichen erstmals in der *Neuen Rundschau* (H. 1, 1960) veröffentlichten Text geringe, aber entscheidende Veränderungen auf. Der polemische Akzent der früheren Fassung läßt die Haltung des engagierten Kritikers Adorno erkennen, dem bewußt war, daß ein Beitrag an diesem exponierten Ort sich einer geistespolitischen Tradition verpflichtete, in der seit den zwanziger Jahren Valéry die Treue gehalten wurde. Vergleiche hierzu die Einleitung der Herausgeber.

KARL LÖWITH

Kritik der Geschichte und der Geschichtsschreibung

Valéry war zur Kritik der Historie in besonderer Weise geeignet, weil er schon auf die Bewahrung seiner eigenen, persönlichen Geschichte, etwa in Form von Tagebuch und Memoiren – nicht den geringsten Wert legte.

Ich finde keinerlei Gefallen daran, mich im Geiste in frühere Zustände meines Lebens zurückzuversetzen. Ich würde mich nicht auf die Suche nach der verlorenen Zeit begeben! (II, 1506).

Er lebte und dachte nicht im Rückblick auf vergangene Geschehnisse, sondern im Hinblick auf noch unverwirklichte *Möglichkeiten*, die der Imagination offenstehen. Bloße Gegebenheiten und scheinbar vollendete Tatsachen sagten ihm nichts, wohl aber ihre mögliche Variation und Transformation. Nichts ist für seine Denkweise so charakteristisch wie fiktive Gedankenexperimente. Er denkt sich z. B. aus, welche Folgen es hätte, wenn unter allen Menschen nur vier oder fünf ein Gedächtnis besäßen. Oder was für Folgen es hätte, wenn ein unangreifbarer Bazillus plötzlich die gesamte Masse allen Papiers vernichten würde – Bücher, Zeitungen, Akten, Banknoten, Verträge usw. Er will an diesem Beispiel deutlich machen, in welchem Ausmaß unser ganzes soziales Gebäude auf dem Glauben an Geschriebenes beruht und auf dem Kredit, den man den Worten gibt, und nicht auf unmittelbarem Wahrnehmen und Tun (I, 1035). Oder ein anderes Experiment, das er sich in bezug auf die historische Chronologie ausdachte, wenn sie kausale Folgen konstruiert, nach dem Grundsatz *post hoc, ergo propter hoc*, wie wenn im Alphabet auf a notwendig b folgen müßte. Angenommen, ein Voltairescher Micromégas würde beliebig in den Zeiträumen der Geschichte herumvagabundieren und von dem antiken Alexandria auf dem Höhepunkt seiner Pracht in ein afrikanisches oder auch französisches Dorf unserer Zeit kommen, so würde er sicher annehmen, daß die glänzende Hauptstadt der Ptolemäer drei- oder viertausend Jahre *später* entstanden sein müsse als die ärmlichen Behausungen jener Dörfer unserer Zeit (I, 1131).

Eine Lektion auswendig lernen und im Gedächtnis behalten war ihm schon als Schüler unmöglich. Überhaupt liebte er nicht die Erinnerung, denn meistens sei sie unerträglich, und zwar gerade auch dann, wenn sie nicht Verfehltes und Verpaßtes zurückruft, sondern die besten Augenblicke unseres Lebens. »Nos plus chers souvenirs mordent nos cœurs dans l'ombre...«

Außerdem... schätze ich das Gedächtnis nicht, das oft ebenso trügerisch in der Treue wie im Verrat sein kann, denn das, was *man wirklich erlebt hat,* ist... unverwendbar – oder unerträglich.

Ich *weiß,* daß ich einen bestimmten Zeitabschnitt erlebt habe. Aber fast nichts fällt mir wieder ein. Es ist mir unmöglich, mich an den Ablauf eines Tages zu erinnern. Mein Geist existiert nur für das Entgegengesetzte. Die Vergangenheit entspricht ihm ganz und gar nicht. Was ich im höchsten Maße an ihr empfinde, ist ihre *Nichtigkeit...*

Von der Vergangenheit dürften nur die wirklichen Reichtümer übrigbleiben, der der Zeit entrissene Gewinn, der unser Vermögen zu handeln wachsen läßt und dabei zugleich notwendigerweise die Bindung an seinen Ursprung verliert. Die Sprache bietet ein gutes Beispiel... Wie könnten wir denken, sprechen, wenn jedes Wort uns an die Umstände erinnerte, unter denen wir es gelernt haben? Seine Geschichte würde es an die Vergangenheit fesseln, und diese bedeutet Ohnmacht (II, 1506 ff.).

Was aber die Geschichtsschreibung auch der größten Historiker betrifft, so hat sie für den, der darüber nachdenkt und ihren Bericht auf seine Voraussetzungen hin analysiert, keinen geringeren oder größeren Wert als die Lektüre eines Romans. Man kann aus Balzacs Comédie humaine mehr über die Menschen einer bestimmten Zeit und Gesellschaft erfahren als aus den gleichzeitigen Historikern.

Bei Erzählungen und bei der Historie passiert es mir, daß ich mich gefangennehmen lasse und sie bewundere als erregende Lektüre, als Zeitvertreib und als Kunstwerke. Wenn sie aber Anspruch auf Wahrheit erheben und darauf rechnen, ernst genommen zu werden, dann offenbaren sich sogleich die Willkür und die unbewußten Verfahrensregeln, und ich werde von der lasterhaften Manie möglicher Substitutionen ergriffen (I, 1467; 11, 153, 800).

Die komischen und tragischen Geschichten der Romane und Historien simulieren ein Leben, das nicht das unsre ist, und erregen eine Teilnahme, die einen subjektiven Wert haben mag, aber keinen Sinn ergibt (4, 364).

Ich gestehe, daß ich auf viele Romane und Geschichtswerke zugunsten eines Abschnitts über noble Architektur verzichten würde. Eine gewisse Form verschafft mir eine Weise der Sicherheit und einen wirklichen Genuß, den ich der Illusion, ein anderes als mein eigenes Leben zu leben, vorziehe (II, 1533; 4, 364).

Die Lebendigkeit der erzählten Geschichten beruht ganz und gar auf dem, was wir ihnen aus unserer eigenen Erfahrung geben, sei es daß wir sie als fremd oder als verwandt empfinden.

Mein Vorwurf gegenüber der Geschichte läßt sich in drei Worte zusammenfassen. Der geschichtliche Stoff hält vor der Reflexion nicht stand. Er wird zu Handlungsentwürfen von Kasperlestücken. Alles, was uns an der sogenannten Vergangenheit interessieren kann, geht von der *Gegenwart* aus (25, 577).

Die Beurteilung vergangener Ereignisse kann nicht anders als subjektiv sein, weil es unmöglich ist, ihre Bedeutung oder Wichtigkeit, nach deren Maßgabe der Historiker einige wenige Personen und Ereignisse unter unzähligen andern als bemerkenswert auswählt, ohne Bezug auf unser Interesse festzustellen. Sind sie doch schon von den Zeitgenossen, auf deren Berichte der Historiker angewiesen ist, nach bestimmten, meist nicht bewußten Gesichtspunkten als bemerkenswert ausgewählt worden.

Wir lassen unsere Sympathien und Antipathien in sie eingehen. Wir konstruieren Systeme von Ereignissen und geben nach unserer Willkür eine Art Existenz und Substanz den Personen, Institutionen oder Ereignissen, für welche die manchmal höchst summarischen, wenn nicht äußerst fragmentarischen Quellen nur einen Beweisgrund aus Worten liefern. Vielleicht kennen wir aus der Geschichte nur vollkommen belanglose Fakten und wissen nichts von unendlich bedeutenderen (II, 1545).

Zur Veranschaulichung der prinzipiellen Relativität historischer Aussagen berichtet Valéry eine Geschichte, die ihm Degas erzählt hat: er wurde als Knabe von seiner Mutter zu einem Besuch von Frau Le Bas mitgenommen, der Witwe eines Konventmitgliedes, der ein Freund von Robespierre gewesen war und mit Selbstmord endete. Beim Abschied bemerkte Frau Degas an den Wänden die Bildnisse von Robespierre, Saint-Just u. a., worauf sie entsetzt ausrief: »Wie, hier hängen noch immer die Visagen dieser Scheusale?« Frau Le Bas erwiderte: »Schweige – das waren Heilige!« (II, 1180 u. I, 1128). Die Zeitgenossen und Historiker der Französischen Revolution beurteilen die Ereignisse der Geschichte nicht anders, d. i. völlig verschieden, weil ihre Bedeutung nicht in den Ereignissen selber zu finden ist.

Historiker oder Parteigänger, Menschen des Studiums oder der Tat, machen sich halb bewußt und halb unbewußt äußerst sensibel für bestimmte Fakten oder Charakterzüge – völlig unfühlbar für andere, die ihrer Behauptung im Wege stehen oder sie zerstören; und weder der Grad ihrer Bildung noch die Solidität und Fülle ihres Wissens, und auch nicht Ehrlichkeit und Gründlichkeit ihrer Forschung, scheinen den geringsten Einfluß auf das zu haben, was man die *Macht der historischen Divergenz* nennen kann (I, 1129).

Was die Historiker trotz der Ausübung ihrer kritischen und imaginativen Fähigkeiten beherrscht, ist ein blinder Wille, recht zu haben, und wenn ihren Meinungen und Überzeugungen die Guillotine zur Verfü-

gung stünde, würden sie sich nicht anders einigen als Danton und
Robespierre.

Man kann die Ereignisse der Französischen Revolution mit ganz dem
gleichen Recht so wie Burke und de Maistre beurteilen oder auch so wie
Michelet. Und was entscheidet überhaupt darüber, welche Ereignisse
»große« waren? Die Landung des Menschen auf dem Mond und die Er-
richtung von Weltraumstationen könnten sich als sehr viel wichtiger erweisen als der Krieg in Vietnam, und die Kriege Napoleons als sehr un-
wichtig im Vergleich zur Entdeckung des Chinins und der Elektrizität, die
nicht minder ein historisches Ereignis waren, das weitreichende Folgen
hatte (I, 1060 u. 1131). Wollte sich aber die Historie auf die bloße Feststellung historisch bezeugter Tatsachen beschränken, gleichgültig gegen
ihre Bedeutung, dann verlöre sie jeden Anreiz und jedes Gewicht. Die
Orakelsprüche der Pythia sind auch Tatsachen, aber historische nur dadurch, daß man an sie glaubte, sie deutete und aus ihnen politische Folgerungen zog. In Wahrheit sind alle historischen Dokumente nur Elemente
einer Antwort, deren Wesentliches in der Art der Frage besteht, die man
an sie stellt (23, 564). Die Frage dagegen, ob Cäsar wirklich existiert habe
und wann er dies oder jenes unternahm, ist belanglos, wenn wir nicht
meinen würden, uns seinen Charakter und seine Handlungen imaginativ
vergegenwärtigen zu können. Sobald aber der Historiker die bloße Existenz eines unbekannten Menschen der Vergangenheit etwas genauer
charakterisieren will, desto mehr verrät er sich selbst, und je konkreter
seine Art Wissenschaft berichtet, desto mehr Erfindung kommt ins Spiel.
Die Naturwissenschaft kann die genauen Einzelheiten ihres Gegenstandes nicht erfinden; sie zwingen sich ihr auf, und die Richtigkeit oder
Unrichtigkeit ihrer Feststellungen läßt sich jederzeit überprüfen und
verifizieren (25, 215). Die »Wahrheit« der Geschichtsschreibung, die
nicht nur nackte Tatsachen feststellen will, lebt auf Kosten des Histori-
kers und läßt sich nicht kompensieren.

Alexander, sagt Mephistopheles in Valérys Faust, ist nicht weniger
imaginär als Theseus, und Napoleon gilt so viel wie Herkules. »Beide
sind nur noch geschwärztes Papier und dessen Wirkungen auf menschliche Gehirne, wo das, was war, und das, was nicht war, das gleiche einfäl-
tige Spiel treiben.« Die Masse des bedruckten Papiers ist aber so groß
geworden, daß den Schüler des Faust angesichts von dessen Bibliothek
das Grauen erfaßt. »Das ewige Schweigen dieser unzähligen Bände erfüllt mich mit Entsetzen« – eine ironische Anspielung auf Pascals Rede
von dem »ewigen Schweigen der unendlichen Räume«, die Valéry einer
vernichtenden Kritik unterwarf (I, 458 ff.). Sie sagen nichts mehr, weil

mit den Jahrhunderten »das kolossalische Denkmal des *Unlesbaren* wächst«. Die bloße Dauer der Zeit genügt, daß all diese großen Ereignisse der Geschichte und ihre Helden oder Unholde unmerklich saftlos, sinnlos und unverständlich werden.

Die Geschichtsschreibung kann fast nur »Ereignisse« verzeichnen. Reduzierte man aber das Leben eines Menschen auf die hervorstechendsten und am leichtesten zu bestimmenden Fakten – seine Geburt, seine wenigen außerordentlichen Erlebnisse, seinen Tod –, man würde die Textur seines Lebens aus dem Blick verlieren. Ein Leben auf ein »Resümee« reduzieren! Nur das Gegenteil könnte einen Wert haben (II, 1508).

»Texture« bedeutet für Valéry kein festes Gerüst, sondern wie etwas funktioniert, und die Funktion, die etwas in einem weiteren Zusammenhang hat, läßt sich nicht an den Ereignissen ablesen.

Ich bemerke noch einmal, daß mich die menschlichen Dinge um so weniger interessieren, je mehr sie sich von dem, wie das Leben gewöhnlich ist, entfernen und sich als *Ereignisse* darbieten und nicht als ihr *Funktionieren*. Romanthemen, die gewohnte Geschichte, alles dies scheint mir entweder ausgelöscht und tot mit seiner Epoche oder willkürlich... oder ein außergewöhnlicher, pathologischer Fall (23, 553).

Die Geschichtsschreibung macht sich keine Vorstellung von dem System der menschlichen Gruppe und der Individuen und von dem Funktionieren ihrer Einrichtungen. Sie bemerkt das Abweichende, d. h. deutlich wahrnehmbare Vorgänge – die sie gerne zusammenfaßt und verbindet durch Bezeichnungen wie Reformation, Renaissance, Revolution. Das ist eine Landkarte, auf der es nur Vulkane gibt (25, 602).

Die großen Ereignisse der Geschichte, von denen die Historie berichtet, sind nur der »Schaum der Dinge«. Sie sind vielleicht nur groß für kleine Geister; für die aufmerksamen sind es die unmerklichen und beständigen, welche zählen.

Mich aber interessiert das Meer. Im Meer wird gefischt, auf dem Meer gibt es Seefahrt, man taucht ins Meer... Und der Schaum?

Ereignisse sind »Effekte«. Sie sind Produkte der Empfindung: plötzliche Beschleunigungen oder Vereinfachungen, die den Beginn oder das Ende einer festen Dauer anzeigen. Sie sind entweder nur einmalige Vorfälle, aus denen man nichts schließen kann, oder nur Konsequenzen, deren Vorbereitung oder deren Folgen hauptsächlich von Interesse sind (II, 1508).

Das Meer selbst, das Valéry als philosophisch Denkenden interessiert, ist aber nicht im gleichen Sinn »interessant« wie die effektvollen Ereignisse.

Warum bin ich ein Wesen mit einer so seltsamen Stellung im Spiel der Welt, daß mir die ungeheuren und schrecklichen Ereignisse, die in dieser fürchterlichen Epoche über uns kommen, als verlorene Zeit erscheinen... als abscheuliche Albernheiten, wahnhafte Verirrung, als eine brutale Verschleuderung von Energien durch grausame Kinder, deren Spielzeug furchtbare Waffen sind (23, 464).

Das Ergebnis von Valérys skeptischem Blick auf die Geschichte ist eine so radikale Absage an sie, daß im Verhältnis dazu Nietzsches »Unzeitgemäße Betrachtung über den Nutzen und Nachteil der Historie für das Leben« eine Harmlosigkeit ist. Für Valéry ist weder die »antiquarische« noch die »kritische« Historie zu rechtfertigen und am allerwenigsten eine »monumentalische«.

Historie und Politik (Valéry nennt sie meist zusammen und bezeichnet sie in den Cahiers mit HP) und als überdimensionale Anekdoten behandelte Ereignisse – von keinem wirklichen Interesse... Alles, was auf dieser Ebene liegt, führt zu nichts. Verachtenswert (23, 650).

Als Text für einen »Sermon du temps« notiert er:

Liebe Brüder, habt die innere Kraft, äußere Ereignisse mit der stärksten Wirkung auf die Menschen als Nebensächlichkeiten anzusehen und als vertan die Zeit, die man sich denkend damit beschäftigt. Erkennt die ganze Nutzlosigkeit der Lektüre von Geschichtswerken, die ihren Wert nur durch das haben, was ihr in sie hineinlegt (23, 21; vgl. 756 u. 9, 735).

Sie ist aber nicht nur nutzlos, sondern auch gefährlich, weil sie die Nationen und ihre Führer mit trügerischen Reminiszenzen und Ideologien indoktriniert (II, 935). Und wenn Europa überhaupt noch lebensfähig ist, dann muß es seine Geschichte vergessen.

Nur auf Kosten seiner »Geschichte« wird ein Europa jemals sein. Deshalb müssen der unabwendbare Bankrott dieser »Geschichte« und ihre Verwandlung durch die Tatsachen in das, *was sie wirklich ist*, im Geist vorweggenommen werden. Denn man darf unter diesem Begriff (Geschichte) keinesfalls die Vergangenheit verstehen, da diese unerkennbar und *ungeformt* ist, sondern eine Masse von Vorstellungen mit einer Menge von Schriften, die ihnen aktuelle *Bedeutung* geben (23, 756).

Wer wie Valéry wußte, was er wollte, und als Einzelgänger bis ans Ende ging – »denn es ist unmöglich, in Gesellschaft bis ans Ende des Gedankens zu gehen« –, mußte in der gesamten politischen Geschichte die Wahrheit des Satzes bestätigt finden, daß die Menschen nicht wissen, was sie tun, und es auch gar nicht wissen können und nur kraft solchen Unwissens zu handeln fähig sind (I, 530; 5, 72 u. 836; 7, 644; 25, 98; 29, 366, 689). Das positive Motiv für seine Mißachtung der Historie und Geschichte ist die Einsicht, daß aus ihr nichts zu lernen ist, was dem Denken Nahrung bieten könnte, wenn Denken mehr ist als vergangene Ereignisse – seien es auch solche aus der Geschichte der Philosophie – im Lichte der jeweiligen Gegenwart imaginativ zu rekonstruieren, ihre Ableitbarkeit und Folgerichtigkeit zu simulieren und ihnen demgemäß einen »Sinn« zuzuschreiben. »Die Geschichte rechtfertigt, was immer man will. Sie lehrt, strenggenommen, nichts, denn sie enthält alles und gibt für alles Beispiele her« (I, 1255; II, 935).

Dennoch hat auch Valérys Mißachtung der Geschichte ein innergeschichtliches Motiv, nämlich die erst in unserer Zeit möglich gewordene Einsicht, daß der wissenschaftlich-technische Fortschritt alle bisherige Überlieferung und deren vermeintliche Kontinuität fortschreitend entwertet und gerade dadurch eine neue »Epoche des Provisorischen« begründet. Angenommen, daß diese durch den Fortschritt der wissenschaftlichen Technik bedingte Entwertung der Vergangenheit weitergeht – und wie sollte sie nicht? –, dann werden künftige Generationen überhaupt nicht mehr mit der historisch gewordenen Überlieferung verbunden und von ihr belastet sein.

Die Geschichtsbücher werden ihnen Berichte zur Verfügung stellen, die ihnen fremd, ja unverständlich vorkommen werden, denn für kein Ding ihrer Zeit wird die Vergangenheit ein Musterbild gestellt haben, und nichts aus der Vergangenheit wird in ihre Gegenwart hinein überleben. Alles, was am Menschen nicht bloße Physiologie ist, wird anders geworden sein, sind doch unsere Politik, unsere Kriege, unsere Sitten, unsere Künste nunmehr einem Regiment sehr rasch wechselnder Verschiebungen ihrer Substrate unterworfen. Immer mehr rücken sie in immer engere Abhängigkeit von den Naturwissenschaften und darum in immer größere Ferne von der Geschichte. Das *Neue vom Tage* fängt an, die ganze Fülle der Wichtigkeit an sich zu reißen, die bis zum heutigen Tag der Überlieferung eigen war (Über Kunst, 123).

Der unaufhaltsame Fortschritt der wissenschaftlichen Technik setzt bis in die bisher intimsten Bereiche hinein alle Gebräuche und Gewohnheiten außer Kurs, indem er selbst, in der Absicht auf eine gleichförmige Weltzivilisation, eine neue Konvention begründet, die wesentlich instrumental und operationell ist. Ihre Ubiquität betrifft nicht nur den Weltverkehr, das Fernsprechen, Fernsehen, Fernschießen, sondern auch die nun technisch vermittelten »schönen« Künste. In einem Aufsatz »La conquête de l'Ubiquité« von 1928 heißt es:

Ohne Zweifel werden zunächst nur die Wiedergabe und die Übermittelung der Werke betroffen werden… Die Werke werden zu einer Art von Allgegenwärtigkeit gelangen. Auf unsern Anruf hin werden sie überall und zu jeder Zeit gegenwärtig sein oder sich neu herstellen. Sie werden nicht mehr nur in sich selber da sein, sie werden dort sein, wo ein Jemand ist und ein geeignetes Gerät… Wie das Wasser, wie das Gas, wie der elektrische Strom von weit her in unseren Wohnungen unsere Bedürfnisse befriedigen, … so werden wir mit Hör- und Schaubildern versorgt werden, die durch eine Winzigkeit von Gebärde entstehen und vergehen.

Wie wir gewohnt, wenn nicht gar abgerichtet sind, ins Haus die Energie in verschiedenster Gestalt geliefert zu erhalten, so werden wir es ganz natürlich finden,
dort jene sehr geschwinden Wechselbilder zu bekommen... Ich weiß nicht, ob je
ein Philosoph sich eine Gesellschaft zur Lieferung sinnlich erfahrbarer Wirklichkeit frei ins Haus ausgedacht hat (Über Kunst, 47 ff.).

Die überlieferte Bildungstrinität des »Wahren, Guten und Schönen« ist
schon längst zur Phrase geworden (23, 227).

Wer könnte noch eindeutig bestimmen, was wahr, gut und schön ist,
ohne auf eine Instanz zurückzugreifen, die über aller Geschichte und allem
bloß Menschlichen ist? Eben diese Geschichte, die dem modernen historischen Bewußtsein als jeweils zeitbedingt gilt und deren Überlieferung
durch den wissenschaftlich-technischen Fortschritt, der nichts Beständi-
ges zuläßt, indem er das jeweils Bestehende überholt, den Boden verliert,
beruht aber selbst auf verborgenen Postulaten, die Valérys Kritik der
Geschichte herausstellen will. Er bezeichnet diese Postulate als ein für das
Zusammenleben der Menschen unvermeidliches »système fiduciaire ou
conventionelle«, das sich einer Analyse als »simplisme« erweist. Eine
solche Vereinfachung beherrscht ebenso die gelebte Geschichte wie die
Geschichtsschreibung. Ihre Einfältigkeit erzeugt ein Reich von Idolen und
Fiktionen, ohne die keine menschliche Gesellschaft bestehen könnte.
Ohne ihre ungeprüften Vorstellungen von dem, was rechtgläubig und
irrgläubig, gerecht und ungerecht, gut und schlecht oder progressiv und
reaktionär ist, würde keine Gesellschaft funktionieren. Was verbürgt uns
aber, daß z. B. die Proklamation der »Menschenrechte« [1], die den Menschen emanzipieren sollte und einen Terror zur Voraussetzung hatte, nur
zum Guten ausschlagen müßte? Oder, daß eine Diktatur nur üble Folgen
haben könnte? Kann doch schon jeder Einzelne in seinem privaten Leben
nie wissen, was die entfernten Folgen einer Handlung sein werden, die er
im Augenblick für gut hielt.

Es ist dem Menschen auferlegt so zu handeln, als ob es nur die unmittelbaren Folgen
gäbe. Gut und Böse bewahren einen Sinn nur innerhalb eines sehr eingeschränkten
Ursprungsbereichs (9, 50). *Vereinfachung* ist die notwendige Bedingung für das Zusammenleben in der Gesellschaft... Die Philosophie ist der Versuch, von einer groben Art des Vereinfachens zu einer verfeinerten zu gelangen... Jede *Meinung* ist
Vereinfachung. Es gibt seltsame Ergebnisse des vereinfachenden Denkens. So stellen Theologie und Jurisprudenz komplexe und manchmal sehr subtil verfahrende
Disziplinen dar, die sich im Rahmen des vereinfachenden Denkens bewegen (9, 610).

Ein solcher »simplisme« ist auch die abschätzige Beurteilung all jener
Ehrgeizigen, Ängstlichen und Brutalen, die zum Bestand einer Gesellschaft unerläßlich sind (I, 306).

In einer Vorrede zu den »Lettres Persanes« von Montesquieu beschreibt Valéry das »Système fiduciaire«, auf dem das ganze Gebäude der
Gesellschaft ruht.[2]

Eine Gesellschaft entwickelt sich von der Roheit zur Ordnung… Es bedarf dazu
fiktiver Kräfte…

Es entwickelt sich ein »Système fiduciaire«, ein auf der Geltung von Werten
und Konventionen beruhendes System, welches vorgestellte Bindungen und
Hindernisse zwischen den Menschen schafft, deren Wirkung höchst real ist. Sie
sind für die Gesellschaft von unabdingbarer Notwendigkeit… Tempel, Thron,
Gericht, Rednertribüne entstehen nacheinander als Monumente der zusammen-
wirkenden Ordnung. Die Zeit selbst wird gestaltet: Opfer, Versammlungen,
Schauspiele markieren Stunden und Tage im Leben der Gemeinschaft. Die Riten,
Formen, Gebräuche vollenden die Dressur des Menschentiers, drängen die unwillkürlichen Bewegungen zurück oder geben ihnen ein Maß. Allmählich wird
das Wiederaufleben seiner wilden oder unbeherrschbaren Triebe seltener und bedeutungslos. Aber das Ganze hat nur durch die Macht der Symbole und Worte
Bestand. Es ist für die Ordnung unerläßlich, daß ein Mensch sich bereit fühlt,
gehängt zu werden, in dem Augenblick, da er es verdient. Wenn er dieser Vorstellung keinen festen Glauben mehr schenkt, bricht bald alles zusammen (I, 508 f.).[3]

Auch jede faktische Macht eines Herrschers, er sei ein König oder ein
Parteisekretär, beruht darauf, daß man ihr Glauben schenkt.[4] Und worauf
beruht dieses ganze System des Glaubenschenkens? Valérys Antwort ist:
auf Gelesenem und Gesprochenem, auf Versprechungen, wirksamen Einbildungen, Gewohnheiten, Nachahmung und befolgten Konventionen,
die sich ihrerseits auf Überlieferung stützen. Wenn einmal mit unendlicher Mühe ein solches soziales System geschichtlich etabliert ist und das
Menschentier gezähmt, dann vergessen sich seine verbalen und fiktiven
Prämissen und die Freiheit des Geistes, d. h. die Möglichkeit, sich für
Augenblicke von allem, was ist und so genannt wird, abzulösen und ihm
kritisch gegenüberzutreten, wird fast unmöglich, oder doch nur so möglich, daß man ein anderes soziales System entwirft, welches die Mängel
und Widersprüche des vorhergehenden beseitigen soll. Irgendeinmal wird
aber die überlieferte Konvention des ganzen Systems doch in Frage gestellt
und eine radikale Kritik aller bestehenden Verhältnisse bricht sich Bahn.
Das Ergebnis ist dann eine neue Barbarei der Zivilisation. Manche glauben
zwar, daß die Eroberung der Dinge durch exakte Wissenschaft uns nicht
minder zu einer Barbarei zurückführe, einer unvergleichlich mächtigeren
und gleichförmigeren, als es die urtümliche war. Der Unterschied ist aber,
daß der Gesellschaftsbau aller Zeiten auf Fiktionen beruht und die wissenschaftlich-technische Zivilisation auf überprüfbaren Tatsachen. Die Frage
ist jedoch, ob eine Gesamtordnung, die nicht auf vagen Vorstellungen und

Fiktionen beruht, sondern auf dem, was in hohem Grad berechenbar ist und verifiziert werden kann, überhaupt bestehen kann (I, 511).

Die menschliche Natur sucht in dem Dilemma zwischen einer kalkulierten Zwangsordnung und einer nicht minder unerträglichen Unordnung, zwischen Festhalten an der Überlieferung und Vorantreiben des sie zerstörenden Fortschritts der Rationalisierung, nach einem Ausweg, wo das Individuum ebenso frei wie geschützt sein soll. Ein solcher Zustand des relativen Gleichgewichts zwischen Zwang und Freiheit kennzeichnet den »Beginn des Endes eines sozialen Systems«, und eine solche Epoche war, in Valérys Ansicht, die von Montesquieu.

Die Institutionen haben noch Bestand... Aber ohne daß sich irgend etwas Sichtbares an ihnen verändert hätte, besitzen sie kaum mehr als nur diese Gegenwärtigkeit. Ihre inneren Kräfte sind alle hervorgetreten; ihre Zukunft ist auf verborgene Weise erschöpft. Ihr Wesen wird nicht mehr geheiligt oder wird nur noch geheiligt. Kritik und Verachtung schwächen sie und entleeren sie jeden Wertes für die weitere Entwicklung. Der soziale Körper verliert unmerklich seine Zukunft. Es ist die Zeit des Genusses und des allgemeinen Konsums...

Europa war damals die beste der möglichen Welten. Autorität und Leichtsinn trafen zusammen. Die Wahrheit bewahrte eine gewisse Zurückhaltung. Materie und Energie herrschten nicht unmittelbar. Die Wissenschaft stand schon in Blüte, und die Künste waren höchst verfeinert. Es war noch etwas von Religion vorhanden. Es gab das Kapriziöse zur Genüge und ausreichend Strenge... Man schimpfte auf die Regierung. Man glaubte, daß es besser gemacht werden könnte. Aber die Unruhe war keineswegs maßlos (I, 512 f.).

In unserer Epoche sind die Forderungen der Gesellschaft maßlos geworden und extrem.

Unsere moderne »Zivilisation« erkennt man an dem Überdruß des Extremen. Die Billigkeit des Enormen – die Monotonie der Überraschung, der Ekel am Wunderbaren... Was ist vulgärer als solche Folgen des Erstaunens? Man darf sich nur über die gewöhnlichen Dinge verwundern und muß sich eine ziemlich subtile Empfindlichkeit verschaffen, um zu widerstehen (29, 630).

Was unsere Epoche auszeichnet, ist erstens die rapide Beschleunigung in den Prozessen der Veränderung und damit das prinzipiell Provisorische in allem Planen und Tun, und zweitens die Vorherrschaft der immer gewaltiger werdenden Mittel im Verhältnis zum Zweck, dem sie dienen sollen. Im »Discours sur l'histoire« (1932) hat Valéry den Schülern eines Lyzeums in wenigen, aber einschneidenden Worten dargelegt, welches die fundamentalen Prämissen der Geschichtsschreibung sind, und geschildert, was sich schon innerhalb der sechs Jahrzehnte seines Lebens in völlig unvorhersehbarer Weise so radikal verändert hat, daß man von den noch bestehenden Resten der älteren Überlieferung kaum noch einen

Gebrauch machen kann, wenn man sich in der Gegenwart orientieren will. Diese Veränderungen sind zum größten Teil Folgen der wissenschaftlichen Entdeckungen des 19. und 20. Jahrhunderts. Und weil die auf uns weiterhin zukommenden Überraschungen unvorhersehbar sind, »schreiten wir der Zukunft im Krebsgang entgegen«, mit dem Rücken zu ihr. Was aber die Vergangenheit von nur ein paar Jahrhunderten betrifft, so fragt sich der heute Lebende naiverweise: wie konnte man in einer solchen Zeit überhaupt leben? Ohne hygienische Einrichtungen, ohne Fernsprecher, ohne Taschenuhren, ohne Eisenbahnen und Flugverkehr, ohne Elektrizität und all die Erfindungen der Pharmazie zur Bekämpfung von Krankheiten usw.? Wir nehmen auch ohne weiteres an, daß es ein unbestreitbarer Fortschritt und ein Glück ist, daß alle Menschen Lesen und Schreiben lernen, seitdem es den allgemeinen Schulzwang gibt – als ob man nicht menschlich leben könnte, wenn man sprechen und denken kann. Die Folge der Fortschritte, es sei in der Physik und Chemie oder auch in der Chirurgie, ist so rapid, daß es sinnlos wird, noch irgend etwas Dauerhaftes schaffen zu wollen und ihm eine viele Jahre kostende Vollendung angedeihen zu lassen.

Der Verzicht auf Dauerndes kennzeichnet eine Weltepoche. Werke, die unmeßbare Zeit beanspruchen, und Werke für die Jahrhunderte werden heutzutage kaum noch unternommen. Das Zeitalter des Vorläufigen ist eröffnet... Die Dauer einer Überraschung ist unsere gegenwärtige Zeiteinheit (I, 652).

Die Chemie des Kunstwerks hat es aufgegeben, die langwierigen Spaltungsprozesse fortzuführen, mittels derer man die reinen Substanzen gewinnt, und Kristalle zu bereiten, die nur in der Stille sich ansetzen und wachsen können. Sie hat sich den Spreng- und Giftstoffen verschrieben. Wie soll man sich noch einem langsamen Ausreifen widmen, wie sich in subtilen Theorien und Diskussionen verausgaben, wenn die Ereignisse und Lebensgewohnheiten einen derartigen Druck auf uns ausüben wie sie es tun, wenn Nichtigkeit und Bedrängnis die Tage eines jeden von uns unter sich aufteilen und wenn die Muße zum Nachdenken und Überdenken so selten wie Gold werden? (I, 705).

Adieu Vollendung der Sprache, Versenkung in das literarische Werk, Anstrengung, durch die die Werke zugleich kostbaren Gegenständen vergleichbar und präzise Instrumente wurden!... Jetzt leben wir im *Augenblick*, bedacht auf Schock- und Kontrastwirkung und fast gezwungen, nur das zu ergreifen, was eine Zufallsregung ins Licht rückt und sie suggeriert. Wir suchen und schätzen die *Skizze*, den *Entwurf*, das *flüchtige Konzept*. Der Begriff Vollendung selbst ist fast ausgelöscht (I, 1044 f.).

Kein Mensch hat noch die Zeit und nimmt sie sich, um auszureifen und etwas Vollkommenes zu schaffen. »La poursuite du perfectionnement exclut la recherche de la perfection.« Das progressiv »Veloziferische«, hat schon Goethe gesagt, werde die künftige Welt beherrschen. Die Folge ist eine Abstumpfung des Empfindungsvermögens.

Der moderne Mensch hat stumpfe Sinne, er erträgt den Lärm, er erträgt die... grelle, unsinnig starke, wechselvolle Beleuchtung; er ist andauernder Erschütterung ausgesetzt; er verlangt nach heftigen Reizmitteln, höllischen Getränken, raschen und brutalen Erregungen. Er erträgt die Zusammenhanglosigkeit und lebt geistig in Unordnung. Andererseits wird uns das geistige Arbeiten oft allzu leicht gemacht... Man hat Symbole geschaffen, es gibt Maschinen, die der Aufmerksamkeit entheben... Je weiter wir gehen, desto reicher werden die Methoden der symbolischen und graphischen Abkürzungen sich ausbilden. Sie führen dazu, die Mühe des Denkens auszuschalten (Die Politik des Geistes, 49 f.).

Das moderne Leben bietet uns in jeder Beziehung zahllose Erleichterungen, die es früher nicht gab, und Abkürzungsmittel, um ein Ziel ohne den Weg zu erreichen. Die Mittel aber, welche uns die moderne Technik zur Verfügung stellt, sind so enorm geworden, daß sie selber zum Zweck der Herstellung werden.

Unsere moderne Welt ist ganz damit beschäftigt, die natürlichen Energiequellen immer wirksamer, immer ausgiebiger zu nutzen. Sie sucht und verwendet sie nicht nur zur Befriedigung der elementaren Lebensbedürfnisse, sondern treibt sie zu einer derartigen Verschwendung, daß sie vollständig neue Bedürfnisse erzeugt, ausgehend von den Mitteln, diese Bedürfnisse, die vorher nicht existierten, zu befriedigen. Bei dem Stand unserer industriellen Zivilisation spielt sich alles so ab, als ob, nachdem man irgendeinen Stoff gefunden hat, gemäß seinen Eigenschaften eine Krankheit erdacht wird, die er heilen soll, ein Durst, den er löschen, ein Schmerz, den er stillen soll. Man versieht uns also zum Zwecke der Bereicherung mit Neigungen und Begierden, die keine Wurzeln in der Tiefe unseres physiologischen Lebens haben, sondern aus absichtlich auferlegten psychischen Reizungen... hervorgehen. Der moderne Mensch berauscht sich an Zerstreuung. Mißbrauch mit Geschwindigkeit, Licht, Stimulantien, Betäubungs-, Erregungsmitteln... Mißbrauch mit der Häufigkeit der Eindrücke, der Abwechslung, der Schallverstärkung, Mißbrauch mit den unbeschränkten Möglichkeiten, dem Wunderbaren, mit jenen erstaunlichen Auslösemechanismen, durch die ungeheure Wirkungen in die Hand eines Kindes gegeben werden. Leben in dieser Zeit ist untrennbar mit solchem Mißbrauch verbunden. Unser mehr und mehr immer neuen mechanischen, physiologischen und chemischen Experimenten ausgesetzter Organismus verhält sich gegenüber diesen Kräften und Rhythmen, die man ihm aufzwingt, etwa so wie gegenüber einer *heimtückischen Vergiftung*. Er gewöhnt sich an das Gift, verlangt es schließlich alsbald. Mit jedem Tag findet er die Dosis unzureichender (I, 1067).

Auch die moderne Kunst hat sich der Schockwirkung und Betäubung ausgeliefert. Der Ursprung unserer ökonomischen und politischen »Krisen« ist der »Kapitalismus der Ideen und Kenntnisse und der Arbeitswut«. Sie erzeugen enorme Ereignisse ohne Rücksicht auf die menschliche Natur und deren langsame Anpassung an die Umgebung. »Man kann sagen, daß *alles, was wir wissen*, d. h. *alles, was wir können*, sich schließlich dem entgegensetzt, *was wir sind*« (I, 1064, 1139, 1433). Auch die »Freizeit« ist nicht mehr, was sie sein sollte und einmal war.

Freier Raum und freie Zeit sind nur noch Erinnerungen. Die freie Zeit, um die es sich handelt, ist nicht die Muße, wie man sie gewöhnlich versteht. Äußerlich gibt es noch die Muße, und als solche wird sie sogar geschützt und allgemein gemacht durch gesetzliche Maßnahmen... Die Zahl der Arbeitstage und Stunden wird durch Gesetz geregelt. Aber ich behaupte, daß die innere Muße verlorengeht, die etwas ganz anderes ist als die zeitlich bemessene Freizeit. Wir verlieren jene notwendige Ruhe..., jenes... Abwesendsein, währenddessen die Lebenselemente neue Kraft gewinnen, währenddessen der Mensch sich in gewisser Weise von der Vergangenheit und Zukunft, vom gegenwärtigen Bewußtsein, den aufgeschobenen Verpflichtungen und versteckten Erwartungen frei macht (I, 1068 f.).

Ohne die Herrschaft der Mittel über den Zweck ist auch der moderne Krieg nicht verständlich. Ihre Anhäufung, Verschwendung und Vergeudung ist zu einer öffentlichen und dauernden Notwendigkeit geworden.

Vielleicht käme ein genügend entfernter Beobachter beim Blick auf den Stand unserer Gesittung auf den Gedanken, der große Krieg sei nichts anderes gewesen als eine verhängnisvolle, jedoch unmittelbare und unausweichliche Folge der Entwicklung unserer Technik. Die Ausdehnung, die Dauer, das alles Durchdringende, auch das Entsetzliche dieses Krieges entsprachen der Größenordnung unseres Vermögens, Kräfte zu entbinden. Die Hilfsquellen und die Industrien, die wir im Frieden erschlossen hatten, gaben ihm sein Maß, und durch seine Größenordnungen war er von den Kriegen früherer Zeiten genau so verschieden, wie unsere technischen Mittel, unsere materiellen Hilfsquellen, unser Überfluß es *erheischten*. Doch lag der Unterschied nicht nur im Quantitativen: in der stofflichen Welt kann man ein Ding nicht vergrößern, ohne daß nicht sehr bald Quantität in Qualität umschlüge... Der letzte Krieg kann nicht als bloße Steigerung der Ausmaße der Zusammenstöße von einst angesehen werden. Diese Kriege vergangener Zeiten gingen schon lange vor der wirklichen Erschöpfung der streitenden Völker zu Ende. So etwa geben die guten Schachspieler auf den Verlust einer einzigen Figur hin eine Partie auf. Das Drama wurde auf Grund einer Art von Spielregeln zu Ende geführt, und das Ereignis, das die Ungleichheit der eingesetzten Kräfte an den Tag brachte, hatte eher die Bedeutung eines Symbols, als daß es bewirkende Ursache gewesen wäre. Nun aber haben wir im Gegensatz dazu vor wenigen Jahren gesehen, wie der Krieg unserer Tage sich mit schicksalhafter Notwendigkeit bis zur äußersten Erschöpfung der Gegner hinzog, deren Hilfsquellen, eine nach der andern, bis zu den entferntesten, in die Feuerlinie geschüttet wurde, wo sie sich aufbrauchten (II, 1026; vgl. I, 1045).

Das skeptische Ergebnis von Valérys Überlegungen zu dem Konflikt zwischen den Dingen, die nicht zu sterben wissen, und denen, die nicht menschlich leben lassen, ist, daß die auf Fiktion beruhende *Überlieferung* und der wissenschaftlich-technische *Fortschritt* die beiden großen Feinde des Menschengeschlechts sind (I, 1432). Die moderne Welt, welche ihrem verhängnisvollen Willen zur wissenschaftlichen Präzision den Namen Fortschritt gab, möchte mit den Wohltaten des Lebens die Vorteile des Todes verbinden. »Noch herrscht eine gewisse Verwirrung; aber, eine kleine Weile noch, und alles wird sich aufklären; wir werden schließlich das Wunder einer animalischen Gesellschaft in Erscheinung treten sehen, den vollkommenen und endgültigen Ameisenhaufen« (I, 1032).

Was wird in der künftigen Gesellschaft noch individuelle Freiheit des Geistes sein, falls es überhaupt Freiheit im absoluten Sinn geben kann und nicht nur eine von physischen Vorgängen und sozialen Umständen bedingte? »Alles erklärt sich heutzutage gegen die Möglichkeit eines unabhängigen Geistes.« Der Essai »Fluctuations sur la Liberté« beginnt:

Freiheit: das ist eins jener schrecklichen Wörter, deren Wertschätzung größer ist als ihr Sinn, die ... mehr fragen als antworten, eins von jenen Wörtern, die es auf allen Gebieten versucht haben und beschmiert sind mit Theologie, Metaphysik, Moral und Politik, Wörtern, die sehr gut zur Kontroverse, Dialektik, Beredsamkeit passen, sich ebenso für trügerische Analysen und endlose Subtilitäten wie für die Satzschlüsse eignen, die den Donner auslösen (II, 951).

Die Einbildung, wir könnten alles, was wir aus freiem Entschlusse wollen, auch tun, trifft nur so lange zu, als wir nichts wollen (II, 954).

Seit 92 habe ich meinem »geistigen Leben« eine Orientierung gegeben, indem ich mir die Fragen stellte: »Was will ich?«, »Was *kann* ich wollen?« und: »Was vermag ich?« (diese Fragen bilden zusammengenommen das Fundament MEINER Weisheit) (23, 221).

Kann Freiheit überhaupt ohne Bezug auf einen Zwang als Freiheit empfunden werden? Und wie ist es möglich, sich selbst zu etwas zu zwingen, worin die Moralität aller Moral besteht: nicht zu tun, was einem gefällt und zu tun, was einem nicht gefällt? (9, 711; II, 511, 958 f.).

Und die politische Freiheit?

Freiheit, eine Empfindung, die jeder auf seine Weise sucht. Der eine im Alkohol, der andere in der Revolte, in einer »Philosophie« der eine, ein anderer in der Selbstentmannung wie Origenes. In der Askese, durch Opium, in der Wüste, im Aufbruch allein mit einem Segelboot, in einer Scheidung, im Kloster, durch Selbstmord, in der Fremdenlegion, in Maskeraden, in der Lüge...

Und wenn man wirklich am freiesten ist, d. h., wenn Bedürfnis und Begierden sich mit dem, was man vermag, im Gleichgewicht befinden, ist das Gefühl der Freiheit aufgehoben (II, 960).

Man nennt ein Land *frei,* in dem das, was das Gesetz auferlegt, als das im Interesse der größten Zahl liegend angenommen wird...

So hart es sein mag, wenn es nur von der größten Zahl ausgeht oder diese glaubt, daß es von ihr ausgehe, die Voraussetzung ist erfüllt: dieses Land ist ein *freies* Land. Es ist bemerkenswert, daß diese politische Freiheit aus dem Drang entstanden ist, die Freiheit des Individuums in einem natürlichen Recht begründet sein zu lassen, das jedem Menschen in dieser Welt zukommt.

Man wollte diesen der Willkür eines einzelnen oder einiger weniger entziehen, und es gab keine andere Lösung, als ihn der Willkür der großen Zahl zu unterwerfen.

Ich kann daraus nur schließen, daß die politische Freiheit das sicherste Mittel ist, die Menschen zu Sklaven zu machen, denn es wird angenommen, daß der auferlegte Zwang dem Willen aller entspricht, dem man kaum widersprechen kann, und diese Art von Lasten und Überforderungen durch eine anonyme, ganz abstrakte und unpersönliche Autorität wirkt mit der kalten und unabwendbaren Macht eines mechanischen Vorgangs, der jedes individuelle Leben von der Geburt bis zum Tode in ein nicht zu unterscheidendes Element ich weiß nicht welches monströsen Daseins verwandelt (II, 963).

Zu den Opfern der Freiheit gehören auch die Kunstschaffenden, wenn sie sich selbstauferlegten Zwängen entziehen wollen. In allen übrigen Berufen, die keine »freien« sind, ist der Zwang ohnedies selbstverständlich, und der Spielraum der Freiheit verengt sich im selben Maße, wie bestimmte, hochspezialisierte Kenntnisse und Geschicklichkeiten zu seiner Ausübung nötig werden. Das sind sozusagen legitime und allgemein anerkannte Zwänge. Sehr viel weniger ist dem heutigen Menschen bewußt, wie sehr er Sklave seiner eigenen Modernität ist oder, wie man jetzt sagt, manipuliert wird, aber nicht durch fremde Mächte, sondern durch sich selbst.

...es gibt keinerlei Fortschritt, der sich nicht als vollkommenere Abhängigkeit auswirkt. Der Komfort legt uns in Fesseln. Die Freiheit der Presse und die Macht der Mittel, über die sie verfügt, lassen uns untergehen im Lärm des Gedruckten, uns durchbohrt werden von sensationellen Neuigkeiten. Die Reklame, eins der größten Übel dieser Zeit, beleidigt unseren Blick, verfälscht alle Benennungen, schädigt die Landschaft, verdirbt alle Qualität und jede Kritik... und vermengt auf den Seiten, die die Maschinen ausspeien, alles, den Mörder, das Opfer, den Helden, das hundertjährige Jubiläum und das leidende Kind.

Da ist noch die Tyrannei der Fahrpläne.

Das alles sieht es ab auf das, was wir als denkende Wesen sind. Bald werden streng abgeschlossene Klöster gebaut werden müssen, in denen es weder Radio noch Zeitungen gibt und die das Nichtwissen von aller Politik bewahren und pflegen. Geschwindigkeit, große Zahl, Massenwirkungen, Überraschungs-, Kontrast-, Wiederholungseffekte, die Wirkung des Neuen und die Folgen der Leichtgläubigkeit fallen hier der Verachtung anheim. An bestimmten Tagen wird man dorthin gehen, um durch das Gitter einige Exemplare von *freien Menschen* zu betrachten (II, 968 f.).

Wenn die geschichtlich lebendige Überlieferung zu einer nur noch historisch gewußten Konvention wird, verliert die Vergangenheit an Interesse. Sie ist dann nicht mehr die »unsere« und der Ausgangspunkt für eine geschichtliche Betrachtung kann nur die *gegenwärtige* Welt im Hinblick auf ihre Zukunft sein. Valérys weltgeschichtliche Betrachtungen sind daher ausschließlich »Regards sur le monde actuel«, wie die Sammlung dieser Essais heißt. Sie sind zu ergänzen durch die »Essais quasi Politiques« (I, 971 ff.), deren frühester von 1897 unter dem Titel »Une Conquête méthodique«[5] Deutschlands Aufstieg zu einer Weltmacht analysiert und die weiterhin möglichen Konsequenzen der Expansionspolitik des deutschen Kaiserreichs vor Augen führt. Was Valéry daran vorzüglich interessierte, war die methodische Disziplin, die diesen Aufstieg ermöglicht hat.

Zuerst ist Preußen methodisch geschaffen worden. Dann hat es das heutige Deutschland geschaffen. Das System war zuerst politisch und militärisch. Nachdem es seinen Zweck erfüllt hatte, wurde es ohne Schwierigkeit wirtschaftlich, rein durch Anwendung seiner selbst. Das moderne Deutschland bewahrt und vertieft dieses System, dem es die Entstehung verdankt... Die Organisation des militärischen Übergewichts ist das Werk des Großen Generalstabs. In der Schöpfung dieses berühmten Büros enthüllt sich das glanzvollste Beispiel der Methodik. Sie sind eigentlich Siegesfabriken. Dort findet man: die rationellste geistige Arbeitsteilung; die Aufmerksamkeit von Spezialisten beständig auf die Veränderung der geringsten nutzbaren Umstände gerichtet; die Ausdehnung dieser Forschung auf Gebiete, die den technischen Fächern zunächst scheinbar fern liegen; die Ausweitung der Militärwissenschaft bis zur großen Politik und zur Wirtschaft – denn der Krieg wird auf allen Gebieten geführt (I, 976 ff.).

In der Fortsetzung dieser Skizze heißt es nach dem ersten Weltkrieg: »Die großen Vorzüge der Deutschen haben mehr Unglück verschuldet als je der Müßiggang Laster gezeugt hat. Wir haben mit eigenen Augen gesehen, wie die gewissenhafteste Arbeit, die gründlichste Bildung, die ernsteste Zucht grauenvollen Zwecken dienen mußten. Soviel Schreckliches wäre nicht möglich gewesen ohne so vorzügliche Eigenschaften« (I, 989).

Der Verächter der Historie wird selbst zum Geschichtskundigen, wenn es um die Analyse der eigenen Welt und ihrer Tendenzen geht. Dem Essai über Deutschland ist vielleicht nur noch Dostojewskijs Aufsatz von 1877 über »Deutschland, das protestierende Reich«[6] an die Seite zu stellen. Mittelpunkt von Valérys Interesse ist aber weder Deutschland noch Frankreich und England, sondern Europa, dessen großartige Projektion

Amerika ist (II, 987 ff.). Aber was ist Europa, oder »Alteuropa«, wie es schon Burckhardt im Blick auf das neue Revolutionszeitalter genannt hat? Ist es in gleicher Weise griechisch und römisch wie christlich? Aber wer könnte heute noch, wie Novalis, von »Europa oder die Christenheit« sprechen? Oder wie Hofmannsthal[7] seine prekäre Einheit aus einer »Idee« begründen? Valéry denkt Europas fragwürdige Einheit sehr realistisch im Blick auf sein unbestreitbares Mißverhältnis zur übrigen Welt. Hohe Kulturen mit Wundern an Bauwerken, großen Dichtern und Gelehrten hatten andere Weltteile auch gehabt, aber keiner besaß eine so universale Expansions- und Einverleibungskraft wie in der Antike das römische Weltreich und in der Neuzeit die wissenschaftliche Zivilisation, die auf der Macht des Wissens, Wollens und Könnens beruht. Der europäische Mensch ist weder durch Rasse noch durch Sprache noch durch Gebräuche bestimmt, sondern durch den Umfang seines Wollens.

Überall, wo der europäische Geist herrscht, sieht man ein Maximum an *Bedürfnissen*, ein Maximum an *Arbeit, Kapital, Ertrag, Ehrgeiz, Macht* und ein Maximum an *Veränderung der äußeren Natur*, ein Maximum der *Wechselbeziehungen* und des *Austauschs* auftreten. Das Gesamt dieser Maxima ist Europa (I, 1014; vgl. II, 950).

Die Frage, die sich seit dem ersten Weltkrieg für Valéry stellt, ist: wird Europa das werden, was es geographisch ist, ein kleines Vorgebirge des asiatischen Kontinents; oder wird es bleiben, was es scheinbar war, das Gehirn einer Welt?

Trotz seiner geringen Ausdehnung, und obgleich der Reichtum seines Bodens kein außergewöhnlicher ist, beherrscht es das Gesamtbild. Durch welches Wunder? Man lege in die eine Waagschale Indien, in die andere England. Und siehe: die Schale mit dem kleineren Gewicht sinkt! Welch erstaunliche Störung des Gleichgewichts! Aber die weiteren Folgen sind noch erstaunlicher: *sie lassen uns nämlich eine fortschreitende Veränderung im umgekehrten Sinn voraussehen* (I, 996).

Die moderne Wissenschaft und Technik ist zwar aus der griechischen Mathematik und Physik hervorgegangen, aber zu etwas ganz anderem geworden, seitdem sie entdeckt hat, daß Wissen gleich Macht ist.

Das Wissen, das ein Eigenwert war, wird zum Tauschwert. Die Nützlichkeit des Wissens macht es zur Eßware, die nicht mehr für einige auserwählte Liebhaber, sondern für jedermann begehrenswert ist. Diese Ware... findet immer zahlreichere Abnehmer; sie wird ein Handelsobjekt, kurz, etwas, das sich so ziemlich überall nachahmen und erzeugen läßt. Das Ergebnis: die Ungleichheit, die zwischen den Gebieten der Erde in bezug auf mechanische Künste, angewandte Wissenschaften, wissenschaftliche Mittel, für Krieg oder Frieden bestanden hat – eine Ungleichheit, auf der Europas Vorherrschaft beruhte –, wird nach und nach immer geringer. *Demnach verändert sich die Rangordnung der bewohnten Gebiete insofern, als von jetzt ab die statistischen Elemente, die zahlenmäßigen Werte – Bevölkerung, Oberfläche, Rohstoffe – schließlich allein ausschlaggebend werden für jene Einteilung der Weltzonen.* Ferner: Die Waage, die sich, obwohl wir scheinbar leichter wogen, auf unsere Seite neigte, beginnt mit uns unmerklich zu steigen, als hätten wir törichterweise das geheimnisvolle Mehrgewicht, das bei uns lag, in die andere Schale hinübergleiten lassen. *Durch unsere Unbesonnenheit sind die Kräfte den Massen proportional geworden* (I, 998).

Dementsprechend verändert hat sich auch der Charakter des Krieges. »In einem modernen Krieg tötet der Mensch, der einen anderen tötet, einen Produzenten dessen, was er konsumiert, oder einen Konsumenten dessen, was er produziert« (II, 989).

Um den Ausbruch des ersten Weltkrieges zu verstehen, genügt es aber nicht, den politischen und ökonomischen Aspekt in Betracht zu ziehen. Voraus geht ihm eine Krise des europäischen Geistes, die Valéry als das Chaos der Modernität beschreibt.

Ich würde dazu neigen, den Begriff des Modernen allgemeiner zu fassen und dieses Wort... nicht bloß mit »zeitgenössisch« gleichzusetzen. Gibt es nicht in der Geschichte Orte und Zeiten, in die *wir Modernen* uns einfügen könnten, ohne... als unendlich seltsame... Wesen zu erscheinen? Wo unser Erscheinen am wenigsten Aufsehen erregen würde, dort sind wir wie zu Hause. Zweifellos, daß wir im Rom Trajans und im Alexandrien der Ptolemäer leichter untertauchen könnten als an so manchen anderen, zeitlich weniger fernen Stätten, die aber mehr auf eine einheitliche Sitte gestellt und auf... ein einziges Lebenssystem eingeschworen sind. – Nun wohl, das Europa von 1914 war vielleicht bis an die Grenzen einer solchen Modernität gelangt. Jeder Kopf von Rang war ein Treffpunkt aller Weltansichten; jeder Denker eine Weltausstellung der Gedanken... Wie vieler Dinge, wie vieler Werke geplünderter Jahrhunderte, welcher Summe verschiedenster Lebensäußerungen bedurfte es, damit dieser Karneval möglich und zum... Triumph der Menschheit erhoben wurde? (I, 992.)

Der moderne intellektuelle Hamlet ist müde, die Vergangenheit zu wiederholen und immer wieder Neues zu wollen; »er schwankt zwischen den beiden Abgründen der Ordnung und des Chaos«. Valéry stellt fest, daß es weder Napoleon noch sonstwem gelungen ist, dem altgewordenen Europa eine neue Gesamtordnung zu geben. Wir haben zwar unsere Begriffe von Raum, Zeit und Materie tiefgehend verändert, aber noch nicht diejenigen des sozialen und politischen Bereichs. Weder sind unsere Sitten und Gesetze, noch die Politik und Wirtschaftsverfassung mit den ungeheuren Veränderungen in Übereinstimmung, welche durch die Eroberung von Macht und Präzision erfolgt sind (I, 1434; II, 929 ff.).

Kein Volk Europas hat die erforderlichen Fähigkeiten besessen, um sich durchzusetzen und eine tragende gemeinsame Ordnung zu schaffen. Dies seit den Römern, Europa ist am Ende seiner Laufbahn (29, 812).

Unter dem Titel »Respirer« hat Valéry im Le Figaro vom 2. 9. 1944 noch ein letztes Mal zusammengefaßt, was ihn die Geschichte gelehrt hat.

Wir wissen, was uns 1940 wie 1914 die »Lehren« der vorausgegangenen Kriege gekostet haben. Es genügt im übrigen, an die unendliche Fülle des Gleichzeitigen zu denken, die jedes »Ereignis« umfaßt, um sich zu überzeugen, daß es über jene Lehren keine Überlegungen anzustellen gibt. Diejenigen, die doch Schlüsse ziehen, können das nur aufgrund von groben Vereinfachungen und dadurch möglichen... oberflächlichen Analogien tun. Aber der Geist muß heute seine ganze Klarheit und Schärfe bewahren... Es geht um den Versuch, sich auf ein ganz neues Zeitalter einzustellen. Wir stehen vor einem allgemeinen Chaos von Vorstellungen und Fragen. Eine Fülle von bisher nicht dagewesenen Situationen und Problemen taucht auf, angesichts derer alles das, was die Vergangenheit uns lehrt, mehr zu fürchten als zu bedenken ist. Wir müssen von einer gründlichen Analyse der Gegenwart ausgehen, nicht um die Ereignisse vorauszusehen, über die oder über deren Folgeerscheinungen man sich immer täuscht, sondern um das vorzubereiten oder zu schaffen, was nötig ist, um den Ereignissen begegnen zu können, ihnen Widerstand zu leisten, sie zu nutzen (II, 1158).

Wenn sich Valéry trotz seiner klaren Einsicht in den Verfall des alten Europa als Europäer fühlte und wußte, so tat er es nicht zufolge einer Anhänglichkeit an eine nationale und literarische Tradition, sondern auf Grund seiner angeborenen Zugehörigkeit zur mediterranen Welt. Wir beschließen deshalb seine Kritik der Geschichte mit der Übersetzung eines Abschnitts der »Inspirations Méditerranéennes« (I, 1091 ff.).

Ganz gewiß hat nichts mich mehr gebildet, mehr durchdrungen... als jene den Studien entzogenen, dem Anschein nach zerstreuten Stunden, die aber im Grunde dem unbewußten Kult von drei oder vier unbestreitbaren Gottheiten geweiht waren: dem Meer, dem Himmel, der Sonne... Ich sehe nicht, welches Buch, welcher Autor solchen Zuständen der... Kontemplation und der Kommunion, wie ich sie in meinen ersten Jahren erlebt habe, an Wert gleichkommen... Wenn wir ohne einen bestimmten... Gedanken die reinen Elemente des Tages, die größten und einfachsten Gegenstände, die in unsrer Existenzsphäre an Einfachheit und Empfindsamkeit mächtigsten, anblicken und bei ihnen verweilen, wenn wir mit der durch sie auferlegten Gewohnheit unbewußt jedes Ereignis, jedes Wesen, jeden Ausdruck, jede Einzelheit auf die allergrößten und beständigsten sichtbaren Dinge beziehen, so formt uns, ... und führt uns all dies besser als jede Lektüre, als die Dichter, als die Philosophen dahin, daß wir ohne Mühe... die wahre Proportion unsrer Natur fühlen, daß wir in uns ohne Schwierigkeit den Übergang zur höchsten uns erreichbaren Stufe, die auch die ›menschlichste‹ ist, finden. In irgendeiner Weise besitzen wir ein Maß aller Dinge und unserer Selbst.

Das Wort des Protagoras: *Der Mensch ist das Maß der Dinge,* ist ein wesentlich mediterranes Wort.

Was bedeutet es? Was heißt messen?

Heißt es nicht, an die Stelle des zu messenden Objekts das Symbol einer menschlichen Handlung setzen, deren einfache Wiederholung das Objekt ausschöpft? Der Mensch ist das Maß der Dinge hieße also der Verschiedenartigkeit der Welt die Gesamtheit... der menschlichen Kräfte entgegensetzen; ebenfalls heißt es, der Verschiedenartigkeit unserer Augenblicke, der Beweglichkeit unserer Eindrücke, der Besonderheit unserer Individualität..., der in ihrem lokalen und fragmentarischen Leben eingeschlossenen Person ein ICH entgegensetzen, welches sie zusammenfaßt, beherrscht, enthält, so wie das Gesetz den Einzelfall enthält, wie das Gefühl unserer Kraft alle Handlungen, zu denen wir fähig sind, enthält. Wir fühlen es, dieses universale Ich, welches keineswegs unsere akzidentelle, durch das Zusammentreffen von zahllosen Bedingungen und Zufällen bestimmte Person ist, denn: wie Vieles in uns scheint nur auf gut Glück zustande gekommen zu sein!... Wir fühlen es aber, behaupte ich, *wenn wir es zu fühlen verdienen,* dieses namenlose, geschichtslose, universale ICH, für das unser beobachtbares Leben, so wie wir es empfangen, führen oder ertragen, doch nur eines der zahllosen Leben ist, dem dieses identische Ich sich hat verbinden können... Glauben Sie bitte nicht, dies sei »Philosophie«... Wenn ich mich habe hinreißen lassen, so doch nur zu einem Blick auf das Meer, das ist ein Blick auf das Mögliche... Ein Blick aber auf das Mögliche: wenn das nicht Philosophie ist, so doch zweifellos ein Keim der Philosophie, Philosophie im *status nascendi.*

Fragen wir uns ein wenig, wie ein philosophischer Gedanke zustande kommt? Was mich betrifft, wenn ich mir diese Frage stelle, so fühle ich mich, kaum daß ich eine Antwort versuche, sofort an den Strand irgendeines wunderbar beleuchteten Meeres versetzt. Dort finden sich die wahrnehmbaren Ingredienzien, die Elemente (oder Alimente) des Seelenzustands vereinigt, in welchem der allgemeinste Gedanke, die umfassendste Frage aufkeimen kann: Licht und Weite, Muße und Rhythmus, Durchsichtigkeit und Tiefe... Sehen wir nicht, daß dann der Geist, bei dieser Ansicht und diesem Zusammenklang der natürlichen Bedingungen, ganz genau alle Attribute der Erkenntnis empfindet, sie entdeckt: Klarheit, Tiefe, Weite, Maß!... Was er sieht, stellt ihm vor Augen, was er seinem Wesen nach besitzen oder wünschen kann. Unversehens erzeugt der Anblick des Meeres in ihm einen viel weiter reichenden Wunsch als einen solchen, den die Erlangung einer besonderen Sache befriedigen könnte. Er ist wie verführt, wie eingeweiht in den universalen Gedanken... Es ist bekannt, daß hinter all unsern Abstraktionen solche persönlichen und einzigartigen Erfahrungen stehen; alle Ausdrücke des höchst abstrakten Denkens stammen aus dem ganz einfachen, vulgären Sprachgebrauch, sind ihm von uns abspenstig gemacht, um damit zu philosophieren. Weiß man, daß das lateinische Wort »mundus«, von dem das franz. *monde* kommt, einfach »Schmuck«, »Zierde« bedeutet? Sicher ist bekannt, daß die Wörter *Hypothese, Substanz, Seele* (âme) oder *Geist* (esprit) oder *Idee,* die Wörter *denken* (penser) oder *verstehen* (comprendre) Benennungen elementarer Hand-

lungen sind wie *setzen, legen, ergreifen, atmen* (souffler) oder auch *sehen*;
nach und nach haben sie sich mit Sinn und außergewöhnlichen Resonanzen
aufgeladen oder sie sind im Gegenteil immer mehr verarmt, bis sie schließlich
verloren haben, was hindern konnte, sie mit praktisch unbegrenzter Freiheit zu
kombinieren. Die Vorstellung des *Wiegens* (peser) ist in der des *Denkens* (penser) nicht mehr gegenwärtig und die Ausdrücke Geist und Seele suggerieren
keine Atmung mehr. Solche Schöpfung von Abstraktionen, die wir aus der
Sprachgeschichte kennen, findet sich auch in unsern persönlichen Erfahrungen; und es ist der gleiche Vorgang, durch den dieser Himmel, dieses Meer,
diese Sonne – alles, was ich soeben die reinen Elemente des Tages genannt
habe – kontemplativen Geistern die Vorstellungen von Unendlichkeit, Tiefe,
Erkenntnis und vom Universum eingegeben... haben, die immer schon Gegenstand der metaphysischen oder physikalischen Spekulation waren. Ich sehe
ihren Ursprung sehr einfach in der Gegenwart eines Lichtes, einer großen
Weite, von überschwänglicher Beweglichkeit, im beständigen Eindruck von
Größe und Allmacht und manchmal von überlegenem Eigensinn, von einer
Unordnung der Elemente, die immer im Triumph und mit der Auferstehung
von Licht und Frieden endigt.

Ich habe von der Sonne gesprochen. Haben Sie jemals die Sonne angeblickt?
Ein paarmal... wagte ich es und dachte, ich würde das Augenlicht verlieren. Aber,
im Ernst, haben Sie jemals über die unmittelbare Bedeutung der Sonne nachgedacht? Ich rede hier nicht von der Sonne der Astrophysik, von der der Astrono-
men, von der Sonne als der wesentlichen wirkenden Kraft für das Leben auf dem
Planeten, sondern einfach als *Sinneseindruck,* als allem *überlegenes Phänomen,*
und von ihrer Wirkung auf die Bildung unserer Ideen. Wir denken nie an die
Wirkungen dieses ganz besonderen Himmelskörpers... Man stelle sich vor, welchen Eindruck die Gegenwart dieses Gestirns auf primitive Seelen ausüben
mußte. Was wir sehen, ist durch die Sonne *zusammengefügt,* und unter *Gefüge*
verstehe ich eine Ordnung sichtbarer Dinge und die langsame Transformation
dieser Ordnung, die den ganzen Tagesablauf ins Leben ruft: die Sonne mußte ja,
als Herr der Schatten, zugleich Teil und Moment, als blendender Teil und immer
beherrschendes Moment der Himmelssphäre den ersten Reflexionen der
Menschheit das Modell einer transzendenten Macht... auferlegen. Übrigens hat
dieser Gegenstand ohne Gleichen, der sich in seinem unerträglichen Glanz verbirgt, in den Grundideen der Wissenschaft in gleicher Weise eine evidente und
führende Rolle gespielt. Die Betrachtung der durch sie projizierten Schatten hat
einer ganzen Geometrie, der sogen. projektiven, zur wichtigsten Beobachtung
dienen müssen. Zweifellos wäre man unter einem dauernd verhängten Himmel
nicht darauf verfallen; ebensowenig wie man die Zeitmessung hätte erfinden
können, die ebenfalls eine ursprüngliche Eroberung war und zuerst durch die
Verschiebung des Schattens eines Griffels praktiziert wurde. Und es gibt kein
altertümlicheres und ehrwürdigeres physikalisches Instrument als die Pyramide
oder den Obelisken, riesenhafte Sonnenuhren, Monumente von zugleich religiösem, wissenschaftlichem und sozialem Charakter.

Die Sonne bringt also die Idee einer allesbeherrschenden Allmacht, einer Ordnung und allgemeinen Einheit der Natur hervor.

Wir sehen, wie die Reinheit des Himmels, die klare Linie des Horizonts, die vornehme Anordnung der Küsten, nicht bloß allgemeine Bedingungen für die Anziehung des Lebens und die Entwicklung der Zivilisation sein können, sie sind auch die elementaren Erreger jener besonderen intellektuellen Sensibilität, die sich kaum vom Denken unterscheidet.

Ich komme nunmehr zu meiner Hauptidee, die alles, was ich gesagt habe, zusammenfassen soll und für mich selber die Schlußfolgerung darstellt aus dem, was ich »meine mediterrane Erfahrung« nennen möchte. Ich brauche nur eine im ganzen allgemein verbreitete Vorstellung zu präzisieren, nämlich die der Rolle oder Funktion, die das Mittelmeer hinsichtlich seines besonderen physischen Charakters gespielt hat für die Schaffung des europäischen Geistes oder des historischen Europa, insofern Europa und sein Geist die Menschenwelt ganz und gar verändert haben.

Die mediterrane Natur, die durch sie dargebotenen Hilfsquellen, die durch sie ... auferlegten Beziehungen stehen am Ursprung der erstaunlichen ... Transformation, die in wenigen Jahrhunderten die Europäer von der übrigen Menschheit so tief unterschieden hat und die moderne Zeit von früheren Zeitaltern. Es waren Mediterranier, welche die ersten sicheren Schritte auf dem Wege zur Präzision der Methoden, in der Untersuchung der Notwendigkeit der Phänomene, durch den überlegten Gebrauch der Geisteskräfte machten; und durch sie ist das Menschengeschlecht in seinem gegenwärtigen ungemein abenteuerlichen Leben engagiert, dessen weitere Entwicklungen niemand vorhersehen kann und dessen auffälligster Zug – der beunruhigendste vielleicht – in der immer deutlicheren Entfremdung von den anfänglichen oder natürlichen Lebensbedingungen besteht.

Die ungeheure Rolle des Mittelmeers in dieser auf die ganze Menschheit ausgedehnten Transformation läßt sich (soweit sich überhaupt etwas erklären läßt) durch einige höchst einfache Beobachtungen erklären.

Man kann von jedem Punkt auf dem Umkreis dieses wohlumgrenzten Beckens jeden beliebigen anderen in wenigen Tagen, als Maximum, erreichen, zu Schiff immer angesichts der Küste, sonst auf dem Festland.

Drei »Erdteile«, will sagen: drei höchst ungleiche Welten, umgrenzen diesen großen Salzsee. Eine Anzahl Inseln im Osten. Kein merkliches Sumpfland, falls doch, so fast belanglos. Ein nur selten auf längere Zeit getrübter Himmel: glücklicher Umstand für die Schiffahrt ...

An den Küsten sind eine große Zahl äußerst verschiedenartiger Bevölkerungen, eine Menge von verschiedenen Temperamenten, Sensibilitäten und intellektuellen Fähigkeiten miteinander in Berührung gekommen. Dank der bereits erwähnten leichten Beweglichkeit konnten diese Völker alle Arten von Beziehungen unterhalten: Krieg, Handel, freiwilligen oder unfreiwilligen Austausch von Sachen, Kenntnissen, Methoden; Vermengung des Blutes, von Wörtern, von Legenden und Traditionen. Die große Zahl der durch lange Zeitläufe hindurch ne-

beneinander vorhandenen oder kontrastierenden ethnischen Elemente, die der
Sitten, Sprachen, Religionen, Gesetzgebungen, politischen Verfassungen haben
von jeher eine unvergleichliche Vitalität in der mediterranen Welt erzeugt. Die
Konkurrenz (einer der auffallendsten Züge der modernen Ära) hat im Mittelmeerraum schon früh eine einzigartige Intensität erreicht: Konkurrenz des Han-
dels, der Einflüsse, der Religionen. In keiner Weltgegend ist eine derartige Vielfalt von Bedingungen in so nahe Berührung gekommen, nirgends wurde so großer Reichtum geschaffen und viele Male wieder erneuert.

Alle die wesentlichen Faktoren der europäischen Zivilisation sind demnach
Produkte dieser Gegebenheiten, d. h. daß lokale Gegebenheiten erkennbare Wirkungen von universellem Interesse und Wert gehabt haben. Insbesondere aber
stammt von diesen Gestaden als Entwurf oder Verwirklichung der Aufbau der
menschlichen Persönlichkeit, die Erzeugung des Ideals der vollständigsten und
vollkommensten Entwicklung des Menschen. Der Mensch, das Maß der Dinge;
der Mensch als politisches Element, als Bewohner der Stadt; der Mensch als
rechtsfähiges Wesen; der Mensch, der vor Gott und *sub specie aeternitatis*, dem
Menschen gleich ist, all dies sind fast gänzlich mediterrane Schöpfungen.

Ob es sich um Naturgesetze oder Zivilgesetze handelt, der Typus des Gesetzes
ist als solcher von mediterranen Geistern präzisiert worden. Nirgends sonst
wurde die Macht des Wortes durch bewußte Disziplin und Ausrichtung vollständiger und nutzbringender entwickelt: das der Logik angemessene Wort, das gebraucht wird zur Enthüllung abstrakter Wahrheiten, indem es das Reich der
Geometrie errichtete oder das der Beziehungen, welche die Rechtslehre möglich
machen; oder das Wort als Beherrscher des Forums, als wesentliches Mittel der
Politik, als das reguläre Instrument zum Erwerb oder zur Bewahrung der Macht.

Mit höchster Bewunderung sehen wir, wie von einigen wenigen Völkern dieser
Küsten in wenigen Jahrhunderten die kostbarsten und unter diesen die reinsten
intellektuellen Erfindungen hervorgebracht wurden: *hier* machte sich die Wissenschaft von Empirie und Praxis frei, hier löste sich die Kunst aus ihren symbolischen Ursprüngen, hier hat die Literatur sich klar differenziert... und hier hat
schließlich die Philosophie nahezu alle möglichen Wege versucht, um das Universum und sich selber zu betrachten.

Anmerkungen

1 »Proclamer les droits de l'homme c'est à dire une créance sans cause et sans contre-
partie – est parfaitement identifiable à l'acte d'enrichir l'entière population au moyen
d'une presse lithographique et d'un rouleau de papier« (5, 708). »En démocratie,
régime de la parole ou des effets de la parole – tout devient ›politique‹. Tout est relatif
aux impressions d'un public. Ce sont les lois du théâtre qui s'appliquent. Simplifica-
tion, illusion perpétuelle sous peine de rire et de mort. Tout pour l'effet. Tout dans le
moment. Des rôles tranchées. Ce qui est difficile à exprimer, n'existe pas. Ce qui
demande de longs préparatifs, une attention prolongée, une mémoire exacte, l'indif-

férence au temps et à l'éclairage se fait impossible. Un mot échappé tue un homme du premier ordre« (4, 674). Zur Frage der Diktatur siehe II, 970 ff.

2 Vgl. Augustin: De utilitate credendi, wo umgekehrt die Notwendigkeit und Nützlichkeit des christlichen Glaubens gerade daraus abgeleitet wird, daß auch schon alle weltlichen Verhältnisse einen Glauben voraussetzen. Siehe dazu vom Verf.: Wissen, Glaube und Skepsis, S. 18 ff.

3 Vgl. Politik des Geistes, S. 41.

4 A. a. O., S. 43 f.

5 Eine deutsche Übersetzung erschien erstmals 1946 in der Schweiz. Vgl. auch Valérys »Souvenir actuel« von 1938, II, 882, und Br. 88.

6 Tagebuch eines Schriftstellers, 1877.

7 H. v. Hofmannsthal, Die Berührung der Sphären, 1931, S. 238 ff.

Anmerkung der Herausgeber

Löwith zitiert und übersetzt Valérys Texte nach Œuvres I und II, (Pléiade) Paris 1957/60, die Cahiers nach der Faksimile-Ausgabe, Paris 1957–1961, mit arabischer Band- und Seitenzahl; Passagen übernimmt er zudem aus den Bänden Über Kunst, Frankfurt am Main 1959, und die Politik des Geistes, Wien 1937.

LUCIEN GOLDMANN

Valéry: *Monsieur Teste*

1956 schrieb ich in einer kurzen Darstellung, daß die drei großen Etappen des französischen Rationalismus, die durch die Namen von Descartes, Voltaire und Valéry charakterisiert sind, unter anderem durch die Konzeption unterschieden werden könnten, die diese Autoren sich von den Beziehungen zwischen Denken und Aktion gemacht haben. Bestimmte, aber implizite Beziehungen für Descartes, wünschenswerte und realisierbare für Voltaire und schließlich problematische und unrealisierbare für Valéry. Und ich fügte hinzu, daß diese Entwicklung in ihren großen Linien mit der des Bürgertums korrespondiert, dessen wesentlichen ideologischen Ausdruck der Rationalismus konstituierte – und noch konstituiert: Das Bürgertum, das sich im 17. Jahrhundert im vollen Aufschwung befand, kurz vor der politischen Machtübernahme im 18. Jahrhundert und mehr oder weniger erschüttert durch die Krise der abendländischen Gesellschaft in der ersten Hälfte des 20. Jahrhunderts.

Ausgehend von dieser Definition habe ich dann die Auseinandersetzung Valérys mit Goethe und Nietzsche in *Mon Faust* analysiert. Und mir scheint, daß man nochmals von ihr ausgehen kann, um *Monsieur Teste*, dieses Meisterwerk der Eleganz, Prägnanz und Strenge, zu verstehen.

Nun zeigt diese Analyse auf ziemlich scharfe Weise gleichzeitig Größe und Grenzen des Valéryschen Denkens. Die Größe, die Hindernisse klar gesehen zu haben, die die Krise des Kapitalismus für die Wirksamkeit und Aktionskraft des rationellen Denkens hervorgerufen hat, den radikalen Bruch verstanden zu haben, der sich in der abendländischen Gesellschaft während der ganzen ersten Hälfte des 20. Jahrhunderts zwischen Vernunft und Realität etabliert hat, die Größe, dessenungeachtet im Moment des großen Aufblühens von Romantismus und Irrationalismus verschiedenster Art von Bergson bis hin zum Existenzialismus an der Bejahung des einzigartigen und höchsten Wertes der Vernunft entschieden festgehalten zu haben – selbst wenn diese Vernunft für den Menschen und für das Leben nichts mehr bewirken konnte. Eine reale Größe sicher, die aber dadurch begrenzt ist, daß Valéry niemals die Möglichkeit ins Auge faßte, die diskursive Vernunft der Aufklärung hinter sich zu lassen, vom *Verstand* zur *Vernunft* überzugehen, wie es die großen Dialektiker gefordert haben, von der Cartesianischen Vernunft zur dialektischen Vernunft – ein Versuch, den Platz des Menschen und der Hoffnung in einem Jahrhundert zu verteidigen, das beide in Gefahr gebracht hat – mehr vielleicht als jedes andere und mehr als seine eigenen Denker sich bewußt waren.

Das einzige Komplement zur Vernunft in dieser Situation, das Valéry akzeptierte – und er sah dieses Zugeständnis immer als Schwäche an –, ist die Poesie gewesen – wahrnehmbares Abbild, das, obwohl es ganz der Welt des Unbekannten angehört, dem Traum und der Kindheit, dennoch einen Kontakt mit der Realität erlaubt, den die Vernunft seiner Meinung nach vollständig und definitiv verloren hatte.

Monsieur Teste will – und er versteht sich als solche – eine Fortsetzung des Cartesianismus sein. Valéry verkündet dies von der ersten Seite an, *Vita Cartesii est simplicissima*, das Leben Descartes' ist das einfachste... und zweifellos ist Monsieur Teste cartesianisch bis zum Äußersten, er hat den Geist von der »Marionette« radikal abgetrennt. Er will:

»alles aus reinem Stoff neu aufbauen: einzig mit bestimmten Elementen, einzig mit reinen Beziehungen, einzig mit klar hervortretenden Gefügen und Umrissen, einzig mit vollbezwungenen Formen, und nichts Undeutliches.«

Und doch ist er auch grundverschieden von Descartes, was immer Valéry dazu sagt. Tatsächlich fehlt ihm der cartesianische Optimismus, die gelassene Ruhe eines Denkers, der weiß, daß das reine Denken sich anschickt, die Welt zu beherrschen. Denn das Problem Monsieur Testes besteht darin, daß die Gesellschaft, das Handeln, das Wollen, die Passion, der Nächste und selbst das Ich sich dem Zugriff und dem Handeln der Vernunft völlig entziehen. Insoweit er die absolute Forderung nach Strenge verkörpert, verläßt Monsieur Teste darum jede Gemeinsamkeit mit der Welt und jedes Engagement in dieser. Er ist nur noch der klarsichtige Kopf, der sich für klare und strenge Definitionen interessiert – und er ist der *testis*, der Zeuge einer Welt, in der er nichts ändern kann. Überdies hat Valéry dazu – und das ist selten – zwei Sätze geschrieben, die, wenn sie dem nicht gar widersprechen, zumindest damit nicht übereinstimmen; tatsächlich sagt er uns:

»Hätte dieser Mann den Gegenstand seiner verschlossenen Betrachtungen gewechselt, hätte er die geordnete Macht seines Geistes gegen die Welt gerichtet, nichts hätte ihm widerstanden.«

Man könnte also glauben, daß für Valéry der Geist Monsieur Testes sich frei und nach eigener Willensentscheidung von einer Welt getrennt hat, die er leicht und ohne Schwierigkeiten hätte beherrschen können. Aber an einer anderen Stelle desselben Textes, einer der pathetischsten Stellen,

an der er von eben diesem Bruch zwischen Welt und Poesie spricht, sagt
Valéry gleich am Anfang dasselbe:

»Der befremdete Blick auf die Dinge, dieser Blick eines Menschen, der *nicht wiedererkennt*, der außerhalb dieser Welt ist, Grenzauge zwischen Dasein und Nicht-
Dasein, – gehört dem *Denker*. Und es ist auch ein Blick des Sterbenden, des Menschen, der das Bewußtsein verliert. Darin ist der Denker ein Sterbender, oder ein
Lazarus, freiwillig. «

Allein er berichtigt sogleich: »Nicht ganz freiwillig. «

   Noch ein Unterschied trennt Descartes von Monsieur Teste. Für ersteren war die Vernunft die am besten verteilte Sache der Welt. Zumindest
dem Wesen nach war sie allen Menschen gleich gegeben. Monsieur Teste
hingegen weiß sich verschieden von den anderen und allein. Descartes
verstand sich als Teil der Welt, und darum konnte er schreiben, ohne
darin ein Zugeständnis oder eine Schwäche zu sehen. Monsieur Teste
hingegen (der nicht Valéry selbst, sondern sein Ideal ist) würde sich niemals soweit erniedrigen, dies zu tun.

»... Er war, sagt er uns, weder Philosoph noch etwas dieser Art, nicht mal Literat;
und dafür dachte er viel – denn je mehr man schreibt, desto weniger denkt man. –
Neidisch also auf seine losgelösten Klarheiten, – dachte Teste: was ist ein Gedanke, dem man nicht den Wert eines Staatsgeheimnisses oder Kunstgeheimnis-
ses beimißt?...
   ... die stärksten Köpfe, die fähigsten Erfinder, die das Denken am genauesten
Ergründenden müßten Unbekannte sein, Geizige, Männer, die sterben, ohne zu
gestehen... mit der Verachtung, ihre Chancen und ihre besonderen Resultate
auszuliefern. «

Darum fühlt Monsieur Teste sich grundverschieden von den anderen
Menschen, für die er letzten Endes nur Ironie übrig hat. In der *Soirée à
l'Opéra* wird uns gesagt, daß

»alles, was in diesem Würfel atmete, dessen Gesetzen Folge leisten werde: nach
großen Kreisen in Gelächter auflodern, schichtweise in Bewegung geraten, in
Massen intime – einzige – Dinge...«

Und um von ihnen zu sprechen, wird Monsieur Teste mit seiner leisen
und raschen Stimme sagen:

»›Sie sollen genießen und gehorchen!‹... Die Einfältigkeit aller anderen offen-
barte uns, daß irgend etwas Erhabenes sich abspielte... Herr Teste sagte: ›Das
Äußerste, Letzte vereinfacht *sie*. Ich wette, daß sie alle immer mehr nach dem
Gleichen *hin* denken...‹«

Angesichts dieser, von einem äußeren Gesetz gelenkten Wesen weiß er
sich aber grundverschieden:

»Übrigens ist dieses Gesetz nicht so einfach... es nimmt mich ja aus – und – ich bin hier.«

Ein andermal sagt uns Valéry, während er mit Monsieur Teste spazieren-geht:

»... Wir schweigen, wir sehen uns an, voller Angst, nicht ein Teil der Masse zu sein.«

Aber wir haben schon gesagt, daß Valéry sich nicht mit Monsieur Teste identifiziert. Zwischen beiden ist derselbe Unterschied wie zwischen Faust und dem Einsiedler in der Diskussion mit Nietzsche. Der strengen Einsamkeit des Denkers stellt sich die Schwäche desjenigen entgegen, der trotz allem durch das Empfinden, durch den Traum und die Poesie den Kontakt mit der Welt hält. Daher fährt der Text fort:

»Aber ich, der unermeßliche Andere drückt mich von allen Seiten. Er atmet für mich in seiner undurchdringlichen Substanz. Wenn ich lächle, ist nicht weit von meinen Gedanken etwas von seinem entzückten Fleisch, das sich kringelt; und durch diese Veränderung in meinen Lippen fühle ich mich plötzlich – subtil.«

Um diese zu kurze Skizzierung zu vollenden, fügen wir hinzu:

»Es gibt kein Körnchen Hoffnung im ganzen Wesen von Herrn Teste...«

Man sieht die Größe, die Rigidität, den radikalen Charakter, die Ableh-nung jeder Konzession, die das Denken Valérys kennzeichnen. Und doch hat er das mögliche Vorhandensein von Grenzen seiner Haltung gefühlt und im Namen derselben Strenge auch auf sie hingewiesen. Grenzen, die er nicht erkennen und akzeptieren konnte, die er jedoch erahnte.

Wir haben die weiter oben charakterisierte Passage schon zitiert, derzu-folge »der Denker ein Sterbender ist, ein Lazarus, freiwillig. Nicht ganz freiwillig.« Oder die andere Passage, wo Valéry und Monsieur Teste *voller* Angst sind, weil sie nicht der Welt der Spaziergänger angehören. Es ist dasselbe Gefühl, das Valéry veranlaßt hat, *Mon Faust* zu schreiben, die Auseinandersetzung mit Goethe, dem Dichter universellen Handelns und Hoffens, und mit Nietzsche, dem Philosophen einsamer und heroischer Hoffnung. Gegenüber ersterem hat Valéry rigoros am Rationalismus Monsieur Testes festgehalten, indem er die Liebe und die Geschichte eli-miniert, Margarethe in *Lust* verwandelt – was plaisir heißen soll – und die Auseinandersetzung auf sein eigenes Terrain verlegt. Gegenüber dem zweiten hat er den Kontakt mit der Welt behauptet, den Traum, Kindheit, Poesie noch herstellen, selbst wenn sie nur Schwächen sind. Und in dem einen wie in dem anderen Fall, obwohl er auf bemerkenswerte Art alles gesagt hat, was er zu sagen hatte und diese Texte veröffentlichte, sie also für ausreichend vollständig hielt, um sie dem Publikum preiszugeben, nannte er sie *Fragmente* und suggeriert damit, daß die Entscheidung, die

Wahl, die Monsieur Teste getroffen hat, vielleicht nicht ganz freiwillig
waren, daß die Auseinandersetzung offenblieb und der Ausgang von der
Zukunft und der Geschichte abhing.

Hat die Geschichte seither entschieden? Ganz gewiß nicht definitiv in
dem Maßstab, wie die Probleme heute weltweit anstehen. Wenn wir
aber im Rahmen der abendländischen Welt bleiben, in dem, was die So-
ziologen die Industriegesellschaften nennen, so ist mehr und mehr zu
fürchten, daß die geschichtliche Entwicklung nicht nur Goethe und
Nietzsche unrecht geben wird, sondern auch Descartes, Voltaire und
Valéry. Welches auch die Differenzen waren, die die großen Denker und
Schriftsteller des Abendlandes trennten, ihre Gegensätze und ihre Aus-
einandersetzungen hatten eine gemeinsame Basis: die Verteidigung des
Menschen und die Sorge um sein Schicksal. *Maturare* ist das wesentliche Wort Monsieur Testes, und – mehr oder weniger modifiziert –
könnte man daraus das Schlüsselwort für mehrere Jahrhunderte abend-
ländischer Kultur machen. Zum erstenmal sind die Industrie- und Tech-
nokratiegesellschaften nun dabei, eine Zivilisation zu schaffen, die
zweifellos auf rationalistisches Denken gegründet ist, das die Natur beherrscht – ein Denken aber auch, das dabei ist, radikal mit der humani-
stischen Tradition zu brechen und die Menschen schrittweise den Dingen anzugleichen. Das Leben Descartes' war das einfachste, schrieb Valéry und stellte die äußerliche Schlichtheit dem Reichtum und der Aktivität des Geistes gegenüber. Wenn aber in der modernen Welt das Leben
des Menschen auf der Ebene des Konsums immer abwechslungsreicher
und spektakulärer wird, so wird sich auf der Ebene des Denkens und des
Geistes die Schlichtheit ausbreiten. Eine rationalistische Kultur und
eine technokratische Zivilisation, die am Menschen nicht interessiert
sind, riskieren es, nicht nur eine Massenproduktion von Autos und
Kühlschränken hervorzubringen, sondern besonders auch von Menschen, denen man zweifellos die Möglichkeit gegeben hat zu studieren,
die man aber zu Ignoranten und diplomierten Analphabeten umgeformt
hat. Der Widerstand gegen diese Gefahr ist schwer, und es entsteht eine
Art Solidarität zwischen Denkweisen, die noch vor einigen Jahrzehnten
gegensätzlich schienen.

Noch vor kurzem würde ich, hätte ich von Valéry gesprochen,
wahrscheinlich Vorbehalte und Kritik in den Vordergrund gestellt haben. Heute empfinde ich – und ich hoffe, daß viele dies mit mir tun
werden – vor allem die Solidarität der ganzen europäischen Kulturtra-
dition gegen die rasche Entwicklung einer Gesellschaft, die immer
stärker dazu neigt, die Hoffnungen Goethes, Hegels oder Marx' ganz

ebenso zu ignorieren wie die Besorgnisse Kierkegaards und die Fragen Valérys.

Darum möchte ich abschließend sagen, daß das Werk Valérys nicht nur im hohen Maße rigoros und wichtig ist, sondern auch, in welch hohem Maße es dringend notwendig ist, alles zu tun, damit eine möglichst große Zahl von Lesern fortfährt – oder jetzt lernt –, Valéry zu lesen. Sein Werk nicht als historisches Dokument zu lesen, als Denkweise, die man kennen muß, um seine Allgemeinbildung zu vervollkommnen, sondern als das lebendige Wort eines ernsthaften und scharfsinnigen Gesprächspartners in der Diskussion um die dringlichsten und ernstesten Probleme, die das Dasein eines jeden von uns aufwirft.

Paris, September 1965

(Aus dem Französischen von Gabriele Gerecke)

VI
Herausforderungen

PETER BÜRGER

»Ma méthode, c'est moi.« Valéry und der Surrealismus

Valéry und Breton als Antipoden

Littér[ature] modernissime – A[ndré] B[reton] etc. – Maximum de facilité et maximum de scandale – produire le max[imum] de scandale par le maximum de facilité. / Surr[éalisme] – Le salut par les déchets.[1] *

Diese Eintragung findet sich in Valérys *Cahier* von 1927 / 1928. Sie sucht den Surrealismus auf eine Formel zu bringen, sein Prinzip zu entdecken, und ihn damit zugleich zu erledigen. Alle Begriffe der Notiz stehen in Opposition zu den Grundbegriffen der Valéryschen Kunsttheorie: Verzicht auf Wirkung und um wieviel mehr dann auf Skandal zugunsten der geduldigen Arbeit am Ich – das ist Valérys Programm. Schwierigkeit, und zwar durchaus auch selbstgesetzte, gilt ihm als Stimulans intellektueller Leistung; Leichtigkeit dagegen verachtet er. (»Mes dons me déplaisent. Mon facile m'ennuie. Mon difficile me mène«; C I, 48.) Der Begriff des Heils schließlich denunziert den Surrealismus als parareligiöse Bewegung, die der Kritik des Mythischen verfällt.

1927 war Valéry in die Académie française aufgenommen worden; Breton wählt diese Gelegenheit, um sich von ihm mit einer spektakulären Geste loszusagen: er verkauft die Briefe, die Valéry ihm geschrieben hat.[2] Dieser versteht die Geste; nicht ohne Bitterkeit notiert er, man behandle ihn bereits als Toten.[3] Schon die Veröffentlichung von Valérys langem Alexandriner-Poem *La Jeune Parque* im Jahre 1917 hatte Breton als Verrat am antiliterarischen Gestus des *Monsieur Teste* aufgefaßt; Valérys Aufnahme in die Académie française nun deutet er als Anzeichen dafür, daß dieser sich endgültig vom offiziellen Literaturbetrieb habe vereinnahmen lassen.

Valéry und Breton markieren im Frankreich der zwanziger Jahre gegensätzliche Positionen der ästhetischen Moderne. Auf der einen Seite der Autor der *Jeune Parque*, Exponent einer klassizistisch ausgerichteten Moderne, der den künstlerischen Produktionsprozeß als rational kalkulierbaren faßt und dem Moment des Zufalls und der Eingebung nur eine unbedeutende Rolle im schöpferischen Prozeß zugesteht; auf der

---

* Deutsche Übersetzungen der Zitate siehe S. 367 ff.

andern der Verfasser des *Surrealistischen Manifests*, der, ausgehend von einer scharfen Kritik des Rationalismus, den Kräften des Wunsches und der Einbildung vertraut und in der künstlerischen Produktion auf den Zufall setzt. Auf der einen Seite der konservative Einzelgänger und skeptische Rationalist; auf der andern der Begründer einer Bewegung, die die Rahmenbedingungen der Kunstproduktion in der bürgerlichen Gesellschaft nicht akzeptiert, mit Provokationen gesellschaftliche Veränderungsprozesse zu initiieren sucht und sich ernsthaft um eine Zusammenarbeit mit den Kommunisten bemüht.

Derart Valéry und Breton ins einprägsame Bild eines Gegensatzes bannend, nehmen wir eines der ältesten Schemata der Literaturkritik auf, den auf Plutarch zurückgehenden Vergleich zweier Autoren.[4] Das heißt aber: der so gestiftete Zusammenhang ist immer auch ein bloß gesetzter, der der Korrektur bedarf. Einen Anhaltspunkt dafür geben Äußerungen Bretons über Valéry, die sich in das entworfene Bild nicht fügen. Er vergleicht nämlich Valéry mit Rimbaud. Nicht den *académicien* und quasi-offiziellen Festredner der 20er und 30er Jahre hat er dabei im Blick, sondern den jungen Autor des *Monsieur Teste*, der auf eine Karriere als symbolistischer Dichter verzichtet, sich von der Literatur abwendet und sich 15 Jahre lang ausschließlich mit theoretischen Problemen beschäftigt, die Resultate seiner unsystematischen, aber steten Denkanstrengungen in den *Cahiers* festhaltend. Was Breton an diesem Valéry vor allem fasziniert, ist das Schweigen, der brüske Verzicht auf künstlerische Produktion. Der späte Breton deutet diesen Akt als einen, der dem Werk den Charakter des Unüberbietbaren verleiht und den Autor zur mythischen Figur macht[5], den jungen mag eher der existentielle Gestus dessen gefesselt haben, der sich mit der Produktion von Kunstwerken nicht zufriedengibt.[6] Daß hinter der intellektuellen Haltung Valérys eine Revolte von Rimbaudscher Intensität stecken könnte, dieser Vermutung gilt es nachzugehen, nicht zuletzt weil sie die verborgene Gemeinsamkeit gegensätzlicher Positionen erkennbar machen würde.

»Je suis plusieurs«

La littérature commence à m'agacer, j'entends par littérature la cuisine gargotière des rimailleurs (*quorum pars parva sum*) et tout ce qui bafouille sur le style, le rythme, l'art etc., etc. Vous voyez que je suis bien bas! Oh! retrempez-moi un peu.

A dire vrai je crois plus que jamais que je suis *plusieurs*! Ainsi aujourd'hui je ne suis pas moi. J'ai envie de galoper dans ce bon vent septembral et frais sur un dos de licorne à travers un bois, et de tenir la blanche épée droite d'un féerique chevalier et de tout faucher devant moi! Je sens qu'à cette minute je donnerais tout ce qui a été écrit ou peint jusqu'à ce soir, pour une course à travers les ténèbres sur une fantastique locomotive, ou pour une déchirante et terrible fanfare...[7]

Diese an Rimbaud erinnernden Sätze schreibt der junge Valéry an seinen Freud Pierre Louÿs. Er, der sich in einem voraufgegangenen Brief als *décadent*, d. h. als raffinierten Artisten charakterisiert hat (*LQ*, 12f.), läßt hier einer antiliterarischen Stimmung freien Lauf. Die gesamte Literatur und Malerei will er für eine unmittelbare Erfahrung hingeben. Doch was sich als freie Wunschphantasie darstellt, ist selbst wiederum durch ein literarisches Vorbild geprägt, Flauberts *Tentation de Saint Antoine*. Poetisches Klischee (der Ritt auf dem Einhorn) und freischwebende Aggressivität gehen eine seltsame Verbindung ein. Nachdrücklich hebt Valéry die Gegenwärtigkeit der Stimmungslage hervor; dennoch geht er in der Erfahrung nicht auf, sondern beobachtet und beurteilt diese. Ich-Pluralität ist also zugleich das Nacheinander von Befindlichkeiten und das Nebeneinander eines erlebenden und eines beobachtenden Ich. In der autobiographischen Notiz *Moi* aus demselben Jahr – sie ist in der dritten Person abgefaßt – spricht Valéry diese Neigung zur Selbstbeobachtung an: »Il contient beaucoup de personnages divers et un témoin principal qui regarde tous ces fantoches s'agiter« (*LQ*, 22). Diese Selbstverdopplung wird Valéry später bei der Beobachtung mentaler Phänomene zum methodischen Prinzip machen. Die Unsicherheit darüber jedoch, welche Instanz denn nun das Ich sei, das handelnde oder das beobachtende Selbst, wird ihn auch später wiederholt beschäftigen. Noch 1940 notiert er: »Qu'est-ce qui est le plus MOI? Celui qui offre tant de sujets de plainte, de lacunes, de faiblesses, ou bien celui qui les constate?« (*C I*, 184). Offenbar besteht eine wesentliche Besonderheit der Valéryschen Ich-Erfahrung in dieser Selbstverdopplung; die diskontinuierliche Abfolge von Ich-Zuständen wird zusammengehalten durch eine beobachtende Instanz. Das Ich wäre dann die Fähigkeit, sich von den konkreten Ich-Zuständen abzusetzen. Anders formuliert: die Identität gründet sich auf die Erfahrung von Nicht-Identität; Valéry kann sie daher auch nur in einer paradoxen Formel festhalten: »Je ne suis pas ce / celui / que je suis. Non sum qui sum« (*C I*, 128). Die Nähe zu Rimbauds berühmtem »Je est un autre« ist frappierend. In beiden Fällen geht es um die Abspaltung eines beobachtenden Selbst, das die diskontinuierlichen Erfahrungen des Ichs festhält. Um literarischen Einfluß handelt es sich dabei nicht; die *voyant*-Briefe wurden erst 1912 bzw. 1926 veröffentlicht.

Pluralität des Ichs bedeutet für Valéry auch ein Offenhalten von Möglichkeiten. Bereits der junge Valéry lehnt es ab, sich als Symbolist oder als *esthète* zu begreifen. Er will sich neben der ästhetischen andere Erfahrungswelten erhalten, vor allem die Unmittelbarkeit der Sinneserfahrung (»laisser crier mes sens«; *LQ*, 13): Schwimmen im Mittelmeer als Befreiung vom Zwang während des Militärdienstes. Zwar ist auch hier die sinnliche Erfahrung literarisch überdeterminiert (Valéry schreit den Wellen Verse Merrills entgegen); aber sie geht doch nicht in Literatur auf. Die freischwebende Gewaltsamkeit, die in dem zitierten Brief an Pierre Louÿs noch in die literarische Phantasie eingebunden war, bricht unverhüllt hervor in einem Brief an Gide, der auf den blutig niedergeschlagenen Textilarbeiterstreik in Fourmies reagiert, von dem Valéry aus der Zeitung erfahren hat.

Ces soldats qui ont tiré sur la foule, je les ai enviés, et de tirer sur tout le Monde! Je déteste le peuple et plus encore les Autres! [...] Je désire presque une guerre monstrueuse où fuir parmi le choc d'une Europe folle et rouge, où perdre le souvenir et le respect de toute écriture et de tout rêve dans des visions réelles, trépignements funèbres de sabots clapotants et déchirement de fusillades, et de n'en revenir![8]

Ekel an der Literatur (»La hideuse mécanique littéraire m'écoeure«; ebd.) und Verlangen nach einem Blutrausch (das Ende des Briefes lautet: »Alors! du sang«) vermischen sich hier. Valéry identifiziert sich mit denen, die Gewalt ausüben, sieht sich zugleich aber als Betroffener fliehen. Von dem berühmt-berüchtigten Satz Bretons – »L'acte surréaliste le plus simple consiste, revolvers aux poings, à descendre dans la rue et à tirer au hasard, tant qu'on peut, dans la foule«[9] – sind wir hier nicht weit entfernt. Man wird in diesem plötzlichen Ausbruch von Gewaltsamkeit wohl nicht nur Literatur zu sehen haben wie Gide, der den Freund damit zu beschwichtigen sucht, sondern den Ausdruck einer fundamentalen Revolte. Es ist nicht leicht auszumachen, wogegen sich diese Revolte richtet. Eine späte Eintragung macht die Gleichförmigkeit des Lebens namhaft:

Je suis né, à vingt ans, exaspéré par la répétition – c'est-à-dire contre la vie. Se lever, se rhabiller, manger, éliminer, se coucher – et toujours ces saisons, ces astres, – Et l'histoire! – / su par coeur – / jusqu'à la folie (C I, 175).

Konkretere Auskunft gibt eine andere Stelle der *Cahiers*, wo Valéry über den Ursprung der für ihn so kennzeichnenden Haltung des *refus* nachdenkt. Unerträglich ist ihm bereits als Schüler der Gedanke, daß der Lehrer, den er verachtet (»tel rustre diplômé«), ihm etwas erklären will (C I, 161f.). Das Ich mißt sich selbst einen unermeßlichen Wert bei, vermag diesen jedoch noch nicht konkret einzulösen. Indem es das Wissen des Lehrers zurückweist, vermag es die narzißtische Selbsteinschätzung gegen die Kränkung abzuschirmen, die eine Übernahme fremden Wissens für es bedeuten würde. Der Entschluß, einzig den eigenen Kräften zu vertrauen, der Valérys Projekt zugrunde liegt, beruht letztlich auf einer absoluten Wertsetzung des eigenen Ich, die, da sie dezisionistischen Charakters ist, auch nicht unter Beweis gestellt werden kann. Soziologisch läßt sich diese Weigerung, einen höheren Wert als das Ich anzuerkennen, als Anpassungsverweigerung bestimmen. Während der gute Schüler belohnt wird, weil er sich anpaßt, bestätigt der schlechte sich im *refus*.

Ich-Vielfalt und dezisionistische Wertsetzung des eigenen Ich – die beiden Seiten dieser Ich-Erfahrung scheinen auseinanderzufallen; denn nur ein mit sich identisches Ich, so wird man vermuten, vermag sich als höchsten Wert zu setzen. Daß dem nicht so ist, lehrt die Valérysche Selbstbeobachtung. Das vielfältige, gespaltene Ich ist nicht etwa eines, das sich aufgegeben hat; im Gegenteil, es behauptet paradoxerweise seine Unverwechselbarkeit im Wechsel der Einstellungen und Rollen, die es übernimmt. Krise des Ichs und Hypostasierung des Selbstwerts fallen zusammen.

Die Lebensform, die sich daraus ergibt, ist skeptisch, hedonistisch und amoralisch. Sie verschafft dem Ich gegenüber theoretischen Erkenntnissen und praktischen Handlungsmaximen eine völlige Freiheit, da seine Identität nicht mehr in einzelnen theoretischen und praktischen Einstellungen festgemacht ist, sondern nur an dem als Wert gesetzten Ich-Kern. Zugleich ist diese Lebensform gegen Kränkungen jeder Art geschützt; weder moralische Vorwürfe noch wissenschaftliche Einsichten können das Ich treffen, das sich eingemauert hat im Turm seines Selbst.[10] *Einer* Bedrohung allerdings ist es ausgesetzt, und diese ist tödlich: den andern anerkennen zu müssen.

La Nuit de Gênes

Pas de blessure plus directe, plus centrale que si autrui m'oblige à reconnaître son existence concurrente, par quelque raisonnement qu'il fait ou un chemin intellectuel tracé par lui dans mes propres terres – il se fait accorder à l'égard de mes éléments – ma place royale.

Autrui, d'abord une chose, devient plus maître que moi. Mais Moi se place comme par axiome, au-dessus de toutes démonstrations – il ne veut reconnaître ses défaites et il trouve toujours de quoi amoindrir et mépriser la victoire d'autrui (C I, 38).

Der Text ist 13 Jahre nach der Krise von Genua niedergeschrieben; aber er handelt von dem gleichen Problem, der Bedrohung des Ich durch die Existenz des andern. Das mag ein erster Hinweis dafür sein, daß Valéry die Krise nicht eigentlich löst, sondern sie vielmehr stillstellt. Nicht zu einer radikalen Veränderung seiner Lebensform führt sie, sondern eher zu deren Verfestigung.

Bei dem Versuch, die Krise zu erfassen, die Valéry mit dem Kürzel »die Nacht von Genua« bzw. »1892« bezeichnet und auf die er in den *Cahiers* immer wieder zu sprechen kommt, gilt es, die Abgründe der Frage nach der Authentizität des Berichteten zu vermeiden. Nicht ein vorgeblich reines Erlebnis ist zu rekonstruieren, sondern eine Erfahrung, die immer auch Produkt ist der methodischen Arbeit am Ich. Der äußere Anlaß der Krise hat nichts Besonderes. Der junge Valéry verliebt sich in eine Unbekannte, und er sieht sich außerdem gezwungen, die nicht zu überbietende Vollendung einzelner Dichtungen Mallarmés und Rimbauds anzuerkennen (C I, 178). Eine Krise provozieren diese höchst unterschiedlichen Erlebnisse nur deshalb, weil Valéry sie mit seiner hyperbolischen Selbsteinschätzung konfrontiert. Das subtile Spiel zwischen Ich-Rollen und Selbst versagt. Die Intensität der Liebeserfahrung läßt sich keinem momentanen Ich zuweisen, von dem ein beobachtendes als das eigentliche sich abzusetzen vermag. Die abstrakte Wertschätzung des Ichs wird hinfällig angesichts der überlegenen Leistung anderer.

Es wäre denkbar, daß Valéry nach dieser Erfahrung seine solipsistische Lebensform aufgegeben und eine neue entwickelt hätte. Das ist jedoch nicht der Fall; er mobilisiert vielmehr alle Kräfte, um den bedrohten Solipsismus zu retten.

Le jour où disputant le corps de mon esprit (pour la première fois) aux tourments, aux assauts, aux anxiétés d'une sensibilité surexcitée par une passion absurde, j'ai fini par observer le mécanisme de ces effets invincibles, sa puissance et la bêtise de sa puissance – et par me répondre: Ceci est un phénomène mental – (C'était mal dit –) – le sort de mon esprit était réglé, fixé (C I, 207).

Um die Herrschaft des Selbst über die eigenen Gefühle wiederherzustellen, entwickelt Valéry ein Verfahren, eine »intellektuelle Beschwörungsformel« (C I, 208). Es besteht darin, den Wert der Gefühle, deren Intensität er nicht zu leugnen vermag, dadurch herabzusetzen, daß er sie als »mentale Phänomene« betrachtet, und d. h. objektiviert.

Über den dezisionistischen Charakter seines Akts, den er als *décision-découverte* bezeichnet (C I, 168), ist Valéry sich durchaus im klaren, und er unterschlägt auch das Gewaltsame daran nicht. »Je me sentais parfois le Pur, l'incorruptible, l'ange et le Robespierre impitoyable« (ebd.). Von den Begriffen, mit denen er die Lösung der Krise beschreibt – *révolution*, *réforme*, *coup d'Etat* – ist Staatsstreich der wohl treffendste. Denn Valéry richtet in sich eine absolute Herrschaftsinstanz auf, das reine Selbst, für das alle Erfahrungen nur »mentale Phänomene« sind. Die Stichwörter, unter denen er sein Ideal der Selbst-Herrschaft aufzeichnet, lauten *Gladiator* und (damit nicht gleichbedeutend) *Caligula*.

  Gladiator steht für das Projekt der Selbstdisziplinierung. Um sein in der Krise erschüttertes Selbstwertgefühl wieder aufzurichten, nimmt Valéry den eigenen Wahrnehmungs- und Empfindungsapparat in Zucht. Die Gewaltsamkeit, die in den Jugendbriefen ebenso plötzlich wie richtungslos hervorbrach, wird jetzt methodisch eingesetzt.

Gladiator – L'obéissance. La tenue en main, la connaissance des réactions de l'animal Sensibilité.

  Dresser la jument Sensibilité [. . .] Tel est le vrai *philosophe*, telle la vraie philosophie. Ce n'est pas une connaissance – c'est une attitude et une tendance au dressage, une volonté vers l'homme dressé par soi-même [. . .]

  Le dressage est acquis quand la confusion est remplacée par l'ordre, la multiformité par l'uniformité, les efforts non contrariés entre eux, l'énergie contenue quand il faut et dépensée quand il faut. Une machine est de la matière dressée (C I, 339).

Das Moment der gegen sich selbst ausgeübten Gewalt hat dieses Programm mit demjenigen Rimbauds gemein, von dem es sich jedoch in der Zielsetzung unterscheidet. Rimbaud will nicht-rationale Erfahrungsbereiche bis hin zum Wahnsinn erschließen, deshalb scheut er vor dem selbstzerstörerischen Eingriff in die eigene Psyche nicht zurück. Valéry dagegen sucht die eigenen Wahrnehmungs- und Empfindungsfähigkeiten zu beherrschen, nicht wie Rimbaud sie aufzustacheln. Ordnung, Gleichförmigkeit, Gehorsam sind die Leitvorstellungen eines Vorhabens, das Valéry selbst als Dressurakt beschreibt. Nicht die Herstellung von Werken steht im Zentrum dieses Projekts, sondern die Entwicklung von Fähigkeiten. Als wolle er in seiner Person den rationalen Menschen der Moderne exemplarisch verwirklichen, arbeitet er an seinem Ich. Das Echo Nietzsches ist unüberhörbar: »The Way to Uebermensch«, lautet eine Eintragung aus dem Jahre 1899 (C I, 324).[11]

  Wiederholt spielt Valéry auf das dem römischen Kaiser Caligula zugeschriebene Wort an, Rom möge nur einen Kopf haben – zum Abschlagen. Energie der Zerstörung und Selbstzerstörung, verbunden mit dem Willen, bis zum Äußersten zu gehen, – dafür steht das Stichwort *Caligula*.

Mon Caligulisme. Sentiment puissant des mes moments les plus... profonds – volonté d'épuiser mon principe de vie [. . .]. / Je fus ou suis l'idée de ce moment qui foudroie t[ou]s les autres possibles ou connus. Moment-César. Idée latente – mais que je sens tout – énergie essentielle, qui juge et sacrifie tout – domine, du fond de moi, conduite réelle, amour, travail. Prononce »temps perdu« sur tout ce qui ne la renforce pas, et tyranne... Pas de redites : construire pour se détruire (C I, 226).

Begriffe aus dem Wortfeld des Gefühls, die Valéry sonst wegen ihrer Unschärfe kritisiert[12], sind in dem Text (er stammt aus dem Jahre 1944) mit positiven Konnotationen verwendet. Die Legitimationsgrundlage für die Absolutsetzung des Ich ist nicht eine rationale, sondern wurzelt in der Erfahrung eines höchsten Augenblicks. Aus ihr zieht das Ich eine Kraft, die es befähigt, »alles zu beurteilen und zu opfern«. (Auch diese Formulierung bringt einen rationalen und einen nicht-rationalen Akt zusammen.) Die Valérysche Lebens- und Denkform gründet also gerade im Bereich vorrationaler Erfahrung, den er mittels begrifflicher Anstrengung zu beherrschen sucht.

Die Enthauptung der Literatur

J'ai connue Mallarmé, *après* avoir subi son extrême influence, et au moment même où je guillotinais intérieurement la littérature. / J'ai adoré cet homme extraordinaire dans le temps même que j'y voyais la seule tête, – hors de prix ! – à couper pour décapiter toute Rome (*LQ*, 95).

Der Überwältigung durch die Liebe konnte das Ich begegnen, indem es das eigene Gefühl zum Gegenstand einer objektivierenden Beobachtung machte. Gegenüber der überragenden Leistung eines andern greift dieses Verfahren nicht; denn die zergliedernde Betrachtung macht deren Wert gerade erkennbar. Will das Ich trotzdem seinen »königlichen Platz« bewahren, so muß es ein Mittel finden, um das, was in seinen Augen Wert hat, zu verwerfen.

Indem er ein an den exakten Wissenschaften orientiertes Ideal der Genauigkeit zum Maßstab erhebt, kann Valéry die Literatur als ganze entwerten. Wie die Philosophie rechnet er sie zu den *choses vagues*. Gleichzeitig nimmt er eine Problemverschiebung vor vom Werk auf die Fähigkeit des Produzierens. Immer wieder betont er, daß es ihm nicht um das Werk gehe, sondern um das *pouvoir*, das Beherrschen von Fähigkeiten. Nicht das Ergebnis künstlerischer Arbeit ist ihm wichtig, sondern diese selbst als Prozeß der Erkenntnis und der Selbstverwandlung (C I, 277 u. 293). Damit ist zugleich der Vorrang von Mallarmé und Rimbaud gebrochen, der sich auf deren Werk gründete.

Rimbaud gibt Mitte der 70er Jahre die dichterische Produktion auf, sein Abschied von der Literatur ist endgültig; Valérys Enthauptung der Literatur dagegen erlaubt ihm paradoxerweise jederzeit, zur literarischen Produktion zurückzukehren, vorausgesetzt, er kann diese als *exercice* begreifen. So kommt es zu einer Art von doppelter Bewertung des Schreibens. Insofern der Schreibende sich explizit oder implizit an ein Publikum wendet, ist er unfrei. »Ecrire enchaîne. Garde ta liberté« (*C* I, 238). Wer schreibt, kalkuliert Effekte und wird dadurch zum Charlatan.[13]

Dagegen steht ein zweiter, positiv konnotierter Begriff des Schreibens. Nicht eine publikumsorientierte Tätigkeit bezeichnet er, sondern ein Moment im Prozeß der Beobachtung und Selbstbeobachtung: »J'écris pour voir, pour faire, pour préciser, pour prolonger – non pour doubler ce qui a été« (*C* I, 244). Schreiben als Mittel, um geistige Abläufe zu erkennen, zu präzisieren, aber auch um sie zu verändern – diese Auffassung liegt den Fragmenten zugrunde, die Valéry ein Leben lang in seinen *Cahiers* aufgezeichnet hat. Diese verwirklichen konsequent ein Schreibprojekt nichtwerkhaften Charakters.[14] Dessen Prinzip ist die Unabschließbarkeit; nur ein äußeres Ereignis wie der Tod kann ihm ein Ende setzen. Wenn Valéry wiederholt hervorhebt, er sei weder Dichter noch Schriftsteller[15], Literaturproduktion sei nicht sein Ziel, so wird man diese Beteuerungen als Versuche zu begreifen haben, sich des eigenen Schreibprojekts als eines nichtliterarischen zu versichern.

Als Valéry vor dem Ersten Weltkrieg sich erneut der dichterischen Produktion zuwendet, nimmt er damit etwas von der Radikalität seines Projekts zurück. Er weiß das und reagiert daher zunächst lustlos auf Gides Vorschlag, seine frühen Dichtungen und den *Teste* bei Gallimard zu veröffentlichen. Wir begegnen hier erneut dem tiefsitzenden Mißtrauen gegenüber der Sphäre der Öffentlichkeit, die er mit Inauthentizität gleichsetzt. Dennoch gibt er dem Drängen des Freundes nach und entschließt sich, die alten Gedichte zu überarbeiten und ein neues hinzuzufügen, woraus dann die während des Weltkriegs geschriebene *Jeune Parque* wird. Damit ist jene Verwandlung eingeleitet, die aus dem jungen *révolté*, der die Literatur guillotinieren wollte, einen der Exponenten der offiziellen Kultur Frankreichs macht. Man braucht die moralische Entrüstung Bretons nicht zu teilen, um diese Veränderung als markant zu empfinden. Valéry selbst bewältigt sie, indem er zwischen dem, was er ist (oder zu sein meint), und seinem Erscheinungsbild in der Öffentlichkeit eine scharfe Trennungslinie zieht. So stellt er sich außerhalb der Dialektik der Anerkennung. Angesichts seines radikalen Solipsismus wird beinahe jede Anerkennung zur falschen.[16]

Valéry entwickelt nämlich sehr wohl ein Ideal des Schreibens, aber dieses hat kaum mehr etwas mit dem gemein, was man üblicherweise als literarische Produktion bezeichnet. Auf eine kurze Formel gebracht, ließe sich sagen: es geht dabei um die Virtualisierung des Werks und um die Verwissenschaftlichung des Produktionsprozesses. Nicht ausgeführte Texte wären das Wesentliche, sondern Denkmodelle und Programme, nach denen sich etwas imaginieren oder erzählen läßt (C I, 241). Literatur, verstanden als »allgemeine Kombinatorik der Wörter«, als eine den Wissenschaften vergleichbare Tätigkeit, bei der feste Rahmenbedingungen gesetzt sind und Umformungsprozesse beobachtet werden können (C I, 254, 263). Valéry will die literarische Produktion aus der Bindung an den Zufall augenblickshafter Eingebung befreien und sie dem Modell wissenschaftlicher Arbeit annähern. Während einer romantischen Dichtungskonzeption zufolge der Autor sich passiv gegenüber seinen Einfällen verhält, allenfalls bemüht, sich in eine Lage zu versetzen, die deren Auftauchen günstig ist, unterwirft Valéry den Einfall bestimmten Bedingungen, deren wichtigste darin besteht, ihn systematisch zu verwandeln (C I, 281). Diese Verwandlungsprozesse wären dann Teil des Werks, das nicht nur die Vielzahl seiner Varianten mit umfaßt, sondern darüber hinaus seine eigene Unabschließbarkeit in Regie nimmt. Mit der Behauptung, man verfahre wissenschaftlich, ist in den Künstlerprogrammatiken unseres Jahrhunderts oft leichtfertig umgegangen worden; Valéry jedoch kann mit Recht von sich sagen, er habe Poesie und Philosophie mit den Anforderungen des modernen Geistes der Wissenschaft in Übereinstimmung zu bringen gesucht (C I, 274).

Die Diktatur des Ich und ihre Grenze

Wohl kaum ein Schriftsteller des 20. Jahrhunderts hat mit ähnlicher Konsequenz wie Valéry das moderne Prinzip der Rationalität sowohl dem eigenen Leben wie der Produktion aufzuprägen gesucht. Daß die Begriffe *raison* und *rationalité* in seinen Aufzeichnungen keine zentrale Stelle haben, mag auf den ersten Blick erstaunen. Die Erklärung für diesen zunächst befremdlichen Verzicht dürfte in der Bedeutungsvielfalt des Rationalitätsbegriffs liegen; derjenige Max Webers hat bekanntlich nicht weniger als drei voneinander unterscheidbare Bedeutungen. Eine ganze Reihe von Begriffen – wie *pouvoir, discipline, refus, calcul, précision, méthode* und *conscience* – stehen bei Valéry für verschiedene Aspekte

von Rationalität. Den Mittelpunkt seines Interesses bildet das *pouvoir*.
»Was vermag ein Mensch?« lautete die Frage von Monsieur Teste, und
auch der Leonardo-Essay ist nach Valérys eigener Aussage der Erfassung
des *pouvoir de l'Esprit* gewidmet (Œ I, 1155). Die Termini *discipline* und
refus bezeichnen Mittel, mit deren Hilfe der Mensch sich selbst produziert als einen, dessen Geist zur Lösung von Problemen fähig ist; *calcul,
précision* und *méthode* dagegen meinen Verfahren des Umgangs mit Problemen. Das Auffinden einer bestimmten Verbindung von Wortklang
und Wortbedeutung oder die effiziente Organisation einer Armee sind
für Valéry gleichermaßen Probleme und vermögen die Spannweite der
Gegenstände anzudeuten, mit denen er sich beschäftigt. Dabei ist die
konkrete Problemlösung der Ausbildung des Vermögens, Lösungen zu
produzieren, untergeordnet. *Conscience* schließlich ist diejenige Instanz,
die alle Denkoperationen begleitet (*C* II, 203) und den ganzen Prozeß der
Selbstformung lenkt.

Valéry ist nicht Monsieur Teste; dennoch kann man sein Projekt auf
die Formel bringen: Rationalität als Lebensform. Ein solches Projekt
kommt notwendig in Konflikt mit der Auffassung, daß das Leben im
Bereich der Affekte und Emotionen seinen Ort habe und nicht in dem der
Ratio. Selbstverständlich leugnet Valéry das Vorhandensein von Gefühlen ebensowenig wie das Unbewußte. Sie haben für ihn jedoch nur den
Charakter einer Gegebenheit (*C* II, 213), nicht den eines Werts. Die Vorstellung, Gefühle seien um so wahrer, je spontaner sie sich einstellen,
weist er zurück; Authentizität ist für ihn an das bewußte Ich gebunden
(*C* II, 339). Insofern die Gefühle der Herrschaft des Ich entgleiten, sind
sie bloßes Symptom unserer unzureichenden psychischen Ausstattung,
Anzeichen einer nichtgeleisteten Anpassung (*C* II 354).

Die Abwertung des Gefühlslebens führt Valéry jedoch nicht dazu, daß
er sich diesem gegenüber gleichgültig verhält. Im Gegenteil, es scheint
ihn zu beunruhigen. Nur so läßt sich die Hartnäckigkeit erklären, mit der
er die autobiographische Literatur kritisiert, die für das individuelle Erleben Authentizität beansprucht. »A quoi me sert ton trouble? Apprends-
moi autre chose« (*C* II, 1240). Wenn Gefühlen Authentizität abgeht,
weil sie dem Ich qua *conscience* etwas Fremdes sind, dann trifft das für
deren literarische Darstellung erst recht zu; denn, so argumentiert Valéry, die Autobiographie präpariert die Erfahrung als literarischen Effekt. Der Schriftsteller ist ein Schauspieler; er sollte diesen seinen Status
nicht verleugnen (»Ecrire, c'est entrer en scène – Il ne faut pas que l'ac-
teur proclame qu'il n'est pas un comédien. On n'y échappe pas«; *C* II,
1218). Wahrhaftigkeit und Ehrlichkeit, auf die der autobiographische

Schriftsteller seit Montaigne Anspruch erhebt, sind in Wahrheit nur eine
Sprechhaltung (C II, 1240), die sich sehr wohl mit bewußter oder halbbe-
wußter Fiktion verbinden kann.[17]

Die Welt des Gefühls (und deren literarische Darstellung) beschäftigt
ihn deshalb so intensiv, weil sie als wesentlich unbestimmte seine eigene
Lebensform der Herrschaft über sich selbst in Frage stellt. Gefühle sind
dadurch definiert, daß der Verstand sie nicht zu beherrschen vermag (C I,
173). Dies ist der Grund, warum sie den autobiographischen Schriftstellern als authentisch erscheinen. Sie sind nicht manipulierbar durch den
Verstand. Gerade das macht sie jedoch in den Augen Valérys verdächtig:
»ma sensibilité est mon infériorité« (C I, 203). Sein Begriff der Authentizität ist von dem eines Tagebuchautors wie Gide grundverschieden.
Nicht, was ihm zustößt, gilt ihm als authentische Erfahrung, sondern nur
das, was er herzustellen vermag. Authentizität ist für ihn Resultat eines
Tuns.

Eine Notiz aus dem Todesjahr Valérys wirft ein scharfes Licht auf die
Grenzen der von ihm erstrebten Herrschaft über sich selbst.

Je connais 1. assez mon esprit. – [. . .] 2. Je connais *my heart*, aussi. Il *triom-*
phe. Plus fort que tout, que l'esprit, que l'organisme. – Voilà le *fait*. . . Le plus
obscur des faits. [. . .] Il y a quelque chose en l'être qui est *créateur* de *valeurs*
– et cela est tout-puissant – irrationnel – inexplicable, ne s'expliquant pas (C II,
388).

Valéry gibt auch hier seine Einstellung nicht auf, er bemüht sich um
eine exakte Bestimmung dessen, was er als *cœur* bezeichnet. Ergreifend
aber ist der Text, weil er ein Scheitern eingesteht. Valéry, der die Wirkungen der Affekte kontrollieren und der Herrschaft des Selbst unterwerfen wollte, sieht sich gezwungen, deren Übermacht anzuerkennen.
Betrachtet man die Valérysche Ich-Konstruktion von den Texten her, in
denen er die Überwältigung durch das Irrationale eingesteht (vgl. die
Beschreibung einer affektiven Krise; C II, 385), dann erscheint jene als
ein ungeheures Verteidigungssystem, das aber den Gegner nicht besser
aufzuhalten vermag als die berühmte Maginot-Linie. Damit wird eine
Grenze der Rationalität als Lebensform, wie Valéry sie praktiziert hat,
erkennbar. Fundiert in einem dezisionistischen Akt der Wertsetzung
des Ich, bleibt sie auf Beherrschung der eigenen Sensibilität und Abwehr des Draußen und der andern beschränkt. Nicht der Rationalismus
ist die Achillesferse dieser Lebensform, sondern der diesem vorgelagerte
dezisionistische Solipsismus, der die Möglichkeit einer Konstruktion
zwischenmenschlicher Beziehungen und ihrer bewußten Gestaltung
nicht in den Blick treten läßt.

Antinomien der künstlerischen Moderne

Mit der Einführung von Prinzipien der Rationalität, wie Kalkül, Präzision und Methode, in die Literaturproduktion erweist sich Valérys schriftstellerische Selbstauffassung einem emphatischen Begriff der Moderne verpflichtet.[18] In diesen Zusammenhang gehört auch, daß er die Vorstellung des inspirierten Dichters durch die des kleinen selbständigen Produzenten ersetzt (Œ II, 1069), und d. h. die Innenansicht durch die ökonomische Betrachtung. Dem Bemühen, einen Literaturbegriff theoretisch zu entwickeln und praktisch zu verwirklichen, der diese nicht gegen die moderne Gesellschaft definiert, sondern sie deren Prinzipien unterwirft, steht nun aber eine scharfe Kritik der modernen Literatur gegenüber. Valéry hält ihr ihre Ästhetik der Unmittelbarkeit vor, die die Arbeit der Transformation des ersten Einfalls verweigert: »La croyance que ce qui est plus désordonné, plus spontané, incohérent / informe / est par là plus proche de *secrets* importants, plus vrai, plus essentiel que ce qui l'est moins – ou que ce qui a été réfléchi, trié, choisi« (*C* II, 1214). In der *Lettre sur Mallarmé* aus dem Jahre 1927 charakterisiert er die Gegenwart als eine Epoche, die die Idee der Vollkommenheit preisgegeben habe zugunsten des Prinzips *jeder Schlag ein Treffer* (Œ I, 637). Die Anspielung auf die *écriture automatique* der Surrealisten ist unüberhörbar, in der Valéry nur Laxheit und Mangel an geistiger Disziplin zu erkennen vermag.

Das zweite Argument gegen die moderne Literatur betrifft die Suche nach Neuheit um jeden Preis, die er bereits im 19. Jahrhundert ausmacht (*C* II, 1213). Eine Eintragung von 1924, dem Erscheinungsjahr des surrealistischen Manifests, faßt Valérys Kritik zusammen:

La littérature des modernes s'explique par le mouvement du faire autre (+ facilité). La littérature de jadis – par le désir du faire mieux ou aussi bien que (*C* II, 1195).

Valéry macht sich hier unumwunden zum Anwalt der Tugenden der Vergangenheit. Der Widerspruch zu seinem eigenen Modernismus ist augenfällig. Er läßt sich aufhellen, jedoch nicht auflösen. Valérys an wissenschaftlicher Rationalität orientierter Begriff der Moderne ist auf die Avantgardebewegungen in der Tat nicht anzuwenden. Deren Projekt nimmt er nur verkürzt wahr, indem er den Blick einzig auf das Werk richtet. Das ist insofern erstaunlich, als er selbst eine deutliche Verschiebung der Wertbesetzung vom Werk auf den Produzenten vorgenommen hat. Da sein eigener Begriff künstlerischer Produktion als eines rationalen Kalküls jedoch dem surrealistischen der Befreiung des *désir* entge-

gengesetzt ist, wählt er den einfachen Weg einer Kritik der Werke. Dadurch gerät er aber in die Nähe eines Klassizismus, der das fertige Werk
gegen die Skizze ausspielt (C II, 950 u. 1156), und gibt damit seine eigene
Kritik am Begriff der Vollendung preis. Hatte er doch wiederholt betont,
es gäbe für ihn kein abgeschlossenes Werk, der Abschluß sei ein bloß
äußeres Ereignis.[19]

Sicherlich darf man Valérys Gedanken eines unendlichen Arbeits-
prozesses nicht mit der surrealistischen Ästhetik des Unmittelbaren ver-
wechseln. Aber seine Kritik am Werkbegriff hätte ihn empfänglicher machen können für die surrealistischen Intentionen. Dies um so mehr, als die
Ästhetik, die den Fragmenten der *Cahiers* zugrunde liegt, dem »Automatismus« der Surrealisten nähersteht als dem Klassizismus, von dem aus er
diese kritisiert. Er selbst spricht in diesem Zusammenhang von »Figuren,
die sich selbst formen« (C I, 7) und schreibt die Herstellung ungewöhnlicher Gedankenverbindungen der Geschwindigkeit des Produktionsprozesses zu.[20] Die Geschwindigkeit der Niederschrift ist bekanntlich ein
Kernstück der Gebrauchsanweisung zum Verfassen surrealistischer Texte
im ersten *Manifeste du surréalisme*.[21]

Gemeinsamkeiten und Unterschiede zwischen Valéry und dem Surrealismus lassen sich am Umgang mit dem Zufall erhellen.[22] In *Nadja*
berichtet Breton von einigen zufälligen Ereignissen, denen er einen besonderen Wert beimißt. Dieser besteht vornehmlich darin, daß sie sich
der rationalen Erklärung entziehen und daher etwas Abgründiges, Ver-
unsicherndes für den Erzähler haben. Er bezeichnet sie deshalb auch als
»Gleitfakten« oder »Abgrundfakten« (faits-glissades, faits-précipices).[23]
Auch Valéry betont die kaum zu überschätzende Rolle, die der Zufall im
Leben eines jeden spielt (vgl. C I, 693, 1448). Aber er nähert sich dem
Phänomen ganz anders als Breton. Während dieser das je einzelne Ereignis als Träger einer sich entziehenden Bedeutung auffaßt, geht Valéry
dem Zufall als einem allgemeinen Sachverhalt nach. Er fragt, woher der
Eindruck des Zufälligen rührt und kommt zu dem Ergebnis, daß er aus
der von uns nicht vorhergesehenen Überschneidung von mindestens
zwei Ereignisreihen entspringt, von denen wir jedoch jeweils nur eine
wahrnehmen (C I, 521). Der Begriff Zufall bezeichnet also nichts Objektives, sondern markiert eine Unzulänglichkeit unseres einsträngigen,
kausalen Erklärungssystems. Dieses versagt vor der Vielzahl der Beziehungen, in die eine Sache treten kann (C I, 581 f.).

Il a fallu faire un mythe de cette insuffisance. L'homme a appelé *Hasard* la cause
de toutes les surprises, la divinité sans visage qui préside à tous les espoirs insen-
sés, à toutes les craintes sans mesure (C I, 1305).

Der Zufall erscheint als Ursache alles dessen, wofür wir keine Ursache angeben können. Indem wir unser Unvermögen in ein imaginäres Handlungssubjekt verwandeln, schaffen wir einen Mythos. Valéry, der diesen Mechanismus offenlegt, betreibt Mythenkritik in der Tradition der Aufklärung. Darüber hinaus richtet sich sein Interesse auf die Herstellbarkeit von Zufall. Wenn dieser ein »Effekt der Sensibilität« ist, »der aus dem Kontrast zwischen der Wahrnehmung eines Faktums und meiner Disposition resultiert« (C I, 749), dann müssen sich derartige Effekte auch erzeugen lassen, indem man Wahrnehmungstatsachen schafft, auf die man nicht vorbereitet ist. Valéry ist Aufklärer und Ingenieur zugleich; ihm geht es um die Aufhellung eines Mythos und um die Beherrschung und Nutzung eines Mechanismus.

Der surrealistische Begriff des *hasard objectif* liest sich wie eine Antwort auf Valérys Behauptung »Ce mot de hasard n'a pas de sens ›objectif‹« (C I, 504). Auch für Breton hat der Zufall mythischen Charakter; aber nicht um die Aufklärung des Mythos geht es ihm, sondern darum, ihn zu praktizieren. Er schreibt dem Zufall eine Bedeutung zu, ohne diese freilich erfassen zu können.[24] Charakteristisch für die surrealistische Einstellung gegenüber dem Zufall ist eine Erwartungshaltung. Der Surrealist, der planlos in der Stadt umherstreift, hat seine Aufmerksamkeit nicht auf bestimmte Mittel gerichtet, die er zur Erreichung von Zwecken anwenden muß, sondern versetzt sich in einen Zustand allgemeiner Rezeptivität. Dabei schenkt er allerdings dem Unnützen, Abstrusen und Befremdenden besondere Beachtung, und insofern ist auch seine Einstellung in gewisser Weise gelenkt. Diese bleibt jedoch diffus, da es darum geht, das Aufscheinen unerwarteter Konstellationen zu begünstigen. Während sich im allgemeinen die Erwartung auf etwas Bestimmtes richtet, ist die surrealistische *attente* unbestimmt: Erwartung eines Unerwarteten und Unerwartbaren.

Die Wirkung aber, die die Surrealisten von der zufälligen Ereigniskonstellation erhoffen, ist eine emotionale Erschütterung des psychischen Gleichgewichts, die das erlebende Ich ernsthaft gefährdet. Anzeichen dieser Gefährdung ist die Angst. Während Valéry alles daransetzt, um die Emotionen einer rationalen Kontrolle zu unterwerfen, läßt Breton sich bis an die Grenze der Selbsterhaltung auf sie ein, weil er jenseits der Konstruktionen der Vernunft eine Welt vermutet, die er sich auf dem Wege mimetischer Erfahrung zu erschließen hofft. Was er in der Beziehung zu Nadja zu realisieren versucht, ist Mimesis an den Wahnsinn; wobei er sich allerdings nie ganz auf die Welt des Wahns einläßt, sondern den Abstand des Beobachters wahrt. Die surrealistische Mimesis richtet sich nicht auf etwas Bestimmtes, Festumrissenes, sie ist weder Mimesis ans Böse noch Identifikation mit den Unterdrückten. Da ihr Objekt unbestimmt bleibt, das Unerwartete, ist sie vor allem Disponibilität.

Aujourd'hui encore je n'attends rien que de ma seule disponibilité, que de cette soif d'errer *à la rencontre* de tout, dont je m'assure qu'elle me maintient communication mystérieuse avec les autres êtres disponibles, comme si nous étions appelés à nous réunir soudain. J'aimerais que ma vie ne laissât après elle d'autre murmure que celui d'une chanson de guetteur, d'une chanson pour tromper l'attente. Indépendamment de ce qui arrive, n'arrive pas, c'est l'attente qui est magnifique.[25]

Valéry und Breton, die hier paradigmatisch für Extrempositionen innerhalb der künstlerischen Moderne stehen, scheiden sich an der Einstellung gegenüber der Rationalität. Wie Max Weber sieht auch Valéry in der Beherrschung von Dingen, der Kalkulierbarkeit von Handlungen und der Ausbildung einer methodischen Lebensführung entscheidende Errungenschaften der modernen Gesellschaft.[26] Breton dagegen spricht der Zweck-Mittel-Rationalität allenfalls eine untergeordnete Bedeutung zu und polemisiert gegen Triebunterdrückung und Disziplinierung des Alltagslebens. Der Anfang des ersten surrealistischen Manifests preist die Kindheit als Lebensstadium, dem Strenge abgeht und das nur die Leichtigkeit des Augenblicks kennt; zwei Leitbegriffe Valérys, *rigueur* und *facilité*, werden hier von Breton umgewertet. Während für Valéry die Transformation des Objekts (und des Subjekts) die Bedingung von Erkenntnis ist, setzt Breton auf eine unbestimmte Erwartungshaltung. Und während Valéry der Sprache mißtraut (wie Carnap ist er der Auffassung, daß die meisten philosophischen Probleme Scheinprobleme sind, die durch die Unschärfe der Begriffe entstehen)[27], sieht Breton in der Sprache eine Quelle von Erfahrung (»Après toi, mon beau langage«)[28]. Wenn Breton im surrealistischen Manifest den berühmten Satz formuliert, er glaube »an die zukünftige Auflösung der scheinbar einander so entgegengesetzten Zustände des Traums und der Wirklichkeit in einer Art absoluter Realität oder Surrealität«[29], so läßt sich von Valéry aus darin ein archaisches Verhalten sehen, ebenso wie in der surrealistischen *mythologie moderne* eine Rückkehr zum Aberglauben aus Verzweiflung an der Vernunft. Umgekehrt wären in der Perspektive Bretons weite Bereiche des Valéryschen Denkens eben jener Rationalität verpflichtet, die die Entfaltung des Individuums ebenso verhindert wie das Entstehen einer »endlich bewohnbaren Welt« (»un monde enfin habitable«, wie Breton das surrealistische Projekt umreißt).

Doch auch diese Gegenüberstellung bedarf der Korrektur. Valéry ist zwar der kompromißlose Verfechter moderner Rationalität – »Nous n'avons pas à expliquer l'univers – mais à l'exploiter« (C I, 590) –, aber zugleich der entschiedenste Kritiker der Zivilisation, die das Produkt dieser Rationalität ist. Die Faszination, die die perfekte Kalkulation von Mitteln zur Erreichung von Zwecken auf Valéry ausübt, dokumentiert der frühe Aufsatz *Une Conquête méthodique*, in dem er die militärischen und wirtschaftlichen Erfolge Deutschlands aus durchrationalisierter Organisation erklärt: Unterordnung aller Handlungsbereiche unter ein einfaches strategisches Konzept (Œ I, 973). Doch bereits in dem 1895 verfaßten Aufsatz *Le Yalou*, in dem Valéry einen chinesischen Weisen über die westliche Zivilisation urteilen läßt, stellt er eben jenes Zivilisationsmodell in Frage, das ihn doch zugleich fasziniert: »Wir wollen nicht zu viel wissen (sagt der Chinese). Die Wissenschaft der Menschen darf sich nicht unendlich vermehren. Wenn sie sich immer weiter ausbreitet, verursacht sie eine nicht endende Verwirrung, und sie verzweifelt an sich selbst« (Œ II, 1019).

Was in der Rede des chinesischen Weisen noch Befürchtung war, ist für Valéry nach dem Ersten Weltkrieg zur Gewißheit geworden: die auf der technischen Nutzung wissenschaftlicher Ergebnisse und dem Triebverzicht der Individuen aufbauende Zivilisation hat sich als selbstzerstörerisch erwiesen. Gewissenhafte Arbeit, solide Kenntnis, Disziplin und Fleiß – Einstellungen, die Valéry eindeutig positiv wertet – sind durch die Ziele, denen sie dienstbar gemacht worden sind, in Frage gestellt:

Les grandes vertus des peuples allemands ont engendré plus de maux que l'oisiveté jamais n'a créé de vices. Nous avons vu, de nos yeux vu, le travail consciencieux, l'instruction la plus solide, la discipline et l'application les plus sérieuses, adaptés à d'épouvantables desseins. [...] Savoir et Devoir, vous êtes donc suspects? (Œ I, 989)

Aus dieser Analyse zieht Valéry jedoch nicht die Konsequenz, die die Surrealisten ziehen werden, nämlich daß er die auf Triebunterdrückung beruhenden Tugenden und die auf Zweck-Mittel-Kalkulation beschränkte Rationalität verwirft. Er wird vielmehr in den nächsten zwei Jahrzehnten eine facettenreiche Kritik der modernen Zivilisation vorlegen, ohne deren Grundprinzipien in Frage zu stellen. Es wäre ungerecht, diese Kritik als bloße Symptomkritik abtun zu wollen, obwohl Valéry auch Denkmotive der traditionellen konservativen Kulturkritik aufnimmt, wie das der Vermassung und des Verschwindens der Eliten. Entscheidender ist etwas anderes: Valéry erkennt, daß die fortschreitende Naturbeherrschung selbst chaotisch verläuft, daß es keine Instanz gibt, die Ausmaß und Richtung des Fortschritts zu bestimmen vermöchte. So ersinnt er einen neuen Mephisto, der den Menschen verrät, daß sie nur die Versuchskaninchen eines riesigen Experiments sind, bei dem sie immer größeren physischen und psychischen Belastungen ausgesetzt werden, und daß es niemanden gibt, der den Versuch kontrolliert, daß vielmehr unkontrollierte gesellschaftliche Kräfte den Prozeß vorantreiben (Œ II, 1061).

Es kann hier nicht darum gehen, Valérys Zivilisationskritik ausführlich darzustellen, deren Einsichten von z. T. erstaunlicher Weitsicht sind, so z. B. wenn er das Problem der Verschwendung natürlicher Ressourcen anspricht (Œ II, 1026) oder die Einflüsse der technischen Lebenswelt auf die Wahrnehmungsfähigkeit der Menschen erörtert. Ein Gedanke aber muß herausgehoben werden, weil er mehr noch als die Epoche Valérys unsere eigene betrifft: die Krise des Unvorhergesehenen. In einem kaum vorstellbaren Maße sei die moderne Welt durch den Menschen, und d. h. durch den Geist geprägt, dieser jedoch sei im Gegensatz zur Natur nicht vorhersehbar, dadurch komme es zur Transformation des Unvorhergesehenen: dieses wird grenzenlos: »l'imprévu moderne est presque illimité« (Œ II, 1068).

Soweit Valéry eine politische Antwort auf die Probleme skizziert, die er aufwirft, ist diese kaum befriedigend. Da er sich Kontrolle nur von einem Individuum ausgeübt denken kann, sieht er – auch noch nach der Machtergreifung Hitlers – in der Diktatur eine politische Herrschaftsform, die geeignet ist, die anarchischen Tendenzen der bürgerlichen Gesellschaft zu bändigen, indem sie dieser einen einheitlichen Willen aufprägt.[30] Offenbar macht Valéry dabei den Versuch, seinen als individuelle Lebensform entwickelten *Caligulisme* politisch zu wenden. Der Gedanke, daß der Ausweg aus der chaotischen Entwicklung der durch den Rationalismus geprägten modernen Zivilisation selber rationaler Struktur sein müsse, führt ihn deshalb auf die Diktatur, weil sein Begriff der Rationalität solipsistisch ist.

Im Zeichen der Rationalitätskritik des französischen Poststrukturalismus ließe sich die Konstellation Valéry – Breton als Nachweis für die Triftigkeit dieser Kritik lesen. Die bei Valéry offen zutage liegenden Momente von Herrschaft und Disziplinierung würden dann nur einmal mehr belegen, daß Rationalität stets dem Besonderen Gewalt antut. Ich halte diese Lektüre für wenig ergiebig; sie bestätigt dem Interpreten bloß, was er bereits wußte. Sicherlich faßt Valéry die Ratio als Instrument der Herrschaft, und zwar sowohl über Dinge wie Menschen (sich selbst eingeschlossen); aber das liegt nicht an der Struktur der Ratio selbst, sondern an dem dezisionistischen Willensakt, mit dem das Ich sich als absoluten Wert setzt. Das Skandalon, das Valérys kompromißlose Selbstanalyse erkennbar macht, betrifft weniger den unterdrückenden Charakter der Ratio als vielmehr die Einsicht, daß das cartesianische Projekt der Selbstschaffung des Subjekts sich einem methodisch gewendeten Zerstörungswillen verdankt, der es untergründig mit dem mimetischen Impuls verbindet, den es in sich verleugnet.

Anmerkungen

1 P. Valéry, *Cahiers*, hrsg. v. Judith Robinson (Bibl. de la Pléiade). 2 Bde., Paris: Gallimard 1973/1974; Bd. II, 1208; diese Ausgabe wird im folgenden abgekürzt zitiert: *C*.

2 »Je choisis le jour qu'il entrait à l'Académie française pour me défaire de ses lettres, qu'un libraire convoitait« (A. Breton, *Entretiens [...]* (Coll. Idées, 284). Paris: Gallimard 1973, 25.

3 »On me fait l'honneur de me traiter en mort«. P. Valéry, *Éphémérides*, zitiert nach der *Introduction biographique*, in: P. V. *Œuvres* (Bibl. de la Pléiade), hrsg. v. J. Hytier, 2 Bde., Paris: Gallimard 1957/1960; Bd. I, 51; diese Ausgabe ist im folgenden abgekürzt zitiert: *Œ*.

4 Seit La Bruyères Wort, Corneille schildere die Menschen, wie sie sein sollten, Racine dagegen, wie sie sind, haben Literaturkritik und Literaturgeschichtsschreibung sich des Genus bedient. Valéry hat es als Beispiel »schulischer Einfältigkeit« (niaiserie scolaire) kritisiert, der Zwang zur Opposition erzeuge die Gegensätze (*C* II, 1563); das hat ihn jedoch nicht daran gehindert, es bei der Gegenüberstellung von Descartes und Pascal (*C* I, 600 f., 615) selbst zu verwenden.

5 A. Breton, *Entretiens*, 24.

6 Vgl. z. B. den Schluß von Bretons *Confession dédaigneuse* (in: ders., *Les Pas perdus*. Paris: Gallimard 1949, 24), einem Text, dessen sprachlicher Gestus sich deutlich an Valérys *Monsieur Teste* anlehnt.

7 P. Valéry, *Lettres à quelques-uns*. Paris: Gallimard 1952, 17 f.; im folgenden abgekürzt zitiert: *LQ*.

8 Brief an Gide vom 8.5.1891, in: A. Gide/P. Valéry, *Correspondance 1890–1942*. Paris: Gallimard 1973, 82 f.

9 A. Breton, *Second Manifeste du surréalisme [1930]*, in: ders., *Manifestes du surréalisme [...]*. Paris: Pauvert 1965, 155.

10 Allerdings gibt es beim jungen Valéry auch etwas, was man als Freundschaftskult bezeichnen könnte. In einem Brief an den Jugendfreund Fourment beklagt er sich darüber, daß keiner seiner Freunde seinen Versuch verstanden habe, die Freundschaft zu einer Verbindung zu machen, die durch ihren nicht-illusorischen Charakter die erotische übertrifft (Brief vom 17.12.1892, in: P. Valéry/G. Fourment, *Correspondance 1887–1933*, hrsg. v. O. Nadal. Paris: Gallimard 1957, 133 f.).

11 Vgl. dazu E. Gaède, *Nietzsche et Valéry [...]*. Paris: Gallimard 1962.

12 Vgl. z. B. »Oui, j'ai vécu longtemps dans le mépris et la crainte des ›sentiments‹« (*C* I, 173), sowie zur Kritik des Begriffs der ›Tiefe‹: »Toute la profondeur que nous prêtons à de c ertains états n'est due qu'à leur *éloignement* de l'état de la vie normale, et non pas à leur *rapprochement* de choses très importantes et très cachées« (*Œ* II, 498).

13 Allerdings gibt es auch Gedanken, die in eine andere Richtung weisen: »Le but d'un
   ouvrage – honnête – est simple et clair : faire penser« (C I, 241).

14 »Ces cahiers sont mon vice. Ils sont aussi des contre-œuvres, des contre-fini« (C I,
   11). »Pour comprendre cette entreprise écartez toute habitude littéraire« (C I, 5). –
   Die verdienstvolle Auswahlausgabe von Judith Robinson, die mit Hilfe eines von
   Valéry skizzierten Klassifikationsrasters eine thematische Gruppierung der Fragmente vornimmt, verwandelt das monumentale Nicht-Werk in eine Aphorismen-
   sammlung und verdeckt dadurch ungewollt das ursprüngliche Schreibprojekt.

15 Vgl. den Abschnitt Ego scriptor, C I, 235–319.

16 Als 1921 eine Zeitschrift aufgrund einer Umfrage Valéry zum größten lebenden
   Dichter erklärt, notiert er: »Ils m'ont élu le plus grand poète par 3145 voix« (C I,
   251). Und einige Jahre später schreibt er: »Rien de plus gênant que les grandeurs
   qu'on vous attribue et qui ne sont pas celles que l'on eût désirées« (C I, 259).

17 Übrigens schwankt Valéry in der Bewertung autobiographischen Schreibens. Der
   polemischen Ablehnung (»le difficile n'est pas de mettre bas sa chemise«; »masca-
   rade de la nudité«; C II, 1160, 1200) stehen andere Äußerungen gegenüber, in denen er sogar die Freude an der Lektüre von Stendhals Henry Brulard und Pascal
   eingesteht (C II, 1218 f.).

18 »Steigerung des Spezialistentums zur Universalität«, auf diese Formel hat Adorno
   einen wesentlichen Aspekt der Modernität Valérys gebracht (Noten zur Literatur I,
   Frankfurt am Main 1958, 181).

19 Eine Politics of Thought überschriebene Eintragung aus dem Jahre 1902 verurteilt
   das vollendete Werk als facile: »Donc l'œuvre – quelle qu'elle soit – accomplie et
   finie, est un rien ou un regret. Tout ce qui est facile ou devenue facile est fini« (C I,
   29). Vgl. auch C I, 15, 254, 299; C II, 1010.

20 Schon 1913 notiert Valéry: »Inventer – créer poétiquement, musicalement – cela
   dépend d'une certaine vitesse« (C II, 999). Vgl. auch C I, 8.

21 »Ecrivez vite sans sujet préconçu, assez vite pour ne pas retenir et ne pas être tenté
   de vous relire« (A. Breton, Manifestes du surréalisme, 44).
   Man kann unschwer weitere Fragmente aus den Cahiers anführen, die einen Valéry
   erkennen lassen, der dem Surrealismus nähersteht, als die scharfe Polemik vermuten läßt: »L'invention n'est qu'une manière de voir. Se saisit des incidents et des
   accidents, en fait des chances, des signes – [...] Faire servir ce défaut, ce désordre, cet
   imprévu, ce rebut, ce rien, cette aspérité, cette coïncidence, ce lapsus... à leurs
   contraires« (C II, 993). Der erste Teil könnte – beinahe – von Breton geschrieben
   sein, wäre da nicht das eingreifende Ich; der zweite zeigt den Unterschied deutlicher: das Ereignis wird nicht hingenommen als ein an und für sich bedeutendes,
   sondern es wird verwendet, um etwas anderes daraus zu machen.

22 Vgl. dazu E. Köhler, Der literarische Zufall, das Mögliche und die Notwendigkeit.
   München 1973, 68 ff.

23 A. Breton, Nadja (Livre de Poche, 1233). Paris 1965, 21.

24 Vgl. dazu im einzelnen meine Analyse von Nadja, in: P. Bürger, Der französische
   Surrealismus [...]. Frankfurt am Main 1971, 129 ff., sowie den Abschnitt über mythologie moderne, ebd., 117 ff.

25 A. Breton, L'Amour fou (Coll. Folio, 723). Paris: Gallimard 1976, 39.

26 Die Dimension des Weberschen Rationalitätsbegriffs, die Wolfgang Schluchter als
   »Systematisierung von Sinnzusammenhängen, intellektuelle Durcharbeitung und
   wissentliche Sublimierung von ›Sinnzielen‹« charakterisiert (W. Schluchter, Rationalismus der Weltbeherrschung. Studien zu Max Weber. Frankfurt am Main 1980,
   11), hat bei Valéry, soviel ich sehe, keine Entsprechung.

27 »La plupart des problèmes classiques en philosophie naissent de l'*impureté* des ›con-
ceptes‹ employés« (*C* I, 541). »Philosophie est le lieu des problèmes que l'on ne sait
énoncer. Il ne s'agit point de les résoudre« (*C* I, 587 f., vgl. 641). Vgl. die Kritik der
Frage nach dem Wesen der Zeit (*C* I, 603).

28 A. Breton, *Point du jour* (Coll. Idées, 213). Paris: Gallimard ²1970, 23.

29 A. Breton, *Manifestes du surréalisme*, 27.

30 Vgl. den Aufsatz *L'Idée de dictature* aus dem Jahre 1934 (Œ II, 970 ff.). 1939, nach
dem deutschen Einmarsch in Polen und dem Ausbruch des deutsch-französischen
Krieges, greift Valéry die Unterdrückung der intellektuellen Freiheit in Deutschland an (Œ II, 1117 f.).

Übersetzungen der Zitate

S. 347:
Modernste Literatur – André Breton etc. – Maximum an Leichtigkeit und Maximum
an Skandal, ein Maximum an Skandal mit einem Maximum an Leichtigkeit erreichen.
Surrealismus – das Heil durch Abfälle.

S. 348:
Die Literatur beginnt mir lästig zu werden, ich meine mit Literatur die schmutzige
Küche der Reimeschmiede (von denen ich ein kleiner Teil bin) und alles, was über Stil,
Rhythmus, Kunst etc. schwafelt. Sie sehen, daß ich tief gesunken bin. Oh! Geben Sie
mir ein wenig neue Kraft.

In Wahrheit glaube ich mehr denn je, daß ich mehrere bin. Heute zum Beispiel bin
ich nicht ich. Ich habe Lust, auf dem Rücken eines Einhorns in dem guten, frischen
Septemberwind durch ein Gehölz zu galoppieren, den weißen Degen eines Märchenrit-
ters gerade haltend, alles vor mir niederzuhauen! Ich fühle, daß ich in dieser Minute
alles, was bis heute abend geschrieben oder gemalt worden ist, hergeben würde für den
Ritt durch die Finsternis auf einer fantastischen Lokomotive und für eine schrille,
schreckliche Fanfare...

S. 350 oben:
Die Soldaten, die auf die Menge geschossen haben, ich habe sie beneidet, und auf die
ganze Welt schießen! Ich verabscheue das Volk und mehr noch die andern! [...] Fast
sehne ich einen monströsen Krieg herbei, wo man unter dem Schock eines wahnsinnigen und roten Europa flieht, wo man die Erinnerung an und die Achtung vor allem
Geschriebenen und vor jedem Traum verliert in wirklichen Visionen, Leichengetrappel
klappernder Holzschuhe und Geprassel von Erschießungen, und keine Rückkehr.

S. 350 unten:
Ich bin mit 20 Jahren zur Welt gekommen, wütend über die Wiederholung, d. h. gegen
das Leben. Aufstehen, sich anziehen, essen, ausscheiden, zu Bett gehen – und immer
diese Jahreszeiten, diese Sterne – und die Geschichte! Das alles auswendig wissend –
bis zum Wahnsinn.

S. 351:

Keine direktere ins Zentrum treffendere Verletzung als die durch einen andern, der mich zwingt, seine konkurrierende Existenz anzuerkennen; aufgrund einer Argumentation oder eines intellektuellen Wegs, den er in meiner eigenen Domäne einzeichnet, läßt er sich meinen Elementen gegenüber meinen königlichen Platz zuweisen. Der andere, der zunächst ein Ding ist, wird zum Herrn, mehr als ich. Aber das Ich setzt sich wie durch ein Axiom über alle Beweise – es will seine Niederlagen nicht anerkennen und findet immer einen Grund, um den Sieg des andern zu verkleinern oder zu verachten.

S. 352:

An dem Tage, als die Verwirrungen, Angriffe und Ängste einer durch eine absurde Leidenschaft überreizten Empfindung sich (zum ersten Mal) um den Körper meines Geistes stritten, habe ich schließlich den Mechanismus dieser unbezwingbaren Wirkungen, seine Macht und die Dummheit seiner Macht beobachtet und mir gesagt: Dies ist ein mentales Phänomen (das war schlecht gesagt) – von diesem Tage an war das Schicksal meines Geistes geregelt, bestimmt.

S. 353:

Gladiator – Gehorsam. Das Festhalten, die Erkenntnis der Reaktionen des Tieres Sensibilität. Die Stute Sensibilität dressieren. [...] Das ist der wahre Philosoph, die wahre Philosophie. Nicht eine Erkenntnis, sondern eine Haltung und eine Neigung zur Dressur, ein Wille zum Menschen, der sich selbst dressiert [...]. Die Dressur ist, wenn das Durcheinander durch die Ordnung ersetzt ist, die Vielförmigkeit durch die Einförmigkeit, die einander nicht mehr widerstreitenden Anstrengungen, die, wenn nötig, zurückgehaltene, wenn nötig, verausgabte Energie. Eine Maschine ist dressierte Materie.

S. 353 f.:

Mein Caligulismus. Das machtvolle Gefühl meiner tiefsten Augenblicke – Wille, mein Lebensprinzip auszuschöpfen [...] Ich war oder bin die Idee dieses Augenblicks, der alle andern möglichen oder bekannten Augenblicke wie der Blitz erschlägt. Cäsarischer Augenblick. Latente Idee, aber die ich ganz spüre – wesentliche Energie, die alles beurteilt und opfert, die vom Ichgrund her wirkliches Verhalten, Liebe, Arbeit beherrscht, die das Urteil »verlorene Zeit« über alles spricht, was sie nicht stärkt, und die tyrannisiert... Keine Wiederholungen: konstruieren, um sich zu destruieren.

S. 354:

Ich habe Mallarmé kennengelernt, nachdem ich bereits außerordentlich stark von ihm beeinflußt war und in einem Augenblick, wo ich die Literatur innerlich guillotinierte. Ich habe diesen außerordentlichen Mann verehrt, während ich gleichzeitig in ihm den einzigen Kopf sah – einen unbezahlbaren –, den man abschlagen mußte, um ganz Rom zu enthaupten.

S. 358:

Ich kenne 1. recht gut meinen Geist [...]. 2. Ich kenne auch *my heart*. Es erweist sich als überlegen, stärker als alles, als der Geist, als der Organismus. – Das ist der Fakt..., der dunkelste aller Fakten [...]. Es gibt im Menschen etwas, was Werte schöpft, und das ist allmächtig, irrational, unerklärbar, sich nicht erklärend.

S. 359:
Die moderne Literatur erklärt sich aus der Bewegung des Andersmachens (+ Leichtigkeit). Die Literatur der Vergangenheit durch den Wunsch, es besser zu machen oder ebensogut wie.

S. 360:
Man mußte einen Mythos aus dieser Unzulänglichkeit machen. Der Mensch hat die Ursache aller Überraschungen, die Gottheit ohne Antlitz, die allen wahnsinnigen Hoffnungen und allen maßlosen Ängsten vorsteht, ZUFALL genannt.

S. 362:
Noch heute erwarte ich etwas allein von meiner Aufnahmebereitschaft, von diesem Durst des Herumirrens, um allem zu begegnen, von dem ich sicher bin, daß es mich in geheimnisvoller Beziehung hält mit den andern aufnahmebereiten Wesen, als ob wir aufgerufen wären, uns plötzlich zu vereinen. Ich würde mir wünschen, daß mein Leben kein anderes Murmeln hinter sich ließe als das Lied eines Spähers, ein Lied, um die Erwartung zu täuschen. Unabhängig von dem, was sich ereignet, nicht ereignet, ist die Erwartung großartig (Breton).

S. 363:
Die großen Tugenden der deutschen Völker haben mehr Übel erzeugt als die Trägheit jemals an Lastern geschaffen hat. Wir haben mit unseren eigenen Augen gesehen, wie die gewissenhafte Arbeit, die gründlichste Ausbildung, die strengste Disziplin und der ernsteste Fleiß auf schreckliche Ziele ausgerichtet worden sind [...]. Wissen und Pflicht, ihr seid also verdächtig?

JEAN STAROBINSKI

Herr Teste und der Schmerz

Der Körper als Gegner und als Komplize

Fast gleich zu Beginn des ersten, von Valéry *Journal de bord* (Schiffstagebuch) genannten *Cahier* lesen wir die in rascher, gelegentlich nur schwer entzifferbarer Schrift hingeworfenen Zeilen:

>»Jedes Wesen hinterläßt doch nur einen unförmigen Haufen wahrgenommener Bruchstücke, an der Welt gebrochener Schmerzen, in einer Minute durchlebter Jahre, unvollendeter, erstarrter Konstruktionen
>unendliche Mühen, mit einem kurzen Blick erfaßt und tot. Aber aus all diesen Ruinen blüht so etwas wie eine Rose.«[1]

In diesem »kurzen Blick« erkennen wir ein Phänomen, das man zu Valérys Zeit als »Panoramavision der Sterbenden«[2] bezeichnete. Einige Seiten später im ersten *Cahier* stoßen wir erneut auf den Augenblick des Todes:

>»... er stirbt, während sich sein Mund von einem Geschmack entleert, der davongeht, um sich senkrecht mit den anderen Dingen zu vereinen.«[3]

Während der Rest der Welt in der Vertikalen bleibt, verliert der ausgestreckt liegende Sterbende die letzte körperliche Empfindung, die zu einem Teil des letzten Augenblicks der äußeren Welt wird.

All dies läßt vermuten, daß der junge Valéry – in Erwartung einer späteren ›Verwendung‹ – das Material für eine Sterbeszene zu Papier bringen wollte. Vielleicht träumte er bereits von seinem Helden, einem geistigen Verwandten von E. A. Poes Chevalier Dupin, der schließlich den Namen Edmond Teste tragen wird? Wie wir wissen, sind zahlreiche Notizen aus dem *Journal de bord* als »Bruchstücke«[4] in die Ausarbeitung von *La soirée avec Monsieur Teste* (Der Abend mit Herrn Teste) eingeflossen. Der erste, noch vage Entwurf mag bereits mit der Idee eines intellektuellen Helden gespielt haben, der durch Schlaf und Tod auf die Probe gestellt wird. In einem Brief aus dem Jahre 1927 versichert Valéry, Herrn Testes Tod sei die »erste Idee« gewesen, »die mir kam«[5]. In *Fin de Monsieur Teste* (Herrn Testes Ende), das 1946, nach Valérys Tod, erschien, finden wir folgende bemerkenswerte Synthese der ›Panoramavision‹, in der der ›kurze Blick‹ aus der zuvor zitierten Notiz vom Anfang der *Cahiers* wiederkehrt: »Vielleicht werde ich ganz und gar in einem erschreckenden, kurzen Blick enthalten sein.«[6] Das reflexive Verb *se tenir* hat hier zwei Bedeutungen. Man kann es im Sinne von *apparaître* als

»erscheinen« verstehen, aber auch als *se saisir des soi* (»sich selbst ergreifen«). Gemeint ist sowohl das letzte Bild seiner selbst, das sich dem verlöschenden Blick darbietet, als auch der Sterbende, der sich noch einmal seines ganzen Lebens in einem einzigen gepeinigten Blick bemächtigt...

Die genannten frühen Aufzeichnungen sind durchaus bemerkenswert, vor allem die erste: dort taucht bereits das Problem des Fragmentarischen, Unvollendeten auf, auf das Valéry in seinen *Cahiers* – und noch ganz am Ende – immer wieder zurückkommen sollte. Dort findet sich ebenfalls ein erster, noch ganz spontaner Entwurf einer Dreierbeziehung, die Valéry dann in die Triade »Körper – Geist – Welt«[7] fassen und der er sich in seinen *Cahiers*[8] mit immer neuer Aufmerksamkeit widmen sollte.

Die »an der Welt gebrochenen Schmerzen« zeigen die Konfliktträchtigkeit der Beziehung von Körper und Welt. Die »unvollendeten Konstruktionen«, der »kurze Blick« sind Akte eines allem überlegenen, aber zugleich unvollkommenen Geistes. Dabei stellt sich insgesamt die Frage nach dem Rückstand (was der Mensch »hinterläßt«) und nach der Summe (der »Rose«, die aus all diesen Bruchstücken entsteht).

In dieser raschen Skizzierung eines geistigen Schauspiels lassen sich Objekte und Akteure zunächst nicht unterscheiden, denn die Objekte sind noch von den Kräften geprägt, die sie geschaffen haben. Letztere lassen sich allerdings bestimmen: das wahrnehmende Wesen (oder der »kurze Blick«), das schöpferisch und konstruktiv tätige Wesen, das leidende Wesen. Blick, Denkakte und Schmerz stehen gleichwertig nebeneinander. Neben den aktiven Fähigkeiten wird dabei dem, was nach traditioneller Denkweise in den Bereich der Passivität gehört, eine überraschend große Bedeutung zugeschrieben, wenn auch im vorliegenden Falle die »an der Welt gebrochenen Schmerzen« eher an eine vom Individuum geführte Attacke denken lassen als an eine von außen kommende Aggression.

Aus der Vielzahl von Texten sei folgendes Lob des Körpers in den *Cahiers* herausgegriffen:

»Objekt, Grenze, Knecht und Herr der Erkenntnis. Ort des Glücks und des Unglücks, der Gegenwart, der Vergangenheit und der Zukunft, Ort des Raumes – All dies erhält seinen Sinn nur durch ihn.«[9]

Oder auch folgende Behauptung, die Valéry in *Alphabet* weiter ausführen wird:

»Das Licht und der Körper, zwei große Mächte.«[10]

Dazu sollte man wissen, daß Valéry zum Zeitpunkt des *Journal de bord* und der Ausarbeitung von *Herr Teste* unter heftigen Neuralgien zu leiden hatte und sich in Briefen an seinen Freund André Gide darüber beklagte.[11] Er hatte sie zu fürchten gelernt, war auf sie vorbereitet und verstand sich an ihnen zu messen. Das Material ›Schmerz‹ war damit gegeben.

Doch zu jener Zeit schrieb er auch: »Die Wörter sind eher ein Teil von uns als die Nerven. Wir kennen unser Gehirn nur vom Hörensagen.«[12] So mag er genausogut durch die »Wörter«, die Bücher, auf den Schmerz aufmerksam geworden sein.

Die wiederholte, begeisterte Lektüre von *A rebours* (Gegen den Strich) könnte erheblich dazu beigetragen haben. Der Dandy Des Esseintes, von Huysmans als zugleich bewunderns- und bemitleidenswerter Held gezeichnet, flüchtet aus Erschöpfung in die Einsamkeit; dort, fernab vom Treiben der Menschen, will er ein Leben führen, das ganz der Kultivierung auserlesener Empfindung, dem Luxus des Künstlichen gewidmet ist. Daher sein Plan, die eigene Existenz in einem Rahmen zu inszenieren, für den jede Einzelheit mit äußerster Sorgfalt ausgesucht wurde. Aber sowenig es ihm gelang, die Vergnügungen seines gesellschaftlichen Lebens zu bewältigen, sowenig erlangt er nun die volle Herrschaft über die selbstgestaltete »raffinierte Einöde« (*thébaïde raffinée*). Dabei hat er durchaus den Willen, aus eigener Kraft zugleich Schöpfer und Empfänger der sinnlichen Genüsse zu sein. Jedes natürliche Objekt ersetzt Des Esseintes durch ein sekundäres Objekt, das allein von ihm abhängt und das – zumindest theoretisch – nicht das Potential an Feindseligkeit aufweist, das jedem äußeren Objekt, jeder fremden Person anhaften kann. Wer sich frei von allen materiellen Sorgen mit Objekten umgibt, die die Welt ersetzen, scheint keinen feindseligen Widerstand fürchten zu müssen. Sei das Substitut mimetisch, metaphorisch oder imaginär; ob es sich um Gedichte, Gemälde, Lokomotiven oder Bonbons mit Spezialgeschmack handelt (die durch eine duftende ›Essenz‹ die Frauen ersetzen); ob es sich, als extremste Form von Künstlichkeit, um »lebende Blumen, die künstliche Blumen nachahmen«, handelt: alles gehört dem Bereich der Kunst an, alles muß dem anspruchsvollsten Geschmack genügen können. Diese perverse Kritik und diese gebieterische Auslese bringen in den berühmten Kapiteln, die den von Des Esseintes gesammelten Kunstwerken gewidmet sind, eine bizarre Welt hervor, die trotzdem eine Welt im Spiegel ist, in der jegliche Begierde des Individuums das sie befriedigende oder zur Verzweiflung reizende Objekt finden soll. In dieser ereignislosen Erzählung, in der der Held, außer im Traum, auf keinen Gegner trifft, sehen wir dennoch einen höheren ›Widersacher‹ auftauchen: Schmerz und Ekel, die durch eine ›Magenneurose‹ verursacht werden. Man könnte meinen, die von einem ständigen Fühlen- und Genießenwollen beherrschte ästhetische Existenz habe letztlich den übersensibilisierten Empfindungsapparat an die Grenze des Möglichen getrieben, die in ihm selbst verborgen ist, und diese Grenze ist der Schmerz. Unfähig, einen hinreichenden Abstand zum Objekt des Genusses einzuhalten, verfängt sich die Hyperästhesie im Übermaß des Schmerzes, wo sie – im Gefängnis ihrer selbst – nur noch sich selber kennt. Der Schmerz bezeichnet die triumphierende Rückkehr der Natur in ihrer elementaren Form, nach aller Bemühung, nichts mehr mit ihr gemein zu haben. Der Dandy wird hinterrücks, in seinem eigenen Körper, von dem Gegner überwältigt, den er überwunden zu haben glaubte.

»In der Literatur fehlt eine Bettszene«

Testes »sehr kleines möbliertes Appartement« mit seinem »finsteren abstrakten Mobiliar« ist das genaue Gegenteil von Des Esseintes' raffiniert eingerichteter Villa. Dieser Unterschied symbolisiert den ganzen Abstand zwischen den beiden Figuren. Als einziger gemeinsamer Nenner bleibt die rein schematische Vorgabe: Ein Held, dessen Geschichte allein darin besteht, daß er eine Form totaler Beherrschung anstrebt, und der durch ein vom eigenen Körper ausgehendes Übel die vollständige Umkehrung erlebt, die er zu seinen Gunsten errichtet zu haben wähnte. Im Vergleich mit Huysmans' Figur könnte man Teste als einen ausgetrockneten, intellektualisierten, männlicheren Des Esseintes bezeichnen.

Fast alles, was zu *Herr Teste* geschrieben wurde, bezieht sich auf die beiden ersten Teile des Werkes, wo Teste, mit den Augen des ›Sprechers‹ gesehen, als absoluter intellektueller Held erscheint. Von dem Zwei-Punkte-Programm, das Balzacs Louis Lambert für sich aufgestellt hatte, zu Ruhm zu gelangen und ein »Chemiker des Willens«[13] zu werden, haben Teste (und sein Zeuge) den ersten Punkt bedingungslos fallen lassen, denn Berühmtheit ist ja bereits eine Form der Unterwerfung, in der das Individuum sich in die Verfügung der anderen begibt. Durch unerbittliche Selbstbeherrschung sucht Teste den inneren Zufall zu besiegen, die gängigsten Automatismen gesellschaftlichen Ursprungs abzustellen (»er hatte die Marionette getötet«)[14] und mittels bewußter Willensanstrengungen durch andere zu ersetzen (»Ich habe nach einem mechanischen Sieb gesucht«)[15]. Seit jeher zeigten sich die Leser beeindruckt von der Radikalität dieses Entwurfs einer vollständigen Beherrschung, die ihren Höhepunkt in der Opernszene erlebt, wo Teste, auf dem Gipfel des Schauvermögens, das von Ort, Aufführung und dem faszinierten Publikum gebildete Ganze beherrscht. Welchen Leser oder Interpreten könnte diese Szene unbeeindruckt lassen, in der Teste angesichts des Textes, den ihm das Theaterritual bietet, die Haltung eines Lesers und hyperbolischen Kritikers einnimmt? In dieser Szene registriert er das Wechselspiel aller Gefühle, aller vulgären Schwächen und oberflächlichen Reize – um sich selbst davon auszunehmen. Er erweist sich als ein Virtuose glänzender Ironie, der die Reflexion und Negativität bis zum äußersten treibt. Sind es die Lichter und die Hitze des Schauspiels, die sein Gesicht »entflammen«, oder die Verzückung, alles zu verstehen, ohne sich als Zuschauer einfangen zu lassen? Er verschanzt sich hinter dem eigentümlichen, zugreifenden ›Blick‹ (*coup d'œil*), der alles umfaßt, hoch über die Blicke der anderen hinweg, die von einem partiellen Zauber gefangengenommen sind. Die Kunst seines Geistes reduziert das Gesamtkunstwerk – die Oper – zu einem System leicht wirksamer Reize. (Währenddessen ist der Sprecher bzw. Erzähler, Testes Zeuge, damit beschäftigt, in Degasscher Manier die aufflackernden oder erlöschenden Lichter, das Halbdunkel, die Sessel und Verzierungen im Theaterinneren zu beschreiben.)

Aber der dritte Teil von *Der Abend mit Herrn Teste* – in dem sich Teste zu Bett begibt – zeigt die Kehrseite des vorherigen Triumphes. In diesem Moment nämlich erscheint zunächst die Müdigkeit, dann der Schmerz, dann das Einschlummern unter der Wirkung des Inhalts eines »Medizinfläschchen[s]«[16]. Diese Umkehrung möchte ich die wahre und einzige *Peripetie* der Erzählung nennen. Die intellektuellen Fähigkeiten, die Teste auszeichnen, müssen sich an einem ebenbürtigen Gegner beweisen: an ihm selbst, dem eigenen Körper. Wie seine Leistung in einer Selbstbeherrschung, ohne jede Einwirkung oder Folgewirkung von außen bestand, so kommt auch die Gefahr aus ihm selbst, und die Antwort auf diese Herausforderung besteht im Wahrnehmen, Abwarten, In-sich-Hineinlauschen, im Selbstgespräch – bis zu dem Augenblick, in dem die Antwort stockt. Valéry hatte noch vor der Abfassung des *Herrn Teste* notiert: »In der Literatur fehlt eine Bettszene. So etwas ist noch nie verfaßt worden.«[17] Auf den Schmerz kommt er mehr als einmal in seinen *Cahiers* zurück:

»Das Allerstärkste auf der Welt – der Schmerz.«[18]

»Der Mensch hat nur sich selber zu fürchten – sein eigenes Vermögen des Schmerzes.«[19]

1923 veranlaßt ihn dieses Thema offensichtlich zu einer Notiz im Hinblick auf mögliche künftige Projekte:

»Kampf zwischen Intellekt und heftigem Schmerz. Das erstaunlichste Thema.«[20]

Auf der letzten Seite von *Der Abend mit Herrn Teste* finden wir uns folglich mit einer Frage konfrontiert, die Valéry unablässig beschäftigte.

Dabei will ich die ungeheure Fülle der in den *Cahiers* befindlichen Texte außer acht lassen und mich statt dessen auf eine Analyse der zum *Teste-›Zyklus‹* gehörigen Stücke beschränken, um von daher den Prozeß der Worte des einschlafenden Protagonisten näher zu beleuchten.

Bezüglich des Sinns, den Valéry selbst seiner Erzählung unterlegt zu haben scheint (immer eingedenk der ihm eigenen Ungeniertheit, mit der er auf Fragen seiner Gesprächspartner zu antworten pflegte, um rascher zum Ende zu kommen), seien seine Äußerungen Frédéric Lefèvre gegenüber zitiert: »Die Gestalt Testes ist durch die Zerlegung eines realen Wesens entstanden, dessen rein geistige Momente ausgewählt wurden, um daraus das Ganze des Lebens einer imaginären Gestalt zu schaffen; aber so spezialisiert, so weit abgelöst diese Figur auch von den üblichen Weisen der Existenz sein mag, es kommt ein Augenblick, an dem sie der körperliche Schmerz überwältigt, und in Herrn Teste wollte ich die besondere Ausformung zeigen, die ein heftiges Schmerzgefühl erfährt, wenn es in das Bewußtseinsfeld eines seinerseits ständig erregten Verstandes eindringt und es durchquert.«[21]

Im Theater hatten Teste und der Sprecher die Macht des musikalischen Rituals feststellen können, das die bewußten Wahrnehmungen der Zuhörer ausschaltet und in der Passivität ineinander verschmilzt. Auf dem Höhepunkt gespannter Aufmerksamkeit hatten diese ›überlegenen‹ Geister bei den anderen ein Verdämmern des Denkens erspäht. Aber Teste hat seine eigene Verdämmerung damit nur hinausgeschoben. Schon im ersten Teil der Erzählung hatte der Zeuge die entscheidende Frage nach der Bedingung der Erfahrung gestellt: »Was wird aus Herrn Teste, wenn er leidet?« Worauf der Erzähler sich selbst die Antwort gibt, die Szene des Zubettgehens gleichsam vorwegnehmend: »Er liegt, er leidet, er langweilt sich. Alle Welt ahmt sich nach. Aber ich will, daß er in den Seufzer, in den ursprünglichen Schmerzlaut die Regeln und Kurven seines Geistes mische.«[22] Genau dies wird geschehen.

Beim Verlassen des Theaters läßt jenes Wesen mit den »breiten Schultern«, dessen gesamtes Äußeres bis zu diesem Augenblick einen Eindruck der Kraft vermittelt hat, auf einmal Anzeichen einer noch unbekannten Gebrechlichkeit erkennen. Da kommt es plötzlich zu einem unvorhergesehenen, unwiderruflichen ›Wechsel des Niveaus‹:

»Herr Teste klagte leichthin über die mitternächtliche Kühle. Er spielte auf alte Schmerzen an.«[23]

Während er seinen »militärischen Schritt« beibehält, läßt die übliche Klarheit seiner Bemerkungen vorübergehend nach, sie erscheinen seinem Zuhörer »unzusammenhängend«. Doch das Gesetz der Parataxe

und die Diskontinuität, die jedem Augenblick den Anschein eines Neubeginns verleiht, begünstigen die Rückkehr der vollen Klarheit des Verstandes ebenso wie das unerwartete Auftauchen des Schmerzes oder der Beschwerden. (Valéry spricht in einem Brief an Gide vom 5. Oktober 1896
von einem Buch aus »ziemlich gesiebten Elementen« und »miteinander
verknüpften Notizen«.)[24] Man sollte sich bei der Lektüre des Textes der
Bedeutung dieses *Staccato* voll bewußt sein. Obwohl diese Schreibweise
auf Grund der Beliebigkeit der unterschiedlichen Vorkommnisse Gleichgültigkeit erzeugen könnte, vermag sie dieser Gefahr dennoch glücklich
aus dem Wege zu gehen. Mit jedem Neueinsatz der Aussage verstärkt sich
im Verhältnis zum unmittelbar vorausgehenden Element der Grad der
Verneinung oder der ›Überschreitung‹. Wie wir noch sehen werden,
beherrschen Weitschweifigkeiten und Widersprüche den Monolog des
einschlafenden Teste. Doch schon im vorausgehenden Text waren die
Intervalle zwischen den Sätzen ausgesprochen abrupt. Seit Beginn seiner
literarischen Tätigkeit ist Valéry als ein Autor hervorgetreten, der – stärker als jeder andere – die Unterbrechung einsetzt, um sie zum Thema einer
ihrerseits unterbrochenen Reflexion zu erheben. Doch lesen wir selbst:

»Er hustete. Er sagte für sich: ›Was vermag ein Mensch? Was vermag ein
Mensch!‹… Er sagte mir: ›Sie kennen einen Menschen, der weiß, daß er nicht
weiß, was er sagt!‹«[25]

Das Husten als Zeichen eines Leidens, eines nicht näher bestimmten ›Anfalls‹ erscheint punktuell, um alsbald übergangslos hinter der zweimal
geäußerten, entscheidenden Frage zurückzutreten: »Was vermag ein
Mensch?«

Die Antwort auf diese Frage gibt uns Valéry mit Testes Devise: »Er ist
nichts anderes als der Dämon der Möglichkeit selbst. Der Gedanke an die
Gesamtheit dessen, was er kann, beherrscht ihn.«[26] So grenzen nach dem
plötzlichen Auftreten des Hustens der Ausdruck des beherrschenden geistigen Problems und das Zeichen des körperlichen Leidens buchstäblich
aneinander.

Das gleiche Nebeneinander findet sich am Ende des Monologes wieder,
der dem Moment des Zubettgehens vorangeht. Teste, der müde geworden ist, hat einen langen, ausführlichen Vortrag über das Geld gehalten
und »sehr große Zahlen« genannt:

»Er teilte mir die Schwankungen der Börse mit, und die langen Folgen von Zahlennamen ergriffen mich wie ein Gedicht. Er verknüpfte Ereignisse, die Erscheinungen in der Industrie, den öffentlichen Geschmack und die Leidenschaften,
wieder die Zahlen, die einen mit den anderen. Er sagte: ›Das Gold ist gleichsam
der Geist der Gesellschaft.‹«[27]

Die abschließende Sentenz stellt die krönende Formulierung einer sozio-ökonomischen Gesamtsicht dar. In der folgenden Zeile finden wir in drei Blöcken zu je drei wie Anapäste skandierten Silben die Unterbrechung selbst formuliert sowie das isolierte, intransitive, unanfechtbare Faktum des Leidens: »Plötzlich schwieg er. Er litt Schmerzen.«[28] Der syntakti-sche Aufbau leitet mit äußerster elliptischer Kürze das *non sequitur* ein, das eine aktive ›Phase‹ nun durch eine passive ersetzt. Testes Aktivität hatte darin bestanden, »Ereignisse, die Erscheinungen in der Industrie, den öffentlichen Geschmack« etc. miteinander zu *verknüpfen*. Doch das plötzliche Schweigen trennt, und das Leiden läßt den Zeugen den Blick abwenden.[29]

Das von mir aufgezeigte unmittelbare Angrenzen der Gegensätze fin-det sich erneut im Monolog des in seinem Bette liegenden Teste, und zwar in dem Augenblick, als ihm die emblematische Formulierung wie-der auf die Zunge kommt: »Was vermag ein Mensch? Ich bekämpfe al-les – außer den Leiden meines Körpers, wenn sie ein gewisses Maß übersteigen.«[30] Teste hat »vermögen« durch »bekämpfen« ersetzt und damit selbst den Punkt erkannt, an dem ein – von ihm selbst als »Leiden meines Körpers« bezeichneter – Gegner sich der Selbstbeherrschung widersetzt. Was zunächst quasi objektiv in zwei kurzen Sequenzen vom Erzähler berichtet worden war, erscheint nun erneut in der Rede des Helden; das unmittelbare Angrenzen der inneren Kraft und des Schmerzes, der sich seinem Willen entzieht, wird nun zum Gegenstand der Reflexion, und zwar in einem »Diskurs über sich selbst«, der eine quantitativ festlegbare Grenze anerkennt. Für Testes Allmacht als *Gladiator* oder *Sterbender* bedeutet das Leiden die Ausnahme und un-terhöhlt den erhobenen Anspruch auf Allmacht. Das gerade erst vom Bewußtsein stolz in »Ich bekämpfe alles« proklamierte *Alles* ist in Wirklichkeit schon nicht mehr »alles«. Ein Lebewesen *kann* seine Kräfte nicht an denen messen, die ihm die Welt – innerhalb des eigenen Körpers – entgegensetzt. Das Ich und das Leiden sind zweierlei, das eine ist dem anderen *fremd*, und die Herrschaft des Individuums endet dort, wo das Wirken des gesichtslosen Widersachers einsetzt, der ihm eine *Spaltung* im Innersten seiner selbst auferlegt. Valéry wird immer wie-der auf diese ›Grenz‹-Erfahrung zurückkommen, so etwa in *Note et di-gression*: »Meiner Empfindung nach hat unsere Erkenntnis ihre Grenze im Bewußtsein, das wir von unserem Wesen – und möglicherweise von unserem Körper – haben können.«[31] Und Valéry weiß sehr wohl, daß diese der Erkenntnis gesetzte Grenze sich am Ursprungsort des Be-wußtseins bildet. Der allerletzte Punkt, den die Erkenntnis nicht zu überschreiten vermag, ist befremdlicherweise mit der Quelle identisch, der unser Bewußtsein entspringt:

»Naiv betrachtet läßt sich [das Bewußtsein] mit einem in einem dunklen Theaterraum befindlichen, unsichtbaren Publikum vergleichen. Eine Präsenz, die sich nicht selbst zu betrachten vermag, dazu verurteilt, das ihr entgegengesetzte Schauspiel zu verfolgen, und die gleichwohl fühlt, daß sie dieses atmende, unsichtbar ausgerichtete Dunkel bildet. Tiefe, begierige, unsichtbar ausgerichtete Dunkelheit, die ganz und gar aus sich gegenseitig begrenzenden und sich zusammenpressenden Organismen besteht; dichte Nacht in ihrer mit pulsierenden, atmenden und sich erhitzenden Organen vollgestopften Dunkelheit; Organe, die – jedes nach seiner Art – ihren Standort und ihre Funktion verteidigen. [...]«[32]

In *Pour un portrait de Monsieur Teste* formuliert Valéry noch knapper: »Am Ende des Geistes, der Körper; aber am Ende des Körpers, der Geist.«[33] Dieser doppelseitige Anschlag kommt einem Zirkelschluß gleich. Denn der Körper ist nicht nur das, was den Denkakt hervorbringt; er ist auch das, was ihn begleitet, und das, was sich dem Denken als Objekt darbietet.

Man versteht nun besser, wieso *Der Abend mit Herrn Teste*, diese »Geschichte eines denkenden Menschen«, diese »Vivisektion« mit der Epiphanie eines Körpers und mit dem plötzlichen Eintreten des Schmerzes endet. So wäre denn das ganze Ausmaß der geistigen Tätigkeiten bis hin an ihre Grenzen durchlaufen:

»Er zog sich ruhig aus. Sein hagerer Körper badete sich in den Bettüchern und war wie tot. Dann drehte er sich und tauchte tiefer in das zu kurze Bett.«[34]

Das »zu kurze Bett« steht hier in proportionalem Verhältnis zu der übrigen materiellen, durch die Ellipse asketisch beschnittenen Struktur des Raumes. Dieses Bett, dieses »beliebige« Zimmer lassen in ihrer Armseligkeit dem Geist freies Feld. Und auf dieser spärlich bestückten Bühne behält Teste die perfekte Herrschaft über sein Ein-Personen-Stück. »Sich drehen«, »in das Bett tauchen«[35], all dies markiert immer noch den herausragenden Part des Reflexiven, des auf sich selbst bezogenen Handelns. Teste hat dem Zuschauer seinen Platz angewiesen, die Ereignisse vorausgesagt und seine Anweisungen gegeben:

»›Bleiben Sie noch‹, sagte er, ›Sie langweilen sich nicht. Ich gehe nun zu Bett. In wenigen Augenblicken werde ich schlafen. Sie werden zum Hinuntergehen die Kerze nehmen.‹«[36]

Der Schlaf und der Weg des leuchtenden Zeugen – der Kerze – bilden in der Tat das Ende der Erzählung: »Noch ein wenig leiser nahm ich die Kerze, schlich ich auf den Zehen hinaus.« In wenigen Sätzen hat Teste seinem Gefährten all das auferlegt, was er von ihm erwartet: bleiben, zuhören, verschwinden. Er richtet zwar hier und da ein *Sie* der Anrede an ihn, doch ohne eine Antwort zu erwarten. Der Ton der Anrede geht unmerklich in den ›inneren‹ Monolog über.

»Er sagte mir lächelnd: ›Ich schwimme auf dem Rücken. Ich treibe hin!‹« Teste lächelt, sein Gesichtsausdruck ist damit genau dem entgegengesetzt, den der Schmerz verursacht hätte, der indes bereits eingesetzt hat, allerdings noch mit Unterbrechungen. Tatsächlich existieren in diesem Monolog das Register des Schmerzes und das der Euphorie unmittelbar nebeneinander. Im Text lassen sich rasch aufeinanderfolgende Substitutionen und fortwährende Variationen verfolgen, die bereits in vollkommener Deutlichkeit zum Ausdruck bringen, was Valéry zur ›Instabilität‹ und dem im ›geistigen Leben‹ erforderlichen ›Wechsel‹ äußern wird. Testes Monolog verknüpft hedonistische Körpergefühle und Schmerzreaktionen. Die ganze Metaphernreihe des Schwimmens, des Segelns, des »Fließen[s] in Schlaf und Linnen« ist vom Vergnügen gekennzeichnet, um als Hintergrund und Prellbock für die Attacken des Schmerzes zu dienen. Die Parataxe und die Gedankenpunkte bezeichnen die Unterbrechungen und die erneuten Anfänge.

»Je fais la planche. Je flotte.«[37] Nachdem Teste tiefer in das Bett hineingeglitten ist, empfindet er ein Gefühl der Erleichterung, das er sogleich übersetzt und deutet. Er erfaßt das Gefühl in metaphorischer Rede. Dabei handelt es sich um eine aktive Antwort, die die Oberfläche des Lakens in eine Meeresoberfläche verwandelt. Der aktivische Charakter der Aussage wird gestützt durch das Verb *faire* (»machen«), welches ein Produzieren impliziert: im vorliegenden Falle ein Produzieren von Erleichterung der Unbeweglichkeit. Das intransitive *flotter* (»treiben«) erscheint als Ergebnis von *faire la planche* (»auf dem Rücken schwimmen«)[38] und damit als ein bewußt herbeigeführtes Verhalten, das eine *Rückenlage* des ausgestreckten Körpers impliziert.

»Je sens un roulis imperceptible dessous, – un mouvement immense?« (»Ich fühle unter mir ein unmerkliches Schlingern, – eine unendliche Bewegung?«) Von *faire* (la planche) zu *sentir* (un roulis) hat ein Wechsel zur Wahrnehmung hin stattgefunden, aber immer noch im Rahmen des gleichen Elements (des Wassers), der gleichen metaphorisierenden Spannung. Zweifellos grenzt das solcherart empfundene Schlingern an Illusion – es ist die Projektion der inneren Oszillation, die der ermüdete Körper (in dem die Droge zu wirken beginnt) empfindet, auf eine imaginäre Umwelt. Das Fragezeichen signalisiert hier eine Veränderung im Ton: am Ende eines Sechssilbers (»un mouve*ment* im*mense*«), der wie ein Halbvers klingt, welcher durch die Nasale noch verstärkt wird, erhält die

Stimme einen fragenden Klang. Diese Veränderung im Ton legt am Ende
der Frage die Betonung auf den Begriff *immense* (»ungeheuer«), der als
äußerster Gegensatz zum kurz zuvor genannten *imperceptible* (»unmerklich«) erscheint. Das Präfix der Verneinung (*im-*) findet sich im
einen wie im anderen Falle, doch die Umkehrung ist wahrhaft schwindel-
erregend; sie hat sich mit außerordentlicher Geschwindigkeit vollzogen,
als ob die körperliche Botschaft sich in ihrer Natur von einem Augenblick
zum anderen verändert hätte. In einem *Cahier,* das etwa zur gleichen
Zeit entstand wie *Herr Teste,* findet sich die Notiz: »Empfindungen lassen mehrfache Deutungen zu – bei n angrenzenden geistigen Ph(änomenen)?«[39]

    »Ich schlafe eine oder zwei Stunden allerhöchstens.« Testes Hyposom-
nie korrespondiert vollkommen mit dem Beruf, den ihm sein Name zuschreibt (»Conscious – Teste, testis«)[40]. Der kurze Schlaf in einem engen
Bett läßt den wachen Zustand so lange andauern, daß das Denken nicht
wahrzunehmen vermag, ob es unterbrochen wird: »Oft kann ich meine
Gedanken vom Schlaf nicht mehr unterscheiden. Ich weiß nicht, ob ich
geschlafen habe.« Dabei ist der Schlaf nicht etwa unerwünscht. Aber
indem er ihn im Rahmen der Meeresmetaphorik als »Meerfahrt der
Nacht« bezeichnet, macht Teste auch ihn zu einer gelenkten Aktivität:
keine Seefahrt ohne Lotsen, ohne ständige Kontrolle des Kurses, ohne
das Risiko, Schlaf zu versäumen. In *Journal de bord* lesen wir:

> »*Schlaf* und *Erinnerung*
> fremde Welten.
> mit den Augen zwinkern, sie langsam weit öffnen
> nach dem rechten Fuß greifen mit der linken Hand,
> ihn umklammern.«[41]

Die folgenden Worte in Testes Monolog liefern gleichsam die Erklärung
zu dieser Notiz. Teste will beweisen, »zeigen«, daß er sich alt fühlt. Wieder eine Feststellung: »Ich bin alt« von einem bewußten Akt, einer
Machtgebärde begleitet: »Ich *kann* es ihnen zeigen, daß ich mich alt
fühle.« Die Beweisführung stützt sich auf eine reflexive Wahrnehmung:
»Ich fühle *mich.*« In einem späteren Text läßt Valéry Teste sagen: »Der
Beweis ist die elementare Höflichkeit, die man sich schuldet.«[42] Und am
Ende seines Monologes, kurz vor dem Einschlafen, bemerkt Teste: »Wer
mit mir spricht und nicht beweist, ist ein Widersacher.« Wie nun beweist
er sein Alter? Er greift nicht mehr, wie früher, zum besseren Einschlafen
auf die Erinnerung an all das zurück, »was [ihm] Freude gemacht hatte,
Gesichter, Dinge, Minuten«. Diese Möglichkeit eines beruhigenden Auf-
rufens der Erinnerung erscheint erschöpft. Das Gefühl des Alters äußert

sich besonders im Verschwinden des Bedürfnisses, den eigenen Körper zu entdecken; ein Bedürfnis, das charakteristisch war für die Kindheit in ihrer Unwissenheit und mit ihren senso-motorischen Entdeckungen. Der Körper war einst ein Repertoire unbekannter Haltungen; er war – für die Hand – ein Überraschungs*objekt*:

»Wenn man Kind ist, *entdeckt* man sich, man entdeckt langsam das Ausmaß des eigenen Körpers, man äußert die Besonderheit seines Körpers durch eine Reihe von Anstrengungen, wie ich annehme. Man dreht sich, und man findet sich, oder findet sich wieder; und man staunt! Man greift an seine Ferse, man packt den rechten Fuß mit der linken Hand, man bekommt den kalten Fuß in die warme Hand! . . . Jetzt kenne ich mich auswendig. Auch das Herz. Bah! die ganze Erde ist abgesteckt [. . .]«[43]

Die von Teste evozierte Selbstentdeckung des Kindes ist unermüdlich und unkoordiniert; sie impliziert gleichermaßen den Tastsinn, das Über-Kreuz-*Greifen*, das den Unterschied von Wärme und Kälte objektiviert, und darüber hinaus die selbstbezogene Wahrnehmung, die alle Anstrengungen und Verdrehungen begleitet. Dabei fällt der starke narzißtische Anteil auf, der einhergeht mit der Vervielfältigung der aktivierten Energien, die in Gang gesetzt werden, um sich selbst wahrzunehmen (wobei der Blick vorläufig noch ausgeschlossen bleibt). Man beachte die Progression im Gebrauch der reflexiven Verben: *man dreht sich* bezeichnet eine globale Körperbewegung; *man findet sich* bezeichnet eine Aneignung seiner selbst als das dem Verb zugehörige Objekt; *man findet sich wieder* fügt nach einem angenommenen Zeitraum die Wiederholung des Aktes der Aneignung hinzu. Die syntaktische Reihung verläuft in Richtung einer zunehmenden Körperbeherrschung, eines zunehmenden Erfolges in der Zielgerichtetheit der Geste.

Wie Valéry erkannte, stößt jegliche Handlung an eine Grenze. Die Entdeckung des eigenen Körpers endet dort, wo der Körper keine *terra incognita* mehr aufzuweisen hat. Sich »auswendig« zu kennen bedeutet, den ganzen Text gelernt zu haben. Und das Herz ist im buchstäblichen Sinne selbst ein Teil dieses nunmehr bekannten Textes. So erfährt die Ausschöpfung der Kenntnis des »eigenen Körpers« durch Teste eine doppelte Metamorphose: in einem ersten Register wird das räumliche Bild des eroberten Erdballs entfaltet (implizit ist damit die gealterte Zivilisation gemeint); im zweiten Register wird spielerisch die Idee eines in der Erinnerung vollständig wiederholbaren Textes evoziert. (Man weiß ja, in welchem Maße das Wiederholbare in den späten Texten Valérys – vor allem im *Solitaire* – zum Motiv der Verbitterung, der alles negierenden, ständig wiederkehrenden Wut wird.)

Das Einsetzen des Schmerzes

Das Alter des Körpers scheint einen Einbruch des Neuen auszuschließen. Doch eben dieser Einbruch erfolgt in Form des Schmerzes. Um ihm eine größere Gewalt zu verleihen und ihn vom Vorhergehenden abzuheben, läßt Valéry dem Einbruch des Schmerzes eine euphorische Phase vorausgehen: »Ich liebe dieses Fließen in Schlaf und Linnen: dieses Linnen, das sich streckt und biegt oder sich knittert – das mich umschmiegt wie Sand, wenn ich mich totstelle –, das im Schlummer um mich gerinnt...« Das »Fließen in Schlaf und Linnen« hebt die Grenzen zwischen Innen und Außen, zwischen *Körper* und *Welt* auf. Die Aufmerksamkeit konzentriert sich auf den winzigen Teil der Welt, der mit dem Körper in Berührung kommt und mit ihm verschmilzt: auf das Linnen, das sich kurz darauf metaphorisch in Sand und in Milch verwandelt, das heißt zu einer zarten unorganischen (Sand) oder organischen (Milch) Berührung auf der Haut eines Subjekts wird, das – indem es sich »totstellt« – euphorisch zum ursprünglichen Leben hin (zum »primären Narzißmus«) regrediert. Doch beschränkt sich Teste in seinem Vergleich des Linnens mit Sand und geronnener Milch nicht auf diese natürlichen Substanzen. Das Linnen ist zugleich ein künstliches Produkt, und als ein vom umhüllten Körper für sich vereinnahmtes Artefakt verleiht es diesem den Charakter einer »sehr komplizierte[n] Mechanik«. Denn auch der Körper ist ein *Gewebe*. Und der abgebrochene Satz, der den Beginn der Schmerzen anzeigt, definiert diese anfangs als einen winzigen Fehler, der die Regelmäßigkeit des Gewebes (im technischen Sinne) unterbricht: »Nur eine kleine Abweichung im Sinne des Fadeneinschlags oder des Aufzugs... Ah!« Die Genese des Schmerzes wurde metaphorisch als ein Materialfehler objektiviert, also in Schach gehalten bis zum Augenblick des Durchbruchs, in dem der Schrei (»Ah!«) signalisiert, daß eine Grenze überschritten worden ist. Wir werden später jedoch sehen, wie der *Schrei* als Signal des Unerträglichen in der reflektierten Rede noch einmal aufgenommen wird.

Der Schmerz betritt die Bühne; bis dahin glich der Monolog über den ausgestreckten Körper, über die Unterschiede in der Selbstwahrnehmung von Kindheit und Alter nur einem Vorspiel, einem Rahmen für das plötzliche Eindringen des gewalttätigen Agenten:

»Er litt Schmerzen. ›Aber was fehlt Ihnen?‹ sagte ich zu ihm, ›ich kann...‹ ›Ich habe‹, sagte er, ›...nichts Besonderes. Ich habe... eine Zehntelsekunde zeigt sich... Warten Sie... Es kommen Augenblicke, wo mein Körper sich erleuchtet...‹«[44]

Der Erzähler hat den Schrei vernommen, das Leiden bemerkt, nachge-
fragt und seine Hilfe angeboten – die ignoriert wird. Testes Worte evo-
zieren zunächst Objekte und minimalisieren sie zugleich: von einer
»kleine[n] Abweichung« über »eine Zehntelsekunde« bis hin zu
»Augenblicke[n]« bestimmen oder konstatieren sie eine Größenordnung, in der Raum und Zeit des Schmerzes aufs äußerste begrenzt sind.
Darüber hinaus wird der Schmerz sogleich ins Sichtbare *transformiert*.
Er ist zunächst sichtbar gemachte Zeit (eine Zehntelsekunde); und als
solche folglich ein unabhängiger Parameter. Dann tritt eine *Variation*
ein: dieses Sichtbare wird verstärkt und als *mein Körper* bezeichnet.
Die Erleuchtung verleiht dem Körper eine Eigenschaft, ein Privileg, das
die mystische Tradition dem Geist zuschrieb. Der Körper wird zum Ort
der Offenbarung – einer Offenbarung allerdings, deren Quelle er selbst
ist. (Wie wir im folgenden sehen werden, soll sich die Frage nach der
Ähnlichkeit mit mystischen ›Zuständen‹ noch expliziter stellen.) Die
Erwartung des Blickes, der Wunsch zu *sehen*, werden auch weiterhin
eine Rolle spielen:

»»Das ist sehr merkwürdig. Ich sehe dann plötzlich in mir... ich unterscheide die
Tiefe der Schichten meines Körpers; ich spüre Schmerzzonen, Ringe, Pole, ganze
Büschel von Schmerzen. Sehen Sie diese lebenden Figuren? diese Geometrie meines Leidens? Es gibt da Blitze, die völlig Ideen gleichsehen. Sie bewirken Verstehen –, von hier bis dort...‹«[45]

Die unmittelbar leidende Selbstgegenwart (»*mein* Körper«, »*mein* Leiden«) wird nicht aufgelöst. Doch Testes Worte schaffen einen struk-
turierten Raum, von dem sich ein beobachtender Blick abhebt. Unter
diesem mit außerordentlicher Entschlußkraft begabten Blick werden die
Objekte zunehmend feiner und differenzierter. Wenn man die Ordnung
betrachtet, in der *Schichten, Zonen, Ringe, Pole, Büschel* aufeinanderfolgen, so stellt man eine Abstufung im visuellen Register vom Dichtesten
bis hin zum Allerfeinsten fest. Der Übergang vollzieht sich mit zunehmendem Abstraktionsgrad vom Körperlichen (Körperschichten) hin zum
Elektrischen (Ringe, Pole, Büschel)[46]. Die banale Metapher vom *Stechen*
des Schmerzes wird solcherart in Einzelteile zerlegt, erweitert und erneuert. Etwas weiter unten ist von *Blitzen* die Rede, allerdings mit einem
unmittelbaren Übergang ins Abstrakte, das heißt hin zu *Figuren* und zur
Geometrie und schließlich zu *Ideen*. Der solchermaßen mit lesbaren Zeichen gefüllte Raum ist endlich, er erstreckt sich von *hier* bis *dort*. Teste
fordert den Zeugen dazu auf, dieses mitanzu*sehen*, als könnten sich die
Blicke im selben äußeren Objekt treffen. Wir werden zu Zeugen eines
Prozesses, in dem der Schmerz für den Geist zu einem Gegenstand wird:

dies bedeutet eine genaue Umkehrung im Vergleich zur Hysterie, in deren Verlauf – Freud und Breuer zufolge – eine Idee in ein unbewußtes Symptom umgewandelt wird. (*Der Abend mit Herrn Teste* und die *Studien über Hysterie*, 1895, sind im Abstand von nur wenigen Monaten erschienen.) Bis hin zu einer gewissen Grenze verwandelt Teste somatische Vorgänge in Bewußtes, Sichtbares; Freuds und Breuers Hysteriker hingegen verwandeln das dem hypnoiden Zustand (Breuer) oder der Verdrängung (Freud) unterworfene Denken in somatische Vorgänge.

Durch eine Substitution der »self-variance«, mittels derer die Herrschaft des klar umrissenen Schmerzes von der Übermacht des Unbestimmten abgelöst wird (von dem Teste weiterhin klar und deutlich zu sprechen vermag, indem er seine Worte genau wählt), kommt es zu einer plötzlichen, grundlegenden Veränderung:

»›... Und doch lassen sie mich *ungewiß*. Ungewiß ist nicht das Wort... Wenn das herannaht, gewahre ich in mir etwas Wirres oder Unbestimmtes. In meinem Wesen entstehen... nebelhafte Stellen, ganze Bereiche treten in Erscheinung. Dann hole ich aus meinem Gedächtnis eine Frage, irgendein Problem... Ich versenke mich darein. Ich zähle Sandkörner... und, solang ich sie sehe... – Mein wachsender Schmerz zwingt mich, ihn zu beobachten. Ich denke an ihn! – ich erwarte nur meinen Schrei, ... und sobald ich ihn gehört habe, – wird das *Ding*, das entsetzliche *Ding* kleiner und kleiner und entzieht sich meinem inneren Sehen...‹«[47]

Vorübergehend tritt ein neuer Zustand ein: der zuvor geäußerte Schmerz macht dem Warten Platz. Ein Warten, das sich zunächst auf ein neutrales und unbestimmtes »*das*« konzentriert, welches sich alsbald in ein »*entsetzliche[s] Ding*« verwandelt. Am Ende des zitierten Textes schließt sich der Kreis: das »Ah!«, das wir vor der Bilderfolge der Erleuchtung *gehört* haben, wird zum Schrei (»mein Schrei«), den Teste aber nicht ausstößt, sondern den er in Kenntnis der Sache erwartet; nachdem wir den Schrei vernommen haben, kommt es zu einer Verringerung der Ausmaße, das »*kleiner*« nimmt »nichts Besonderes« und die »Zehntelsekunde« wieder auf, mit der die Beschreibung des Schauspiels des Schmerzes begonnen hatte.

Der innere verschwommene Raum, die unbestimmten Weiten sind Metaphern des herannahenden Schmerzes, den wir zunächst in Form des ausgestoßenen Schmerzensschreis kennengelernt hatten. Teste spricht von den vorausgegangenen Augenblicken, in denen der »wachsende« Schmerz und der Geist einander unmittelbar nahe kommen. Das einzige, was dem Geist noch helfen kann, ist die Ablenkung. (Eine von Montaigne, den Valéry wegen seiner kleinen Vertraulichkeiten bekanntlich nicht besonders schätzte, empfohlene Methode.) Die Ablenkung bedient sich des höchsten Maßes an Abstraktion: der Zahl, des Zählens, »irgendein[es] Problem[s]«. Das für dieses Mal auf *etwas anderes* gerichtete Rechnen soll verhindern, daß das Bewußtseinsfeld ganz dem Gedanken an den Schmerz überlassen bleibt. Das Denken befaßt sich mit dem Allerabstraktesten, jenseits jeglicher Gestalt (mit Ausnahme der unspezifischen des Sandkorns). Doch die ganze Zeit hindurch, in der der Schmerz durch sein stetiges Zunehmen die Aufmerksamkeit auf sich zieht und das Denken an sich fesselt, behält er unweigerlich die Oberhand. Dies zumindest erklärt Teste, der aus dem Gedächtnis das Herannahen des Schmerzes beschreibt. Denn der Schmerz kehrt nicht wieder. Das Schmerzmittel hat gewirkt, doch ohne den Geist seiner Widerstandskraft zu berauben, die es ihm ermöglicht, sich an all das zu erinnern, dessen Zeuge er war, oder auch vorauszusehen, was sich wiederholen könnte.

All diese Episoden spielen sich im Bereich des Sichtbaren, des Visuellen ab. Es handelt sich ausschließlich darum, zu sehen, vorauszusehen oder zu beobachten, was »sich zeigt«, was erscheint, was einem Feld oder »Bereich« eingeschrieben ist. Das akustische Register tritt nur mit dem *Schrei* und dem In-sich-Hineinlauschen in Erscheinung, das die Kraft besitzt, das feindliche Objekt in sich zusammenschrumpfen zu lassen. Aber dies ist nur eines der möglichen Systeme der Metaphorisierung. Es gibt noch weitere. Valéry evoziert in *Quelques pensées de Monsieur Teste* (»Einige Gedanken des Herrn Teste«) Äquivalenzen in der Musik:

»Der Schmerz wird verursacht durch einen Widerstand, den das Bewußtsein einer lokalen Disposition des Körpers entgegensetzt. – Ein Schmerz, den wir klar betrachten und gewissermaßen umreißen könnten, würde zu einer schmerzlosen Empfindung – und vielleicht könnten wir dadurch etwas direkt über das Innerste unseres Körpers erfahren – ein Wissen, das sich mit dem, was uns die Musik vermittelt, vergleichen ließe. Der Schmerz ist eine sehr musikalische Angelegenheit, man kann fast in musikalischen Termini darüber sprechen. Es gibt dumpfe und stechende Schmerzen, Andante und Furiosi, durchgehaltene Noten, Fermaten und Arpeggien, Läufe – plötzliche Pausen, etc. . . .«[48]

Die Metaphorisierung ist hier noch eng mit dem Projekt der Beherrschung verknüpft. Denn so wie jegliches Metaphorisieren eine Interpretation einschließt, so erfordert jegliche Interpretation einen Abstand zwischen interpretierendem Subjekt und dem Objekt der Interpretation – und sei letzteres auch Teil »meines Körpers« (oder, in einer Formulierung Valérys, die die Objektivierung noch verstärkt: »der Mein-Körper«). Für Valéry »trägt der Schmerz keinerlei Bedeutung«[49] und ist von daher unbegrenzt deutbar. Aus einem der ersten *Cahiers* haben wir den Satz zi-

tiert: »Empfindungen lassen mehrfache Deutungen zu – bei n angrenzenden geistigen Ph(änomenen).« Und kurz darauf stoßen wir dort auf
die rasch hingeworfene Notiz, die Testes Monolog angesichts des
Schmerzes in folgendes Schema faßt: »Der Schmerz entsteht dadurch,
daß man sich vom ekelerregenden Bild entfernt – und dorthin zurück-
kehrt. Ein Oszillieren.« [50]

Die diesem Oszillieren unterworfene Selbstbeherrschung läßt sich
nicht kontinuierlich aufrechterhalten. Unter den Teste zugesprochenen
Gedanken findet sich auch der Satz: »Ich bin das Wechselhafte.« [51] Nun
ließe sich einwenden, daß es sich beim Bewußtwerden der Wechselhaf-
tigkeit doch um einen Versuch des Denkens handele, die verlorene Stabi-
lität wiederzugewinnen. Dennoch muß unweigerlich eine Unterbrechung zur Kenntnis genommen werden, die die Fähigkeit, die eben diese
Kenntnisnahme ermöglicht, nicht unbeeinträchtigt läßt. So kommt es zu
einer Folge plötzlicher Brüche und bewußt herbeigeführter Neuanfänge,
in denen der Geist in seinem Stolz lieber aufsteigende Reflexionsstufen
als bloße Wiederholungen sähe. Beim Weiterlesen stoßen wir auf das
Projekt (oder eher: den hypothetischen Wunsch) eines Neubeginns:

»»Was vermag ein Mensch? Ich bekämpfe alles – außer den Leiden meines Körpers, wenn sie ein gewisses Maß übersteigen. Und doch sollte ich dort beginnen.
Denn Leiden heißt, seine höchste Aufmerksamkeit an eine Sache wenden, und ich
bin ein wenig ein Mensch der Aufmerksamkeit…‹« [52]

Beim Weiterlesen erkennt man allerdings, daß es sich bei dem genannten
Beginn nur um die Wiederholung einer wohlüberlegten Vorhersicht
handelt, die sich seit langem in ihm verfestigt hat. Überraschende »Va-
riabilität« – der Mann, der davon sprach, daß er »*beginnen sollte*«,
spricht von sich selbst als jemandem, der bereits *vorausgesehen hatte:*

»»Sie müssen wissen, daß ich meine künftige Krankheit vorausgesehen hatte. Ich
habe mit Präzision an das gedacht, wessen jedermann gewiß ist. Ich glaube, daß
dieses Hinblicken auf einen offenbaren Teil der Zukunft zur Erziehung gehören
sollte. Ja, ich habe vorausgesehen, was jetzt anfängt.‹« [53]

Unter der zunehmenden Wirkung des Schmerzmittels geht der Schmerz
in Schlaf über, als induzierte Variation oder »Phasen«wechsel. Dies wird
signalisiert durch die kurze Bemerkung des Zeugen: »Er wurde ruhig.«
Die Stimme aber spricht weiter (»ein Gemurmel ins Kissen«), während
an der Peripherie des Körpers »seine Hand bereits schlief«.

»Er sagte noch: ›Ich denke, und das stört nichts. Ich bin allein. Wie behaglich ist
die Einsamkeit. Nichts Zärtliches lastet auf mir… Dieselben Träumereien hier
wie in der Schiffskabine wie im Café Lambert… Wenn die Arme einer Bertha
Bedeutung gewinnen, werde ich bestohlen, – wie vom Schmerz… Wer mit mir

spricht und nicht beweist, ist ein Widersacher. Weit mehr liebe ich die Äußerung der geringsten Tatsache, die sich zeigt. Ich bin seiend und mich sehend; ich sehe, wie ich mich sehe, und so fort... Denken wir ganz scharf. Bah! man schläft über irgendeinem, gleichviel welchem Thema ein... Der Schlaf führt irgendeine, gleichviel welche Idee weiter...‹«[54]

In der parataktischen Diskontinuität der Sätze scheint jeder Satz in seiner Kürze für sich selbst zu existieren. Von »Ich denke« bis hin zu »Schlaf« weisen sie dennoch in eine allgemeine Richtung; dabei handelt es sich allerdings um eine zirkuläre Bewegung, denn der Schlaf ist immer noch eine (wenn auch anders geartete) Form des Denkens und führt »gleichviel welche *Idee*« weiter. Genau diesen Zirkelschluß beschreibt in einem der zuvor zitierten angrenzenden Texte die chiasmatische Formulierung: »Am Ende des Geistes, der Körper. Aber am Ende des Körpers, der Geist.«[55]

Die Geister Descartes' und Pascals

Unschwer läßt sich in den Sätzen, die dem Einschlafen vorangehen, der transformierte, deformierte Widerhall einiger berühmter Texte wahrnehmen. Auch wenn sich eine absichtliche Verknüpfung nicht mit letzter Sicherheit beweisen läßt, so handelt es sich zumindest um einen effektiven, erkennbaren Bezug. Weckt eine kurze Aussage, die mit einem verabsolutierten »Ich denke« beginnt, nicht in jedem Leser sofort die Erinnerung an Descartes? Aber hier lesen wir anstelle von »also bin ich«: »und das stört nichts«[56]. An der Stelle des vollen Seins steht eine doppelte Verneinung, deren Subjekt und Ergänzung neutral, farblos, ungreifbar sind: *das*, *nichts*, als sollte das »ich denke« vor jeglicher Berührung, vor jeglichem äußeren Reiz bewahrt bleiben. Gewiß liest man kurz darauf und einige Zeilen tiefer: »Ich bin allein« und dann: »Ich bin seiend«, wie um sich über unsere enttäuschte Erwartung lustig zu machen. Doch die zweite Aussage ist keine Schlußfolgerung; sie erfolgt nicht aus einem *also*. Sie ist im Gegenteil eröffnend, erste Reflexion in einer Reihe sich ständig steigernder Denkschritte. Ebenso ist »Ich bin allein« nur eine vorangestellte Behauptung, die zunächst von euphorischer Zustimmung (»Wie behaglich ist die Einsamkeit!«), dann von einem zweideutigen Satz verstärkt wird, in dem die doppelte Verneinung (»*Nichts* Zärtliches lastet auf mir«)[57] – je nach Lesart – diese ›Zärtlichkeit‹ bestätigt oder negiert. Was zärtlich ist wie die Einsamkeit, belastet nicht – oder: keine aufdringliche Zärtlichkeit belastet mich. Der Satz ist anamorphisch. In jedem Falle schließt das einsame *Ich* alles außerhalb seiner selbst aus. Der

folgende Satz errichtet eine Konstante (»*dieselben* Träumereien«): der
Anspruch auf Identität mit sich selbst wird durch die Träumereien erhoben. Diese Identität bestimmt sich im Gegensatz zu einer Reihe unterschiedlicher Orte. Die Isomorphie der Träumereien leistet der Hetero-
topie Widerstand. Oder, einfacher gesagt, die Orte (»hier«, »die Schiffskabine«, »das Café Lambert«) werden zu bloßen Äquivalenten: sie werden
beliebig auswechselbar. Das einsame Individuum nimmt, vom *Denken*
bis zum *Träumen*, das Recht auf Veränderung für sich in Anspruch,
bleibt aber ständig auf sich selbst bezogen. Es will ausschließlicher Besitzer seiner selbst bleiben. Dies führt zu einer weiteren Reihe von Äquivalenzen, in der (mit welcher Frauenverachtung!) »die Arme einer Bertha«, »der Schmerz« und ein dritter Widersacher: derjenige, der »nicht
beweist«, auf die gleiche Stufe gestellt werden. Es handelt sich hier um
drei homologe Gestalten des Widersachers. Die Frau – mittels Synekdo-
che auf ihre Arme reduziert und darüber hinaus durch die metonymische
Unbestimmtheit, die sie zu *einer* unter allen möglichen Berthas, allen
möglichen Frauen macht, stark simplifiziert, bedeutet eine Gefahr für
den Schatz: das eigene Ich, den Teste eifersüchtig, mißtrauisch zu bewahren sucht. (Teste könnte damit denjenigen Argumente an die Hand
geben, die einen Bezug herstellen zwischen dem Kapitalismus – Teste lebt
von allwöchentlichen, unbedeutenden Spekulationen an der Börse –, dem
ausufernden Individualismus und der Käuflichkeit der Liebe – Teste verkehrt »in einer Art von B...«) So hätte Teste gleich beide Fragen beantwortet, die der Sprecher zu Beginn gestellt hatte: »Was wird aus Herrn
Teste, wenn er leidet? – Wie denkt er als Verliebter?« Mit all den Automatismen, die die absolute Selbstbeherrschung hervorgebracht hat,
funktioniert Teste wie ein »zölibatärer Automat«. Die Gleichgültigkeit
bannt die Liebe, wie das Schmerzmittel den Schmerz gebannt hat. Damit
ist jeglicher Dialog ausgeschlossen. Wenn all diejenigen, die sprechen,
ohne zu beweisen, Widersacher sind, wer wäre dann kein Widersacher,
da die Sprache (wenn sie nicht gerade auf »subtilere Zahlen« zurückgreift) keine Beweise erlaubt? Letztlich bleibt niemand mehr übrig. Was
läßt Testes Bewußtsein sich selbst gegenüber überhaupt noch zu? Die
reine Kontingenz, »die geringste Tatsache, die sich zeigt« und der einzig
die faktische Evidenz Glanz verleiht. Die »geringste Tatsache, die sich
zeigt«: das ist ein äußerst verkürzter Anspruch. Aber für denjenigen, der
angesichts seiner Einsamkeit eine solche Wollust verspürt, kann die Welt
genausogut verschwinden, ersetzt vom Ich, das sein Objekt geworden ist.
Das ist nunmehr das Komplement zu »ich denke«: »Ich bin seiend und
mich sehend; ich sehe, wie ich mich sehe, und so fort...« Das Bewußt-

seinsfeld wird ganz durch die partizipiale Verdoppelung von *ich bin* ausgefüllt, das sich für einen Augenblick in einem *seiend* verfestigt; dieses wiederum weicht einem anderen Zustand: *sich sehend* – das *ich* von »ich bin« entspricht nur noch dem *mich* als Objekt eines *Seh*aktes, der seinerseits von einem neuen Akt des Sehens abgelöst wird, der wiederum den vorhergehenden Akt des Sehens zum Objekt hat. Die solcherart in Gang gebrachte unendliche Reflexivität setzt eine Reihe von Anblicken frei, die den jeweils vorausgehenden Anblick zum Objekt reduzieren. »Und so fort...«: diese *Formel* setzt die Reihe fort, und wie in der Mathematik genügt ihre Angabe, um sich die weitere Ausführung sparen zu können. Denn da das *Sehen* sich immerzu selbst aufgibt, um sich zu objektivieren, verurteilt es sich selbst dazu, sich immer weiter zu entfernen, ohne dabei an Macht zu gewinnen. So bleibt nur noch der Versuch einer gegenläufigen Bewegung: »Denken wir ganz scharf.«[58] Das bedeutet, mit sich verringernder Distanz zu denken. Die Verringerung, das Zusammenziehen des Entfernten bedingt, daß »denken« nun kein Objekt mehr besitzt, sondern nur noch eine adverbiale Ergänzung der Entfernung.

Hier nun zeigt sich eine weitere Reminiszenz: Pascal! In seinem *Journal de bord* notiert Valéry: »Penser de plus près« und darunter »Pascal 59«.[59] Etwas weiter unten liest man die in *Der Abend mit Herrn Teste* verwendeten Sätze und Formulierungen: »Man schläft über irgendeinem Thema ein« und dann: »Er sah die Dinge ganz scharf«[60] (*Log-Book*). Im Fragment 59 der Edition Havet, das dem Fragment 139 bei Brunschvicg entspricht, lesen wir: »Aber *als ich schärfer darüber nachdachte*[61], und nachdem ich die Ursache all unseres Unglücks gefunden hatte, wollte ich auch seinen Grund erkennen, da fand ich einen sehr realen im Unglück unserer schwachen, sterblichen und so jämmerlichen Beschaffenheit, daß nichts uns darüber hinwegtrösten kann, wenn *wir einmal scharf darüber nachdenken*.«[62] Für Valéry bedeutet scharf zu denken, in der Immanenz des Denkens selbst zu denken, ohne Abweichung. Solches geschieht im Schlaf, der allerdings als eine andere Form des Denkens aufgefaßt wird – dieser wird der Text *Agathe* nachspüren (der ursprünglich als eine »Nacht des Herrn Teste« konzipiert war). In der äußersten Schärfe seines Denkens findet Valéry im Gegensatz zu Pascal jedoch nicht »das Unglück unserer Beschaffenheit«, sondern das, was die Mystiker Gott nennen; in *Pour un portrait de Monsieur Teste* lesen wir:

»Der Schmerz suchte den Apparat, der den Schmerz in Erkenntnis verwandeln sollte – was die Mystiker wohl ahnten, aber falsch sahen. Aber in der Umkehrung lag der Beginn dieser Erfahrung.

Gott ist nicht fern. Er ist das, *was am nächsten ist.*«[63]

Allerdings ist in Testes letzten Worten vor dem Einschlafen keine Rede
von einem Gott, vielmehr von »irgendeinem, gleichviel welchem«:
»Bah! man schläft über irgendeinem, gleichviel welchem Thema ein...
Der Schlaf führt irgendeine, gleichviel welche Idee weiter...« In der
durch die Schärfe des Denkens erreichten absoluten Annäherung weigert
sich das monologisierende Bewußtsein, weiterhin seine eigene Wahl zu
treffen. Seine Wahl ist, keine Objekte und Ideen mehr auszuwählen. Der
äußerst nahe gerückte Gott ist nichts anderes als das, was diese Preisgabe
an sich herankommen läßt. Die Gleichgültigkeit, das »Desinteresse«
überlassen das Denken ganz seiner eigenen Bewegung. Der Geist, der die
Botschaft des Körpers beschnitten und die Welt verloren hat, verausgabt
seine Energie nur in sich selbst. An anderer Stelle schreibt Valéry:

»Wie ein großes Schiff versinkt und langsam untergeht mit seinem ganzen technischen Apparat, seinen Maschinen, seinen Lichtern, seinen Instrumenten...

So sinkt in der Nacht und in den tiefsten Schichten des Selbst der Geist mit
seinem ganzen Apparat und all seinen Möglichkeiten in Schlaf.«[64]

Das Versinken in den Schlaf, hier in einer umfassenden Schiffahrtsmeta-
phorik umschrieben, die derjenigen Testes nahe kommt, endet in einer
»Isolation der Sinne«, die den Geist nicht etwa der vollkommenen Nacht
preisgibt (das Schiff behält *seine* Lichter), sondern seinem Funktionieren
als geschlossenem System. Das Dreiecksverhältnis *Körper–Geist–Welt*
reduziert sich auf einen undifferenzierbaren Punkt; jeder Bezug zur *Welt*
erlischt, und die körperliche Präsenz nimmt ab, fast bis zur Gefühllosig-
keit. Der im Körper gefangene Geist, unfähig, den Körper zu einem Objekt
zu reduzieren, arbeitet in seinem eigenen ›Milieu‹. Er büßt seine Männ-
lichkeit, seine Motive zu kämpfen ein. Er wird zur Schläferin. Hier nun
könnte Agathes Monolog beginnen: »Je mehr ich denke, um so mehr
denke ich.«[65] Dies ließe sich problemlos fortführen; und damit ist freies
Feld gegeben für die reine Variation und die unendlichen Substitutionen,
die undifferenziert, in völliger Unbestimmtheit aufeinanderfolgen:

»Ich bin reiner Wechsel im Schatten, in einem Bett. Eine Idee, die sich ohne einen
Anfang einstellt, wird zunächst klar, aber falsch, oder aber rein, dann leer oder
unendlich oder überholt; sie wird sogar inexistent, um unvermutet wieder aufzu-
tauchen, und zieht meinen ganzen Geist mit sich.

Mein Körper nimmt kaum wahr, daß die ruhigen Massen meines Lagers ihn
heben: darüber herrscht mein Leib, betrachtet und mischt die Dunkelheit [...]«[66]

Hier nun spricht das »reine Ich«, unbestechlicher Zeuge all dessen, was
im Individuum Wechsel, Veränderung, Unwissenheit ist. Es ist, wie Valéry immer wieder betonte, eine Nicht-Person, die in unserer Person

wacht. (»Das reine, einfache Bewußtsein, dessen einzige Eigenschaft darin besteht zu *sein*, ist vollkommen *unpersönlich.*«)[67] An den äußersten Grenzen der geistigen Existenz und auf Grund der ganz auf das Individuum konzentrierten Aufmerksamkeit trägt eine »unverfälschte«, anonyme, »höchst abstrakte« Kraft den Sieg davon. Aber genauso verhält es sich an den äußersten Grenzen der körperlichen Existenz. Das überaus Seltsame und Eigentümliche des Schmerzes kann ebenso leicht den Charakter vollständiger Fremdheit erhalten: die Aufmerksamkeit, die – narzißtisch in der Erfahrung des eigenen Ichs absorbiert – das Aufkommen des Schmerzes beobachtet, erlebt, wie dieser den Charakter des Nicht-Ichs, des Nicht-Anzueignenden annimmt. In den *Pensées de Monsieur Teste* lesen wir unter anderem:

»[Wir sind Quellen] des Schmerzes und der Wollust. Wir fühlen... (wie soll ich mich nur ausdrücken) – Veränderungen – Werte – Größen – ›Empfindungen‹ – ›Beschleunigungen‹ aus *uns* hervorgehen, die gänzlich *zu uns* gehören und doch zugleich vollständig fremd sind, unsere Herren, unsere *wir* des Augenblicks und des *kommenden Augenblicks*.

Wie beschreibe ich nur diesen so veränderlichen und beziehungslosen Grund [unseres Wesens] – der überaus wichtige, aber auch höchst labile Verbindungen zum ›Denken‹ unterhält.«[68]

An diesem Punkt wird alles umkehrbar. Die Person, das Individuum konstituieren sich *a contrario* wieder aus all dem Unpersönlichen, das sie an den Grenzen des Geistes und des Körpers entdeckt haben. Das *Fremde*, das ihnen an der äußersten Grenze entgegentrat, machen sie zum Bestandteil ihres eigenen Wesens. Teste schreibt in seinem *Log-Book*:

»Das, was ich mir an Unbekanntem zu eigen mache, macht mich aus.«[69]

Das *Ich* macht sich zum Träger des Unbekannten. Es kommt also zu einer Wiederaneignung; doch es handelt sich um eine Aneignung des Nicht-zu-Besitzenden, des Nicht-zu-Erkennenden. Wie auch der Schmerz der meine und zugleich nicht der meine ist. Und was geschieht, wenn sich eine Möglichkeit zur Erkenntnis auftut? Wenn eine Kraft des Blicks sich der »Schwäche« und »Gebrechlichkeit« entgegenstellt? Diese Kraft stellt sich in ihrem höchsten Ausmaß auch dem Ich entgegen, überflutet es. Für Teste wäre sie keineswegs einer Befreiung des Individuums durch die Ausübung der Vernunft ebenbürtig. Es handelt sich dabei um eine neue, fremde Macht, die *im* Ich enthalten, aber von ihm ›verschieden‹ ist:

»Es gibt in mir eine mehr oder minder geübte Fähigkeit, die meine Neigungen und meine Abneigungen als gänzlich zufällig einschätzt – und sogar einschätzen muß.

Wenn ich mehr darüber wüßte, so sähe ich vielleicht eine Notwendigkeit –

anstelle des bloßen Zufalls. – Doch diese Notwendigkeit zu sehen, das ist selbst
noch verschieden... Was mich zwingt, das ist kein Teil von mir.«[70]
Zwischen Neigungen, Abneigungen, Schmerzen, die sich allesamt auf
ein Zufälliges, Unwesentliches zurückführen lassen, und dieser reinen
Fähigkeit zu sehen ist das Individuum, abhängig von seinen Quellen und
bestrebt, sich zu übersteigen, vom Unpersönlichen eingeschlossen. Ihm
verdankt es seine augenblickliche, fortwährend zerstörte und wieder er-
neuerte Konsistenz.

Fiktionen

Herr Teste ist ein »papierenes Wesen«, ein fiktiver Held. Valéry selbst
bezeichnet ihn als »falsches Portrait einer Person«[71], als eine »problematische Gestalt«[72]. Doch erhält er in der Erzählung gerade so viel Leben,
daß es für den Ablauf eines Abends vorhält. Valéry hat sich später noch
weiterer fiktiver Geschöpfe bedient, um ihnen einen Schein von Handlung zuzuschreiben: die junge Parze, Faust, der *Solitaire*.

Für einen Autor, der der Geschichte mißtraute und vorgab, den Roman
zu verachten, ist dieser Rückgriff auf die Fiktion bemerkenswert. Allenfalls hat er sich noch im Stil des philosophischen ›conte‹ geübt. In einem
späten Vorwort erklärt Valéry, Teste sei nach dem Bild einiger außergewöhnlicher Zustände geschaffen worden, die sich durch den »grenzenlosen Wunsch nach Reinheit« auszeichneten. Das Erscheinen der Gestalt
sei das Ergebnis des »bizarren Instinkts, dem, was einem an Seltenstem
verliehen wurde, zu einem uns überdauernden Leben zu verhelfen«.
Doch eine solche Existenz ließe »[sich] in Wirklichkeit [...] nicht über die
Dauer einiger Viertelstunden hinaus ausdehnen«. Teste ist also eine un-
mögliche Gestalt, alles in allem »der Dämon der Möglichkeit selbst. Der
Gedanke an die Gesamtheit dessen, was er kann, beherrscht ihn.«[73] So
wie er sich darstellt, ist Teste der Deckname einer momentanen Identität
Valérys, mit einem weniger ›monströsen‹ Valéry als aufmerksamem Gesprächspartner...

Diese Personifikation, diese Narrativierung machen für eine begrenzte
Zeit eine Kraft des Geistes und körperliche Vorgänge erfahrbar. Warum
in einer Erzählung? Vielleicht, um wenigstens für dieses eine Mal dem
bloßen Nebeneinander der verstreuten Notizen zu entrinnen; um sie in
irgendeiner Form zu ordnen, doch ohne ein System erstellen zu müssen.
Ein System, in dem sich die Kraft des Geistes verwirklicht, wäre eine
Philosophie; ein System, das das Empfinden körperlicher Vorgänge beschreibt, wäre eine Psychophysiologie oder eine Phänomenologie. Va-

léry bezweifelt aber aus Mißtrauen gegen die Wörter alle Philosophie radikal; was die Psychophysiologie anbelangt, so erstellt er unterschiedliche Modelle; er versucht, diese in »subtileren Zahlen« zu chiffrieren, weiß jedoch nur zu gut, daß keine Formel einer anderen überlegen ist und sich notwendig als wahr erweisen muß. Und seine Phänomenologie kommt über den ersten Entwurf nicht hinaus. Einen fiktiven Denker zu erfinden, fast ohne seinem Denken einen anderen expliziten Inhalt zu geben als den seines Monologs angesichts des Schmerzes, meint nichts anderes, als dem, was sich nicht in Gestalt eines philosophischen Systems fassen läßt, den Anschein einer Gestalt aus Fleisch und Blut zu verleihen; und es meint ebenfalls, einen *Menschen* mit höchstem Bewußtsein in seinen Haltungen darzustellen, doch ohne den Inhalt strukturieren zu wollen, mit dem sich dieses vorgeblich überragende Bewußtsein befaßt. Mit Ausnahme weniger lakonischer Aussprüche, die im Theater fallen, spricht Teste erst im Augenblick seines Zubettgehens in direkter Rede, wenn er mit der Müdigkeit und dem Schmerz, diesen Gemeinplätzen menschlicher Erfahrung, kämpft. (Valéry läßt ihn nur *in müdem Zustand* sprechen und vermeidet damit die Schwierigkeit, die in der Literatur immer dann auftritt, wenn ein Schriftsteller den genauen Wortlaut dessen zu ›transkribieren‹ sucht, was ein als überlegen bezeichneter Geist denkt. In *Louis Lambert* stützte sich Balzac – wesentlich ungeschickter – auf die notwendigerweise unvollkommene Erinnerung des Zeugen und Erzählers, der sich entschuldigt, er habe weder alles verstehen noch behalten können, was ihm sein genialer Gefährte anvertraut habe.) Der Schmerz ist folglich das innere Schauspiel, das *zum Sprechen nötigt*. Langsam geht Testes Monolog angesichts des Schmerzes (mit Ausnahme der Ausrufe) über in die Ausdrucksweise der Notizen, die Valéry seinen Heften anvertraut. In den Teste zugeschriebenen Äußerungen finden sich die meisten »Bruchstücke« wieder. Genau in diesem Augenblick ist die Fiktion am Punkte Null angelangt. Was geschieht denn noch? Nichts. Oder nur noch Banales: ein im Bett liegender Mann befragt seinen Körper, leidet, versucht, den Schmerz zu bannen, fühlt den Schlaf nahen und gibt ihm nach… Das der Narration entgegengebrachte Interesse nimmt zusehends ab, da die Minimalhandlung der ›Novelle‹ stagniert. Doch nun erwacht ein andersgeartetes Interesse: ein Interesse, das durch die Schärfe der Reflexion hervorgerufen wird, die die wechselnde körperliche Verfassung begleitet. Dabei fällt auf, daß die Diskontinuität dieser quasi momentanen Verfassungen, die sich auch äußerlich der Heftseite, auf der Valéry seine morgendlichen Notizen niederschrieb, immer mehr angleicht, zur Zerstörung der Fiktion führt oder diese zumindest auf eine

rein geistige Erfahrung reduziert, in der die Fiktion, unter Aufgabe des
narrativen Verfahrens, nur noch in den Metaphern nachklingt, mit denen der Geist auf den Vorgang, der sich in ihm vollzieht, antwortet. Es
sind widerrufbare Metaphern, deren Instabilität offenbar eng mit der
Instabilität des somatischen Phänomens korreliert, in dessen Abhängigkeit sich der Geist befindet und über das er die Herrschaft zu erlan-
gen sucht. So kommt es nicht nur zu einer Auflösung der Narration
als System provisorisch miteinander verknüpfter Momente. Die sich
auflösende Erzählung bringt dabei das Fragmentarische, Augenblickliche der sich im Bewußtsein abspielenden Vorgänge, die sich nicht in
ein umfassendes gedankliches System fassen lassen, um so deutlicher
zu Bewußtsein. Das vorhersehbare Mißlingen des Rückgriffs auf eine
Geschichte verweist erneut auf das unbestimmte innerliche Tasten, auf
den Versuch, Formulierungen zu finden, die eine Versöhnung der
Transzendenz des Ichs mit dem zunehmenden Einfluß von Körper und
Welt herbeiführen könnten – in einer possibilistischen Sicht der Person.[74]

Metaphern, flüchtige Bilder, momentane Gedanken sind alles, was von
der Narration übrigbleibt, und stellen zur gleichen Zeit die verstreuten
Resultate einer Reihe von Teilsiegen über den Schmerz dar – Reaktionen,
von denen keine die letzte sein dürfte. Doch über diese Wechselhaftig-
keit, diese Pluralität der Vorgänge hinaus, die verhindern, daß sich eine
›persönliche Identität‹ stabilisiert, erkennt Valéry genau, daß es ein
Selbst gibt, das in jeder unserer psychischen Verfassungen gegenwärtig
ist: »Das geistige Leben erfordert die Bewahrung von Elementen [...]
Sein ›Material‹ wird notwendigerweise bewahrt. Man könnte sogar sagen, die Bewahrung sei ein ›Wesen‹ – und der bekannteste Name für
dieses ›Wesen‹ ist *Ich*. Universelle Invariable.«[75] Doch läßt diese »Bewahrung von Elementen« selbst noch in ihrer Permanenz für Valéry
weder die Konstruktion einer Geschichte zu noch ein Verständnis des
Individuums aus seiner Geschichte heraus...

Wie man sich erinnern wird, hatte ich darauf hingewiesen, daß, während Teste den Schmerz in ›Ideen‹ umsetzt, Freud in seiner Theorie der
Hysterie davon ausgeht, daß Ideen und Affekte in körperliche Symptome, in ›Schmerzen‹ umgesetzt werden. Dazu ist nun aber noch zu
bemerken, daß auch Freud den Weg der Narrativierung wählt. Dem
könnte man entgegenhalten, daß Freud keine fiktive Gestalt geschaffen,
keinen Herrn Teste erfunden habe. Gewiß. Auch ließe sich einwenden,
daß sich Freud zunächst Patienten gegenübersieht und daß er im Gegensatz zu Valéry seinem eigenen Körper nur ein sehr beiläufiges Interesse

entgegenbringt. Dieser Einwand reicht indes nur bis zu einem bestimmten Punkt. Der Briefwechsel zwischen Freud und Wilhelm Fließ zeigt uns Freud als einen Menschen, der seine körperlichen Beschwerden (Migräneanfälle, Herzbeschwerden) sehr aufmerksam beobachtet und diese gelegentlich als Ausdruck seiner persönlichen ›Hysterie‹ wertet. Er will versuchen, sich durch Selbstanalyse von ihnen zu befreien; von dieser erwartet er einen Wissenszuwachs, was das Wesen der Hysterie selbst betrifft; dies wird letztlich eine Veränderung der den Patienten gegenüber angewandten Behandlungsmethoden herbeiführen. Man kann also sehr wohl von der Entwicklung eines introspektiven Moments in Freuds Denken ausgehen, das sich – unter Berücksichtigung aller Unterschiede – durchaus mit den Befragungen zum Ich, den geistigen Verfassungen und den psychischen Vorgängen vergleichen läßt, die jeden Morgen Valérys Hefte füllten. Dazu kommt beim einen wie beim anderen der gleiche spekulative Versuch, das Seelenleben in ein Modell zu fassen, das gleiche Suchen nach Formeln, die sich in algebraische Gleichungen setzen lassen und die über Gleichgewicht und Ungleichgewicht des »psychischen Apparates« Zeugnis geben sollen (die Formulierung stammt von Freud; es würde mich jedoch nicht wundern, wenn sie auch – sporadisch – aus Valérys Feder geflossen wäre). Diese Übereinstimmung ist nicht erstaunlich, in Anbetracht der gemeinsamen, von der physiologischen Wissenschaft der Zeit eingebrachten Voraussetzungen, die ihre sprachlichen Formulierungen (und, soweit möglich, auch ihre Forschungsmethoden) der physikalischen Energielehre, der Thermodynamik oder der Elektrodynamik entlieh. Allerdings handelt es sich beim Versuch einer Formalisierung des Nervensystems nach dem Modell der »materiellen Systeme«[76] beim einen wie beim anderen immer nur um eine Annäherung, die dem Problem keineswegs vollständig gerecht wird. Bei Valéry ist die algebraisierende Formel immer nur ein Provisorium, das sogleich wieder von der Tafel gelöscht wird. Die Notierung findet ihre Grenze in sich selbst; sie ist immer nur eine flüchtige Spur. Bei Freud hat die Idee Bestand: obwohl die Schemata des *Entwurfs* in kaum kontrollierter Improvisation entstanden, überleben sie im 7. Teil der *Traumdeutung*. Jedesmal, wenn bei Freud neue Intuitionen auftauchen, zeigt sich eine fast unmittelbare Tendenz, diese für operationalisierbar zu erklären. Er gibt sich mit ihnen sogleich zufrieden und bringt sie in Anwendung, was allerdings keineswegs ihre spätere Revision ausschließt. In einem Brief an Fließ vom 16. April 1896, der erst in der unlängst erschienenen Gesamtausgabe abgedruckt wurde, spricht Freud von der »Verstärkung des Eindrucks, daß *alles* so ist, wie ich es vermute, und daß sich also alles klären wird«[77].

Bevor ich fortfahre, möchte ich doch noch auf eine merkwürdige Übereinstimmung zwischen Freud und Valéry hinweisen, die dem Körper und
dem Schmerz entgegengebrachte Aufmerksamkeit betreffend. Man wird
sich an den Vergleich erinnern, den Valéry-Teste zwischen dem Schmerz
und der Musik zog. Freud schreibt nach dem schmerzhaften Aufschneiden
eines Furunkels an Fließ: »Ich habe gelernt, daß es hier ein Empfindungs-
gebiet gibt, so reich und mannigfaltig in seinen Elementen und Zusam-
mensetzungen wie das der Töne oder Farben, indes ist wenig Aussicht,
dieses Empfindungsmaterial in ähnlicher Weise zu verwerten; es tut zu
weh.«[78] Danach hat Freud nichts Erwähnenswertes mehr zum physischen
Schmerz geäußert. Dieser läßt sich nämlich vorzüglich in anatomischen
Begriffen erklären – mittels Nervenenden, -bahnen und -zentren. Ganz
anders verhält es sich mit der Neurose, den Ängsten, der Perversion, der
Melancholie...

Aber gerade weil die Hysterie sich verhält, als wüßte sie nichts von der
Anatomie des Gehirns und der Verteilung der Nerven, gerade weil der
einfache Hinweis auf die Reflexbögen (womit es, alles in allem, sein
Freund Fließ bewenden läßt) keine hinreichend befriedigende Erklärung
für Freud darstellt, sieht er sich gezwungen, einen anderen Weg einzuschlagen, der es erlaubt, auf das Symptom der Hysterie und das pathologische Faktum der Neurose zurückzukommen. Dieser Weg ist die Narration. Sie ermöglicht es, die Symptome als den Endpunkt in einer Reihe
von Vorgängen zu verstehen, die sich von der Vergangenheit über die
affektiven Antworten des Subjekts und die ›Konversionen‹ des Gefühls
hin zur gegenwärtigen Krankheit verlagern. Kommt die Verknüpfung
dieser Reihe von Vorgängen in ihrer zeitlichen Abfolge von Bedingung
und Folgewirkung nicht notwendigermaßen einem *Erzählen* gleich? In
einer bekannten Bemerkung aus den *Studien über Hysterie* bekennt
Freud:

»Ich bin nicht immer Psychotherapeut gewesen, sondern bin bei Lokaldiagnosen
und Elektroprognostik erzogen worden wie andere Neuropathologen, und es berührt mich selbst noch eigentümlich, daß die Krankengeschichten, die ich
schreibe, wie Novellen zu lesen sind, und daß sie sozusagen des ernsten Gepräges
der Wissenschaftlichkeit entbehren. Ich muß mich damit trösten, daß für dieses
Ergebnis die Natur des Gegenstandes offenbar eher verantwortlich zu machen ist
als meine Vorliebe; Lokaldiagnostik und elektrische Reaktionen kommen bei dem
Studium der Hysterie eben nicht zur Geltung, während eine eingehende Darstellung der seelischen Vorgänge, wie man sie vom Dichter zu erhalten gewohnt ist,
mir gestattet, bei Anwendung einiger weniger psychologischer Formeln doch eine
Art von Einsicht in den Hergang einer Hysterie zu gewinnen. Solche Krankengeschichten wollen beurteilt werden wie psychiatrische, haben aber vor letzteren

eines voraus, nämlich die innige Beziehung zwischen Leidensgeschichte und Krankheitssymptomen, nach welcher wir in den Biographien anderer Psychosen noch vergebens suchen.«[79]

Die individuelle Leidensgeschichte ist nicht mehr, wie in der organizistischen Medizin und der lokalisierenden Neurologie, simples Indiz für einen unterschwelligen Mechanismus, der sich in der Sprache der Physiologie formulieren ließe. Freud meint vielmehr, daß im Gegenteil gerade in der Sprache einer Leidensgeschichte das Krankheitssymptom auf vollständige und adäquate Art und Weise verständlich gemacht werden könne. Und wenn Freud, ausgehend von der individuellen Krankengeschichte, induktiv eine Theorie der Hysterie ausarbeitet, so bleibt diese, wie er vertraulich an Fließ schrieb, eine Hysteriegeschichte. Die Theorie ist für die individuelle Krankengeschichte das gleiche wie ein Erzählschema im Vergleich zu einer Erzählung oder zu einem Roman. Nach einer Konferenz über die Ätiologie der Hysterie mußte sich Freud von Krafft-Ebing sagen lassen: »Es klingt wie ein wissenschaftliches Märchen.« Freud reagierte ungehalten: das sei eine »seltsame Beurteilung«. Doch das Wort »Märchen« ist nur eine abfällige Version für das, was er selbst »Geschichte« nennt... Und wenn er in seinem Brief an Fließ[80] der verständnislosen Verachtung durch seine Zuhörerschaft die Überzeugung entgegensetzt, ihr »die Lösung eines mehrtausendjährigen Problems, ein *caput Nili*«, offenbart zu haben, so bedient er sich dabei zugleich einer geographischen Metapher und eines hydrologischen Bildes, in dem er seine Entdeckung emblematisch in die Form einer verborgenen Quelle faßt, von der aus sich der *Verlauf* eines Flusses vollständig erklären läßt. Seit langem schon verbindet aber eine metaphorische Assoziation den Fluß mit dem beredten Diskurs, mit der ›mitreißenden‹ Erzählung. Freud, der nicht will, daß man von »Märchen« redet, widerlegt seinen Gegner nicht etwa dadurch, daß er verneint, sich der Narration bedient zu haben, sondern indem er das Verdienst einer *anderen* narrativen Gattung für sich in Anspruch nimmt – der Erzählung von den Ursprüngen, der *Ätiologie* im mythischen Sinne des Begriffs...

Ich will es hier bei dem Hinweis belassen, daß die Freudsche Narration im zeitlichen Ablauf der Krankengeschichte von einer Reihe von *Übersetzungen* ausgeht: das Erlebnis wird in ein Gefühl übersetzt, dieses wiederum in einen Reiz und dieser endlich, nachdem er auf Widerstände gestoßen ist, in ein Symptom. Das Symptom ist der Endpunkt, der meistens isoliert erscheint. Sobald es von seiner erzählbaren Vergangenheit abgetrennt ist, wird es provozierend und geheimnisvoll. Es erhält den Anschein eines psychischen *Zustands*, einer somatischen *Schädigung*:

Schmerz oder Fühllosigkeit, Verkrampfung oder Lähmung. Wenn man
Freuds Theorie aus der Nähe betrachtet, so zeigt die Analyse, daß es sich
beim Symptom nur um eine vorübergehende oder auch dauerhafte *Blok-
kierung* einer Geschichte handelt; diese kann nur weitergehen, indem sie
wieder Besitz von den vorhergehenden Episoden ergreift, die schon mehr
als halb verwischt sind. Das Symptom zeugt somit von dem Verlust der
Fähigkeit, in der Geschichte fortzufahren. Doch in der sogenannten
Konversionshysterie läuft die blockierte Geschichte einfach weiter, sich
ständig wiederholend wie eine Schallplatte, auf der die Nadel hängen-
geblieben ist. Beim Symptom handelt es sich um verschüttete Worte, die
reden, ohne etwas auszusagen, und die sich in eine Sprache ohne Zukunft
verwandelt haben. Das dem Körper eingeschriebene Symptom ist das
Sediment oder die Ablagerung einer Geschichte, die nicht mehr weiß,
wovon sie spricht. In der ›Somatisierung‹ schlägt sich auf tragische Weise
die Geschichte nieder. Freud gibt dies sehr genau zu verstehen; aber verstand er es auch selbst, war er sich dessen bewußt, wenn er erklärt, daß es
sich beim Symptom um eine »Kompromißbildung« handelt? In der me-
dizinischen Fachsprache der Zeit wird das Wort »Bildung« gebraucht, um
eine lokalisierbare normale oder pathologische Organstruktur zu bezeichnen. Wenn Freud erklärt, daß der Hysteriker unter Reminiszenzen
leide und daß die Reminiszenz sich wie ein *Fremdkörper* verhalte, verstärkt er damit die Vorstellung von einer plötzlich *dinghaft* gewordenen
Geschichte, die einen Raum beansprucht (was sie denn auch mit einem
Male in den Bereich der »Wissenschaftsobjekte« treten läßt). Für einen
Mediziner, der sich einem – erkennbaren, hartnäckigen – Symptom gegenübersieht, besitzt die Vorgeschichte, sobald sie als ätiologische Erklärung akzeptiert wird, den gleichen Realitätswert wie das Symptom: die
hysterische Somatisierung verleiht gewissermaßen der (ihr vorausgehenden und sie begründenden) Serie von subjektiven Vorgängen körperliche Gestalt. Die Freudsche Theorie offenbart die Arbeit einer Sprache
im Subjekt selbst, als Folge dessen, was ihm in seiner Beziehung zu den
anderen, in seinen Gefühlen etc., zugestoßen ist. Wie sollte man da nicht
anerkennen, daß es sich bei einem Individuum objektiv um ein abwei-
chendes, soziales, sprechendes Subjekt handelt? Wer jedoch andererseits
nach den epistemologischen Mitteln der Freudschen Theorie fragt, muß
feststellen, daß in dieser eine Reihe von Problemen, die keine hinreichend überzeugende Formulierung in der Sprache der physischen Mechanismen finden konnten, auf narrative Weise erklärt werden. Es mag
tautologisch klingen, wenn man sagt, daß für eine narrative Erklärung
nur das *Erzählbare* in Betracht gezogen werden kann (unterstützt von

einigen kompatiblen Konzepten wie der ›Veranlagung‹, der ›Konstitution‹, die für jedes Individuum die Spektren der Aktions- und Reaktionsmöglichkeiten einschränken). Diese Tautologie ist indes de facto dafür mit ausschlaggebend, was ein erklärender Diskurstypus beinhalten oder nicht beinhalten kann. Einmal diesem Diskurstypus verpflichtet, macht die Freudsche Theorie der Hysterie die Suche nach dem Erzählbaren zwingend erforderlich – wie bei der Hypothese vom »vorzeitigen Sexualerlebnis«, an der, ausgehend von einigen anfänglich aufgetretenen Fällen, eine ganze Zeitlang allgemein festgehalten wurde. Auch als sich Konzepte wie der Ödipuskomplex ankündigen, wird die Ordnung des Erzählbaren weiter beibehalten: man verwendet Begriffe, die einer archetypischen Erzählung entlehnt sind oder auch mehreren Erzählungen, die auf ihre gemeinsamen Nenner zurückgeführt werden. Es ist nur zu deutlich, daß es sich bei einer großen Anzahl psychoanalytischer Konzepte, wenn sie Verhaltensweisen (wie den Narzißmus, den Todestrieb etc.) beschreiben, tatsächlich um narrative Kondensate handelt, um mythische Bezeichnungen, die zu gewöhnlichen Bezeichnungen vereinfacht werden, um Abfolgen typischer Ereignisse, die in einem einzigen Begriff zusammengefaßt werden – um so besser lassen sie sich bei der Patientenanalyse anwenden.

Die Theorie der Hysterie beschränkt sich nicht auf ein Postulieren des Erzählbaren; sie postuliert zugleich, daß es in dieser Erzählung (zu einem gewissen Moment) wenigstens zwei der Person innewohnende Protagonisten gibt: Wunsch und Verdrängung; sie postuliert wenigstens zwei räumliche Horizonte allegorischer Natur; unter Zuhilfenahme des Vergilverses, der der *Traumdeutung* als Motto vorangestellt ist, wollen wir sie als *Acheron* und *Superi*, als ›Unterwelt‹ und ›die da oben‹ bezeichnen...[81] Gewiß hat Freud seine Leser vor einem allzu buchstäblichen räumlichen Verständnis der Systeme Unbewußtes, Vorbewußtes, Bewußtes gewarnt, für die er ein unvermeidlich topographisches Schema entwickelt hatte, welches er mit Pfeilen versah, nach Art der Diagramme, die die Bewegungen der Truppenkörper in der Schlacht angeben. Ebenso hat er vor einer zu naiven anthropomorphen Vorstellung der »Instanzen« gewarnt, die wir als »innere Protagonisten« zu bezeichnen wagten. In der Tat setzt der Polymorphismus der Aktanten bei Freud Möglichkeiten der Umwechslung und der Übersetzung voraus, die abwechselnd das Individuum, das Gefühl, den infantilen Trieb, den Widerstand, das Körperorgan agieren lassen. Bei dem dabei implizierten Begriff der *Kompromißbildung* handelt es sich (in seiner Wortstruktur als zusammengesetzter Begriff) um den exakten Ausdruck einer narrativen Sackgasse. Ein

Kompromiß kann immer erst am Ende eines vorhergehenden Konfliktes
zustande kommen: Voraussetzungen dafür sind eine Rivalität, ein Antagonismus, die Unmöglichkeit, den Gegner zu besiegen. Ein Kompromiß
muß, um verstanden zu werden, in Worte gefaßt werden, zum Gegenstand einer Erzählung werden. Wenn es daraufhin zu einer Bildung
kommt, das heißt zu einer organischen Konkretisation, so hat sich damit
die Handlung verdinglicht. In der Konversionshysterie kann es geschehen, daß es sich bei dieser Verdinglichung um einen Schmerz handelt,
um das – in der Sprache Freuds – erste, dem Therapeuten angebotene
Material. Diesem obliegt es, den unter der *Bildung* versteckten Kompromiß zu entschlüsseln. Er muß folglich die Geschichte, die vorübergehend
in der Bildung schlummernde Reminiszenz, ans Licht bringen. Es muß
allerdings hinzugefügt werden, daß Freud angesichts seines Schmerz-
zustandes nur dann nach dessen ›historischer‹ – biographischer – Vorgeschichte sucht, wenn er davon überzeugt ist, daß es sich um einen hy-
sterischen, neurotischen Schmerz handelt, das heißt um einen Schmerz
psychischen Ursprungs. Andernfalls, und vor allem in seinem Falle –
sogar angesichts der Herzbeschwerden und der durch die Angina verursachten Schmerzen des Jahres 1894 sowie vor allem der durch einen Kie-
ferkrebs der letzten Jahre verursachten Leiden – läßt es Freud damit
bewenden, diese Schmerzen durch eine Schädigung des Organs zu erklären, die keine lange narrative Genealogie aufzuweisen hat: einer jahr-
hundertealten Weisheit zufolge kommt es einzig und allein darauf an,
Klarheit und Gelassenheit zu bewahren.

Der Unterschied zwischen Valérys und Freuds Denken wird hier vollkommen deutlich. Valérys Interesse gilt der »Abfolge der Dinge im allgemeinen – vom Standpunkt der Substitutionstheorie aus« [82]. Er hat ein
Arbeitsprogramm formuliert, dessen Ziel es ist, »auf die Wurzeln der
Begriffe zurückzugehen, die der Fülle von (zahlenmäßig unbegrenzten)
Bedeutungen auf verschiedene Weise innewohnen, die folgende Wörter
aufrufen: Ursache, Zeit, Folge, Reihe, Ordnung, Geschichte, Rhythmus,
Melodie, Reflexion, Bewegung, Transformation, Evolution, Entwicklung, (Ideen-)Assoziation, – Handlung – usw. usw. . . . «. [83] Die Untersuchung erstreckt sich auf »alle Termini [. . .], die *Wechsel* und *Bewahrung*
anzeigen, mittels einer Wahrnehmung vom Typ Frage-Antwort (d. h.
durch die Sensibilität)« . . . Dieser Entwurf einer allgemeinen Theorie
läßt Valéry die Frage nach der Identität stellen:

»Doch es gibt noch etwas Tieferes [. . .] nämlich das Problem der *Identität* – oder
wie dieses verborgene System die Substitution der *Identität* verwirklicht, nicht
die eigentliche Bewahrung, sondern die *ständige Rückkehr* zu einem *Selbst* – (Ich)

[...] Das (empfundene) *Ich* ist Ausgangs- und Endpunkt – einer Art von Systole – Diastole.«[84]

Wenn das Denken sich dem Problem der »Rückkehr zu einem Selbst« zuwendet, steht es allem, was Geschichte ist, oder wenigstens jeglicher Historisierung oder neu produzierten Verknüpfung der Phasen gleichgültig gegenüber. Einen Augenblick lang möchte sich Valéry noch eine andere Art der Figuration vorstellen:

»Die ›Psychologie‹ würde den Einsatz von Hilfsmitteln wie die Riemannschen Flächen oder topologische Figuren verlangen, um die Übergänge und Substitutionen *darzustellen*, die die *sukzessive Struktur* des augenblicklichen Zustands bedingen [...] Die Frage nach der Kontinuität – ist der schwierige Punkt – Denn die geometrischen Mittel der Analyse sind an eine Kontinuität gebunden – Und hier dominieren gerade das Heterogene und die Diskontinuität.«[85]

Aber gerade dann, wenn das Heterogene und das Diskontinuierliche vorherrschen, kann Valéry der Geschichte des Individuums kein Interesse mehr entgegenbringen. Und dies ist einer der Gründe, warum er das Freudsche Denken ablehnt (das er übrigens nur unvollständig und indirekt kennen konnte):

»Seit ewigen Zeiten befasse ich mich mit dem Traum. Dann kamen die Theorien von Freud & Co., die ganz anders sind – denn was mich interessiert, sind die Möglichkeiten und der spezifische Charakter des Phänomens; sie aber interessieren sich für seine Bedeutung, für seine Beziehung zur Geschichte des Subjekts – was mich überhaupt nicht beschäftigt.«[86]

Gewiß sollte die Geschichte Valéry nicht immer gleichgültig bleiben. In einer Notiz, die 1945, also kurz vor seinem Tode, in einem Augenblick starken physischen und psychischen Leidens entstand, akzeptiert Valéry ›affektive Montagen‹, die zum Teil noch aus der Kindheit stammen und »aufgrund einfacher Zufälligkeiten« auftreten, »ein Ichzustand, irgendein momentaner unerfreulicher Umstand, das zufällige Auftreten dieser Wahrnehmungen in eben diesem Augenblick«. Was ihn frappiert, ist nicht der Sinn, sondern die völlige Kontingenz und Absurdität dieser »unnützen Verbindlichkeiten zufälligen Ursprungs«. Dem fügt er folgende Bemerkungen hinzu, in denen er die Existenz einer Geschichte zwar anerkennt, diese aber sogleich wieder *abwertet*:

»Und eben aus den Wirkungen dieser Dümmlichkeiten sind wir in unserem armseligen Inneren gemacht... Ohne zu ahnen, stecken wir voller Tropismen und unüberwindbarer Abneigungen, die keinerlei erkennbaren Wert besitzen, deren ganze Macht aber im Verborgenen liegt – [die] in den meisten Fällen unmöglich zu erkennen sind, denn die Erinnerung daran ist verlorengegangen, während die von ihnen geschaffenen irrationalen Beziehungen latent weiterbestehen, bereit, das zu bewirken, was sie bewirken können, auch ohne sich zu äußern.«[87]

Diese »Tropismen« sind zwar zwingend, aber letztlich unbedeutend.[88]
Lohnt sich ihre Erforschung überhaupt? Soll man das Feld der persönlichen Geschichte betreten, um an seiner Quelle die tiefe Abneigung gegen das »Gurren der Taube in den Morgenlüften« oder den Abscheu gegen den »Geruch des Basilikums« zu entdecken?...[89] Es gibt keinen
Grund, ein Geheimnis in den tiefsten Abgründen der Existenz aufzuspü-
ren und von rückwärts alle Seiten des ungeheuren Textes im Buch des
Lebens durchzublättern. Wenn der Schmerz plötzlich einbricht, erhellt
er keine Vergangenheit: er illuminiert nur die gegenwärtigen Körper-
zonen. Er ruft einen lokalen Widerhall hervor (»was für ein seltenes
Geschenk ist es, nicht *widerzuhallen*«)[90]. So reduziert er das Bewußtsein
auf eine kurze Gegenwart, auf einen zusammengeschnurrten, seines zukünftigen Horizonts beraubten Augenblick: »Die Intensität des Schmerzes läßt sich umgekehrt an der Freiheit bemessen, die sie einem läßt.«[91]
Hier sind wir nun am weitesten von jeglicher Geschichte entfernt: »Lust
und Schmerz streben nach einer Unterwerfung des Ganzen unter den
Teil und nach einer Überordnung des Augenblicks über die Zeit.«[92] Der
Schmerz ist das physisch oder psychisch Unmittelbare, was Valéry dazu
veranlaßt, eine n-te Definition des Geistes zu geben, die die Philosophen
wohl kaum ablehnen dürften – Geist bedeutet, wenn er sich frei betätigen
kann, Vermittlung:

> »Der Schmerz und das Unglück lassen die Ansprüche des Geistes bis zu einem
> Punkte schrumpfen, an dem sie auf die Forderung reduziert sind: *Was es auch sei,*
> wenn es nur aufhört oder nicht eintritt!
>
> Doch dann ist der Geist schon fast nicht mehr Geist. Das Leiden spricht *unver-
> mittelt.* Das Denken ist nur sein Werk oder sein Widerhall.
>
> Und es ist kein Geist mehr, denn genau gesagt machen gerade die Zahl und die
> Ausdehnung und die Kompliziertheit der *Vermittlungen* den Geist aus – (und die
> Wahrheit).«[93]

Das Einbüßen der Freiheit, der Verlust der Vermittlungsfähigkeit des
Geistes sind nicht nur die Mitgift des Schmerzes. Die höchste Lust (Valéry präzisiert: bei einigen ›Tierarten‹) kann »ein Wesen in gleichem
Maße beherrschen wie der Schmerz den Menschen. Sie bemerken nicht,
daß sie geköpft werden – während der Liebe. Eine schöne Freiheit ist
das!«[94] Dem Geist seine Freiheit wiederzugeben, heißt also vor allem,
den Schmerz zu beenden oder die Wollust niederzukämpfen. Ist Testes
Zuflucht zum »Medizinfläschchen« nicht durch den Willen gerechtfertigt, eine verlorene Herrschaft wiederzuerlangen? Doch das Schmerzmittel vernichtet auf andere Art und Weise die Autonomie des Geistes –
indem es ihn in Schlaf versenkt. Der höchste Zustand, zu dem sich Teste

(und Valéry) emporschwingen wollen, setzt einen Geist voraus, der im Vollbesitz seiner Kräfte ist und die Botschaften des Körpers und der Welt in ihrem ganzen Empfindungsreichtum aufnehmen kann: das Hyperbewußtsein verlangt die Hyperästhesie. Hinter dieser Komplizenschaft von »Geist« und »Körper« geht die Möglichkeit ihres Antagonismus nie ganz verloren: der Geist verneint das, wovon er sich in jedem Augenblick absetzt, und das Gefühlsleben in seinen Extremen – Schmerz, Lust oder Lethargie – entwaffnet den Geist, grenzt ihn ein und verurteilt ihn bestenfalls dazu, sich vergeblich abzuarbeiten:

»Die größte Wut packt einen dann, wenn man feststellt, daß ein Leiden nicht nachläßt, wenn man es erkannt hat. Der Verstand umfaßt es, beschreibt es, bemächtigt sich seiner und – vermag doch nichts.«[95]

Testes Frage: »Was vermag ein Mensch?« ist eine Herausforderung, die an das *Maximum* dessen rührt, was der Mensch vermag. Doch gilt es auch ein *Minimum* zu berücksichtigen: wenn die Sensibilität »jegliche Antwort übersteigt«, wenn der »ungebändigte Teil des Organismus«[96] die Übermacht gewinnt, wird das Vermögen des Menschen durch sein »Schmerzpotential«[97] verdrängt. Ob flach oder tiefgründig, das, was Valéry immer wieder neu entdeckt, ist die *Schwelle*, an der der Körper, der allein auf der Bühne zurückgeblieben ist, dem Geist nur das wenige an Erleuchtung läßt, das dieser benötigt, um seine Niederlage zu erkennen.

(Aus dem Französischen von Inga Pohlmann)

Anmerkungen

1 *Les Cahiers*, faksimiliert hg. von C.N.R.S., Paris 1957, Band I, S. 4.
2 Zum Interesse der Philosophen und der Psychologen an diesem Problem s. Georges Poulet, *Bergson. Le thème de la vision panoramique des mourants et la juxtaposition*, in: ders., L'espace proustien, Paris, Gallimard 1963, S. 139–177.
3 *Les Cahiers*, C.N.R.S., I, S. 11.
4 Auszug aus einem Brief an Albert Thibaudet (1912), in: Paul Valéry, *Œuvres*, hg. von Jean Hytier, 2 Bde., Paris, Pléiade 1957–1960, Band II, S. 1383.
5 Ebd., S. 1394.
6 »Peut-être me tiendrai-je tout entier dans un coup d'œil terrible.«
7 »Corps-Esprit-Monde« (CEM).
8 Paul Valéry, *Cahiers*, hg. von Judith Robinson, Paris, Pléiade 1973–1974. Eine »Soma et CEM« überschriebene Auswahl von Notizen findet sich auf den Seiten 1119–1149 des 1. Bandes.
9 *Cahiers*, Pléiade, II, S. 1322.
10 *Œuvres*, II, S. 810.

11 André Gide – Paul Valéry, *Correspondance, 1890–1942*, Paris, Gallimard 1955, S. 272, 275.

12 *Les Cahiers*, C.N.R.S., I, S. 175.

13 Balzac, *Louis Lambert*, hg. von Marcel Bouteron und Jean Pommier, Paris, Corti 1954, S. 82. Valéry kannte dieses Werk Balzacs gut, doch fand er manches darin »getrickst« (André Gide – Paul Valéry, *Correspondance*, S. 2–3).

14 Ich zitiere hier und im folgenden aus der Übersetzung von Max Rychner: *Der Abend mit Herrn Teste*, in: Paul Valéry, *Herr Teste*, erschienen bei Suhrkamp, Frankfurt/Main 1986, hier S. 19. Die übrigen französischen Zitate wurden von mir übersetzt und – wo erforderlich – auch im Originaltext wiedergegeben (I.P.).

15 Ebd., S. 20.

16 Ebd., S. 31.

17 *Les Cahiers*, C.N.R.S., I, S. 176.

18 *Cahiers*, Pléiade, II, S. 364.

19 Ebd., S. 372.

20 Ebd., S. 1324.

21 *Œuvres*, II, S. 1381.

22 *Herr Teste*, S. 25.

23 Ebd., S. 29.

24 *Correspondance*, S. 281.

25 *Herr Teste*, S. 31.

26 *Œuvres*, II, S. 14, s. auch *Herr Teste*, S. 12 f.

27 *Herr Teste*, S. 32 f.

28 »Tout-à-coup, il se tut. Il souffrit.«

29 »Ich musterte aufs neue die frostige Kammer, die Nichtigkeit der Möblierung, um ihn nicht anzuschauen.« (*Herr Teste*, S. 33).

30 Ebd., S. 35.

31 *Œuvres*, I, S. 1233. Siehe *Cahiers*, Pléiade, II, S. 1350: »Was ich vermag, besitzt die gleiche Schwäche oder Stärke wie mein Körper. Meine ›Seele‹ beginnt genau an dem Punkt, an dem ich nicht mehr klar sehe, an dem ich nichts mehr vermag [...]« (1942).

32 *Œuvres*, I, S. 1224.

33 »Au bout de l'esprit, le corps. Mais au bout du corps, l'esprit.« (*Œuvres*, II, S. 65).

34 *Herr Teste*, S. 33.

35 Im Original reflexiv: »s'enfoncer« (I.P.).

36 *Herr Teste*, S. 33.

37 Übers. s. o. (I.P.).

38 Der aktivische Charakter der französischen Formulierung geht in der deutschen Übersetzung verloren. Wörtlich übersetzt bedeutet »faire la planche«: »ein Brett machen«, gemeint ist das bewegungslose Treiben in Rückenlage auf dem Wasser (I.P.).

39 *Les Cahiers*, C.N.R.S., I, S. 208.

40 *Œuvres*, II, S. 64.

41 *Les Cahiers*, C.N.R.S., I, S. 33.

42 *Œuvres*, S. 61.

43 *Herr Teste*, S. 34.

44 Ebd., S. 34 f.

45 Ebd., S. 35.

46 Frz.: »anneaux«, »pôles«, »aigrettes« (I.P.).

47 *Herr Teste*, S. 35.
48 *Œuvres*, II, S. 72–73.
49 *Cahiers*, Pléiade, II, S. 1392.
50 *Les Cahiers*, C.N.R.S., I, S. 208.
51 »Je suis l'instable.« (*Œuvres*, II, S. 69).
52 *Herr Teste*, S. 35 f.
53 Ebd., S. 36.
54 Ebd.
55 *Œuvres*, II, S. 65.
56 Im Original: »et cela ne gêne rien«. Das folgende bezieht sich auf den französischen Text (I.P.).
57 »Rien de doux ne me pèse.«
58 »Pensons de tout près«, im Sinne von: »Betrachten wir die Sache aus unmittelbarer Nähe.« In der folgenden Interpretation geht es im wesentlichen um eine Metaphorik der Nähe, die wir aber soweit wie möglich der deutschen Übersetzung angepaßt haben, da ›Schärfe‹ des Sehens auch ›Nähe‹ zum Gegenstand implizieren kann (I.P.).
59 *Les Cahiers*, C.N.R.S., I, S. 64.
60 »Il voyait les choses de tout près.«
61 »Mais quand j'ai pensé de plus près, [...].«
62 »[...] si nous y pensons de près.«
63 »Il est ce qu'il y a de plus près.« (*Œuvres*, II, S. 65). Valéry schreibt: »Teste ist ein Mystiker und ein Physiker des reinen und des angewandten Bewußtseins seiner selbst.« (*Cahiers*, Pléiade, I, S. 263).
64 *Œuvres*, I, S. 354–355.
65 Der vollständige Text findet sich in Paul Valéry, *La Jeune Parque et poèmes en prose*, hg. von Jean Levaillant, Paris, Gallimard, coll. Poésie, 1974, S. 45–53, Notizen und Anmerkungen S. 165–175.
66 *Ebd.*, S. 45.
67 *Œuvres*, I, S. 1227.
68 *Œuvres*, II, S. 69–70.
69 »C'est ce que je porte d'inconnu à moi-même qui me fait moi.« (*Œuvres*, II, S. 40).
70 Ebd.
71 Ebd., S. 1383.
72 Ebd., S. 1395.
73 Ebd., S. 12–14, s. a. *Herr Teste*, S. 11 ff.
74 »Ich erkenne *mich* in diesem und jenem Charakter, in dieser und jener Handlung, in dieser und jener Antwort wieder. Doch gibt es etwas Fremderes als diese Beschreibung, die einschränkt, – *da ich habe, was ich brauche, um meine physischen Züge, und andere, als mögliche* – unter anderen – in *Betracht zu ziehen*; und die Auswahl gerade dieser Züge als vom Zufall bestimmt?« (*Cahiers*, Pléiade, II, S. 319).
75 Ebd., S. 320.
76 *Cahiers*, Pléiade, I, S. 825.
77 Sigmund Freud, *Briefe an Wilhelm Fließ 1887–1904*. Ungekürzte Ausgabe, hg. von Jeffrey Moussaieff Masson, Frankfurt/Main 1986, S. 191. Als diese Überzeugung ins Wanken gerät, macht sie einer anderen Überzeugung Platz, die nicht weniger stichhaltig und diesmal definitiv sein sollte. Dazu lese man den berühmten Brief vom 21. September 1897, in dem Freud die Theorie vom vorzeitigen Sexualerlebnis durch den ödipalen Trieb des Kindes ersetzt.
78 Ebd., S. 365.

79 Sigmund Freud, *Studien über Hysterie*, in: ders., *Gesammelte Werke*, London 1952, Bd. 1, S. 227.

80 Brief vom 26. 4. 1896, in: *Briefe an Wilhelm Fließ 1887–1904*, S. 193.

81 Der vollständige Text des Mottos ist der Rede der Juno (*Äneis*, VII, v. 321) entnommen: »Flectere si nequeo Superos, Acheronta movebo.«

82 *Cahiers*, Pléiade, I, S. 1366.

83 Ebd.

84 Ebd., S. 1367.

85 Ebd., S. 837.

86 *Cahiers*, Pléiade, II, S. 174.

87 Ebd., S. 387.

88 Bei Valéry stößt man immer wieder auf Bemerkungen, die als Korrektiv für zahlreiche andere Bemerkungen dienen können. So auch dieses 1927 notierte Bild des innerseelischen Konflikts: »In dir, wer du auch seist, ereignet sich zweifellos halb im Verborgenen ein großer Kampf. In dir gibt es etwas, das seine Freiheit verlieren will; und ein anderes, das sie bewahren will. Etwas, das sich einer Person als Schlüssel für sein heimliches Leben bedienen will.« (*Cahiers*, Pléiade, II, S. 367).

89 Ebd., S. 387.

90 Ebd., S. 367.

91 Ebd., S. 364.

92 Ebd., S. 371.

93 Ebd., S. 364.

94 Ebd.

95 Ebd., S. 366.

96 Ebd., S. 370.

97 Ebd., S. 372.

ILYA PRIGOGINE

Die Aktualität der Zeitauffassung Valérys

Die liebenswürdige Einladung von Judith Robinson-Valéry zum Kollo-quium über die Aktualität des naturwissenschaftlichen Denkens von Paul Valéry habe ich mit einigem Unbehagen angenommen. Offengestanden hat mir bisher jede Gelegenheit gefehlt, den Text der *Cahiers* zu studie-ren. Diese Lektüre erwies sich von Anfang an als eine Offenbarung. Aber auch als eine Verlockung: wie konnte ich mich der Anziehungskraft eines Kolloquiums entziehen, das einem Autor gewidmet ist, der Sätze ge-schrieben hat wie den folgenden: »Die Thermodynamik ist das beste Modell für die Erforschung und den Ausdruck dessen, was mich interes-siert.«[1]

Ich muß auch an den Widerhall denken, den bestimmte, von ihm hin-terlassene Bekenntnisse in mir auslösten und die seine fundamentalen Veranlagungen betreffen. Ich war verblüfft darüber, in den *Cahiers* Be-merkungen zu finden, die einem Bestreben entsprechen, das für die wis-senschaftliche Arbeit immer schon zentral gewesen ist: »Mein Geist ver-sucht etwas aufzubauen – was ihm widersteht.«[2] Valéry ist damit eine unvergleichliche Formulierung dessen gelungen, was für mich eine per-sönliche Erfahrung darstellt.

Judith Robinson-Valéry hat die allgemeine Orientierung der *Cahiers* völlig zu Recht definiert als »Tagebuch aus Reflexionen und abstrakten Untersuchungen, wo Valéry sich unablässig immer wieder die Grund-frage stellt, die sein inneres Leben vom einundzwanzigsten Lebensjahr an bis zu seinem Tod beherrscht hat: die Frage nach dem Wissen, was denn die Natur des menschlichen Denkens sei, welches die Mechanismen dieses Denkens und welches seine Möglichkeiten und Grenzen seien«.[3] Das Problem der Möglichkeiten und Grenzen des menschlichen Denkens ist sicherlich das zentrale Problem der Wissenschaft im zwanzigsten Jahrhundert. So gehört zum Beispiel die Entdeckung neuer Konstanten wie der Lichtgeschwindigkeit c oder der Planckschen Konstante h ganz sicher zu den wichtigsten Beiträgen der zeitgenössischen Physik. Diese Einschränkungen sind bis heute allen unseren theoretischen Konstruk-tionen äußerlich geblieben. Wir besitzen keine Theorie – zumindest ist mir keine bekannt –, die uns auch nur erlauben würde, die Frage nach der

Erkenntnis des Warum dieser Konstanten zu stellen. Wir müssen ihnen demnach auf phänomenologische Weise begegnen, wie ich sagen würde: wir leben in einer Welt, die wir uns nicht ausgesucht haben.

Als Traum im Rahmen der klassischen Dynamik war die Natur transparent. Der Laplacesche Dämon berechnet alle früheren Systemzustände als Nachfolger eines willkürlich gefaßten Anfangszustandes. Allerdings begrenzen die Konstanten sowohl unser Können als auch unser Wissen: ganz offensichtlich schränkt die Lichtgeschwindigkeit die Geschwindigkeit der Signalausbreitung ein. Sie führt somit Bereiche ins Universum ein, zwischen denen keinerlei Kommunikation möglich ist. Die Plancksche Konstante h hat noch verheerendere Folgen: man kennt ja die Unbestimmtheitsrelation Heisenbergs, derzufolge sich die Position und die Geschwindigkeit eines Teilchens nicht gleichzeitig messen lassen.

Das gleiche gilt für die Thermodynamik: der Zweite Hauptsatz führt als Ergänzung zu den Einschränkungen, welche die klassischen Erhaltungssätze festlegen, eine neue Einschränkung ein. Wir werden Gelegenheit haben, im Zusammenhang mit einem anderen, für Valéry wichtigen Thema – das Begriffspaar ›gesetzmäßiger Zwang / Unordnung‹ – auf den makroskopischen Aspekt der Thermodynamik zurückzukommen. Auch dort werden wir sehen, daß es um die Grenzen unseres Handlungsvermögens geht.

Ich muß gestehen, daß ich außerordentlich überrascht war, ein Werk kennenzulernen, das so tief von den »zwei Kulturen«[4] durchdrungen ist; ein Werk, das in so offenkundiger Weise zum einen den Bereich der Geisteswissenschaften und der Sprache ausschöpft und zum anderen den Bereich der Naturwissenschaften und der Technik. Im übrigen ist es Valéry selbst, der uns darauf aufmerksam macht, »daß es im lebhaftesten geistigen Streben [dans la phase la plus vivante de la recherche intellectuelle] nur einen nominellen Unterschied gibt zwischen den inneren Vorgängen eines Künstlers oder Dichters und denen eines Gelehrten [d'un savant; eines Gelehrten, bzw. Naturwissenschaftlers]«.[5] Das ist auch meine Überzeugung. Zweifellos wird unser Jahrhundert das Jahrhundert der Überraschungen und das Jahrhundert des Experimentierens bleiben. Niemand besitzt heute einen Ausschließlichkeitsanspruch auf Wissen. Gerade in dieser Hinsicht erscheint mir die pluralistische Haltung Valérys als prophetisch für die neuerlichen Austauschbeziehungen, die sich zwischen den »zwei Kulturen« ankündigen.[6]

Noch bemerkenswerter ist der Wille zur Klarheit, von dem uns die *Cahiers* so zahlreiche Beispiele geben und der Valéry zu einem großen Mißtrauen gegenüber jedem Systemgedanken sowohl in der Wissenschaft als auch in der Philosophie veranlaßt. Das folgende Zitat ist in dieser Hinsicht um so bedeutsamer, als wir die Bewunderung kennen, die er Einstein und (wenn auch in geringerem Maße) Bergson entgegenbringt:

»Die jeweilige Naivität der beiden.

Naivität Einsteins, Naivität Bergsons.

Die besonderen Naivitäten derjenigen, welche eine bestimmte Konstruktion versuchen, in der alles vorkommen muß.

Eben dieses *Alles* ist ihre Naivität. Ich weiß, was das ist.«[7]

Gerade dieser Wille hat ihm eine höchst eigenständige intellektuelle Position verschafft. Man darf nicht vergessen, daß es gerade zu Beginn unseres 20. Jahrhunderts sehr viele Menschen gab, die glaubten, die Wissenschaften hätten ihren grundlegenden Begriffsrahmen ein für allemal festgelegt. Aufschlußreich erscheint mir hier der Hinweis auf einen Text von Lévy-Bruhl, in dem die Gewißheit zum Ausdruck kommt, das Rätsel der Existenz entziffert zu haben:

»Wir haben ein so gut verankertes und stetiges Gefühl der intellektuellen Sicherheit, daß wir gar nicht sehen, wie es erschüttert werden könnte; denn selbst dann, wenn wir uns das plötzliche Auftreten eines völlig geheimnisvollen Phänomens vorstellen, dessen Ursachen uns zunächst ganz unzugänglich sind, wären wir nicht weniger überzeugt davon, daß unsere Unwissenheit bloß eine vorläufige ist, daß diese Ursachen existieren und daß sie früher oder später bestimmt werden können. Mithin ist die Natur, in deren Mitte wir leben, für uns gewissermaßen von vornherein intellektualisiert. Sie ist Ordnung und Vernunft, so wie der Geist, der sie denkt und in ihr sich bewegt. Unsere alltägliche Aktivität impliziert bis in die feinsten Verästelungen hinein ein unerschütterliches und vollkommenes Vertrauen in die Allgemeinheit der Naturgesetze.«[8]

Durkheim verkündete ungefähr um dieselbe Zeit die Erweiterung dieser deterministischen Sichtweise auf die Untersuchung von Gesellschaften:

»Aber dieser Begriff des universalen Determinismus ist neuesten Ursprungs. Selbst die größten antiken Denker waren sich seiner nicht voll bewußt. Er ist eine Errungenschaft der positiven Wissenschaften; er ist das Postulat, auf dem sie ruhen, und das sie durch ihren Fortschritt bewiesen haben. (...) Wenn das Prinzip des Determinismus heute in der Physik und den Naturwissenschaften fest verankert ist, so ist es erst ein Jahrhundert, daß er in die Sozialwissenschaften eingeführt worden ist; seine Autorität wird dort noch immer bestritten. Nur wenige sind fest davon überzeugt, daß die Gesellschaften notwendigen Gesetzen unterworfen sind und einen Bereich der Natur darstellen.«[9]

Welch ein Gegensatz zur Beunruhigung, ja dem Skeptizismus Valérys gegenüber den allgemeinen Begriffen, auf denen die klassischen Verstandeskonstruktionen beruhen!

»Der Determinismus – ein subtiler Anthropomorphismus – besagt, alles laufe ab wie in einer Maschine, die so beschaffen ist, daß sie von mir verstanden wird. Nun ist aber jedes mechanische Gesetz im Grunde irrational – experimentell.«[10]

»Der Sinn des Wortes *Determinismus* hat denselben Grad an Unschärfe wie der des Wortes Freiheit.«[11]

»Der strenge Determinismus ist von Grund auf *deistisch*. Es wäre nämlich ein *Gott* notwendig, um diese abgeschlossene unendliche Verknüpfung zu erfassen. Es bedarf der Vorstellung eines Gottes, einer göttlichen Stirn, um sich diese Logik vorzustellen. Es ist dies ein göttlicher Blickpunkt.

So daß der aus der Schöpfung und Erfindung des Universums gestrichene Gott für die Erfassung dieses Universums wiederhergestellt wird.

Ob man will oder nicht, im Denken des Deterministen wird zwangsläufig ein Gott unterstellt – und das ist eine strenge Ironie.«[12]

Diese kritische Haltung gegenüber der klassischen Wissenschaft steht keineswegs isoliert da. Wir könnten in beliebiger Reihenfolge Bergson, Teilhard, Peirce oder Whitehead anführen. Besonders interessant ist indessen, daß die kritische Haltung bei Valéry ebensowenig wie bei Peirce zur Absicht führt, die Probleme nun außerhalb des wissenschaftlichen Rahmens anzugehen; vielmehr ist sie eine Aufforderung zu einer neuen Konstruktion, die weiterhin im Bereich einer erweiterten Rationalität liegt. In dieser Hinsicht besteht zwischen Valéry einerseits und Bergson oder Teilhard andererseits ein Gegensatz, der die Modernität des Denkens von Valéry im Vergleich zu dem leicht veralteten Aspekt im Denken Bergsons oder Teilhards auf verblüffende Weise deutlich macht.

Der Ursprung der Modernität bei Valéry

In der Perspektive des ausgehenden zwanzigsten Jahrhunderts führt die außerordentliche Modernität Valérys zu der Frage nach der möglichen psychologischen Herkunft eines solchen Gedankengangs. In dieser Hinsicht war ich bei der Lektüre der *Cahiers*-Texte verblüfft über die Feststellung, daß Valéry von einem starken Gefühl des Staunens über die Existenz erfüllt war; daß zu existieren für ihn nichts Selbstverständliches, nichts Gegebenes war, und daß die Tatsache des Existierens, des Daseins, des Selbstseins für ihn vielmehr etwas Staunenerregendes war. Diese ganz besondere existenzielle Situation, die von Grund auf eine angsterfüllte ist (ich halte die Angst für die treibende Kraft hinter den *Cahiers*), gesteht Valéry uns selbst ein:

»Erstaunen, du machst mein Wesen aus...«[13]
»Angst, mein wahres Metier.«[14]

»Niemand hat je ausgedrückt und kann je ausdrücken, wie befremdlich das ist: *existieren*.«[15]

»*Warum so und nicht anders?* Die Frage ist absurd, aber *sie zu stellen*, deutet auf etwas hin.«[16]

In den *Fragments des mémoires d'un poème* erinnert Valéry an diese Einstellung, um dort sein literarisches Forschungsprogramm zu verdeutlichen:

»Mein Gedächtnis behält kaum etwas anderes als Gedanken und ein paar Empfindungen. Die Ereignisse meines Lebens verschwinden baldigst. Was ich gemacht habe, ist bald nicht mehr von mir. (...) Vielleicht wäre es interessant, *einmal* ein Werk zu schaffen, das an jedem seiner *Knotenpunkte* zeigen würde, wie Verschiedenartiges sich dort dem Geist darbieten kann, bevor er daraus eine einzige Folge *wählt*, die dann im Text vorliegen wird. Das hieße: an die Stelle der Illusion einer einzigen, das Wirkliche nachahmenden Determinierung diejenige des *In-jedem-Augenblick-Möglichen* setzen, die mir echter zu sein scheint. Es ist vorgekommen, daß ich von gleichen Gedichten verschiedene Texte veröffentlicht habe: sogar einander widersprechende waren darunter, und man hat nicht verfehlt, mich dafür zu tadeln. Aber niemand hat mir gesagt, warum ich auf diese Varianten hätte verzichten sollen.«[17]

Dem Mann, der diese Zeilen geschrieben hat, mußte die Komplexität des Werdens natürlich äußerst bewußt sein, wie auch das Gefühl für die Kluft, die sich, gerade wegen des Wissenschaftsfortschritts, zwischen dieser Komplexität und so schematischen Begriffen wie »Kausalität« oder »Determinismus« auftat.

Die besondere Bedeutung dieses Textes war dem Mathematiker Paul Montel nicht entgangen, wie der folgende Auszug aus einem schönen Brief zeigt, den er an Valéry richtete:

»Ihre Neigung, den vom Romancier eingeschlagenen Kurs durch eine andere Bahn zu ersetzen, die man dadurch gewinnt, daß man an jedem Knotenpunkt eine andere Richtung als die seine einschlägt, erinnert mich an den Versuch von Boussinesq, der an der Sorbonne mathematische Physik lehrte und eine religiöse Geisteshaltung hatte. Er verfaßte einen ›Essai de conciliation du determinisme et du libre arbitre‹ [Versuch zur Vermittlung zwischen Determinismus und Willensfreiheit]. Der Determinismus führt dazu, die Variation jedes Elementes mittels einer Differentialgleichung zu bestimmen. Die Anfangsbedingungen determinieren die Bewegung, und zwar generell auf eine einzige Art: Allerdings gibt es Knotenpunkte, an denen die Gleichung mehrere oder gar unendlich viele Lösungen zuläßt.«[18]

Montel hatte sehr gut verstanden: Der poetische Gedanke Valérys entspricht einem für die Komplexität des Werdens geschärften Bewußtsein, das sich jeder ausschließlich deterministischen Beschreibung sowie jedem Gedanken an eine chaotische Entwicklung widersetzt, in der jeder

Punkt im Zustandsraum zu einem Bündel von Möglichkeiten verkommen und der Begriff des Knotenpunktes seine ganze Bedeutung verlieren würde.

Damals waren die Knotenpunkte Boussinesqs allerdings kaum mehr als Merkwürdigkeiten, während sie heute zu einem zentralen Bestandteil zahlreicher Disziplinen geworden sind, welche die von Nicht-Linearitäten und Bifurkationen geprägten Prozesse untersuchen.[19] Bifurkationen sind singuläre Punkte, von denen eine neue Lösung einer Differentialgleichung ausgeht, die völlig verschiedene Eigenschaften haben kann. D. h. an diesen singulären Punkten gibt es unterschiedliche Möglichkeiten, und die Entscheidung der Bifurkation kann in vielen Fällen nur mittels statistischer Theorien erkannt werden.

Nehmen wir als Beispiel zwei Glasbehälter. In den einen lege ich rote und blaue Kugeln: die roten Kugeln unten hin, die blauen Kugeln oben. Im anderen Behälter habe ich Öl mit Eisenfeilspänen. Ich schüttle den ersten Behälter und sehe, wie eine Unordnung entsteht: die roten und blauen Kugeln vermischen sich (das überrascht freilich niemanden, weil ja gerade das zu erwarten ist). Den anderen Behälter versetze ich dagegen in eine leichte Drehbewegung und sehe, wie Strukturen entstehen: dunklere Linien, mit helleren Linien abwechselnd. Die Eisenfeilspäne bringen diese Strukturen hervor, indem sie sich an bestimmten unregelmäßigen Stellen konzentrieren; die Strukturen zeigen sich ab einer bestimmten Rotationsgeschwindigkeit. Es ist sogar möglich, den Augenblick zu sehen, in dem sie auftreten und der mein »Bifurkationspunkt« ist. Höchst interessant ist nun folgendes: wenn ich damit fortfahre, das Gefäß immer etwas schneller rotieren zu lassen, gibt es immer aleatorischere und komplexere Bewegungen, die sich im System einstellen, und ich sehe eine große Vielfalt von Strukturen. Man könnte sich nun fragen, ob ich dieselben Strukturen erhalten würde, wenn ich das Experiment noch zweimal wiederholen würde. Sicherlich darf man sich die Frage nicht im Blick auf meinen kleinen Glasbehälter stellen, sondern muß dies in einem großen Labor tun, das über die modernsten Mittel verfügt, aber bei der Wiederholung des Experimentes sieht man, daß die auftretenden Strukturen nicht dieselben sind. Anders gesagt, wir können lediglich statistische Gesetzmäßigkeiten voraussagen; daß so und so oft die und die Struktur erscheinen wird, und so und so häufig eine andere. Wir stehen also vor einer Welt, die Elemente des Möglichen enthält; Elemente, bei denen es eben diese Knotenpunkte gibt, aus denen bestimmte unterschiedliche Situationen hervorgehen können. Das »Reale« ist lediglich eine der Realisierungen dieser unterschiedlichen Situationen. Wir haben es hier mit einem überaus wichtigen Perspektivenwechsel zu tun: die Welt, so wie wir sie heute sehen, ist durch dieses Bewußtwerden modifiziert und umgestürzt worden.

Man muß darauf bestehen, daß diese neue Sichtweise uns nötigt, die Deutung des Satzes vom zureichenden Grund neu zu denken. Die von den heutigen Wissenschaften wiedergefundene Zeit ist auch die Zeit der Schranken für die klassischen Begriffe, welche die Welt auf eine Tautologie zu reduzieren schienen: wenn die Zukunft in der Gegenwart enthalten ist, dann ist die Welt bloß eine immense Tautologie. Sicherlich war diese Idee der Tautologie nicht leer: sie eignet sich für einfache Systeme wie das Pendel, versagt jedoch, sobald man es mit komplexeren Systemen zu tun hat, und sie läßt sich nicht auf das Naturganze extrapolieren. Folglich müssen wir das mit dem klassischen Determinismus verbundene Ideal der Transparenz preisgeben und gelangen zu einer nuancierteren Beschreibung, in der es sowohl Zonen der Transparenz gibt – Zonen, die wir auf deterministische Art beschreiben können – als auch Zonen der »Opazität«, der Undurchsichtigkeit.

Vor fünfzig Jahren drang mit der Quantenmechanik das Aleatorische, Zufallsbedingte in die Welt der Mikrophysik ein. Heute tritt es erneut mit Kraft auf, aber diesmal auf unserem eigenen Niveau. Vorher konnte man noch sagen, daß das Aleatorische auf der Ebene der Mikrophysik möglicherweise eine Rolle spiele, nicht aber im Bereich der makroskopischen Phänomene der aus einer Vielzahl von Partikeln bestehenden Lebewesen, weil es in dieser Größenordnung die Durchschnittswerte seien, die zählen. Das Aleatorische tritt indessen in der Form von Bifurkationen, neuen Zuständen und neuen Strukturen auf, und wir gelangen damit zu einer anderen Sicht des Realen, vor allem der Beziehung zwischen dem Realen und dem Imaginären. Die klassische Sichtweise war einfach: Wenn wir eine Bahn zwischen einem Punkt A und einem Punkt B nehmen, haben wir die »reale« Bahn, und diese Bahn ist nicht nur »real«, sondern auch »rational«; sie gehorcht den Gesetzen der rationalen Physik, und sie gehorcht dem Prinzip der kleinsten Wirkung. Stellt man sich eine andere Bahn in der Nachbarschaft der realen Bahn vor, so wäre diese eine »unlogische«, »irrationale« Bahn, die nicht mehr dem Prinzip der kleinsten Wirkung gehorchen würde.

Damit wurde das Rationale gewissermaßen dem Realen gleichgesetzt. In der Welt der vielfachen Strukturen und der Bifurkationen ist die Situation völlig anders: das Reale wird beinahe zu etwas Zufälligem, zu einer Insel unter den möglichen, unter anderen Entscheidungen, die sich realisieren könnten. Nicht weil die anderen Entscheidungen etwa weniger rational wären. Reales und Rationales werden nicht mehr gleichgesetzt, und das Imaginäre und das Mögliche sehen sich im Kern der Naturwissenschaft selbst rehabilitiert. Darin liegt ein Element, das den Gesichtspunkt Valérys sehr nachdrücklich bekräftigt.

Werden wir eines Tages zu einer deterministischen Sichtweise zurückkehren? Ich bin kein Prophet; es ist mir also nicht möglich, zu diesem Punkt Stellung zu beziehen. Ich kann nur sagen, daß die gegenwärtige Bewegung der Wissenschaften in die entgegengesetzte Richtung läuft. Ein besonders klares Anzeichen für diese Entwicklung ist die radikale Revision, der klassische Naturwissenschaften wie die Himmelsmechanik oder die Chemie unterzogen werden, welche die wissenschaftliche Ausformung des universalen Determinismus begleitet hatten. Deswegen konnte in einem Text aus der jüngsten Zeit die Frage gestellt werden, ob die Himmelsmechanik deterministisch sei.[20] Diese Transformation klassischer Disziplinen erscheint mir für die Erneuerung unserer Weltansicht bedeutsamer als die begrifflichen Erweiterungen von solchen Grenzbereichen wie dem der Elementarteilchen oder der Kosmologie. Kurzum, wir haben gebrochen mit der Sicht des großen klassischen Rationalismus, demzufolge wir in einer Welt leben, die einem Prinzip des Maximums entspricht, einem Variationsprinzip, konstruiert nach dem Modell des Prinzips der kleinsten Wirkung. Gebrochen haben wir auch mit dem Gedanken, im Universum jene Symmetrien der Gleichungen wiederzufinden, die sich die Physik ausgedacht hatte. Zum Beispiel sind die Gleichungen der Physik symmetrisch hinsichtlich der Materie und der Antimaterie. Nun sagt uns jedoch kein einziges Extremprinzip, warum unsere Welt aus der einen besteht und nicht aus der anderen. Valéry kannte diese Sachlage nicht. Allerdings spricht er bereits jenen Symmetriebruch an, den Pasteur zwischen den lebenden Molekülen und ihren leblosen Gegenstücken beschrieben hatte.[21] Wir leben in der Tat in einem Universum der zerbrochenen Symmetrie, dessen Irreversibilität zweifellos eine grundlegende Erscheinung ist.[22]

Wir könnten uns also verschiedene Welten mit unterschiedlichen Symmetriebrüchen ausdenken. Daher ist die Empfindungsweise Valérys auch hier wieder außerordentlich modern, weil sie auf intuitive Weise die Fülle der Welt zum Ausdruck bringt, die jede einheitliche Theorie überschreitet und uns zu einem gewissen Pluralismus von Konzeptionen und Sichtweisen des Realen führt: ein Pluralismus, der in der klassischen Physik fehlte.

Diese Auffassung mußte Valéry zwangsweise darauf bringen, das Pro-

blem der Zeit zu vertiefen, und was uns bei ihm auch hier wieder als
allererstes auffällt, ist sein geschärftes Empfinden für die Komplexität
des Phänomens.

Die Problematik der Zeit bei Valéry

»Die Dauer – Eine noch auszuführende Wissenschaft«[23], »Beginn der
Untersuchung über die Zeit«: unablässig greift Valéry im gesamten Verlauf der *Cahiers* eine intellektuelle Herausforderung auf, die nach einer
Konstruktion und nicht nur nach einer Antwort verlangt. Das Programm
Valérys zielt darauf ab, zunächst die Zeittypen zu unterscheiden: Rhythmus, Dauer, Bewegung, Intervalle... In Dutzenden von Eintragungen
werden diese Modelle untersucht, mit denen das sprechende, träumende
usw. Lebewesen die Zeiten bewohnt, die es einnimmt:

> »Vorwort zur Theorie der Zeit
> Was man Zeit nennt, ist ein ebenso grober und verworrener Begriff wie es der
> Begriff der Kraft war, bevor es die Dynamik gab.
>   Als Kraft bezeichnete man insgesamt dasjenige, was sich schließlich in Kraft-
> aufwand, Kraft, Arbeit, Intensität, lebendige Kraft, Potenz, Beschleunigung usw.
> zerlegen ließ.
>   Eine solche Differenzierung muß jeder Philosophie oder Metaphysik der Zeit
> vorhergehen.«[24]

Höchst auffällig war für mich diese Bemühung, zwischen den Zeiten der
Natur, der Geschichte und des Geistes zu unterscheiden und sie dann
miteinander zu verbinden.[25] So aufmerksam Valéry darauf bedacht ist,
die Definitionen hinsichtlich der physikalischen, chemischen und lebendigen Systeme anzureichern, so sehr ist er auch darauf bedacht, sich nicht
denjenigen anzuschließen, welche die »gelebte, subjektive« Zeit von den
verschiedenen »objektiven« Zeiten abgrenzen möchten:

> »Ein Irrtum der Philosophen bezüglich der Zeit bestand darin, sie nur als Begriff
> zu betrachten oder gar als ›Form des inneren Sinnes‹ – d. h. als *verbunden mit
> dem Bewußtsein* – während ihre Rolle doch viel umfassender ist.
>   Bei jeder Bewußtseinstransaktion gibt es eine wahrnehmbare Zeit. Es gibt je-
> doch auch außerhalb des Bewußtseins Zeiten, sogar deutlich determinierte. Sie ist
> nicht bloß ›das Anschauen unseres inneren Zustandes‹, da man sie als nichtwahr-
> genommene Eigenschaft vorfindet.«[26]

Es ist hier übrigens festzuhalten, daß diese philosophische Versuchung
auch an Einstein nicht vorübergegangen ist, wie wir anhand der Erinnerungen Carnaps feststellen können:

»Einstein sagte einmal, das Problem des Jetzt beunruhige ihn ernsthaft. Er erklärte, daß die Erfahrung des Jetzt für den Menschen etwas Besonderes bedeute, etwas von der Gegenwart und der Zukunft wesentlich Verschiedenes, daß aber diese wichtige Verschiedenheit innerhalb der Physik nicht vorkomme und nicht vorkommen könne. Daß diese Erfahrung sich von der Naturwissenschaft nicht erfassen läßt, erschien ihm als Angelegenheit einer zwar schmerzlichen aber unvermeidlichen Resignation. Ich bemerkte, daß alles, was objektiv geschehe, sich in der Naturwissenschaft beschreiben lasse; einerseits wird die zeitliche Abfolge von Ereignissen in der Physik beschrieben; andererseits lassen sich die Eigentümlichkeiten der menschlichen Erfahrung hinsichtlich der Zeit, einschließlich der unterschiedlichen Einstellungen des Menschen zu Vergangenheit, Gegenwart und Zukunft, in der Psychologie (im Prinzip) beschreiben und erklären. Einstein war jedoch der Auffassung, daß diese wissenschaftlichen Beschreibungen unseren menschlichen Bedürfnissen unmöglich genügen können; er glaubte, daß mit dem Jetzt etwas Besonderes zusammenhängt, das gerade außerhalb des Wissenschaftsbereichs liegt.«[27]

Mehr als sonst jemand erfaßt Valéry die verschiedenen Aspekte, die der Begriff der Zeit in sich birgt. Im Gegensatz zu Einstein ist er jedoch nicht der Auffassung, daß die Grenze zwischen subjektiver und objektiver Zeit einzig und allein in den Bereich des Erlebens falle. Heben wir hier nochmals die Modernität seiner Einstellung hervor: für ihn stellt die Zeit den Menschen nicht der Natur gegenüber, da wir nicht die einzigen Zeitwesen sind; wir leben in einem Zeituniversum; die Zeit ist zugleich Dauer und Ewigkeit. Diese Dialektik kommt in einer lapidaren Form in so elaborierten Texten wie dem *Cimetière marin* zum Ausdruck, dessen Wurzeln in die Überlegungen aus den *Cahiers* zurückreichen:

»– Kurzum, ich glaube, daß es eine mentale Mechanik gibt, die zu präzisieren nicht unmöglich wäre. Diese Mechanik aber, die an einer anderen sich zu inspirieren hat, muß freilich nicht befürchten, sich die notwendige Freiheit herauszunehmen – d. h. der ersteren an den notwendigen Stellen zu widersprechen. Somit ist die variable Zeit grundverschieden.

Die mentale Zeit ist eher eine Funktion als eine Variable – und man wird $\partial t / \partial F$ häufiger vorfinden, als $\partial F / \partial t$.«[28]

Ich glaube, daß wir es hier mit einer der originellsten Bemerkungen der *Cahiers* zu tun haben, was die Ebene der wissenschaftlichen Ideen betrifft. Es gibt ja tatsächlich zwei Zeitauffassungen: Zeit entweder als unabhängige Variable oder als Resultat eines Prozesses. Ersterer entspricht die Zeit der klassischen Mechanik, als Meßeinheit für eine Bahn [Trajektorie], oder auch die Zeit der Quantenmechanik, von der die Wellenfunktion abhängt. In einer ganz leicht abweichenden Form findet man diese

Zeit, mit dem Gedanken der Signal-Zeit, in der Relativitätstheorie wieder. Man kann sich indes auch einen anderen Zeittypus ausdenken, eine Global- oder Gesamtzeit [temps global], die, wie Valéry sagt, ein Resultat ist.[29]

Um diesen Punkt anhand eines von Gibbs wiederholten Beispiels zu illustrieren, stellen wir uns einen Tropfen Tinte vor, der ins Wasser fällt. Wir können uns den Tropfen zunächst kugelförmig vorstellen und dann sehen, wie er sich deformiert und schließlich im Lauf der Zeit zerfällt. Die Tintenverteilung erlaubt uns in jedem Augenblick das Intervall zurückzugehen, das seit dem Anfang verflossen ist. Diese Tatsache gestattet es einem Beobachter, das Alter des Systems anhand seines Global- oder Gesamtaspekts zu beurteilen. Die Geographen aus der Schule der Chronogeographie sprechen in diesem Zusammenhang vom »timing of space«. Es handelt sich dabei um eine innere Zeit: inneres, topologisches Alter der Verteilung, mathematisch ausgedrückt durch einen Operator. Die Erkenntnis dieser Dualität zwischen mechanischer Zeit und topologischer Zeit liegt der Unterscheidung zwischen der Zeit der Mechanik und der mit dem Operator Entropie verbundenen Zeit der Thermodynamik zugrunde.[30]

Die Einfügung des Menschen in die Natur

Ein ständiges Thema der Überlegungen Valérys ist die Verbindung zwischen der Zeit und der Grenze unseres Handlungsvermögens: die Zeit ist nicht beliebig manipulierbar. Die Zeit ist die Handlungsgrenze par excellence. Die Reflexion über die Zeit als Veränderung und Prozeß ist nicht zu trennen von der über den Übergang von der Ordnung zur Unordnung oder von der Unordnung zur Ordnung: auch hier stoßen wir wieder auf die Modernität Valérys. Die Sichtweise der klassischen Thermodynamik berücksichtigt nur den Übergang von der Ordnung zur Unordnung; erinnern wir uns hier an das berühmte Bild Boltzmanns. Stellt man sich zwei gleich große Behälter vor, getrennt durch eine Wand, die mit einer kleinen Öffnung versehen ist, dann wird ein Gas, dessen Moleküle am Anfang in einem der Behälter verteilt sind, allmählich eine Verteilung erreichen, die die Anzahl der in beiden Behältern vorhandenen Moleküle einander angleicht. Bekanntlich stützt sich die Interpretation Boltzmanns auf eine probabilistische Lesart der Irreversibilität: das System wird tendenziell bei der wahrscheinlichsten Verteilung stehenbleiben, das heißt bei derjenigen, welche sich durch die größte Anzahl von Verknüpfungen angeben läßt. Die maximale Entropie des Systems entspricht dieser Gleichgewichtsverteilung.[31] Valérys Reflexion konzentriert sich dagegen in bedeutsamer Weise auf das viel modernere Problem des Übergangs von der Unordnung zur Ordnung.

Wie nicht anders zu erwarten, untersucht er dieses Problem eingehend an der Funktionsweise des Geistes, und zwar in Texten, die deswegen für den Physiker keine geringere Herausforderung und Anregung darstellen:

»So wie es für die Maschine eines Temperaturunterschieds zwischen den Quellen bedarf, so bedarf es für die Arbeit des Geistes einer Differenz Ordnung–Unordnung. Nur Ordnung oder nur Unordnung, und nichts geht.«[32]

Dauer entsteht aufgrund von Veränderung:

»Sobald das Gehirn auch nur ansatzweise wach ist, ist es der Schauplatz einer Variation, einer unablässigen psychischen Veränderung: *in ihm haust die Instabilität selbst*. Es ist einer Art von Unordnung ausgeliefert, die es jedoch nicht im Ganzen empfindet, es nimmt nur die Elemente dieser Unordnung wahr, die die Veränderung an sich ist, ohne Anhaltspunkte – das heißt ohne Mittel für diese Unordnung, sich zu reflektieren, sich abzulehnen, zu irritieren, sich einzuschränken und anzuhalten. Es fehlt das Bild einer Unordnung.

Erst die Einführung einer Idee der Abfolge und der Ordnung wird durch Kontrast wirken und diese unregelmäßige und unbestimmte Veränderung vielleicht mäßigen können.«[33]

Bei diesem dem Modell der beiden Quellen entsprechenden Prozeß bleibt jedoch die Rolle der Unordnung in jedem Augenblick bestimmend:

»Bei seiner Arbeit geht der Geist von *seiner* Unordnung zu seiner Ordnung über. Wichtig ist, daß er sich bis zum Schluß Ressourcen der *Unordnung* erhält und daß die Ordnung, die er sich zu geben begonnen hat, ihn nicht so vollständig bindet und für ihn keine solche Fessel ist – daß er sie nicht ändern und wieder seine anfängliche Freiheit nutzen kann.«[34]

»Als das grundlegende Gesetz des Geistes erschien mir 1892 oder 1893 die Unmöglichkeit des Fixierens [fixation; Festhalten]. Ich habe dieser bemerkenswerten Eigenschaft den anglo-lateinischen Namen ›Self-variance‹ (Selbst-Varianz) gegeben.

Das Bewußtsein kennt keine Ruhe. Immer wird irgendwo die es konstituierende Beziehung: (Etwas/Gegenwart) modifiziert. Und diese Instabilität, die sich übrigens sogar bei der Sinnesempfindung beobachten läßt, ist die wesentliche Eigenschaft der *Sensibilität*.

Es ist seltsam, daß niemand darauf hingewiesen hat. Diese Feststellung erschien mir von größter Wichtigkeit. Außerdem führte sie dazu, alles Mentale und Bewußte zu gruppieren – um daraus eine Art Funktionieren zu machen und es zuweilen als eine *Größe oder Quantität* zu konstituieren; andererseits unterstrich sie nachdrücklich das Merkmal der Abweichung, der Anstrengung, der Verausgabung – jeder *Dauer* oder jeder damit einhergehenden Entwicklung, welche im Kontrast stand zu dieser natürlichen und wesenhaften Instabilität des Bewußtseins-»Inhalts«. Die *Dauer* als Gegensatz zur reinen und einfachen Dissipation. Die *Ungleichheit* als Gegensatz zur gleichmäßigen Wahrscheinlichkeit der Ideenverteilung. Die *Spezialisierung* als Gegensatz zum freien Spiel von ›Assoziationen‹ aller Art.

Diese Instabilität ist im übrigen ein Gesetz der Sinne – es gibt nämlich keine konstante kontinuierliche Sinnesempfindung.«[35]

Weil dieser Punkt so wichtig ist, haben wir mehrere Zitate angeführt. Zunächst einmal kann man feststellen, daß dieses Thema der Präzession, des Vorhergehens der Unordnung gegenüber der Ordnung der heutigen Physik nicht fremd ist. Wie wir gesehen haben, hat ein System in der Nähe von Bifurkations- oder Verzweigungspunkten die Wahl zwischen mehreren Möglichkeiten, von denen nur eine einzige ausgewählt wird. Unter diesen Bedingungen wird sich seine Entwicklung in Abhängigkeit von charakteristischen Fluktuationen entscheiden: hier ist es die Unordnung, die der Ordnung vorhergeht.

In diesem Zusammenhang ist festzuhalten, daß wir beim gegenwärtigen Erkenntnisstand vor einem doppelten Problem stehen: die Interaktionen bauen Systeme auf, die sich zur Strukturierung hin entwickeln, während der Zweite Hauptsatz die allmähliche Zunahme von Unordnung behauptet. Wie soll man diese beiden Aspekte miteinander vermitteln? Ohne hier ins Detail gehen zu können, möchte ich eine Unterscheidung vorschlagen: in der Dynamik bestehen die Objekte aus Partikeln und strukturieren sich unter der Einwirkung von Kräften der Wechselwirkung. Die Objekte der Thermodynamik sind andere Entitäten, deren wechselseitige Beeinflussung mit zunehmendem Gleichgewicht abnimmt. Für diese neuen Entitäten ist die Welt eine Welt von Schlafwandlern, von Einheiten, die voneinander keine Kenntnis nehmen. Vielleicht ist es an dieser Stelle angebracht, einen Neologismus einzuführen und von der Welt der *Hypnonen* zu sprechen, von Entitäten, die schlafen und in einem isolierten System die Zunahme der Entropie annehmen, und die nur unter den Zwangsbedingungen eines Ungleichgewichts aufwachen können. In dieser Perspektive gewinnt der Satz Valérys, »Du kannst nach Belieben entweder die Ordnung in der Welt betrachten oder die Unordnung«[36], einen ganz besonderen Klang. Er macht deutlich, in welchem Maß die Begriffe Ordnung und Unordnung relativ zueinander und komplementär sind, abhängig vom Blickpunkt, den man einnimmt.

Schluß

Die Wiederentdeckung der Zeit stand im Mittelpunkt bedeutender Werke, die unser Jahrhundert kennzeichnen. Es genügt, Namen wie Proust, Freud, Teilhard, Bergson und Einstein anzuführen. Eigentümlicherweise gewinnt Valéry als einer derjenigen, die vielleicht am besten verstanden haben, daß die Perspektive des 20. Jahrhunderts eine Zeitperspektive ist, seine besondere Bedeutung gerade auf der intellektuellen Seite dieses Abenteuers. Wir finden hier die Schlußfolgerungen der bemerkenswerten Untersuchung von Georges Poulet wieder: die valérianische Zeit ist eine konstruierte Zeit oder vielmehr eine noch zu konstruierende; die Dauer, so wie er sie auffaßt, ist ein »Kunstwerk«.[37] Sie ist mithin weder etwas zu Erleidendes, noch Fatum, noch Gottesgabe. Der Dichter nutzt verschiedene Ressourcen, um die für sein Projekt notwendigen Einschränkungen festzuhalten: Versmaße, Reime und andere Kunstmittel.[38] Ebenso stellen die kulturellen Institutionen die Produktionen aller Art dar, um sowohl in jedem Wesen als auch in jeder Gesellschaft eine unendliche Mannigfaltigkeit von Aktivitätsstätten ins Leben zu rufen: »Dauer ist Konstruktion [Aufbau], Leben ist Konstruktion, Rekonstruktion [Wiederaufbau].«[39]

Ich möchte an dieser Stelle Serge Pohaut danken, der meine Überlegungen zu diesen Themen begleitet und mir bei der Vorbereitung dieser Huldigung Valérys geholfen hat.

(Aus dem Französischen von Max Looser)

Anmerkungen

[...] = Anmerkungen und Zusätze des Übersetzers

1 *Cahiers*, XX, 420 (Pl., I, 846; C/H 2, 446). Die aus den *Cahiers* zitierten Texte sind oft Gegenstand wörtlicher oder nichtwörtlicher Wiederholungen in den Veröffentlichungen Valérys. Sicherlich läge darin der obligatorische Ausgangspunkt für eine Untersuchung der Beziehungen zwischen den *Cahiers* und dem Werk. Hier bleibt noch alles zu tun. Was den mich interessierenden Bereich angeht, so kenne ich außer der Arbeit von Christine Crow (*Paul Valéry and Maxwell's Demon: Natural Order and Human Possibility*, University of Hull Publications, 1972) keine Untersuchung von Belang, die seit jenem Theatercoup erschienen wäre, den die Veröffentlichung der *Cahiers* darstellte.

2 *Cahiers*, II (Pl., I, 27; C/H 1, 59).

3 *Cahiers*, Pl. I, xi (Préface). Vgl. ihre bermerkenswerte Untersuchung *L'analyse de l'esprit dans les »Cahiers« de Valéry*, Paris: José Corti, 1963.

4 Um den inzwischen klassisch gewordenen Ausdruck von Lord C. P. Snow zu verwenden: *The Two Cultures and a Second Look*. Cambridge University Press 1972 [deutsche Übersetzung der Reid-Lecture von 1959, *The Two Cultures and the Scientific Revolution*, in: Helmut Kreuzer (Hrsg.), *Die zwei Kulturen. Literarische und naturwissenschaftliche Intelligenz. C. P. Snows These in der Diskussion*. München 1987, S. 19–58; Nachtrag 1963, S. 59–96].

5 Brief vom 14. Juni 1943 an André George; in: Paul Valéry, *Lettres à quelques-uns*, Paris: Gallimard, 1952, S. 241 [deutsch: *Briefe*. Übertragen von Wolfgang A. Peters. Wiesbaden 1954, S. 217].

6 Valéry durchläuft den Grenzbereich mit der Beweglichkeit des Jägers und dem gemessenen Schritt des Naturforschers. Man wird von Anfang an der unablässigen Suche nach Bekundungen einer Poetik der Wissenschaft gewahr; ein – mißlungenes – Beispiel, im Zusammenhang mit Einstein, ist folgendes: »Nach einem Essen bei Emile Borel fragt Paul Valéry ihn (d. i. Einstein): ›Wenn Ihnen ein Gedanke kommt, was machen Sie dann, um ihn festzuhalten? Ein Notizbuch, ein Stück Papier...‹. Antwort Einsteins: ›Ach, ein Gedanke, das ist so selten!‹ Die beiden Männer sprachen nicht über dasselbe. (Aufzeichnungen von Paul Montel, veröffentlicht von P. Speziali in dem von ihm herausgegebenen Briefwechsel zwischen Einstein und Besso: *Correspondance Einstein–Besso*, Paris: Herrmann, 1972, S. 541). Was den Naturforscher betrifft, so wird man feststellen, daß er die Welt der Kultur mit der Ausrüstung von Modellen beschreibt. Erinnern wir nur an die Beschreibungen von sozialen Kontakten als Folgen der Statistik: *Le retour de Hollande*, in: *Œuvres*, I, S. 848ff. [deutsch: ›Die Rückkehr aus Holland‹. Übersetzt von Max Looser; in: Paul Valéry, *Werke*, hrsg. v. J. Schmidt-Radefeldt. Frankfurt am Main 1989, Band 3, S. 83]; *La Lettre d'un ami* (de Monsieur Teste), in: *Œuvres*, II, S. 48ff. [deutsch: ›Brief eines Freundes‹, in: Paul Valéry, *Herr Teste*. Übersetzt von Max Rychner. Frankfurt am Main 1981, S. 39–57]; *Le problème des musées*, in: *Œuvres*, II, S. 1290ff. [deutsch: ›Das Problem der Museen‹. Übersetzt von Carlo Schmid; in: Paul Valéry, *Über Kunst*. Frankfurt am Main 1959, S. 52–58] sowie verschiedene Texte in *Regards sur le monde actuel* [*Œuvres*, II, S. 913–1159]. Zu Beginn des 20. Jahrhunderts ist die weitverbreitete Empfindung von der Prägnanz des statistischen Vokabulars spürbar: ich zitiere als Beispiel aus dem *Journal d'un attaché d'ambassade*: »Hunderte von unbekannten Personen, ›unwahrscheinliche‹ Köpfe [des têtes ›improbables‹], wie man heute so sagt.«

7 *Cahiers*, XIV, 100 (Pl., II, 874–875; Rubrik ›Science‹). Nicht zu vergessen ist, daß es Valéry [bei den Diskussionen über das Wörterbuch] die Académie Française dazu zu bewegen gelang, für eine Definition des Wortes ›Leben‹ (vie) den Rat Bergsons einzuholen (*Cahiers*, XVIII, 123, 137–138; Pl., II, 760–761; Rubrik ›Bios‹).

8 L. Lévy-Bruhl, *La mentalité primitive*. Paris: Presses Universitaires de France 192, S. 17 [deutsch: *Die geistige Welt der Primitiven* (unvollständig). Übersetzt von M. Hamburger. München 1927; Düsseldorf und Köln 1959].

9 Emile Durkheim, *Les formes élémentaires de la vie religieuse*. Paris: Alcan, 1912, S. 35–37 [⁷1985; deutsch: *Die elementaren Formen des religiösen Lebens*. Übersetzt von Ludwig Schmidts. Frankfurt am Main 1981, S. 49–50].

10 *Cahiers*, III, 169 (Pl., I, 492) [deutsch: *Cahiers/Hefte*, Rubrik ›Philosophie‹, übersetzt von Max Looser, Frankfurt am Main 1988, S. 30].

11 Ebd., XIV, 356; deutsch: *Cahiers/Hefte*, 2, 216.

12 Ebd., V, 563 (Pl., I, 651); *Cahiers / Hefte*, 2, 75.

13 Ebd., XIV, 600 (Pl., I, 121); *Cahiers / Hefte*, 1, 169.

14 Ebd., IV, 415 (Pl., I, 50); *Cahiers / Hefte*, 1, 86.

15 Ebd., XVI, 541 (Pl., I, 137); *Cahiers / Hefte*, 1, 188. Siehe auch VI, 49 (Pl., II, 588; *Cahiers / Hefte*, 2, 497 f.) und XIV, 280 (Pl., II, 878).

16 Ebd., XVI, 541.

17 *Œuvres*, I, 1467 [deutsch: ›Fragmente aus den Memoiren eines Gedichts‹, in: Paul Valéry, *Zur Theorie der Dichtkunst*. Aufsätze und Vorträge. Übertragen von Kurt Leonhard. Frankfurt am Main 1962, S. 105].

18 Unveröffentlichter Brief von Paul Montel, vollständig zitiert in Judith Robinson, ›Valéry et la science. Jugements et témoignages d'hier et d' aujourd'hui‹ [in: *Œuvres & Critiques*, IX, 1, 1984, S. 24; siehe auch Anm. 40, ebd., S. 40]. Der Kommentar von Gérard Genette in ›La littérature comme telle‹, in: *Figures*. Paris: Seuil 1966 [Neuausgabe Coll. Points: *Figures I*, Paris: Seuil, 1976, S. 253–265] zeigt, wie sehr es dieser Sinn für das Zufällige Valéry ermöglichte, die Wege der aktuellen Forschung im Bereich der Literatur und der Sprache zu eröffnen.

19 [Siehe dazu Ilya Prigogine und Isabelle Stengers, *La nouvelle alliance*. Paris: Gallimard, ›Bibliothèque des Sciences humaines‹, 1979 (deutsch: *Dialog mit der Natur*. Neue Wege naturwissenschaftlichen Denkens. Fünfte, erweiterte Auflage. Übersetzt von Friedrich Griese. München 1986 ([1]1980). Siehe auch: Günter Altner, Hrsg., *Die Welt als offenes System*. Eine Kontroverse um das Werk von Ilya Prigogine. Frankfurt am Main 1986).]

20 Victor G. Szebelehy, L. B. Meaders, ›Is Celestial Mechanics Deterministic?‹, in: Victor Szebelehy (Hrsg.), *Applications of Modern Dynamics to Celestial Mechanics and Aerodynamics*. Dordrecht 1982, S. 321–324.

21 *Cahiers*, XVIII, 73 (Pl., II, 759).

22 Wir finden hier jene Sensibilität Musils mit seinem »Prinzip des unzureichenden Grundes« wieder: *Der Mann ohne Eigenschaften*, Kapitel 35 und 36. Vgl. zum Kontext die Beiträge von Jacques Bouveresse in den Musil-Sonderheften der *Cahiers del'Herne* und der Zeitschrift *L'Arc* sowie den Text von Michel Serres am Anfang seines *Hermes V*; nicht zu vergessen auch seine Kommentare zum *Principium rationis sufficientis*, die wiederholt in den seit seinem *magnum opus* – *Le système de Leibniz et ses modèles mathématiques*. Paris: Presses Universitaires de France, 1968, 2 Bde. – veröffentlichten Schriften vorkommen: halten wir hier nur fest, daß für seinen Leibniz, wenn wir richtig lesen, das Reale das Mögliche ausschöpft, ohne es zu begrenzen.

23 *Cahiers*, II, 592 (Pl., I, 1263) [deutsch: *Cahiers / Hefte*, 4, Rubrik ›Zeit‹, übersetzt von Max Looser, Frankfurt am Main 1990, S. 21].

24 *Cahiers*, V, 851 (Pl., I, 294).

25 Als Beispiel: *Cahiers*, XV, 259 (Pl., I, 1341–1342):

»Die Untersuchungen über die *Zeit* – wenn man an diesem Wort und an den mehr oder weniger realen Problemen festhält, die damit zusammenhängen oder die es zu schreiben veranlaßt – müssen damit beginnen, verschiedene Bilder oder Vorstellungen wie herkömmliche Werkzeuge zu unterscheiden und einzuordnen. So *existiert* zum Beispiel der kontinuierliche gleichförmige oder herakliteische Zeit-Fluß oder $H : d\sigma/dH$. H ist ein von σ ununterscheidbares geometrisches Kontinuum – Unabhängige Variable par excellence.

Die Einstein-Zeit oder E; $O = (x_1 \dots x_p)$; $x_n = E$ – Quasi-Symmetrie der Formeln – nicht-unabhängige Variable.

Der Zeit-Verfall – Carnot. Diffusion. Unordnung. Hierarchie. Irreversibilität.
Die Zeit als Kategorie – oder Kant. Form des Verstandes.
Die lebendige Zeit oder Lebens-Zeit – mit Äquivalenzen ›Dauer‹ – Bergson.
Die Zeit als Empfindung-Stillstand-Abweichung-Verspätung-Erwartung – oder
Valéry –
Die Zeit = Möglichkeit.
Jede dieser Zeiten beruft sich nun auf eine jeweils andere Sicht oder Erfahrung,
um deren Darstellung es ging. So zum Beispiel die Sicht der Veränderung, die der
möglichen Substitutionen, ihrer *Qualität*sunterschiede; die Sicht, die sich nach *den
Handlungen* richtet – und nach der allgemeinen Form der Handlungen. Die Hand-
lung, die eine Zustandsdifferenz auflöst – und eine Sinnesempfindung annulliert.«

26 *Cahiers*, III, 880 (Pl., I, 1266–1267).
   [»Form des inneren Sinnes«; »Form des Anschauens unserer selbst«:
   Anspielung auf die Zeitauffassung Kants in der *Kritik der reinen Vernunft*: »Die
   Zeit ist nichts anderes als die *Form des inneren Sinnes*, d. i. des Anschauens unserer
   selbst und unseres inneren Zustandes. Denn die Zeit kann keine Bestimmung äußerer Erscheinung sein; sie gehöret weder zu einer Gestalt, oder Lage etc., dagegen
   bestimmt sie das Verhältnis der Vorstellungen in unserm innern Zustande.« *Kritik
   der reinen Vernunft*, Transzendentale Ästhetik, §6, B 49 – 50, in: *Werke in zwölf
   Bänden*, ed. Weischedel, Frankfurt am Main 1968, Bd. 3, S. 80 – 81.]
27 Paul A. Schilpp (Hrsg.), *The Philosophy of Rudolf Carnap*. London, New York:
   Cambridge University Press 1963.
28 *Cahiers*, VI, 894 (Pl., I, 1303).
29 *Cahiers*, VI, 894 (Pl., I, 1303) [»Man könnte die Zeit auch als Resultat betrachten
   und sie zu konstituieren oder zu integrieren suchen. Ich glaube, daß meine grobe
   Vorstellung über die Montage der Maschinen und die Unterscheidung zwischen
   Montage und Funktionsweise ihren Wert hat.
   Mit den Montagen sind Zeiten von unterschiedlicher Natur und Größe verbun-
   den.
   Mit den Funktionsweisen andere, festgelegte Zeiten.
   Mit den Erhaltungen eine natürliche Dauer.«]
30 B. Misra, I. Prigogine, ›Time, Probability and Dynamics‹, in: *Workshop on Long-
   Time Prediction in Nonlinear Conservative Dynamical Systems*, März 1981 (veröffentlicht bei John Wiley Interscience). Auf diese innere Zeit der »inneren Arbeit«, der »aufgereihten Möglichkeiten« und der »langen Vorprüfungen günstiger
   Elemente« stößt man in der *Première leçon du Cours de Poétique* (1937) [deutsch:
   ›Antrittsvorlesung zum Kolleg über Poetik‹, in: Paul Valéry, *Zur Theorie der Dichtkunst*, a. a. O., S. 212].
31 [Vgl. Prigogine/Stengers, *Dialog mit der Natur*, a. a. O., S. 131 ff.: ›Das Boltz-
   mannsche Ordnungsprinzip‹.]
32 *Cahiers*, XIII, 602 (Pl. I, 1015); *Cahiers/Hefte*, 3, 187.
33 Ebd., VII, 536 (Pl. I, 936); *Cahiers/Hefte*, 3, 127. Eine systematische Untersuchung dieser Bedingungen des Erschaffens [création] würde uns zu weit führen.
   Wir möchten dennoch einige zusätzliche Zeilen zitieren: »Diese über das Erforder-
   liche hinausgehende Wahrnehmung und Erregbarkeit scheint mit der Motilität
   [dem Bewegungsvermögen] zusammenzuhängen – die die Zufälligkeit von Situationen, Umständen und Eigenart der Umwelten vervielfacht. (...) – Die Verschwendung von Keimen (die aus dem individuellen Leben das Los einer *organisierten* Lotterie macht) hat *für den Menschen* nur dann Sinn, wenn sie als *Mangel eines*

bestimmten Mittels der Sparsamkeit gedeutet wird (...). Doch das ist nichts anderes als der Ausdruck der Grenzen unseres Erfassungsvermögens – die diejenigen
unseres Handelns sind (...).« Ebd., XXIII, 644–645 (Pl. II, 770–771; Rubrik
›Bios‹).

34 *Cahiers*, VII, 151 (Pl. I, 961); *Cahiers / Hefte*, 3, 125.

35 *Cahiers*, XVI, 437–438 (Pl. I, 1037); *Cahiers / Hefte* 3, 213.

36 *Cahiers*, XVI, 825 (Pl. II, 652); *Cahiers / Hefte*, 2, 573.

37 Georges Poulet, *Etudes sur le temps humain*. Paris: Plon, 1949, S. 362.

38 Erkennbar wird, wo Valéry sich von der bergsonianischen Dauer absetzt: hier gibt
es mehr als nur Erfindung.»Das Universum läßt uns zwei große Dinge sehen, und
zwar als erstes, daß es sich unablässig verändert und verwandelt und dann sogleich
auch, daß es fortdauert und sich selbst erhält, sich wiederholt und sich behauptet. Es
ist also Musik und es ist Architektur.« (*Cahiers*, IX, 438; Pl. II, 944). Das Sprach-
abenteuer, von dem Lawler in seinem Kommentar zum *Cimetière marin* spricht, ist
dem vom Autor der *Cahiers* unablässig verfolgten geisteswissenschaftlichen Werk
keineswegs äußerlich. Wenn es nämlich zutrifft, daß Valéry »in seinem Gedicht
sein Denken viel eher schuf oder entdeckte, als daß er es ausdrückte« (James
R. Lawler, *Lecture de Valéry: Une Etude de ›Charmes‹*, Paris: Presses Universitaires de France, 1963, S. 193), dann ist diese Antizipation von Ideen in den poetischen
Versuchen gerade der Praxisvollzug von Valérys geisteswissenschaftlicher Lehr-
meinung. Der Dichter bringt also keine vorgefertigte These zum Ausdruck, vor
allem nicht in jenen Texten, welche die naturwissenschaftlichen Beiträge einem
dichterischen Hinhören auf die Welt und ihre Geschichte zugänglich machen. Man
könnte in diesem Zusammenhang die Problematik der Brüche und Wiederherstel-
lungen von Symmetrie (die keine Thematik im eigentlichen Sinne ist) in den Texten
des veröffentlichten Werkes aufgreifen: zitierte man zur Verdeutlichung das Universum als »fehlerhafte Stelle in der Reinheit des Nichtseins« und die Zweifel als
»fehlerhafte Stelle des großen Diamanten«, dann nicht, um zu behaupten, daß
Ebauche d'un serpent (*Œuvres*, I, 139; Paul Valéry, *Gedichte*. Übertragen durch
R. M. Rilke. Wiesbaden S. 41, ›Entwurf einer Schlange‹: »ein Fleck in des Nicht-
seins unberührter Reine«) und der *Cimetière marin* (ebd., I, 150; Rilke, a. a. O.,
S. 20: »ein Fleck in deines Demants Wert«) vergleichbare Ideen zum Ausdruck
bringen; dasselbe gilt für ›four‹ (Schmelzofen) und ›trou‹ (Öffnung) in *Crise de
l'esprit* (ebd., I, 991;) und in *Soirée avec Monsieur Teste* (ebd., II, 20; *Herr Teste*.
Übersetzt von Max Rychner. Frankfurt am Main 1981, S. 26).

39 *Tel Quel*, in: *Œuvres*, II, 768 [deutsch: *Suite*. Übersetzt von Max Looser. In: Paul
Valéry, *Werke*. Frankfurter Ausgabe. Hrsg. J. Schmidt-Radefeldt. Frankfurt am
Main 1991, Band 5].

FRANÇOIS VALÉRY

Paul Valéry und die Politik

In den *Cahiers*, die so etwas wie das Tagebuch eines Geistes sind, schreibt Valéry am 2. 2. 1932:

»Gide kommt um 16.30. Plaudern zwei Stunden. Gide sagt mir im Ernst, daß ich etwas tun müßte. Stehen am Abgrund. Die bekannten Leute zusammenführen – Russell, Einstein, Wells, etc. für einen Aufruf, an wen, wozu. Ich sagte ihm, daß Einstein sich zu meiner Überraschung gegen den Staat ausgesprochen hat; was mir gefällt, denn Staat, das sind im Grund immer irgendwelche und überhaupt nicht die, die wir wählen würden. Ich zeige ihm die Nichtigkeit solcher Demonstrationen, und, was mich betrifft, die Unmöglichkeit, etwas anderes zu tun als das, was ich tue – sehr langsame Antipolitik.«

Ich zitiere diese Passage als Ausgangspunkt meiner Beobachtungen weniger, weil sie allein schon durch das Datum interessant ist, an dem sie notiert wurde – denn die Welt stand sehr wohl bereits mit freiwillig geschlossenen Augen vor dem Abgrund –, als vielmehr, weil der Ausdruck, den Valéry benutzt, »sehr langsame Antipolitik«, mich auf die Spur seiner Haltung zur Politik und der Richtung seines Denkens bringt.

Es ist indessen wichtig, sich nicht von den Widersprüchen ablenken zu lassen, die nicht nur an der Oberfläche bestehen, sondern vielleicht von einer tiefen Ambiguität seiner Persönlichkeit herrühren.

Valéry und das politische Engagement

Im Verlauf eines Interviews, das er 1939 einer Pariser Zeitung gab (und von dem Guy Thuillier in einer sehr gut dokumentierten Studie berichtet, die vor kurzem in der *Revue administrative* erschienen ist), erklärt Paul Valéry:

»Ich verweigere mich der Gruppe, allen Gruppierungen, die durch sich selbst nichts als der Widerspruch zum Intellektuellen sind. Ich unterschreibe keine Manifeste. Ich mache keine Politik. Für mich ist der Intellektuelle immer ein Einzelgänger, dessen Funktion es ist – gleichsam sein Métier –, das Kapital der Dinge des Geistes zu vermehren.«

Diese Äußerung enthält einerseits eine persönliche Reaktion, andererseits eine grundsätzliche Position. Indem er sich so von der Mehrheit unserer

Zeitgenossen abgrenzt, macht Valéry sich gewissermaßen zum Theoretiker des Desengagements. Sein ganzes Leben lang war er ständig darum bemüht, ein Verteidigungssystem gegen die inneren und äußeren Angriffe des Existenziellen aufzustellen. Und sein tägliches, strenges, hartnäckiges Bestreben ist für ihn nicht nur Askese, sondern auch Rückhalt.

Hier also Valéry in zwei Momenten, da ihn die Ereignisse wider Willen überfallen haben: Während dessen, was man einstmals den Großen Krieg nannte (was er vielleicht durch die Größe des Opfers bleibt), wurde er auf Grund seiner militärischen Stellung nicht einberufen, aber die Angst vor dem, was auf dem Spiel steht, bleibt ihm ebensowenig erspart. »Denn«, so sagt er, »ich habe wie alle meine Freiheit des Geistes verloren.« Also, was tut er? Gerade im Jahr von Verdun verfaßt er ein langes Poem der Introspektion – *La Jeune Parque* – »mit dem innersten Gefühl, ein unnützes und mit der Zeit nicht verbundenes Werk zu vollenden, Hommage an eine erlöschende literarische Tradition, mich mit einem Mönch des IV. oder V. Jahrhunderts vergleichend«. Er sieht sich wie jemand, der ein Monument für eine Kultur errichtet, die, wie er glaubt, oder fürchtet, in Gefahr ist unterzugehen.

Der militärische Zusammenbruch von 1940 trifft ihn im Innersten. Bei der Bekanntgabe des Waffenstillstands kann er seine Tränen nicht zurückhalten, erzählt meine Mutter, eine völlig ungewöhnliche Zurschaustellung seines Gefühls.

Aber er reagiert genauso: »Ich wünschte, diesen Tag nicht erlebt zu haben; ich kann jedoch nicht umhin, an morgen oder übermorgen zu denken. Wieder von vorn anfangen [Refaire]. Für die jungen Menschen ein kleines Buch schreiben. Wiedergeboren werden [Renaître]«. Und weiter: »Ich habe zu meiner Ablenkung mit allen Kräften gearbeitet, sonst wäre ich vor Wut und Verzweiflung gestorben. Zusätzlich zu meinen nie unterbrochenen Tagebuchnotizen habe ich angefangen, eine Folge von Faust III zu schreiben.«

Die existierende Legende also von einem unsensiblen, außerhalb der Zeit stehenden Valéry hält nicht stand. Es ist eigentümlich, so nebenbei festzustellen, daß sein Dasein wie eingespannt ist zwischen drei Konflikten, die in unterschiedlichem Maße das Schicksal Frankreichs, Europas und der abendländischen Zivilisation bedroht haben: der Krieg von 1870, an dessen Ende er geboren wurde, der Erste Weltkrieg – in der unmittelbaren Nachkriegszeit trat er aus der relativen Unbekanntheit heraus, in der ihn das anhaltende Schweigen festgehalten hatte, das seinem Lossagen von der Literatur folgte – und der letzte Konflikt, an dessen Ausgang er starb.

Ein Dreivierteljahrhundert so voller Ereignisse, Dramen, der Umwandlung aller Dinge, daß er selbst beobachtet: »Ich habe 5 Jahrhunderte durchlebt... « Doch ob man es ihm zubilligt oder ob man ihn dafür tadelt, Valéry hat sich meistens auf Distanz gehalten. »Seit fünfzig Jahren ausübender Separatist nach Wesen und Willen«, wie er selbst es ausdrückt. Vielleicht ist dies der Sinn seiner Zeugenschaft.

Um so erstaunter ist man – es muß gesagt werden –, ihn zur Zeit eines bekannten Streites, der Frankreich teilte, Partei nehmen zu sehen. Für eine Partei zumal, wo selbst seine Bewunderer auf einem gegensätzlichen Standpunkt beharren. Diese Frage war kürzlich auf einem Colloquium Gegenstand der Ausführungen von Marcel Thomas. Diejenigen, die sie interessiert, kann ich nur darauf verweisen. Welchen Anteil an seiner Haltung hatte seine Erziehung, welchen seine damalige Umgebung (die des Kriegsministeriums, in das er als Redakteur eingetreten war), welchen die pessimistische Einschätzung der von äußeren Gefahren bedrohten französischen Gesellschaft – Gefahren, vor denen er in einer Schrift mit dem Titel *La Conquête allemande*, besser bekannt unter dem Namen *Eine methodische Eroberung*, gewarnt hatte – welchen Anteil hatten ferner seine Ansichten über Macht und Mächte, welchen seine Allergie gegenüber der Verhaltensweise bestimmter »Intellektueller«? Was davon ist Vorurteil? Was davon ist Beurteilung? Trotz gewisser späterer Rückverweise in seinen *Cahiers* hat er, soviel ich weiß, niemals wirklich dazu Stellung genommen.

Selbst wenn dieses umstrittenste Eindringen in die Aktualität Jugendsünde und Ausnahme bleibt, wenn er sich generell davor gehütet hat, in die politische Debatte einzugreifen, so hat er doch ebensowenig seine Blicke von der »gegenwärtigen Welt« abgewendet. Er hat sich zwischen den zwei Kriegen nicht hinter einer quasi-offiziellen Rolle versteckt, die er wie wenige andere Schriftsteller bekleidete und die er dank der Autorität spielen konnte, die ihm eine relativ späte Bekanntheit verlieh, von der wir uns heute wundern, daß sie dann so schnell kam und ebenso schnell die Grenzen übersprang.

Mit der Unterstützung Aristide Briands, für den er Sympathie hegte, hält er 1926 Vorträge in Berlin. Dafür wurde er übrigens von einem Flügel der Académie française getadelt, in die er gerade aufgenommen worden war und innerhalb derer gewisse einflußreiche Mitglieder die Weimarer Republik und die Politik von Locarno nicht gerade schätzten. Kurz zuvor hatte er anläßlich einer Reise nach Rom Mussolini besucht. Dieser hatte ihm versichert, daß der Faschismus sich »allmählich mäßigen« würde... Andererseits konnte ich in den Archiven der Unesco Spuren seiner unermüdlichen Teilnahme an den Aktivitäten des Instituts für intellektuelle Zusammenarbeit beim Völkerbund wiederfinden. Seine Interventionen zu den verschiedensten Anlässen sind immer konkret und positiv.

In gewisser Weise ist er der Wortführer der französischen Kultur. Die Dritte Republik, großherziger Souverän, vereinnahmt ihn als offiziellen Denker, ohne allzu genau hinzusehen, überträgt ihm, sich an das Land zu wenden, als der Konflikt aufbricht, der ihren Untergang beschleunigt, trägt ihm auf, die Sätze an die Giebelwände des Trocadero zu schreiben, die man dort liest.

Hat er, wie gewisse Indizien es glauben machen könnten, die Möglichkeit ins Auge gefaßt, einen direkteren Einfluß auszuüben? Unter diesem oder jenem Titel der Ratgeber einer Macht zu werden, die an ihn appelliert hätte? Wenn dieser Gedanke ihm gekommen ist, so hat er jedenfalls nie Gestalt angenommen.

Nach allem könnte man sich vorstellen, daß er berufen worden wäre, eine solche Rolle bei Pétain zu spielen, wenn man die Beziehungen voraussetzt, die zwischen beiden existierten, seit er ihn nach dem Tode von Foch als Direktor der Académie empfangen hatte. Wie die Mehrzahl der Franzosen hatte er 1940 in Pétain den Machtbevollmächtigten gesehen, den das überfallene und desorganisierte Land brauchte. Aber diese Illusion verlor er schnell. Von einer Reise nach Vichy 1941 kehrte er mit einem eigentümlichen Eindruck von Unwirklichkeit zurück. Eine Äußerung über den Marschall, die von Henri Mondor überliefert ist, verdeutlicht dies: »Heute sieht man bei diesem Mann besser, daß das Fehlen von Genie und die Schlaffheit sich noch bemerkbar machen werden (...) Er gehört zu denen, die nicht wissen, ob Gott existiert, aber wohl wissen, daß er nützlich sein kann.« Absolut keine Frage auf beiden Seiten also, daß er etwa als Ratgeber der sogenannten nationalen Revolution eintreten würde.

Hingegen zählte er zu denen, die die besonders durch Jean Paulhan gemachten Anstrengungen dahingehend unterstützten, daß ein gewisser Strom freien Denkens trotz der Einschränkungen weiterhin durch den Kanal der *Nouvelle Revue Française* floß. Es schien einigen, daß Frankreich nicht ohne Schaden an Kultur ausgehungert werden dürfte, wie es dies an Nahrung gerade wurde.

Darüber hinaus hat man Valérys Ansichten überhaupt nicht mißverstanden, weder in Frankreich noch im Ausland. Die Rede, die er anläßlich des Todes von Bergson in der Académie hielt, über welchen er sagt, »daß er schon einem vergangenen Zeitalter anzugehören scheine und sein Name der letzte große Name der europäischen Intelligenz sei«, gelangte nach Südamerika. Jouvet verlas sie in Bogotá. Das Publikum im Saal hörte sie stehend an, wie eine Huldigung an Frankreich und an die Freiheit des Geistes.

Vielleicht wäre seine Stimme in der Zeit nach der Befreiung gehört worden, von der er sich mehr Humanität, wenn nicht gar mehr Rechtlichkeit erhofft hatte. Denn für ihn stand nicht die Vergangenheit auf der Tagesordnung. In einem Artikel, der unter dem Titel ›Respirer‹ am 2. 9. 1944 in *Le Figaro* erschien, schreibt er: »Ich habe es nicht besonders gern, daß man davon spricht, Frankreich wiederaufzubauen [reconstruire], mir wäre es lieber, man wollte Frankreich aufbauen [construire].«

Es ist schade, daß er dem Aufbau Europas nicht beiwohnen oder auf seine Art an ihm teilnehmen konnte. Zu einer Zeit, zu der ich meiner Ämter halber öfter die Gelegenheit hatte, ihn zu sehen, hat mir Jean Monnet mehr als einmal gesagt, daß er Valéry als Vorläufer und Inspirator schätze. In einer Notiz, die Valéry während der Okkupation geschrieben hat, liest man:

»Ich glaube, daß ich einigermaßen für ein Europa geschaffen war, seinen Geist zu bilden und die bösen Geister zu entwaffnen, den historisch-politischen Aberglauben zu zersetzen, der von Lokal- und Einzelinteressen so abscheulich und stupide ausgenutzt wurde. Aber ich habe meine Dienste nie angeboten, überzeugt davon, daß ich keinerlei Erfolg hätte.«

Valéry war glücklich über sein Treffen mit de Gaulle, dessen Person ihm einigermaßen rätselhaft erschien. Man könnte zwischen diesen beiden gewiß äußerst gegensätzlichen und durch fast eine Generation getrennten Männern eine gewisse Verbindung herstellen: das, was ihre Heranbildung den moralischen und intellektuellen Kategorien Europas vor 1914 verdankte – die diejenigen des 19. Jahrhunderts blieben –, ihre Verwurzelung also in einer gewissen Vergangenheit, zur selben Zeit aber ihr Blick über den Horizont hinaus.

Es mutet seltsam an, daß Valéry 1915 in einem Brief an den Dichter Fontainas denselben Typ von moderner Armee entworfen hat, von dem de Gaulle hinter den Mauern seiner deutschen Festung träumte.

»Vor fünf oder sechs Jahren habe ich ein originelles Schema ausgedacht, die Armee betreffend. Es handelte sich darum, dem Mangel unserer Effektivbestände abzuhelfen. Ich hatte mein revolutionäres System auf eine sehr durchdachte Arbeitsteilung begründet – eine sportlich-technische Armee, die man erlangt durch Neueinteilung der Effektivbestände, grundlegende Umwandlung des Begriffs der Dienstgrade, des Exerzierens usw.«

Auf jeden Fall hatte der physisch und moralisch stark angegriffene Valéry, so glücklich er auch über die Befreiung war, nicht mehr die Kraft, sich für

eine neue Welt zu interessieren, die er, wie man wohl sagen muß, mit
Pessimismus betrachtete und mit der er das Gefühl hatte, nichts mehr zu
tun zu haben: es war in jeder Hinsicht zu spät. »Ich fühle mich in einem
›Jenseits‹«, schreibt er auf einer der letzten Seiten seiner *Cahiers*.

Valéry mochte keine Parteien: »Je intelligenter ein Mensch ist, desto
weniger gehört er seiner Partei an.« Und weiter: »Haß, Grausamkeit,
Heuchelei, Räuberei an sich gehören keiner Partei an, Dummheit zu keinem Regime, Irrtum zu keinem System.« Er situiert sich also nicht innerhalb eines solchen Feldes, in dem das Kriterium »links-rechts« (welches für so viele den Platz alles anderen einnimmt und sie davon befreit,
den Dingen auf den Grund zu gehen) besonders von Nutzen wäre. Auf
jeden Fall hätte er es abgelehnt.

Es ist jedoch nicht untersagt, dieses Kriterium auf ihn anzuwenden –
soweit dies aufschlußreich ist –, zumal es ihm selbst widerfuhr, sich darauf zu beziehen: »Ego – rechts dem Instinkt nach, links dem Geist nach.«
Man muß sagen, daß er die Bedeutsamkeit dieses seltenen Bekenntnisses
durch das Geständnis seines Widerspruchsgeistes abgeschwächt hat:
»Links unter den Rechten, rechts unter den Linken«.

Wie dem auch sei, während des ersten Teils seines Lebens dominiert das
Image eines Mannes der Rechten, weniger vielleicht wegen seines Auftre-
tens als wegen der geringen Aufmerksamkeit, die er zumindest dem Anschein nach den traditionell linken Themen und Thesen schenkte.

Soll man die Erklärung dafür in den psychologischen Gegebenheiten
oder der soziokulturellen Umgebung suchen? Möglich: ziemlich enges,
eher bescheidenes provinzielles Milieu zweifellos, bürgerlich mit einer
Patrizier-Abstammung von venezianischer Seite, katholisch (ein Katholizismus, dessen Prägung der nichtgläubige Valéry immer behalten hat
und den man in seiner Bewunderung für die Kirche als Regierungs-
system wiederfindet). Er war achtzehn zur Zeit des Boulangismus. Halb-
Korse, Halb-Italiener, der er war, stolz übrigens auf seine Latinität, aber
im Innern Franzose bis hin zu einem gewissen Chauvinismus, konnte er
nicht gleichgültig gegenüber den latenten Strömungen in dieser Bewegung ohne Zukunft sein. Wenn Valéry wie Peguy 1914 getötet worden
wäre, wäre es zweifellos dieses Bild, das die Nachwelt von ihm zurückbe-
halten hätte.

Und doch zeigt sich, so weit man es wieder heraufholt, alles, was ihn
von der historischen Rechten trennt: die Unabhängigkeit des Denkens,
das sich keinem Dogma unterwirft, ein Nonkonformismus, der durch
den Konformismus seines Daseins geschützt ist, der Rationalismus seines intellektuellen Vorgehens, selbst wenn er sich stark relativieren läßt.

Als er nach dem Ersten Weltkrieg wieder anfängt zu publizieren und sein Denken sich mit einer neuen Größe entfaltet, ändert sich das Bild. Er wird von gewissen intellektuellen Kreisen der Linken aufgenommen, ja vereinnahmt. Er verkehrt mit Wissenschaftlern wie Jean Perrin, Émile Borel, Paul Langevin. Bei einer gemeinsamen Freundin trifft er Léon Blum wieder, den er von früher kannte und schätzte. Er wird das Objekt lebhafter Attacken seitens der Action française und gilt als Freimaurer. »Man schießt«, sagt er, »auf einen Pappkameraden, den ich über dem Wehr aufgestellt habe«.

Die politischen Vorstellungen Valérys

Tatsächlich beruft sich Valéry auf keine Partei, und keine Partei kann sich auf ihn berufen. Aber wenn er politische Vorstellungen hat, worauf beziehen sie sich, welcher Art sind sie? Man muß sagen, daß die politische oder vielmehr »metapolitische« Reflexion bei ihm eine untergeordnete Rolle spielt. Er erscheint in gewisser Weise unter dem doppelten Aspekt eines Mannes, der einer Forschung fundamentalen Charakters nachgeht, ohne zu wissen, wohin sie ihn führt, egal wohin sie führen mag – und der einer angewandten Forschung in jenem Bereich nachgeht, den sein Geist oder der Zufall oder auswärtige Verpflichtungen ihm vorschreiben.

Und bei dieser Forschung geht er mit fast handwerklichen Mitteln vor. Ein wenig wie ein Autodidakt, der sich seinen eigenen Weg bahnt, um den Preis, daß er auf eigene Rechnung schon durchlaufene Wege neu zurücklegt. Dies erklärt, warum man ihn von Vorläufern beeinflußt glaubte, die er nicht gelesen hatte, oder verwandt mit Zeitgenossen, die er nicht kannte.

Er umschreitet die großen Massive, die den intellektuellen Horizont der Epoche darstellen (oder verstellen...). Es wäre interessant, aufzulisten, was er gelesen hat. Man würde so eine merkwürdige Bibliothek zusammenstellen: bemerkenswert durch das, was sie beinhaltet, genauso wie durch die Lücken, die man in bestimmten Bereichen entdecken würde.

Man würde hier natürlich Descartes finden, und Spinoza, und Kant. Nietzsche (zu dessen nihilistischen Tendenzen er vielleicht Affinitäten hat), aber ohne Zweifel Hegel nicht. Dagegen würde man auf Marx stoßen. Im Mai 1918 schreibt Valéry an Gide: »Gestern abend... noch mal *Das Kapital* gelesen. Ich bin einer der wenigen Menschen, die es gelesen haben (...) Dieses dicke *book* (sic) enthält ausgesprochen bedeutende Dinge. Man muß sie nur finden. Oft sehr ungenügend, was Strenge angeht, oder sehr pedantisch für nichts und wieder nichts. Aber gewisse Analysen sind hervorragend. Ich will damit sagen, daß die Art, die Dinge anzupacken, ähnlich der ist, die ich selbst oft benutze, und daß ich ziemlich oft seine Sprache in die meine übersetzen kann.«

In Klammern sei dazu gesagt, daß »gestern abend noch mal gelesen« viel vermuten läßt, wenn es sich um ein Buch wie *Das Kapital* handelt...

Der Freudianismus, dessen Einfluß auf die moderne Ideologie man nicht verkennen kann, scheint dagegen ignoriert zu werden (in der doppelten Bedeutung des Wortes, trotz der Berührungspunkte zu den Valéryschen Variationen über den Traum). Ebenso die surrealistische Strömung trotz seiner kurzen, aber intensiven Beziehungen zu dem ganz jungen Breton. Die Surrealisten ihrerseits haben ihn exkommuniziert, obgleich sie den Titel ihrer Revue *Littérature* von ihm übernommen haben.

Es erforderte eine wissenschaftliche Untersuchung, wollte man die Quellen des politischen Denkens bei Valéry benennen. Er hat Joseph de Maistre gelesen, aber weiß man, ob er Tocqueville durchgelesen hat? Wen von den großen Namen der Sozial- und Humanwissenschaften hat er gekannt, wen benutzt? Leidenschaftlich von der Mathematik angezogen, hat er seinen Poincaré studiert und kommentiert. Hat er dasselbe mit dem zeitgenössischen Durkheim getan?

Nicht innerhalb jener Schranken sind die Themen dieses Denkens zu analysieren. Zu diesem Gegenstand hier hat überdies die Duchesse de La Rochefoucauld ein Beitrag geliefert, der auch nach 25 Jahren seine ganze Gültigkeit behält. Was Valéry zu bestimmten von diesen Themen geschrieben hat, prägt sich dem Gedächtnis deren ein, die auch nur ein wenig in Valérys Werk gelesen haben: zum Schicksal der Zivilisation, lange bevor die Formulierung »Krise der Zivilisation« Gemeinplatz so vieler Diskussionen wurde. Zur »endlichen Welt«, deren Realität das welträumliche Abenteuer uns paradoxerweise nur um so spürbarer macht. Zu Europa und seiner intellektuellen Funktion, der außerordentlichen Leistungsfähigkeit, aber auch zu den Irrtümern, ja den Untaten einer Kulturform, deren Laboratorium es war. Zum Mittelmeerraum, Kreuzweg und Schmelztiegel der Zivilisationen. (Sein Programm für das Centre Universitaire Méditerranéen, das 1933 als Gegengewicht zu den kulturellen Ambitionen des faschistischen Italien gegründet wurde und dessen erster Leiter er war, ist ein Modell für den interdisziplinären Ansatz.) Zur Geschichte, von der er sagt, daß man von ihr keine Lektionen erwarten soll, »der man aber Fragen stellen soll« – eine oft mißverstandene Kritik, die sich besonders gegen eine bestimmte Art der Geschichtsschreibung wendet und gegen den schlechten Gebrauch, den man davon macht. Zum Bildungswesen schließlich, das er so radikal in Frage stellt – besonders zum Mißbrauch von Examen und Diplomen –, daß es die Studentenrevolte von 1968 vielleicht nicht auf ihre Kappe genommen hätte.

Beinahe hätte ich das »Valérianste« übergangen: das Thema der Krise des Geistes, das ihm am Herzen liegt und das in gewisser Weise in seinen Reflexionen eine einigende Rolle spielt. Denn es gibt trotz des äußeren Scheins nur einen einzigen Valéry, der sich im Grunde nur wenig geändert hat, seit er sich frühzeitig selbst entdeckt hat. Daß er sich nicht auf bestimmte Art klassifizieren läßt, verdeutlicht nur die Autonomie seines Denkens. Jedenfalls würde eine Spektralanalyse, die viel verfeinerter ist als eine von Parteien, erforderlich sein, besonders wenn man an einer Stelle in seinen Notizen liest: »Keine politische Farbe. Ich liebe nur weißes Licht.«

Eben aufgrund dieser Autonomie definiert sich seine Haltung zu politischen Systemen und Regimen gleich welcher Art als eine essentiell kritische. Die einen wie die anderen erscheinen ihm aus voller Überzeugung in Wirklichkeit wie falsche Antworten auf falsche Fragen (The wrong answers to the wrong questions).

Eine ziemlich eigenartige Passage soll erhellen, was ich gerade gesagt habe. Sie suggeriert im wesentlichen, daß es nur zwei politische Systeme gibt: den Sozialismus und die Anarchie. Zu ersterem gehört nach Valéry die Monarchie, zur zweiten die Republik; ein Gesichtspunkt, über den man streiten kann, der aber für seine Beobachtungs- und Analysemethoden einigermaßen charakteristisch ist.

Hinsichtlich des monarchistischen Prinzips kann er sich selbstverständlich nur ein retrospektives Urteil bilden (das heißt historisch, was natürlich für ihn etwas widersprüchlich ist). »Es schließt unter anderem mit ein, daß man Menschen auf den Thron läßt, die unfähig wären, ihn zu erobern.« Dem absoluten Monarchen Ludwig XIV. gegenüber hegt er eine absolute Antipathie, die Versailles nicht ausspart, das er theatralisch und vulgär findet und dem er die harmonische Perfektion des Kleinen Trianon gegenüberstellt. Als einer der ersten oder vielleicht als der erste regte er an, daß die Oper Ludwigs XV. restauriert und seiner ursprünglichen Bestimmung wiedergegeben werden solle. Übrigens war seiner Meinung nach die zentralistische Monarchie »ein gewaltiges System der Zerstörung singulärer Werte«. Man muß sagen, daß Valéry ein bißchen »occitan« denkt und daß die Monarchie der Kapetinger für ihn die Herrschaft derer darstellte, die er manchmal, wenn er von den Parisern oder von allem, was oberhalb der Loire ist, seine Familie inbegriffen, »euch, die Barbaren des Nordens« nannte.

Aber ein aufgeklärter Despot wäre zweifellos etwas gewesen, was ihn hätte verführen können. Unter verschiedenen Gesichtspunkten sympathisiert er mit dem 18. Jahrhundert, dem Jahrhundert Voltaires, der *Lettres persanes*, des *Neveu de Rameau*. Man ahnt, daß in seinen Augen dieses Jahrhundert die Bezeichnung »groß« mehr verdient als das vorhergegangene, trotz seiner unveränderlichen Bewunderung für die klassischen Schriftsteller.

Napoleon hätte für ihn dieser »Fürst« der Aufklärung sein können, wenn er sein Genie in den Dienst würdigerer Ambitionen gestellt hätte. »Das mächtigste Aufputschmittel in diesem Giftschrank: die Geschichte.« Er wirft ihm paradoxerweise vor, zuviel... Geschichte gelesen zu haben. Er bekundet Hochachtung für den Code civil, bemerkt aber, daß dem Besitzrecht darin sehr viel Bedeutung beigemessen wird. »Der Code Napoléon«, sagt er, »das Geld des Kaisers.« Vielleicht ist das ganz richtig erkannt...

In seinen Anmerkungen über das Wesen der Diktatur (Vorwort zu einer Übersetzung eines Buches über Salazar) definiert er dieselbe als »die unvermeidliche Antwort des Geistes, wenn er innerhalb der Führung der öffentlichen Angelegenheiten Autorität, Kontinuität, Einheit nicht mehr erkennt, die die Kennzeichen durchdachten Willens und das Reich organisierten Wissens sind«. Außerdem bemerkt er: »Diktaturen – sie beklagen sich darüber. Wer aber hat dem Absoluten den Begriff des Staates hinzugefügt? Braucht es nicht einen absoluten Staat für Marx wie für Louis XIV.?«

Wenn er den *Tiberius* geschrieben hätte, den er plante, würde man vielleicht nicht nur seine Philosophie der Macht, sondern auch das Bild, das er sich von dem »intelligenten Tyrannen« machte, besser kennen.

Zu der Demokratie hält er weniger, eher scheint er sich in sie zu fügen. Er, dem es eingefallen ist zu sagen »zwei große Gefahren bedrohen die Welt – Ordnung und Unordnung«, sah in ihr zweifellos nur den unvermeidlichen Kompromiß zwischen beiden Prinzipien. Er meint, daß sie weniger die Regierung des Volkes ist als vielmehr »dessen, was das Volk führt«. Er sieht voraus, daß die Demokratie »an der ausschließlichen Herrschaft des Geldes zugrunde gehen wird«. Wahrscheinlich meint er die liberale Demokratie; fügen wir noch eine andere seiner Bemerkungen hinzu: »Das Bürgertum, Tochter und Mutter der politischen Ökonomie.« Aber es ist besonders dieser Anspruch, von dem er denkt, daß jeder Demokratie innewohnt und den er für irreführend hält, auf den sich seine Zurückhaltung begründet: Der Anspruch, »das paradoxe Problem lösen zu wollen, Qualität aus Quantität durch das alleinige Wirken letzterer zu ziehen«.

Man könnte den Akzent, den Valéry beständig auf die *Qualität* gelegt hat, als »elitär« denunzieren, wie einige dies auch getan haben. In seinen Augen ist sie Grundbedingung einer nicht-regressiven Entwicklung der menschlichen Gesellschaften. Ein derartiger Vorwurf gäbe für ihn überhaupt keinen Sinn. Ob man will oder nicht, das Funktionieren eines Systems impliziert immer Organisation, das heißt Hierarchisierung der Funktionen. Die Entropie ist vielleicht ein Verhängnis, sie ist kein Ideal. Dies bringt ihn dazu, zu sagen, daß die Demokratie »keinen nicht-absurden Sinn hat als den der ständigen Formierung einer Aristokratie«.

Soll ich hinzufügen, daß im täglichen Leben und in seinen Beziehungen zu allen anderen niemand von Herablassung und Verachtung weiter entfernt war als er?

Manchmal wurde daran Anstoß genommen, daß in seinem Werk Hinweise auf soziale Probleme fast völlig fehlen – sofern man darunter die Begutachtung der Beziehungen zwischen Gruppen, sozialen Klassen, ja Nationen aus dem Blickwinkel von Recht und Unrecht meint. Aber die Tatsache, daß ihm eine bestimmte Art des Diskurses fremd blieb, liegt in Wirklichkeit in seinem Standpunkt begründet, drückt weniger Gleichgültigkeit gegenüber der Ungerechtigkeit aus als vielmehr Mißtrauen hinsichtlich ihrer Verwendbarkeit. Mehr als den Begriffen von *Rechten* und *Pflichten* wendet er seine Aufmerksamkeit denen der *Macht* zu, die aus seiner Sicht Macht zur Veränderung bedeutet. Kapitalismus und Sozialismus miteinander vergleichend schreibt er:

»Nichts ähnelt dem kapitalistischen System, dessen Grundzug die Preisgabe des Kapitalmanagements an Dritte ist und die Ignoranz demgegenüber, was sie damit tun, mehr als das extrem zentralisierte Verwaltungssystem, das die Korrelation zwischen erstatteten Dienstleistungen (des Staates) und den vom Einzelnen geforderten Leistungen dem Blick entzieht.«

In diesem Kontext erscheinen zwei Bemerkungen in Form von Aphorismen immer aktuell: »Liberté, Egalité – diese beiden Grundsätze schaden sich.« Und diese, an die sich zu erinnern heilsam ist: »Eine Wirtschaft ist keine Gesellschaft.«

Tatsächlich können für ihn Systeme und Regime nur relativen Wert haben. Keines ist zu jeder Zeit und an jedem Ort gültig, keines ist wirklich auf Geist gegründet, keines kann zu seiner Legitimation andere Mittel benutzen als illegitime.

Antipolitik Valérys

Valérys Kritik geht viel weiter. Sie ist von allgemeinerer Bedeutung. Sie richtet sich im Grund auf die Politik als solche. Weil die Erfahrung ist, wie sie ist, weil »jedes Regime absurd oder inhuman, oder beides ist«; weil man aus der Geschichte doch nur eine Lehre wahrhaftig ziehen kann, nämlich, daß sie überhaupt keine erteilen kann, muß man wohl etwas anderes suchen, eine andere geistige Erfahrung wagen. In anderen Worten, von der »naiven« (wie er es gern nannte) Beobachtung ausgehen, gegen den Strom die althergebrachten Gedanken, die traditionellen Werte, die Mythen und Dogmen überprüfen, welche dies auch sein mögen. »Nichts ist an sich heilig«, behauptet er. Alles kann also, muß also wieder in Frage gestellt werden – das genau ist die Funktion des Geistes.

Sogar die Politik als solche. Das Wort Politik hat zwei Bedeutungen, schreibt er: »Eroberung und Erhaltung der Macht, Organisation des Gemeinwesens. Das zweite dient dem ersten ewig als Verkleidung.« Was die politischen Kämpfe betrifft, so ist ihr Ergebnis »in den Köpfen die Ordnung von Wichtigkeit und Dringlichkeit der Fragen zu stören und zu verfälschen«.

Der Ablauf der Ereignisse, wie er sie im Laufe der dreißiger Jahre vor Augen hatte, konnte ihn nur in seinem Pessimismus bestärken. Es scheint, daß seine Kritik in dem Maße, wie sich die Bedrohungen klarer abzeichneten, die über dem Frieden, der Zukunft der Kultur, der Freiheit des Geistes lasteten, sich punktuell verschärfte. Man spürt bei ihm eine gleichsam wachsende Angst, mit einem Gefühl von Absurdität verbunden. Hat er also vielleicht erwogen, seine Zurückhaltung aufzugeben? Ich habe dafür, unter Umständen, von denen ich gleich spreche, die Bestätigung erhalten.

Im Winter 1944 lud Jacques Rueff, der die Wirtschaftsabteilung der Militärmission für deutsche Angelegenheiten leitete, meinen Vater und mich zu einem Mittagessen ein, zu dem außer einigen anderen auch der Schriftsteller Emil Ludwig und Frédéric Joliot-Curie eingeladen waren. Der Nationalsozialismus war noch nicht endgültig zerschlagen und die Atombombe noch nicht auf Hiroshima gefallen. Dennoch war in der Unterhaltung viel die Rede von der Möglichkeit, ja dem Bevorstehen des Gebrauchs dieser Waffe und von den unwägbaren Konsequenzen eines solchen Geschehens.

Während ich mir diese Erinnerung vergegenwärtige, kommt mir ein Satz ins Gedächtnis, den Valéry 1939 geschrieben hat: »Beim vierten Zeitzeichen ist es genau das Ende einer Welt.«

Auf dem Weg nach Hause, zweifellos unter dem Eindruck dieses Gespräches, gab mir mein Vater ein kleines, ziemlich dickes, etwa 85 Seiten umfassendes Notizbuch in die Hände mit dem Titel *Principes d'anarchie pure et appliquée* und der Angabe: »Lichtvoll in den Geist gekommen als der Körper im Bad in Algier war, ein Hund jämmerlich heulte und Kinder lachten im von weichen Palmen überwucherten und bis hoch zur Krone dunklen Pinien eingeschlossenen Garten. Zu Mustapha, den 23. April um 10 Uhr morgens.«

»Ich werde wahrscheinlich nichts daraus machen«, sagt er mir, fügt aber hinzu, »das könnte mich interessieren.« Dieses Notizbuch, das bis heute unveröffentlicht geblieben ist, offenbart genau diese Absicht Valérys, aus der Reserve herauszukommen, eine *andere* Stimme zum Ausdruck kommen zu lassen angesichts der fatalen Verkettung von Ereignissen, die die Zukunft des Menschen in Frage stellen.

Anarchie: das Wort liest sich eigenartig aus der Feder eines so maßvollen, eines so sehr in die Gesellschaft eingegliederten Menschen. Vielleicht trieb es in seinem Unterbewußtsein wie eine Jugenderinnerung. Das letzte Viertel des 19. Jahrhunderts war, wie man weiß, eine Zeit, in der zahlreiche Anarchisten sich häufig durch Gewalt manifestierten und hart bestraft wurden. Aber seine Vorstellung verdankt er – man konnte es erwarten – weder ihnen noch Proudhon oder Bakunin. Eine der Definitionen, die er von ihr gibt, ist ganz persönlich: »Anarchie ist der Versuch eines jeden, jede Unterwerfung unter den Befehl des Unüberprüfbaren zu verweigern.«

Im vorliegenden Fall handelt es sich um eine dem Wesen nach rationalistische Reaktion gegen ein Wertsystem, wie alles zu beweisen scheint, daß dieses einem Universum nicht angepaßt ist, das in wachsender Interaktion und Komplexität begriffen ist.

Valéry hat in diesem Notizbuch Gedanken skizziert, wie sie ihm in den Sinn kamen. Und die – man muß es zugeben – riechen manchmal nach Schwefel. Im Grunde nimmt er seine gewohnten Themen wieder auf, wobei er aber seine Kritik akzentuiert und variiert. Man wird nie wissen, auf was genau er zielte, wenn er seine Angriffe auf seit jeher und von allen für gültig gehaltene Vorstellungen konzentriert: auf Souveränität, Nation, Staat, Macht und auf die Politik selbst. Vielleicht spürte er das Bedürfnis zu sagen, »was er auf dem Herzen hatte«, um es familiär auszudrücken, ohne den Zwang, den ihm die Umstände seiner öffentlichen Interventionen oder seiner Schriften auferlegten; vielleicht verspürte er schließlich den Willen, sich zu erklären, vielleicht – das ist es, was ich geneigt bin zu glauben – hatte er das Gefühl, daß er eine Art von Pflicht zu erfüllen hatte, bevor es zu spät war – ein Notschrei, eine Warnung, leider immer noch aktuell. Und wenn der Ton dieses Buches zuweilen provozierend klingt, dann, weil es darum geht zu provozieren – aber zur Rückkehr zu den Tatsachen und zum Nachdenken.

Ich werde nur eine Passage zitieren – obwohl sie einen ganz anderen Ton hat –, denn sie bringt mich, wenigstens scheint es mir, zu einem möglichen Abschluß meiner Betrachtungen – die trotz ihrer Länge viel zu gedrängt sind, um zu unterstreichen, was diese einsame Stimme, die Stimme Valérys, an Wirkungskraft und Aktualität in sich trägt. »Wir wissen nicht genug, um politisch zu denken auf eine vernünftige Weise, weil diese sich nur dann auf ein *Menschenbild* beziehen kann, wenn sie vorgibt, etwas anderes zu sein als eine Angelegenheit von Fakten oder Maßnahmen.«

Welches »Menschenbild« konnte er haben? Er hat sich in dieser Hinsicht nie eindeutig gezeigt. Aber in einer gewissen Weise antwortet sein ganzes Werk auf diese Frage – und er selbst im Bemühen seines ganzen Lebens, aus sich die Substanz zu gewinnen, aus der dieses Werk geschaffen ist.

Zweifellos begeht man keinen Irrtum, wenn man behauptet, daß das Bild, das er sich machte, weder reduzierend noch restriktiv war. Die Rolle, die er für die Intelligenz im Gemeinwesen fordert, hat nichts Privatives. »Die außerordentliche Hand des Künstlers, Ebenbürtige und Rivale seiner Gedanken«, mahnt »den, der vorübergeht«, eine der Inschriften des Palais de Chaillot. Er hat nichts von einem Intellektualisten. »Wenn ich«, sagt er, »einen Bauern, oder einen Arbeiter, oder einen Lehrer seine Zeit an einen Baum verlieren sehen werde . . .«

Als Europäer verwirft er keine andere Kultur, eher im Gegenteil, er hat dafür manchen Beweis geliefert. Das Europa, das er sich vorstellt, ist wohl mehr ein Europa des Geistes als ein politisches Gebilde, das die Ambitionen und Intoleranzen der Nationen einbezieht, die es bilden.

Man wäre versucht, von einem »Valéryschen Humanismus« zu sprechen, wenn Valéry in diesem Wort nicht all das verabscheut hätte, was er denen vorwarf, die nur über ungedeckte fiduziären Werte verfügen.

Man darf nicht aus dem Auge verlieren, daß der »politische« Teil seines Werkes relativ eingeschränkt und untergeordnet ist. Aber es ist bemerkenswert, daß unter den ersten Schriften, die er veröffentlicht hat, außer seinen Gedichten parallel und fast gleichzeitig *Die Einführung in die Methode von Leonardo, Der Abend mit Monsieur Teste* auf der einen Seite und *Le Yalou* (ein Essay, der durch den chinesisch-japanischen Konflikt angeregt ist) und *La conquête allemande* auf der anderen Seite erschienen.

Dadurch, daß er seine »Methode« auf den Bereich der Politik anwendete – die Methode, auf die es ihm in Wahrheit ankam –, konnte er an bestimmte Analysen herangehen, die ihre Kraft, ich würde sogar sagen, ihre subversive Kraft behalten haben. »Ich muß sagen«, notiert er in seinen *Cahiers*, »daß mein Geist mir den Streich gespielt hat, mir gewisse Dinge in der Welt so klar zu zeigen... daß ich eben erst zu hoffen angefangen habe, zum Handeln übergehen zu können.«

So weit ist er nicht gegangen. Indem er aber mit seinen Mitteln an die ständige Infragestellung der allgemeingültigen Werte herangegangen ist, seien diese auch noch so respektiert – das nennt er seine »Antipolitik« –, hat er, dessen bin ich sicher, das Bewußtsein und die Absicht gehabt, ein *positives* Werk zu schaffen. Denn man könnte von ihm, der so oft *negiert* hat, niemals sagen, daß er *negativ* ist. Schließlich braucht man kein Credo, um einen Glauben zu haben...

»Der Mensch, dieses Abenteuer«, sagt er. Für Paul Valéry kann der Sinn des Abenteuers – soweit es einen hat – nur in dem liegen, was dem Menschen die Wirklichkeit oder Illusion (aber vermischen das eine und das andere sich nicht?) seiner Freiheit gewährt: im Geist.

15. 3. 82

(Aus dem Französischen von Gabriele Gerecke)

Bibliographische Nachweise

Theodor W. Adorno, ›Valérys Abweichungen‹, in: Theodor W. Adorno, *Gesammelte Schriften*, Bd. XI (*Noten zur Literatur*), hrsg. v. Rolf Tiedemann, Frankfurt am Main 1974.

Walter Benjamin, ›Paul Valéry in der École Normale‹, in: Walter Benjamin, *Gesammelte Schriften*, Bd. IV. 1, hrsg. v. Rolf Tiedemann u. Hermann Schweppenhäuser, Frankfurt am Main 1972; der Text erschien zuerst in: *Die Literarische Welt*, Nr. 33, 1926.

Walter Benjamin, ›Paul Valéry. Zu seinem 60. Geburtstag‹, in: Walter Benjamin, *Gesammelte Schriften*, Bd. II. 1, hrsg. v. Rolf Tiedemann u. Hermann Schweppenhäuser, Frankfurt am Main 1977; der Text erschien zuerst in: *Die Literarische Welt*, Nr. 44, 1931.

Jorge Luis Borges, ›Valéry als Symbol‹, in: Jorge Luis Borges, *Gesammelte Werke*, Bd. 5/II (*Essays 1952–1979*), München 1981; zuerst erschienen unter dem Titel ›Valéry como Símbolo‹, in: ›Paul Valéry‹, *Sur*, Oktober 1945.

André Breton, ›Prestige de Paul Valéry. Aus Gesprächen mit André Parinaud‹, aus: ›Entretiens radiophoniques‹, in: André Breton, *Entretiens (1913–1952) avec André Parinaud (...)*, Paris: Gallimard (Le point du jour) 1952.

Peter Bürger, ›»Ma méthode, c'est moi«. Valéry und der Surrealismus‹, in: Peter Bürger, *Prosa der Moderne* (unter Mitarbeit von Christa Bürger), Frankfurt am Main 1988. Der vorliegende Beitrag ist eine erweiterte und veränderte Fassung des Aufsatzes ›Zwei Lesarten der Moderne: Valéry und Breton‹, in: *Die Neue Rundschau*, H. 2, 1985.

Ernst Robert Curtius, ›Paul Valéry‹, in: Ernst Robert Curtius, *Französischer Geist im zwanzigsten Jahrhundert*, Bern/München 1965 (3. Aufl.).

T. S. Eliot, ›Leçon de Valéry‹, in: ›Valéry vivant‹, *Cahiers du Sud*, Marseilles 1946.

Carlo Fruttero/Franco Lucentini, ›Herrn Testes Schritt‹: Die berühmten italienischen Kriminalautoren F. und L. legten ihre Untersuchungsergebnisse zu dem immer noch klärungsbedürftigen Fall *Valéry, pour quoi?* im Jahre 1987 vor.

André Gide, ›Paul Valéry‹, in: André Gide, *Herbstblätter*, Stuttgart 1950; der Essay erschien zuerst in: *L'Arche*, Oktober 1945.

Lucien Goldmann, ›Valéry: *Monsieur Teste*‹, in: *The Critical Spirit: Essays in Honor of Herbert Marcuse*, hrsg. v. Kurt Wolff und Barrington Moore, Jr., Boston: Beacon Press 1966. Dieser ursprünglich 1965 als Vortrag im französischen Rundfunk gesendete Text erschien auch in: Lucien Goldmann, *Structures mentales et création culturelle*, Paris: Anthropos 1970.

Werner Kraft, ›Paul Valéry und der Gedanke‹, in: *Die Neue Rundschau*, H. 3, 1951; eine leicht abweichende Fassung erschien dann in: Werner Kraft, *Rebellen des Geistes*, Stuttgart 1968.

Karl Löwith, ›Kritik der Geschichte und der Geschichtsschreibung‹, in: Karl Löwith, *Paul Valéry: Grundzüge seines philosophischen Denkens*, Göttingen 1971. Jetzt auch in: *Sämtliche Schriften*, Bd. IX *(Gott, Mensch und Welt – G. B. Vico – Paul Valéry)*, hrsg. v. Henning Ritter, Stuttgart 1985.

André Maurois, ›Einführung in die Methode Paul Valérys‹, unter dem Titel ›Paul Valéry‹ in: André Maurois, *Von Proust bis Camus*, München/Zürich 1964. Zuerst in einer leicht abweichenden Version erschienen als *Introduction a la Méthode de Paul Valéry*, Paris: Cahiers Libres 1933, nach dem Text des Vortrags in der Université des Annales vom 13. Dezember 1932.

Adrienne Monnier, ›Valéry rue de l'Odéon‹, in: Adrienne Monnier, *Rue de l'Odéon*, Paris: Albin Michel 1960; der Band liegt jetzt in einer neuen, erweiterten Ausgabe der Coll. »Bibliothèque Albin Michel«, Paris 1989 vor. Zuerst erschienen in *Terre des Hommes*, 27. Oktober 1945.

Hans Paeschke, ›Epitaph. Paul Valéry‹, in: *Merkur*, H. 2, 1947.

Ilya Prigogine, ›Die Aktualität der Zeitauffassung Valérys‹, in: *Fonctions de l'esprit: 13 savants redécouvrent Paul Valéry*, hrsg. v. Judith Robinson-Valéry, Paris: Hermann (Coll. Savoir) 1983.

Max Raphael, ›Anmerkungen über den Prosastil von Valéry‹, in: Max Raphael, *Natur–Kultur. Studien zur Philosophie und Literatur*, hrsg. v. Hans-Jürgen Heinrichs, Frankfurt am Main 1988; der Text erschien zuerst in: *Deutsch-Französische Rundschau*, Bd. 4, 1931.

Marcel Raymond, ›Paul Valéry und die Versuchung des Geistes‹, unter dem Titel ›La civilisation et la crise de l'esprit‹, in: Marcel Raymond, *Paul Valéry et la tentation de l'esprit*, Neuchâtel: La Baconnière 1946 (2. Aufl. 1964).

Max Rychner, ›Paul Valéry. Zone des Schweigens‹, in: Max Rychner, *Aufsätze zur Literatur*, Zürich 1966. Zuerst erschienen in: *Neue Schweizer Rundschau*, H. 4, 1945.

Jean Starobinski, ›Herr Teste und der Schmerz‹, in: Jean Starobinski, *Kleine Geschichte des Körpergefühls*, Frankfurt am Main 1991; zuvor Konstanz 1987. Zuerst erschienen als ›Monsieur Test face à la douleur‹, in: *Valéry, Pour quoi?*, Paris: Les Impressions nouvelles 1987.

François Valéry, ›Paul Valéry und die Politik‹, Nachwort zu: Paul Valéry, *Les principes d'an-archie pure et appliquée*, Paris: Gallimard 1984. Diese Rede erschien zuerst in: *Revue des sciences morales et politiques*, H. 1, 1982.

François Valéry, ›Paul Valéry‹, in: *Atlantic Monthly*, H. 2, 1952. Zuerst erschienen unter dem Titel ›Valéry visto por su hijo‹, in: *Sur*, Oktober 1951.

Herausgeber und Verlag danken den Rechteinhabern für die Abdruckgenehmigungen.

»Wer den widersprüchlichen Geist der Moderne begreifen will,
der kommt an diesem Werk nicht vorbei.«
Frankfurter Allgemeine Zeitung

»Anzuzeigen ist ein verlegerisches Unternehmen, das man
hierzulande für unmöglich gehalten hätte.«
Sender Freies Berlin

Paul Valéry
Cahiers / Hefte
Herausgegeben von Hartmut Köhler
und Jürgen Schmidt-Radefeldt

Die Übersetzer der Bände 1-4:
Markus Jakob, Hartmut Köhler, Max Looser, Christine
Mäder-Viragh, Jürgen Schmidt-Radefeldt, Corona Schmiele,
Erika Tophoven-Schöningh und Karin Wais

Band 1:
Die Hefte-Ego-
Ego scriptor-
Gladiator-Sprache
644 Seiten. Leinen.

Band 2:
Philosophie-
System-Theta
768 Seiten. Leinen.

Band 3:
Psychologie-Soma
und Körper/
Geist/Welt-
Sensibilität-
Gedächtnis
502 Seiten. Leinen.

Band 4:
Zeit-Traum-
Bewußtsein-
Aufmerksamkeit-
Das Ich und die
Person-
Affektivität
646 Seiten. Leinen.

Band 5:
Eros-Bios-Mathe-
matik-Wissen-
schaft-Geschichte
und Politik-
Unterricht
(In Vorbereitung)

Band 6:
Kunst und
Ästhetik-Poesie-
Literatur-Gedichte
und kleine ab-
strakte Gedichte-
Themen-Homo
(In Vorbereitung)

 S. Fischer

Literaturwissenschaft

Hartmut Böhme /
Nikolaus Tiling (Hg.)
**Leben, um eine Form
der Darstellung zu finden**
Studien zum Werk Hubert Fichtes
Band 10831

Carl Buchner /
Eckhardt Köhn (Hg).
Herausfordeung der Moderne
Annäherung an Paul Valéry
Band 6882

Hermann Burger
**Paul Celan
Auf der Suche nach der
verlorenen Sprache**
Band 6884

Michel Butor
Die Alchemie und ihre Sprache
*Essays zur Kunst und
Literatur. Band 10242*

Ungewöhnliche Geschichte
*Versuch über einen Traum
von Baudelaire*
Band 10959

Mathieu Carrière
**für eine Literatur
des Krieges, Kleist**
Band 10159

Victor Erlich
Russischer Formalismus
Band 6874

Käte Hamburger
Thomas Manns biblisches Werk
Band 6492

Frederik Hetmann
Traumgesicht und Zauberspur
*Märchenforschung, Märchen-
kunde, Märchendiskussion*
Band 2850

Gustav René Hocke
**Europäische Tagebücher
aus vier Jahrhunderten**
Motive und Anthologie
Band 10883

Jan Kott
Shakespeare heute
Band 10390

Leo Kreutzer
Literatur und Entwicklung
*Studien zu einer Literatur
der Ungleichzeitigkeit*
Band 6899

Milan Kundera
Die Kunst des Romans
Essay. Band 6897

Fischer Taschenbuch Verlag

Literaturwissenschaft

Fischer Taschenbuch Verlag

Fischer Wissenschaft
Eine Auswahl

Alfred Lorenzer
**Das Konzil
der Buchhalter**
Die Zerstörung der
Sinnlichkeit
Eine Religionsgeschichte
Band 7340

Bronislaw Malinowski
**Magie, Wissenschaft
und Religion /
Und andere Schriften**
Band 7335

**Das Denken des
Marquis de Sade**
Mit Beiträgen von
Roland Barthes, Hubert
Damisch, Pierre Klossowski,
Philippe Sollers,
Michel Tort
Band 7413

Sergio Moravia
Beobachtende Vernunft
Philosophie und
Anthropologie in
der Aufklärung
Band 7410

Herfried Münkler
Machiavelli
Die Begründung des
politischen Denkens
der Neuzeit aus der
Krise der Republik
Florenz
Band 7342

Jean Piaget
Biologie und Erkenntnis
Über die Beziehungen
zwischen organischen
Regulationen und
kognitiven Prozessen
Band 7333

Marthe Robert
Das Alte im Neuen
Von Don Quichotte
zu Franz Kafka
Band 7346

Viktor Šklovskij
Theorie der Prosa
Band 7339

Jean Starobinski
Montaigne
Denken und Existenz
Band 7411

Fischer Taschenbuch Verlag

fi 406 / 4 b